# J. von Staudinger's Kommentar

zum

# Bürgerlichen Gesetzbuch

## und dem Einführungsgesetze

herausgegeben von


**Dr. Theodor Loewenfeld,**
Univ.-Professor und Rechtsanwalt in München

**Dr. Ludwig Kuhlenbeck,**
Professor an der Universität Lausanne

**Dr. Theodor Engelmann,**
k. Landgerichtsrath in München

**Dr. Erwin Riezler,**
Professor an der Universität Freiburg i. B.

**Karl Kober,**
k. Landgerichtsrath in München

**Dr. Felix Herzfelder,**
Rechtsanwalt in München

**Joseph Wagner,**
Rath am k. Obersten Landesgericht in München.


2. vollständig neubearbeitete **Auflage.**


**München 1906.**
J. Schweitzer Verlag (Arthur Sellier).

# J. von Staudingers Kommentar zum Bürgerlichen Gesetzbuch und dem Einführungsgesetze

## II. Band.

# Recht der Schuldverhältnisse.

## a. Allgemeiner Theil.

Erläutert

von

**Dr. Ludwig Kuhlenbeck,**

o. ö. Professor des deutschen Rechts an der Universität Lausanne.

2. vollständig neubearbeitete **Auflage.**

**München 1906.**

J. Schweitzer Verlag (Arthur Sellier).

# Inhaltsübersicht
## zum zweiten Bande (Allgemeiner Theil).

### Zweites Buch.
### Recht der Schuldverhältnisse.


| | §§ | Seite |
|---|---|---|
| **Vorbemerkungen** | | 1 |
| Erster Abschnitt. **Inhalt der Schuldverhältnisse** | 241—304 | 8 |
| Erster Titel: Verpflichtung zur Leistung | 241—292 | 8 |
| Zweiter Titel: Verzug des Gläubigers | 293—304 | 113 |
| Zweiter Abschnitt. **Schuldverhältnisse aus Verträgen** | 305—361 | 122 |
| Erster Titel: Begründung, Inhalt des Vertrags | 305—319 | 123 |
| Zweiter Titel: Gegenseitiger Vertrag | 320—327 | 142 |
| Dritter Titel: Versprechen der Leistung an einen Dritten | 328—335 | 162 |
| Vierter Titel: Draufgabe. Vertragsstrafe | 336—345 | 173 |
| Fünfter Titel: Rücktritt | 346—361 | 189 |
| Dritter Abschnitt. **Erlöschen der Schuldverhältnisse** | 362—397 | 207 |
| Erster Titel: Erfüllung | 362—371 | 214 |
| Zweiter Titel: Hinterlegung | 372—386 | 235 |
| Dritter Titel: Aufrechnung | 387—396 | 251 |
| Vierter Titel: Erlaß | 397 | 269 |
| Vierter Abschnitt. **Uebertragung der Forderung** | 398—413 | 272 |
| Fünfter Abschnitt. **Schuldübernahme** | 414—419 | 298 |
| Sechster Abschnitt. **Mehrheit von Schuldnern und Gläubigern** | 420—432 | 317 |


**Das alphabetische Register** ist mit dem des „Besonderen Theiles“ vereinigt und am Schlusse des Bandes II b angefügt.

# Literatur im Allgemeinen.

Die Spezialliteratur ist in Fußnoten (*) bei den einzelnen Abschnitten, Titeln und Paragraphen angegeben.


Amira = Karl von Amira, Nordgermanisches Obligationenrecht, I. Bd., Leipzig 1882.

Crome = Carl Crome, System des deutschen Bürgerlichen Rechts, II. Bd. Recht der Schuldverhältnisse. Tübingen und Leipzig 1902.

Dernburg = Dernburg, Das Bürgerliche Recht des Deutschen Reichs und Preußens. I. Bd. Halle 1903.

Endemann = F. Endemann, Lehrbuch des Bürgerlichen Rechts, 7. Aufl. 1. Bd. Berlin 1900.

Enneccerus = L. Enneccerus, Das Bürgerliche Recht. Marburg, 2. Aufl. 1904. (1. Bd.)

Kuhlenbeck, Von d. Pand. z. BGB. = L. Kuhlenbeck, Von den Pandekten zum Bürgerlichen Gesetzbuch. Eine dogmatische Einführung in das Studium des Bürgerlichen Rechts, II. Bd. Berlin 1899.

Kuhlenbeck, Handkomm. = L. Kuhlenbeck, Das BGB. für das Deutsche Reich nebst dem Einf.Ges., 1. Bd. 2. Aufl. Berlin 1903.

Matthias = B. Matthias, Lehrbuch des Bürgerlichen Rechts, 1. Bd. 4. Aufl. Berlin 1900.

Neumann = H. Neumann, Handausgabe des BGB. für das Deutsche Reich, 1. Bd. 3. Aufl. Berlin 1903.

Oertmann = Oertmann, Das Recht der Schuldverhältnisse, Kommentar, Berlin 1899.

Planck = G. Planck, Bürgerliches Gesetzbuch nebst Einf.Ges. 2. Bd. Recht der Schuldverhältnisse. 3. Aufl. Berlin 1904.

Rehbein = H. Rehbein, Das BGB. mit Erläuterungen. 2. Bd. Recht der Schuldverhältnisse. Berlin 1903.

Schollmeyer = Fr. Schollmeyer, Recht der Schuldverhältnisse I. Hälfte. Kommentar. München 1903.

Stammler = Stammler, Das Recht der Schuldverhältnisse in seinen allgemeinen Lehren. Berlin 1897.

Stobbe-Lehmann = Handbuch des Deutschen Privatrechts von O. Stobbe, 3. Bd. 3. Aufl., neubearbeitet von H. O. Lehmann. Berlin 1898.

Windscheid-Kipp, Pand. = B. Windscheid, Lehrbuch des Pandektenrechts, bearbeitet von Th. Kipp. 2. Bd. 1901.

# Abkürzungen.

AG. = Ausführungsgesetz zum BGB.
AGO. = Ausführungsgesetz zur Grundbuchordnung und zu dem Gesetz über die Zwangsversteigerung und die Zwangsverwaltung.
Anf.Ges. = Gesetz betr. die Anfechtung von Rechtshandlungen eines Schuldners außerhalb des Konkursverfahrens.
Bayr. Oberst. LG. = Sammlung von Entscheidungen des Bayrischen Obersten Landesgerichts in Civilsachen; — n. F. = Sammlung 2c. neue Folge (von 1901 ab).
Bl. f. RA. = Dr. J. A. Seufferts Blätter für Rechtsanwendung.
BLR. = Bayrisches Landrecht.
BGB. = Bürgerliches Gesetzbuch.
Central-Bl. = Central-Blatt für freiwillige Gerichtsbarkeit u. Notariat, sowie Zwangsversteigerung.
CPO. = Civilprozeßordnung.
cod. civ. = code civil.
D. = Denkschrift (z. B. D. z. CPO.); D. (ohne Beisatz) = Denkschrift zum Entwurf eines BGB.
D. Jur.Z. = Deutsche Juristenzeitung.
E. I, II, III = Entwurf I, II, III d. BGB.
EG. = Einführungsgesetz z. BGB.
Entsch. FG. = Entscheidungen in Angelegenheiten der freiwilligen Gerichtsbarkeit und des Grundbuchrechts, zusammengestellt im Reichs-Justizamte.
FG. = Reichsgesetz über die Angelegenheiten der freiwilligen Gerichtsbarkeit.
GBO. = Grundbuchordnung.
Gem. R. = Gemeines Recht.
Gruchot, Beitr. = Beiträge zur Erläuterung des deutschen Rechts, begründet von Gruchot.
G. u. BBl. = Gesetz- und Verordnungsblatt für das Königreich Bayern.
GVG. = Gerichtsverfassungsgesetz.
HGB. = Handelsgesetzbuch.
Jur. Wschr. = Juristische Wochenschrift.
KO. = Konkursordnung.
Kreittmayr, Ann. = Kreittmayr, Annotationen zum bayr. Landrecht.
M. I, 1 = Motive zum Entwurf (I) eines BGB. Bd. I Seite 1.
Mot. z. EG. = Motive zum Einführungsgesetz z. BGB.
Not.Ges. = Notariatsgesetz.
P. I, 1 = Protokolle der Kommission für die zweite Lesung des Entwurfs des BGB. Bd. I Seite 1.
PLR. = Preußisches Landrecht.
RG. = Reichsgesetz.
RGBl. = Reichsgesetzblatt.
ROHG. = Entscheidungen des Reichsoberhandelsgerichts.
RTK. 1 = Bericht der Reichstagskommission Seite 1.
Röm. R. = Römisches Recht.
RGE. = Entscheidungen des Reichsgerichts in Civilsachen.
RGE. in StS. = Entscheidungen des Reichsgerichts in Strafsachen.
Rspr. d. OLG. = die Rechtsprechung der Oberlandesgerichte auf dem Gebiete des Civilrechts, herausgegeben von Mugdan und Falkmann.
Sächs. GB. = Bürgerliches Gesetzbuch für das Königreich Sachsen.
Seuff. Arch. = Seufferts Archiv.
StB. 1 = Stenographische Berichte des Reichstags Seite 1.
StGB. = Strafgesetzbuch.
StPO. = Strafprozeßordnung.
ZG. I, 1 = Zusammenst. d. gutachtl. Aeußerungen zu dem Entw. eines BGB. Bd. I Seite 1.
ZwVG. = Gesetz über die Zwangsversteigerung und die Zwangsverwaltung.

Sämmtliche Gesetzesmaterialien sind in der Ausgabe von J. Guttentag zitirt.

# Berichtigungen und Nachträge.

S. 2. Zu Abs. 2 vgl. Isay, Schuldverhältniß und Haftungsverhältniß im heutigen Rechte, in Iherings Jahrb. Bd. 48 S. 187 ff.

S. 11. Zeile 14 v. u. lies § 829 statt 929.

S. 28. Zu 4. Bezüglich der Literatur vgl. noch Stintzing: Findet Vorteilsanrechnung bei Schadensersatzanspruch statt? (1904), ferner: Rümelin, Besprechung der Oertmannschen Vorteilsausgleichung in Kr. V.J.Schr. Bd. 45 S. 196. Er definirt „Schaden als eine einer bestimmten Person nachtheilige Differenz zwischen dem Zustande, wie er in adäquatem Kausalzusammenhange mit einem bestimmten Ereignisse sich entwickelt hat, und dem Zustand, der ohne dieses Ereigniß in ebensolcher Weise sich entwickelt haben würde."

S. 41 zu C, Abs. vgl. noch OLG. Stuttgart in Württ. J. Bd. 16 S. 273 und Neumann, Jahrb. d. D. R. 3. Jahrg. S. 96, ferner Pfizer in D. Jur.Z. 1904 S. 713 ff.

S. 47. Zu Bem. 2 vgl. Baring, Aufwendungen, Verwendungen, Einrichtungen und ihr Ersatz im Sächs. Arch. Bd. 14 S. 459 ff. Kurzer Bericht bei Neumann, Jahrb. d. D. R. 3. Jahrg. S. 108—109.

S. 55. Zu Bem. 1 Abs. 1: Boethke in Gruchot, Beitr. Bd. 48 S. 428 macht darauf aufmerksam, daß die Geschäftsanweisung des preußischen Justizministers vom 1. 12. 1899 (JMBl. 267) § 47 Ziff. 10 in Widerspruch mit § 264 stehe. Dort wird dem Schuldner schon von da ab das Wahlrecht entzogen oder doch beschränkt, wenn der Gläubiger dem Gerichtsvollzieher den Auftrag zur Zwangsvollstreckung auf die eine der mehreren Leistungen erteilt hat.

S. 84. Abs. C. Lies l. 32 D depositi 16, 3 statt 1, 63.

S. 95. Zu Abs. 5, letzter Satz: Der Satz ist, wie ich bei nochmaliger Prüfung erkenne, unrichtig. Die Personen, welche die programmäßige Theatervorstellung zur Ausführung bringen, erfüllen eine Verbindlichkeit des Unternehmers und erscheinen, wenn sie auf Veranlassung des Unternehmers handeln, als Personen, deren sich der Schuldner zur Erfüllung seiner Verbindlichkeit bedient. Ob sie in der Ausführung selbständig sind, ist unmaßgeblich; im Hinblick auf die Erfüllung der Schuldverbindlichkeit des Unternehmers dem Theaterbesucher gegenüber bleiben sie gleichwohl im Sinne des § 278 Hilfspersonen. Die zitirte Entscheidung OLG. 8 S. 431 (Dresden) ist auch in diesem Sinne ausgefallen. (In einem Varietétheater ereignete sich ein Unfall durch Explosion einer zu stark mit Kohlensäure gefüllten Flasche, deren sich ein Artist bei Darstellung der ihm übertragenen Produktion bediente, „also zur Erfüllung des auf ihn entfallenden Theils der Vertragserfüllung des Unternehmers".) Vgl. auch RGE. in Jur. Wschr. 1904 S. 549 Nr. 3, D. Jur.Z. 1904 S. 1137 Nr. 93. Nur im Falle eines selbständigen, d. h. nur bei Gelegenheit der Aufführung, nicht in Ausführung der ihm übertragenen Rolle ausgeführten Deliktes ist der Satz in der Fassung des Textes richtig. Vgl. auch § 831 mit Bem.

S. 161. Zu IV: Im Sinne Staubs neuerdings auch zu vergleichen Pohl, die juristische Natur des Bierlieferungsvertrags S. 47 ff., der dem Wirthe bei mangelhaften Lieferungen Seitens des Brauers ein Rücktrittsrecht gewährt. Vgl. ferner Lehmann im Arch. f. d. civilist. Praxis Bd. 96 S. 60 ff., insbesondere S. 91 ff. Dagegen nimmt Müller-Erzbach, D. Jur.Z. 1904 S. 1158 kein Rücktrittsrecht, sondern ein Kündigungsrecht an nach Analogie der für andere dauernde Rechtsverhältnisse, wie Miethe, Dienstvertrag, Gesellschaftsvertrag gewährleisteten Kündigungsrechte. Dieser Auffassung glaube ich mich eher anschließen zu können, als derjenigen Staubs. Einer analogen Ausdehnung der Kündigungsgrundsätze, die nicht nur da zulässig ist, wo das Gesetz die entsprechende Anwendung ausdrücklich vorschreibt, steht nichts im Wege.

S. 190 zu III. 1. Gegenüber der hier mit der herrschenden Ansicht (vgl. auch RGE. Bd. 50 S. 266 ff.) vertretenen Konstruktion vertritt Dernburg II, 240 wieder die Meinung der I. Kommission, daß der Rücktritt das Schuldverhältniß an sich bestehen lasse und nur die daraus entsprungenen Wirkungen entkräfte, also, soweit noch nicht geleistet, neben den neuen Ansprüchen auf Rückgabe, nur Einreden gegen die ipso jure fortbestehenden Vertragsansprüche begründe. Vgl. dagegen Oertmann in Bl. f. RA. Bd. 70 S. 65 ff.

S. 277. Zu 1 a Zeile 19 v. o. (Baudarlehen) vgl. auch Friedländer in Bl. f. RA. Bd. 70 S. 203 ff. und die Bem. 9 zu § 607.

# Zweites Buch.

# Recht der Schuldverhältnisse.*)

---

## Vorbemerkungen.

Das „Recht der Schuldverhältnisse“ entspricht dem Obligationenrechte des gemeinen Rechtes.

Die Bezeichnung „Recht der Schuldverhältnisse“ wurde unter Vermeidung des Fremdworts nach dem Vorgange des Entwurfs eines bürgerlichen Gesetzbuches für Bayern und des Dresdener Entwurfs als eine das gesammte obligatorische Verhältniß, Forderungsrecht und entsprechende Verbindlichkeit, möglichst deckende Bezeichnung gewählt. M. II, 1.

Die Stellung im System als Buch II vor dem Sachenrechte (Buch III) weicht von der früher im gemeinen Rechte üblichen Reihenfolge ab, sie ist entsprechend der Reihenfolge des bayrischen Entwurfs von 1861/4 von der ersten Kommission für das BGB. beschlossen und verdient Billigung, da einerseits der allgemeine Theil dieses Buches sich naturgemäß an die allgemeinen Begriffe und Normen des I. Buches anschließt und andererseits das gesammte übrige Rechtsgebiet, insbesondere die sachenrechtlichen, familienrechtlichen und erbrechtlichen Verhältnisse selten ohne obligatorische Bestandtheile sind, während umgekehrt zahlreiche Schuldverhältnisse ohne Beziehungen zu jenen Rechtsgebieten vorkommen. Vgl. Kuhlenbeck, Von den Pand. z. BGB. II S. 2, Schwarz im Arch. f. d. bürgerl. R. Bd. 1 S. 125, 176.

---

*) Allgem. Literatur: Baron, Jahrbuch f. Nationalökonomie Bd. 19, Bähr, Krit. Vierteljahrsschrift Bd. 32 S. 196 ff., Bekker (Bekker u. Fischer, Beitr. Heft 2), Bernhöft (Bekker u. Fischer, Beitr. Heft 12), Boyens (Gutachten aus dem Anwaltstande, Heft 9), Endemann, Lehrbuch Theil II, Gebhard, Gutachten aus dem Anwaltst., Heft 9, Gierke, Verhandl. des 20. deutsch. Juristentags Bd. 4, Laband, Archiv f. d. civilist. Praxis Bd. 73 S. 161 ff., Hanausek, Verh. d. 20. deutsch. Juristent. Bd. 1, Heusler, Krit. Vierteljahrsschrift Bd. 32 S. 177 ff., Jacoby, Hirths Ann. 1890 S. 34 ff., Klöppel, Gruchot, Beitr. Bd. 32 S. 611 ff., Strohal, Zur Beurtheilung des Rechts der Schuldverhältnisse (Jahrb. f. Dogm. Bd. 33 Nr. 5), Seuffert, Bekker u. Fischer, Erl. z. Entw. Heft 11. Vgl. ferner Ryck, Die Lehre von den Schuldverhältnissen 1889, Meisner, Das Recht der Schuldverhältnisse, Kommentar zum zweiten Buche des BGB. Breslau 1898. Stobbe (Lehmann), Handbuch des Deutschen Privatrechts Bd. III (1898). Oertmann, Das Recht der Schuldverhältnisse, Kommentar. Berlin. Karl Heymann. 1899. Stammler, Das Recht der Schuldverhältnisse in seinen allgemeinen Lehren, Berlin 1897. Kuhlenbeck, Von den Pand. z. BGB. II, Crome, System II, Müller u. Meikel I §§ 73—109, Planck, Komm. II, Schollmeyer, Komm. 1. Hälfte, Wendt, Unterlassungen und Versäumnisse, Tübingen 1901. Aeltere Literatur: Unterholzner, Quellenmäßige Zusammenstellung der Lehre des röm. Rechts von den Schuldverhältnissen. 2 Bde. 1840. v. Savigny, Das Obligationenrecht als Theil des heutigen röm. Rechts Bd. 1 u. 2 (1851, 1853). Mommsen, Beitr. z. Obligationenrecht. 2. Theil. 1855.

I. Begriff des Schuldverhältnisses. Eine Legaldefinition des Schuldverhältnisses giebt das BGB. in §§ 241, 242. Zur Vorbereitung und Ergänzung der bei diesen Paragraphen folgenden Bemerkungen heben wir hier hervor:

1. Das römisch-rechtliche Wort obligatio und das deutsch-rechtliche „Schuldverhältniß" bezeichnen zwei begrifflich durchaus verschiedene Seiten der rechtlichen Auffassung, Unterschiede, auf die bereits Brinz, Pand. II § 206 hingewiesen hat, und die in besonders verdienstvoller Weise vor Allem v. Amira, Nordgerman. Obl.R. I § 7, und Puntschart, Die moderne Theorie des Privatrechts und ihre begrifflichen Mängel (1893), S. 125—246, geklärt hat. Während obligatio sich am angemessensten durch „Haftung" wiedergeben läßt (Brinz a. a. O.), bedeutet „Schuld" ein Sollen (skuld von skal), und zwar vom passiven Standpunkte aus (Schuldnerseite) ein Leistensollen, vom aktiven Standpunkte aus (Gläubigerseite) ein „Bekommensollen". Die Haftung dagegen bezeichnet das Einstehen müssen für dieses Sollen, für die Leistungspflicht. Beide Begriffe sind zunächst völlig unabhängig von einander; man kann haften, bevor man schuldet (z. B. haftet der Depositar schon, bevor der Deponent die Sache von ihm zurückfordert); man kann haften, ohne jemals zu schulden (Beispiel: der Bürge für eine erst zu begründende Schuld), man kann endlich schulden, ohne zu haften (Beispiel: die Naturalobligation). Schulden kann nur eine Person, haften eine Person oder eine Sache. Haftung ist Einstehen, Einsatz, rechtliche Belangbarkeit wegen einer bestimmten Schuld, d. h. für den Fall, daß eine bestimmte Schuld nicht erfüllt wird. Haftung und Schuld stehen nicht im Verhältniß von Mittel und Zweck. „Wenn jedes vernünftige Recht die Haftung beendet, sobald die Schuld erfüllt ist, so kommt das nicht daher, daß der Haftungszweck erfüllt ist, sondern daher, daß er weggefallen ist." (v. Amira a. a. O. I S. 40.) Die Schuld ist der Beweggrund, aus welchem das objektive Recht einen freien Menschen oder eine Sache haftbar macht, zugleich aber auch condicio juris für die Wirksamkeit einer Haftung. Vgl. Stobbe-Lehmann III S. 104.

Art und Maß der Haftung ist der verschiedensten Gestaltungen und Abstufungen fähig. Während die älteren Rechte die Personenhaftung als Einstehen mit dem ganzen rechtlichen Dasein der Person, mit „Gut und Blut" kannte (Personalexekution, körperliche Haftung), beschränkt sich im modernen Recht, abgesehen von der durch Haft (Freiheitsbeschränkung) erzwingbaren Manifestationspflicht, dem Personal-Arrest und der Zwangshaft (CPO. §§ 918, 888), auch die Personenhaftung im Allgemeinen auf eine Haftung mit dem Vermögen. Auch diese Vermögenshaftung kann wieder beschränkt sein auf einen bestimmten Vermögenskomplex (z. B. die Erbschaft, das Gemeinschaftsgut bei der ehelichen Gütergemeinschaft, das Gesellschaftsvermögen). Von dieser beschränkten Personalhaftung ist die reine Sachhaftung wohl zu unterscheiden, bei der das Zugriffsrecht des Gläubigers von vornherein auf einen bestimmten Gegenstand beschränkt ist, wie z. B. beim Pfandrecht, der Reallast, Rentenschuld, Grundschuld, Hypothek. Vgl. L. v. Seuffert im Jahresbericht der Jurist. Gesellschaft zu München, 1902, S. 236ff., auch Schwind, Wesen und Inhalt des Pfandrechts S. 1 ff. Hartmann-Meikel, Anfechtungsgesetz S. 31 Note 1.

Während einerseits der Ausdruck Schuld im weitesten Sinne für jedes Verhalten gebraucht wird, das eine Haftung begründet, insbesondere für den subjektiven Thatbestand eines Delikts (culpa, sak = Vorwurf), wird er andrerseits mit Vorliebe beschränkt auf ein privatrechtliches Sollen und bezeichnet hier noch enger gefaßt auch den Leistungsgegenstand selbst.

Sobald die Schuld eingetreten ist, muß sie als Haftungsgrund den Menschen oder das Ding, was haftet, binden wie eine Fessel; letztere kann durch Tilgung der Schuld „gelöst" werden (debitum solvere), und da die Leistungspflicht leicht mit dem Leistungsgegenstand verwechselt wird, so wird jenes „lösen" der Schuld in der römischen Rechtssprache als solutio geradezu Name der Leistung im weitesten Sinne (solvere = zahlen, wie das schwedische Lösa mark, vgl. v. Amira a. a. O.).

Das Wort „Schuldverhältniß" umfaßt nun wie der Ausdruck „Obligation" im weitesten Sinne die Gesammtheit der auf Grund einer Schuld zwischen Gläubiger und Schuldner bestehenden Beziehungen, also sowohl die Schuld, das Leistensollen, als auch das „Bekommensollen“, den Anspruch einerseits, als auch die Haftung für die Schuld.

2. Das Schuldverhältniß bildet eine Unterart des relativen Rechtes, es ist ein rein persönliches Beziehungsverhältniß, begründet Rechte und Verbindlichkeiten nur zwischen den Personen, welche durch dasselbe in eine rechtliche Beziehung zu einander getreten sind und begründet keinerlei unmittelbare Herrschaft über eine Sache.

Insbesondere kennt das BGB., sich im Obligationenrecht streng an die römisch-rechtliche Begriffsentwicklung anschließend, nicht das dem Preuß. ALR. bekannte sogenannte Recht zur Sache, jus ad rem, d. h. eine relativ dingliche Wirkung der Obligation, derzufolge (vgl. Preuß. ALR. I 10 § 25; I 19 § 5) der spätere Erwerber, der einen obligatorischen Anspruch auf die Sache, das sogenannte Recht „zur Sache“ des früheren Erwerbers, kannte, diesem selbst dann weichen mußte, wenn ihm die Sache tradirt war, er also gegenüber anderen Dritten unzweifelhaft Eigenthum an derselben erworben hatte.

Als Ersatz eines solchen jus ad rem kann heutzutage nur die Anfechtungsschuld (auf Grund der Paulianischen Bestimmungen der KO. und des Anfechtungsges. v. 21. Juli 1879 bezw. 20. Mai 1898) in Frage kommen, die von Hartmann-Meikel, Anfechtungsgesetz S. 31: Linsmeyer, Grund und Umfang der Haftung wegen Benachtheiligung der Gläubiger S. 58 ff., L. v. Seuffert a. a. O. aus dem Gesichtspunkte der beschränkten Haftung erklärt wird.

An sich sind alle Forderungsrechte „unter einander gleich stark; hier gilt kein Vorzug der früheren Begründung, allein das Zuvorkommen in der Ausübung und Durchführung entscheidet“. Vgl. Endemann I § 95 S. 572 N. 11. Eine Wirkung des Schuldverhältnisses gegenüber dritten Personen (beschränkte Haftung Dritter) findet nur ausnahmsweise statt,

a) in den Fällen des § 571 (Kauf bricht nicht Miethe), § 556 Abs. 3 (Vermiether gegen Untermiether), § 604 Abs. 4 (Verleiher gegen Unterleiher), § 822 (Bereicherungsanspruch gegen den unentgeltlichen Erwerber);

b) § 809 (Vorlegungsanspruch gegen jeden Besitzer der Sache);

c) durch das Anfechtungsrecht im Konkurse nach KO. § 29 und außerhalb des Konkurses nach dem RG. vom 21. Juli 1879 bezw. 20. Mai 1898;

d) im Falle des § 851 (Leistung des Ersatzes an den Besitzer).

Von dem Schuldverhältniß im weiteren Sinne ist der aus demselben entspringende einzelne Forderungsanspruch des Gläubigers zu unterscheiden; ein Schuldverhältniß im weiteren Sinne z. B. ein auf die Dauer abgestellter Verpflichtungszustand, Miethe, Arbeitsvertrag, Gesellschaftsverhältniß, erzeugt außer dem obligatorischen Grundverhältniß (Haftung) verschiedenartige obligatorische Einzelrechte und Pflichten.

Zu unterscheiden ist demnach Schuldverhältniß und Anspruch (§ 194 Abs. 1); der Anspruchsbegriff reicht übrigens weiter als das Gebiet der Schuldverhältnisse; „geht der Anspruch aus anderen relativen oder absoluten (z. B. Familien-, dinglichen) Rechten hervor, so deckt er sich weder mit dem subjektiven Recht, noch konzentrirt letzteres sich auf eine ein für alle Mal bestimmte Leistung, sondern es erzeugt Ansprüche verschiedener Art nach Lage der Sache, z. B. auf Herbeiführung eines dem dinglichen Rechte entsprechenden Zustandes, Herstellung des ehelichen Lebens u. dergl. Das schließt nicht aus, daß auf den einzelnen entstandenen Anspruch vielfach die Regeln der Schuldverhältnisse entsprechende Anwendung finden, z. B. über das Maß der Haftung des Verpflichteten, Abtretung des Anspruchs u. dergl., so daß sich das allgemeine Schuldrecht vielfach thatsächlich zu einem allgemeinen Anspruchsrecht ausweiten läßt“. Vgl. Crome II S. 5; ferner Planck II S. 4; Enneccerus § 147 Nr. II.

Von den ebenfalls relativ persönlichen Beziehungen des Familienrechts unterscheidet sich das echte Schuldverhältniß vor allem durch seine wirthschaftliche Zweckbestimmung, die wesentlich in der Befriedigung eines bestimmt begrenzten, individualisirten privaten Interesses aufgeht, während jene Verhältnisse vorwiegend auf sittlichen Pflichten beruhen und die ganze Person ergreifen. Doch entspringen aus den familienrechtlichen Verhältnissen auch zahlreiche echte Schuldverhältnisse z. B. die Unterhaltspflichten (§§ 1601 ff., 1613, 1708 ff.),

Schuldverhältnisse aus der familienrechtlichen Vermögensverwaltung (§§ 1802 ff., 1833, 1890). Vgl. Rehbein, Komm. II S. 11 Abs. 2, Endemann II S. 577 N. 20.

Ueber das Verhältniß des Rechtes der Schuldverhältnisse zum Erbrecht vgl. Rehbein II S. 11 Abs. 3. Rein obligatorische Schuldverhältnisse werden hier begründet durch Vermächtniß, Auflage, Pflichttheilsanspruch (§§ 1967 Abs. 2, 2174, 2192 ff., 2303 ff., 2317).

3. Abweichend vom klassischen römischen Rechte gilt im modernen Rechte das Schuldverhältniß nicht mehr grundsätzlich als mit den ursprünglich verbundenen Personen unlösbar verknüpft. Abgesehen von gewissen höchst persönlichen Forderungen (§ 399) gilt das Schuldverhältniß als ein Vermögensgut, das nicht nur im Wege der Gesammtnachfolge, sondern auch der Sondernachfolge aktiv und passiv auf andere Personen übertragen werden kann. Diese Objektivirung des Schuldverhältnisses erreicht bei zahlreichen Obligationen den Grad, daß „die Individualität des Subjekts zunächst gleichgültig erscheint und dermaßen durch einen äußeren Umstand bestimmt wird, daß jeder in einen gesetzlich normirten Zustand Eintretende (z. B. der Erwerber eines Grundstücks, Inhaberpapiers u. s. w.) als solcher berechtigt und verpflichtet ist, nicht als Rechtsnachfolger dessen, der sich vor ihm in jenem Zustande befand" (Crome II S. 7). Vermöge der objektiven (passiven) Gebundenheit (Haftung) kann daher das Schuldverhältniß sogar den zeitweiligen Ausfall eines Gläubigers überdauern (Zeit, in der ein Inhaberpapier herrenlos ist). Vgl. Endemann II S. 575 N. 11, Kuhlenbeck, Von d. Pand. z. BGB. I S. 73. Wie eine Forderung (Bekommensollen) ohne Schuldner existiren kann, sofern nur eine entsprechende sachliche Haftung gegeben ist (Grundschuld), so existirt hier eine Haftung ohne zeitweiligen Gläubiger, für den Fall, daß ein solcher wieder in die Erscheinung tritt.

Der aus dem Schuldverhältnisse Berechtigte heißt Gläubiger, der Verpflichtete Schuldner. Bei einem Schuldverhältnisse im weiteren Sinne (vgl. oben S. 3 Nr. 3 Abs. 5) kann ein und dieselbe Person in Beziehung auf eine für sie aus demselben entspringende Forderung Gläubiger und in Beziehung auf eine für sie aus demselben entspringende Verbindlichkeit Schuldner werden bezw. stehen sich beide einander gegenüber stehenden Personen einander theils als Gläubiger, theils als Schuldner gegenüber; insbesondere ist dies bei den sog. gegenseitigen (synallagmatischen) Verträgen der Fall. Vgl. Vorbemerkung zu §§ 305 ff. Beispielsweise beim Kaufe ist Käufer Gläubiger in Beziehung auf den Kaufsgegenstand, Schuldner in Beziehung auf den Kaufpreis. Bei sog. einseitigen Verträgen dagegen, z. B. bei der Leihe, wird von vornherein nur die eine Person Gläubiger, die andere Schuldner, und nur in Folge besonderer Unregelmäßigkeiten, z. B. Verschuldens, kann sich hier die Rolle in Beziehung auf eine in Folge dieser Unregelmäßigkeit neu entspringende Verpflichtung umkehren.

Aus dem Begriffe des Schuldverhältnisses folgt, daß Niemand sein eigener Gläubiger und Schuldner sein kann; es müssen sich zwei verschiedene Rechtssubjekte gegenüber stehen. Daher erlischt das Schuldverhältniß, wenn sich Schuld und Forderung in derselben Person vereinigen (sog. confusio). Vgl. Vorbem. zu §§ 362 ff. Diese logische Konsequenz wird aber aus praktischen Gründen wieder aufgehoben:

a) wenn ein Inhaberpapier zeitweilig in die Hände des Schuldners gelangt; mit der Weitergabe an einen Anderen „lebt" hier die Schuld „wieder auf";
b) im Falle der beschränkten Nachlaßhaftung (Nachlaßverwaltung, Nachlaßkonkurs), § 1976;
c) beim Eintritt der Nacherbfolge (§ 2143).

In allen diesen Fällen erweist sich die Haftung als selbständig von dem Bestehen der Schuld, sie bleibt bestehen für den Fall der wieder eintretenden Möglichkeit der Schuld.

4. Während dingliche Rechte nur in dem Umfang und nur mit dem Inhalte begründet werden können, welcher vom Gesetze anerkannt wird, gilt für das Gebiet der Schuldverhältnisse das Prinzip der vollen Vertragsfreiheit. Die Vertragschließenden können nach ihrem Belieben jedes Thun und Unterlassen zum Gegenstand eines Schuldverhältnisses machen und auch die vom Gesetz an gewisse Handlungen und Thatbestände regelmäßig geknüpften rechtlichen Folgen nach ihrem Ermessen — allerdings mit nur obligatorischer

Wirkung — abweichend regeln, soweit nicht das Gesetz durch zwingende Vorschriften die Parteiwillkür ausgeschlossen hat. Solche zwingende Vorschriften enthalten z. B. die §§ 134, 138, 225, 310, 312, 400 BGB. Vgl. Endemann II § 101 S. 594 ff. Dieser Grundsatz der Vertragsfreiheit, auch Typenfreiheit genannt, kennzeichnet das Recht der Schuldverhältnisse im Gegensatz zu dem nur eine gesetzlich bestimmte Anzahl von Sachenrechten gestattenden Sachenrecht. Vgl. auch RGE. v. 17. Januar 1903 in Jur. Wschr. 1903 Beil. S. 42 und bei Soergel, Rechtspr. 1903 S. 45.

5. Vermögenswerth: Im gemeinen Rechte bestand darüber Streit, ob es zum Wesen einer Obligation gehöre, daß die vereinbarte Leistung einen Vermögenswerth für den Gläubiger habe. (Für das Erforderniß des Vermögenswerths Dernburg, Pand. Bd. 2 § 1 Note 6, § 17, dagegen Windscheid, Pand. Bd. 1 § 250 Note 3.)

Das BGB. hat eine Bestimmung, durch welche diese Frage direkt entschieden würde, nicht aufgestellt. Da nun im Rechte der Schuldverhältnisse (s. o. Bem. 4) grundsätzlich die volle Vertragsfreiheit anerkannt ist, so muß beim Mangel einer entgegenstehenden Gesetzesbestimmung angenommen werden, daß nach dem BGB. auch Schuldverhältnisse über Leistungen ohne Vermögenswerth begründet werden können. Wie die Motive (M. II, 3), die Protokolle der zweiten Kommission (P. I, 280, 281 und 620) und die Denkschrift (D. 39) ersehen lassen, war dies auch die Ansicht der Gesetzesredaktoren. Man ging davon aus, daß es der neueren Rechtsentwicklung und den Bedürfnissen des Lebens widersprechen würde, wenn man solchen Schuldverhältnissen, bei denen ein vermögensrechtliches Interesse des Gläubigers an der Leistung nicht vorliege, schlechthin die rechtliche Wirksamkeit versagen wollte. Freilich darf hieraus nicht gefolgert werden, daß durch jedes ernstlich gemeinte Versprechen einer Handlung oder Unterlassung immer auch ein Schuldverhältniß begründet werde. Vielmehr bestehen gewisse Schranken, welche sich theils aus der Natur des Privatrechts, theils aus allgemeinen gesetzlichen Bestimmungen ergeben:

a) Der Wille, sich rechtlich zu verpflichten, d. i. der Wille, dem Gläubiger einen erforderlichen Falls mit staatlicher Hilfe erzwingbaren Anspruch einzuräumen, muß mit Sicherheit erkennbar sein. Es giebt zahlreiche Verabredungen und stillschweigende Konzessionen des gesellschaftlichen Verkehrs, denen ein solcher rechtlicher Wille abgeht. Vgl. u. A. Jur. Wschr. 1904 S. 229. Kuhlenbeck, Handkomm. II S. 14 (Bittleihe); der Unterschied ist auch sachenrechtlich (momentanes Besitzverhältniß vgl. Kuhlenbeck a. a. O. unter e) erheblich; es handelt sich überwiegend um rein gesellschaftliche Gefälligkeitsverhältnisse.

b) Die Uebernahme der Verbindlichkeit darf nicht gegen das Gesetz oder die guten Sitten verstoßen. Unter Umständen kann schon in der Begründung einer Rechtspflicht zu einer Leistung, welche man unter anständigen Leuten nur von dem freien Willen des Anderen erwartet, ein gegen die guten Sitten verstoßender Eingriff in die persönliche Freiheit des Versprechenden gefunden werden (P. I, 281).

c) Der Geltendmachung solcher Ansprüche, denen eine bloße Laune zu Grunde liegt, wird häufig auch das Chikaneverbot des § 226 mit Erfolg entgegengesetzt werden können.

Demnach werden beispielsweise die Zusage des ersten Tanzes auf einem Balle, das dem Arzte gegebene Versprechen, nicht mehr zu rauchen, in der Regel ein Schuldverhältniß nicht begründen. Dagegen darf unbedenklich ein rechtswirksames Schuldverhältniß angenommen werden, wenn sich Jemand seinem Nachbarn gegenüber ernstlich verpflichtet, für gewisse Stunden das Singen oder Musiziren zu unterlassen, oder wenn Jemand einem Andern gegenüber die Verpflichtung eingeht, einem gefangenen Thiere die Freiheit zu schenken, und selbst die Zusage eines ersten Tanzes kann unter Umständen, falls ein rechtliches Interesse damit verknüpft ist, in rechtlich bindender Absicht erfolgen. Jedenfalls hat das BGB. durch die Nichtaufnahme des Erfordernisses des Vermögenswerths den praktischen Vortheil geschaffen, daß einem chikanösen Schuldner die Möglichkeit entzogen ist, die Geltendmachung eines Anspruchs durch den Einwand des mangelnden Vermögensinteresses zu erschweren.

Die Erzwingung von Leistungen ohne Vermögenswerth wird ermöglicht durch die §§ 888, 890 CPO. n. Nr. Auch kann sich der Gläubiger durch Vereinbarung einer Vertragsstrafe nach §§ 399 ff. BGB. die Leistung sichern.

In den Fällen, in welchen die Leistung auf Grund der §§ 888, 890 CPO. n. Nr. nicht erzwingbar ist (z. B. wenn die Handlung nicht ausschließlich vom Willen des Schuldners abhängt, oder wenn die verspätete Leistung für den Gläubiger kein Interesse hat), bildet die Vertragsstrafe das einzige Schutzmittel des Gläubigers, da wegen eines Schadens, der nicht Vermögensschaden ist, nach § 253 BGB. eine Geldentschädigung nur in den durch das Gesetz bestimmten Fällen gefordert werden kann.

Gegen die hier vertretene Ansicht tritt für das Erforderniß eines Vermögenswerths der Leistung vor Allem ein Endemann II § 109 S. 628 ff., Hellwig im Archiv f. d. civilist. Praxis Bd. 86 S. 223 ff. und Oertmann S. 4, 5. Wie hier wohl die Mehrheit, vgl. vor Allem Crome II S. 18 ff., Rehbein II S. 12, Planck S. 5, Kohler, Arch. f. bürgerl. R. Bd. 12 S. 1 bis 88, derselbe in Kohlers Encyklopädie I S. 645 § 56, Stammler, Recht der Schuldverh. S. 2 ff. Die klassische Rechtfertigung unserer Ansicht lieferte v. Ihering, Gesammelte Aufsätze III S. 126 ff. und Jahrb. f. Dogmatik Bd. 18 S. 41 ff.

6. Naturalobligationen: Nach dem BGB. sind grundsätzlich alle Schuldverhältnisse klagbar. Die Klage führt bei erfolgreicher Durchführung zum sog. kompulsiven Exekutionszwang, der übrigens nur, soweit es sich um Verpflichtungen zur Herausgabe einer im Besitze des Beklagten befindlichen Sache handelt, ein direkter, abgesehen davon ein indirekter ist und seine Grenzen an den §§ 704 ff. CPO., bei unvertretbaren Handlungen insbesondere an § 888 CPO. findet.

Ich bezeichne solche, abgesehen von der unter Umständen in Frage kommenden Selbsthülfe (§ 229) mit staatlichem Exekutionszwang ausgestattete Obligationen als vollkommene Civilobligationen.

Neben diesen kannte das frühere gemeine Recht sog. Naturalobligationen, faßte aber unter diesem Ausdruck verschiedene Stufen der indirekten Erzwingbarkeit zusammen, wodurch der Begriff derselben getrübt wurde. Um klarer zu unterscheiden, hat man der regelmäßigen vollkommenen Civilobligation gegenüberzustellen:

a) die unvollkommene Civilobligation. Hieher gehört einmal der Fall, daß eine Leistung nicht kompulsiv, durch Klage, sondern nur durch Vorenthaltung einer Sache indirekt erzwungen werden kann (§ 1000, Zurückbehaltungsrecht wegen Verwendungen); sodann der Fall des § 821 (Einrede des mangelnden rechtlichen Grundes auch nach Verjährung des Anspruchs auf Befreiung), des § 853 (Unverjährbarkeit der Einrede des dolus trotz Verjährung des Anspruchs auf Aufhebung der Forderung);

b) die echte Naturalobligation ist eine Schuld ohne Haftung, sie ist in keiner Weise, weder direkt noch indirekt, erzwingbar, wohl aber erfüllbar, und zwar in dem Sinne, daß die condictio indebiti ausgeschlossen wird, selbst wenn in Unkenntniß der rechtlichen Unerzwingbarkeit geleistet ist. Es gehören hieher:
   α) die verjährte Forderung (§ 222),
   β) der Ehemakellohn (§ 656),
   γ) die Spiel- und Wettschuld (§ 762),
   δ) alle Leistungen, die einer bloß sittlichen Pflicht oder auf den Anstand zu nehmenden Rücksicht entsprechen (§ 814).

Bei diesen echten Naturalobligationen aber herrscht wieder insofern ein Unterschied, als die Forderungen zu α und δ durch vertragsmäßige Anerkennung und Bestellung einer Sicherheitsleistung zu vollkommenen bezw. unvollkommenen Civilobligationen im Sinne von a erhoben werden können, während den Forderungen zu β und γ aus rechtspolizeilichen Gründen auch diese Bedeutung entzogen ist.

Die Erfüllung einer Naturalobligation, sei es auch der schwächsten Form (§§ 656, 762), gilt niemals als widerrufliche Schenkung (§ 534).

II. Entstehung der Schuldverhältnisse. Schuldverhältnisse entstehen entweder freiwillig (aus Rechtsgeschäften) oder unfreiwillig aus anderen Thatbeständen auf Grund unmittelbarer Anordnung des Gesetzes. Mittelbar ist freilich das Gesetz auch bei Rechtsgeschäften Entstehungsgrund der Obligation. Vgl. Stobbe-Lehmann III S. 125.

A. Das Rechtsgeschäft kann sein:

1. ein Vertrag. Soweit das Gesetz nicht ein Anderes vorschreibt, ist zur Begründung eines Schuldverhältnisses durch Rechtsgeschäft sowie zur Aenderung seines Inhalts ein Vertrag zwischen den Betheiligten erforderlich (§ 305). Von Wichtigkeit ist die Unterscheidung zwischen kausalen (individuell charakterisirten) und abstrakten (reinen) Verträgen. Zwar finden sich im BGB. hierüber keine besonderen Regeln. Doch ergiebt sich die Unterscheidung aus verschiedenen Bestimmungen des BGB., insbesondere aus seinen Vorschriften über die ungerechtfertigte Bereicherung (§§ 814 ff.).

Bei den kausalen Verträgen bildet der Zweck der vermögensrechtlichen Zuwendung (auch Rechtsgrund, Bestimmungsgrund, obligatorische causa genannt) nicht nur das wirthschaftliche Motiv, sondern einen wesentlichen Bestandtheil des Rechtsgeschäfts. Die Rechtsbeständigkeit des kausalen Vertrags ist dadurch bedingt, daß der in den Verträgen aufgenommene Zweck der Zuwendung sich verwirklicht.

Bei den abstrakten Verträgen dagegen wird juristisch vom Zwecke der Zuwendung ganz abgesehen (abstrahirt). Sie sind rechtsbeständig und wirksam, auch wenn der von den Vertragschließenden vorausgesetzte Rechtsgrund nicht vorhanden oder ungiltig war, oder wenn die Vertragschließenden verschiedene Rechtsgründe vorausgesetzt haben. Selbstverständlich muß jedoch die Einigung der Vertragschließenden über die vereinbarte Rechtsänderung in rechtsgültiger Weise zu Stande gekommen sein; es müssen also — abgesehen vom Rechtsgrund — alle sonstigen gesetzlichen Erfordernisse des Vertrags vorliegen. Daraus ergiebt sich, daß der abstrakte Vertrag bloß wegen eines Mangels im Rechtsgrunde niemals nichtig oder anfechtbar sein kann. Dem Geschädigten steht hingegen nur ein persönlicher Anspruch auf Rückgängigmachung der Wirkungen des abstrakten Vertrags nach den Vorschriften über die ungerechtfertigte Bereicherung (§§ 812 ff.) zu. Wollen die Vertragschließenden dem Rechtsgrund eine Wirkung für den abstrakten Vertrag beilegen (was bei allen abstrakten Verträgen mit Ausnahme des Wechsels zulässig ist), so können sie dies nur dadurch erreichen, daß sie den Rechtsgrund als Bedingung in den Vertrag aufnehmen.

Ueber kausale und abstrakte Rechtsgeschäfte s. ferner diesen Kommentar Bd. I S. 302 und auch Vorbem. vor §§ 780 ff., Dernburg, Pand. Bd. 1 § 95; Windscheid, Pand. Bd. II §§ 318, 319.

Im Gebiete der Schuldverhältnisse des BGB. werden folgende Rechtsgeschäfte als abstrakte Verträge behandelt: der Erlaß (§ 397), die Abtretung (§ 398), die Schuldübernahme (§ 414), das Schuldversprechen (§ 780), das Schuldanerkenntniß (§ 781), die Annahme der Anweisung (§ 784), die Schuldverschreibung auf den Inhaber (§ 793).

2. Ausnahmsweise in den vom Gesetze besonders bestimmten Fällen kann ein Schuldverhältniß auch durch einseitiges Rechtsgeschäft begründet werden; in Frage kommen:

a) §§ 657 ff. (Auslobung),

b) §§ 793 ff. (Schuldverschreibungen auf den Inhaber),

c) §§ 2174 ff. (einseitige Anordnungen des Erblassers).

B. Unter den Thatsachen, die unabhängig vom Willen ein Schuldverhältniß begründen, kommen in Betracht:

a) unerlaubte Handlungen (Delikte), §§ 823 ff.,

b) erlaubte Eingriffe in fremde Rechtssphäre (sog. Quasikontrakte), § 677 (Geschäftsführung ohne Auftrag),

c) sonstige Zustände, für deren Beseitigung oder Regelung ein Bedürfniß besteht (Quasidelikt, variae causarum figurae, obligationes ex lege in engerem Sinne), z. B. ungerechtfertigte Bereicherung (§§ 812 ff.), Gemeinschaftsverhältnisse (§§ 741 ff.).

III. Anwendungsgebiet: Eine Reihe von Rechtsverhältnissen, welche dem Obligationenrechte angehören, hat außerhalb des BGB. ihre Regelung gefunden, entweder durch besondere Reichsgesetze (so das Handels- und Wechselrecht, das Anfechtungsrecht u. s. w.) oder durch die Landesgesetzgebung (s. hierüber den dritten Abschnitt des Einf.G.). Soweit diese Spezialgesetze, seien es Reichsgesetze oder Landesgesetze und zwar solche aus der Zeit vor oder nach dem 1. Januar 1900, nichts Abweichendes bestimmen, kommen die allgemeinen Grundsätze dieses Buches auch hier zur Anwendung. Durch Art. 15 des Preuß. Ausf.Ges. ist für das Schuldverhältniß aus dem Leibgedings- (Altentheils-, Auszugs-, Ausgedings-)Vertrag (EG. Art. 96) die Anwendung der §§ 325, 326, 327 ausdrücklich ausgeschlossen.

IV. Uebergangsbestimmungen für die vor dem Inkrafttreten des BGB. entstandenen Schuldverhältnisse geben die Art. 170—179 EG.

V. Internationales Privatrecht: Vgl. Vorbemerkung zu Art. 11 EG., Art. 12 EG., Art. 30 EG.

VI. Eintheilung. In den ersten sechs Abschnitten des zweiten Buches sind die allgemeinen Lehren des Rechtes der Schuldverhältnisse zusammengestellt d. h. jene Rechtssätze, welche allen Schuldverhältnissen oder doch größeren Gruppen derselben gemeinsam sind. Der siebente Abschnitt enthält in 25 Titeln die besonderen Vorschriften für die einzelnen Arten von Schuldverhältnissen.

Die Ueberschriften der sechs Abschnitte dieses Theils lauten:

Abschnitt 1: Inhalt der Schuldverhältnisse (§§ 241—304),
„ 2: Schuldverhältnisse aus Verträgen (§§ 305—361),
„ 3: Erlöschen der Schuldverhältnisse (§§ 362—397),
„ 4: Uebertragung der Forderung (§§ 398—413),
„ 5: Schuldübernahme (§§ 414—419),
„ 6: Mehrheit von Gläubigern und Schuldnern (§§ 420—432).

## Erster Abschnitt.

# Inhalt der Schuldverhältnisse.

## Erster Titel.

## Verpflichtung zur Leistung.

### § 241.

Kraft des Schuldverhältnisses ist der Gläubiger berechtigt, von dem Schuldner eine Leistung zu fordern. Die Leistung kann auch in einem Unterlassen bestehen.

E. I, 206; II, 205; III, 235.

1. Schuldverhältniß: Begriff siehe Vorbem. I.

2. Das aus dem Schuldverhältnisse entspringende Recht des Gläubigers fällt unter den weiteren Begriff des Anspruchs nach § 194 und unterliegt deßhalb der Verjährung.

3. Daß die geschuldete Leistung einen Vermögenswerth habe, wird nicht erfordert (s. Vorbem. II, 5).

4. Leistung: Der Ausdruck „Leistung" ist gewählt, um eine „Handlung" im weitesten juristischen Sinne zu bezeichnen, indem dieselbe sowohl eine positive wie eine

negative Willensbestimmung des Schuldners d. h. eine Willensbestimmung nicht nur zur Thätigkeit, sondern auch zur Unthätigkeit (ein Verhalten) begreift. Vgl. Windscheid-Kipp II S. 12 N. 1, a. Mit anderen Worten ist „Gegenstand" des Schuldverhältnisses entweder ein Thun oder Unterlassen. Das Thun kann insbesondere im „Geben" einer Sache d. h. im Verschaffen eines dinglichen Rechtes an einer Sache bestehen (dare).

Es kann ferner in Diensten der persönlichen Arbeitskraft des Schuldners, es kann auch in der in Dienststellung einer gewissen Arbeitskraft überhaupt (durch Vermittlung anderer Personen) bestehen. Wenn es sich um die Leistung von Arbeit handelt, wird der Unterschied erheblich, ob lediglich das Resultat dieser Arbeit, der Erfolg oder die auf einen solchen gerichtete Thätigkeit als solche den „Gegenstand" des Schuldverhältnisses bildet (Werkvertrag oder Dienstvertrag). Vgl. hiezu auch die Vorbem. vor § 611.

Das Unterlassen umfaßt auch das Dulden d. h. Unterlassen des Widerstandes gegen eine fremde Einwirkung. Die Römer (l. 3 pr. D. 44, 7) unterschieden neben dem dare und facere auch das praestare als möglichen Inhalt einer Obligation; der Sinn dieses Wortes ist bestritten; vgl. Windscheid-Kipp II § 252 S. 13 Nr. 4. Wahrscheinlich war darunter das Einstehen für die Leistung eines Anderen zu verstehen. Zweifellos ist ein solches Einstehen für das Verhalten eines Anderen insofern zulässiger Inhalt eines Schuldverhältnisses, als der Schuldner sich für den Fall der Leistung oder Nichtleistung eines Anderen selber zu einer persönlichen Leistung verpflichtet (Beispiel: Bürgschaft, Garantievertrag).

a) Die Leistung kann einfach und zusammengesetzt, insbesondere auch aus Thun und Unterlassen gemischt sein.

b) Die Leistung kann theilbar oder untheilbar sein. Vgl. § 420.

c) Die Leistung kann bestimmt oder unbestimmt sein, sie muß aber wenigstens bestimmbar sein d. h. es muß eine Grundlage ersichtlich sein, von der bei der Bestimmung nach billigem Ermessen ausgegangen werden kann, z. B. Zweck des Versprechens, Verkehrssitte, Gegenleistung u. s. w. Die Bestimmung nach billigem Ermessen kann einem der Vertragschließenden (§ 315) oder einem Dritten überlassen sein (§§ 317, 318, 319); bei entgeltlichen Verträgen steht die Bestimmung der Gegenleistung im Zweifel demjenigen Theil zu, der zu fordern hat (§ 316).

d) Die Leistung muß möglich sein. Vgl. Vorbem. zu §§ 275—283.

## § 242.*)

Der Schuldner ist verpflichtet, die Leistung so zu bewirken, wie Treu und Glauben mit Rücksicht auf die Verkehrssitte es erfordern.

E. I, 224 Abs. 1; II, 206; III, 236.

Der § 242 will eine grundlegende Norm für das gesammte Recht der Schuldverhältnisse geben und kann als einer der wichtigsten des ganzen BGB. bezeichnet werden. Er giebt nicht bloß wie § 157 eine Auslegungsregel, sondern stellt ein über dem Willen der Parteien stehendes Prinzip auf, das zwar nicht definirt werden kann, dennoch aber, um es gegen Mißbrauch zu sichern, um so mehr der Erläuterung bedarf.

1. „Treu und Glauben" bedeutet mehr als der Hinweis auf den wirklichen Willen oder Sinn einer rechtsgeschäftlichen oder gesetzlichen Vorschrift im Gegensatze zu einer rein buchstäblichen (grammatischen, sophistischen) Auslegung (§ 133). Auch der geäußerte und festgestellte Wille der Partei soll diese nicht zu einem Resultate nöthigen, das der Billigkeit widerspricht.

---

*) Literatur: Hagen, Die Usance und Treu und Glauben im Verkehr 1904. Stammler, Recht der Schuldverhältnisse S. 36—54. Stammler, Die Lehre vom richtigen Recht, insbesondere S. 330 ff., Hachenburg, Vorträge S. 5—13. Kuhlenbeck, Von den Pand. zum BGB. II S. 35—42. Endemann II S. 589—593. Danz, Auslegung der Rechtsgeschäfte 1897. v. Jacubezky in Gruchot, Beitr. Bd. 40 S. 591. Steinbach, Treu und Glauben im Verkehr, 1900. Schneider, Treu und Glauben im Recht der Schuldverhältnisse des BGB., 1902, dazu Regelsberger i. d. Krit. Vjschr. Bd. 1 S. 3, Bd. 8 S. 429. Schneider, Treu und Glauben im Sinne des BGB. in D. Jur.Z. 1903 S. 232. (Schneider wendet sich gegen die anscheinend vielfach zu weit gehende Ausdehnung, die dem § 242 durch Stammler a. a. O. gegeben wird, und behandelt eine Anzahl praktischer Fälle, a. a. O. S. 341 ff.)

Auf keinen Fall jedoch bedeutet die Verweisung auf „Treu und Glauben" so viel, daß ein über den Parteien stehendes subjektives Ermessen des Richters den Inhalt der Leistung zu bestimmen hat. Vielmehr soll durch diese Worte eine objektive Norm zur Abwägung und Entscheidung der widerstreitenden subjektiven Deutungen des Inhalts der Leistung aufgestellt werden.

„Treu und Glauben" entspricht dem aequum et bonum der römischen Rechtssprache, enthält also insofern in der That die Hinweisung auf ein „soziales Ideal" (Stammler S. 43 ff.), als dieses „Ideal" in einer „individualisirenden Gerechtigkeit", nicht jedoch in der „sinnreichen Erdichtung der inhaltlich ausgeführten Rechtsordnung eines paradiesischen Gemeinwesens" (Stammler S. 47) zu suchen ist.

Das Wesen der wahren individualisirenden Gerechtigkeit ist nicht ein starres abstraktes Gleichheitsmaß, sondern das suum cuique, die jeden Werth (jedes Interesse) von einem über dem Standpunkt der Streittheile erhabenen Standpunkt aus objektiv abwägende Schätzung. (Daher die Wage das Sinnbild der Gerechtigkeit.) Diese Schätzung fordert Kenntniß und Berücksichtigung der Umstände des einzelnen Falles. Vgl. hierzu die vortrefflichen Bemerkungen von Beneke, Grundlinien der Sittenlehre I S. 70 ff. Der Verfasser legt dar, daß allgemeine Rechtsnormen, Gesetze wesentlich nur durch das Interesse gefordert werden, für die Unparteilichkeit der Entscheidungen eine äußere Sicherheit zu erhalten und fährt dann fort: „Für die innere Gerechtigkeit der Entscheidung aber ist diese Allgemeinheit so wenig wesentlich, daß sie vielmehr dafür stets als mehr oder weniger nachtheilig oder als ein Uebel betrachtet werden muß. Zu den für die Feststellung der Gesetze vorher im Allgemeinen abgewogenen Interessen können ja im einzelnen Falle andere hinzukommen, welche der entgegengesetzten Seite den Ausschlag geben, und das durch das Gesetz als Recht Festgestellte zum Unrecht machen (summum jus summa injuria). Für die Beurtheilung des Rechtes werden an und für sich so wenig allgemeine Urtheile erfordert, daß diese vielmehr kaum möglich sind, ohne daß dadurch der Gerechtigkeit für einzelne Fälle mehr oder weniger Abbruch geschieht. Für die vollkommene Gerechtigkeit wird die vollständige Abwägung aller Interessen erfordert, wie sie sich ganz individuell in jedem einzelnen Falle geknüpft finden, und es ist keinem Zweifel unterworfen, daß ein allweiser, durchaus unparteiischer und des allgemeinen Vertrauens genießender Richter, welcher durch kein Gesetz gebunden, jeden einzelnen Fall in völlig individueller Abwägung besonders entschiede, den Anforderungen der Gerechtigkeit vollkommener entsprechen würde, als es die vollkommensten Gesetze zu thun im Stande sind Deßhalb bildet auch die Billigkeit gewissermaßen eine nothwendige Ergänzung des Rechtes, und es ist stets zu bedauern, wenn dem Einzelnen oder dem Richter, welcher dieselbe an die Stelle des strengen Rechtes eintreten lassen möchte, zu sehr die Hände gebunden sind. Auch ergiebt sich hieraus unmittelbar, daß selbst die allgemeine Entscheidung, welche das positive Recht geben muß, um von zwei Uebeln das kleinste zu wählen (nämlich lieber abstrakte Unparteilichkeit zu gewährleisten, als individuelle Willkür), keineswegs aus der bloß allgemeinen oder abstrakten Betrachtung heraus gegeben werden darf. Wir haben gesehen, daß durch die hinzukommenden besonderen Interessen das durch das allgemeine Gesetz als Recht Festgestellte zum Unrecht, das als ein Gutes Erstrebte zum Uebel werden kann; der Gesetzgeber aber muß unstreitig so wenig Uebel als möglich wollen und am wenigsten selbst herbeiführen wollen, und so hat er denn vor Feststellung des Gesetzes sorgsam zu überlegen, welche besonderen Interessen und mit welcher Wahrscheinlichkeit zu den durch das allgemeine Verhältniß bedingten hinzukommen können." — Da aber auch die sorgsamste Vorerwägung den Gesetzgeber nicht befähigt, alle individuellen Interessen eines Einzelfalls im Voraus abzuwägen, so sieht er sich, um dem Vorwurf, der sich gegen jedes jus strictum erheben kann, nach Möglichkeit vorzubeugen, genöthigt, den Richter neben der allgemeinen Rechtsregel auch auf die Abwägung der besonderen Interessen des einzelnen Falles hinzuweisen. Dieser gesetzgeberischen Erwägung entsprang die Zulassung der exceptio doli generalis im römischen Prozeß. Ihr verdanken auch die §§ 157, 242 BGB. ihre Entstehung.

Eine Beurtheilung des einzelnen Falles nach Treu und Glauben soll verhüten, daß der äußere Schein des Rechtes, die Legalität, der Buchstabe des Gesetzes zum Vorwand materiellen Unrechts mißbraucht werde, daß das „Recht" in Widerspruch zur Moral trete. Damit ist nicht gesagt, daß durch diesen Grundsatz die ethische Ueberzeugung zu einer Rechtsquelle erhoben werden soll, Recht und Moral bleiben getrennte Gebiete, solche jedoch, die nicht in Konflikt miteinander treten sollen. Durch diesen Grundsatz soll der Vorwurf: summum jus summa injuria vermieden werden. Das Obligationenrecht des BGB. ist kein jus strictum im Sinne der Römer, vielmehr sind nicht nur alle Verträge, sondern alle Schuldverhältnisse bonae fidei d. h. unterliegen einer individualisirenden Beurtheilung. Das BGB. bringt diesen Grundsatz noch in zahlreichen anderen Fällen durch andere Worte zum Ausdruck, z. B. wenn es auf die „Umstände" des Falles, auf die „verständige Würdigung" des Falles, auf „billiges Ermessen" verweist, wenn es „wichtige

Gründe" als Gründe des Rücktritts von einem Vertrage, der Kündigung u. s. w. zuläßt; einen Spezialfall des Grundsatzes bietet ferner § 320 Abs. 2, §§ 162, 815. Im römischen Rechte hatte der fragliche Grundsatz außerdem eine besondere Ausbildung erhalten in dem auf individualisirende Rechtspflege gerichteten Institute der restitutio in integrum, welches dem BGB. fremd ist.

2. Der § 242 ist nicht lediglich im Interesse des Schuldners, sondern auch des Gläubigers aufgenommen, er begründet ferner keine Einrede, sondern ist von Amtswegen zu berücksichtigen.

3. Der § 242 ist zwingendes Recht; „alle Einzelbestimmungen an sich erlaubter und gültiger Geschäfte und ebenso alle ergänzenden Rechtssätze, die das BGB. zur Anwendung bereitgestellt hat, sollen nur unter der Einschränkung gelten, daß sie im besonderen Falle nach Treu und Glauben das richtige Ergebniß liefern". (Stammler S. 53.) Dagegen scheitert die Berufung auf „Treu und Glauben" gegenüber anderen zwingenden Rechtsnormen, beispielsweise gegenüber der Nichtigkeit der Spiel- und Wettschuld, des Differenzgeschäfts.

4. Durch den Hinweis „auf die Verkehrssitte" soll lediglich eine thatsächliche Voraussetzung zu richtiger Bemessung der Leistung geliefert werden; keineswegs aber soll die Verkehrssitte allein das zur Beurtheilung erforderliche Material liefern. Wo jedoch die übrigen konkreten Umstände nicht ausreichen, um das Erforderliche objektiv zu bestimmen, bietet in der Regel die Verkehrssitte einen Anhalt. „Die Sitte ist eine im Leben des Volkes sich bildende verpflichtende Gewohnheit" (v. Jhering, Zweck im Recht II S. 24), sie braucht aber nicht die Bedeutung eines Gewohnheitsrechts zu haben. Gemeint ist nur die gute Sitte, nicht etwaige Unsitten. Nicht zu berücksichtigen bei Bemessung einer Rechtsverbindlichkeit sind ferner Sitten, die der Sphäre der freien Sittlichkeit, des bloßen Anstands oder der Mode angehören, z. B. sog. Liberalitätszwang, Solutionszwang, Bewirtungszwang (v. Jhering, Zweck im Recht II S. 282—290). Es muß sich um Sitten des rechtsgeschäftlichen Verkehrs handeln. Vgl. auch Dernburg, BR. II, 1 S. 25.

Der Gewerbetreibende muß die Verkehrssitte gegen sich gelten lassen, wenn er nicht seinen abweichenden Willen unzweideutig seinem Kunden zu erkennen gegeben hat. RGE. v. 6. Oktober 1903, Das Recht 1903 S. 603. Bedenklich ist die RGE. v. 25. Oktober 1902, Das Recht 1903 S. 41, D. Jur.Z. 1903 S. 31 betr. Beweis der Verkehrssitte und ihrer Kenntniß; m. E. bedarf eine Verkehrssitte des Beweises nur insofern, als sie dem Gericht unbekannt ist; auch ist das Gericht bei Ermittelung einer solchen auf die von den Parteien beigebrachten Nachweise nicht beschränkt, vielmehr befugt, auch andere Erkenntnißquellen zu benutzen (Analogie des § 293 CPO.). Kenntniß einer Verkehrssitte ist keineswegs unbedingt erforderlich, ihre Unkenntniß kann nur unter Umständen als Irrthum nach § 119 rechtserheblich werden.

5. Gute Wegweiser bieten Gesetzesnormen, die in hervorragender Weise billiges Recht (jus aequum) enthalten: l. 38 D. de rei vind. 6, 1 (bonus judex varie ex personis causisque constituet); BGB. § 259 Abs. 3 (minima non curat praetor); § 226 (Chikaneverbot); § 320 Abs. 2 (Ist von der einen Seite theilweise geleistet worden, so kann die Gegenleistung insoweit nicht verweigert werden, als die Verweigerung nach den Umständen, insbesondere wegen verhältnißmäßiger Geringfügigkeit des rückständigen Theiles, gegen Treu und Glauben verstoßen würde); § 610 (clausula rebus sic stantibus); § 929 (Billigkeit nach den Umständen, insbesondere nach den Verhältnissen der Betheiligten); ferner Präjudizien: RGE. Bd. 3 S. 301, Bd. 11 S. 126, Bd. 26 Nr. 33, Bd. 28 Nr. 65, Bd. 30 Nr. 1, Bd. 32 Nr. 36. Vgl. ferner RGE. Bd. 50 S. 169, Bd. 53 S. 70, Bd. 54 S. 80; ferner RGE. in D. Jur.Z. 1904 S. 314, Jur. Wschr. 1904 S. 89.

Einen Fall, in dem das Reichsgericht den Grundsatz nicht genügend berücksichtigt haben dürfte, behandelt Kuhlenbeck in Jur. Wschr. 1904 S. 377 ff. (RGE. Bd. 55 S. 129 ff.) Ueber einen anderen Anwendungsfall vgl. Bem. 1 Abs. 4 zu § 244.

6. Die Vorschrift bezieht sich auf alle Schuldverhältnisse, ohne Rücksicht, ob sie aus Rechtsgeschäften oder unmittelbar auf dem Gesetze beruhen (vgl. Vorbem. II S. 7 oben).

Sie ist maßgebend für Ort, Zeit, Art und Maß der Leistung.

Die ergänzenden Normen über den Inhalt der Leistung enthalten die §§ 133 und 157 für rechtsgeschäftliche Schuldverhältnisse. Bei den unmittelbar auf gesetzlicher Vorschrift beruhenden muß durch Auslegung des Gesetzes gefunden werden, ob eine Verpflichtung entstanden ist oder nicht.

## § 243.*)

Wer eine nur der Gattung nach bestimmte Sache schuldet, hat eine Sache von mittlerer Art und Güte zu leisten.

Hat der Schuldner das zur Leistung einer solchen Sache seinerseits Erforderliche gethan, so beschränkt sich das Schuldverhältniß auf diese Sache.

E. I, 213, 214; II, 207; III, 237.

1. Gattungsschuld: Die Gattungsschuld (auch generische Schuld genannt) stellt im Gegensatz zur individuell bestimmten sog. Speziesschuld einen Sonderfall der Unbestimmtheit der Leistung dar. Vgl. Bem. 4, c zu § 241. Es handelt sich um Schuldverhältnisse, bei welchen die Leistung nicht individuell oder konkret, sondern bloß nach Gattungsmerkmalen, abstrakt bestimmt ist. Zu beachten ist aber die Relativität des Gattungsbegriffs. Vgl. Kuhlenbeck, Von d. Pand. z. BGB. II S. 23. Je geringer die Anzahl der Begriffsmerkmale ist, um so größer ist der Umfang der Gattung, um so unbestimmter also der Obligationsinhalt, nach einem bekannten logischen Gesetze, demzufolge Umfang und Inhalt jedes Begriffs in umgekehrtem Verhältniß zu einander stehen. Vgl. Lotze, Logik S. 43. Nach dem oben Vorbem. 3, b Gesagten müssen wenigstens so viel Begriffsmerkmale angegeben sein, daß die Gattung bestimmbar ist. Zu den juristischen Merkmalen einer Gattung gehören alle im Verkehr (wirthschaftlich) erheblichen Eigenschaften, insbesondere die Herkunft (der Ursprungsort) einer Sache (Moselwein, Schaumwein, Rüdesheimer Wein, Rüdesheimer Berg-Wein). Zu beachten ist hierbei, daß im Verkehr nicht selten die Ursprungsangabe ihre ursprüngliche Bedeutung einbüßt, daß insbesondere geographische Namen schließlich zu bloßen Qualitätsbezeichnungen werden. Vgl. Goldfeld, Geographische Namen als Qualitätsbezeichnung in gewerblicher Rechtsschutz und Urheberrecht 1904 S. 149. Soll in solchem Falle die Gattung durch den Ursprungsort näher bestimmt werden, so ist es Sache der Parteien, dies deutlich hervorzuheben (Pilsener Bier —, echtes Pilsener Bier). Sofern die Erzeugung im Verkehr einen wirthschaftlichen erheblichen Unterschied begründet, wird sie zum Gattungsmerkmal (Natureis, künstlich erzeugtes Eis). Wird die gesammte Erzeugung Vertragsgegenstand, so liegt keine Gattungsschuld vor, namentlich macht der Zusatz einer Zahl, eines Maßes oder eines Gewichts die Leistung nicht zur Gattungsschuld. (OLG. Breslau, 25. Juni 1903, Das Recht 1903 S. 359, Soergel, Rechtsprechung 1903 S. 45.)

Im Anschluß an Windscheid, Pand. II § 255 Note 17, Wohler, Jahrb. f. Dogmatik Bd. 17 S. 390 ff. u. A. bezeichnen die Motive II S. 11 solche Verbindlichkeiten, bei denen ein Merkmal (Vorrath) nicht mehr aus der Natur der betreffenden Art entnommen ist, als gemischt generische. Endemann II S. 673 hat dafür den zutreffenderen Ausdruck „begrenzte Gattungsschuld". Gegen diesen Begriff Dernburg II S. 27. Vgl. dazu weiter unten Bem. 4. Die praktische Bedeutung der Gattungsschuld liegt in Folgendem:

a) Qualität der Gattung (Sachen mittlerer Art und Güte): Wenn nicht alle Individuen einer Gattung gleichwertig sind, kann die Qualitätsfrage Gegenstand des Streites werden. Weil noch keine bestimmten Individuen in obligatione sind, hat zunächst der Schuldner das Bestimmungsrecht der zu leistenden Sache (Ausscheidungsrecht), sofern nicht etwas Anderes vereinbart ist; es kann vereinbart sein, daß der Gläubiger das Ausscheidungsrecht hat, insbesondere kann dies Recht bei einem Vermächtnisse dem Bedachten zugeschrieben sein (§ 2155 Abs. 2); endlich kann ausgemacht sein, daß die Bestimmung der zu leistenden Sache durch einen Dritten erfolgen soll (§ 2155 Abs. 2, §§ 317—319). Während im Falle des § 2155 eine den Verhältnissen des Bedachten entsprechende Sache, im Falle des § 317 aber „nach billigem Ermessen" zu leisten ist, soll in allen anderen Fällen, mag nun der Schuldner (Regel) oder der Gläubiger (Ausnahme) das Bestimmungsrecht haben, der Gläubiger Sachen mittlerer Art und Güte beanspruchen dürfen. (Abweichend das Röm. R., l. 72 § 5 D. de sol. 46, 3,

---

*) Literatur: Berndorff, Die Gattungsschuld (1900). Haver, Desgl. (1900) in Ebering, Rechts- und Staatswissenschaftliche Studien, Heft 11. Jhering, Jahrb. f. Dogmatik Bd. 4 S. 366. Goldschmidt, Handelsr. § 61. Endemann I § 119. Cosack § 84. Mathiaß I § 74 Ziff. II. Enneccerus § 152. Müller und Meikel § 77. Crome II § 147. Cuno, Uebergang der Gefahr bei Gattungsschulden nach dem BGB. 1901. Düringer-Hachenburg, HGB. II S. 398.

demzufolge der Schuldner die geringste, fehlerlose Sorte liefern durfte.) Der Ausdruck findet sich zuerst im Preuß. ALR. I, 5, § 275. Er entspricht der Bestimmung des Code civil § 1246: „Der Schuldner braucht nicht von der besten Art, aber darf auch nicht von der schlechtesten ausscheiden." Vgl. auch § 330 HGB.: „Handelsgut mittlerer Art und Güte." Was dahin gehört, ergiebt Handelssitte (sachverständiges Gutachten). Im Zweifel entscheidet die Verkehrsauffassung des Erfüllungsorts. Vgl. HGB. § 361 (in entsprechender Anwendung). Zu beachten ist aber auch gegenüber dieser Bestimmung der Grundsatz des § 242 (Treu und Glauben): insbesondere kann sich nach letzterem ergeben, daß nicht eine mittlere Qualität, sondern eine preisentsprechende, preiswerthe zu leisten, d. h. daß die Qualität mit Berücksichtigung des üblichen Preises (wenn es sich um einen Gattungskauf handelt) zu bestimmen ist. (Angenommen, es seien 100 Stück Cigarren zu einem Preise von 20 Mk. bestellt, ohne genauere Angabe der Gattung; zweifelsohne würde es in diesem Falle gegen Treu und Glauben mit Rücksicht auf die Verkehrssitte verstoßen, schlechthin Cigarren mittlerer Art und Güte, also etwa Cigarren zu liefern, welche durchschnittlich 10 Mk. das Hundert kosten. Kuhlenbeck, Von d. Pand. z. BGB. II S. 23.)

b) Wenn die Leistung aus einer Gattungsschuld nicht allen aufgestellten Merkmalen entspricht (Gattungsmängel), gilt sie nicht als Erfüllung, der Gläubiger kann nach wie vor die richtige Leistung verlangen bezw. hat die Einrede des nicht erfüllten Vertrags (§§ 320 ff.), hat auch unter Umständen Schadensersatzanspruch wegen Verzugs (§ 286). Ist aber die Leistung ein der geschuldeten Gattung entsprechendes Mittelgut oder fällt sie zwar unter den Begriff der vereinbarten Gattung, entspricht aber nicht der innerhalb dieser Gattung vereinbarten Qualität (Qualitätsmängel) und handelt es sich um einen Kauf oder Tausch, so konkurriren mit diesen Ansprüchen elektiv der Wandelungs- und der Minderungsanspruch (§§ 480, 515); eine Reihe von Vorschriften über die Wandelungs- bezw. Minderungsansprüche (§§ 464 bis 466, 467 Satz 1 und §§ 469, 470, 474—479) finden beim Gattungskauf bezw. Tausch auch auf die Erfüllungsklage entsprechende Anwendung (§ 480 Abs. 1). Vgl. Crome II S. 49. Auch Quantitätsmängel können nach juristischer Auffassung Qualitätsmängel sein, z. B. wenn eine bestimmte Länge oder Breite des Stoffes, sein Gewicht oder die Zahl gewisser Bestandtheile Bestimmungsmittel für die Qualität sind (E. d. ROHG. Bd. 2 S. 60, Bd. 4 S. 134, Bd. 11 S. 284, Bd. 15 S. 302, 411). Gattungsmängel sind stets die Echtheit der Substanz (E. d. ROHG. Bd. 14 S. 367, Bd. 19 S. 402), Sommerfrucht statt Winterfrucht (E. d. ROHG. Bd. 24 S. 404), künstliches Eis statt Natureis. Qualitätsmängel: Rissigkeit (E. d. ROHG. Bd. 7 S. 114), Feuchtigkeit des Stoffs, wenn er trocken, Trockenheit, wenn er feucht sein soll (E. d. ROHG. Bd. 11 S. 284). Vgl. Crome a. a. O. Insbesondere über Eisen und Stahl siehe Busch, Arch. f. Handelsr. Bd. 15 S. 187.

c) Von besonderer Bedeutung ist der Unterschied zwischen Gattungs- und Speziesschuld für die Tragung der Gefahr; species perit ei cui debetur, genus perire non censetur. Siehe darüber unten 5, b. Nur, wenn die ganze geschuldete Art erloschen ist, wird auch der Gattungsschuldner von seiner Schuld wegen Unmöglichkeit der Leistung frei. Vgl. den Fall bei Dernburg II S. 31 Note 7, Jur. Wochenschr. 1897 S. 438.

d) Bei gewissen Schuldverträgen muß das Objekt generisch d. h. nur der Gattung nach bestimmt sein (z. B. Darleben, § 607), bei anderen pflegt es regelmäßig individuell bestimmt zu sein (Miethe, Pfand, Verwahrungsvertrag), man spricht in den Ausnahmefällen (§ 700) von einem unregelmäßigen Vertrag des fraglichen Typus.

e) Die Beweislast, daß die Leistung der vereinbarten Gattung entspricht, trifft regelmäßig den Schuldner. Vgl. jedoch RGE. v. 10. Dez. 1900, Sächs. Arch. Bd. 11 S. 592, Warneyer I S. 35. (Von der Regel, daß der Verkäufer beim Gattungskauf das Vorhandensein zugesagter Eigenschaften der verkauften Sache beweisen muß, werde gemäß der Anschauung des Verkehrs eine Ausnahme zu machen sein, wenn es sich um eine vereinbarte Provenienz der Waare handle, welche durch Untersuchung der letzteren nicht feststellbar sei.) Die Beweislast trifft jedoch den Beklagten, wenn er die ihm angebotene Leistung ohne Vorbehalt (§ 464) angenommen hat (§ 363).

2. § 243 bezieht sich nur auf Sachen (vgl. § 279, welcher von einem nur der Gattung nach bestimmten geschuldeten Gegenstande spricht). Für die seltenen Fälle, in denen

eine nur der Gattung nach bestimmte Handlung den Gegenstand des Schuldverhältnisses bildet, ist der zu erforschende Wille der Vertragstheile maßgebend. Immerhin wird § 243 auch auf gewisse obligationes ad faciendum entsprechend anwendbar sein. Vgl. l. 54 § 1 D. de V. S. 45, 1; Besorgung eines Kutschers, der Kavallerist war und mit Pferden umzugehen versteht, Crome II S. 46 N. 5; Berndorff, Die Gattungsschuld S. 7.

3. „Der Gattung nach bestimmt" ist nicht gleichbedeutend mit „vertretbar" im Sinne des § 91. Vertretbare Sachen können als Spezies geschuldet sein (z. B. bestimmte Geldstücke) und umgekehrt können Sachen, welche im Verkehre nicht nach Zahl, Maß oder Gewicht bestimmt zu werden pflegen, für ein spezielles Rechtsgeschäft nur nach Gattung und Art in Betracht kommen (z. B. Pferde bei einem Lieferungsvertrage über eine Anzahl von Wagen- oder Reitpferden eines gewissen Schlages). Ob das Eine oder das Andere der Fall ist, darüber entscheidet der Wille der Vertragschließenden.

4. Bei der sog. gemischt-generischen Obligation (siehe oben Bem. 1) ist es Frage der Willensauslegung, ob eine Gattungsschuld oder eine Wahlschuld (§ 262) vorliegt. Erheblich wird hierbei der Unterschied der Verbindlichkeit

a) zur Leistung einer Quantität vertretbarer Sachen aus einem größeren Vorrath oder

b) derjenigen zur Leistung eines nicht individualisirten Stücks einer Sachgesammtheit.

Beispiel ad a: „100 Scheffel Schmelzkokes von der Zeche Dannenberg": Beispiel ad b: „eins von den Pferden des Grafen X." Im Falle a haben wir eine echte Gattungsschuld, die Provenienz ist ein Gattungsmerkmal. Im Falle b aber kann ein Wahlschuldverhältniß gemeint sein, so daß nicht die Bestimmungen des § 243, mithin auch nicht jene des § 279, sondern die der §§ 262—265 Anwendung finden. (Gegen eine chikanöse Vornahme der Wahl ist der Gläubiger geschützt durch die §§ 157 und 242.) Es kann aber auch im Falle b die Meinung sein, daß die einzelnen, in die Sachgesammtheit gehörigen Stücke als unter einander vertretbar behandelt werden sollen, so daß eben die Sachgesammtheit die, wenn auch noch so sehr begrenzte, Gattung bildet. Vgl. Schollmeyer S. 10. Regelmäßig wird anzunehmen sein, daß die Parteien, welche eine individuelle Menge bestimmt bezeichnet haben, aus welcher zu leisten ist, auch Werth darauf legen, daß die Leistung gerade aus dieser Menge erfolgt; es ist unlogisch, dieserhalb solche Schuldverhältnisse nur als Wahlobligationen aufzufassen oder umgekehrt in solchen Fällen zu gestatten, daß Schuldner überhaupt Sachen derselben Gattung auch aus einem anderen Vorrath leiste. Der Begriff der Gattung ist eben relativ und flüssig.

A. M. theilweise die erste Auflage. Es handelt sich lediglich um Thatfragen, für die keinerlei praesumptio juris besteht. Eine ganz besondere abweichende Auffassung der begrenzten Gattungsschuld findet sich bei Rehbein I S. 27, 28. Er nimmt weder Gattungsschuld im Sinne des § 242 noch Wahlschuld an, sondern eine unbestimmte Speziesschuld, auf die § 315 anwendbar sei. Er behauptet: „Der Unterschied von der generischen Obligation tritt auch darin hervor, daß von Anwendung der §§ 480, 491 (493, 651) offensichtlich nicht die Rede sein kann." Warum aber soll bei einem Kaufe einer bestimmten Quantität aus einer Schiffsladung nicht Käufer die Wahl haben zwischen Wandelung, Minderung oder eine Lieferung einer mittleren bezw. vertragsmäßigen Qualität aus dieser Ladung? Mir ist das Gegentheil keineswegs offensichtlich.

Die Bedenken der Gegner, wie auch der logisch unklare Ausdruck „gemischt-generisch" beruhen auf Verkennung der Relativität und Subjektivität des Gattungsbegriffs; objektive Gattungen giebt es nicht, am allerwenigsten bei den Gattungen des Verkehrs; jede Gattung ist mehr oder minder begrenzt durch ihre Merkmale und letztere können in allen möglichen wirthschaftlich erheblichen Eigenschaften, also auch in irgend einer „Provenienz" bestehen.

5. Zu Absatz 2: Beschränkung des Schuldverhältnisses auf eine bestimmte Sache (Umwandlung der Genusschuld in eine Speziesschuld, Konzentration, Konkretisirung, Spezialisirung des Schuldverhältnisses). Gegenstand der Leistung kann immer nur eine individuell bestimmte Sache sein. Jedes Schuldverhältniß muß sich daher in einem gewissen Zeitpunkte auf eine bestimmte Sache beschränken.

a) Zeitpunkt des Eintritts der Beschränkung. Im gemeinen Rechte bestand Streit darüber, ob die Konzentration schon dann eintrete, wenn der Schuldner die zu liefernde individuelle Sache ausgeschieden, oder wenn er dem Gläubiger die Ausscheidung angezeigt, oder erst dann, wenn er wirklich geleistet hat (Windscheid, Pand. Bd. 2 § 255 Note 20 und § 390 Note 8). Das BGB. hat die Streitfrage im Sinne der letztgedachten Ansicht — der sog. Lieferungstheorie — entschieden, jedoch mit der Modifikation, daß die Beschränkung des Schuldverhältnisses schon dann eintritt, wenn der Schuldner das zur Leistung einer obligationsmäßigen Sache seinerseits Erforderliche gethan hat. Vorausgesetzt wird hienach:

α) daß der Schuldner die ihm obliegenden Erfüllungshandlungen vollständig vorgenommen hat. Wann diesem Erfordernisse genügt ist, ergiebt sich aus dem Inhalte des Schuldverhältnisses. Stets tritt die Konzentration ein, sobald der Schuldner dem Gläubiger die Sachen in einer Weise angeboten hat, daß der letztere durch die Nichtannahme in Verzug geräth (§§ 293, 294, 300 Abs. 2), unter Umständen aber auch schon in einem früheren Zeitpunkte, z. B. im Falle des § 447 schon dann, wenn der Verkäufer die verkaufte Sache dem Spediteur, dem Frachtführer oder der sonst zur Ausführung der Versendung bestimmten Person oder Anstalt ausgeliefert hat, da im letzteren Falle der Schuldner schon mit der Auslieferung das zur Bewirkung der Leistung seinerseits Erforderliche gethan hat; die Konzentration tritt nicht ein, wenn die angebotenen oder übersendeten Sachen dem Schuldner nicht gehörten, sofern letzterer (§ 433 beim Kauf) zur Verschaffung von Eigenthum verpflichtet ist, weil alsdann der Schuldner nicht das Erforderliche zur Erfüllung seiner Verbindlichkeit gethan hat. Hat aber der Gläubiger die Uebertragung des Eigenthums an den betreffenden Sachen angenommen, so ist das Schuldverhältniß erledigt, wenn er auf Grund des Erwerbes in gutem Glauben nach Maßgabe der §§ 931 ff. Eigenthümer geworden ist. Vgl. Planck Bem. 6 zu § 243;

β) daß die gelieferte Sache dem Erfordernisse des Abs. 1 entspricht, also mindestens von mittlerer Art und Güte ist. Die Konzentration tritt aber auch ein, wenn eine Sache von besserer als mittlerer Qualität geliefert wird, vorausgesetzt, daß hiedurch die Gegenleistung nicht alterirt wird. Wird eine schlechtere Sache geliefert, so erfolgt keine Konzentration. Der Anspruch auf Leistung einer Sache von mittlerer Art und Güte bleibt daher bestehen. Vgl. §§ 480, 491, 493, 524 Abs. 2. Die Annahme als Erfüllung für sich allein ändert nur die Beweislast (§ 363).

Die Konzentration hat — abweichend vom Wahlschuldverhältnisse § 263 Abs. 2 — keine rückwirkende Kraft; sie wirkt erst von dem Zeitpunkte an, in welchem der Schuldner das zur Erfüllung seinerseits Erforderliche gethan hat.

b) Wirkungen. Sobald die oben unter a, α und β aufgeführten Voraussetzungen erfüllt sind, verwandelt sich die bisherige Genusschuld in eine Speziesschuld. Hieraus folgt:

α) Da von diesem Zeitpunkt an der geschuldete Gegenstand nicht mehr „nur der Gattung nach", sondern individuell bestimmt ist, kann § 279 (Vertretung des Unvermögens zur Leistung) keine Anwendung mehr finden. Wird also dem Schuldner vom Eintritte der Konzentration an die Leistung der bestimmten Sache ohne sein Verschulden unmöglich, so wird er von der Verpflichtung zur Leistung frei, auch wenn die Leistung aus der Gattung noch möglich ist (§ 275).

β) Mit dem Augenblicke der Konzentration erwirbt der Gläubiger ein unwiderrufliches Recht auf die bestimmte Sache mit der Wirkung, daß er die Leistung einer anderen derselben Gattung angehörenden Sache zurückweisen darf, auch wenn dieselbe von ordnungsmäßiger Beschaffenheit ist. Dieses Recht steht dem Gläubiger auch zu, wenn er durch die Nichtannahme der ordnungsmäßig angebotenen Sache in Verzug gekommen ist. Er kann, wenn ihm später der Schuldner statt der ursprünglich gelieferten Sache eine andere Sache von gleicher Art und Güte anbietet, diese zurückweisen und darauf bestehen, daß ihm die ursprünglich angebotene Sache geliefert wird.

Bei dem klaren Wortlaute des § 243 Abs. 2 wird man eine Ausnahme von diesem Satze bloß für diejenigen Fälle zulassen können, in welchen das Verlangen des Gläubigers auf Lieferung gerade dieser Sache gegen Treu und Glauben verstoßen würde (§§ 157 und 242) bezw. wenn die Ausübung des dem Gläubiger an sich zustehenden Rechtes, die Annahme zu verweigern, nur den Zweck haben kann, dem Schuldner Schaden zuzufügen, wenn also die Rechtsausübung nach § 226 unzulässig ist. Ob eine dieser Voraussetzungen vorliegt, ist nach den besonderen Umständen des einzelnen Falles zu beurtheilen. So wird z. B. der Käufer, welcher durch das Angebot der Sache in Verzug gerathen ist, die Annahme verweigern dürfen, wenn ihm nachträglich eine andere Sache der gleichen Gattung von mittlerer Art und Güte, jedoch von minder gutem Aussehen angeboten wird. Dagegen wird er nicht unter allen Umständen darauf bestehen können, daß ihm der Verkäufer gerade jene Waare liefert, welche derselbe dem Spediteur zur Absendung an den Käufer schon ausgeliefert hatte (§ 447), vor der Ankunft bei dem Käufer aber wieder zurückgenommen hat. In Folge der eingetretenen Konzentration (s. Anm. 4, a, α) steht ihm zwar an sich dieses Recht zu. Allein der Käufer wird, wenn die angebotene neue Waare vertragsmäßig und der früheren vollkommen gleichwerthig ist, sich auf den Schutz der §§ 226 bezw. 157 berufen können.

Das Gleiche gilt, wenn der Gläubiger unter Berufung auf die eingetretene Konzentration verlangen wollte, daß ihm die nämlichen Geldstücke geliefert werden, welche ihm zur Zahlung angeboten waren und durch deren Nichtannahme er in Verzug gekommen ist.

Im Ergebnisse hiemit übereinstimmend Planck Bem. 4; Oertmann, Komm. Anm. 5, b; Schollmeyer, Komm. Anm. 6, c zu § 243; Cosack, Bd. 1 S. 296, c; vgl. auch P. I, 287—289.

## § 244.*)

Ist eine in ausländischer Währung ausgedrückte Geldschuld im Inlande zu zahlen, so kann die Zahlung in Reichswährung erfolgen, es sei denn, daß Zahlung in ausländischer Währung ausdrücklich bedungen ist.

Die Umrechnung erfolgt nach dem Kurswerthe, der zur Zeit der Zahlung für den Zahlungsort maßgebend ist.

E. I, 215; II, 208; III, 238.

1. Geldschulden: Geldschuld ist die Verbindlichkeit, eine Geldsumme zu bezahlen. (Mot. II, 12.) Geld im weiteren Sinne (Verkehrsgeld) ist der im Verkehr anerkannte allgemeine Werthmesser und Werthträger (das allgemein gültige Aequivalent). Im engeren Sinne ist Geld der innerhalb eines Staates rechtlich als Zahlungsmittel anerkannte Werthträger (Staatsgeld). Die gesetzliche Geltung eines Werthträgers bezeichnet man als Währung, und je nachdem ein Staat Silber- oder Goldmünzen oder beide oder auch Papiergeld mit gesetzlicher Zahlungsgültigkeit ausstattet, spricht man von Silber-, Gold-, Doppel- oder Papierwährung.

Die Reichswährung (grundsätzlich Goldwährung) beruht auf dem RG. v. 4. Dez. 1871 (RGBl. S. 404) in Verbindung mit dem Münzges. v. 9. Juli 1873 (RGBl. S. 223) und dessen Ergänzungen, Reichsverf. Art. 4 Nr. 3, 4, RG. v. 20. April 1874 (RGBl. S. 35), v. 28. Febr. 1892 (RGBl. S. 315), v. 6. Juni 1876 (RGBl. S. 3). Gemäß Art. 9 Abs. 1 des Münzges. ist Niemand verpflichtet, Reichssilbermünzen im Betrage von mehr als 20 Mark und Nickel- und Kupfermünzen im Betrage von mehr als 1 Mark in Zahlung zu nehmen. (Eine Ausnahme besteht noch für die Thalerstücke deutschen Gepräges und die in Oesterreich bis Ende 1867 geprägten Einthalerstücke.)

Der Reichskassenschein hat keinen Zwangskurs, ist also kein Papiergeld im strengsten Sinne, wird aber von allen Reichs- und Landeskassen in Zahlung genommen (§ 5 des RG. v. 30. April 1874). Vgl. ferner Reichsbankges. v. 14. März 1875 § 2 (RGBl. S. 177).

Zu Unrecht behaupten Müller und Meikel I S. 229, der Gläubiger sei nicht verpflichtet, Geld zu wechseln, der Schuldner habe genau den geschuldeten Betrag zu leisten. Maßgebend ist vielmehr § 242 (Treu und Glauben mit Rücksicht auf die Verkehrssitte);

---

*) Literatur: Ueber Geldschulden im Allgemeinen Mandry, Reichs-Civilrecht § 19 (das Geld als Rechtsobjekt). Leidler, Conrads Jahrbücher Bd. 62 Nr. 7. Regelsberger, Pand. I §§ 104—106. Koch, Geld und Werthpapiere (Bekker & Fischer, Beiträge 1889 Heft 4). Hartmann, Ueber den rechtlichen Begriff des Geldes 1868. Ders., Archiv f. d. civilist. Praxis Bd. 65 Nr. 6. Goldschmidt, Handelsr. I S. 1061 ff. Enneccerus § 153. Dernburg II § 13. Endemann II § 121. H. Kaufmann, Zur Lehre vom Inhalt einer Geldschuld. Diss. Bonn 1894. C. Peisert, Rechtl. Inhalt einer Geldschuld. Diss. Erl. 1897. H. Blumhagen, Begriff der Geldschuld nach gem. R. Greifsw. 1898.

zulässig ist nur, daß unter bestimmten Umständen an öffentlichen Kassen u. s. w. bei Masseneinzahlungen kleiner Beträge der Gläubiger verlangt, daß das Geld abgezählt bereit gehalten werde. Auch kann die Annahme eines großen Geldstücks abgelehnt werden, wenn den Umständen nach nicht zu erwarten ist, daß der Gläubiger über genügendes Wechselgeld verfügt (Zahlung an einen Droschkenkutscher, derselbe braucht keinen Hundertmarkschein zu wechseln, hat sich aber mit kleiner Scheidemünze zu versehen, entsprechend dem durch die Erfahrung festgestellten Durchschnittsbetrag seiner Forderungen). Vgl. darüber Krückmann, Das Recht 1901 S. 85 ff. Gegen diesen Hilse im „Fuhrhalter“ Nr. 17 S. 187, vgl. auch Neumann, Jahrb. I S. 151.

Die Bestimmungen des BGB. haben bald das Geld im weiteren Sinne (Verkehrsgeld), bald das Staatsgeld im Auge, letzteres stets, wo es sich um Erfüllung einer obligatorischen Verbindlichkeit handelt. Von Geld im weiteren Sinne reden die §§ 1806 (Mündelgeld), 935 Abs. 2 (Eigenthumserwerb), 232 (Sicherheitsleistung), 270 Abs. 1 (Uebermittelungspflicht), 301, 1288, 1653. Vgl. Enneccerus I § 153.

Eine Geldschuld im Sinne der §§ 244, 245 liegt nicht vor, wenn über Lieferung einer bestimmten Quantität bestimmter Münzen contrahirt wird, z. B. Lieferung von 100 Zwanzigfrankstücken, Anschaffung von 30 Frankfurter Thalern. In diesen Fällen handelt es sich um eine Gattungsschuld im Sinne des § 243. Vgl. Bem. 3 zu § 243. Windscheid-Kipp II § 256 S. 48.

2. § 244 gilt nur für die im Inlande zahlbaren Geldschulden; er gilt auch bei nicht rechtsgeschäftlichen Verpflichtungen. Für die im Auslande zu bezahlenden sind die Normen des internationalen Privatrechts maßgebend. Siehe darüber v. Bar, Theorie und Praxis des internation. Privatrechts II, 21.

3. Ist die geschuldete Geldsumme in ausländischer Währung ausgedrückt, so steht es regelmäßig im Belieben des Schuldners, ob er in dieser Währung oder in Reichswährung bezahlen will. Der Gläubiger kann sich jedoch ausbedingen, daß die Zahlung in ausländischer Währung erfolgen müsse. Ein hierauf gerichteter Wille der Vertragschließenden bedarf einer ausdrücklichen Erklärung. Ueblich ist das Wort „effektiv“ oder die Wendung: „zahlbar in der ausgedrückten Währung“. Wer sich auf eine solche Verabredung beruft, hat dieselbe zu beweisen. Zufolge des Prinzips der Vertragsfreiheit ist auch eine Vereinbarung des Inhalts zulässig, daß eine in Reichswährung ausgedrückte, im Inlande zahlbare Geldschuld in ausländischer Währung zu bezahlen sei.

Ueber die Auslegung des Wortes „ausdrücklich“ besteht Streit. Vgl. Zitelmann, Das Recht des BGB. I S. 90 ff.; Hellmann, Iherings Jahrb. Bd. 42 S. 453, gegen diese Isay, Iherings Jahrb. Bd. 44 S. 65, ferner Manigk, Das Anwendungsgebiet der Vorschriften für die Rechtsgeschäfte S. 61 ff. Vgl. auch Monich, Willenserklärung und Rechtsgeschäft S. 8, 138 ff. Die Erklärung muß ihren unzweideutigen Ausdruck gefunden haben; durch welches Ausdrucksmittel, Sprache, Schrift oder konkludente Handlungen (Zeichensprache), ist gleichgültig.

4. Kurswerth im Gegensatze zum Nennwerth d. h. dem Werth, den der Münzherr selbst der Münze beigelegt hat, ist der Werth, zu dem die Münzen bezw. das Papiergeld im Verkehre genommen werden. Regelmäßig findet der Kurswerth seinen Ausdruck in dem Kurse eines Sichtwechsels von dem Zahlungsplatz auf den Währungsplatz. Die Bezeichnung „maßgebend für den Zahlungsort“ deckt auch den Fall, daß zur Zahlungszeit am Zahlungsorte kein Kurs besteht. In diesem Falle ist der Kurs derjenigen Börsen- oder Handelsplatzes zu Grunde zu legen, zu dessen Bereiche der Zahlungsort gehört.

Der Zahlungsort ist nicht derjenige, an welchem thatsächlich die Zahlung erfolgt, sondern derjenige, an dem sie nach den Regeln über den Erfüllungsort (§§ 269, 270 Abs. 4) zu erfolgen hat. Ebenso ist Zahlungszeit nicht die Zeit, zu welcher gezahlt wird, sondern diejenige, zu welcher gezahlt werden sollte (Fälligkeit). Vgl. Schollmeyer S. 16.

## § 245.

Ist eine Geldschuld in einer bestimmten Münzsorte zu zahlen, die sich zur Zeit der Zahlung nicht mehr im Umlaufe befindet, so ist die Zahlung so zu leisten, wie wenn die Münzsorte nicht bestimmt wäre.

E. I, 216; II, 209; III, 239.

1. Geldsortenschuld. Soweit nicht ein Verbotsgesetz (s. Art. 13 und 14 des Reichsmünzgesetzes vom 9. Juli 1873) entgegensteht, ist eine rechtsgeschäftliche Bestimmung des Inhalts, daß eine geschuldete Geldsumme in einer bestimmten Münzsorte zu zahlen sei, zulässig. Sie verpflichtet den Schuldner, die Zahlung in der vereinbarten Münzsorte

zu bewirken. Befindet sich die bedungene Münzsorte zur Zahlungszeit nicht mehr im Umlaufe, so würde bei dem Vorliegen der Voraussetzungen des § 275 der Schuldner an sich regelmäßig von der Verpflichtung zur Leistung wegen unverschuldeter Unmöglichkeit der letzteren frei werden. Vgl. § 279. § 245 bestimmt jedoch, dem muthmaßlichen Willen der Parteien entsprechend, daß in diesem Falle die Zahlung so zu leisten sein soll, wie wenn eine Münzsorte nicht bestimmt wäre. Wurde z. B. vereinbart, daß eine Schuld von 3000 Mk. am 1. Januar 1920 in Thalern zu zahlen sei und sind Thaler an diesem Tage nicht mehr im Umlauf, so sind 3000 Mk. in Reichswährung zu leisten.

Die Geldschuld bleibt bestehen; der nebensächliche Theil (die Geldsorte allein) ist hinfällig geworden. Gleichgültig ist, ob die bestimmte Münzsorte eine inländische oder ausländische war, und ob die Geldschuld selbst in Reichswährung oder in ausländischer Währung ausgedrückt ist (M. II, 14).

2. Voraussetzung des § 245 ist, daß eine Geldschuld vorliegt (s. Bem. 1 zu § 244); er gilt auch bei nicht rechtsgeschäftlichen Verpflichtungen.

Nicht hieher gehören also die Fälle, in denen die Forderung unmittelbar auf eine Anzahl von Stücken einer bestimmten Münzsorte, z. B. auf die Lieferung von 10 Friedrichsdors oder „Siegesthalern" gerichtet ist. Hier liegt eine reine Gattungsschuld vor, welche nach § 243 mit § 279 zu beurtheilen ist. Ebensowenig findet § 245 Anwendung, wenn einzelne Münzen als individuelle Sachen, z. B. drei im Laden eines Händlers befindliche Georgithaler, geschuldet werden. In diesem Falle handelt es sich um eine gewöhnliche Speziesschuld, für welche die allgemeinen gesetzlichen Bestimmungen gelten.

## § 246.

Ist eine Schuld nach Gesetz oder Rechtsgeschäft zu verzinsen, so sind vier vom Hundert für das Jahr zu entrichten, sofern nicht ein Anderes bestimmt ist.

E. I, 217; II, 210; III, 240.

1. Zinsen*) sind die vom Schuldner zu entrichtende fortlaufende Vergütung für den Gebrauchswerth eines Kapitals, ausgedrückt in einem Theilbetrage der geschuldeten Menge (Endemann II § 122); sie gelten als Früchte (Rechtsfrüchte) des Kapitals. Vgl. I S. 285. Das Kapital muß aber in Geld oder in anderen vertretbaren Sachen bestehen. Zinsen sind Nebenleistungen, die neben einer auf Gattungssachen gerichteten Hauptschuld erfüllt werden und die stets in Sachen derselben Gattung bestehen, wie jene. Keine Zinsen sind die sog. Mieth- und Pachtzinsen d. h. Gegenleistungen für den Gebrauch einer Speziessache. Keine Zinsen sind Renten; doch werden solche bei der Rentenschuld und bei Leistungen aus Reallasten den Hypothekenzinsen in der rechtlichen Behandlung gleichgestellt (§§ 1200, 1107). Keine Zinsen sind die sog. Bauzinsen, vgl. HGB. § 215 Abs. 2 (Vergütungen, die den Aktionären während der Vorbereitung des Unternehmens zugesichert werden).

Der Paragraph normirt nur die Höhe der gesetzlichen Zinsen. Vgl. des Weiteren über Zinsen (Vergütung für den Genuß eines in Geld oder Fungibilien bestehenden Kapitals): §§ 247, 248 (Vertragsfreiheit, Zinsbeschränkungen), § 197, §§ 223, 224 (Verjährung), §§ 288, 289, 522 (Verzugszinsen), § 301 (Verzug des Gläubigers), § 367 (Anrechnung einer Zahlung auf Zinsen), §§ 290, 668, 698, 849 (Zinsen als Schadensersatz), § 452 (Kaufpreisverzinsung). Rechtsgeschäftliche Zinsen sind im Zweifel ratenweise postnumerando zu bezahlen, je am Ende einer der Zeitperioden, auf deren Dauer der Zinssatz berechnet ist.

Das Merkmal der Verzinslichkeit wird in der Regel nur bei Geldforderungen eintreten; durch die allgemeine Fassung des § 246 (Schuld) ist jedoch die analoge Anwendung der Bestimmung auf andere vertretbare Sachen (Naturalzinsen, z. B. Getreidezinsen) nicht ausgeschlossen (M. II, 15).

---

*) Literatur: Randa, Lehre von den Zinsen 1869. Petrazycki, Lehre vom Einkommen II, 123. Savigny VI §§ 268 ff. Dernburg II § 18. Windscheid-Kipp II § 259. Endemann II § 122. Keyßner, Hugo, in D. Jur.-Z. 1900 S. 113: Zur Frage der gesetzlichen Zinsen. Scherer, Martin, in Das Recht 1900 S. 329: Die Zinsen aus früheren Rechtsverhältnissen, welche vor dem BGB. zu laufen begonnen haben und unter demselben ihren Lauf fortsetzen. Brogsitter, Heinrich, in Zeitschr. d. rheinpr. Amtsr.-Ver. 18. Jahrg. 1900 S. 153: Die Höhe der Verzugszinsen bei Geldforderungen, welche unter dem alten Rechte entstanden sind. Mannhardt, Wolf, in Hanseat. Gerichtsztg. 21. Jahrg. 1900 Beibl. Nr. 26 S. 29: Die Höhe der gesetzlichen Zinsen in der Uebergangszeit. Salman in D Jur.-Z. 1900 S. 90: Zur Frage der gesetzlichen Zinsen. Stranz in D. Jur.-Z. 1901 S. 134: Der landesgesetzliche Zinsfuß, insbesondere auch bei der Enteignung.

2. Die Verpflichtung, eine Schuld zu verzinsen, versteht sich nicht von selbst. Sie muß entweder durch Rechtsgeschäft oder durch eine besondere gesetzliche Vorschrift oder durch Urtheilsspruch begründet sein:

a) Durch Rechtsgeschäft: Hier wird in der Regel auch die Höhe des Zinsfußes bestimmt sein: alsdann ist — vorbehaltlich der Vorschrift des § 247 — der vereinbarte Zinsfuß maßgebend. Wurde über die Höhe der Zinsen nichts vereinbart, so sind vier Prozent zu entrichten.

Auch die Verzugszinsen aus einer Vertragsstrafe, die ein Reisender gegenüber seinem kaufmännischen Prinzipal verwirkt hat, richten sich nach § 246. RGE. v. 1. Juli 1902 bei Soergel, Rechtspr. 1903 S. 46.

b) Durch besondere Gesetzesvorschrift: Solche Vorschriften enthalten für das Recht der Schuldverhältnisse die §§ 256, 288, 291, 347, 452, 641, 668, 675, 698, 820 Abs. 2, 849, für Handelsgeschäfte die §§ 353–355 HGB. Der regelmäßige Zinsfuß beträgt hier vier Prozent, soferne nicht ein Anderes bestimmt ist. Eine andere Bestimmung enthalten:

α) HGB. § 352. Fünf Prozent für Handelsforderungen.

β) WO. Art. 50 und 51. Sechs Prozent für die Regreßansprüche des Wechselinhabers und des Indossanten.

Vgl. hiezu auch die §§ 288, 291 BGB.

c) Durch Urtheilsspruch: Auf diese Zinsen erstreckt sich § 246 nicht. Hiefür gelten vielmehr folgende besondere Bestimmungen:

α) Zinsen können nur auf Antrag zugesprochen werden; § 308 CPO.

β) Der Zinsfuß muß im Urtheil ausdrücklich bestimmt sein. Enthält das Urtheil keinen Ausspruch über die Höhe der zuerkannten Zinsen, so tritt nicht der gesetzliche Zinsfuß des § 246 ein; vielmehr muß Ergänzung des Urtheils nach § 221 CPO. beantragt oder, wenn die Frist des Abs. 2 bereits abgelaufen ist, eine neue Klage wegen des Zinsanspruchs gestellt werden.

3. Als Fälligkeitstermin gilt für rechtsgeschäftliche Zinsen mangels einer besonderen Verabredung der wiederkehrende Jahrestag der Schuldbegründung („Hundert für das Jahr"; vgl. auch § 608, Darlehnszinsen).

4. Nach dem BGB. können Nebenansprüche unabhängig vom Hauptanspruche selbständig geltend gemacht werden. Dies gilt auch für Zinsen jeder Art. Die selbständige Einforderung der Zinsen ist also auch nach der Erfüllung des Hauptanspruchs zulässig. Die Frage, ob darin, daß der Gläubiger das Kapital ohne Zinsen erhoben oder bei Empfang des Kapitals ohne Zinsen vorbehaltslos eine Quittung ertheilt hat, ein Verzicht auf die Zinsen zu erblicken ist, muß nach den Umständen des einzelnen Falles beantwortet werden; die Regel des PLR. Thl. I Tit. 11 §§ 843, 845, daß in der vorbehaltlosen Kapitalsquittung ein solcher Verzicht zu erblicken sei, ist nicht übernommen.

Im Uebrigen ist der Zinsanspruch materiell accessorisch, ohne Hauptschuld und nach Aufhebung derselben entsteht kein Zinsanspruch. Vgl. Bem. 4, d.

Eine scheinbare Ausnahme enthält § 803 für die mit einer Schuldverschreibung auf den Inhaber ausgegebenen Zinsscheine (die Ausnahme ist nur scheinbar, da die Zinsscheine selbst Inhaberpapiere sind, Schollmeyer S. 19 Bem. 2).

5. Verjährung der Zinsen.

a) Ansprüche auf Rückstände von Zinsen verjähren in vier Jahren: § 197.

b) Rechtskräftig festgestellte, zur Zeit der Erlassung des Urtheils bereits fällige Zinsen verjähren in dreißig Jahren, künftig fällig werdende in vier Jahren: § 218.

c) Wegen verjährter rückständiger Zinsen kann der Gläubiger, ungeachtet des Bestehens einer Hypothek oder eines Pfandrechts, keine Befriedigung aus dem verhafteten Gegenstande suchen: § 223.

d) Mit dem Hauptanspruche verjährt der Anspruch auf die Zinsen, auch wenn die für letzteren Anspruch geltende besondere Verjährung noch nicht vollendet ist: § 224.

6. Während des Konkursverfahrens ist der Zinsenlauf gehemmt: §§ 62, 63 KO.

7. Uebergangsbestimmung. Nach Art. 170 EG. bleiben für ein Schuldverhältniß, das vor dem Inkrafttreten des BGB. entstanden ist, die bisherigen Gesetze maßgebend. Die Höhe der gesetzlichen Zinsen aus einem vor dem 1. Januar 1900 entstandenen Schuldverhältnisse würde daher nach dem Bundesgesetze vom 14. November 1867 (BGBl. S. 159) bezw. für Bayern nach dem Ges. v. 5. Dez. 1867 (G. u. VBl. S. 249) zu bemessen sein.

Für Bayern bringt jedoch das Gesetz über die durch die Einführung des BGB. veranlaßten Uebergangsvorschriften vom 9. Juni 1899 (Becher III, 8) Art. 3 eine eigene Bestimmung dahin: „Sind in einem zur Zeit des Inkrafttretens des BGB. bestehenden Rechtsverhältnisse für eine spätere Zeit Verzugszinsen oder andere gesetzliche Zinsen zu entrichten, so können, soweit sich der Zinssatz nach den Vorschriften der Landesgesetze bestimmt, nicht mehr als vier vom Hundert für das Jahr verlangt werden." Hierdurch wird das Recht des Gläubigers, höhere Zinsen zu verlangen, wenn er hierzu aus einem anderen Rechtsgrunde berechtigt ist, nicht berührt (vgl. § 288 Abs. 1).

Ist durch Rechtsgeschäft nur die Verzinslichkeit der Schuld ohne Bestimmung über die Höhe des Zinsfußes festgesetzt, so verbleibt es zufolge Art. 170 EG. für die vor dem 1. Januar 1900 entstandenen Schuldverhältnisse bei den bisherigen Vorschriften.

8. Die gemeinrechtliche (für Bayern schon durch Art. 2 des Gesetzes vom 5. Dez. 1867 aufgehobene) Vorschrift, daß die rückständigen Zinsen in ihrem Gesammtbetrage das Kapital nicht übersteigen, ultra alterum tantum nicht hinausgehen dürfen, ist dem BGB. unbekannt; ebenso das Vorrecht der Minderjährigen und des Fiskus, daß ihre Forderungen von der Fälligkeit an auch ohne Mahnung zu verzinsen sind. Dagegen ist die Bestimmung, daß der Käufer den nicht gestundeten Kaufpreis von dem Zeitpunkt an zu verzinsen hat, von welchem ihm die Nutzungen zukommen, auch in das BGB. aufgenommen worden. § 452.

9. Ist in einem neben dem BGB. in Geltung gebliebenen Gesetze, wie im § 36 des preuß. Enteignungsgesetzes vom 11. Juni 1874, bestimmt, daß eine Schuld mit 5 Proz. zu verzinsen sei, so ist diese Schuld auch für die Zeit nach dem 1. Januar 1900 mit 5 Proz. und nicht mit 4 Proz. zu verzinsen. (OLG. Celle vom 30. Novbr. 1900, Das Recht 1901 S. 16, Warneyer I, 35.) Lex posterior generalis non derogat speciali priori.

## § 247.

Ist ein höherer Zinssatz als sechs vom Hundert für das Jahr vereinbart, so kann der Schuldner nach dem Ablaufe von sechs Monaten das Kapital unter Einhaltung einer Kündigungsfrist von sechs Monaten kündigen. Das Kündigungsrecht kann nicht durch Vertrag ausgeschlossen oder beschränkt werden.

Diese Vorschriften gelten nicht für Schuldverschreibungen auf den Inhaber.

E. I, 358 Abs. 1; II, 211; III, 241.

1. Zinsen können durch Vertrag in jeder Höhe bedungen werden. Der Parteiwillkür sind in der Bestimmung der Höhe der Zinsen keine weiteren Beschränkungen auferlegt als die folgenden:

a) das Verbot des Wuchers, § 138 Abs. 2. Ob ein zu hoher Zinsfuß sich als Wucherzins darstellt, ist unter Berücksichtigung der übrigen Thatbestandsmerkmale des Wuchers nach den Umständen des Falls zu entscheiden (Ausbeutung der Nothlage, des Leichtsinns oder der Unerfahrenheit). Ob in diesem Falle das ganze Rechtsgeschäft oder nur die Vereinbarung über die Höhe des Zinsfußes nichtig ist, bestimmt sich nach § 139;

b) das Kündigungsrecht des Schuldners nach § 247;

c) das Verbot einer im voraus getroffenen Vereinbarung von Zinseszinsen: § 248.

2. Amortisationsquoten sind keine Zinsen, bleiben daher bei der Berechnung des Zinssatzes außer Betracht.

3. Die Vorschriften des Abs. 1 sind nur zu Gunsten des Schuldners aufgestellt. Ist also eine kürzere Kündigungsfrist vereinbart worden, so hat es hiebei sein Bewenden.

4. Von welchem Zeitpunkt ab die gesetzliche Frist von sechs Monaten zu laufen beginnt, ist nicht ausdrücklich hervorgehoben. Es sind drei Ansichten vertreten:

a) von der Hingabe des Geldes an, Oertmann, Anm. 3 zu § 247;

b) von dem Zeitpunkt an, seit welchem die vereinbarten höheren Zinsen laufen (1. Auflage dieses Komm., Schollmeyer S. 21);

c) vom Tage der Vereinbarung an (Dernburg, Pand. II § 30 Note 7). —

Bei unbefangener Erwägung des Wortlauts, auch des Wortlauts der Motive (II, 166), erscheint die Auslegung zu c als richtiger. Der Zinspflichtige soll an die Vereinbarung nicht länger als sechs Monate gebunden sein. Inwiefern diese Auslegung dem Zwecke des Gesetzes widerspräche (Oertmann), ist nicht zu erkennen. Zweck des Gesetzes ist, dem Kontrahenten nach

Ablauf einer gewissen Zeit die Möglichkeit zu gewähren, sich von einer lästigen Vereinbarung loszusagen, das Interesse des Gläubigers ist genügend gewahrt durch Einhaltung der Kündigungsfrist. Die Auslegungen zu a und b werden praktisch in der Regel dasselbe Ergebnis haben, da die Verzinsung gewöhnlich mit der Hingabe des Darlehens beginnt. — Im Uebrigen vgl. wegen Berechnung der Frist § 188.

5. Ueber Schuldverschreibungen auf den Inhaber s. §§ 793 ff.

6. Das Kündigungsrecht des Abs. 1 gilt mangels einer entgegenstehenden Bestimmung des HGB. auch für Handelsgeschäfte.

7. Die Vorschrift des § 247 entspricht dem § 2 des durch Art. 39 EG. aufgehobenen Bundesges. v. 14. Nov. 1867 über die vertragsmäßigen Zinsen. Das bayr. Gesetz vom 5. Dez. 1867 enthält eine solche Bestimmung nicht.

8. Der § 247 giebt zwingendes Recht, da er in öffentlichem Interesse erlassen ist. Auch eine Vereinbarung, nach welcher das Kündigungsrecht an Kalenderabschnitte gebunden sein soll, ist, soweit sie mit § 247 Abs. 1 Satz 1 kollidirt, nichtig. (§ 247 Abs. 1 Satz 2.)

## § 248.

Eine im voraus getroffene Vereinbarung, daß fällige Zinsen wieder Zinsen tragen sollen, ist nichtig.

Sparkassen, Kreditanstalten und Inhaber von Bankgeschäften können im voraus vereinbaren, daß nicht erhobene Zinsen von Einlagen als neue verzinsliche Einlagen gelten sollen. Kreditanstalten, die berechtigt sind, für den Betrag der von ihnen gewährten Darlehen verzinsliche Schuldverschreibungen auf den Inhaber auszugeben, können sich bei solchen Darlehen die Verzinsung rückständiger Zinsen im voraus versprechen lassen.

E. I, 358 Abs. 2; II, 212; III, 242.

1. Der § 248 stellt in Abs. 1 das Verbot des sog. Anatocismus auf, beschränkt dieses aber dahin, daß nur die im voraus getroffene Abrede von Zinseszinsen nichtig ist. Sobald Zinsen rückständig geworden sind, ist die Verabredung gestattet, daß von diesen rückständigen Zinsen, sei es nun, daß sie als zum Kapital geschlagen oder als besonderes Kapital gelten sollen, wieder Zinsen gezahlt werden.

Gesetzliche Zinseszinsen sind durch § 289 ausgeschlossen.

Die Abrede, daß im Falle nicht pünktlicher Zinszahlung der Zinsfuß erhöht werden soll (sog. Strafzinsen), enthält kein Versprechen von Zinseszinsen (RGE. Bd. 37 S. 274).

2. Für die Höhe der nach § 248 zulässigen Zinseszinsen sind die §§ 246, 247 maßgebend.

3. Ohne besondere Vereinbarung haben auch die in Satz 2 des Abs. 2 bezeichneten Kreditanstalten keinen Anspruch auf die Verzinsung rückständiger Zinsen, da die Bestimmung des § 289, daß von Zinsen Verzugszinsen nicht zu entrichten sind, ganz allgemein gilt.

Sparkassen sind gemeinnützige Einrichtungen der Kreditvermittlung; es kommen u. A. in Betracht:

a) die Gemeinde-, Distrikts-, Kreis-, Provinzial- und Landessparkassen,
b) Postsparkassen,
c) Schulsparkassen,
d) Fabriksparkassen,
e) Sparkassen gemeinnütziger Vereine.

Wesentlich ist, daß sie zwar wie ein Bankier Geld gegen Zins mit der Verpflichtung annehmen, die empfangenen Summen zurückzuzahlen (Hinterlegungsdarlehen, § 700), dies aber nicht des Gewinnes halber thun, sondern um weniger bemittelten Personen die Ansammlung von Kapitalien zu erleichtern (Schollmeyer S. 23).

Kreditanstalten: Gemeint sind nicht bloß Anstalten im technischen Sinne, sondern überhaupt alle Einrichtungen (juristische Personen, Gesellschaften, Unternehmungen Einzelner), welche den Kredit vermittelnde Geschäfte treiben; hierher gehören: Reichsbank, sonstige Geldkreditbanken, Seehandlung, öffentliche Banken, die Bayerische, Sächsische, Württembergische Notenbank, landwirthschaftliche Kreditanstalten, Darlehenskassen, Pfandbriefinstitute, Hypothekenbanken, Vorschußvereine. (Schollmeyer S. 24.) Vgl. auch Entsch. FG. Bd. 1 S. 206.

4. Ueber die Verzinsung von Ueberschüssen im Kontokurrentverkehr s. § 355 HGB.

„Steht Jemand mit einem Kaufmanne derart in Geschäftsverbindung, daß die aus der Verbindung entspringenden beiderseitigen Ansprüche und Leistungen nebst Zinsen in Rechnung gestellt und in regelmäßigen Zeitabschnitten durch Verrechnung und Feststellung des für den einen oder anderen Theil sich ergebenden Ueberschusses ausgeglichen werden (laufende Rechnung, Kontokurrent), so kann derjenige, welchem bei dem Rechnungsabschluß ein Ueberschuß gebührt, von dem Tage des Abschlusses an Zinsen von dem Ueberschusse verlangen, auch soweit in der Rechnung Zinsen enthalten sind. Der Rechnungsabschluß geschieht jährlich einmal, sofern nicht ein Anderes bestimmt ist."

Die durch Abs. 2 den Bankiers, Kreditanstalten und Sparkassen gewährte Berechtigung, Zinseszinsen im voraus zu versprechen, hat gegenüber § 355 HGB. die Bedeutung, daß sie Zinseszinsen nunmehr auch solchen Kunden gewähren können, die nur als Einzahler (wie dies z. B. regelmäßig im Sparkassenverkehr) mit ihnen in Geschäftsverkehr stehen, also nur einseitig Forderungen erlangen.

5. Kreditanstalten der in Abs. 2 Satz 2 bezeichneten Art können sich nur bei solchen Darlehen die Verzinsung rückständiger Zinsen im voraus versprechen lassen, für deren Betrag sie thatsächlich verzinsliche Schuldverschreibungen auf den Inhaber ausgegeben haben.

Der Grundbuchrichter ist jedoch nicht berechtigt, bei Eintragung der Hypothek einer Kreditanstalt, für welche seitens des Schuldners im voraus Zinseszinsen versprochen wurden, den Nachweis zu verlangen, daß die in Rede stehenden Hypotheken verzinslichen Schuldverschreibungen auf den Inhaber als Unterlage dienten. Das Recht 1900 S. 514. Warneyer I S. 35.

## Vorbemerkungen zu den §§ 249—255 (Lehre vom Schadensersatz).*)

1. Das BGB. stellt an die Spitze der allgemeinen Vorschriften über Schadensersatz den gewöhnlich als Prinzip der Naturalrestitution bezeichneten Grundsatz, daß derjenige Zustand herzustellen ist, der bestehen würde, wenn der zum Ersatze verpflichtende Umstand nicht eingetreten wäre. Die Betonung dieses Grundsatzes der sog. Naturalrestitution hat aber vielfach zu irreführenden Auslegungen Anlaß gegeben, welche dem gemeinen Rechte fremd waren. Auf keinen Fall hat das BGB. damit eine Minderung der Schadensersatzpflicht bezweckt, vielmehr wesentlich unter Betonung des vorauszusetzenden Kausalzusammenhangs nur die grundsätzliche Anerkennung der Rechtspflicht eines möglichst vollkommenen Ausgleichs der als Schaden zu bezeichnenden Minderung von Werthen als Leitgrundsatz an die Spitze stellen wollen. Zu beachten ist vor Allem, daß die eigentliche Naturalrestitution den Schaden immer nur zeitlich begrenzen kann, seine Weiterentwicklung hemmt und den bis dahin entstandenen Schaden unberührt läßt (vgl. Degenkolb, Archiv f. d. civilist. Praxis Bd. 76 S. 21 ff.), weßhalb auch Planck Komm. II S. 17, Erl. 2, c richtig bemerkt: „Nur für die Zukunft muß ein gleicher Zustand hergestellt werden, wie er bestanden haben würde, wenn der zum Schadensersatz verpflichtende Umstand nicht eingetreten wäre. Für die Nachtheile, welche der Gläubiger dadurch erlitten hat, daß der fragliche Zustand in der Zwischenzeit nicht bestand, ist immer Ersatz in Geld zu leisten."

---

*) Literatur: Mommsen, Z. L. v. Interesse (Beitr. z. Obligationenrecht II); Gimmerthal, L. v. Interesse 1876; Cohnfeldt, Die Lehre v. Interesse 1865; Steinbach, Ersatz von Vermögensschäden; Mataja, Das Schadensersatzrecht im Entw. (Arch. f. bürg. R. Bd. 1 S. 207 ff.); Fels, Die außerkontraktl. Schadensersatzpflicht des Entw. (Grünhut XXXV); Schmidt, Das Schadenersatzrecht des Entwurfs (Gutachten aus dem Anwaltstande Heft XIV); Rümelin, Die Gründe der Schadenszurechnung und die Stellung des BGB. zur objektiven Schadensersatzpflicht, Leipzig 1896; Jung, Delikt und Schadensersatz, Heidelberg 1897; Lehmann, Die Schutzlosigkeit immaterieller Lebensgüter 1884; v. Jhering, Jahrb. f. Dogmat. Bd. 18 S. 59 ff.; Degenkolb im Archiv f. d. civilist. Praxis Bd. 76 S. 21 ff.; Fischer, Der Schaden nach dem BGB. 1903; v. Thur, Naturalherstellung und Geldersatz in Jherings Jahrb. Bd. 46 S. 39 ff.; Rümelin, Die Verwendung der Kausalbegriffe im Straf- und Civilrecht, Archiv f. d. civilist. Praxis Bd. 90 S. 171 ff.; Oertmann, Der Schadensersatzanspruch des obligatorisch Berechtigten 1900.

Schaden im weitesten Sinne ist jede Vernichtung oder Minderung irgend eines Rechtsguts, nicht bloß eines wirthschaftlichen. Das BGB. erkennt aber eine Verpflichtung zum Ausgleich eines sog. idealen Schadens (dommage moral), eines Schadens, der nicht Vermögensschaden ist, durch Geld nur in durch das Gesetz bestimmten Fällen an; genau genommen handelt es sich auch in letzteren Fällen, soweit hier eine Naturalrestitution nicht möglich ist, nicht um eigentlichen Ersatz des Schadens, sondern um einen Ausgleich im weiteren Sinne, um eine Satisfaktion, Genugthuung nach Analogie der Buße. (Satisfaktionsfunktion des Geldes, vgl. Degenkolb a. a. O., v. Jhering, Rechtsgutachten i. S. der Gaubahn, Ges. Aufsätze III S. 87 ff., Dogmat. Jahrb. Bd. 18; diese Satisfaktionsfunktion ist von der Aequivalentfunktion des Geldes zu unterscheiden.)

Das sog. Prinzip der Naturalrestitution wird ferner im BGB. selber durch folgende Bestimmungen so erheblich modifizirt, daß praktisch der Schadensersatz in den meisten Fällen nur durch die Aequivalentfunktion des Geldes zu leisten ist.

a) In allen Fällen, in denen der Schaden unmittelbar in der Entziehung eines Geldbetrags oder Vereitelung eines Gewinnes eines solchen besteht, kann von vornherein auch nach diesem Grundsatz selber nur von Schadensersatz durch Geldleistung die Rede sein.

b) Ist Schadensersatz wegen Verletzung einer Person oder Sache zu leisten, so kann nach § 249 Satz 2 der Gläubiger statt der Herstellung der Sache den dazu erforderlichen Geldbetrag verlangen. Dem Gläubiger ist damit eine sog. facultas alternativa eingeräumt, wie sie auch der § 340 bietet, die nicht mit einer eigentlichen Alternativschuld zu verwechseln ist, für die also die §§ 262—265 nicht maßgebend sind, sondern ausschließlich § 250 in Betracht kommt. Der Gläubiger soll nicht genöthigt werden können, dem Schuldner zwecks Wiederherstellung des früheren Zustandes zur Heilung bezw. Ausbesserung die Einwirkung auf seinen Körper bezw. seine Sache zu gestatten. Wohl regelmäßig wird der Gläubiger den Geldersatz der Naturalrestitution vorziehen; eine Klage auf Naturalherstellung würde in der Exekutionsinstanz zu Weiterungen führen können, insbesondere, wie Crome richtig bemerkt, den Gläubiger unter Umständen noch zu einem weiteren Verfahren nach § 283 nöthigen.

c) Soweit die Herstellung nicht möglich oder zur Entschädigung nicht genügend ist, hat nach § 251 der Ersatzpflichtige den Gläubiger in Geld zu entschädigen. Daß die bloße Herstellung, soweit der beschädigte Zustand in der Zwischenzeit bestand, nie genügend ist, ist bereits S. 22 hervorgehoben worden. Im Uebrigen ist es Thatfrage, inwieweit eine Wiederherstellung, beispielsweise Heilung körperlicher Verletzung oder Reparatur einer Sache, als möglich oder genügend zu erachten ist. Planck, Komm. II S. 17 meint, daß durch Lieferung einer anderen Sache, mag dieselbe auch genau von derselben Art und Güte sein, wie die entzogene, niemals der Herstellungspflicht genügt werde, ferner daß eine ausgebesserte Sache streng genommen niemals denselben Wert habe, wie eine unbeschädigte. Diese Behauptung dürfte zu weit gehen, wenngleich sie in den meisten Fällen zutreffen wird. Aber vgl. in ersterer Hinsicht l. 9 pr. D. locat. 19, 2. Die Frage ist nach Treu und Glauben mit Rücksicht auf die Verkehrssitte zu prüfen. Vgl. auch Windscheid-Kipp II S. 60.

d) Der Ersatzpflichtige selber kann die Naturalrestitution ablehnen und sich durch Geldentschädigung befreien, wenn „die Herstellung nur mit unverhältnißmäßigen Aufwendungen möglich ist" (§ 251 Satz 2).

e) Endlich kann der Schadensersatz wegen Nichterfüllung einer Verbindlichkeit stets nur als Geldersatz gedacht werden (§§ 179 Abs. 1, 280, 281 Abs. 2, 283, 286 Abs. 2, 325, 326, 338, 340 Abs. 2, 341 Abs. 2, 440 Abs. 2, 463, 480 Abs. 2, 523 Abs. 2, 524 Abs. 2, 538, 571 Abs. 2, 618 Abs. 3, 635). Dasselbe gilt von dem Schadensersatz wegen Unmöglichkeit der Herausgabe (§§ 347, 498 Abs. 2, 989).

Hieraus ergiebt sich, daß das sog. Prinzip der Naturalrestitution kaum eine praktische Bedeutung beanspruchen kann und mehr im Sinne eines unter Umständen für die Bemessung des Geldäquivalentes werthvollen Grundgedankens aufgenommen sein dürfte, der dahin zu verstehen ist, daß unter allen Umständen das volle Interesse des Geschädigten, der Unterschied zwischen dem verursachten jetzigen Zustande und dem vor diesem (vor dem Rechtseingriff) vorhanden gewesenen auszufüllen ist.

Eine praktische Bedeutung behält übrigens das Prinzip der Naturalherstellung für alle Fälle des sog. idealen Schadens, in denen das Gesetz nicht ausdrücklich die Geldentschädigung zuläßt. Per arg. a contrario des § 253 ergiebt sich nämlich, daß das BGB. in diesen Fällen den Anspruch des Geschädigten auf Naturalherstellung nicht versagen will, soweit er möglich ist. Vgl. Bem. zu § 253.

2. Umfang des Schadensersatzes. Grundsätzlich steht das BGB. auf dem Standpunkte der sog. individuellen oder relativen oder subjektiven Aestimation, d. h. der Schaden ist mit Rücksicht auf die gesammte Rechtssphäre des geschädigten Subjekts, Vermögensschaden insbesondere in seinem Einfluß auf die wirthschaftliche Gesammtlage des Subjekts nach den Regeln des Kausalzusammenhangs zu berechnen. Es findet also nicht sog. objektive Aestimation, d. h. Begrenzung des Schadensersatzes auf den sog. objektiven Sachwerth, den gemeinen Werth statt; der Schaden wird nicht nach einem allgemeinen, für Jedermann zutreffenden Maßstab eingeschätzt, sondern als Schaden gilt das persönliche (subjektive, individuelle) Interesse an der Nichtbeschädigung. (Insofern sind Schadensersatz und Interesse gleichbedeutend, doch spricht man von Interesse auch außerhalb des Rechtskreises des Schadensersatzes.) Nur, wo das Gesetz ausdrücklich den Schadensersatz auf den gemeinen Werth beschränkt, ist die objektive Aestimation anzuwenden, das BGB. gebraucht in solchen Fällen regelmäßig den Ausdruck Werthersatz im Gegensatz zu Schadensersatz.

Der Gegensatz der relativen und absoluten (objektiven) Aestimation ist gleichbedeutend mit dem des sog. mittelbaren und unmittelbaren Schadens (damnum circa rem und extra rem). Grundsätzlich ist also auch der sog. mittelbare Schaden zu ersetzen.

Darnach begreift das Interesse sowohl den effektiven Schaden (damnum emergens) als auch den entgangenen Gewinn (lucrum cessans); bezüglich des letzteren stellt das BGB. in § 252 eine Grenzregel auf, deren Prinzip auch für die Verfolgung des Kausalzusammenhangs in der Richtung des effektiven Schadens beachtenswerth ist. Vgl. diese Vorbem. unter 3. Auch für die sehr streitige Frage, unter welchen Voraussetzungen und inwieweit der Gläubiger bei der Schadensersatzklage das Interesse eines Dritten geltend machen kann, giebt lediglich die Lehre vom Kausalzusammenhang den Ausschlag.

3. Kausalzusammenhang*): Mit Recht hat das BGB. diesen Begriff der Wissenschaft überlassen, welche allerdings zur Zeit noch durch zahlreiche unklare Auffassungen des Begriffs der Ursache getrübt erscheint, während die Praxis im Großen und Ganzen einen richtigen Takt bewährt. Aus den zahlreichen Entscheidungen des Reichsgerichts in Civilsachen sind hervorzuheben: RGE. Bd. 1 S. 274, 275, Bd. 2 S. 88, Bd. 6 S. 1, Bd. 7 S. 26, Bd. 8 S. 167, Bd. 10 S. 64, 140, Bd. 12 S. 190, Bd. 13 S. 65, Bd. 15 S. 147, Bd. 21 S. 147, Bd. 22 S. 236, Bd. 26 S. 313, Bd. 28 S. 166, Bd. 29 S. 120, 139, Bd. 42 S. 291, Bd. 44 S. 149, Jur. Wschr. 1902 Beil. 239.

a) Zunächst ist daran festzuhalten, daß der philosophische, abstrakte Begriff der Ursache, gleichbedeutend mit der Gesammtheit der Bedingungen eines Geschehens (einer Veränderung), nicht derjenige des gewöhnlichen Lebens und der angewandten Wissenschaften ist. Während philosophisch genommen jede

*) Literatur: Thur, Ueber den Begriff der Verursachung, Festrede 1894; Crome, System II S. 75, 76; ders., Partiarische Rechtsgeschäfte (1897) S. 300—311; Thur in Grünhuts Zeitschrift Bd. 25 S. 529—581; Hellwig, Vertrag auf Leistung an Dritte (1899) S. 82—92; Regelsberger in Iherings Jahrb. f. Dogmatik Bd. 41 S. 251—288; Rümelin, Die Verwendung der Kausalbegriffe, Archiv f. d. civilist. Praxis Bd. 90 S. 171—344; aus der Judikatur vgl. u. A. RGE. Bd. 27 S. 125, Bd. 40 S. 174 und 189 ff.; R. Guex, La relation de cause à effet. Lausanne 1904.

Bedingung eines Geschehens jeder anderen gleichwerthig ist — nur eine nothwendige Bedingung ist in diesem Sinne eine Bedingung — pflegt man im gewöhnlichen Leben und in den angewandten Wissenschaften je nach dem Interessenstandpunkt eine einzelne Bedingung der Veränderung als Ursache auszuzeichnen, so auch insbesondere in der Rechtspflege. Alle Versuche, für diese Qualifikation einer besonderen Bedingung des Geschehens als „Ursache" ein allgemein gültiges, rein logisches Kriterium aufzustellen, sind als verfehlt zu bezeichnen, so insbesondere der Versuch Birkmeyers (Ursachenbegriff und Kausalzusammenhang S. 17), als Ursache diejenige Bedingung zu kennzeichnen, welche „mehr als die übrigen zur Hervorbringung des Erfolges beigetragen", oder Trendelenburgs (Logische Untersuchungen S. 184) die „thätigste unter den Bedingungen" zur Ursache zu stempeln, oder die zeitlich zuletzt eingetretene Bedingung. Vgl. darüber Kuhlenbeck, Der Schuldbegriff als Einheit von Ursache und Verantwortlichkeitserfolg S. 61 ff. Allgemein gesagt, läßt sich in der Praxis als Ursache jegliche, sei es positive, sei es negative Vorbedingung irgend eines selbst wieder entweder positiv oder negativ gefaßten Urtheils bezeichnen, und bei einem und demselben Faktum kann den Naturforscher, z. B. Mediziner, etwas Anderes als den gewöhnlichen Zuschauer, und den Juristen wieder etwas Anderes als den Naturforscher als Ursache interessiren.

Für den juristischen Kausalzusammenhang, der also nicht nur ein besonderes Segment aus dem philosophischen bezw. naturwissenschaftlichen bildet, sondern vielfach sogar über diesen hinausgreift, kommen nur rechtserhebliche, aber auch alle rechtserheblichen Thatsachen in Frage. Diese können einen positiven oder negativen Charakter haben, insbesondere in Unterlassungen bestehen, welche letztere doch, da sie nicht positiv wirken, im logischen und ontologischen Sinne unmöglich etwas „verursachen" können. Die Entscheidung über den juristischen Kausalzusammenhang muß daher von der Feststellung einer solchen rechtserheblichen Thatsache ausgehen oder regressiv auf die Feststellung einer solchen zurückführen (retrospektive Prognose). Hierbei aber sind allerdings folgende sowohl rein logische als auch spezifisch juristische Regeln (vgl. c) zu beachten.

b) Die rechtserhebliche Thatsache, welche zur Ursache im juristischen Sinne gestempelt werden soll, braucht nicht die einzige Bedingung des Schadens zu sein, sie muß aber eine wirkliche Bedingung, eine condicio sine qua non des Schadens bilden. (Vgl. Enneccerus I S. 403 N. 3.) Sobald diese nothwendige Verkettung aufgehoben erscheint, ist der Kausalzusammenhang zu verneinen: ein Schaden kann nicht als Folge einer Thatsache betrachtet werden, wenn diese ihrer Natur nach für den Erfolg ganz indifferent war.

Schärfer ausgedrückt bedeutet dies Erforderniß der condicio sine qua non: die Bedingung muß thatsächlich zum Erfolge mitgewirkt haben, d. h. der Erfolg wäre ausgeblieben, wenn diese Bedingung nicht eingetreten wäre. Es bedeutet aber nicht, daß nicht auch andere Bedingungen zum Erfolge mitgewirkt haben, und zwar können diese anderen Bedingungen auch solche sein, welche für sich allein geeignet waren, den Erfolg zu begründen. Wenn A und B gleichzeitig den C erschießen, wenn also C getödtet wäre, auch wenn A oder B nicht geschossen hätte, so hat weder A den Kausalzusammenhang in Bezug auf B, noch den B denjenigen in Bezug auf A „unterbrochen"; denn man kann nicht behaupten, daß der Erfolg der Handlung des B ausgeblieben wäre, wenn A nicht geschossen hätte; wenn ferner zwei Lieferanten verschiedener Maschinentheile gleichzeitig in Verzug kommen, so wird der eine durch den Verzug des anderen nicht exkulpirt; beide haben zum Erfolge mitgewirkt, und die Frage, ob aus anderen Gründen der Schadensersatz auf beide zu vertheilen ist oder ob jeder aufs Ganze haftet, so daß der Gläubiger die Wahl hat (§§ 420, 421), berührt nicht den Kausalzusammenhang (vgl. Enneccerus II § 100 N. 6), sondern hat ihren Sitz in anderen rein juristischen Erwägungen.

„Unterbrochen" wird der Kausalzusammenhang nur, wenn eine neue Bedingung jede Beziehung zwischen der in Frage stehenden und dem Erfolge abgeschnitten hat, so daß letzterer seine zureichende Erklärung in der unterbrechenden Bedingung, sei es auch unter Mitberücksichtigung anderer, aber jedenfalls unter Ausschluß der in Frage stehenden findet. Genau genommen ist „Unterbrechung" ein falscher Ausdruck, der sich nur aus der teleologischen (zweckbeziehenden) Auffassung der übrigen Bedingungen erklärt; im rein philosophischen Sinne findet eben in den gedachten Fällen ein Kausalzusammenhang überhaupt nicht statt.

Die Schwierigkeit des Kausalitätsproblems liegt nicht in dieser rein logischen Seite, sondern stets nur in der empirischen Feststellung der Ursachen-Verkettung. Bei positiven Aenderungen der physischen Außenwelt ist die Schwierigkeit eine rein naturwissenschaftliche, die Feststellung des Kausalzusammenhangs ist hier lediglich durch sachverständige Beurtheilung der in concreto erheblichen Naturgesetze bedingt. Die Schwierigkeit wird aber komplizirter, sobald es sich nicht um rein physikalische oder physiologische Thatsachen, sondern um solche des wirthschaftlichen oder überhaupt des rechtlichen Interesses handelt. In letzteren Fällen kommen folgende rein juristische Berechnungsmaßstäbe zur Geltung.

c) Die juristische Verbindung eines Erfolges als solchen mit einer als rechtserhebliche Prämisse (Ursache) desselben zu kennzeichnenden Thatsache ist unlöslich von den Normen über die Haftung und Verantwortlichkeit. Diese können durch das Gesetz oder durch ein besonderes Vertragsverhältniß aufgestellt sein. Obwohl in den meisten Fällen das Gesetz die Verantwortlichkeit bezw. die Haftung für einen Schaden an die Voraussetzung eines Verschuldens knüpft, so ist dies doch nicht immer der Fall. Wie vertragsmäßig z. B. durch das Versicherungsgeschäft Jemand den Ersatz eines durch bestimmte Ereignisse bedingten Schadens ohne alle Rücksicht auf ein Verschulden übernehmen kann, so kann auch das Gesetz, z. B. das Unfallversicherungsrecht, das Haftpflichtgesetz von dem Verschuldungsprinzip abstrahiren und eine Verantwortlichkeit bezw. Haftpflicht gewisser Personen auf besondere rechtserheblich gemachte Prämissen begründen. Für die Feststellung des Kausalzusammenhangs sind alsdann lediglich die besonderen gesetzlichen Voraussetzungen maßgebend und lassen sich neben den rein logischen Regeln zu a und b keine allgemeinen Grundsätze aufstellen.

Soweit aber das Verschuldungsprinzip in Frage kommt, ist es durchaus unmöglich, die Schuldfrage und Kausalfrage vollständig von einander zu trennen. In diesen Fällen beanspruchen, ungeachtet die Motive zum BGB. II S. 17 ff. eine Abstufung der Schadensersatzpflicht nach der Art und dem Grade des Verschuldens verwerfen, die Art und der Grad des Verschuldens eine ausschlaggebende Bedeutung. Vgl. Regelsberger in Iherings Jahrb. Bd. 41 S. 251 ff., insbesondere S. 274; Ihering, Der Schuldmoment S. 54 ff. Zu unterscheiden ist jedenfalls Vorsatz und Fahrlässigkeit.

α) Vorsatz: Soweit der Erfolg gewollt ist, ist er auch vorausgesehen worden, und soweit er vorausgesehen worden ist, ist er auch gewollt. Es ist kein Grund ersichtlich, warum bei gewolltem und vorausgesehenem Schaden der Thäter nicht für den ganzen Umfang des gewollten und vorausgesehenen Schadens haftbar gemacht werden soll. Soweit aber der auf Grund eines vorsätzlichen Handelns eintretende Erfolg die Voraussicht des Thäters überschreitet, kann sich die Frage erheben, ob Thäter für diesen Theil des Erfolges überhaupt oder ob er dafür wenigstens nach den Grundsätzen über fahrlässiges Verschulden haftbar zu machen ist. Daß er überhaupt haftet, unterliegt keinem Zweifel. Denn sein vorsätzlich rechtswidriges Handeln läßt sich zwar in Bezug auf die weiteren Folgen, die der Vorsatz nicht umfaßt, als fahrlässig, unmöglich als vorsätzlich zugleich aber fahrlässig qualifiziren. Dies würde eine contradictio in adjecto sein. Aber es ist dem fahrlässigen Handeln mindestens gleichwerthig in Ansehung seiner Mißbilligung durch die Rechtsordnung. Diese verlangt sogar allgemein, daß wir auch, abgesehen von sog. Schutzgesetzen, positiv die „im Verkehr erforderliche Sorgfalt" bethätigen, um Rechtsverletzungen zu vermeiden. Per arg. e majore ad minus ergiebt sich daraus, daß sie uns, wenn wir gegen Schutzgesetze vorsätzlich verstoßen, mindestens ebenso haftbar machen will, wie den bloß fahrlässig Handelnden. M. E. haftet aber der vorsätzlich rechtswidrig Handelnde noch weiter als der bloß fahrlässig Handelnde. Letzterer haftet nur für den sog. adäquaten, objektiv voraussehbaren Schaden. Der vorsätzliche Uebertreter einer Norm haftet auch für nicht adäquaten Schaden. Dies ergiebt sich aus der Analogie des § 287 Satz 2, § 848. A. M. Rümelin, Archiv f. d. civilist. Praxis Bd. 90 S. 273, der meine Bezugnahme auf die in den Pand. z. BGB. II S. 122 allegirten römisch-rechtlichen Stellen zu Unrecht für verfehlt erklärt. Wie hier auch die französische und englische Praxis, vgl. Guex, S. 121 ff.

β) Fahrlässigkeit: Dieselbe ist gleichbedeutend mit Unvorsichtigkeit, welches Wort schon den Mangel an Vorsicht, d. h. an Voraussicht, kennzeichnet. Der gesetzgeberische Grund aber, der die Haftung für mangelnde „Vorsicht" rechtfertigt, ist nicht die Thatsache des Nichtvoraussehens an sich, sondern ein Vorwurf, der dieserhalb dem nicht vorsichtigen Subjekte gemacht wird, und ein solcher ist nur begründet, wenn der Erfolg bei Aufwendung der im Verkehr erforderlichen Sorgfalt hätte vorausgesehen und also vermieden werden können. Insofern ist objektive Voraussehbarkeit des Schadens bei schuldhafter Schadenshaftung unerläßlich. Vgl. l. 31 D. ad leg. Aqu. 9, 2. Für eine ungewöhnliche Gestaltung des Kausalverlaufs im Vermögen des Geschädigten braucht aber der bloß fahrlässige Urheber nicht aufzukommen. Er haftet nicht für den Kausalverlauf schlechthin (in concreto), sondern nur soweit, als dieser konkrete Kausalverlauf einer auf allgemeine Beobachtungsresultate des Lebens sich gründenden retrospektiven Prognose entspricht, adäquat ist. Der adäquate Kausalzusammenhang umfaßt nur diejenigen Folgen, welche hervorzubringen das als Fahrlässigkeit bezeichnete subjektive Verhalten im Allgemeinen geeignet erscheint, weil es eine erfahrungsmäßige Tendenz besitzt, Erfolge solcher Art hervorzubringen. Vgl. Kuhlenbeck, Von d. Pand. z. BGB. II S. 122.

d) Der zu c i. f. hervorgehobene Gesichtspunkt des adäquaten Kausalzusammenhangs ist vom BGB. auch für das schwierige Problem verwerthet, das sich bei der Berechnung des Umfangs eines nicht effektiven, sondern rein negativen Schadens (lucrum cessans) der thatsächlichen Feststellung entgegenstellt. Das Interesse ist hier rein hypothetisch. Was und inwieweit sich etwas verwirklicht haben würde, wenn es nicht durch die als Ursache im juristischen Sinne ausgezeichnete Bedingung an seiner Verwirklichung gehindert wäre, läßt sich mit Rücksicht auf die Abhängigkeit des Erfolges von anderen nunmehr ebenfalls nicht verwirklichten mitwirkenden Bedingungen niemals exakt beweisen. Wenn mich z. B. Jemand an einem Fischzuge verhindert, kann ich niemals exakt beweisen, daß bezw. wie viel Fische ich gefangen haben würde. Das BGB. verweist für diesen Fall auf den Gesichtspunkt des adäquaten Kausalzusammenhangs, d. h. auf denjenigen

Erfolg, „welcher entweder nach dem gewöhnlichen Laufe der Dinge oder nach den besonderen Umständen, insbesondere nach den getroffenen Anstalten und Vorkehrungen, mit Wahrscheinlichkeit erwartet werden konnte“. (§ 252 Satz 2.)

c) Die regelmäßig gegebene Untrennbarkeit des juristischen Kausalzusammenhangs vom Schuldbegriff hat das BGB. im Widerspruch zu den Mot. II S. 18 auch in § 254 anerkannt, indem es den Schuldbegriff sogar über seine streng juristische Tragweite, die objektiv eine Verletzung fremder Rechtsgüter voraussetzt, ausdehnt und von einem mitwirkenden Verschulden des Geschädigten selber spricht.

Im strengen Rechtssinne handelt zwar derjenige, der sein eigenes Gut vorsätzlich oder fahrlässig beschädigt, nicht schuldhaft, weil er nicht rechtswidrig handelt. Es entspricht aber der Regel des Lebens sowie der auf Treu und Glauben mit Rücksicht auf die Verkehrssitte begründeten Erwartung, daß solche Selbstschädigung vermieden werde und daß auch in seinen eigenen Angelegenheiten Jedermann die im Verkehr erforderliche Sorgfalt aufwende, nicht nur um Schaden zu verhüten, sondern auch um einen in der Entstehung begriffenen Schadensprozeß nach Möglichkeit zu beschränken und zu beseitigen. Den römischrechtlichen Grundsatz: quod quis ex sua culpa damnum sentit, damnum sentire non videtur erweitert nun der § 254 dahin, daß er dem Richter die Befugniß zuspricht, bei mitwirkendem Verschulden des Verletzten auch auf eine Vertheilung des Schadens zu erkennen.

4. Compensatio lucri cum damno*): Oertmann in seiner unten citirten Monographie scheint mich mißverstanden zu haben, wenn er (S. 27) behauptet, daß ich mich N. 3 zu § 252 meines Handkommentars als grundsätzlicher Gegner des von ihm sog. Vortheilsausgleichs bekannt habe. Die knappe Darstellung jenes Kommentars, der mehr auf Quellen- und Judikaturnachweise als auf ausführliche Entwicklung der Kontroversen berechnet ist, rechtfertigt kaum dieses Mißverständniß, das schon bei Einsicht meiner von mir citirten Schrift, Rechtspr. d. RG. II S. 40—44, ja schon durch den Schlußsatz der vorhergehenden Erläuterung: „Es ist hier lediglich die Frage des juristischen Kausalzusammenhangs entscheidend“, sich hätte aufklären müssen. Meine „nicht ernst zu nehmende Anzweiflung“, mein „schlecht begründeter Widerspruch“, über den Oertmann „ruhig zur Tagesordnung schreitet“, ist also gar nicht vorhanden.

In Von d. Pand. z. BGB. II S. 100 habe ich den Satz: cujus periculum, ejus commodum dahin erläutert, daß demjenigen, der die Gefahr eines bestimmten Ereignisses trägt, auch der von diesem Ereignisse verursachte Gewinn gebührt. Dieser Satz gilt nicht nur für die Zufallshaftung, sondern auch für die Schadensersatzhaftung, er bestätigt, daß es sich hier nur um eine Anwendung des Kausalbegriffs handelt. Wie fructuum nomine hoc continetur, quod justis sumptibus superest (l. 1 Cod. de fruct. 7, 1), so gilt umgekehrt auch als Schaden, wie Crome II S. 77 sagt, nur „das Nettoergebniß des schädigenden Einflusses, also abzüglich eines etwaigen sich daraus ergebenden Gewinnes“. Gefährdet wird aber die richtige Berechnung dieses Nettoergebnisses durch einen falschen Kausalbegriff. Mit Oertmann bin ich der Ansicht, daß die richtige Begrenzung der Vortheilsausgleichung sich aus dem Gesichtspunkte des adäquaten Kausalzusammenhangs ergiebt (Oertmann a. a. O. S. 83 ff.) und habe dies bereits in Rechtspr. Bd. II S. 42 ff. bei Besprechung der RGE. Bd. 10 Nr. 13 vor Kenntniß des bahnbrechenden Aufsatzes von Kries (Zeitschr. f. d. gesammte Strafr. Bd. IX Nr. 21), damals in Anlehnung an die praktisch dieser Lehre am nächsten stehende Theorie von Bar von der Regel des Lebens angedeutet. Hieraus ergiebt sich, daß:

a) zwar alle (wirklich entstehenden) Vortheile anzurechnen sind, zu deren Herbeiführung das schädigende Ereigniß bei seinem Eintritt nach Maßgabe der

---

*) Literatur: Cohnfeldt a. a. O. S. 168 ff.; Mommsen a. a. O. S. 193 ff.; Eichhoff, Die Lehre vom Compensatio lucri cum damno (1898); Oertmann, Vortheilsausgleichung und Schadensersatzanspruch (1901); Endemann I § 128 I Z. 1; Crome II S. 77.

Umstände und unseres Erfahrungswissens objektiv geeignet war, z. B. bei Tödtung eines Thieres der Werth des verbleibenden Kadavers, bei Enteignung der durch diese verursachte Mehrwerth der dem Enteigneten verbleibenden Parzelle,

b) daß aber Vortheile, die auf einem anderen als dem schadenstiftenden Ereigniß beruhen, z. B. auf einem Versicherungsvertrage, nicht anzurechnen sind.

Vgl. im Uebrigen RGE. Bd. 10 S. 50 (auf die einer Wittwe nach dem Unfallversicherungsgesetz wegen des Todes ihres Mannes zu gewährende Entschädigung ist nicht anzurechnen die Wittwenpension, die sie auf Grund einer Versicherung infolge des Todes ihres Mannes erhält), RGE. Bd. 15 S. 114 (die gesetzlichen Wittwen- und Waisengelder sind auf die auf Grund des Haftpflichtgesetzes wegen eines Todesfalls zu gewährende Entschädigung anzurechnen), RGE. Bd. 17 S. 45 (Anrechnung gesetzlich zustehender Pension gegenüber einem im Betrieb der Eisenbahn körperlich beschädigten Beamten), RGE. Bd. 40 S. 172 (Ausgleichung eines durch Verzug erwachsenen Schadens mit dem andrerseits durch diesen Verzug erwachsenen Vortheil), RGE. Bd. 54 S. 137 (die Gesammtlage ist zu berücksichtigen, die besonderen Grundsätze über Aufrechnung und Rückbehaltung kommen nicht zur Anwendung); vgl. ferner RGE. Bd 35 Nr. 15, Seuff. Arch. Bd. 15 Nr. 210, Arch. f. prakt. Rechtswissensch. Bd. 4 S. 209 (Darmstadt), Seuff. Arch. Bd. 43 Nr. 269 S. 405, Bd. 47 Nr. 14, RGE. Bd. 55 S. 73, 74.

5. Beweis des Kausalzusammenhangs. An sich hat der Beschädigte nicht nur die zum Ersatz verpflichtenden Thatsachen, den Eintritt und Umfang des Schadens, sondern auch den ursächlichen Zusammenhang zu beweisen. Da aber die Forderung eines exakten Beweises die Begründung einer Schadensersatzklage in den meisten Fällen praktisch unmöglich machen würde (vgl. Lehmann, Der Notstand der Schädensprozesse 1869), so ist nach § 287 CPO. in Zweifelsfällen unter Würdigung aller Umstände nach freier Ueberzeugung festzustellen, nicht nur, wie hoch sich der Schaden oder ein zu ersetzendes Interesse belaufe, sondern auch ob ein Schaden entstanden sei, also auch der Kausalzusammenhang. Dafür, daß zu den hier zu würdigenden Umständen auch der Grad des Verschuldens gehört, vgl. Kuhlenbeck, Von d. Pand. z. BGB. Bd. II S. 126 ff., Rümelin, Archiv f. d. civilist. Praxis Bd. 90 S. 291 ff., RGE. Bd. 10 Nr. 41 S. 140. Bei Uebertretung einer Schutzvorschrift hat der Beklagte den Gegenbeweis zu führen, daß der Schaden auch bei deren Beachtung eingetreten sein würde. RGE. Bd. 25 Nr. 18 S. 74 ff.

Vgl. ferner RGE. v. 2. Okt. 1903, Jur. Wschr. 1903 S. 384, Soergel, Rechtspr. 1903 S. 46.

## § 249.

**Wer zum Schadensersatze verpflichtet ist, hat den Zustand herzustellen, der bestehen würde, wenn der zum Ersatze verpflichtende Umstand nicht eingetreten wäre. Ist wegen Verletzung einer Person oder wegen Beschädigung einer Sache Schadensersatz zu leisten, so kann der Gläubiger statt der Herstellung den dazu erforderlichen Geldbetrag verlangen.**

E. I, 219; II, 213 Abs. 1; III, 243.

1. Voraussetzung des Ersatzanspruchs. Wer einen Schaden erlitten hat, kann dessen Ersatz von einem Dritten nur dann verlangen, wenn ein besonderer Grund hierfür vorliegt, sei es, daß der Dritte durch Rechtsgeschäft die Verpflichtung zum Schadensersatz übernommen hat, wie beim Versicherungsvertrage (d. h. der sogenannten Schadensversicherung), sei es, daß das Gesetz unmittelbar an gewisse Thatbestände die Verpflichtung eines Dritten zum Schadensersatze knüpft. Bestimmungen der letzteren Art enthält das BGB. in großer Anzahl (z B. §§ 31, 42 Abs. 2, 122, 160, 179, 228, 231 u. s. w.). Solche Bestimmungen finden sich auch in den aufrecht erhaltenen Landesgesetzen (s. Art. 105—109 EG.), sowie in den neben dem BGB. geltenden Reichsgesetzen, z. B. im RG. betr. die Verbindlichkeit zum Schadensersatze für die bei dem Betriebe von Eisenbahnen, Bergwerken u. s. w. herbeigeführten Tödtungen und Körperverletzungen vom 7. Juni 1871 in der Fassung des Art. 42 EG., in der CPO. §§ 89, 302 Abs. 4, 600 Abs. 2, 717 Abs. 2, 945 u. Nr. u. s. w.

In allen diesen Fällen finden die in den §§ 249—254 aufgestellten Grundsätze Anwendung, soweit nicht die betreffenden Gesetze besondere Vorschriften geben.

2. „Der zum Ersatze verpflichtende Umstand." Den Rechtsgrund eines Schadensersatzanspruchs kann irgend eine juristische Thatsache bilden, sei es eine einzelne oder ein Komplex von Thatsachen (Thatbestand). Des Näheren können in Frage kommen Ereignisse oder Handlungen. Beide Begriffe sind im abstrakten juristischen Sinne zu nehmen, in dem als Ereigniß auch ein „Nichtgeschehen eines erwarteten positiven Ereignisses", als Handlung auch eine Unterlassung gelten kann. Ob wir einen Umstand (ein Ereigniß, eine Handlung) als positiv oder negativ qualifiziren, hängt lediglich von unserer Stellung auf der Abscissenaxe der menschlich praktischen Anschauung ab. Vgl. Kuhlenbeck, Der Schuldbegriff S. 65 - 67. Was den Umstand zu einem solchen stempelt, der zum Ersatze verpflichtet, ist reine Rechtsfrage, vgl. Bem. 1; es kann ein Verschulden, aber auch ein Vertrag oder eine rein gesetzliche Pflicht sein. Dagegen ist es Thatfrage, ob und wie weit ein Zustand bestehen würde, wenn dieser Umstand nicht eingetreten wäre. Diese Thatfrage ist nach den Regeln des Kausalzusammenhangs zu entscheiden. Vgl. hierüber im Einzelnen Vorbem. 3, 4, 5.

3. Art der Ersatzleistung. Als Leitgrundsatz bestimmt das BGB., daß der Zustand herzustellen ist, der bestehen würde, wenn der zum Schadensersatze verpflichtende Umstand nicht eingetreten wäre. Man bezeichnet diese Forderung als Prinzip der Naturalrestitution. Vgl. darüber Vorbem. 1. Es handelt sich dabei nicht bloß um Herstellung des Vermögenszustandes, die Ausnahme des § 253 bezieht sich nur auf Geldentschädigung. Sofern Herstellung des Zustandes bei ideellem Schaden möglich ist, kann er nach § 249 Satz 1 gefordert werden. Es kann daher insbesondere Beseitigung eines auch nur ideell schädigenden Zustandes gefordert werden, z. B. Vernichtung einer mich ideell schädigenden Schrift, Abbildung u. dergl., Anspruch auf Unterlassung eines nachbarlichen Bordellbetriebs, vgl. Das Recht 1901 S. 283. Soweit die Herstellung nicht möglich oder zur Entschädigung nicht genügend ist, darf daneben für nicht materiellen Schaden nur in den gesetzlich zulässigen Fällen Geldentschädigung gefordert werden.

„Herstellung des Zustandes" bedeutet übrigens nicht Herstellung eines identischen Zustandes, es genügt Herstellung eines im Wesentlichen gleichen, gleichwerthigen. Maßgebend ist der Interessenstandpunkt des Geschädigten. Vgl. Schollmeyer II S. 27, Planck II S. 17, c.

Wegen der zahlreichen Fälle, in denen statt der Naturalrestitution theils vom Geschädigten, theils vom Ersatzpflichtigen Geldentschädigung gefordert werden kann, vgl. Vorbem. 1, a—e.

In diesem Paragraphen wird zunächst bei Verletzung einer Person oder Sache dem Gläubiger das Recht zuerkannt, statt der Herstellung „den dazu erforderlichen Geldbetrag" zu fordern.

a) Verletzung einer Person: Gemeint sind nur Körperverletzungen oder Gesundheitsschädigungen. Dies ergiebt sich aus den Motiven, welche die Ausnahme damit begründen, daß andernfalls der Beschädigte gezwungen sein würde, dem Ersatzpflichtigen eine Einwirkung auf seine Person zu gestatten. (D. 44.) Vgl. auch Schollmeyer II S. 27.

b) Verletzung einer Sache: Es handelt sich um Sachbeschädigungen im eigentlichsten Sinne, vgl. § 90. Ausgenommen ist die vollständige Zerstörung (Vernichtung) einer Sache. Im letzteren Falle kommt entweder § 251 oder die Lieferung gleichartiger und gleichwertiger Sachen in Frage.

Der Gläubiger kann den Geldbetrag verlangen, der zur Herstellung erforderlich ist. Natürlich schließt dies nicht aus, daß er noch weitere Geldentschädigung fordern kann, wenn und soweit die Herstellung zu seiner Entschädigung nicht genügt. Vgl. § 251 mit Bem. und Vorbem. 1, c.

Welcher Geldbetrag erforderlich ist, bestimmt sich nach objektiven Gesichtspunkten; weder besondere persönliche Verhältnisse des zum Ersatz Verpflichteten noch solche des Beschädigten können einen Anspruch auf Ermäßigung begründen. Wenn beispielsweise bei Beschädigung einer Sache sei es der zum Ersatz Verpflichtete, sei es der Beschädigte in der Lage ist, die Herstellung selber zu besorgen, unter Ersparung des sonst erforderlichen Geldaufwands, so kann gleichwohl der Beschädigte denjenigen Geldbetrag fordern, der erforderlich ist, um die Herstellung durch einen Dritten besorgen zu lassen. Maßgebend ist der übliche und angemessene Preis bezw. Lohn. Vgl. Schollmeyer II S. 28.

4. Da die Schadensausgleichung in erster Linie durch Naturalherstellung zu erfolgen hat, kann in geeigneten Fällen der Erfolg, welchen der durch arglistige Täuschung oder widerrechtlich durch Drohung Geschädigte mit der Anfechtungsklage des § 123 erzielen will, auch durch die Schadensersatzklage erreicht werden. Dies ist insoferne von Bedeutung, als die Anfechtungsklage schon nach Ablauf eines Jahres ausgeschlossen ist (§ 124), während für die Schadensersatzklage die regelmäßige Verjährungsfrist

von dreißig Jahren läuft (§ 195). Allerdings ist hiebei zu berücksichtigen, daß die Anfechtungsklage dinglich wirkt, dem Herstellungsanspruche aber nur eine obligatorische Wirkung gegenüber dem Ersatzpflichtigen zukommt.

5. Das in Satz 2 dem Gläubiger eingeräumte Recht, statt der Herstellung den dazu erforderlichen Geldbetrag zu verlangen, ist nur eine facultas alternativa des Gläubigers. Die Bestimmungen über das Wahlschuldverhältniß (§§ 262—265) finden daher keine Anwendung. S. Vorbem. 1, b und Bem. 1 zu § 262. Der Gläubiger kann bis zur wirklich erfolgten Befriedigung sich darüber erklären, welche Art der Ersatzleistung er beanspruche. Hat der Gläubiger, wozu er auch in diesem Falle berechtigt ist, eine Frist gemäß § 250 gesetzt, so ist mit dem fruchtlosen Ablaufe der Frist sein Anspruch auf Herstellung ausgeschlossen; s. Bem. 3 und 4 zu § 250. Solange eine Annahme (Acceptation) der Erklärung, Herstellung oder Geldersatz zu verlangen, von Seiten des Schuldners nicht vorliegt, kann der Gläubiger von der getroffenen Wahl wieder abgehen, also nicht nur, wie Schollmeyer II S. 29 meint, wenn er sich für Herstellung entschied, nachträglich noch den Geldbetrag verlangen, sondern auch umgekehrt, nachdem er erklärt hat, Geldersatz zu verlangen, auf die Forderung der Herstellung zurückkommen. Nur ist zu beachten, daß die Annahme der Erklärung auch stillschweigend erfolgen kann, insbesondere in dem Beginne der Herstellung zu befinden ist, wenn dieser in Kenntniß der stattgehabten Erklärung erfolgt. Die Erklärung ist eine einseitige empfangsbedürftige Willenserklärung (§ 130).

## § 250.

Der Gläubiger kann dem Ersatzpflichtigen zur Herstellung eine angemessene Frist mit der Erklärung bestimmen, daß er die Herstellung nach dem Ablaufe der Frist ablehne. Nach dem Ablaufe der Frist kann der Gläubiger den Ersatz in Geld verlangen, wenn nicht die Herstellung rechtzeitig erfolgt; der Anspruch auf die Herstellung ist ausgeschlossen.

E. II, 213 Abs. 3; III, 244.

1. Zweck des § 250. Zufolge § 251 muß sich der Gläubiger mit der Geldentschädigung begnügen, soweit die Herstellung nicht möglich oder zur Entschädigung nicht genügend, oder wenn die Herstellung nur mit unverhältnißmäßigen Aufwendungen möglich ist. Ob einer dieser Fälle gegeben ist, wird nicht selten zweifelhaft sein. Damit nun der Gläubiger durch diese Ungewißheit nicht geschädigt und die ihm gebührende Ersatzleistung nicht ungemessen verzögert werde, ist ihm im § 250 die Befugniß eingeräumt, dem Ersatzpflichtigen eine angemessene Frist zur Herstellung zu setzen mit der Wirkung, daß nach fruchtlosem Ablaufe der Frist die Entschädigung in Geld zu erfolgen hat.

2. Die Fristbestimmung ist ein einseitiges empfangsbedürftiges Rechtsgeschäft, auf welches die §§ 130–132 Anwendung finden.

3. Mit dem Ablaufe der Frist (nicht schon mit der Fristbestimmung, auch nicht erst mit dem wirklichen Verlangen der Geldentschädigung) ist der Anspruch auf die Herstellung ausgeschlossen. Nach dem Fristablaufe kann also einerseits der Gläubiger nicht mehr die Herstellung verlangen, andererseits der Schuldner den Gläubiger ohne dessen Einwilligung nicht mehr durch Naturalherstellung entschädigen. And. M. früher in Ansehung des Gläubigers Kuhlenbeck und Behrend in Jur. Wschr. 1897 S. 522, D. Jur.Z. 1897 S. 341. Die dort vertretene Auslegung, daß nur der Anspruch des Schuldners ausgeschlossen sei, hat in der Praxis keine Zustimmung gefunden.

4. Angemessen ist die bestimmte Frist, wenn sie nach den vorliegenden Umständen zur ordnungsmäßigen Bewirkung der Herstellung ausreichend ist.

Der Gläubiger ist an die von ihm selbst gesetzte Frist immer gebunden. Hat er die Frist weiter erstreckt, als erforderlich war, so hat jedenfalls der Schuldner das Recht, bis zum Ablaufe der Frist die Herstellung zu bewirken; hat jener die Frist zu kurz bemessen, so erlischt zwar mit ihrem Ablaufe für den Gläubiger der Anspruch auf Herstellung, auf Seite des Schuldners aber muß in diesem Falle die Herstellung, welche derselbe von der Fristbestimmung an ohne schuldhaftes Zögern bewirkt hat, trotz des Ablaufes der Frist noch als rechtzeitig erfolgt angesehen werden. Ebenso Cosack, Bd. 1 S. 348. A. M. Planck Anm. 2 zu § 250: „Unter rechtzeitiger Leistung ist nur eine solche zu verstehen, die vor dem Ablaufe der Frist erfolgt . . ., ist die gesetzte Frist nicht angemessen, so ist die Fristbestimmung als unwirksam zu betrachten." Aehnlich, wie Planck, auch Schollmeyer II S. 31. Hienach würde auch der Gläubiger nach dem Ablaufe der von ihm selbst gesetzten Frist die Annahme der Geldentschädigung unter Berufung darauf, daß die Frist keine angemessene war und deßhalb als nicht gesetzt zu gelten habe, verweigern dürfen. Dies kann die Absicht des Gesetzes nicht sein. Denn es wäre eine unbillige Härte gegen den Ersatzpflichtigen, welcher, darauf bauend, daß der Gläubiger sich an seine Erklärung gebunden erachte, vielleicht eine sich ihm während des Laufes der Frist bietende günstige Gelegenheit zur Herstellung hat vorübergehen lassen, weil er gewillt war, mit dem Ablaufe der Frist die Geldentschädigung zu leisten.

Noch in verschiedenen anderen Fällen räumt das BGB. einem Vertragstheile das Recht ein, dem anderen Theil eine angemessene Frist zur Bewirkung einer Leistung oder zur Abgabe einer Erklärung zu bestimmen mit der Folge des Eintretens eines Rechtsnachtheils für den Fall der Versäumung der Frist (z. B. §§ 264 Abs. 2, 283, 326, 344, 355). In allen diesen Fällen ist das Erforderniß der Angemessenheit der Frist in gleichem Sinne auszulegen.

Eine ähnliche Bestimmung enthielt auch der nunmehr durch § 326 BGB. ersetzte Art. 356 des früheren HGB., daß nämlich der nichtsäumige Kontrahent, wenn er Schadensersatz wegen Nichterfüllung fordern oder von dem Vertrage abgehen wollte, dem andern Theil eine den Umständen angemessene Frist zur Nachholung des Versäumten zu gewähren hatte. Vgl. hierüber Staub Komm. z. HGB. §§ 19 und 20 zu Art. 356.

Die hier vertretene Auffassung schließt nicht aus, daß der Berechtigte, ohne die Dauer der Frist näher zu bestimmen, sich darauf beschränkt, den anderen Theil aufzufordern, die Herstellung innerhalb angemessener Frist zu besorgen.

Der Anspruch auf Naturalrestitution ist ein (gesetzlich) resolutiv bedingter, während umgekehrt derjenige auf Ersatz in Geld (gesetzlich) suspensiv, durch den Ablauf der Frist bedingt ist. Es steht nichts im Wege, beide Ansprüche in der Klage zu verbinden, so daß principaliter auf Herstellung binnen angemessener Frist, eventualiter auf Geldersatz geklagt wird. § 255 CPO. steht nicht im Wege, wenn nur die angemessene Frist zur Zeit der Urtheilsverkündung bereits als abgelaufen erachtet werden kann. Vgl. Schollmeyer II S. 30 Bem. 3.

5. Beweislast. Der Gläubiger hat zu beweisen, daß er die Frist mit der Ablehnungserklärung gesetzt hat und daß die Frist eine angemessene war. Der Schuldner muß beweisen, daß er innerhalb der gesetzten Frist oder, wenn die Frist zu kurz bemessen war, ohne Verzug innerhalb einer von der Fristbestimmung an laufenden angemessenen Frist die Herstellung bewirkt hat.

## § 251.

Soweit die Herstellung nicht möglich oder zur Entschädigung des Gläubigers nicht genügend ist, hat der Ersatzpflichtige den Gläubiger in Geld zu entschädigen.

Der Ersatzpflichtige kann den Gläubiger in Geld entschädigen, wenn die Herstellung nur mit unverhältnißmäßigen Aufwendungen möglich ist.

E. I, 219; II, 213; III, 245.

1. Bei theilweiser Unmöglichkeit der Herstellung kann der Berechtigte für den möglichen Theil die Herstellung, für den nicht möglichen Theil den entsprechenden Geldbetrag fordern, wie auch umgekehrt der Ersatzpflichtige in derselben Weise seiner Ersatzpflicht genügen kann.

2. Von dem in § 249 aufgestellten Prinzip, daß der Schadensersatz durch Naturalherstellung zu leisten ist, sind die wichtigsten Ausnahmen folgende:

a) zu Gunsten des Gläubigers, insofern als diesem bei Verletzung einer Person oder Beschädigung einer Sache die Herstellung nicht aufgedrungen werden kann; § 249 Satz 2;

b) zu Gunsten des Schuldners, insofern dieser den Gläubiger in Geld entschädigen kann, wenn die Herstellung nur mit unverhältnißmäßigen Aufwendungen möglich ist; § 251 Abs. 2.

c) Außerdem kommt natürlich die Verpflichtung zur Naturalherstellung stets in Wegfall, soweit letztere nicht möglich oder wenn sie gesetzlich unzulässig ist.

Vgl. im Uebrigen noch Vorbem. 1, a, c (S. 23).

3. Darüber, ob die Herstellung ganz oder theilweise unmöglich, wieweit sie zur Entschädigung des Gläubigers nicht genügend und ob sie nur mit unverhältnißmäßigen Aufwendungen möglich ist, entscheidet das freie richterliche Ermessen gemäß § 287 CPO.

Zu unterscheiden ist Unmöglichkeit und Nichtgenügen der Herstellung.

a) Unmöglichkeit: Die Unmöglichkeit kann auf physischen und auf juristischen Gründen beruhen. Physisch, der Natur der Sache nach, ist Herstellung unmöglich bei Zerstörung von unvertretbaren Sachen, während bei fungiblen (vertretbaren) Sachen die Herstellung durch Lieferung von Sachen gleicher Art und Güte erfolgen kann. Unmöglich ist ferner Naturalrestitution in Ansehung des durch zeitweilige Entziehung der Sachen oder der Erwerbsfähigkeit entstandenen Schadens. Vgl. Vorbem. 1. Juristische Unmöglichkeit der Herstellung liegt vor, wenn letztere gesetzlich unzulässig ist (z. B. weil inzwischen ein Verbot erfolgt ist, ein Patent, Monopol ertheilt ist).

Die Herstellungsmöglichkeit kann endlich, abgesehen von der in natura schlechthin unmöglichen Wiederherstellung des zeitlichen Verlustes der Nutzung, vollständig oder nur theilweise gegeben sein.

Bei bloß theilweiser Unmöglichkeit ist Herstellung soweit zu verlangen, als eben die Möglichkeit reicht, und Entschädigung in Geld nur soweit zu leisten, als die Herstellung unmöglich ist. Bei der Bemessung der Geldentschädigung ist alsdann der Minderwerth zu schätzen, den der nur theilweise wiederhergestellte Zustand für den Beschädigten hat. Unter Umständen kann der Beschädigte die theilweise Wiederherstellung überhaupt ablehnen, weil sie für ihn keinen Werth hat. Beispielsweise kann die theilweise Wiederherstellung eines Geräthes abgelehnt werden, weil ein so geflicktes Geräth im Haushalte des Beschädigten nicht mehr brauchbar ist. Es ist hierbei auf die Verkehrsanschauungen, aber auch auf die besonderen Umstände Rücksicht zu nehmen; beispielsweise kann eine Maschinenreparatur abgelehnt werden, wenn die reparirte Maschine nicht mehr genügend leistungsfähig sein würde; der Eigenthümer eines Zirkuspferdes kann vollen Ersatz des verletzten Pferdes — nach Abzug des Verkaufswerths — beanspruchen, wenn das geheilte Pferd als Zirkuspferd für ihn unbrauchbar geworden ist. In diesem Falle ist die theilweise Herstellung nicht genügend. Vgl. b.

b) Der Begriff nicht genügender Herstellung deckt sich zum Theil mit dem der nur theilweisen, er umfaßt aber auch andere Fälle. Eine Herstellung ist allemal dann und soweit nicht genügend, wenn und soweit sie dem individuellen Interesse des Geschädigten nicht gerecht wird. Hierbei sind jedoch immaterielle Interessen nur in den durch das Gesetz bestimmten Fällen zu berücksichtigen (§ 253). Abgesehen von diesen Fällen ist eine Herstellung nicht genügend, wenn nach den im Verkehr herrschenden Anschauungen dem Beschädigten die Annahme einer Naturalrestitution nicht zugemuthet werden kann. (Beispiel: Rücknahme eines vom Ersatzpflichtigen getragenen Kleidungsstückes.)

5. Geldentschädigung im Sinne des § 251 ist voller Ersatz des individuellen Interesses (subjektive, relative Aestimation). Vgl. Vorbem. 2, 4, b. Es genügt nicht die Entschädigung nach dem gemeinen Verkehrswerth (objektive Aestimation).

Von diesem zweifellos an sich richtigen Standpunkt aus kann die Entscheidung der Frage Schwierigkeit bereiten, welcher Geldwerth im Falle der Beschädigung einer schon gebrauchten Sache, z. B. eines schon längere Zeit getragenen Rockes, einer schon Jahre lang gebrauchten Maschine (z. B. eines alten Zweirads) zu erstatten ist.

a) Vom Standpunkte der relativen Aestimation unter Zugrundelegung des Herstellungsprinzips könnte man zu der Folgerung kommen, es sei stets der Anschaffungswerth eines neuen Rockes, einer neuen Maschine zu leisten.

Allein zweifellos würde dies zu einer ungerechtfertigten Bereicherung des Ersatzberechtigten führen, der vielleicht selber den alten Rock, die alte Maschine bald außer Gebrauch gesetzt hätte. Vgl. auch § 255 Bem. 1.

b) Die richtige Würdigung des relativen Prinzips wird die bei der Ansicht zu a unvermeidliche Bereicherung ablehnen und daran festhalten müssen, daß der Schadensberechnung der Werth zu Grunde zu legen ist, den der getragene Rock, die gebrauchte Maschine noch zur Zeit der schädigenden Handlung hatte. Genau genommen darf als Werth des Objekts in diesem Zeitpunkt jedoch nicht der objektive Verkaufswerth zu Grunde gelegt werden, denn dieser kann möglicher Weise sehr minimal sein; der Beschädigte kann einwenden, daß er sich noch mit dem alten Rock, der veralteten Maschine, der älteren Auflage eines Buches, für das vielleicht ein Antiquar nichts mehr zahlt, das also gar nicht mehr verkäuflich ist, beholfen haben würde! Es würde also eine nach den Umständen zu bemessende Geldentschädigung, welche zwischen dem Anschaffungswerth einer neuen Sache und dem Verkaufswerth der alten liegt, etwa unter Analogie der relativen Berechnung des § 472, zu bestimmen sein. Die Praxis wird in der Regel in solchen Fällen freilich geneigt sein, nur auf den Verkehrswerth, also den Verkaufswerth der beschädigten Sache zur Zeit des Schadenseintritts zu erkennen, da eine genaue Berechnung des Werthes, den die gebrauchte Sache, z. B. ein veraltetes Fahrrad, noch für den Beschädigten persönlich hatte, in den meisten Fällen unthunlich ist. Möglich ist jedoch, daß im einzelnen Falle, z. B. bei einer größeren Maschine die jährlich übliche Absetzung des Verbrauchs vom Maschinenkonto ihr einen Anhalt zur Würdigung der abzusetzenden Abnutzung gewährt. Man kann sie im Uebrigen nur auf § 287 CPO. verweisen, demzufolge in Zweifelsfällen der Richter unter Würdigung aller Umstände nach freier Ueberzeugung festzustellen hat, wie hoch sich der (individuelle) Schaden beläuft. Beispiel: Das Fahrrad des A, seit 6 Jahren in Gebrauch, ist von B bis zur Reparaturunfähigkeit beschädigt. Es wäre falsch, dem A einen Geldbetrag zuzubilligen, der ihm ermöglicht, ein neues Rad desselben Systems zu kaufen; denn er hat das Rad seit 6 Jahren benützt, vielleicht hielt es nach sachverständigem Gutachten bei ordnungsmäßigem Gebrauch noch höchstens 1 Jahr. Ebenso falsch wäre es, dem A nur den objektiven Verkaufswerth eines solchen Rades zuzubilligen, das vielleicht wegen seines veralteten Systems objektiv nur noch den Werth alten Eisens hatte, während A es immerhin noch benutzte. Dem A persönlich ist ein über diesen objektiven Werth hinausgehender Schaden erwachsen. Der Richter hat ihm ex aequo et bono (§ 287 CPO.) einen Zusatz zum gemeinen Verkehrswerth des beschädigten Rades zu bewilligen, der aber keinenfalls die Höhe des Anschaffungswerthes eines neuen Rades erreichen und keinerlei bloßes Affektionsinteresse berücksichtigen darf.

6. Absatz 2 giebt dem Schuldner eine Einrede gegen die auf Herstellung gerichtete Klage dahin, daß er nur auf Geldentschädigung zu verurtheilen sei. Nicht nothwendig ist, daß er Feststellungswiderklage erhebt. And. M. Schollmeyer II S. 35.

Der Gläubiger kann im Falle dieser Einrede, ohne die Replik der Klagänderung zu befürchten, den Eventualantrag auf Geldentschädigung ergänzen. (CPO. § 268 Nr. 2, 3.)

Es ist Sache des Beklagten, die Unverhältnißmäßigkeit der zur Herstellung erforderlichen Aufwendungen klarzustellen und zu beweisen, aber er braucht nicht, wie Schollmeyer a. a. O. meint, seinerseits die von ihm zu leistende Geldentschädigung zu liquidiren.

Unverhältnißmäßig sind Aufwendungen, welche in augenfälligem Mißverhältniß zur Höhe des verursachten Schadens stehen. Beispiel: die Reparatur einer alten Maschine würde mehr kosten als die Anschaffung einer dem Interesse des Beschädigten genügenden Maschine neuester Konstruktion.

Falls die Einrede begründet ist und gleichwohl Kläger es ablehnt, einen Eventualantrag auf Geldentschädigung zu stellen, muß das Urtheil auf Abweisung der Klage lauten, nicht auf Herstellung mit dem Zusatz, daß Beklagter berechtigt sei, sich von der Herstellung durch Geldentschädigung zu befreien. Bringt andrerseits Kläger seinen Eventualantrag vor, so genügt es, wenn er ihn auf angemessene Geldentschädigung abstellt; soweit er eine bestimmte Höhe derselben beansprucht, trifft ihn selbstverständlich die Beweispflicht.

## § 252.

Der zu ersetzende Schaden umfaßt auch den entgangenen Gewinn. Als entgangen gilt der Gewinn, welcher nach dem gewöhnlichen Laufe der Dinge oder nach den besonderen Umständen, insbesondere nach den getroffenen Anstalten und Vorkehrungen, mit Wahrscheinlichkeit erwartet werden konnte.

E. I, 218; II, 214, 215; III, 246.

§ 252 handelt von dem Umfange der Schadensersatzpflicht.

1. Verhältniß zum bisherigen Rechte.

a) Während nach der im gem. Rechte herrschenden Ansicht bei der actio legis Aquiliae ohne Rücksicht auf den Grad des Verschuldens (in lege Aquilia et levissima culpa venit) immer der volle Schaden mit dem entgangenen Gewinn ersetzt werden mußte, haben mehrere Kodifikationen, so insbesondere das PLR. Thl. I Tit. 6 §§ 10 ff., den Umfang der Entschädigung nach dem größeren oder geringeren Grade des Versehens abgestuft. Das BGB. hat sich der im gem. Rechte herrschenden Ansicht angeschlossen, jedoch mit einigen durch die Billigkeit gebotenen Einschränkungen. Vgl. §§ 254, 702, 827, 828.

b) Eine Maximalgrenze der Entschädigung, wie solche die bekannte lex un. Cod. 7, 47 aufstellte, daß die Interesseforderung nicht über das Doppelte des Werthes der beschädigten Sache festgesetzt werden durfte (Dernburg Pand. Bd. 2 § 45 N. 17), kennt das BGB. nicht.

Allein während einerseits bei allen Schadensersatzansprüchen, die auf einem Verschulden beruhen, trotz der begrifflich richtigen Trennung zwischen Verursachung und Verschuldung, eben weil die Ursache hier als eine schuldhafte qualifizirt wird, der Grad des Verschuldens auch auf den Umfang der Haftung einwirken kann, bietet andrerseits auch der richtige Begriff der juristischen Kausalität (als adäquater Verursachung) gewisse Normen zur Begrenzung des Interesses. Lediglich die abstrakt gesetzliche Regelung dieser Fragen, wie sie zu a und b erwähnt wird, ist abgelehnt und statt dessen der Wissenschaft und Rechtspflege die Herstellung der maßgebenden Prinzipien bezw. die richtige Entscheidung des einzelnen Falles auf Grund solcher Prinzipien anheimgestellt. Vgl. § 254. (Die Aeußerung der Mot. II, 18 kann hiergegen nicht ins Gewicht fallen.) Vgl. auch Rümelin a. a. O. S. 314.

2. Zweck der Bestimmungen des § 252. Satz 1 ergiebt sich als nothwendige Folge des in § 249 ausgesprochenen Grundsatzes des BGB., daß die Schadensersatzleistung in der Herstellung jener Vermögenslage besteht, welche ohne den zum Ersatze verpflichtenden Umstand vorhanden wäre, da eben diese Vermögenslage nur dann hergestellt wird, wenn dem Geschädigten nicht bloß die positive Vermögenseinbuße (damnum emergens), sondern auch der entgangene Gewinn (lucrum cessans) erstattet wird. Ersteres wird als selbstverständlich vom BGB. nicht ausdrücklich hervorgehoben.

Die Feststellung des entgangenen Gewinns bietet in der Praxis häufig Schwierigkeiten, weil hiebei nicht nur in Berücksichtigung gezogen werden muß, wie sich die äußeren Umstände ohne das Dazwischentreten des schädigenden Ereignisses gestaltet haben würden, sondern auch zu prüfen ist, ob der Geschädigte gerade jene Handlungen vorgenommen haben würde, welche zur Erzielung des Gewinnes erforderlich waren. Einen Weg zur Beseitigung dieser Schwierigkeiten bietet § 287 CPO., welcher die Entscheidung der Frage, ob ein Schaden (einschließlich des entgangenen Gewinnes) entstanden ist und wie hoch sich derselbe beläuft, dem freien richterlichen Ermessen anheim giebt.

Wie in den M. II, 18 bemerkt ist, soll durch die Bestimmung des Satzes 2 dem Richter eine Anweisung gegeben werden für die Anwendung des § 287 CPO. auf jene Fälle, in denen die Feststellung eines Gewinnentgangs in Frage kommt.

Es wäre aber falsch, wie in der I. Auflage geschehen, aus dieser Bemerkung der Mot. den Schluß zu ziehen, daß § 252 Satz 2 gewissermaßen nur eine Wiederholung des in § 287 CPO. ausgesprochenen prozessualen Grundsatzes, nur einen Hinweis auf jene Beweisregel darstelle. Im Allgemeinen stellt das BGB. wohl vielfach Beweisregeln, Präsumtionen auf, die als solche einen materiellrechtlichen Charakter tragen, enthält sich aber rein prozessualer Anweisungen über Beweiswürdigung, geschweige des überflüssigen Hinweises auf das rein prozessuale Prinzip der freien Beweiswürdigung. Vielmehr liegt die Bedeutung des Satzes 2 dieses Paragraphen darin, daß hier, wenn auch den Gesetzgebern vielleicht unbewußt, das Prinzip des adäquaten Kausalzusammenhangs zum Durchbruch und zu einem gesetzgeberisch nicht unzutreffenden Ausdruck gelangt ist. Rümelin hat diesem Prinzip die nicht ungeschickte Fassung der „nachträglichen objektiven Prognose" gegeben. Damit ist gesagt, daß für den juristischen Kausalzusammenhang nicht der zumal nach der monistischen Auffassung von der Einheit des Weltganzen Alles mit Allem verknüpfbar machende rein philosophische Kausalitätsbegriff zu verwerthen ist, daß als Ursache im juristischen Sinne die conditio sine qua non nicht ausreichend ist, daß vielmehr hier, wie überhaupt im Rechtsverkehre das Prinzip einer objektiv begründeten Erwartung oder, wenn man will mit Heß (das Märchen vom Kausalzusammenhang 1902) das Zweckprinzip eine ausschlaggebende Rolle beansprucht. Eine unbegrenzte Haftpflicht nach dem rein logischen Gesichtspunkte der conditio dahin, daß Jemand, der eine Bedingung gesetzt hat, nunmehr für alle durch diese Bedingung unter Hinzutritt beliebiger anderer Momente (Bedingungen) ermöglichten Folgen aufkommen müsse, würde zu praktisch unerträglichen Resultaten führen. Dies tritt da, wo es sich um entgangenen Gewinn handelt, noch schärfer hervor, als da, wo ein positiver Nachtheil in Frage steht. Allerdings wird die Erkenntniß dieser Konsequenz dadurch erschwert, daß ein ungewöhnlicher, unwahrscheinlicher Gewinn, wenn er eben verhindert ist, in der Regel auch nicht als nothwendig bei Umkehr der in Frage kommenden Bedingung bewiesen werden kann. Man setze aber den Fall, daß A durch Zeugen beweisen kann, er würde eine Geldsumme, für deren rechtzeitige Einzahlung B verantwortlich ist, zum Ankauf einer bestimmten Lotterieloosnummer verwandt haben, auf die später das große Loos gefallen ist, so dürfte die Unbilligkeit einer sich bis zum Ersatze dieses Gewinnes versteigenden Ersatzpflicht zu Tage treten. M. E.

kann auch in diesem Falle selbst „nach den bestehenden Umständen", insbesondere nach den getroffenen Anstalten und Vorkehrungen, der thatsächlich entgangene Gewinn nicht als ein solcher bezeichnet werden, der „mit Wahrscheinlichkeit erwartet werden konnte". Vgl. des Näheren Bem. 3.

Allerdings ist der Gesichtspunkt der nachträglichen objektiven Prognose nicht zu verwechseln mit demjenigen subjektiver Voraussehbarkeit. Richtig ist, wie Aufl. 1 Bem. 2, d hervorhob, daß es ohne alle Bedeutung ist, ob der Ersatzpflichtige vorhersehen konnte oder nicht, daß überhaupt ein Gewinn bezw. ein Gewinn dieser Art und in dieser Höhe entgehen werde. (Nur für den Fall des dolus bei schuldhafter Schadensstiftung ist dieser Satz zu berichtigen, vgl. Vorbem. 3, e, α S. 26 oben.)

Auch der subjektive Standpunkt des Ersatzberechtigten ist nicht maßgebend, und es ist also gleichgültig, ob der entgangene Gewinn von diesem vorausgesehen wurde oder konnte. Vielmehr kommt es darauf an, ob bei nachträglicher Würdigung des gewöhnlichen Laufes der Dinge (der von Bar sog. „Regel des Lebens") oder der besonderen Umstände durch den Richter der entgangene Gewinn als ein solcher qualifizirt werden kann, der „mit allgemeiner Wahrscheinlichkeit erwartet werden konnte", der also rein objektiv (bei verständiger Würdigung des Weltverlaufes) voraussehbar war.

Daß hierbei Beweisfrage und materielles Recht praktisch (nicht theoretisch) verquickt erscheinen, ist ebenso wie bei der ähnlich ihren Sitz im (psychologischen) Kausalzusammenhang habenden Frage des Irrthums (Probabilität des wesentlichen Irrthums, vgl. Kuhlenbeck, Von d. Pand. z. BGB. Bd. I S. 430) in der Natur der Sache begründet. Wie Entschuldbarkeit und Beweisbarkeit des Irrthums (§ 119) in den meisten Fällen zusammenfallen, so auch wahrscheinlicher und adäquater Kausalzusammenhang.

Hiernach ist es zwar richtig, daß, wie in 1. Aufl. gesagt ist:

a) wenn sich mit Sicherheit feststellen läßt, daß ein Gewinn nicht gemacht worden wäre, ein Ersatz für entgangenen Gewinn nicht beansprucht werden kann. Denn in diesem Falle fehlt überhaupt ein Kausalzusammenhang. Vgl. auch Planck Anm. 2 Abs. 2 zu § 252.

b) Aber es ist nicht richtig, daß, wenn ausnahmsweise (vgl. das obige Beispiel des Lotteriegewinns) ein entgangener Gewinn mit Bestimmtheit festgestellt werden kann, es hierbei unter allen Umständen sein Bewenden habe. Vielmehr kann in diesem Falle der Satz 2 des § 252 zu einer Begrenzung der Schadensersatzpflicht führen. Vgl. die folgende Bem. (And. M. Rechtspr. d. OLG. [Hamburg] Bd. 4 S. 214.)

3. Maßgebender Zeitpunkt für die Berechnung. Ueber diese Frage besteht eine wichtige Kontroverse, welche ihren letzten Grund in der prinzipiellen Auffassung des Kausalzusammenhangs hat und schließlich identisch ist mit der in Bem. 2 behandelten. Abweichend von der 1. Aufl. halte ich die Meinung Plancks in Anm. 2 zu § 252 für richtig, welcher die Bedeutung des Satzes 2 dahin auffaßt, „daß das Entgehen eines Gewinnes, auch wenn feststeht, daß er wirklich entgangen ist, nur dann berücksichtigt werden soll, wenn er in dem Zeitpunkte, in welchem der zum Schadensersatz verpflichtende Umstand eintrat*), nach den bezeichneten Umständen mit Wahrscheinlichkeit erwartet werden konnte".

a) Nach Planck, dessen Autorität als Mitglied der Kommission hierbei nicht ohne Gewicht sein dürfte, spricht dafür zunächst die Entstehungsgeschichte des Gesetzes. Die Fassung des E. I § 218 Abs. 1 lautet: „Als entgangener Gewinn kommt nur derjenige in Betracht, welcher nach dem gewöhnlichen Laufe der Dinge oder nach den besonderen Umständen, insbesondere nach getroffenen Anstalten und Vorkehrungen, mit Wahrscheinlichkeit erwartet werden konnte." — In der zweiten Kommission (P. II, 585 ff.) waren folgende Fassungen beantragt:

α) „Der zu ersetzende Schaden umfaßt auch den entgangenen Gewinn, soweit dieser nach den gewöhnlichen Vorkehrungen mit Wahrscheinlichkeit erwartet werden konnte."

β) „Als entgangen ist nur derjenige Gewinn anzusehen, in Ansehung dessen nach den gewöhnlichen .... Vorkehrungen anzunehmen ist, daß er ohne das zu vertretende Ereigniß gemacht worden wäre."

Die Kommission beschloß — so heißt es in den P. II, 584 — den § 218 seinem sachlichen Inhalte nach anzunehmen und die Anträge, da sie lediglich die Fassung

*) Eine wichtige Modifikation erleidet dieser Satz in Fällen, wo nicht bloß der Eintritt, ein zeitlich bestimmter Augenblick, sondern auch die Dauer eines Umstandes, z. B. einer Unterlassung, den Schadensersatzanspruch begründet. Siehe darüber weiter unten S. 38 Abs. 3 i. f.

beträfen, der Redaktionskommission zu überweisen. In der Redaktionskommission erhielt der § 252 die jetzige Fassung. Planck erscheint mir als Mitglied derselben als vollgültiger Zeuge dafür, daß eine sachliche Aenderung dadurch nicht beabsichtigt ist, da eine solche in der Hauptkommission hätte zur Sprache gebracht und genehmigt werden müssen, was nicht geschehen sei. Vgl. Planck II S. 23.

Gegen die Planck'sche Ausführung hat sich allerdings mit besonderer Ausführlichkeit und in scharfsinniger Weise Enneccerus (II S. 407—410) gerichtet, dessen Ausführungen zweifellos die zur Zeit herrschende Meinung begründet haben dürften. Er meint zunächst, daß schon der Wortlaut gegen die Planck'sche Ansicht spreche; die Worte besagen nach Enneccerus lediglich, daß es Fälle giebt, in denen ein Gewinn als entgangen „gilt", von dem es nach den gewöhnlichen Regeln nicht sicher ist, daß er entgangen „ist", d. h. ohne die Thatsache eingetreten wäre. An sich spricht der Wortlaut weder für Planck noch für Enneccerus. Planck ergänzt „nur", Enneccerus „auch" oder vielleicht richtiger „im Zweifel". Man könnte nun zwar versuchen, aus dem Sprachgebrauche des BGB. einen Anhalt zu gewinnen. Dieser ergiebt, daß die Wendung „es gilt" in den verschiedensten Bedeutungen verwandt wird, bald um eine Präsumtion oder auch Fiktion aufzustellen, bald auch, um eine gesetzliche Definition einzuführen oder durch ein bloßes Beispiel zu ergänzen. Handelt es sich um Aufstellung einer widerlegbaren Präsumtion, so scheint das BGB. den Zusatz „im Zweifel" niemals fortzulassen. Beispiel: §§ 162, 333, 2076, 336. § 336 scheint mir besonders lehrreich, da er im ersten Absatz schlechthin sagt: „es gilt", d. h. es gilt immer, im zweiten aber hinzufügt: „im Zweifel"; oder das BGB. sagt statt „es gilt" es „wird vermuthet" (§ 20); in anderen Fällen, wo es sich nur um Ergänzung einer Definition durch Beispiel handelt, wird dem „gilt" ein „auch" hinzugefügt; besonders beachtenswerth ist dies in dem unserer Bestimmung nahestehenden § 254 Abs. 2. Nach meiner Ansicht kann man daher den Wortlaut des Satzes 2 mit Planck auch im Sinne einer gesetzlichen Definition des entgangenen Gewinnes auffassen.

Des Weiteren verweist Enneccerus gegenüber der Fassung des E. I auf die dazu im Widerspruch stehenden Mot. II, 18, deren Bemerkung auch die I. Aufl. dieses Komm. dahin deutete, daß in Satz 2 hinter „es gilt" ein „zum Mindesten" hinzuzudenken sei. Allein abgesehen von der sonstigen Unsicherheit dieses Arguments aus den Motiven würde doch die Fassung des Textes des E. I die Motive geradezu desavouiren.

Indem Enneccerus zunächst noch auf die mit der Planck'schen Ansicht einigermaßen harmonirende weitere Bestimmung des E. I § 215 hinweist: „Die Ersatzpflicht wegen Nichterfüllung einer Verbindlichkeit erstreckt sich nicht auf den Schaden, dessen Entstehung nach den Umständen, welche der Schuldner kannte oder kennen mußte, außerhalb des Bereiches der Wahrscheinlichkeit lag", macht er des Weiteren gegen die Fassung des E. II noch Folgendes geltend: „Allein auch diese Bestimmung ist vom Bundesrathe gestrichen, dann von der Reichstagskommission in erster Lesung zwar mit geringer Majorität wieder hergestellt, aber in zweiter Lesung auf meinen Antrag und unter lebhafter Befürwortung der Vertreter des Bundesraths durch einstimmigen Beschluß wieder gestrichen." Wenn Enneccerus hieraus schließt, daß der Planck'sche Grundgedanke die entscheidenden Faktoren nicht für sich gehabt habe, sondern daß diese auf dem entgegengesetzten Standpunkte standen, so hat freilich dieses vollgültige Zeugniß eines beachtenswerthen juristischen Mitarbeiters am Gesetz auf den ersten Blick ebenso viel Bestechendes, wie das oben für die sachliche Bedeutung der Fassung des § 254 Satz 2 angeführte Zeugniß Plancks. Aber sind denn beide Zeugnisse in der hier vorliegenden Grundfrage des adäquaten Zusammenhangs wirklich unvereinbar? Ich lege keinen Werth darauf, daß das Zeugniß von Enneccerus sich nicht auf den uns interessirenden Paragraphen selbst, sondern nur auf einen mit diesem begrifflich verwandten Fall bezieht. Die auf den Antrag Enneccerus gestrichene Bestimmung enthielt nämlich eine Voraussetzung, die auch wir ablehnen; sie stellte sich auf den auch von uns desavouirten rein subjektiven Standpunkt, indem sie von Umständen sprach, welche der Schuldner kannte oder kennen mußte (fahrlässig nicht kannte), und dies hätte auch von unserem Standpunkt aus (siehe die vorstehende Betonung der objektiven nachträglichen Prognose [Bem. 2]) zur Ablehnung des E. II § 215 führen müssen.

Hiernach spricht die Entstehungsgeschichte des § 252 Satz 2 zum Mindesten nicht gegen unsere Auslegung.

Da wir in dieser Auslegung und in der Planck'schen Auffassung des Satz 2 nicht eine Ausnahme, sondern nur die Anwendung eines auch bei effektivem Schaden gültigen Prinzips erblicken, ist auch das von Enneccerus II S. 409, d geltend gemachte Argument, das nur Planck trifft, da dieser sich zu einer grundsätzlichen Anerkennung des Prinzips nicht versteht, für uns belanglos; eine Verschiedenheit in der Beurtheilung des Kausalzusammenhanges bei positivem Schaden und entgangenem Gewinn findet nicht statt.

Wenn endlich Enneccerus meint, daß die Planck'sche Auslegung zu offenbaren Unbilligkeiten führe, so gehen seine dafür beigebrachten praktischen Beispiele anscheinend von der (stillschweigenden) Voraussetzung doloser Handlungsweise des Schädigers aus, und in diesem Falle machen wir selbst eine Ausnahme. Dagegen erscheint es uns unbillig, wenn bei schuldloser oder bloß fahrlässiger Begründung der Verantwortlichkeit diese schlechthin auf alle konkreten Folgen, auch auf solche, die außerhalb des Bereiches der Wahrscheinlichkeit lagen, erstreckt wird. Auch Schollmeyer II S. 36, 37, der sich Enneccerus anschließt, führt als arg. ad hominem lediglich einen Diebstahlsfall vor. „Soll etwa ein Spekulant, welcher auf Steigen von gewissen Kurspapieren spekulirte und deswegen dieselben aufkaufte, um sie später mit Gewinn zu verkaufen, dem Diebe gegenüber, welcher ihm die Papiere gestohlen hat, den entgangenen Gewinn nicht liquidiren können, falls aller Wahrscheinlichkeit zum Trotz das Steigen der Papiere eintrat?" Ich antworte unbedenklich: ja, weil es sich um ein doloses Delikt handelt und hier das Prinzip des § 848 (Haftung für Zufall) einschlägt. Aber der Fall bekommt ein anderes Gesicht, sobald wir an bloße Fahrlässigkeit, z. B. in einer Kontraktserfüllung, oder gar an schuldlose Haftung denken.

Nach der in Aufl. I vertretenen und zur Zeit anscheinend herrschenden Ansicht soll als Zeitpunkt, in welchem die Wahrscheinlichkeit begründet sein muß, der Regel nach die Zeit der Urtheilsfällung entscheidend sein. Vgl. auch Schollmeyer II S. 39; nach Enneccerus II S. 411 ist aber der Richter in dieser Beziehung nicht gebunden, kann vielmehr, wenn dies dem Gläubiger günstiger ist, auch einen früheren Moment günstigerer Konjunktur zu Grunde legen.

Alsdann würde es unter Umständen von geschickter Prozeßführung, Verzögerung der Entscheidung abhängen, einen höheren oder geringeren Betrag zu erzielen. Wir würden uns de lege ferenda niemals mit dieser Theorie befreunden können, erachten sie aber auch de lege lata durch den einfachen Hinweis auf die Worte „erwartet werden konnte" erledigt. Der maßgebende Zeitpunkt muß in der Vergangenheit liegen und kann, da ferner nicht alles auf die Willkür des Richters gestellt werden soll, nur derjenige des Eintritts des schädigenden Umstandes gemeint sein. Nur wenn dieser, man denke z. B. an schuldhafte Unterlassung, Verzug in seiner unmittelbaren Wirkung sich über eine gewisse Zeitdauer erstreckt, sind alle während dieses Zeitraums vorhandenen Umstände bei der nachträglichen Prognose zu berücksichtigen. Vgl. Bem. 1, b zu § 254.

Wie hier anscheinend Oertmann Anm. 2 zu § 252 („die Erstattung des entgangenen Gewinnes darf nicht ins Endlose führen"). Nicht ganz entschieden und klar trotz des Gesichtspunkts der nachträglichen Prognose Rümelin a. a. O. S. 253. Wie hier auch Eck, Vorträge S. 280 ff.

Im Sinne der herrschenden, von uns abgelehnten Ansicht Rspr. Bd. 4 S. 214 (Hamburg); ferner vor Allem Dernburg II S. 70 ff. Dernburgs Beispiel vom Schatz oder unerwartet unerhörten Weinertrag erledigt sich, soweit es sich um Verzug handelt, zum Theil durch den Hinweis auf die dauernde Haftung für allen während dieses bis zur Urtheilserfüllung währenden Verzugs entstehenden Schaden und die besonderen Bestimmungen der vielfach auch auf obligatorische Ansprüche übertragenen §§ 987 ff. (§ 292); von solchen und deliktischen Fälle abgesehen, dürfte eher eine unbillige Härte darin liegen, wenn beispielsweise Jemand (A), der den Auftrag, ein Grundstück für B zu erwerben, fahrlässig versäumt, falls nachträglich der wirkliche Erwerber C in diesem einen Schatz findet, dem A auch den Werth des Schatzes ersetzen soll. Das geringste Versehen kann, wenn eben die Schadensersatzpflicht nicht adäquat begrenzt wird, die unberechenbarsten Folgen haben.

4. Selbstverständlich ist ein Gewinn, durch dessen Erwerb der Geschädigte gegen ein gesetzliches Verbot oder gegen die guten Sitten verstoßen haben würde, von der Berücksichtigung ausgeschlossen. Vgl. RGE. bei Seuffert Bd. 46 Nr. 179 (Gewinn aus Bordellbetrieb).

## § 253.

Wegen eines Schadens, der nicht Vermögensschaden ist, kann Entschädigung in Geld nur in den durch Gesetz bestimmten Fällen gefordert werden.

E. I, 221; II, 216; III, 247.

1. Für immateriellen Schaden wird in der Regel eine Entschädigung in Geld nicht gewährt. Es besteht nur der Anspruch auf Naturalherstellung, soweit diese möglich ist. Vgl. Vorbem. 1 letzter Absatz S. 24 oben.

Fälle, in denen ausnahmsweise eine Geldentschädigung auch wegen eines nicht vermögensrechtlichen Schadens zugelassen ist, enthalten die §§ 847 (Körperverletzung und Freiheitsentziehung) und 1300 (Beischlaf mit einer unbescholtenen Braut).

Verbindet sich also mit einer Vermögensbeschädigung zugleich eine Verletzung idealer Interessen, so ist der Ersatz des sogenannten Affektionsinteresses ausgeschlossen.

Zu erwähnen ist hier jedoch die Vorschrift des § 343, daß bei der Frage der Herabsetzung einer übermäßigen Vertragsstrafe jedes berechtigte Interesse, nicht bloß das Vermögensinteresse in Betracht zu ziehen ist.

2. Die Bestimmungen des Strafgesetzbuchs über die Buße und die reichsgesetzlichen Vorschriften über den Schutz des geistigen Eigenthums werden durch § 253 nicht berührt (M. II, 23).

3. Begriff des Vermögensschadens: Vermögensschaden ist die in Geld schätzbare Einbuße, die Jemand durch ein bestimmtes Ereigniß an seinem Vermögen erleidet. Dieses umfaßt auch die Benutzungsrechte, die seinem Inhaber an eigenen oder fremden Sachen zustehen. Vgl. das bei Soergel, Rspr. 1903, angef. Urth. d. OLG. Dresden v. 6. Dez. 1902.

Geldwerth hat Alles, was im Verkehr für Geld erlangt zu werden pflegt, sofern diese Beschaffung nicht gegen Gesetz oder gute Sitte verstößt. Wer ein geschenktes Theaterbillet verliert, erleidet einen Vermögensschaden, wenn es sich nicht um eine gegen Entgelt nicht zu erlangende Liebhabervorstellung handelt. Bloßen Affektionswerth haben Liebhabereien Einzelner. Sobald es sich jedoch um verbreitete Liebhabereien handelt, die den Verkehrswerth von Sachen steigern (Briefmarken, Autogramme, Münzen), ist dieser Verkehrswerth als Vermögensschaden zu veranschlagen. Vgl. Schollmeyer II S. 40.*)

## § 254.**)

Hat bei der Entstehung des Schadens ein Verschulden des Beschädigten mitgewirkt, so hängt die Verpflichtung zum Ersatze sowie der Umfang des zu leistenden Ersatzes von den Umständen, insbesondere davon ab, inwieweit der Schaden vorwiegend von dem einen oder dem anderen Theile verursacht worden ist.

Dies gilt auch dann, wenn sich das Verschulden des Beschädigten darauf beschränkt, daß er unterlassen hat, den Schuldner auf die Gefahr eines ungewöhnlich hohen Schadens aufmerksam zu machen, die der Schuldner weder kannte noch kennen mußte, oder daß er unterlassen hat, den Schaden abzuwenden oder zu mindern. Die Vorschrift des § 278 findet entsprechende Anwendung.

E. I, 222; II, 217; III, 248.

1. Nach gemeinem Recht war streitig, welchen Einfluß ein mitwirkendes Verschulden des Beschädigten auf dessen Schadensersatzanspruch habe. Von den Einen wurde behauptet, der Schädiger habe überhaupt keinen Ersatz zu gewähren, wenn der Nachtheil von dem Benachtheiligten durch gehörige Sorgfalt hätte abgewendet werden können; nur, wenn Arglist den Grund der Ersatzpflicht bilde, bleibe der Anspruch des Benachtheiligten bestehen. (So Windscheid, Pand. Bd. 2 § 258 Note 18.) Die andere Meinung (Dernburg, Pand. Bd. 2 § 45 Nr. 3) ging dahin, dem Beschädigten sei der Ersatzanspruch zu versagen, „wenn er die in seiner Hand liegenden, durch die Umstände offensichtlich gebotenen Vorkehrungen zur Abwendung des Schadens versäumt oder ihn gar absichtlich vergrößert habe".

Das BGB. stellt in allen Fällen, in denen ein Schadensersatzanspruch in Frage kommt, gleichviel, ob dolose oder culpose Beschädigung vorliegt, ob sich der Anspruch auf eine unerlaubte Handlung oder auf die Nichterfüllung einer Verbindlichkeit, auf eine Gesetzesbestimmung oder auf eine besondere Vereinbarung gründet, die Abwägung der Folgen bei konkurrirendem Verschulden des Beschädigten dem richterlichen Ermessen nach Maßgabe des § 254 anheim, soweit nicht für bestimmte Verhältnisse im Gesetze selbst eine abweichende Vorschrift gegeben ist, so z. B. in § 307.

---

*) Literatur: v. Jhering, Jahrb. Bd. 18 S. 59 ff., Seng im Arch. f. bürgerl. Recht Bd. 5 S. 337—379.

**) Literatur: Stammler, Recht der Schuldverhältnisse S. 125 ff.; Hartmann im Archiv f. d. civilist. Praxis Bd. 73 S. 359 ff.; Wendt in Jherings Jahrb. Bd. 31 S. 165 ff.; Labowsky, Eigenes Verschulden bei Schadensersatzansprüchen nach Gem. R. und BGB. Berlin 1901; Cohn in Gruchot, Beitr. Bd. 43 S. 96 ff., 370 ff. „Untersuchungen zu § 254 BGB."; Gottschalk, Das mitwirkende Verschulden des Beschädigten bei Schadensersatzansprüchen nach BGB. Berlin 1903; Rümelin, Archiv f. d. civilist. Praxis Bd. 90 S. 175 ff.; v. Leyden, Die sogenannte Culpa-Compensation im BGB. Berlin 1902.

2. Da das BGB. zwischen mittelbarem und unmittelbarem Schaden nicht unterscheidet (s. Bem. 3 zu § 249), ist es in der Regel ohne Bedeutung, ob der vom Schuldner zu vertretende Umstand die alleinige Ursache des Schadens ist, oder ob noch andere Umstände als mitwirkend hinzugetreten sind. Wenn aber ein „Verschulden" des Beschädigten selbst (Vorsatz oder Fahrlässigkeit) die mitwirkende Ursache für die Entstehung des Schadens war, so soll der Richter nach den Umständen abwägen, ob eine Verpflichtung zum Ersatze überhaupt vorliegt und in welchem Umfang Ersatz zu leisten ist. Hiebei soll er insbesondere berücksichtigen, welcher der Theile den Schaden vorwiegend verursacht hat, d. h. welchem Theile die Hauptursache des Schadens zur Last fällt. Nicht die Schwere des beiderseitigen Verschuldens, sondern das Kausalverhältniß soll vorzugsweise maßgebend sein (P. I, 300). Liegt die Ursache des Schadens vorwiegend auf Seite des Beschädigten, so kann der Richter den Ersatzanspruch entweder ganz verneinen oder denselben herabsetzen. Liegt sie dagegen vorwiegend auf Seite des Ersatzpflichtigen, so kann er das mitwirkende Verschulden des Beschädigten entweder ganz außer Betracht lassen, oder dem Anspruche nur zum Theile stattgeben.

Der § 254 beruht nicht auf dem Gesichtspunkte der Schuldaufrechnung, sondern ist ebenfalls ein Ausfluß des im BGB. zum Mindesten latent enthaltenen Prinzips der adäquaten Verursachung (vgl. Vorbem. 3, e). Angedeutet war dies bereits von mir in Rspr. d. RG. Bd. 2 S. 44, Von den Pand. z. BGB. II S. 124 ff., während allerdings in meinem Handkommentar N. 1 zu § 254 dieser Standpunkt noch nicht klar betont ist. Ein adäquater Schaden ist nur derjenige, der nach dem gewöhnlichen Lauf der Dinge, der Regel des Lebens auf der Basis der Umstände zur Zeit des schädigenden Ereignisses sich bei objektiver (nachträglicher) Prognose voraussehen läßt. Nun aber darf nach der Regel des Lebens erwartet werden, daß auch der Beschädigte selbst nicht nur nicht positiv mitwirkt zur Herbeiführung des ihn schädigenden Erfolges, sondern daß er auch Alles unterläßt, was diesen Erfolg fördern kann, ja daß er nach Treu und Glauben alle Vorkehrungen trifft, die geeignet sind, den Schaden noch nach Möglichkeit abzuwenden bezw. dessen Umfang zu begrenzen.

Es handelt sich daher nach § 254 weniger um die Aufrechnung gegenseitiger Schuld, als vielmehr um ein Abwägen der mitwirkenden Ursachen. „Es giebt nach der Auffassung des BGB. ein Mitverursachen, d. h. es können zwei (oder mehr) Ursachen einen Erfolg herbeiführen, ohne daß die eine Ursachenreihe die andere aufhebt" (Gottschalk, Das mitwirkende Verschulden, S. 97). Vgl. Vorbem. 3, b.

Hieraus ergiebt sich, daß die Anwendung des § 254

a) kein Verschulden auf Seiten des zum Ersatz Verpflichteten voraussetzt. Es macht keinen Unterschied, ob eine gesetzliche Schadensersatzpflicht oder ein Vertragsverhältniß oder eine deliktische Schadensersatzverpflichtung in Frage steht. Insbesondere findet § 254 auch Anwendung für den Rechtskreis der Haftpflichtgesetzgebung. Vgl. RGE. in Das Recht 1903 S. 262, Jur. Wschr. 1902 Beil. S. 141, 1903 Beil. S. 13, 66, Gruchot, Beitr. Bd. 47 S. 909. (§ 254 setzt nicht voraus, daß ein beiderseitiges Verschulden vorliegt, er kommt auch zur Anwendung, wenn gegenüber einem ohne Verschulden von einem Dritten zu vertretenden Schaden ein Verschulden des Beschädigten bei der Entstehung des Schadens mitgewirkt hat.)

§ 254 findet auch auf das Verhältniß zwischen dem nach §§ 844 oder 845 BGB. Ersatzberechtigten oder dem Schadensersatzpflichtigen hinsichtlich eines mitwirkenden Verschuldens des ersteren Anwendung, insoweit auch dieser Ersatzberechtigte als „Beschädigter" anzusehen und die Anwendung des § 254 nicht positiv gesetzlich ausgeschlossen ist. RGE. v. 18. Mai 1903, Jur. Wschr. Beil. S. 86, RGE. Bd. 55 S. 24, 27.

b) Unter dem Begriff „Entstehung des Schadens" ist die Entwicklung des Schadens von seinem ersten Auftreten an zu verstehen. (Gottschalk a. a. O. S. 62.) Die Entstehung des Schadens „beginnt allerdings frühestens mit der schädigenden Handlung, aber beendigt ist die Entstehung erst dann, wenn die Folgen der schädigenden Handlung abgeschlossen sind. Das tritt ganz deutlich hervor bei der Verletzung lebender Wesen. Wenn einem Menschen oder Thiere eine Wunde beigebracht wird, so ist die Schadensentstehung mit der schädigenden Handlung begonnen, beendigt ist sie aber erst, wenn alle üblen Folgen der Verwundung eingetreten oder der weitere Eintritt von solchen Folgen (Umsichgreifen der Wunde, Uebertritt auf andere, bisher nicht verletzte Organe, zu befürchtende Unheilbarkeit oder mangelhafte Heilung u. s. w.) abgewehrt sind. Es handelt sich dabei nicht nur um die natürliche Weiterentwicklung des durch die schädigende Handlung verursachten Defekts, sondern auch um die juristischen Folgen der Verletzung. Wenn also z. B. ein

Schuldner am 1. April, als dem Tage der Fälligkeit seiner Schuld, die geschuldete Sache nicht leistet, so ist damit schon ein Schade entstanden, indem der Gläubiger der Sache entbehrt. Solange aber die Entbehrung dauert, entsteht mit jedem Tage weiterer Schade." (Schollmeyer II S. 41.)

Besonders häufig und praktisch sind die Fälle der Unterlassung eines Deckungskaufs. Vgl. Seuff. Arch. Bd. 22 Nr. 16, Bd. 23 Nr. 216. ROHG. Bd. 2 S. 387, Bd. 13 S. 197, 373. „Es können hier dem Unterlassenden nicht unmögliche Anstrengungen zugemuthet werden, die Anschaffung marktgängiger Ware z. B. wird aber für den Fall der Nichtleistung des Schuldners geboten erscheinen." (Gottschalk a. a. O. S. 94.) Vgl. auch ROHG. Bd. 4 S. 192, Bd. 5 S. 169, Bd. 18 S. 279 (Konventionalstrafe), andere Fälle in Seuff. Arch. Bd. 27 Nr. 122, Bd. 10 Nr. 258, Bd. 46 Nr. 17 (unterlassene Reparatur), Bd. 46 Nr. 96 (Treppenbeleuchtung). Vgl. ferner Seuff. Arch. Bd. 55 Nr. 202.

c) Auf Seiten des Beschädigten muß ein Verschulden vorliegen. Der Begriff dieses Verschuldens ist nicht im streng juristischen Sinne als Eingriff in eine fremde Rechtssphäre zu nehmen. Vgl. Vorbem. unter e, Enneccerus II S. 405. Wenn Gottschalk a. a. O. S. 73 ff. auch in diesem Falle einen Eingriff in eine fremde Rechtssphäre voraussetzt, so ist dies nur möglich, weil er diesen Begriff sehr weit ausdehnt. („Jede rechtlich bedeutsame Handlung eines Menschen ist ein Eingreifen in die Rechtssphäre eines Anderen," S. 22.) Es genügt vielmehr, daß ein Willensfehler mit Rücksicht auf den eigenen Interessenstandpunkt des Beschädigten vorliegt, daß eine Mißbilligung vom Standpunkte verständiger Würdigung der eigenen Interessen des Beschädigten begründet erscheint.

Der Willensfehler kann als Vorsatz oder Fahrlässigkeit (jeden Grades) zu charakterisiren sein, er kann sowohl in einem positiven Thun als in einem Unterlassen bestehen. (Vgl. Abs. 2.)

Ablehnung einer Operation? Vgl. RG. in Seuff. Arch. Bd. 46 Nr. 189 I und II, Kuhlenbeck, Rechtspr. Bd. 2 S. 45—47 gegen Endemann, Rechtswirkung der Ablehnung einer Operation S. 52 ff., Gottschalk a. a. O. S. 95, Rümelin S. 166.

Im Uebrigen ist die Feststellung dieses „Verschuldens" eine thatsächliche Frage, wobei zu beachten ist, daß ein Verschulden nicht immer schon dann anzunehmen ist, wenn Jemand bei drohender Gefahr etwas Sachwidriges thut, z. B. durch plötzliches Klingeln eines zu schnell fahrenden Radfahrers erschreckt nach der falschen Seite ausbiegt. Vgl. RGE. Bd. 50 S. 92 ff., Bd. 48 S. 343.

Eine Kontroverse besteht dahin, ob Zurechnungsfähigkeit des Beschädigten vorauszusetzen, insbesondere ob § 829 analog anwendbar sei? Endemann, Lehrb. II S. 757, Rümelin S. 145 ff. nehmen Anwendbarkeit des § 254 auch gegenüber einem Unzurechnungsfähigen an. Dagegen vgl. Schollmeyer II S. 42. Scheinbar dagegen auch RGE. v. 11. Mai 1903, Jur. Wschr. 1903 Beil. S. 90, RGE. Bd. 54 S. 407. Vgl. auch RGE. Bd. 50 S. 66.

Mein Standpunkt ist folgender: die unmittelbare Anwendung des § 254 gegenüber Unzurechnungsfähigen ist durch den Wortlaut des Gesetzes ausgeschlossen; denn von einem Verschulden kann bei einem Geisteskranken nicht die Rede sein, auch nicht in dem nicht streng juristischen Sinne.

Insbesondere ist analoge Anwendung des § 829 ausgeschlossen. Dagegen ist die ratio legis, das Prinzip des § 254, soweit es als Gesichtspunkt der adäquaten Kausalität zu kennzeichnen ist, auch bei objektiv unvorhersehbarem, ganz unerwartetem, unwahrscheinlichem Verhalten eines Unzurechnungsfähigen zu berücksichtigen. Vgl. RGE. Bd. 1 S. 276, Bd. 2 S. 14, Bd. 44 S. 27. (Der hier zur Anwendung gebrachte Gesichtspunkt der höheren Gewalt ist vom Standpunkte des adäquaten Kausalzusammenhangs überflüssig.)

Nicht in Widerspruch hiermit stehen RGE. Bd. 51 S. 275, Das Recht 1903 S. 526 (RGE. v. 23. Mai 1903), Jur. Wschr. 1903 Beil. S. 101. Sofern nämlich das Verhalten eines Unzurechnungsfähigen nicht ganz aus dem Rahmen der objektiven Wahrscheinlichkeit herausfällt, ist zur unmittelbaren Anwendung des § 254 allerdings die Vorschrift des § 828 Abs. 2 (individuelle Prüfung der Zurechnungsfähigkeit) erforderlich.

Keinenfalls ist Geschäftsfähigkeit des Beschädigten, vielmehr nur Deliktsfähigkeit zu fordern; dem entmündigten Verschwender z. B. gegenüber ist § 254 anwendbar. Vgl. Schollmeyer II S. 42.

Ein Verschulden ist nicht zu befinden in einer Nothwehrhandlung, also, wenn ein Dritter, um die Gefahr abzuwenden, zur Abwehr eingreift, z. B. einem durchgehenden Pferde in die Zügel fällt, auch wenn er zum Eingreifen nicht verpflichtet war. Vgl. RGE. Bd. 29 S. 122, Rechtspr. d. OLG. Bd. 3 S. 290.

Bezüglich des konkurrirenden Verschuldens eines Thierhalters vgl. auch RGE. v. 27. Novbr. 1903 in Jur. Wschr. 1904 S. 57.

d) Das Verschulden des Beschädigten muß kausal gewesen sein, daher z. B. keine Verursachung des Unfalls durch eigenes Verschulden des betrunken gewesenen Verletzten, wenn bei der mangelhaften Beleuchtung auch ein nüchterner Mensch unter den Motorwagen hätte geraten können. RGE. v. 27. Februar 1902 in Jur. Wschr. 1902 Beil. 212 Nr. 55.

3. Schadensvertheilung, Unterbrechung des Kausalzusammenhangs. Durch § 254 ist der Richter ermächtigt, je nach den Umständen, d. h. auf Grund einer unter Berücksichtigung aller konkreten Verhältnisse erfolgenden Abwägung der mitwirkenden Ursachen sowohl die Verpflichtung zum Ersatze nur theilweise zu bejahen, theilweise aber zu verneinen, als auch den Umfang des zu leistenden Ersatzes zu begrenzen. Die Abwägung kann, wenn das Verschulden des Beschädigten „überwiegt", auch zur völligen Abweisung des Ersatzanspruchs führen. Zweifellos geht hier das BGB. von einem Kausalitätsbegriffe aus, der von dem streng philosophischen, für den alle Entstehungsbedingungen gleichwerthig sind, abweicht; vgl. Vorbem. S. 25 oben; es nimmt die Möglichkeit „vorwiegender" Verursachung auf der einen oder anderen Seite an. Es fragt sich nun, was für Momente bei dieser Gewichtsbestimmung zu verwerthen sind, insbesondere ob hierbei bloß objektive Momente, wie sie sich bei einer nachträglichen Prognose für die Abschätzung der Wahrscheinlichkeit auf der Basis der verschiedenen gefährdenden Thatsachen bieten, oder auch subjektive Momente, insbesondere die verschiedenen Grade des etwaigen beiderseitigen Verschuldens zu berücksichtigen sind, mit anderen Worten, ob der Begriff „Umstände" in Abs. 1 nur auf die äußeren Umstände zu beschränken ist oder ob er das Verschulden des Beschädigten, eventuell auch des Ersatzpflichtigen mitumfaßt. Mit Gottschalk a. a. O. S. 99, Titze, Die Unmöglichkeit der Leistung S. 137, bin ich der Ansicht, daß auch der Grad des Verschuldens unbedingt zu berücksichtigen ist. Vgl. auch Kuhlenbeck, Von d. Pand. z. BGB. II S. 126. Die juristische Kausalitätbeziehung ist eben eine wesentlich teleologische und läßt sich daher von der Einwirkung des Schuldmoments nicht völlig ablösen. Diese Auffassung des § 254 wird vor Allem durch Abs. 2, der ausdrücklich auch besondere Fälle des Unterlassens zu „Ursachen" stempelt, bestätigt. Im Einzelnen wird hierbei natürlich in letzter Linie ein sozusagen moralisches Werthurtheil des Richters, das stets mehr oder weniger subjektiv ist, den Ausschlag geben. Vgl. Vorbem. S. 26 unter c.

Kommt der Richter auf Grund solcher moralischer Abwägungen zur völligen Abweisung des Ersatzanspruchs, so liegt es nahe, von „Unterbrechung des Kausalzusammenhangs" durch eigenes Verschulden zu sprechen. Inwiefern dieser Ausdruck logisch unkorrekt ist, vgl. Vorbem. S. 25, 26 oben, ferner Titze, Unmöglichkeit S. 136 Anm. 22. Aus der Praxis vgl. Das Recht 1902 S. 262 (Bayr. Oberst. LG. Bd. 3 [n. F.] S. 298).

4. Abs. 2 des § 254 soll lediglich die Tragweite des Abs. 1 durch ein Beispiel exemplificiren und ist nicht, wie Schollmeyer II S. 44 meint, auf bestehende Schuldverhältnisse zu beschränken. „Schuldner" im Sinne des Abs. 2 ist schlechthin der Schadensersatzschuldner und nicht etwa bloß der Schuldner eines Obligationsverhältnisses. Hieraus folgt nicht, daß, wenn mich ein Räuber im Walde überfällt und mich todtschlagen will, ich verpflichtet wäre, ihm erst noch zuzurufen, daß er sich durch meine Tödtung die Verpflichtung zur Unterstützung besonders zahlreicher Nachkommen auf den Hals laden werde. Vgl. Liszt, Die Deliktsobligationen S. 84. Abgesehen davon, daß auch hier die Berücksichtigung des Schuldgrades nicht abzulehnen ist, kommt es auch bei Anwendung des Abs. 2 auf Treu und Glauben mit Rücksicht auf die Verkehrssitte an.

Eine Anwendung des in Abs. 2 gegebenen Prinzips bildet auch § 839 Abs. 3.

Hieraus ergiebt sich, daß wir auch die Ansicht von Planck II § 254 Ziff. 3 ablehnen, wonach diese Bestimmung nur Anwendung finden soll, wenn eine Ersatzpflicht wegen Nichterfüllung einer Verbindlichkeit in Frage steht. Vgl. dagegen Schollmeyer II S. 45. Vgl. auch Dernburg II Abs. 1 S. 76, RGE. v. 10. März 1903, Jur. Wschr. 1903 Beil. 67, D. Jur.Z. 1903 S. 297.

Der Einwand aus § 254 Abs. 2 Satz 1 ist eine Unterart oder ein Aequivalent der exceptio doli generalis. Vgl. Gottschalk S. 127, Schollmeyer II S. 45.

5. Zufolge des Schlußsatzes des Abs. 2 hat der Beschädigte in den hier aufgeführten Fällen auch das Verschulden seines gesetzlichen Vertreters, sowie derjenigen Personen,

deren er sich zur Erfüllung seiner Verbindlichkeit bedient, als eigenes Verschulden zu vertreten (§ 278).

Die Stellung des Satzes 2 im Abs. 2 hat zu Bedenken Anlaß gegeben. Nach Planck II § 254 Ziff. 4, Endemann S. 600, Rechtspr. d. OLG. Bd. 2 S. 456 soll seine Anwendung auf Fälle des Abs. 2 zu beschränken sein. Vgl. dagegen Gottschalk S. 120, v. Leyden S. 80. (Die Argumentation des letzteren ist für unsere Auffassung des ganzen § 254 zwingend.)

Die Vorschrift des § 278 kann nur entsprechende Anwendung finden. § 278 lautet:

„Der Schuldner hat ein Verschulden seines gesetzlichen Vertreters und der Personen, deren er sich zur Erfüllung seiner Verbindlichkeit bedient, in gleichem Umfange zu vertreten, wie eigenes Verschulden. Die Vorschrift des § 276 Abs. 2 (die Haftung wegen Vorsatzes kann dem Schuldner nicht im Voraus erlassen werden) findet keine Anwendung."

Schuldner im Sinne des § 254 Abs. 2 ist nur der Ersatzberechtigte, d. h. man darf die Vorschrift des § 278 nicht bezüglich des Ersatzpflichtigen anwenden, wenn diese Anwendung sich nicht schon unmittelbar aus § 278, weil es sich um kontraktliches Verschulden handelt, als nothwendig ergiebt; denn es wäre verkehrt, ihn in weiterem Umfange haften zu lassen, nur weil zufällig eigenes Verschulden des Beschädigten einwirkt. Vgl. v. Leyden S. 79. — Als gesetzliche Vertreter können in Frage kommen Inhaber der elterlichen Gewalt (§§ 1626 ff.), Vormund (§§ 1773, 1896), Pfleger (§ 1909), Vorstand eines Vereins (§ 26 Abs. 2) u. s. w.

„Verbindlichkeit" im Sinne dieses Paragraphen ist die durch Abs. 2 gesetzte Anzeigepflicht der Gefahr eines ungewöhnlich hohen Schadens und die Pflicht, den Schaden abzuwenden oder zu mindern. Die entsprechende Anwendung des § 278 fordert jedoch besondere Vorsicht bei Abwägung des Verschuldens und der sonstigen Umstände. Aus l. 52 D. 9, 2 (medici negligentia) ist nicht zu folgern, daß dem Verletzten jeder Kunstfehler seines Arztes zuzurechnen ist; im Allgemeinen hat der Verletzte seiner Verbindlichkeit genug gethan, wenn er einen approbirten Arzt zuzieht; anders, wenn er einen Kurpfuscher gebraucht. Der Kunstfehler ist im Verhältniß zum Beschädigten nicht mehr bei Erfüllung der Verbindlichkeit des letzteren begangen, sondern ein außerkontraktliches Verhalten, für das er nicht einzustehen braucht. Vgl. v. Leyden S. 81, Gottschalk S. 123.

## § 255.

Wer für den Verlust einer Sache oder eines Rechtes Schadensersatz zu leisten hat, ist zum Ersatze nur gegen Abtretung der Ansprüche verpflichtet, die dem Ersatzberechtigten auf Grund des Eigenthums an der Sache oder auf Grund des Rechtes gegen Dritte zustehen.

E. I, 223; II, 218; III, 249.

1. Zweck der Vorschrift.*) Die Schadensersatzleistung soll für den Beschädigten keine Bereicherung herbeiführen. Eine solche würde aber eintreten, wenn der Beschädigte neben dem erhaltenen Schadensersatz auch seine Ansprüche gegen Dritte behalten und mit Erfolg geltend machen würde.

Keineswegs ist im § 255 mit Schollmeyer (II S. 39, Bem. 6 zu § 252) eine unmittelbare Anwendung der compensatio lucri cum damno zu befinden; denn was nach § 255 der Ersatzberechtigte dem Schadensersatzpflichtigen überlassen muß, ist kein lucrum im eigentlichen Sinne. Vgl. Oertmann a. a. O. S. 276. Nur der Grundgedanke ist der Vortheilsausgleichung verwandt. Daher ist die bei der comp. lucri erforderliche Identität des die Verantwortlichkeit begründenden und den „Vortheil" herbeiführenden Erfolgs (vgl. oben Vorbem. 4) nicht erforderlich.

2. Der Anspruch auf Abtretung steht demjenigen, welcher für den Verlust einer Sache oder eines Rechtes Schadensersatz zu leisten hat, in jedem Falle zu, gleichviel, auf welchem Grunde seine Ersatzpflicht beruht.

Soweit nach § 249 Ersatz durch Naturalherstellung zu leisten ist, also durch Rückerstattung der verlorenen Sache oder des Rechtes, kann § 255 nicht in Frage kommen. Vgl. Schollmeyer II S. 46.

---

*) Literatur: Oertmann, Die Vortheilsausgleichung beim Schadensersatzanspruch S. 274—305.

Insbesondere ist § 255 anwendbar:

a) Bei vertragsmäßigen Schadensersatzansprüchen, einerlei ob wegen eigener schuldhafter Verletzung oder auf Grund des § 278, oder auch auf Grund übernommener Garantie oder gesetzlicher Sonderbestimmung (§ 701, Haftung des Gastwirths).

b) Bei Ansprüchen aus unerlaubten Handlungen (§§ 823 ff.).

c) Bei Schadensersatzansprüchen aus vertragsähnlichen Thatbeständen, z. B. Geschäftsführung ohne Auftrag (§§ 677 ff.), und aus der ungerechtfertigten Bereicherung (§§ 818 Abs. 4, 819, 820).

d) Bei den mit dem Eigenthumsanspruche verbundenen Schadensersatzansprüchen (§§ 989, 990, 992).

e) Bei der Schadensversicherung zu Gunsten des Versicherers. Vgl. RGE. v. 21. Januar 1903 in Bd. 53 S. 328. RGE. v. 3. Mai 1902, Jur. Wschr. 1902 Beil. S. 245. Oertmann a. a. O. S. 282. Vgl. ferner § 61 des Entw. eines RG. über den Versicherungsvertrag, Berlin 1903.

Auch wenn dem Ersatzpflichtigen eine vorsätzliche Handlungsweise zur Last fällt, kann er auf Grund des § 255 Abtretung der Ansprüche verlangen. L. 12 D. 42, 1. Doch tritt in diesem Falle die Regel des § 255 gegenüber der Sonderbestimmung des § 840 (Haftung bei gemeinschaftlichem Delikt) zurück. Vgl. Oertmann a. a. O. S. 289 ff.

3. Die Abtretung kann verlangt werden:

a) wenn Schadensersatz zu leisten ist für den Verlust einer Sache, d. h.

α) wenn die Sache überhaupt zu Grunde gegangen, gänzlich zerstört ist (nicht bei bloßer Beschädigung);

β) wenn die Sache im engeren Sinne „verloren", d. h. lediglich dem Besitz des Berechtigten entzogen ist. Dem steht es gleich, wenn sie dem zur Herausgabe der Sache an den Eigenthümer (z. B. auf Grund eines Schuldverhältnisses, wie Miethe, Leihe) Verpflichteten in der Weise entzogen ist, daß bei ihm ein Unvermögen zur Erfüllung seiner Herausgabepflicht eingetreten ist.

γ) Auch dem nach § 283 (nach Ablauf der Exekutionsfrist) zum Schadensersatz Verurtheilten ist das Recht aus § 255 zuzubilligen. Vgl. Planck Bem. 1 zu § 255, Schollmeyer II S. 47;

b) wenn Schadensersatz zu leisten ist für den Verlust eines Rechtes.

§ 255 bezieht sich aber nur auf dingliche Rechte. (And. M. Planck Anm. 2.) Dem Verlust eines Rechtes ist es gleich zu achten, wenn dem Anspruch aus dem Rechte eine zerstörliche Einrede entgegensteht oder wenn das Recht aus einem anderen Grunde (z. B. durch Verlust der Sache selbst) werthlos geworden ist. (Planck Anm. 2 zu § 255.)

Nur solche Ansprüche sind abzutreten, die dem Ersatzberechtigten wegen Verletzung des Eigenthums oder eines Rechtes an der Sache zustehen, nicht jedoch solche, die ihm auf Grund einer besonderen obligatorischen Beziehung Dritten gegenüber zustehen, z. B. nicht Ansprüche gegen eine Versicherungsgesellschaft aus dem Versicherungsvertrage.

Im Uebrigen können diese Ansprüche selbst sowohl dinglich wie auch persönlich sein. Als dingliche Ansprüche kommen in Betracht: die Vindikation (§§ 985 ff., 1017), der Anspruch des Nießbrauchers (§ 1065), die actio in rem pigneraticia (§ 1227). Als persönliche auch die Ansprüche aus § 823. Vgl. Oertmann a. a. O. S. 287, Dernburg, Bürgerl. Recht II § 34 II, b, Schollmeyer II S. 48.

4. Während nach dem E. I § 223 die Ansprüche des Entschädigten gegen Dritte kraft Gesetzes auf den Ersatzleistenden übergingen, gewährt das BGB. dem Ersatzpflichtigen nur einen Anspruch auf Abtretung. Letztere hat Zug um Zug gegen die Ersatzleistung zu erfolgen. Dem Ersatzpflichtigen steht wegen dieses Anspruchs ein Zurückbehaltungsrecht zu. Macht er dieses gegenüber der Klage auf Ersatzleistung geltend, so ist er zur Ersatzleistung gegen Abtretung zu verurtheilen (§§ 273, 274).

Die Abtretung erfolgt durch Vertrag zwischen dem Gläubiger und dem Ersatzpflichtigen gemäß §§ 398 und 413.

Dagegen sollen demnächst nach § 61 des Entw. eines RG. über den Versicherungsvertrag die Ansprüche auf Ersatz des Schadens gegen Dritte auf den Versicherer kraft Gesetzes übergehen.

5. Wenn der Verpflichtete Ersatz geleistet hat, ohne sich die Ansprüche abtreten zu lassen, so kann er die Abtretung auch nachträglich verlangen. Daraus, daß die Abtretung

und die Ersatzleistung Zug um Zug zu erfolgen haben, folgt nur, daß kein Theil vorzuleisten braucht. Ein Grund, weßhalb der freiwillig Vorleistende mit seinem Anspruche ausgeschlossen sein sollte, läßt sich nicht denken. Ebenso Planck Bem. 1 Abs. 3; Oertmann, Anm. 3; and. M. Schollmeyer, Anm. 4.

Hat der Entschädigte nach dem Empfange der Ersatzleistung die Sache oder das Recht zurückerlangt, so kann der Entschädigende nach § 812 Abs. 2 die gänzliche oder theilweise Herausgabe des geleisteten Ersatzes aus dem Gesichtspunkte der ungerechtfertigten Bereicherung verlangen.

6. Wenn der Beschädigte nur theilweisen Ersatz des Schadens verlangt, ist er zur Abtretung seiner Ansprüche nur soweit verpflichtet, als ihm Ersatz geleistet wird. Einigt er sich mit dem Ersatzpflichtigen dahin, daß er diesem gegen Leistung eines theilweisen Ersatzes seinen ganzen Anspruch gegen den Dritten abtritt, so kann der Dritte, wenn er von dem Entschädigenden belangt wird, daraus, daß dieser nicht vollen Ersatz geleistet hat, keinen Einwand herleiten (P. I, 301 ff.).

## § 256.

Wer zum Ersatze von Aufwendungen verpflichtet ist, hat den aufgewendeten Betrag oder, wenn andere Gegenstände als Geld aufgewendet worden sind, den als Ersatz ihres Werthes zu zahlenden Betrag von der Zeit der Aufwendung an zu verzinsen. Sind Aufwendungen auf einen Gegenstand gemacht worden, der dem Ersatzpflichtigen herauszugeben ist, so sind Zinsen für die Zeit, für welche dem Ersatzberechtigten die Nutzungen oder die Früchte des Gegenstandes ohne Vergütung verbleiben, nicht zu entrichten.

1. § 256 ist erst von der Reichstagskommission eingesetzt worden.*)

Der Bestimmung liegt folgender Gedanke zu Grunde: Wer Ersatz von Aufwendungen zu verlangen berechtigt ist, kann auch die Verzinsung des aufgewendeten Betrages oder des zu ersetzenden Werthes der aufgewendeten Gegenstände fordern, weil der Betrag dieser Zinsen dem Ersatzberechtigten verloren geht, also als mitaufgewendet erscheint (RTK. 57, 58). Es handelt sich um einen besonderen Fall des Schadensersatzes, Petrazycki II S. 105 ff.

2. Das BGB. spricht sowohl von „Aufwendungen" (z. B. § 526) als von „Verwendungen" (z. B. § 450), deren Ersatz verlangt werden kann. Eine Definition der beiden Begriffe wird nicht gegeben (M. III, 30, 411). Der Begriff der Aufwendungen als der weitere umfaßt auch die Verwendungen.

Der Begriff der Aufwendung ist nicht auf Auslagen und Kosten beschränkt, die auf eine Sache oder einen Gegenstand aufgewendet werden. Das BGB. spricht von Verwendung auf eine Sache und von Aufwendungen des Beauftragten u. s. w. zu irgend einem Zweck. Der Unterschied ist also derselbe, den die gemeinrechtliche Wissenschaft durch expensae (Aufwand) und impensae im engeren Sinne (Verwendung) bezeichnete. Vgl. auch Wächter, Pand. I § 67. Reparatur eines Hauses, Düngen eines Feldes begründet also eine Verwendung (impensae im engeren Sinne), Zahlung der auf einem Grundstücke lastenden Abgaben ist Aufwendung. Vgl. auch die einleitende Bemerkung zu § 994.

Man unterscheidet:

a) Impensae necessariae (nothwendige Aufwendungen);
b) Impensae utiles (nützliche Aufwendungen). Vgl. § 547.
c) Impensae voluptuariae, d. h. jeder Aufwand, der nicht unter a oder b fällt (bloßer Luxusaufwand).

In einzelnen Fällen ist die Verpflichtung, Verwendungen zu ersetzen, auf den Betrag beschränkt, um welchen der Werth des Gegenstandes erhöht ist. (§§ 500 Satz 1, 592, 996, 2381.) Vgl. auch l. 38 D. de R. J. 6, 1.

3. Zum Ersatze von Aufwendungen kann Jemand verpflichtet sein durch Vereinbarung (vgl. § 652 Abs. 2) oder auf Grund gesetzlicher Vorschrift. Das BGB. stellt in zahlreichen Fällen eine Verpflichtung zum Ersatze von Aufwendungen oder Verwendungen

*) Literatur: v. Petrazycki, Einkommen II S. 105 ff., 163 ff., v. Thur, Die actio de in rem verso, 1895 (S. 39 ff.); Simon, Geltendmachung des Verwendungsanspruchs, Diss. Erlangen 1897.

auf, so in den §§ 304 (Mehraufwendungen im Falle des Verzugs), 347 (Verwendungen bei Unmöglichkeit der Rückgabe einer Sache), 450 (Verwendungen des Käufers auf die Sache), 467 (Verweisung auf § 347), 500 (Verwendung auf den gekauften Gegenstand beim Wiederkauf), 526 (durch Vollziehung einer Auflage verursachte Aufwendungen), 538 (Aufwendungen bei Verzug des Vermiethers), 547 (auf die Sache gemachte nothwendige Verwendungen des Miethers), 581 (Verweisung auf § 538), 601 (Kosten zur Erhaltung der geliehenen Sache als Verwendungen), 633 (unverhältnißmäßiger Aufwand, Ersatz erforderlicher Aufwendungen bei Werkvertrag), 670 (Aufwendungen zum Zwecke der Ausführung eines Auftrags), 683 (Aufwendungen des Geschäftsführers), 693 (Aufwendungen des Verwahrers zum Zwecke der Verwahrung), 850 (Verwendungen auf die Sache), 951, 970, 994 ff., 1049, 1216, 1390, 1648, 1835, 1978, 1991, 2022, 2124, 2125, 2185, 2381.

4. Soweit Aufwendungen nur in einem beschränktem Umfange zu erstatten sind (z. B. § 500), ist selbstverständlich die Zinsverbindlichkeit auf den wirklich zu erstattenden Betrag beschränkt.

5. Die Verzinslichkeit beginnt mit dem Tage der Aufwendung. Der Zinsfuß bestimmt sich nach § 246.

6. Die Vorschrift des Satzes 2 entspricht der Billigkeit. Der Ersatzberechtigte, welchem die Nutzungen des herauszugebenden Gegenstandes zukommen (z. B. der Nießbraucher § 1049), hat in der Regel in den von ihm gezogenen Nutzungen und Früchten einen ausreichenden Ersatz für die Zinsen, welche der aufgewendete Geldbetrag ihm gebracht haben würde. Dies trifft nicht zu, wenn der Ersatzberechtigte für die Nutzungen und Früchte eine Vergütung leisten muß; in letzterem Falle kann er deßhalb für die Zeit, für welche die Vergütung zu leisten ist, auch die Zinsen des aufgewendeten Betrages verlangen.

Ueber den Begriff Nutzungen und Früchte s. §§ 100 und 99.

## § 257.

Wer berechtigt ist, Ersatz für Aufwendungen zu verlangen, die er für einen bestimmten Zweck macht, kann, wenn er für diesen Zweck eine Verbindlichkeit eingeht, Befreiung von der Verbindlichkeit verlangen. Ist die Verbindlichkeit noch nicht fällig, kann ihm der Ersatzpflichtige, statt ihn zu befreien, Sicherheit leisten.

E. I, 595 Abs. 3, 621 Abs. 2; II, 601 Abs. 2, 633, 1289 Abs. 1 Satz 2, 1997 Abs. 2 Satz 3; III, 250.

1. Im E. I war eine dem § 257 entsprechende Bestimmung nur für die Verbindlichkeit des Beauftragten und des Verwahrers gegeben (E. I § 595 Abs. 3 und § 621 Abs. 2). Im E. II kam hiezu die vom Ehemanne zum Zwecke der Verwaltung des eingebrachten Gutes (E. II § 1289 Abs. 1 Satz 2) und die vom Vorerben zum Zwecke der Erhaltung von Erbschaftsgegenständen (E. II § 1997 Abs. 2 Satz 3) eingegangene Verbindlichkeit.

Erst durch E. III wurde der Anspruch auf Befreiung von der eingegangenen Verbindlichkeit auf alle Fälle ausgedehnt, in welchen Jemand Ersatz für die von ihm zu einem bestimmten Zwecke gemachten Aufwendungen fordern kann.

Der § 257 begründet den sogenannten Liberationsregreß, vgl. v. Thur, Actio de in rem verso, S. 82 ff. Er findet Anwendung bei Verwendungen des zur Herausgabe einer Sache Verpflichteten (§ 850), bei Verwendungen des Besitzers vor Anstellung der Vindikation (§ 994); ferner im Falle der Aufwendungen eines Mandatars, Geschäftsführers, Vormunds u. s. w.

2. Der Berechtigte kann nicht den zur Tilgung seiner Verbindlichkeit erforderlichen Geldbetrag, sondern nur Befreiung von der eingegangenen Verbindlichkeit fordern. Dem Ersatzpflichtigen bleibt es überlassen, auf welche Weise er die Befreiung bewirken will, ob durch Erfüllung (§§ 362 ff.), durch Schuldübernahme (§ 414) oder auf andere Weise.

3. Solange die eingegangene Verbindlichkeit noch nicht fällig ist, steht dem Ersatzpflichtigen die facultas alternativa (s. Anm. 1 zu § 262) zu, statt der Befreiung von der Verbindlichkeit Sicherheit nach den Bestimmungen der §§ 232—240 zu leisten. Ist die Verbindlichkeit einmal fällig geworden, so kann der Ersatzpflicht nur mehr durch Befreiung genügt werden.

Die Sicherheit muß dem Berechtigten geleistet werden, nicht dem Gläubiger des letzteren.

## § 258.*)

Wer berechtigt ist, von einer Sache, die er einem Anderen herauszugeben hat, eine Einrichtung wegzunehmen, hat im Falle der Wegnahme die Sache auf seine Kosten in den vorigen Stand zu setzen. Erlangt der Andere den Besitz der Sache, so ist er verpflichtet, die Wegnahme der Einrichtung zu gestatten; er kann die Gestattung verweigern, bis ihm für den mit der Wegnahme verbundenen Schaden Sicherheit geleistet wird.

E. I, 479 Abs. 3, 514 Abs. 2, 533 Abs. 2, 936 Abs. 3, 1010 Abs. 1, 1815; II, 455 Abs. 2, 491 Abs. 2 Satz 2, 3, 541 Abs. 2 Satz 2, 910 Abs. 1 Satz 2, 959 Satz 3, 1125, 1989 Satz 3; III, 251.

1. Nach dem BGB. steht das Recht, von einer herauszugebenden Sache eine Einrichtung wegzunehmen (jus tollendi) zu: dem Wiederverkäufer (§ 500 Satz 2), dem Miether (§ 547 Abs. 2 Satz 2), dem Pächter (§ 581 Abs. 2), dem Entleiher (§ 601 Abs. 2 Satz 2), dem Besitzer gegenüber dem Vindikanten (§ 997 Abs. 1), dem Nießbraucher (§ 1049 Abs. 2), dem Wohnungsberechtigten (§ 1093), dem Pfandgläubiger (§ 1216) und dem Vorerben (§ 2125).

2. Solange derjenige, welcher die Sache herauszugeben hat, sich im Besitze derselben befindet, kann er, soweit die Wegnahme überhaupt statthaft ist, die Einrichtung ohne Zustimmung des Anderen wegnehmen, muß aber im Falle der Wegnahme die Sache in dem Stande herausgeben, in welchem sie sich vor der Herstellung der Einrichtung befunden hat. Diesen Stand hat er auf seine Kosten herzustellen. Nach dem Grunde der Bestimmung wird die Herstellung des vorigen Standes nicht sofort mit der Wegnahme, sondern erst mit der Herausgabe der Sache erfolgen müssen (M. II, 395).

Einrichtung ist eine Art der Verwendung, in der Regel eine bauliche Anlage, z. B. Anbau bei einem Gebäude, Bade-Einrichtung, Röhrenleitung. Der Begriff umfaßt sowohl die Verbindung einer Sache als wesentlichen Bestandtheils mit der herauszugebenden Sache (§ 997 Abs. 1) als auch besondere Vorrichtungen zur besseren Benutzung der herauszugebenden Sache (Gas, Wasserleitung, Drainagen-Anlage). Vgl. Schollmeyer II S. 52. Umgekehrt ist nicht jede Verwendung eine Einrichtung, z. B. nicht Verabfolgung einer Arznei an krankes Vieh, Düngung eines Ackers. Hiernach ergiebt sich folgendes Begriffsverhältniß:

- Aufwendungen
  - Aufwendungen i. e. S.
  - Verwendungen
    - Einrichtungen
    - Verwendungen i. e. S.

3. Hat der Andere den Besitz der Sache erlangt — gleichviel ob mit oder ohne den Willen des zur Wegnahme Berechtigten — so bedarf der Berechtigte zur Wegnahme der Einwilligung des Anderen, welche ihm jedoch nicht verweigert werden darf, wenn er dem Anderen für den mit der Wegnahme verbundenen Schaden Sicherheit leistet. Die Sicherheitsleistung erfolgt nach §§ 232 ff.

4. Die Vorschriften des § 258 Satz 1 und 2 finden auch Anwendung auf die Berechtigung des Besitzers, eine mit der herauszugebenden Sache verbundene andere Sache abzutrennen und sich anzueignen (§ 997 Abs. 1 Satz 2).

## § 259.

Wer verpflichtet ist, über eine mit Einnahmen oder Ausgaben verbundene Verwaltung Rechenschaft abzulegen, hat dem Berechtigten eine die geordnete Zusammenstellung der Einnahmen oder der Ausgaben enthaltende Rechnung mitzutheilen und, soweit Belege ertheilt zu werden pflegen, Belege vorzulegen.

Besteht Grund zu der Annahme, daß die in der Rechnung enthaltenen Angaben über die Einnahmen nicht mit der erforderlichen Sorgfalt gemacht worden sind, so hat der Verpflichtete auf Verlangen den Offenbarungseid dahin zu leisten:

*) Literatur: Klein zu BGB. § 258 in Jur. Wschr. 1902 S. 646.

daß er nach bestem Wissen die Einnahmen so vollständig angegeben habe, als er dazu im Stande sei.

In Angelegenheiten von geringer Bedeutung besteht eine Verpflichtung zur Leistung des Offenbarungseides nicht.

E. I, 591 Satz 2; II, 698; III, 252.

1.*) Das BGB. legt in einer Reihe von Fällen eine Verpflichtung zur Rechenschaftsablegung auf, so in den §§ 27, 40, 86 dem Vorstand eines Vereins oder einer Stiftung, in den §§ 666 und 675 dem Beauftragten, in § 681 dem Geschäftsführer ohne Auftrag, in § 713 dem geschäftsführenden Gesellschafter, in § 740 den übrigen Gesellschaftern dem ausscheidenden gegenüber, in § 1214 dem antichretischen Pfandgläubiger, in den §§ 1421, 1546 Abs. 3, 1550 dem Ehemanne gegenüber der Ehefrau, in den §§ 1681, 1686 dem Inhaber der elterlichen Gewalt, in den §§ 1890, 1897, 1915 dem Vormund und dem Pfleger, in den §§ 1978, 1991 dem Erben gegenüber den Nachlaßgläubigern, in § 2130 dem Vorerben und in § 2218 Abs. 1 dem Testamentsvollstrecker.

Eine allgemeine Rechtspflicht zur Rechnungslegung bezw. ein allgemeiner Anspruch auf solche ist auch bei Vorhandensein eines allgemeinen Interesses nicht gegeben, es muß ein bestimmtes Rechtsverhältniß vorliegen, das zur Ablegung der Rechenschaft verpflichtet. Vgl. Rspr. d. OLG. Bd. 3 S. 18, Bd. 4 S. 52. Der Umstand, daß Kläger gegen Beklagten in Folge der von diesem mit Dritten abgeschlossenen Geschäfte einen Anspruch auf Schadensersatz hat, verpflichtet den Beklagten noch nicht zur Rechnungslegung. Rspr. d. OLG. Bd. 4 S. 53 (OLG. Posen v. 8. Novbr. 1901). Auch ist nicht jeder Verwalter fremden Vermögens zur Rechenschaftslegung verpflichtet, beispielsweise nicht, wer ein fremdes Grundstück in Besitz genommen und bebaut hat (§ 987), nicht der Nießbraucher am ganzen Vermögen (§§ 1035 und 1089), nicht der Theilnehmer an einer Vermögensgemeinschaft (§§ 741 ff.), sofern ihm nicht etwa die Alleinverwaltung als Beauftragtem übertragen ist. Vgl. Schollmeyer II S. 53. Vgl. ferner Rspr. d. OLG. Bd. 1 S. 460. In den zuletzt erwähnten Fällen ist dagegen § 260 (Auskunftsertheilung) anwendbar.

Die Rechenschaftsablegung ist eine besondere Art der Auskunftsertheilung.

§ 259 bestimmt, in welcher Weise diese Verpflichtung zu erfüllen ist, wenn die Rechenschaft abgelegt werden muß über eine Verwaltung, welche mit Einnahmen und Ausgaben oder nur mit Einnahmen oder nur mit Ausgaben verbunden ist. Zur Rechenschaftsablegung gehört hier die Rechnungslegung (M. II, 537, 538; D. 45). Der Verpflichtete hat dem Berechtigten eine Rechnung mitzutheilen, d. h. auszuhändigen, in welcher die Einnahmen bezw. auch die Ausgaben geordnet zusammengestellt sind.

Belege hat er nur insoweit vorzulegen, als deren Ertheilung im Verkehr üblich ist, also beispielsweise nicht über Trinkgelder, Droschkenfahrten u. dgl. Er ist nur zur Vorlegung der Belege verpflichtet, er braucht sie, solange Decharge nicht ertheilt ist, nicht aus der Hand zu geben.

Bisweilen stellt das BGB. unmittelbar eine Verpflichtung zur Rechnungslegung auf, so in § 1667 für den Vater bei Gefährdung des Kindesvermögens, in § 1840 für den Vormund, in § 2218 Abs. 2 für den Testamentsvollstrecker. Ueber die Anwendbarkeit des § 259 auf diese Fälle s. Bem. III, 2, b zu § 1667, Bem. 2 zu § 1840, Bem. 2 zu § 1843 und die Bem. zu § 2218.

Uebrigens ist zur Rechnungslegung gemäß § 259 nicht bloß derjenige verpflichtet, der eine fortlaufende, das Vermögen des Berechtigten im Allgemeinen betreffende Verwaltung geführt hat, sondern auch derjenige, der in einer erheblichen Anzahl von Fällen, sei es auch nur auf Grund jedesmaligen besonderen Auftrags Geschäfte geführt hat, mit denen Geldeinnahmen verbunden waren. OLG. Dresden vom 28. Januar 1902 in Das Recht 1902 S. 148.

2. Genügt die mitgetheilte Rechnung den Anforderungen nach Satz 1 nicht, so kann der Berechtigte auf die Vorlegung einer entsprechenden anderen Rechnung oder auf Ergänzung der Rechnung und Vorlage der Belege klagen und die Zwangsvollstreckung nach § 887 CPO. betreiben.

3. Verpflichtung zur Leistung des Offenbarungseides.

a) Voraussetzung: Es muß die Annahme begründet sein, daß die in der Rechnung enthaltenen Angaben über die Einnahmen nicht mit der

*) Literatur: Bähr in Iherings Jahrb. Bd. 13 S. 257 ff.; Treitel im Arch. für bürgerl. R. Bd. 14 S. 1 ff.

erforderlichen Sorgfalt gemacht sind. Daß ein Grund zu dieser Annahme besteht, muß der Berechtigte, welcher die Eidesleistung verlangt, beweisen. Mangelhafte Angaben über die gemachten Ausgaben oder Unvollständigkeit der vorgelegten Belege berechtigen nicht zum Verlangen des Offenbarungseides, sondern nur zur Klage auf Ergänzung (s. Bem. 3).

b) Der Eid ist nur auf Verlangen des Gläubigers zu leisten.

c) Ueber das zuständige Gericht, Verfahren und Kosten der Eidesabnahme s. § 261.

d) In Angelegenheiten von geringer Bedeutung unterbleibt die Eidesleistung. Ob eine solche Angelegenheit vorliegt, ist nach den Umständen des Falles vom Gerichte zu beurtheilen.

4. Wird mit der Klage auf Rechnungslegung oder auf Vorlegung eines Vermögensverzeichnisses oder auf Leistung des Offenbarungseides die Klage auf Herausgabe desjenigen verbunden, was der Beklagte aus dem zu Grunde liegenden Rechtsverhältniß schuldet, so kann die bestimmte Angabe der Leistungen, welche der Kläger beansprucht, vorbehalten werden, bis die Rechnung mitgetheilt, das Vermögensverzeichniß vorgelegt oder der Eid geleistet ist (§ 254 CPO.). In diesem Falle erfolgt die Entscheidung über die Verpflichtung zur Rechnungslegung, Vorlegung des Verzeichnisses bezw. Eidesleistung durch Theilurtheil (§ 301 CPO.).

## § 260.

Wer verpflichtet ist, einen Inbegriff von Gegenständen herauszugeben oder über den Bestand eines solchen Inbegriffs Auskunft zu ertheilen, hat dem Berechtigten ein Verzeichniß des Bestandes vorzulegen.

Besteht Grund zu der Annahme, daß das Verzeichniß nicht mit der erforderlichen Sorfalt aufgestellt worden ist, so hat der Verpflichtete auf Verlangen den Offenbarungseid dahin zu leisten:

daß er nach bestem Wissen den Bestand so vollständig angegeben habe, als er dazu im Stande sei.

Die Vorschrift des § 259 Abs. 3 findet Anwendung.

E. I, 777 Abs. 1; II, 699; III, 253.

1. Unter einem „Inbegriff von Gegenständen" im Sinne des § 260 ist nicht nur die früher sog. Sachgesammtheit (Heerde, Bibliothek, Gutsinventar u. s. w.) zu verstehen, sondern jede Mehrheit von Gegenständen (Sachen und Rechten), bei welcher der Berechtigte nach der Natur des in Frage stehenden Rechtsverhältnisses nicht in der Lage ist, die einzelnen Gegenstände zu bezeichnen (D. 46).

Eine Verpflichtung zur Herausgabe eines Inbegriffs von Gegenständen ist im BGB. ausgesprochen z. B. in den §§ 1421 (Herausgabe des eingebrachten Gutes), 1546 (Auseinandersetzung bei Beendigung der Errungenschaftsgemeinschaft), 1550 (Rechnungslegung des Vaters über Kindesvermögen auf besondere Anordnung), 1667 (Auseinandersetzung bei Fahrnißgemeinschaft), 1681 (Rechnungslegung bei Herausgabe des Kindesvermögens), 1686 (Rechnungslegung der Mutter über Kindesvermögen), 1890, 1897 (Rechnungslegung des Vormunds über Volljährige), 1915 (Pflegschaft), 2130 (Vorerbe); eine Verpflichtung zur Auskunftsertheilung über den Bestand eines solchen Inbegriffs z. B. in den §§ 1374 (Auskunftspflicht des Mannes über eingebrachtes Gut), 1525 (bei Errungenschaftsgemeinschaft), 1550 (Fahrnißgemeinschaft), 1891 (Vormund gegenüber Gegenvormund), 2011 (Fiskus als gesetzlicher Erbe), 2012 (Nachlaßpfleger), 2027 (Erbschaftsbesitzer), 2127 (Vorerbe gegenüber Nacherben), 2314 (Erbe gegenüber Pflichttheilsberechtigtem), 2362 (Besitzer eines unrichtigen Erbscheins gegenüber dem wirklichen Erben). Vgl. ferner §§ 314 (Auskunft über Zubehör einer Sache), 419 (Vermögensübernahme), 667 (Herausgabe aus einem Auftragsverhältniß), 681 (Geschäftsführung), 713 (Gesellschaft).

2. Wie in den Fällen des § 259 (s. Anm. 4, a), kann auch hier der Offenbarungseid nur dann verlangt werden, wenn der Antragsteller Umstände darthut, aus denen zu schließen ist, daß der Verpflichtete bei der Herstellung des Verzeichnisses nicht die erforderliche Sorgfalt angewendet habe.

3. Ein Anspruch des Berechtigten auf Zuziehung bei der Aufnahme des Verzeichnisses, auf Ermittelung des Werthes der Gegenstände, auf behördliche oder notarielle Aufnahme des Verzeichnisses besteht, abgesehen vom Falle des § 2314, nicht.

4. Die Vorschriften der §§ 260, 261 finden auch entsprechende Anwendung auf die Verpflichtung des Miterben, den übrigen Erben Auskunft über die Zuwendungen zu ertheilen, die er nach den §§ 2050—2053 zur Ausgleichung zu bringen hat.

5. Ueber die Verbindung der Klage auf Vorlegung des Verzeichnisses oder auf Leistung des Offenbarungseides mit der Klage auf Herausgabe s. § 254 CPO.; über das Verfahren und die Kosten der Eidesabnahme § 261 BGB.

## § 261.

Der Offenbarungseid ist, sofern er nicht vor dem Prozeßgerichte zu leisten ist, vor dem Amtsgerichte des Ortes zu leisten, an welchem die Verpflichtung zur Rechnungslegung oder zur Vorlegung des Verzeichnisses zu erfüllen ist. Hat der Verpflichtete seinen Wohnsitz oder seinen Aufenthalt im Inlande, so kann er den Eid vor dem Amtsgerichte des Wohnsitzes oder des Aufenthaltsorts leisten.

Das Gericht kann eine den Umständen entsprechende Aenderung der Eidesnorm beschließen.

Die Kosten der Abnahme des Eides hat derjenige zu tragen, welcher die Leistung des Eides verlangt.

E. I, 777 Abs. 2 Satz 1; II, 700; III, 254.

Auch der nach §§ 259 und 260 BGB. zu leistende Offenbarungseid kann nur vor dem Gerichte geleistet werden.

1. Giebt der Verpflichtete dem Verlangen der Eidesleistung freiwillig statt, so ist zur Eidesabnahme das Amtsgericht des Ortes zuständig, an welchem die Verpflichtung zur Rechnungslegung oder zur Vorlegung des Verzeichnisses zu erfüllen ist. Zur Erleichterung des Eidespflichtigen ist demselben, sofern er seinen Wohnsitz oder seinen Aufenthalt im Inlande hat, gestattet, den Eid vor dem Amtsgerichte seines Wohnsitzes oder Aufenthaltsortes zu leisten. Die Bestimmung des Termins zur Eidesleistung kann sowohl von dem Berechtigten als von dem anderen Theile beantragt werden. Zum Termine sind beide Theile von Amtswegen zu laden. Die Anwesenheit des Gläubigers im Eidestermin ist nicht erforderlich. Für das Verfahren bei der Abnahme des Eides sind die Vorschriften der §§ 478—484 CPO. maßgebend (§§ 163, 79, 15 FG.).

2. Ist dagegen eine Verurtheilung des Verpflichteten zur Leistung des Offenbarungseides vorausgegangen, so hat die Eidesleistung vor dem Prozeßgericht erster Instanz zu erfolgen. Ueber das Verfahren s. § 889 CPO.

3. Die Eidesnorm ist die in den §§ 259 und 260 bestimmte. Jedoch kann das zuständige Gericht, sei es das Prozeßgericht oder das sonst nach § 261 zuständige Amtsgericht, soferne die Umstände eine Aenderung dieser Norm angezeigt erscheinen lassen, die Eidesnorm entsprechend abändern.

4. Die Kosten der Abnahme des Eides fallen demjenigen zur Last, der die Eidesleistung verlangt, ohne Unterschied, ob die Eidesleistung vor dem Prozeßgerichte oder einem anderen Gericht erfolgt. Unter die Kosten der Abnahme des Eides fallen selbstverständlich jene Kosten nicht, welche durch die unbegründete Weigerung des Eidespflichtigen verursacht sind, und über welche nach den Vorschriften der §§ 91 ff. CPO. zu erkennen ist. Oertmann Bem. 3: „Die Kosten der Eidesabnahme nach vorgängigem Urtheil treffen den Schuldner nach allgemeinen Regeln des Zwangsvollstreckungsrechts." Dies scheint mit dem klaren Wortlaute des Abs. 3 nicht vereinbar.

5. Der (durch Art. 166 Nr. XVI des bayr. Ausf.Ges. z. BGB. aufgehobene) Art. 85 des bayr. Ausf.Ges. z. RCPO. u. KO. v. 23. Februar 1879 enthielt eine dem § 260 entsprechende Bestimmung, jedoch mit der Einschränkung, daß von Ascendenten weder ihre Abkömmlinge, noch deren Vormünder oder Pfleger einen Offenbarungseid verlangen können. Das BGB. kennt eine solche Beschränkung der Eidespflicht nicht.

## Das alternative Schuldverhältniß, insbesondere die Wahlschuld.

### Vorbemerkungen.*)

Die folgenden §§ 262—264 regeln die sog. Wahlschuld, die ihrerseits wieder einen Sonderfall der sog. Alternativschuld darstellt. Die Alternativobligation ist zunächst

1. nicht als bedingte Obligation aufzufassen. Eine echte Bedingung macht das Sein (die Existenz) eines Schuldverhältnisses ungewiß, begründet dessen einstweiligen Schwebezustand (Pendenz), d. h. die objektive Unbestimmtheit des Seins (Zustand des Werdens). Dagegen ist bei der Alternativobligation das Sein (die Existenz) der Obligation schon entschieden, und es liegt eine Unbestimmtheit nur in Ansehung des Inhalts derselben vor.

2. Von der Gattungsschuld (vgl. Bem. 1 zu § 243 S. 12 oben), bei der ebenfalls die Obligation schon an sich existent ist und noch an einer Unbestimmtheit des Inhalts leidet, unterscheidet sich die Alternativobligation lediglich dadurch, daß bei ihr von vornherein eine bestimmte Anzahl der Lösungsmöglichkeiten der Unbestimmtheit gegeben ist, während die Anzahl der Lösungsmöglichkeiten bei der Gattungsschuld im Prinzip unbestimmt ist. (Bei der Relativität des Gattungsbegriffs wird dieser Unterschied allerdings objektiv zuweilen unsicher, insbesondere bei der sog. gemischten oder richtiger begrenzten Gattungsschuld, vgl. Bem. 1 zu § 243 Abs. 2 S. 12 oben); mit Litten a. a. O. S. 90 ff. dürfte eine begrenzte Gattungsschuld (subjektiv) stets anzunehmen sein, wenn die bestimmte Vorstellung fehlt entweder:

a) weil dies begrifflich unmöglich ist (Beispiel: 5 Liter Wein aus einem Stückfaß), oder

b) faktisch unmöglich ist (Beispiel: 100 Bäume aus dem Forst zu X), oder

c) wenn die Parteien sich im konkreten Falle die einzelnen Individuen nicht als solche vorgestellt haben.

3. Die Alternativobligation ist entweder

a) eine alternativ bedingte Schuld im engeren Sinne, wenn die Entscheidung (Bestimmung) durch äußere Umstände erfolgen soll, oder

b) eine Wahlschuld, wenn die Entscheidung durch den Parteiwillen erfolgen soll.

Hiernach ergiebt sich für die systematische Anordnung folgendes, von Litten a. a. O. S. 33 aufgestellte anschauliche Schema:

**Unbestimmtheit (Pendenz) von Schuldverhältnissen**

- in Ansehung des Seins
  - Entscheidung durch äußere Umstände: **bedingte Schuld.**
  - Entscheidung durch Parteiwillen: **Bedingung: si voluerim.**
- in Ansehung des Inhalts
  - Unbestimmte Anzahl der Lösungsmöglichkeiten:
    - Entscheidung durch äußere Umstände: **inhaltlich bedingte Schuld.**
    - Entscheidung durch Parteiwillen: **Blankettschuld** Unterart: **Gattungsschuld.**
  - Bestimmte Anzahl der Lösungsmöglichkeiten: **Alternativobligation.**
    - Entscheidung durch äußere Umstände: **alternativ bedingte Schuld.**
    - Entscheidung durch Parteiwillen: **Wahlschuld.**

---

*) Literatur: Endemann, Lehrb. I § 118 S. 666 ff. Kuhlenbeck, Von d. Pand. z. BGB. II S. 25 ff. Cosack I § 84. Enneccerus (1. Aufl.) II § 165. Bernstein, Zur Lehre v. alternativen Willen Abth. I, 1878, und Die alternative Obligation, Zeitschr. f. vgl. Rechtswissenschaft Bd. II. Peskatore, Die sog. alternative Obl., 1880. Ryck, Lehre v. den Schuldverh. S. 129 ff. Leonhard in Iherings Jahrb. Bd. 41 S. 1 ff. Crome, System II § 153. Marcus, Die Wahlschuld des BGB., Diss., Breslau 1901. Chamitzer, Natur, Gebiet und Grenzen der Wahlschuld, Diss. Canetta, Zur Lehre v. d. sog. alternativen Obligation, Diss., Köln 1900. Litten, Die Wahlschuld in d. bürgerl. Recht, Berlin 1903. Leo, Wahl bei der Wahlschuld, Diss. Leuchtenberger, Unter welchen Voraussetzungen tritt bei Wahlschulden eine Beschränkung auf eine Leistung ein? (Diss.)

4. Der begriffliche Zweck der Alternativobligation ist derjenige der Substitution oder des Ersatzes; bei der Wahlschuld tritt als besonderer Zweck der Auswahlzweck hinzu.

5. Wichtig ist es, die Wahlschuld von einer sog. facultas alternativa (vgl. Bem. 5 zu § 249 S. 30 oben) zu unterscheiden.

Das BGB. kennt eine facultas alternativa sowohl auf Seiten des Schuldners wie des Gläubigers.

a) Bei der facultas alternativa des Schuldners (z. B. §§ 261 Satz 2, 775 Abs. 2, 1087 Abs. 2, 1142, 1712, 264 Abs. 1, 1973 Abs. 2, 1992, 2329) besteht nur eine „Befugniß" des Schuldners zu alternativer Leistung, nicht aber zur Ersetzung des Gegenstandes des Schuldverhältnisses durch einen anderen; bloße „Wahlerklärungen" des Schuldners sind wirkungslos, der Gläubiger darf nicht alternativ, sondern nur auf die geschuldete Leistung klagen, wobei die facultas im Prozeß lediglich als Einrederecht des Schuldners zu behandeln ist. (Litten a. a. O. S. 26.)

b) Im Falle der alternativen Ermächtigung des Gläubigers (Beispiele: §§ 340, 643, 843 Abs. 3, 915, 1088 Abs. 3, 1201 Abs. 2, 1345, 1580) kann der Gläubiger nicht nach § 264 Abs. 2 zur Wahl gezwungen werden, und kommt in Annahmeverzug erst durch das Angebot der Prinzipalleistung.

c) In beiden Fällen der facultas wird der Schuldner bereits frei, wenn nur die eine, die geschuldete Leistung, kasuell unmöglich wird, mag auch die Leistung, auf welche sich die Ermächtigung richtet, möglich bleiben. Bei der Wahlschuld dagegen wird Schuldner erst durch die kasuelle Unmöglichkeit aller Leistungen befreit.

Die alte gemeinrechtliche Theorie kennzeichnete diesen Gegensatz der Wahlschuld zur facultas alternativa durch die Formeln: Wahlschuld = duae res in obligatione, una in solutione; facultas = una res in obligatione, duae in solutione.

6. Mit der alternativen Obligation nahe verwandt, gleichwohl nicht begrifflich zu verwechseln — dies thut anscheinend Litten a. a. O. S. 114 ff. und Planck, Bem. 2 zu § 179 — ist die alternative Klagenkonkurrenz, bei der es sich nicht um eine Obligation mit Wahl zwischen zwei oder mehreren Objekten, sondern um zwei oder mehr verschiedene selbständige Obligationen (Ansprüche) handelt, die dem Gläubiger alternativ (elektiv) zustehen. Vgl. §§ 179 (falsus procurator), 325 (Nichterfüllung bei gegenseitigen Verträgen), 402 (Wandelung oder Minderung), 251 Abs. 1 (Naturalrestitution oder Schadensersatz). Der Schuldner hat hier, soweit nicht ausdrücklich etwas Aehnliches bestimmt ist, keineswegs das Recht, aus § 264 Abs. 2 dem Gläubiger eine Frist zur Ausübung des Wahlrechts zu setzen. Vgl. Kuhlenbeck, Von d. Pand. z. BGB. II S. 28 Anm. 2, I S. 555.

7. Die Alternativ-Obligation und insbesondere die Wahlschuld braucht sich nicht auf den Gegenstand der Leistung selbst zu beschränken, sie kann sich auch auf andere Modalitäten der Leistung beziehen. Insbesondere kann sich die Alternative beziehen

a) auf das genus des Rechtes (z. B. dinglich oder persönlich);

b) auf den Geschäftsinhalt bei festbestimmter Geschäftsart, und zwar kann hier wiederum entweder das Objekt alternativ bestimmt sein, z. B. alternative Leistung zweier oder mehrerer Speziessachen (des Rappen oder des Schimmels) oder auch eine bloße Modalität der Leistung, z. B. Ort oder Zeit (nach Wahl in Hamburg oder Berlin, am 15. Mai oder 15. Juni).

Keineswegs erforderlich ist, daß nur zwei Alternativen gegeben seien, es können auch mehr als zwei Dispunktiven gesetzt sein.

c) Wenn sich die Alternative auf das Rechtssubjekt (Person des Gläubigers oder Schuldners) bezieht, so steht eine Korrealobligation in Frage. Vgl. Kuhlenbeck,

Von d. Pand. z. BGB. II S. 139; Fitting, Korrealobligation S. 138 ff.; Vorbem. zu §§ 420 ff.

Ueber den besonderen Fall des sog. Spezifikationskaufs vgl. unten §§ 295, 315.

## § 262.

Werden mehrere Leistungen in der Weise geschuldet, daß nur die eine oder die andere zu bewirken ist, so steht das Wahlrecht im Zweifel dem Schuldner zu.

E. I, 207; II, 219; III, 255.

1. Ein alternatives Schuldverhältniß und insbesondere eine Wahlschuld kann auf Privatwillenserklärung (Vertrag, letztwilliger Verfügung) oder auf Gesetz beruhen. Einen gesetzlichen Fall siehe in § 2307; wegen der von Leonhard S. 2, Litten S. 114 ff. hierher noch gerechneten Fälle vgl. Vorbem. Nr. 6. Die Privatwillenserklärung oder das Gesetz (z. B. § 179 Abs. 1) entscheidet zunächst auch, wer von den beiden Subjekten des Schuldverhältnisses das Wahlrecht hat. Im Zweifel aber steht das Wahlrecht dem Schuldner zu. Die Bestimmung ist Auslegungsregel; sie kommt nicht zur Anwendung, wenn ein anderer Wille der Parteien aus den Umständen zu entnehmen ist.

Durch Rechtsgeschäft kann das Wahlrecht auch einem Dritten eingeräumt werden; alsdann werden die §§ 317—319 anwendbar.

Voraussetzung der Anwendbarkeit dieser Paragraphen ist aber, daß von sämmtlichen Kontrahenten das Wahlrecht dem Dritten eingeräumt ist; hat nur der eine (wahlberechtigte Theil) einem Dritten ein Wahlrecht eingeräumt, so schafft dies nur Beziehungen zwischen ihm und dem Dritten, welcher im Zweifel als sein Vertreter fungiren soll. Der andere Vertragstheil bezw. das Schuldverhältniß als solches wird dadurch nicht berührt, insbesondere wird die Alternativobligation dadurch nicht zu einer bedingten. Nimmt der Dritte die Wahl im Namen des wahlberechtigten Theiles vor, so hat dies allerdings dem anderen Kontrahenten gegenüber die Wirkung, als ob der wahlberechtigte Gläubiger oder Schuldner selber sie vorgenommen hätte.

Das Wahlrecht ist kein höchst persönliches Recht, sondern geht auf die Rechtsnachfolger des Wahlberechtigten über, kann also im Falle der Schuldübernahme (§§ 414, 415) von dem neuen Schuldner und gegenüber dem neuen Schuldner, im Falle der Forderungsabtretung (§ 398) von dem neuen Gläubiger und gegenüber demselben ausgeübt werden.

## § 263.

Die Wahl erfolgt durch Erklärung gegenüber dem anderen Theile.

Die gewählte Leistung gilt als die von Anfang an allein geschuldete.

E. I, 208, 209; II, 220; III, 256.

1. Gemeinrechtlich war bestritten, ob schon durch die Erklärung des Wahlberechtigten oder erst durch die wirkliche Leistung das Schuldverhältniß auf die eine der mehreren Leistungen beschränkt werde (s. Windscheid, Pand. Bd. 2 S. 255 Nr. 9; Dernburg, Pand. Bd. 2 § 27 zu Note 7 und 8). Das ALR. Thl. IV cap. I § 15 Ziff. 2 gestattet dem Schuldner die Wahl „bis zur Auslieferung".

Das BGB. hat im Anschluß an die Mehrheit der neueren Kodifikationen bestimmt, daß schon mit der Erklärung der Wahl das Schuldverhältniß sich auf die gewählte Leistung konzentrire. Aus dem Wesen der Wahlschuld folgt diese bindende Kraft der wörtlichen Wahl mit nichten. Vgl. Leonhard S. 23 ff.; nach römischem Recht war der Schuldner zweifellos berechtigt, bis zur völligen Leistung seine Wahl zu ändern (jus variandi) und erlosch auch das Wahlrecht des Gläubigers grundsätzlich erst mit Erhebung der Klage auf eine bestimmte der alternativ geschuldeten Leistungen; l. 112 pr. D. 45, 1. Vgl. auch im BGB. §§ 467 und 349. Allein das Gesetz hat die Konzentration, obwohl sie nicht unbedenklich ist, ausdrücklich anerkannt. Vgl. auch Bernhöft und Binder, Beitr. 1902 Heft 1 S. 40. Im Uebrigen siehe Bem. III zu § 265.

2. Form der Wahl. Die Wahl erfolgt durch Erklärung gegenüber dem anderen Theile. Die Erklärung ist ein einseitiges, empfangsbedürftiges Rechtsgeschäft (§§ 130—132). Sie kann ohne Einwilligung des Gegners nicht widerrufen werden. Die im E. I und II enthaltene ausdrückliche Bestimmung der Unwiderruflichkeit wurde als selbstverständlich gestrichen. Das Wahlrecht kann, wie jede Willenserklärung, für welche eine bestimmte Form nicht vorgeschrieben ist, auch durch schlüssige Handlungen bethätigt werden, z. B. durch

gänzliche oder theilweise Bewirkung oder Annahme einer der geschuldeten Leistungen oder durch gerichtliche Geltendmachung, wobei natürlich vorausgesetzt wird, daß der Wahlberechtigte in Kenntniß seines Wahlrechts handelt.

Der bloße Zwangsvollstreckungsauftrag bezüglich der einen Leistung kann noch nicht als Wahl angesehen werden; dagegen gilt letztere als erfolgt, wenn der Gerichtsvollzieher im Auftrage des Gläubigers die Zwangsvollstreckung bezüglich der einen Leistung begonnen hat.

Einseitige Rücknahme der Klage macht die Thatsache der vollzogenen Wahl trotz § 271 Abs. 3 CPO. nicht ungeschehen. In der Zurücknahme der Klage mit Einwilligung des Beklagten kann aber seitens des letzteren Einräumung eines neuen Wahlrechts befunden werden. Vgl. Schollmeyer II S. 63.

3. Bei einer Mehrheit von Personen auf der Wahlberechtigten- oder auf der Gegnerseite ist, soferne sich nicht aus dem Schuldverhältnisse ein Anderes ergiebt, die Wahl nur wirksam, wenn sie von allen Wahlberechtigten und gegenüber allen Gegnern erklärt wird. Ebenso Planck Bem. 3 zu § 263.

Für das Gesammtschuldverhältniß ergiebt sich aus den §§ 425 Abs. 1 und 429 Abs. 3, daß die Ausübung der Wahl nur für und gegen denjenigen Gesammtschuldner bezw. Gesammtgläubiger wirkt, von welchem und gegen welchen sie erklärt wurde, soweit nicht aus dem Schuldverhältnisse ein Anderes hervorgeht. A. M. Schollmeyer, Anm. 3 zu § 263, welcher zwischen den verschiedenen Arten der Betheiligung der mehreren Personen am Schuldverhältnisse unterscheidet. A. M. auch Litten a. a. O. S. 133 ff., Bernhöft und Binder Beitr. 1902 S. 40.

4. Abs. 2. Die getroffene Wahl wirkt auf den Zeitpunkt der Entstehung des Schuldverhältnisses zurück. Dies bedeutet, daß der Schuldner nicht nur von der Zeit der Wahl an auf die gewählte Leistung beschränkt wird, sondern daß vielmehr unter fiktizischer Rückdatirung der Wahl auf den Abschluß des Rechtsgeschäfts es so angesehen wird, als sei er von Anfang an hierauf beschränkt gewesen. Die Obligation ist nicht nur durch die Wahl zur obligatio simplex geworden, sondern nunmehr kraft gesetzlicher Fiktion als eine solche von Anfang an zu behandeln; der Schuldner wird von der nicht gewählten Leistung befreit, gleich als ob er sie niemals schuldig gewesen wäre. Die Bedeutung dieser Fiktion ist dieselbe wie bei der Bedingung (vgl. §§ 161, 158).

5. Bedingte und befristete Wahlerklärung. Da die Wahlerklärung die Aufgabe hat, dem Erklärungsempfänger Gewißheit über den Inhalt des Schuldverhältnisses zu verschaffen, ist eine einseitige bedingte Wahlerklärung ebenso wenig zulässig wie eine befristete. Die Hinzufügung einer Bedingung nimmt der Erklärung den Charakter der Wahl und macht sie bedeutungslos. Da dies selbstverständlich erscheint, hat das BGB. es nicht, wie a. a. O. (z. B. bei der Aufrechnung, § 388) hervorgehoben. Vgl. Planck, Bem. 1 zu § 263. Richtig ist jedoch, daß eine bedingte Wahlerklärung insoweit erfolgen kann, als der Empfänger sich mit ihr einverstanden erklärt. Denn § 263 giebt nur dispositives Recht. Vgl. Litten a. a. O. S. 154 ff.

6. Irrthümliche Leistung. Bei Erfüllung bezw. Annahme einer Leistung in Unkenntniß des Wahlrechts (z. B. durch einen darüber nicht aufgeklärten Rechtsnachfolger) ist zu unterscheiden:

a) Der Gegenkontrahent hat den Irrthum erkannt; der Leistende kann das Geleistete nach Erkennung des Irrthums unter nachträglicher Geltendmachung des Wahlrechts als ungerechtfertigte Bereicherung zurückfordern (§§ 812 ff.), der Annehmer kann es zurückgeben und geltend machen, daß die Schuld noch nicht durch gültige Wahlerklärung auf diesen Gegenstand konzentrirt sei, also den anderen fordern.

b) Hat Gegenkontrahent den Irrthum nicht erkannt, so liegt eine zunächst gültige Wahlerklärung vor, die aber nach Maßgabe des § 119 angefochten werden kann. Nach der erfolgreichen Anfechtung treten die gleichen Wirkungen ein, wie zu a. Vgl. Enneccerus II S. 410.

Selbstverständlich kann im Falle zu b die Klage auf Rückgabe bezw. Leistung mit der Anfechtung des Irrthums verbunden werden.

## § 264.

Nimmt der wahlberechtigte Schuldner die Wahl nicht vor dem Beginne der Zwangsvollstreckung vor, so kann der Gläubiger die Zwangsvollstreckung nach seiner Wahl auf die eine oder auf die andere Leistung richten; der Schuldner kann sich jedoch, solange nicht der Gläubiger die gewählte Leistung ganz oder zum Theil empfangen hat, durch eine der übrigen Leistungen von seiner Verbindlichkeit befreien.

Ist der wahlberechtigte Gläubiger im Verzuge, so kann der Schuldner ihn unter Bestimmung einer angemessenen Frist zur Vornahme der Wahl auffordern. Mit dem Ablaufe der Frist geht das Wahlrecht auf den Schuldner über, wenn nicht der Gläubiger rechtzeitig die Wahl vornimmt.

E. I, 210; II, 221; III, 257.

1. Durch den Verzug des Schuldners (Abs. 1) geht dessen Wahlrecht noch nicht verloren. Der Gläubiger muß alternativ klagen und das Urtheil muß auf alternative Leistung ergehen. Auf Grund dieses Urtheils kann der Gläubiger die Zwangsvollstreckung nach seiner Wahl auf die eine oder die andere der Leistungen richten. Bis zum Beginne der Zwangsvollstreckung hat der Schuldner noch das uneingeschränkte Wahlrecht. Von da ab hat er zwar das Recht auf die Ausübung der Wahl durch Erklärung (§ 263 Abs. 1) verwirkt, kann sich aber noch bis zu dem Zeitpunkt, in welchem der Gläubiger die von ihm gewählte Leistung ganz oder theilweise empfangen hat, durch thatsächliche Bewirkung einer der übrigen Leistungen von seiner Verbindlichkeit befreien. Gepfändetes Geld gilt schon mit der Wegnahme durch den Gerichtsvollzieher als vom Gläubiger empfangen. § 815 Abs. 3 CPO.*)

Der § 264 Abs. 1 regelt nicht die Frage, welche sonstige Folgen der bloße Wahlverzug hat, sei es nun, daß eine besondere Verpflichtung des Schuldners zur Vornahme der Wahl (abweichend von dem bloß dispositiven § 264) vereinbart ist oder daß der Schuldner überhaupt in Leistungsverzug geräth, der stets einen Wahlverzug einschließt. Der § 264 Abs. 1 bestimmt nur, daß der Schuldner durch den Verzug allein sein Wahlrecht noch nicht verliert. Es ist unbestreitbar, daß auch bei Wahlverzug (in Fällen ausdrücklicher oder stillschweigender Vereinbarung der Ausübung der Wahl vor Fälligkeit der Leistung) die allgemeinen Folgen des Verzugs eintreten (§§ 286—289), insbesondere also der Schuldner allen durch den Verzug entstehenden Schaden zu ersetzen hat (§ 286 Abs. 1), daß der Gläubiger ferner, wenn die Leistung in Folge des Wahlverzugs für ihn kein Interesse mehr hat, unter Ablehnung der Leistung Schadensersatz wegen Nichterfüllung verlangen kann (§ 286 Abs. 2).

Dagegen ist streitig, ob der Gläubiger in diesem Falle statt auf Schadensersatz auch auf Erfüllung klagen kann mit dem Erfolg, daß eine Erzwingung der Wahl gemäß § 888 CPO. versucht werden könnte.

Das praktische Interesse dieser Frage ergiebt folgender Fall: A hat von B nach dessen Wahl den Rappen x oder Schimmel y zum 1. Juli alternativ gekauft mit der Vereinbarung, daß er bereits am 1. Juni sicher wissen müsse, ob ihm der Rappe oder der Schimmel geliefert werde. (Er kann ein Interesse daran haben, um sich z. B. rechtzeitig passendes Sattelzeug zu besorgen und um bei dem am 1. Juli beginnenden Manöver ordnungsmäßig beritten zu sein. B kommt in Wahlverzug. Denkbar ist diesem Falle, daß A sich anderswo ein truppenfrommes, seinen Wünschen entsprechendes Pferd nicht beschaffen kann, so daß der Behelf des § 286 Abs. 2 nicht genügt. Der § 264 Abs. 1 wird aber hier seinem Interesse nicht gerecht, weil A höchstens alternative Verurtheilung zum 1. Juli erlangen könnte. Vgl. Litten a. a. O. S. 185.)

RGE. Bd. 8 S. 353, Bd. 12 S. 184 hat die Frage in einem analogen Falle verneint. Mit Litten a. a. O., Leo S. 55, Chamitzer S. 18 glaube ich die Klage auf Wahlvornahme nicht versagen zu sollen, da § 264 nur den Fall im Auge hat, daß der Schuldner sich nicht ausdrücklich oder stillschweigend zu einer Wahlerklärung vor Fälligkeit der Leistung verpflichtet hat. Jedoch vgl. noch RGE. vom 16. März 1903 in Gruchot, Beitr. 47, 916.

2. Beweislast. Der Schuldner, welcher der Zwangsvollstreckung den Einwand entgegensetzt, daß er eine andere der geschuldeten Leistungen vor dem Beginne der Zwangsvollstreckung gewählt habe, ist für die eingewendete Behauptung beweispflichtig (s. Planck, Anm. 2 Abs. 2; Schollmeyer, Anm. 1 zu § 264).

Dagegen trifft, wenn der Schuldner nach dem Beginne der Zwangsvollstreckung sich durch eine der übrigen Leistungen befreien will, den die Annahme verweigernden Gläubiger die Beweislast, daß er die von ihm gewählte Leistung schon ganz oder theilweise empfangen habe.

---

*) Literatur: Rieß, Die Zwangsvollstreckung einer Alternativobligation bei Wahlrecht des Schuldners; Gruchot, Beitr. Bd. 48 S. 489.

3. Abs. 2 regelt den Fall, wenn der wahlberechtigte Gläubiger sich im Annahmeverzuge befindet, wenn also der Schuldner sämmtliche der mehreren geschuldeten Leistungen dem Gläubiger angeboten und dieser keine angenommen hat (§§ 293 ff.). In diesem Falle kann der Schuldner den Gläubiger unter Bestimmung einer angemessenen Frist zur Vornahme der Wahl auffordern. Mit dem Ablaufe der Frist geht das Wahlrecht auf den Schuldner über, wenn nicht der Gläubiger rechtzeitig die Wahl vornimmt.

Rechtzeitig kann die Wahl auch noch nach dem Ablaufe der Frist vorgenommen werden, wenn die Frist keine angemessene war (s. Bem. 4 zu § 250). Ebenso Cosack Bd. 1 § 84 S. 293. A. M. Planck Bem. 2 zu § 250.

Kann die Aufforderung zur Wahl mit dem Angebote der Leistung verbunden werden? Die Frage wird bejaht von Cosack, Bd. 1 § 84 S. 292; Schollmeyer, Bem. 2 zu § 264, Litten S. 188, verneint von Planck, Bem. 3, b, Oertmann, Bem. 3 zu § 264.

Im Gegensatz zur I. Auflage (Mayring) halte ich die Auslegung Schollmeyers (Cosacks, Littens) für gerechtfertigt, daß der Schuldner die Stellung der Präklusivfrist bereits mit dem Angebote der Leistungen verbinden kann.

„Jene Verbindung zu versagen, wäre ein arger Formalismus, der den Schuldner dazu zwingen würde, dem anwesenden Gläubiger unmittelbar hintereinander, aber in zwei Akten, die Leistung anzubieten und die Frist zu setzen; denn auf eine Frist zwischen diesen beiden Akten hat ja der Gläubiger keinen Anspruch“ (Litten S. 188 Note 2). Vgl. auch Bernhöft und Binder, Beitr. 1903 S. 42: „Lehnt der Gläubiger die ihm zugemuthete Wahl ab, so befindet er sich im Verzug in dem Augenblick, wo die Aufforderung zur Vornahme an ihn gelangt.“ Vgl. § 294. Wahlverzug des Gläubigers involviert Annahmeverzug und umgekehrt.

## § 265.

Ist eine der Leistungen von Anfang an unmöglich oder wird sie später unmöglich, so beschränkt sich das Schuldverhältniß auf die übrigen Leistungen. Die Beschränkung tritt nicht ein, wenn die Leistung in Folge eines Umstandes unmöglich wird, den der nicht wahlberechtigte Theil zu vertreten hat.

E. I, 211; II, 222; III, 258.

Das Gesetz behandelt hier die Folgen der Unmöglichkeit der Leistung beim alternativen Schuldverhältnisse:

I. Unmöglichkeit von Anfang an:

1. Sämmtliche Leistungen sind von Anfang an unmöglich. Dann ist der ganze Vertrag nichtig. § 306.

2. Eine oder einige der mehreren Leistungen sind von Anfang an unmöglich, dann beschränkt sich das Schuldverhältniß auf die übrigen noch möglichen Leistungen.

In beiden Fällen ist derjenige Vertragschließende, welcher die Unmöglichkeit kannte oder kennen mußte, dem anderen Theile nach Maßgabe des § 307 zum Ersatze des negativen Interesses verpflichtet.

Ein Fall der sogenannten Konzentration liegt in diesem Falle (I, 2) gar nicht vor; seine Erwähnung in § 265 hat nur die Bedeutung einer Auslegungsregel dahin, daß im Zweifel trotz ursprünglicher Unmöglichkeit einer der Leistungen die Obligation bezüglich der übrigen Leistungen gleichwohl zu Stande komme. Vgl. Schollmeyer II S. 68. Für den Fall, daß von Anfang an ein Theil der einen alternativ geschuldeten Leistung unmöglich ist, vgl. Bem. V.

II. Später (nach der Entstehung des Schuldverhältnisses) eintretende Unmöglichkeit:

1. Wenn der Schuldner wahlberechtigt ist:

a) Die Leistung ist in Folge eines vom Gläubiger zu vertretenden Umstandes unmöglich geworden. Die Beschränkung tritt nicht ein, dem Schuldner verbleibt sein Wahlrecht, er kann die unmögliche Leistung wählen und wird alsdann gemäß § 275 von der Verpflichtung zur Leistung frei oder er kann eine der übrigen, noch möglichen Leistungen wählen.

b) Die Leistung wird aus irgend einem anderen Grunde (Zufall, Verschulden eines Dritten oder in Folge eines vom Schuldner zu vertretenden Umstandes) unmöglich; dann beschränkt sich das Schuldverhältniß auf die noch möglichen Leistungen.

2. Wenn der Gläubiger wahlberechtigt ist:

a) Die Leistung ist in Folge eines vom Schuldner zu vertretenden Umstandes unmöglich geworden. Die Beschränkung tritt nicht ein. Der Gläubiger kann jede der mehreren Leistungen wählen und, falls er sich für die unmöglich gewordene Leistung entscheidet, gemäß § 280 vom Schuldner Ersatz des durch die Nichterfüllung der unmöglichen Leistung entstehenden Schadens verlangen.

b) Die Leistung ist aus einem anderen Grunde unmöglich geworden. Das Schuldverhältniß beschränkt sich auf die noch möglichen Leistungen.

III. Sobald das Schuldverhältniß sich auf eine einzige Leistung konzentrirt hat, liegt nur mehr ein einfaches Schuldverhältniß vor. Wird also von mehreren wahlweise geschuldeten Leistungen auch die letzte, auf welche das Schuldverhältniß sich beschränkt hat, unmöglich, so sind die Folgen dieser Unmöglichkeit so zu beurtheilen, als ob das Schuldverhältniß nur eine einzige Leistung, und zwar die letzte zum Gegenstande gehabt hätte.

Richtig ist, daß, wie Schollmeyer II S. 69 hervorhebt, die Wirkung dieser Konzentration durch nachträgliche Unmöglichkeit nicht völlig identisch ist mit derjenigen durch Wahlerklärung (§ 263). Denn es fehlt die Bestimmung der Rückziehung, der fiktizischen Rückdatirung. Dies hat eine praktische Bedeutung für den Fall, daß nach der Konzentration auch die übrig gebliebene Leistung, und zwar durch Zufall untergeht, wenn der wahlberechtigte Schuldner den Untergang der anderen Leistung verschuldet hat. Der Schuldner wird jetzt keineswegs von jeder Leistung frei, sondern haftet dem Gläubiger für das Interesse an dem Untergang der zuerst unmöglich gewordenen Leistung.

Wird die übrig gebliebene Leistung durch Verschulden des Schuldners unmöglich, so haftet er lediglich für das Interesse des Gläubigers an dieser Leistung.

IV. Werden sämmtliche Leistungen nach der Entstehung des Schuldverhältnisses gleichzeitig unmöglich, z. B. sämmtliche der wahlweise zu leistenden Sachen gehen in einem Brande zu Grunde, so kann natürlich eine Beschränkung nicht eintreten. Es wird alsdann zu unterscheiden sein:

1. Ist die Unmöglichkeit in Folge eines vom Schuldner zu vertretenden Umstandes eingetreten, so hat der Schuldner dem Gläubiger den durch die Nichterfüllung entstehenden Schaden zu ersetzen (§ 280), und zwar

a) wenn er selbst das Wahlrecht hatte, für eine der mehreren Leistungen nach seiner Wahl;

b) wenn der Gläubiger das Wahlrecht hatte, nach dessen Wahl.

2. Ist die Unmöglichkeit die Folge eines vom Schuldner nicht zu vertretenden Umstandes, so wird der Schuldner von der Verpflichtung zur Leistung frei. § 275.

V. Bei theilweiser Unmöglichkeit gilt das Gleiche, jedoch mit den aus §§ 139, 307 Abs. 2, 280 Abs. 2 sich ergebenden Modifikationen.

And. M. Schollmeyer II S. 71. („Die Konzentration wegen nachfolgender Unmöglichkeit setzt voraus, daß die eine der alternativ geschuldeten Leistungen in ihrem ganzen Umfang unmöglich geworden.")

Allein mit Recht bemerkt Titze, Die Unmöglichkeit der Leistung S. 43 Anm. 14: „Mit Rücksicht auf die unbilligen Konsequenzen, die sich vom gegentheiligen Standpunkt aus ergeben würden, muß im Sinne dieses Paragraphen als unmöglich, d. h. hier als nicht wählbar, jede Leistung angesehen werden, die nicht so, wie sie zu prästiren ist, bewirkt werden kann." Vgl. auch Litten S. 209, 211.

VI. Durch die vorstehend aufgeführten Wirkungen der Unmöglichkeit wird selbstverständlich der Anspruch des in seinem Wahlrechte beeinträchtigten Theiles, von dem anderen Theile oder von einem Dritten Schadensersatz auf Grund der §§ 823 ff. oder aus einem anderen Rechtsgrunde zu verlangen, nicht berührt.

VII. Die Vorschriften des § 265 sind dispositiver Natur, finden also nur insoweit Anwendung, als die Vertragstheile nicht rechtsgeschäftlich eine andere Bestimmung getroffen haben (M. II, 9; P. I, 284).

Die ratio legis des § 265 bildet zweifellos der Versicherungszweck, nicht derjenige der Auswahl, d. h. regelmäßig soll eine der wahlweise geschuldeten Leistungen die andere ersetzen.

Läßt sich dagegen als wirthschaftliches Motiv der Zweck der Auswahl feststellen, so führt die Anwendung des § 265 zu unbilligen Entscheidungen. Vgl. vor Allem Strohal, Erbrecht, 2. Aufl. S. 147 N. 1. Hierher gehört auch das Beispiel von Litten S. 199.

(Ein Husarenleutnant Z kauft nach seiner binnen 3 Wochen zu erklärenden Wahl vom Pferdehändler B einen Schimmel X oder den Rappen Y, da er noch nicht weiß, ob er in eine Schimmel- oder Rappenschwadron versetzt werden wird. Bevor seine Wahl erklärt ist, erhält er die Nachricht, daß der Schimmel krepirt sei. Er wird in eine Schimmelschwadron versetzt. Natürlich kann er den Rappen nicht brauchen. Der Richter wird hier unter Auslegung des Parteiwillens, vorausgesetzt, daß Z sein Motiv dem B mitgetheilt hat, gemäß §§ 242, 133, 157 BGB. die Anwendung des § 265 ablehnen.) Aber auch wo prävalirende Auswahltendenz nicht hervortritt, kann die Anwendung des § 265 durch stillschweigende Vereinbarung ausgeschlossen erscheinen. Beispiel: Verkauf sog. Doubletten seitens eines Münz- oder Briefmarkensammlers. Wenn Jemand, weil er eine Sache doppelt besitzt, eine derselben, unter Aufdeckung des Beweggrundes, wahlweise an einen Dritten veräußert, ist offenbar seine alternative Verpflichtung von der fortdauernden Möglichkeit sämmtlicher wahlweise geschuldeter Leistungen abhängig gemacht. In solchen Fällen wird der Schuldner, wenn die eine Sache durch Zufall untergeht, von seiner Verbindlichkeit befreit. Vgl. Titze a. a. O. S. 200, Peskatore a. a. O. S. 200. Vgl. hierzu auch Kuhlenbeck, Von d. Pand. z. BGB. I S. 387. (Durch eine auch stillschweigend erklärte Bedingung im weiteren allgemeinen Sinne, Voraussetzung, erheben wir ein besonderes Motiv zur Existenzbedingung des Rechtsgeschäfts.)

## § 266.

Der Schuldner ist zu Theilleistungen nicht berechtigt.

E. I, 228; II, 223; III, 259.

1. Bisheriges Recht.

a) Abgesehen von einzelnen Ausnahmen konnte auch nach Gem. Rechte der Gläubiger zur Annahme von Theilleistungen nicht genöthigt werden (s. Dernburg, Pand. Bd. 2 § 55 Note 7; Windscheid, Pand. Bd. 2 § 342 Ziff. 2). Ebenso nach BLR. Thl. IV cap. 14 § 8.

b) Ein beneficium competentiae (Windscheid, Pand. Bd. 2 §§ 267, 268; Dernburg, Pand. Bd. 2 § 15; Art. 81 des Bayr. Ausf.Ges. z. RCPO. und KO. mit Bayr. GO. cap. XVIII § 10 Nr. 1, 2, 6) kennt das BGB. nicht.

Unberührt bleibt die Bestimmung des § 53 der VII. Beilage z. Bayr. Verf.Urk. über die beschränkte Haftung des Fideikommißbesitzers für Allodialschulden und über die dem Fideikommißbesitzer vorbehaltene Kompetenz. Jacubezky, Bem. S. 56.

c) Die Befugniß des Gerichts, dem Schuldner bei der Verurtheilung Zahlungsfristen zu gewähren, ist schon durch § 14 Nr. 4 des EG. zur CPO. beseitigt worden und hat auch in das BGB. keinen Eingang gefunden.

2. Standpunkt des BGB. Das BGB. stellt als Regel auf, daß der Schuldner zu Theilleistungen nicht berechtigt ist. Der Gläubiger braucht hienach Theilleistungen auch dann nicht anzunehmen, wenn der Gegenstand der Leistung ein theilbarer ist und die Annahme seinem Interesse nicht widerstreitet. Eine Einschränkung kann dieses Recht des Gläubigers allerdings durch die zufolge § 157 gebotene Rücksichtnahme auf Treu und Glauben bezw. durch das Verbot des § 226 erleiden (ebenso Oertmann Anm. 1, b; Schollmeyer Anm. 1 zu § 266, Crome S. 99 N. 4). In der Weigerung der Annahme einer Theilzahlung kann unter Umständen Chikane liegen.

3. Ist es Theilleistung, wenn dem Gläubiger, welcher außer dem Hauptgegenstande noch Nebenleistungen zu fordern hat, nur die Hauptsache oder nur die Nebenleistungen angeboten werden? Die Frage ist zu bejahen, wenn der Anspruch auf die Hauptleistung auf dem nämlichen Schuldgrunde beruht, wie jener auf die Nebenleistungen, mithin nur ein einheitlicher Anspruch vorliegt, welcher beide Leistungen umfaßt. Dies ist der Fall bei den Verzugszinsen und Kosten. Vgl. E. d. ROHG. Bd. 25 S. 256 ff. Das Recht auf vertragsmäßige Zinsen dagegen beruht auf einem besonderen Schuldgrunde, dem Zinsversprechen, und bildet daher einen selbständigen Anspruch. Der Gläubiger ist deßhalb nicht berechtigt, die Hauptsache, welche ihm ohne die fälligen vertragsmäßigen Zinsen angeboten wird, als Theilleistung zurückzuweisen. Ebenso M. II, 87; Planck Anm. 1 zu § 367. Nimmt der Gläubiger — sei es freiwillig, sei es, weil er hiezu verpflichtet ist — einen zur Tilgung seiner Gesammtforderung nicht ausreichenden Betrag an, so bestimmt sich die Anrechnung desselben auf Haupt- und Nebensache nach § 367.

4. Ausnahmen. Der Gläubiger muß sich Theilleistungen gefallen lassen:

a) Wenn die Erfüllung in Theilleistungen ausdrücklich oder stillschweigend vereinbart ist. Ein solcher Wille der Vertragschließenden kann sich auch aus dem Inhalte des Schuldverhältnisses ergeben. Sog. Successivgeschäfte; bei einem derartigen Kaufgeschäft kann der Verkäufer auch nach Ablauf der Lieferfrist noch Theilleistungen anbieten, RGE. in Jur. Wschr. 1904 S. 90. D. Jur.Z. 1904 S. 267. Die Bestimmung des § 266 läßt als Dispositivvorschrift eine abweichende Regelung durch Parteiwillkür zu.

b) Bei der Aufrechnung. Denn Aufrechnung ist keine Leistung. Vgl. Vorbem. zu §§ 387 ff. Der Schuldner kann eine ihm gegen seinen Gläubiger zustehende Forderung gegen eine höhere Forderung des Gläubigers aufrechnen und bringt hiedurch letztere Forderung in dem Theilbetrage zum Erlöschen, in welchem sie durch die Forderung des Schuldners gedeckt wird (§§ 387, 389).

c) Bei der Erlassung eines Theilurtheils (§ 301 CPO. n. Nr.; s. Planck Bem. zu § 266; Schollmeyer Anm. 2).

d) Bei einer nur theilweise zur Befriedigung des Gläubigers führenden Zwangsvollstreckung.

e) Im Falle des § 420 (Partialobligation). Sind mehrere Schuldner oder mehrere Gläubiger vorhanden, so ist, wenn die geschuldete Leistung eine theilbare ist, im Zweifel jeder Schuldner nur zu einem Kopftheile verpflichtet und jeder Gläubiger nur zu einem gleichen Theile berechtigt.

f) Nach Art. 38 WO. darf der Inhaber eines Wechsels eine ihm angebotene Theilzahlung nicht zurückweisen.

g) Auch im Konkurse muß der Gläubiger Theilleistungen annehmen. KO. § 149.

5. Ist bei einem gegenseitigen Vertrage von einer Seite theilweise geleistet oder die Theilleistung angenommen worden, so kann die Gegenleistung zufolge § 320 Abs. 2 insoweit nicht verweigert werden, als die Verweigerung gegen Treu und Glauben verstoßen würde.

6. Ueber die Wirkungen der theilweisen Unmöglichkeit der geschuldeten Leistung s. § 280 Abs. 2 und bei gegenseitigen Verträgen §§ 323, 325.

7. Durch Vertrag kann die Verbindlichkeit des Schuldners in id quod facere potest beschränkt werden. Für die Auslegung eines solchen Vertrags ist der aus den Umständen sich ergebende Wille der Vertragschließenden entscheidend. Eine besondere Bestimmung enthält das BGB. hierüber nicht (M. II, 34).

8. Sofern der Gläubiger nach § 266 berechtigt ist, die Theilleistung abzulehnen, geräth er durch die Ablehnung nicht in Annahmeverzug. Umgekehrt vermeidet der Schuldner durch Angebot einer Theilleistung, sofern der Gläubiger sie nach § 266 berechtigter Weise ablehnt, nicht die Folgen des Erfüllungsverzugs (§§ 284—292). Vgl. Schollmeyer S. 72. In der Praxis erhebt sich die Frage der Anwendbarkeit des § 266 besonders häufig, wenn der Schuldner nur einen Theil des klägerischen Anspruchs bestreitet, der Gläubiger aber, vielleicht um die Zuständigkeit des Landgerichts zu begründen und den Prozeß auf einer höheren Werthstufe zu beginnen, die Annahme des von vornherein anerkannten Betrags ablehnt, alsdann aber ein Theil=Anerkenntniß=Urtheil beantragt. Fallen die Kosten in diesem Falle dem Beklagten zur Last? Die Entscheidung ist aus §§ 93, 92 CPO. in Verbindung mit § 266 zu entnehmen. Selbstverständlich fallen sie dem Beklagten nicht zur Last, wenn er in Ansehung des bestrittenen Betrags obsiegt. Aber auch, wenn er in Ansehung des bestrittenen Betrags unterliegt, werden die Kosten des Theilurtheils dem Kläger aufzuerlegen sein, wenn die Zurückweisung des angebotenen Theilbetrags durch den Gläubiger sich als Chikane darstellt, insbesondere, wenn der bestrittene Theilbetrag nur einen verhältnißmäßig geringen Theil der Gesammtforderung bildet und ein berechtigtes Interesse des Gläubigers an der Einklagung der ungetheilten Summe nicht ersichtlich ist. In dem prozessualen Interesse an der höheren Werthstufe ist ein solches berechtigtes Interesse nicht zu befinden. Andererseits ist auch der Gläubiger berechtigt, Theilbeträge der Forderung einzuklagen, ohne daß dem Schuldner aus § 266 ein materieller Einwand oder auch der prozessuale Einwand einer sachlichen Unzuständigkeit des Gerichts zusteht, weil im Falle der Geltendmachung des ganzen Betrags das höhere Gericht (Landgericht) zuständig würde. Der Kläger kann ein berechtigtes Interesse daran haben, zunächst nur wegen eines Theilbetrages einen Vollstreckungstitel zu erlangen (Zeitersparniß). Vgl. jedoch Toll in D. Jur.Z. 1899 S. 207. (Die Amtsgerichtsanwälte und der Ehrengerichtshof.)

Soweit der Gläubiger zur Forderung von Theilleistungen berechtigt ist, was der Fall ist, wo dies nicht ausdrücklich oder durch die besondere Natur des Schuldvertrags ausgeschlossen ist, so ist der Schuldner nicht berechtigt, eine vom Gläubiger geforderte Theilleistung abzulehnen, d. h. wenn er auf bloßes Theil=Anfordern des Gläubigers die ganze Leistung anbietet, hängt die Frage, ob der Gläubiger wegen des abgelehnten Theiles in Annahmeverzug geräth, lediglich davon ab, ob bezüglich der Gesammtforderung die

Voraussetzungen der §§ 293 ff., insbesondere § 299 vorliegen. Jedenfalls zieht die theilweise Ablehnung nur einen Theilverzug des Gläubigers nach sich, gewährt aber nicht dem Schuldner das Recht, den gewollten Theil zurückzuhalten und dadurch den Gläubiger in Gesammtverzug zu setzen. Vgl. hiezu Thiesing, Das Recht 1902 S. 369 unter zutreffender Kritik einer gewerbegerichtlichen Entscheidung.

## § 267.*)

**Hat der Schuldner nicht in Person zu leisten, so kann auch ein Dritter die Leistung bewirken. Die Einwilligung des Schuldners ist nicht erforderlich.**

**Der Gläubiger kann die Leistung ablehnen, wenn der Schuldner widerspricht.**

E. I, 227; II, 224; III, 260.

1. In Uebereinstimmung mit dem Gem. Rechte (Windscheid Pand. Bd. 2 § 342 Ziff. 4; Dernburg Pand. Bd. 2 § 55 Ziff. 2) und auch mit dem Bayr. LR. (Thl. IV cap. 14 § 3) bestimmt das BGB., daß, soferne der Schuldner nicht in Person zu leisten hat, auch ein Dritter für ihn die Leistung bewirken kann.

Der § 267 setzt ein begründetes Schuldverhältniß voraus („der Schuldner"), gilt also nicht, wo durch die Leistung erst ein Schuldverhältniß begründet werden soll, also nicht beim pactum de contrahendo, beispielsweise beim Darlehensversprechen kann ein Dritter nicht wider Willen des künftigen Darlehensschuldners an Stelle des „Schuldners" aus dem Darlehensversprechen treten. Vgl. Rehbein S. 79 Note 68.

2. Ob der Schuldner in Person zu leisten hat, bestimmt sich nach dem erklärten oder zu vermuthenden Vertragswillen. Für den Dienstvertrag (§ 613), den Auftrag (§ 664) und die Verwahrung (§ 691) bestimmt das Gesetz, daß im Zweifel der Schuldner persönlich leisten müsse. Dies gilt zufolge § 713 auch für die Verpflichtungen der geschäftsführenden Gesellschafter, soweit sich nicht aus dem Gesellschaftsverhältniß ein Anderes ergiebt.

Der § 267 gilt überhaupt ausschließlich für vertretbare (nicht für unvertretbare, persönliche, individuelle) Leistungen. Vgl. über letztere Kuhlenbeck, Von d. Pand. z. BGB. II S. 29 ff. Die Parteien können eine im Verkehr regelmäßig unvertretbare Leistung als vertretbare vereinbaren und umgekehrt. Diese Vereinbarung kann auch eine stillschweigende sein, d. h. sich nach § 157 aus Treu und Glauben mit Rücksicht auf die Verkehrssitte ergeben.

Der § 267 ist rein dispositiver Natur. Vgl. auch Rosenberg in Jherings Jahrb. Bd. 43 S. 168 ff.

Eine Geldstrafe ist, obwohl ihr Gegenstand in Geld, also vertretbaren Sachen besteht, nach dem Zwecke des Gesetzes von dem Strafschuldner persönlich zu entrichten. Vgl. Planck, Bem. 1 zu § 267, Oertmann, Bem. 1 zu § 267, Dernburg II § 49, II. Im Zweifel ist dies auch bei einer Vertragsstrafe anzunehmen.

Nicht unter den § 267 fallen:

a) Leistungen im Namen des Schuldners (Stellvertretung);
b) Leistungen zwecks Tilgung eigener Schuld des Dritten, z. B. als Gesammtschuldner oder Bürge;
c) Leistungen gegen Uebertragung der Forderung als Entgelt, insbesondere Kauf der Forderung;
d) der Fall des § 268 (jus offerendi).

3. Abgesehen von den unter 2 genannten Ausnahmen kommt der Gläubiger dem Schuldner gegenüber in Verzug, wenn er die Leistung nicht annimmt, welche ihm von einem Dritten so, wie sie der Schuldner zu bewirken hätte, thatsächlich angeboten wird. §§ 293, 294.

4. Der Schuldner kann Widerspruch dagegen erheben, daß ein Dritter für ihn die Leistung bewirkt.

a) Für die Widerspruchserklärung ist eine bestimmte Form nicht vorgeschrieben; es wird auch nicht erfordert, daß sie gerade dem Gläubiger gegenüber erfolgt; sie kann auch dem Dritten gegenüber erfolgen. Vgl. Planck, Bem. 2 zu § 267.
b) Der Widerspruch des Schuldners wendet von dem Gläubiger, welcher die von einem Dritten angebotene Leistung ablehnt, die Verzugsfolgen ab. Nimmt aber der Gläubiger die Leistung an, so wird der Schuldner, ungeachtet seines Widerspruchs, von seiner Verbindlichkeit befreit, da nach § 362

*) Literatur: Oertmann, Zahlung fremder Schulden im Archiv f. d. civilist. Praxis Bd. 82 S. 367 ff.; Stammler, Recht der Schuldverhältnisse S. 224 ff.

das Schuldverhältniß erlischt, wenn die geschuldete Leistung (gleichviel, ob durch den Schuldner oder durch einen Dritten) an den Gläubiger bewirkt wird.

c) Erfolgt der Widerspruch, nachdem die Leistung vom Gläubiger bereits abgelehnt worden ist, so ist er als Verzicht des Schuldners auf die Wirkungen des Annahmeverzugs auszulegen.

5. Der Dritte kann für den Schuldner nur die Leistung bewirken, nicht dessen Schuld durch Hinterlegung oder Aufrechnung tilgen. Irrig ist die Ansicht Kohlers, daß derjenige, welcher dem Schuldner gegenüber die Zahlung übernommen habe, zur Aufrechnung berechtigt sei, auch wenn ihn der Gläubiger nicht als Schuldübernehmer an Stelle des bisherigen Schuldners angenommen hat. (Busch, Zeitschr. f. deutschen Civilprozeß Bd. 24 S. 6, Neumann, Jahrb. Bd. 1 S. 172 Nr. 1 zu § 267.) Vgl. dazu § 415. Wo das BGB. eine Befriedigung durch Hinterlegung oder durch Aufrechnung zuläßt, ist dies im Gesetze ausdrücklich hervorgehoben. (Vgl. die §§ 268, 1142 u. a.) Das Hinterlegungsrecht ist nur dem Schuldner eingeräumt (§ 372). Die Aufrechnung setzt voraus, daß der Aufrechnende und der andere Theil einander Leistungen schulden. Ebenso Planck, Bem. 4; Schollmeyer, Bem. 5. A. M. bezüglich der Hinterlegung die M. II, 98.

Bietet der Dritte eine andere als die geschuldete Leistung an Erfüllungsstatt an, so hängt es vom Belieben des Gläubigers ab, ob er die Leistung annehmen will. Nimmt er die angebotene Leistung als Erfüllung an, so treten die gleichen Wirkungen ein, wie wenn der Dritte die geschuldete Leistung bewirkt hätte. § 364.

6. Ob und welche Regreßansprüche dem leistenden Dritten gegenüber dem befreiten Schuldner erwachsen, ist nach dem zwischen dem Dritten und dem Schuldner bestehenden Rechtsverhältnisse zu beurtheilen. In der Regel wird ein Auftragsverhältniß (§§ 662 ff.) oder eine Geschäftsführung ohne Auftrag (§§ 677 ff.) vorliegen.

Ist durch die Leistung eine Schenkung an den Schuldner beabsichtigt, so findet § 516 Abs. 2 Anwendung, d. h. wenn der Dritte die Leistung animo donandi ohne Vorwissen des Schuldners bewirkte, so wird die Schenkung erst perfekt, wenn der Schuldner sie annimmt; der zuwendende Dritte kann ihn unter Bestimmung einer angemessenen Frist zur Erklärung über die Annahme auffordern. Nach dem Ablaufe der Frist gilt die Schenkung als angenommen, wenn der Schuldner sie nicht vorher abgelehnt hat. Im Falle der Ablehnung kann der Dritte vom Schuldner die Herausgabe des Zugewendeten, d. h. den vollen Werthbetrag der für ihn an den Gläubiger bewirkten Leistung nach den Vorschriften über die Herausgabe einer ungerechtfertigten Bereicherung fordern. Selbstverständlich kann der Dritte aber, sofern er sich dies für den Fall der Nichtgenehmigung der Schenkung durch den Schuldner nicht vorbehalten hat, nicht die Rückgabe der Leistung vom Gläubiger fordern. Denn dieser ist nicht bereichert. Für den Fall, daß der Dritte ungeachtet der Ablehnung der Schenkung auf seinen Kondiktionsanspruch verzichtet und sogar die Oblation der Leistung vom Schuldner ablehnt, bleibt objektiv der Schuldner bereichert. Er kann aber bestreiten, daß ihm etwas „geschenkt“ sei, und wenn ihm daran liegt, auf Grund der Bestimmung des § 372 Satz 1, da der Dritte als sein Kondiktionsgläubiger in Annahmeverzug ist, auch objektiv diese Thatsache der Bereicherung dadurch aus der Welt schaffen, daß er den für ihn geleisteten Betrag für den Gläubiger, den Dritten, der seine Schuld bezahlt hat, hinterlegt.

Ein Anspruch auf Abtretung der Forderung gegen Bewirkung der Leistung steht dem Dritten nicht zu. Vgl. OLG. Breslau vom 26. Juni und 16. Oktober 1902 in „Das Recht“ 1902 S. 556. (Sogenannte Vinkulationsgeschäfte sind dem BGB. fremd.)

7. § 267 hat zur selbstverständlichen Voraussetzung, daß der Dritte in der Absicht leistet, die Verbindlichkeit des Schuldners zu erfüllen, also dessen Schuld zu tilgen. Eine Leistung, die in anderer Absicht erfolgt, etwa um die Forderung gegen den Schuldner zu erwerben, fällt nicht unter die Bestimmung des § 267.

Das BGB. giebt keine Bestimmung über den sogenannten concursus causarum lucrativarum. Vgl. l. 17 D. 44, 7: Omnes debitores, qui speciem ex causa lucrativa debent, liberantur, cum ea species ex causa lucrativa ad creditores pervenisset.

Der Sinn dieser Stelle dürfte der sein, daß derjenige Schuldner, der eine bestimmte Sache oder einen konkreten Erfolg (Windscheid § 343, a) auf Grund eines unentgeltlichen Geschäfts (z. B. Schenkungsversprechen) zu leisten hat, befreit wird, wenn diese bestimmte Sache oder dieser konkrete Erfolg dem Gläubiger von dritter Seite ebenfalls unentgeltlich geleistet wird. Stammler, Recht d. Schuldverh. S. 227, findet den Rechtsgrund dieser Bestimmung in der Unmöglichkeit der Erfüllung. Vgl. aber dagegen Windscheid-Kipp, Pand. § 343a N. 6. Es handelt sich lediglich um Fälle, in denen „der das Forderungsrecht setzende Wille dasselbe nur zu dem Ende gesetzt hat, damit der Gläubiger erhalte, was er nun hat, also das Forderungsrecht für den Fall, welcher nun vorliegt, nicht gewollt hat“. Es muß also im Einzelfall untersucht werden, ob nach dem zu Grunde liegenden lucrativen Rechtsgeschäft eine Begrenzung der Haftung des Schuldners dahin gewollt ist, daß derselbe frei wird, wenn der Gläubiger auf irgend einem anderen Wege als durch Erfüllung dasjenige voll und ganz erhalten hat, was ihm kraft des Schuldverhältnisses gebührt. Kuhlenbeck, Von den Pand. z. BGB. 2. Bd. S. 557. Im Zweifel wird also nach Analogie des § 2017 Abs. 2 der Schuldner nicht befreit, sondern hat den Werth der Sache zu entrichten.

Mit diesem sogenannten concursus causarum lucrativarum ist nicht zu verwechseln die aus einem ganz anderen Gesichtspunkte zu entscheidende Frage der Vortheilsausgleichung bei Schadensersatzansprüchen. Vgl. oben Vorbem. 4 S. 28. Stammler a. a. O. S. 228.

## § 268.*)

Betreibt der Gläubiger die Zwangsvollstreckung in einen dem Schuldner gehörenden Gegenstand, so ist Jeder, der Gefahr läuft, durch die Zwangsvollstreckung ein Recht an dem Gegenstand zu verlieren, berechtigt, den Gläubiger zu befriedigen. Das gleiche Recht steht dem Besitzer einer Sache zu, wenn er Gefahr läuft, durch die Zwangsvollstreckung den Besitz zu verlieren.

Die Befriedigung kann auch durch Hinterlegung oder durch Aufrechnung erfolgen.

Soweit der Dritte den Gläubiger befriedigt, geht die Forderung auf ihn über. Der Uebergang kann nicht zum Nachtheile des Gläubigers geltend gemacht werden.

E. III, 261.

Der vom Ablösungsrechte handelnde § 268 ist erst durch den Justizausschuß des Bundesraths hinzugefügt worden.

Der Paragraph hat den dem römisch-rechtlichen sogenannten jus offerendi beim Pfandrecht (vgl. Windscheid I § 233, b, 4) zu Grunde liegenden Gedanken verallgemeinert; sein Verhältniß zum vorstehenden § 267 ist folgendes: Während § 267 lediglich von einer „Bewirkung der Leistung durch den Dritten" spricht, giebt § 268 unter gewissen Voraussetzungen einem Dritten das Recht, den Gläubiger zu befriedigen und schließt ausdrücklich in dieses Recht die Hinterlegung und Aufrechnung ein. (Vgl. den Gegensatz in Bem. 5 zu § 267.)

Dieses Recht kann der Schuldner durch seinen Widerspruch nicht vereiteln, der Gläubiger kann die Befriedigung nicht ablehnen, wenn der Schuldner widerspricht. Ferner geht nach § 268 Abs. 3 die Forderung auf den Dritten kraft Gesetzes über, soweit derselbe den Gläubiger befriedigt, während bei Leistung durch einen Dritten im Falle des § 267 das Schuldverhältniß erlischt.

1. Voraussetzungen.

a) Zwangsvollstreckung in einen dem Schuldner gehörigen Gegenstand. Gehört der Gegenstand nicht dem Schuldner, so kann der durch eine Zwangsvollstreckung gefährdete Dritte Klage nach § 771 CPO. erheben.

Wann die Zwangsvollstreckung als in einen Gegenstand betrieben anzusehen ist, bestimmt sich nach den Vorschriften der CPO. (§§ 808 ff., 828 ff.) und des ZwVG. (§§ 15 ff., 146 ff., 162 ff.).

Der § 268 setzt Zwangsvollstreckung wegen Geldforderungen voraus, nicht wegen dinglicher Rechte. Seine Anwendung ist aber nicht ausgeschlossen bei Geldstrafforderungen, da der § 268 keine vertretbare Leistung des Schuldners voraussetzt. Vgl. Planck Bem. 2 zu § 268. A. M. Schollmeyer S. 75, 2, a.

Nicht erforderlich ist, daß die Zwangsvollstreckung unmittelbar in die dem Schuldner gehörige Sache betrieben wird; § 268 findet auch Anwendung, wenn der Gläubiger die Zwangsvollstreckung in den Anspruch des Schuldners auf Herausgabe, z. B. in den dem Schuldner gegen den Besitzer zustehenden Eigenthumsanspruch betreibt.

Für diese Auffassung spricht die Absicht des Gesetzes, welche offenbar dahin geht, dem Dritten sein Recht bezw. den Besitz zu erhalten,

---

*) Literatur: Best, Das Hypothekenrecht des BGB. 1896, Th. II § 13; Stammler, S. 201—205; Weißbart, Das Befriedigungsrecht Dritter in der Zwangsvollstreckung. 1899; Neumann, Jahrb. Bd. 1 S. 173.

soweit dies ohne Nachtheil für den Gläubiger geschehen kann. Im Zweifel wird deßhalb die Vorschrift zu Gunsten des Dritten ausgelegt werden dürfen, sofern nur die Auslösung dem Gläubiger nicht nachtheilig ist. Ebenso Planck Bem. 3, b; a. M. Schollmeyer Bem. 2, b zu § 268.

b) Dem Dritten muß ein Recht an dem Gegenstande der Zwangsvollstreckung zustehen. Recht an einem Gegenstande ist nach der Sprache des BGB. nur ein dingliches Recht. Zu den dinglichen Rechten gehören auch die Vormerkungen (§§ 883 ff., RGE. Bd. 27 S. 237; Othmer, Die rechtliche Wirkung der Vormerkung S. 82). Der Umstand, daß das Grundbuch noch nicht als angelegt gilt, steht der Anwendung des § 268 nicht entgegen. Bayr. OLG. 30. Januar 1903, Das Recht 1903 S. 152, Soergel 1903 S. 51. Ein obligatorischer Anspruch eines Dritten auf den Gegenstand der Zwangsvollstreckung findet den Schutz des § 268 bloß dann, wenn der Dritte im Besitze der Sache ist (Satz 2 Abs. 1). Keinen Unterschied macht es, ob der Besitz ein unmittelbarer oder ein mittelbarer (§ 868) ist. Das Recht des § 268 steht also auch dem Pächter und dem Miether zu, wenn derselbe Gefahr läuft, durch die Zwangsvollstreckung den Besitz der Sache zu verlieren.

Das Recht des § 268 steht auch dem Drittschuldner zu, der den Besitz einer Sache dadurch zu verlieren Gefahr läuft, daß der Anspruch des zur Zahlung einer Geldschuld verurtheilten Schuldners gegen ihn auf Herausgabe einer Sache gepfändet und ihm infolge davon nach §§ 847, 848 CPO. die Herausgabe derselben an einen Gerichtsvollzieher oder Sequester aufgegeben wird. Vgl. Planck Bem. 3, b zu § 268. (A. M. Schollmeyer Bem. 2, b zu § 268.) Vgl. Bem. 3 Abs. 3.

c) Es muß Gefahr bestehen, daß der Dritte durch die Zwangsvollstreckung das Recht verlieren werde.

Dies trifft zu bei denjenigen Rechten, welche dem Rechte des die Zwangsvollstreckung betreibenden Gläubigers im Range gleichstehen oder nachgehen (s. Zwangsversteigerungsges. vom 24. März 1897 §§ 44, 52, 91 und BGB. §§ 1242 Abs. 2, 1257, 1273).

Das Recht des § 268 steht nur demjenigen zu, der „Gefahr läuft“, ist also ausgeschlossen, wenn das Recht oder der Besitz bereits verloren ist.

2. Bei dem Vorliegen der unter Nr. 1 aufgeführten Voraussetzungen hat der Dritte das Recht, den Gläubiger an Stelle des Schuldners zu befriedigen. Der Schuldner hat kein Widerspruchsrecht, der Gläubiger darf die Befriedigung nicht ablehnen. Die Befriedigung erfolgt regelmäßig durch Bewirkung der geschuldeten Leistung. Sie kann auch durch Hinterlegung (§§ 372 ff.) oder durch Aufrechnung (§§ 387 ff.) erfolgen (Abs. 2); durch Hingabe an Zahlungsstatt bloß dann, wenn der Gläubiger die andere Leistung an Erfüllungsstatt annimmt (§ 364).

Die Hinterlegung kann erfolgen, wenn entweder der Gläubiger in Annahmeverzug ist, die Befriedigung durch den Dritten ablehnt, oder eine nicht auf Fahrlässigkeit des Dritten beruhende Ungewißheit über die Person des Gläubigers oder ein anderer in der Person des Gläubigers liegender Grund die unmittelbare Leistung an den Gläubiger ausschließt oder bewirkt, daß sie nicht mit Sicherheit zu erfüllen ist, z. B. weil die Aktivlegitimation des Gläubigers bestritten ist. Vgl. CPO. § 75. Wegen der Voraussetzungen einer Aufrechnung vgl. §§ 387, 390—396.

Betreibt der Gläubiger nur wegen eines Theiles seines Guthabens die Zwangsvollstreckung, so steht dem Dritten das Befriedigungsrecht nur in Ansehung dieses Theiles zu.

3. Wirkungen. Bis zu dem Betrage, in welchem der Dritte den Gläubiger befriedigt, geht die Forderung im Momente der Befriedigung kraft Gesetzes auf ihn über. Mit der Forderung gehen auch die Hypotheken oder Pfandrechte, die für sie bestehen, sowie die Rechte aus einer für sie bestellten Bürgschaft auf den Dritten über (§§ 412 und 401). Diese Wirkung ist an sich auch dann nicht ausgeschlossen, wenn zwischen dem Dritten und dem Schuldner ein Verhältniß bestand, kraft dessen der Dritte den Gläubiger zu befriedigen verpflichtet war. Vgl. Planck Bem. 7 zu § 268. A. M. Rehbein Bem. 70 zu §§ 241—292. Doch steht in solchem Falle dem Schuldner eine Einrede gegen die Forderung auf Grund des fraglichen Verpflichtungsverhältnisses zu.

4. Der Uebergang kann nicht zum Nachtheile des Gläubigers geltend gemacht werden. Die gleiche Bestimmung findet sich wieder in den §§ 426, 774, 1607, 1709. Vgl. auch §§ 1150, 1225, 1249. Die Bedeutung des Satzes ist folgende:

Ohne das Dazwischentreten des Dritten würde der Gläubiger, wie er annehmen darf, im Zwangsvollstreckungsverfahren seine Befriedigung durch den Schuldner gefunden haben. Damit würde die Forderung sammt ihren Nebenrechten in dem Umfange, in welchem sie nunmehr auf den Dritten übergegangen ist, erloschen sein. Die Billigkeit verlangt deßhalb, daß diese Forderung niemals mehr zum Schaden des Gläubigers geltend gemacht werde. So darf der Dritte im Konkurse über das Vermögen des Schuldners seine Befriedigung aus der Konkursmasse erst dann suchen, wenn der Gläubiger wegen seiner anderen ihm gegen denselben Schuldner zustehenden Forderungen befriedigt ist. Ist mit der Forderung ein Pfandrecht übergegangen und steht dem Gläubiger wegen einer anderen Forderung ein Pfandrecht an dem nämlichen Gegenstande zu, so darf die Forderung des Gläubigers durch das Pfandrecht des Dritten nicht beeinträchtigt werden, die Forderung des Gläubigers geht im Range jener des Dritten vor. Soweit dieser den Gläubiger nicht beeinträchtigt, ist er in der Geltendmachung der auf ihn übergegangenen Forderung in keiner Weise behindert. Vgl. Schollmeyer Bem. 5; Planck Bem. 7; Oertmann Bem. 5 zu § 268 und Bem. 5 zu § 426; Cosack Bd. I S. 377; M. II, 170, 674; III, 693, 816.

Beweislast. Der Gläubiger, welcher die Unzulässigkeit der Geltendmachung behauptet, muß beweisen, daß die Geltendmachung zu seinem Nachtheile erfolgt.

5. Wird die Zwangsvollstreckung in ein Grundstück betrieben, so kann der Dritte noch nach dem Beginne der Zwangsversteigerung die einstweilige Einstellung des Verfahrens herbeiführen und auf diese Weise die Veräußerung des Grundstücks abwenden, wenn er den zur Befriedigung des Gläubigers und zur Deckung der Kosten erforderlichen Betrag an das Gericht zahlt. § 75 Zwangsverst.Ges.

6. Für Bayern bestimmt das Gesetz über die durch die Einführung des BGB. veranlaßten Uebergangsvorschriften, Art. 39, daß die Vorschriften des § 268 auch Anwendung finden sollen, wenn sich der frühere Eigenthümer eines Grundstücks zur Sicherung einer Forderung den Rückfall des Eigenthums vorbehalten hat und auf Grund dieses Vorbehalts die Rückübertragung des Eigenthums verlangt.

## § 269.

Ist ein Ort für die Leistung weder bestimmt noch aus den Umständen, insbesondere aus der Natur des Schuldverhältnisses, zu entnehmen, so hat die Leistung an dem Orte zu erfolgen, an welchem der Schuldner zur Zeit der Entstehung des Schuldverhältnisses seinen Wohnsitz hatte.

Ist die Verbindlichkeit im Gewerbebetrieb des Schuldners entstanden, so tritt, wenn der Schuldner seine gewerbliche Niederlassung an einem anderen Orte hatte, der Ort der Niederlassung an die Stelle des Wohnsitzes.

Aus dem Umstand allein, daß der Schuldner die Kosten der Versendung übernommen hat, ist nicht zu entnehmen, daß der Ort, nach welchem die Versendung zu erfolgen hat, der Leistungsort sein soll.

E. I, 229, 230 Abs. 1; II, 225; III, 263.

I. Leistungsort.*) Den Ort, an welchem der Schuldner die Leistung zu bewirken, der Gläubiger dieselbe anzunehmen hat, bezeichnet das BGB. als „Leistungsort". Diese technische Bezeichnung tritt an Stelle der früher üblichen als „Erfüllungsort", vgl. CPO. § 29.

Die praktische Bedeutung des Leistungsorts besteht in Folgendem:

a) Der Leistungsort bildet einen Theil der Bestimmung, eine Qualifikation der Leistung. Der Gläubiger braucht eine an einem anderen Orte angebotene

*) Literatur: Reatz, Die Lehre vom Erfüllungsort (1862); Gruchot, Die Lehre von der Zahlung der Geldschuld (1871); J. Burchard, Zur Lehre vom Erfüllungsort (1880); Schefold, Erfüllungsort und Gerichtsstand der Erfüllung im Archiv f. d. civilist. Praxis Bd. 87 S. 149; Dernburg §§ 50—53; Endemann I § 134; Enneccerus § 172; Cosack § 103; Matthiaß I § 82; Müller und Meikel I § 91; Müntzel, Ueber den Ort der Erfüllung, Erlangen 1899; Türk, Leistungsort der Bürgen in Gruchot, Beitr. Bd. 44 S. 837, Bd. 46 S. 49; gegen denselben Staub in Gruchot, Beitr. Bd. 45 S. 219, Der Leistungsort des Bürgen nach dem BGB., Der Erfüllungsort beim Handelskauf, Holdheims Monatsschr. XIII S. 78; Dernburg II § 50; Crome II § 155; Düringer-Hachenburg, HGB. S. 390 ff.; Felbier Josef, Der Leistungsort nach gemeinem Rechte und dem Rechte des BGB. f. d. Dtsch. Reich. Inaug.-Diss. Greifswald 1901.

Leistung nicht anzunehmen, geräth also durch deren Ablehnung nicht in Annahmeverzug (§ 293), vielmehr geräth Schuldner in Verzug, wenn er die Leistung nicht am richtigen Orte vornimmt (§ 284).

b) Der Ort der Leistung begründet den Gerichtsstand des sogenannten Erfüllungsorts (§ 29 CPO.). Uebrigens geht die Tragweite des § 269 über § 29 CPO. hinaus, sofern § 269 sich auf jede Obligation, § 29 CPO. aber nur auf Vertragsobligationen bezieht. Schefold a. a. O. S. 149.

c) In vielen Fällen giebt der Leistungsort den Ausschlag für das anzuwendende Recht.

Nach dem Rechte des Erfüllungsorts bestimmen sich insbesondere im Handelsverkehr Maß, Gewicht, Währung, Zeitrechnung und Entfernungen. HGB. § 361.

d) Wegen der Bedeutung des Leistungsorts für die Beschränkung einer Gattungs- oder Wahlschuld vgl. oben S. 51.

Der § 269 ist nach dem Vorbilde des Art. 324 des alten HGB. redigirt, er gilt auch für Handelsgeschäfte.

Vom Ort der Leistung ist zu unterscheiden: der Vertragsort (locus contractus), ferner der Versandtort, endlich der Bestimmungs- oder Ablieferungsort; diese Orte können mit dem Leistungsort zusammenfallen, brauchen es aber nicht; es kann sich bei Bestimmung des Versandt- und Ablieferungsorts um besondere vertragsmäßige bezw. gesetzliche Nebenverpflichtungen handeln, die die sonstige rechtliche Domizilirung der Leistung unberührt lassen. Vgl. insbesondere § 270 Abs. 3. Wo Erfüllungs- und Bestimmungsort beabsichtigtermaßen auseinanderfallen, reden wir von Distanzgeschäften. Vgl. insbesondere § 447 (Distanzkauf oder Versendungskauf).

Der Ort der Leistung braucht nicht derselbe für alle einzelnen aus einem Schuldverhältniß entspringenden Leistungen zu sein, insbesondere kann er beim gegenseitigen Vertrage verschieden sein für die beiden Kontrahenten, z. B. für den Käufer und Verkäufer. Vgl. Kuhlenbeck, Rechtspr. d. RG. II S. 54.

Zu beachten ist auch, daß der Leistungsort des Hauptschuldners nicht nothwendig mit dem Leistungsort des Bürgen oder eines anderen accessorischen Schuldners (z. B. Gesammtschuldners) zusammenfällt. Vgl. RGE. Bd. 10 S. 282 ff., Bd. 34 S. 17, Türk in Gruchot, Beitr. Bd. 44 S. 837; Neumann, Bem. 3 zu § 765, OLG. Dresden, Rspr. d. OLG. 1901 S. 259. And. M. Staub in Gruchot, Beitr. Bd. 45 S. 219. Nur, wenn der Schuldvertrag, für den der Bürge eintritt, einen bestimmten Leistungsort festgestellt hat, gilt derselbe auch als Leistungsort für den Bürgen. Dernburg II S. 120.

Der § 269 ist auch anwendbar, wenn die Leistung in einem Unterlassen besteht. Daß die Unterlassungspflicht nicht lokal beschränkt ist, ist unerheblich. Maßgebend ist der einheitliche Willensentschluß beim Vertragsabschlusse. Vgl. RGE. Bd. 51 S. 312, Jur. Wschr. 1903 Beil. 1 S. 5. (Haben die Parteien am Orte A einen Konkurrenzausschlußvertrag unter Vertragsstrafe für den Fall der Zuwiderhandlung vereinbart, so bleibt für die Klage auf Zahlung der Strafe der Ort A maßgebend, mag auch die Verletzung des Vertrages durch Errichtung des Konkurrenzgeschäftes in dem Orte B eingetreten sein.)

Keine besondere Bestimmung trifft der § 269 über die Stelle oder den Platz, wo innerhalb des Leistungsorts die Leistung zu bewirken ist. Es entscheiden darüber Gebrauch und Geschäftssitte gemäß § 242. Vgl. Dernburg II S. 121, V. RG. v. 8. Dez. 1902, D. Jur.Z. 1903 S. 83.

II. Für die Feststellung des Leistungsorts giebt das BGB. nachstehende Vorschriften:

1. An erster Stelle entscheidet eine besondere Bestimmung des Leistungsortes, sei es, daß sie durch das Gesetz, sei es, daß sie durch Rechtsgeschäft getroffen ist.

Durch Gesetz ist in einzelnen Fällen der Leistungsort ausdrücklich bestimmt, z. B. in den §§ 697 und 700 für die Rückgabe von hinterlegten Sachen, im § 811 für die Vorlegung von Sachen, im § 1194 für die Zahlung des Kapitals und der Zinsen einer Grundschuld.

Die rechtsgeschäftliche Bestimmung des Leistungsorts braucht keine ausdrückliche zu sein, sie kann auch stillschweigend, konkludent getroffen sein. Vgl. vor Allem RGE. Bd. 22 S. 55 ff.

Bloß einseitige Erklärungen einer Vertragspartei sind, so lange nicht ein Einverständniß des Vertragsgegners festzustellen ist, natürlich bedeutungslos, zumal wenn sie nach dem Vertragschluß auf einer Faktura, Uebersendungsnota u. dgl. gegeben werden. Vgl. RGE. v. 10. Nov. 1903, Jur. Wschr. 1903 S. 431 (Randvermerk auf Kostenanschlag), OLG. Hamburg v. 18. März 1904, Hanseat. Gerichts-Ztg. Nr. 25 S. 127 u. auch RGE. Bd. 58 S. 66 ff. (And. M. bezüglich Kostenanschlag OLG. Karlsruhe v. 17. Nov. 1903 in Bad. Rspr.

Bd. 70 S. 26.) Dagegen ist ein Stillschweigen auf einen Bestätigungsbrief, in dem ein besonderer Erfüllungsort bestimmt ist, als Einverständniß zu erachten. RGE. v. 26. April 1904, D. Jur.-Z. Bd. 9 S. 603. Vgl. Warneyer I S. 38 Nr. 6, II S. 27 Nr. 9, 10. Bestellte Beklagter auf Grund eines Zirkulars, nicht einer bloßen Preisliste, in dem ein abweichender Erfüllungsort vermerkt ist, so muß er die Bestimmung mangels Vorbehalts gegen sich gelten lassen, RGE. v. 16. März 1904, Zeitschr. f. Aktienges. Bd. 11 S. 115, Holdheims Monatsschr. Bd. 12 S. 278, Warneyer I S. 38 Nr. 7, 8, II S. 27 Nr. 6. Stillschweigen ist auch dann als Einwilligung zu erachten, wenn ein Käufer wiederholt während eines laufenden Geschäftsverkehrs Rechnungsauszüge und Geschäftsbedingungen erhält, worin ein abweichender Erfüllungsort für maßgebend erklärt ist, RGE. v. 9. Dez. 1903 in Holdheims Monatsschr. Bd. 13 S. 105, v. 26. Dezbr. 1903 in Das Recht 1904 S. 225. Vgl. ferner Seuff. Arch. Bd. 56 N. 70, RG. v. 1. Oktober 1900 in Bl. f. Rechtspfl. i. B. d. C. 1900 S. 101.

Nicht zu billigen ist die RGE. v. 30. Oktober 1903, Das Recht 1903 S. 607, Jur. Wschr. Bd. 32 S. 137, wonach die Vertragsbestimmung, daß der Schuldner den schuldigen Betrag auf Girokonto des Gläubigers bei einer an dessen Wohnsitz befindlichen Bank überweisen sollte, selbst dann den Wohnsitz des Gläubigers zum Erfüllungsort stempelt, wenn nach der Abrede die Einzahlung des Betrags durch den Schuldner bei einer an seinem (des Schuldners) Wohnsitz befindlichen Zweiganstalt jener Bank geschehen soll.

Die Klausel cif (cost, insurance, freight) bedeutet nur, daß der Verkäufer Kosten, Assekuranz und Fracht übernimmt, nicht aber Vereinbarung eines besonderen Leistungsorts. ROHG. v. 20. Juni 1894 in Seuff. Arch. Bd. 37 Nr. 137. Ebenso bedeutet die Klausel fob (frei an Bord) nur, daß der Verkäufer die Kosten des Transports bis ans Schiff trägt, nicht daß er die Gefahr bis dahin trägt, Rspr. d. OLG. Bd. 3 S. 92 (LG. Hamburg). Ebenso ist mit Recht die Bestimmung des Leistungsortes verneint bei den Klauseln: „franko Hamburg", „frei Bahn", „frei Waggon". Vgl. RGE. in Holdheims Monatsschr. 1900 S. 285, RGE. Bd. 52 S. 133, Jur. Wschr. 1902 Beil. S. 252. OLG. Hamburg in Das Recht 1902 S. 148, D. Jur.-Z. 1902 S. 56.

Ueber den Ort, an dem die auf Grund einer Wandelung entstehenden Ansprüche zu erfüllen sind, vgl. RGE. Bd. 55 S. 105 ff. und die Bem. III, 2, c zu § 465. Notariatsgebühren, vgl. Rechtspr. d. OLG. Bd. 6 S. 379.

Sind durch Rechtsgeschäft mehrere Orte als Leistungsorte benannt, so ist zu prüfen, ob die Benennung kumulativ oder alternativ gemeint ist. In ersterem Falle kann an jedem der benannten Orte geleistet werden, in letzterem Falle liegt eine Alternativobligation vor. (S. Anm. 1 zu § 262.)

2. Ist der Leistungsort weder durch Gesetz noch durch Rechtsgeschäft bestimmt, so muß zunächst aus den Umständen, insbesondere aus der Natur des Schuldverhältnisses ermittelt werden, welcher Ort als Leistungsort anzusehen ist.

Zu den Umständen in diesem Sinne gehört vor Allem die Beschaffenheit der Leistung, aus welcher sich der Leistungsort zuweilen zweifellos feststellen läßt, z. B. wenn es sich um die Bearbeitung eines Grundstücks handelt oder um Reparaturpflicht eines Gebäudes, Bolze II Nr. 1429.

An dieser Stelle kommt auch der muthmaßliche Wille der Betheiligten zur Berücksichtigung. Die II. Komm. erachtete die noch im E. I § 229 enthaltene ausdrückliche Hervorhebung dieses Auslegungsbehelfs für überflüssig, weil der muthmaßliche Wille auch nur etwas sei, was aus den Umständen sich ergebe (P. I, 306).

Als Umstände, aus denen auf einen bestimmten muthmaßlichen Willen der Parteien in Ansehung des Leistungsortes, d. h. auf einen Leistungsort zu schließen ist, den die Parteien verständiger Weise vereinbart haben würden, falls sie die Frage sich klar gemacht hätten, können in Betracht kommen vor Allem Verkehrsgewohnheiten. Vgl. § 242. Hiernach ist die Arbeitsstätte regelmäßig Leistungsort für den Lohn. Ferner sind verkehrsüblich Versicherungsprämien Holschulden. Vgl. § 22 des Entw. eines Gesetzes über den Versicherungsvertrag.

Bei Obligationen aus unerlaubten Handlungen ergiebt sich der Leistungsort aus der Pflicht zur Herstellung des Zustandes, der bestehen würde, wenn der zur Leistung verpflichtende Umstand nicht eingetreten wäre. Der Schuldner wird daher den Leistungsort meist nicht kennen, da er nicht wissen kann, wo der Gläubiger die Sache ohne das Dazwischentreten der unerlaubten Handlung gehabt haben würde. Er muß daher den Leistungsort erst durch Anfrage bei dem Gläubiger feststellen. Letzterer ist zur unverzüglichen Mittheilung verpflichtet. (Müntzel a. a. O. S. 59.)

Natur des Schuldverhältnisses: Ausdrückliche Vorschriften giebt das BGB. in den §§ 697 und 700 (für den regelmäßigen und unregelmäßigen Verwahrungsvertrag). Aus § 697 folgt jedoch nicht, daß der Ort der Rückgabe (Ort, wo die Sache aufzubewahren war) auch Erfüllungsort für die Bezahlung etwaiger Vergütung ist. OLG. Karlsruhe v.

14. März 1901, Rspr. d. OLG. Bd. 3 S. 43. Die Vorlegung von Sachen hat nach §§ 809, 810 an dem Orte zu erfolgen, wo sie sich befinden.

Der Grundsatz des römischen Rechtes (l. 12 § 1 D. depositi 16, 3), des code civil art. 1247, des alten HGB. Art. 342 Abs. 2, wonach eine bestimmte, geschuldete bewegliche Sache in der Regel dort zu übergeben ist, wo sie sich zur Zeit des Vertragschlusses mit Wissen beider Vertragstheile befindet, ist zwar vom BGB. nicht ausdrücklich bestätigt, dürfte aber in vielen Fällen, als dem muthmaßlichen Willen der Kontrahenten entsprechend, anwendbar erscheinen. Vgl. Dernburg II S. 123.

Endlich läßt sich der Satz des PLR. Thl. I Tit. 5 § 249, daß der Berechtigte bei wohlthätigen Verträgen Erfüllung nur da fordern kann, wo der Verpflichtete zur Zeit sich aufhält, als der Natur dieser Rechtsgeschäfte entsprechend festhalten. Hiernach würde nicht nur der Beschenkte im Zweifel sein Geschenk beim Geschenkgeber abzuholen haben (Dernburg II S. 123), sondern auch derjenige, dem unentgeltlich eine Sache geliehen ist, diese dem Verleiher zurückzubringen haben, auch wenn dessen Wohnsitz wechselt; ein z. B. auf einer Reise erhaltenes Gefälligkeitsdarlehen ist hiernach dem Darlehensgeber nicht am Orte des Empfanges, sondern im Zweifel an dessen Wohnsitz zurückzuerstatten. Der Darlehensversprecher hat das Darlehen an seinem Wohnort zu geben, nicht zu bringen, wohl aber gemäß § 270 auf seine Gefahr und Kosten zu übersenden. Der Beauftragte, der Kommissionär hat da zu leisten, wo der Auftrag auszuführen ist; der Auftraggeber dagegen hat seine Verbindlichkeit dem Beauftragten gegenüber an dessen Wohnort zu erfüllen. Vgl. RGE. Bd. 10 S. 91, Bd. 23 S. 412, Bd. 12 S. 35, Bd. 37 S. 267, Bd. 38 S. 194, 196. Rehbein S. 84.

Die Prüfung der vorliegenden Umstände ist an besondere Regeln nicht gebunden; nur darf aus der Thatsache allein, daß der Schuldner die Kosten der Versendung übernommen hat, nicht gefolgert werden, daß der Ort, nach welchem die Versendung zu erfolgen hat, der Leistungsort sein soll (Abs. 3).

Liegt also nichts Weiteres vor, als diese einzige Thatsache, so entscheidet der Wohnsitz bezw. die gewerbliche Niederlassung des Schuldners (s. Anm. 3).

3. Erst wenn die in vorstehender Reihenfolge vorgenommene Prüfung zu einem Ergebnisse nicht geführt hat, ist als Leistungsort derjenige Ort anzusehen, an welchem der Schuldner zur Zeit der Entstehung des Schuldverhältnisses seinen Wohnsitz hatte.

a) Ueber Wohnsitz s. §§ 7—11 mit Bem. Hat der Schuldner an mehreren Orten seinen Wohnsitz (§ 7 Abs. 2), so kommen die Bestimmungen über die alternativen Schuldverhältnisse (§§ 262—265) zur Anwendung.

b) Maßgebend ist der Wohnsitz, welchen der Schuldner zur Zeit der Entstehung des Schuldverhältnisses hatte. Eine nachträgliche Aenderung des Wohnsitzes bleibt für den Leistungsort ohne Einfluß.

Das Schuldverhältniß entsteht:

α) wenn es unmittelbar auf Gesetz beruht, in dem Zeitpunkte, in welchem die Thatsachen vorliegen, an deren Vorhandensein das Gesetz die Verpflichtung des Schuldners knüpft;

β) wenn es durch Rechtsgeschäft begründet wird, sobald der nach § 305 erforderliche Vertrag zu Stande gekommen ist, d. h. mit der Annahme des Antrags (s. § 151).

Hatte der Schuldner zu der in Frage kommenden Zeit überhaupt keinen Wohnsitz, so wird in der Regel aus den Umständen der Leistungsort zu entnehmen sein. Ist dies nicht der Fall, so ist der damalige Aufenthaltsort des Schuldners als Leistungsort anzusehen.

4. An Stelle des Wohnsitzes des Schuldners kommt der Ort der gewerblichen Niederlassung desselben als Leistungsort in Betracht unter der Voraussetzung:

a) daß es sich um eine Verbindlichkeit handelt, welche im Gewerbebetriebe des Schuldners entstanden ist,

b) daß der Schuldner seine gewerbliche Niederlassung zur Zeit der Entstehung des Schuldverhältnisses an einem anderen Orte hatte, als an seinem damaligen Wohnsitze.

Ueber den Begriff der gewerblichen Niederlassung vgl. RGE. Bd. 2 S. 386.

Treffen diese beiden Voraussetzungen oder eine derselben nicht zu, so gilt als Leistungsort der Wohnsitz des Schuldners zur Zeit der Entstehung des Schuldverhältnisses, soferne nicht nach der vorliegenden Reihenfolge ein anderer Leistungsort sich ergiebt.

Hatte der Schuldner zur Zeit der Entstehung der Schuld keinen Wohnsitz, so tritt sein damaliger Aufenthalt an die Stelle. Mot. II S. 34 ff., Oertmann zu § 269.

Innerhalb der ganzen Reihenfolge sind bei Ermittelung des Leistungsortes die Anforderung von Treu und Glauben, sowie die Verkehrssitte gemäß § 242 in Berücksichtigung zu ziehen. Hat also z. B. der Schuldner seinen Wohnsitz nach Begründung der Schuld verlegt und der Gläubiger nachweisbar kein Interesse daran, daß ihm an dem ursprünglichen Wohnsitze geleistet werde, so darf der Schuldner an seinem jetzigen Wohnsitz erfüllen.

III. Die Beweislast anlangend hat derjenige, welcher sich darauf beruft, daß ein anderer Ort als der Wohnsitz des Schuldners zur Zeit der Entstehung des Schuldverhältnisses der Leistungsort sei, das Vorliegen der Umstände zu beweisen, welche seine Behauptung rechtfertigen. Dies ergiebt sich — wenn auch die Fassung des Paragraphen dagegen zu sprechen scheint — aus der Absicht des Gesetzes, welche offenbar dahin geht, daß mangels anderer Anhaltspunkte der regelmäßige Leistungsort der Ort des Wohnsitzes sein soll. (Planck Bem. 2.)

IV. Unberührt bleiben nach Art. 92 des Einf.Ges. die landesgesetzlichen Vorschriften, nach welchen Zahlungen aus öffentlichen Kassen an der Kasse in Empfang zu nehmen sind. Vgl. Ausführungsgesetze: Preußen, Ausf.Ges. z. BGB. Art. 10 (Becher XIV S. 6). Bayern, Ausf.Ges. z. BGB. Art. 11 (Becher III S. 30). Württemberg, Ausf.Ges. z. BGB. Art. 142 (Becher XXVI S. 29). Sachsen, sächs. GB. § 709. Baden, Ausf.Ges. z. BGB. Art. 11 (Becher II S. 21). Anhalt, Ausf.Ges. z. BGB. Art. 13 (Becher I S. 11). Braunschweig, Ausf.Ges. z. BGB. § 21 (Becher IV S. 4). Bremen, Ausf.Ges. z. BGB. § 11 (Becher V S. 3). Elsaß-Lothringen, Ausf.Ges. z. BGB. § 10 (Becher VI S. 2). Hamburg, Ausf.Ges. z. BGB. § 23 (Becher VII S. 4). Hessen, Ausf.Ges. z. BGB. Art. 32 (Becher VIII S. 34). Lippe, Ausf.Ges. z. BGB. § 17 (Becher IX S. 4). Lübeck, Ausf.Ges. z. BGB. § 24 (Becher X S. 44). Mecklenburg-Schwerin, Ausf.Verordnung z. BGB. § 35 (Becher XI S. 9). Mecklenburg-Strelitz, Ausf.Verordnung z. BGB. § 34 (Becher XII S. 7). Oldenburg, Ausf.Ges. z. BGB. Art. 1 (Becher XIII S. 7). Reuß ältere Linie, Ausf.Ges. z. BGB. § 25 (Becher XV S. 5). Reuß jüngere Linie, Ausf.Ges. z. BGB. § 24 (Becher XV S. 6). Sachsen-Altenburg, Ausf.Ges. z. BGB. § 22 (Becher XVIII S. 5). Sachsen-Koburg-Gotha, Ausf.Ges. z. BGB. Art. 13 (Becher X1X S. 49). Sachsen-Meiningen, Ausf.Ges. z. BGB. Art. 5 (Becher XX S. 4). Sachsen-Weimar-Eisenach, Ausf.Ges. z. BGB. § 28 (Becher XXI S. 8). Schaumburg-Lippe, Ausf.Ges. z. BGB. § 15 (Becher XXII S. 64). Schwarzburg-Rudolstadt, Ausf.Ges. z. BGB. Art. 26 (Becher XXIII S. 9) Schwarzburg-Sondershausen (Ausf.Ges. z. BGB. Art. 11 (Becher XXIV S. 5). Waldeck-Pyrmont, Ausf.Ges. z. BGB. Art. 8 (Becher XXV S. 7).

## § 270.

Geld hat der Schuldner im Zweifel auf seine Gefahr und seine Kosten dem Gläubiger an dessen Wohnsitz zu übermitteln.

Ist die Forderung im Gewerbebetriebe des Gläubigers entstanden, so tritt, wenn der Gläubiger seine gewerbliche Niederlassung an einem anderen Orte hat, der Ort der Niederlassung an die Stelle des Wohnsitzes.

Erhöhen sich in Folge einer nach der Entstehung des Schuldverhältnisses eintretenden Aenderung des Wohnsitzes oder der gewerblichen Niederlassung des Gläubigers die Kosten oder die Gefahr der Uebermittelung, so hat der Gläubiger im ersteren Falle die Mehrkosten, im letzteren Falle die Gefahr zu tragen.

Die Vorschriften über den Leistungsort bleiben unberührt.

E. I, 230 Abs. 2; II, 226; III, 263.

1. Tragweite der Vorschrift. Wie in Abs. 4 ausdrücklich hervorgehoben ist, werden durch die Bestimmungen des § 270 die Vorschriften über den Leistungsort nicht berührt. Für die Ermittelung des Leistungsortes sind also auch bei Geldschulden (§ 244) die Regeln des § 269 maßgebend. Hienach wird durch die Vorschriften des § 270 kein Gerichtsstand des Erfüllungsortes am Wohnsitze des Gläubigers (§ 29 CPO.) begründet.

2. Abs. 1 giebt nur eine Auslegungsregel.

Geldschulden sind im Zweifel Bringschulden. Sofern nicht das Gesetz etwas Anderes bestimmt, oder ein abweichender Wille der Parteien aus den Umständen zu entnehmen ist, muß geschuldetes Geld der Schuldner auf seine Gefahr und Kosten dem Gläubiger an dessen Wohnsitz bezw. beim Vorliegen der Voraussetzungen des Abs. 2 an den Ort der gewerblichen Niederlassung desselben übermitteln.

Der § 270 findet auch Anwendung auf Wechselschulden. Rspr. d. OLG. Bd. 3 S. 44.

3. Entscheidend ist der Wohnsitz bezw. der Ort der Niederlassung des Gläubigers zur Zeit der Uebermittelung. Hat sich in der Zeit zwischen der Entstehung des Schuldverhältnisses (s. Anm. 3, b zu § 269) und der Uebermittelung der Wohnsitz oder der Ort der Niederlassung des Gläubigers geändert und erhöhen sich in Folge dieser Aenderung die Kosten der Uebermittelung, so hat der Gläubiger die Mehrkosten zu tragen. Hat sich die Gefahr erhöht, so hat der Gläubiger die Gefahr allein zu tragen, da eine Theilung der Gefahr etwa nach dem Verhältnisse der Entfernung nicht angängig ist.

4. Beweisfragen: Der Schuldner wird erst dann befreit, wenn die Zahlung wirksam geworden ist. Daher hat der Schuldner den Beweis der Ankunft, des Eintreffens des Geldes beim Gläubiger, nicht bloß den der Absendung des Geldes zu führen. So richtig gegen Schönfeld, Das Recht 1903 S. 393, Beer, Das Recht 1902 S. 504. „Eine andere Frage ist die, ob man nach dem Prinzip der freien Beweiswürdigung diesen Beweis etwa durch den Nachweis der Absendung per Post — Vorlegung des Posteinlieferungsscheines — als erbracht ansehen will, da bei der Zuverlässigkeit der Postübermittelung eine gewisse thatsächliche Vermuthung dafür streitet, während eine rechtliche Vermuthung sicher nicht besteht, wie schon das Oberhandelsgericht in einer Entscheidung Bd. 13 S. 46 ff. eingehend begründet hat. Aber selbst gegen die thatsächliche Vermuthung sprechen Bedenken, namentlich in Rücksicht darauf, daß nach § 33 der Postordnung vom 20. März 1900 der Absender noch in weitestem Maße ein Verfügungsrecht über seine Sendung hat, solange sie nicht in die Hände des Adressaten gelangt ist. Wollte man sich aber auf die thatsächliche Vermuthung stützen, so würde damit doch nicht die Beweislast im Sinne Schönfelds und im Widerspruche mit den sonstigen Grundsätzen über die Beweislast verschoben sein, sondern nur der Beweis der Ankunft vom Schuldner als erbracht angesehen. Dagegen stände natürlich dem Gläubiger der Gegenbeweis von Thatsachen, aus denen sich das Fortbestehen der Schuld ergeben würde, immer offen." Vgl. Beer a. a. O.

Die Beweislast für die Erhöhung der Kosten und der Gefahr trifft den Schuldner.

5. Zufolge Art. 92 EG. bleiben die landesgesetzlichen Vorschriften, nach welchen Zahlungen aus öffentlichen Kassen an der Kassa in Empfang zu nehmen sind, unberührt. Auf Grund dieses Vorbehaltes bestimmt Art. 11 des bayr. Ausf.G. z. BGB., daß Zahlungen aus öffentlichen Kassen, soweit nicht ein Anderes bestimmt ist, an der Kasse in Empfang zu nehmen sind, welche die Zahlung zu leisten hat. Vgl. im Uebrigen Bem. 3 zu § 270.

## § 271.

Ist eine Zeit für die Leistung weder bestimmt noch aus den Umständen zu entnehmen, so kann der Gläubiger die Leistung sofort verlangen, der Schuldner sie sofort bewirken.

Ist eine Zeit bestimmt, so ist im Zweifel anzunehmen, daß der Gläubiger die Leistung nicht vor dieser Zeit verlangen, der Schulder aber sie vorher bewirken kann.

E. I, 231; II, 227; III, 264.

1. Der § 271 giebt eine dispositive Vorschrift (Abs. 1) und eine Auslegungsregel (Abs. 2) für den zeitlichen Coeffizienten der Leistung. Die Zeit der Leistung, in früheren Gesetzen (z. B. KO. §§ 17, 18) auch Erfüllungszeit genannt, braucht keineswegs immer mit der Entstehung der Obligation zusammenzufallen, insbesondere fällt sie mit der Entstehungszeit nicht zusammen bei betagten und aufschiebend bedingten Obligationen. In der Regel allerdings tritt nach § 271 die Erfüllungs- oder Leistungszeit gleichzeitig mit der Zeit der Entstehung der Obligation ein.

Entstehungszeit und Leistungszeit sind aber stets begrifflich zu unterscheiden:

Ein praktisches Interesse an der Feststellung der Entstehungszeit ergiebt sich u. A. für die Ermittelung des Zubehörs (vgl. § 314), für die Anfechtungsklage verkürzter Gläubiger, für die Frage, welche Forderungen des Gemeinschuldners zur Konkursmasse gehören (KO. § 1), für das zeitliche Anwendungsgebiet eines Gesetzes (EG. Art. 170).

Dagegen wird die Leistungszeit praktisch erheblich für die Verzugsfrage (Fälligkeit). Vgl. §§ 284 ff., 293 ff.

2. Wie der Leistungsort, so kann auch die Zeit, zu welcher die geschuldete Leistung zu bewirken ist, bestimmt sein, und zwar:

a) durch gesetzliche Vorschrift.

Das BGB. giebt Bestimmungen über die Zeit der Leistung in zahlreichen Fällen, z. B. in den §§ 551 (Miethe), 604 (Leihe), 608, 609 (Darlehen), 614 (Dienstvertrag), 641 (Werkvertrag), 695, 696, 699 (Verwahrung), 721 (Gesellschaft), 760 (Leibrente), 1361 (Rente eines getrennt lebenden Ehegatten), 1612, 1710 (Unterhaltsgewährung);

b) durch rechtsgeschäftliche Festsetzung.

Ist die getroffene Bestimmung ungenau, z. B. „in einigen Tagen, Wochen“ u. dgl., so sind zur Erforschung der gewollten Leistungszeit die vorliegenden Umstände des einzelnen Falles heranzuziehen. Das Gleiche gilt, wenn die Zeit der Leistung dem Belieben des Schuldners überlassen ist. RGE. Bd. 34 S. 19, Bd. 33 S. 55. Eine Auslegungsvorschrift, daß in solchem Falle die Leistung nicht zu Lebzeiten des Schuldners von diesem, sondern erst nach seinem Tode von dessen Erben gefordert werden könne (wie solche beispielsweise das BLR. Thl. IV cap. 14 § 9 Ziff. 4 gab), stellt das BGB. nicht auf. Vgl. jedoch § 2181 (Vermächtnisse, deren Erfüllungszeit dem Belieben des Beschwerten überlassen ist). Unter Umständen kann die Prüfung des Einzelfalles zu dem gleichen Ergebnisse führen. Mitunter wird auch beim Vorliegen einer derartigen Bestimmung die Leistungspflicht selbst in Zweifel zu ziehen sein (M. II, 39).

3. Die Zeit der Leistung kann aus den Umständen zu entnehmen sein. Zu den Umständen gehören auch hier (wie nach § 269) die Natur des Schuldverhältnisses, die Beschaffenheit der Leistung und der muthmaßliche Wille der Betheiligten (s. Anm. I, 2 zu § 269). So kann sich aus der Beschaffenheit der Leistung ergeben, daß dem Schuldner eine gewisse Zeit zur Vorbereitung oder zur Vollendung der Leistung, dem Gläubiger ein gewisser Zeitraum für die Vorbereitung der Annahme gelassen werden muß. Ersteres ist z. B. der Fall, wenn zur Herbeiführung eines gewissen Erfolgs, z. B. bei einem Werkvertrag, einer Auslobung Vorbereitungen zu treffen sind (ein neues Haus, das gestrichen werden soll, muß trocknen); letzteres, wenn der Gläubiger für die Annahme der Leistung, z. B. für die Abholung von Waaren, Maßregeln treffen muß.

4. Für den Fall, daß die Zeit der Leistung weder bestimmt ist, noch aus den Umständen entnommen werden kann, gilt die Regel, daß die Leistung sofort, d. h. sogleich mit der Entstehung des Schuldverhältnisses, fällig sein soll.

Besondere Vorschriften darüber, daß dem Schuldner ein modicum tempus zur Bewirkung der Leistung gelassen werden müsse (z. B. nach BLR. Thl. IV cap. 14 § 9 Ziff. 2 eine vierzehntägige Zahlungsfrist), sind durch die Bestimmungen des BGB. über Treu und Glauben und über die Berücksichtigung der Verkehrssitte (§§ 242, 157) entbehrlich. Non statim cum sacco adire debet, l. 105 D. de sol. 46, 3. Aus letzteren Bestimmungen ergiebt sich auch, daß die Leistung nicht zu unpassender Zeit erfolgen darf. Für Handelsgeschäfte schreibt § 358 HGB. ausdrücklich vor, daß die Leistung nur während der gewöhnlichen Geschäftszeit bewirkt und gefordert werden kann.

5. In allen Fällen übrigens, in denen die Zeit der Leistung nicht nach dem Kalender bestimmt ist, also sowohl, wenn die Zeit der Leistung aus den Umständen zu entnehmen als auch wenn „sofort“ zu leisten ist, kommt der Schuldner erst durch Mahnung in Verzug (§ 284).

6. Ueber die Bedeutung einer Vereinbarung der Leistung genau zu einer festbestimmten Zeit oder innerhalb einer festbestimmten Frist s. § 361.

7. Abs. 2 entspricht dem Satze des gem. Rechtes diei adjectio pro reo est (Dernburg, Pand. Bd. 2 § 34 Ziff. 3). Eine Bestimmung der Leistungszeit gilt im Zweifel zu Gunsten des Schuldners. Dieser kann die Leistung vor der bestimmten Zeit bewirken, der Gläubiger kann sie aber nicht vorher verlangen. Abs. 2 giebt nur eine Auslegungsregel. Etwas Abweichendes kann sich aus dem Gesetze selbst (z. B. §§ 695, 696) bezw. aus dem erklärten oder den Umständen zu entnehmenden Willen der Parteien ergeben. So wird der Schuldner eine verzinsliche Schuld in der Regel nicht vor dem bestimmten Termine zurückzahlen dürfen.

## § 272.

Bezahlt der Schuldner eine unverzinsliche Schuld vor der Fälligkeit, so ist er zu einem Abzuge wegen der Zwischenzinsen nicht berechtigt.

E. I, 232; II, 229; III, 266.

1. Wann eine Forderung fällig ist, ergiebt sich aus Abs. 1 § 271. Erfüllt der Schuldner vor dem Fälligkeitstermin, sei es, daß er auf Grund des Abs. 2 § 271

hiezu berechtigt oder daß der Gläubiger mit einer vorzeitigen Bezahlung einverstanden ist, so darf jener, wenn die Schuld unverzinslich ist, keinen Abzug wegen der Zwischenzinsen machen.

Bei einer verzinslichen Schuld hört mit dem Augenblicke der Zahlung die Verzinsung auf. Von einem Abzuge von Zwischenzinsen kann deßhalb hier keine Rede sein.

In der Regel wird der Gläubiger ein Interesse daran haben, daß ihm eine verzinsliche Schuld nicht vor der Fälligkeit bezahlt wird. Bei Bestimmung einer Leistungszeit für eine verzinsliche Schuld wird sich der Schuldner deßhalb auf die Auslegungsregel des Abs. 2 § 271 nur dann berufen können, wenn das Interesse des Gläubigers nicht entgegensteht. (S. Bem. 7 zu § 271.)

2. Hat der Schuldner eine betagte Verbindlichkeit in der irrthümlichen Annahme ihrer Fälligkeit vorzeitig erfüllt, so kann er das Geleistete weder zurückfordern noch die Erstattung von Zwischenzinsen verlangen. § 813 Abs. 2.

Dagegen kann der Gläubiger, der im Irrthum über seine Verpflichtung zur Annahme eine Zahlung vor der Fälligkeit angenommen hat, wenn die Voraussetzung des Abs. 3 der Bem. 1 vorliegt, d. h. wenn er ein Interesse an der Nichtannahme hatte, die Annahmeerklärung unter Rückzahlung nach § 119 anfechten. Vgl. Schollmeyer II S. 87.

3. Wo das BGB. aus besonderen Gründen den Abzug von Zwischenzinsen zuläßt, wie in § 1133 (wenn der Gläubiger wegen Gefährdung der Sicherheit seiner Hypothek durch Verschlechterung des Grundstücks sofortige Befriedigung aus dem Grundstück sucht), § 2117 (wenn ein Verpfänder wegen Verletzung seiner Rechte durch den Pfandgläubiger Rückgabe des Pfandes gegen Befriedigung des Gläubigers verlangt), hat es im Anschlusse an den früheren § 58, nunmehr § 65 KO. für die Berechnung der Zwischenzinsen die Hoffmann'sche Methode angenommen:

Wenn A den vollen Betrag der Forderung, X den gesuchten Betrag, Z die Zahl der Jahre bis zur Fälligkeit bezeichnet und der gesetzliche Zinsfuß zu vier Prozent angenommen wird, ist die Formel für die Berechnung:

$$A = X + \frac{4 x z}{100}.$$

Natürlich können die Parteien in allen Fällen, in denen sie sich über Zahlung einer unverzinslichen Schuld vor deren Fälligkeit einigen, auch eine Nebenvereinbarung über einen Abzug wegen der Zwischenzinsen treffen, da § 272 dem Schuldner nur das Recht auf einseitigen Abzug abspricht. Alsdann können sie auch eine andere Methode der Berechnung vereinbaren, z. B. die sog. Carpzov'sche, welche einfach den Betrag der Zwischenzinsen vom Nominalbetrag der Forderung abzieht und ein zweifellos unrichtiges Resultat ergiebt, das aber im Falle der Vereinbarung als ein von dem Gläubiger dem Schuldner eingeräumter Vortheil erscheint, oder die sog. Leibnitz'sche Methode, welche juristisch nur dann gerechtfertigt ist, wenn nach den besonderen Umständen des Falles der Gläubiger sich in der Lage befindet, die gezogenen Zinsen wieder anlegen zu können. Die Formel lautet, wenn x die gesuchte Summe, A die geschuldete Summe, n die Zahl der Jahre, p die Zahl bedeutet, welche anzeigt, was aus dem Kapital 1 im Laufe eines Jahres durch den gegebenen Zinsprozent wird (Zinsfuß), folgendermaßen:

$$x p^n = A$$
$$\log x + n \log p = \log A$$
$$\log x = \log A - n \log p.$$

## § 273.

Hat der Schuldner aus demselben rechtlichen Verhältniß, auf dem seine Verpflichtung beruht, einen fälligen Anspruch gegen den Gläubiger, so kann er, sofern nicht aus dem Schuldverhältniß sich ein Anderes ergiebt, die geschuldete Leistung verweigern, bis die ihm gebührende Leistung bewirkt wird (Zurückbehaltungsrecht).

Wer zur Herausgabe eines Gegenstandes verpflichtet ist, hat das gleiche Recht, wenn ihm ein fälliger Anspruch wegen Verwendungen auf den Gegenstand oder wegen eines ihm durch diesen verursachten Schadens zusteht, es sei denn, daß er den Gegenstand durch eine vorsätzlich begangene unerlaubte Handlung erlangt hat.

**Der Gläubiger kann die Ausübung des Zurückbehaltungsrechts durch Sicherheitsleistung abwenden. Die Sicherheitsleistung durch Bürgen ist ausgeschlossen.**

E. I, 233, 234 Satz 2, 3, 235; II, 230; III, 267.

I. Wesen und Wirkung des Zurückbehaltungsrechts.*)

1. Das hier vom BGB. allgemein für alle Schuldverhältnisse anerkannte „Zurückbehaltungsrecht" ist eine eigenthümliche Ausgestaltung der römisch-rechtlichen exceptio doli generalis nach gewissen Richtungen hin, ohne daß darum die weitere durch die §§ 242, 157 des BGB. gegebene Anwendung dieser exceptio beschränkt wird. Es entspricht der Billigkeit, daß der Schuldner die Befugniß habe, eine von ihm geschuldete Leistung solange zu verweigern, bis ihm eine von der Gegenseite gebührende Leistung zu Theil wird. Eine Unterart dieser allgemeinen Einrede bildet die Einrede des nicht erfüllten Vertrags. Vgl. Dernburg II S. 133, Windscheid-Kipp II S. 300 N. 3, Enneccerus II S. 429. A. M. Rehbein S. 90. Die Bezeichnung „Zurückbehaltungsrecht" ist bloß bildlich zutreffend und nicht eben glücklich gewählt, da es sich um das Recht der Verweigerung einer Leistung schlechthin, nicht bloß einer Sachleistung handelt.

Das Verhältniß der durch §§ 273, 274 gegebenen allgemeinen Einrede zur Einrede des nicht erfüllten Vertrags ist Folgendes:

a) Das Zurückbehaltungsrecht des § 273 setzt keinen Vertrag voraus; es ist überhaupt gegeben, wenn irgend ein Schuldner, einerlei ob seine Schuld auf einem Vertrag oder sonstigen Thatbestand beruht, aus demselben rechtlichen Verhätniß (vgl. darüber unten II, 1, b) einen Gegenanspruch gegen den Gläubiger hat. Dagegen setzt die Einrede des nicht erfüllten Vertrags einen gegenseitigen Vertrag aus (vgl. § 320).

b) Die Einrede des § 273 kann durch Sicherheitsleistung abgewendet werden (Abs. 3), diejenige des § 320 (vgl. Abs. 1 Satz 2) nicht; im Uebrigen beweist gerade die Fassung des Abs. 1 Satz 2 des § 320: „Die Vorschrift des § 273 Abs. 3 findet keine Anwendung", daß auch der Gesetzgeber die Einrede des § 320 als einen Spezialfall des § 273 ansieht.

c) Hinsichtlich der Wirkungen sind beide Einreden (die aus § 273 und § 320) gleich. Beide Einreden sind verzögerlicher Natur, schützen aber den Schuldner nicht, wie andere Einreden dieser Art, gegen die Verurtheilung, bewirken vielmehr, daß der Schuldner nur gegen Empfang der ihm gebührenden Leistung, d. h. Zug um Zug, zu verurtheilen ist (vgl. § 274 mit § 322).

Während somit der § 273 mit § 320 dieselbe ratio legis theilt und lediglich über den Umfang des letzteren herausragt, ist dieses „Zurückbehaltungsrecht" keineswegs verwandt mit der Aufrechnung (§§ 387 ff.). Deßhalb steht der § 394 Satz 1, welcher die Aufrechnung gegenüber unpfändbaren Ansprüchen ausschließt, der Einrede aus § 273 nicht entgegen. Vgl. darüber Roß in Jur. Wschr. 1902 S. 602, Pappenheim, D.Jur.Z. 1902 S. 86. Das „Zurückbehaltungsrecht" des § 273 ist also insbesondere auch gegenüber Lohnforderungen gegeben. Zustimmend die Mehrzahl der Theoretiker, z. B. Rehbein S. 91, Dernburg S. 137 und der Entscheidungen, z. B. OLG. Cöln vom 31. Oktober 1902, Rspr. d. OLG. Bd. 5 S. 456, OLG. Rostock vom 21. November 1901, Seuff. Arch. Bd. 58 S. 217, Rspr. d. OLG. Bd. 4 S. 28. Näheres hierüber in Bem. II, 2, b zu § 614.

Das sogenannte Zurückbehaltungsrecht des § 273 setzt voraus:

a) daß der Schuldner einen Anspruch gegen den Gläubiger hat, entweder

α) aus demselben rechtlichen Verhältniß (vgl. des Näheren II, 1, b),

oder β) wegen Verwendungen auf einen Gegenstand, dessen Herausgabe vom Schuldner verlangt wird (vgl. das Nähere II, 2),

oder γ) wegen eines durch den Gegenstand, dessen Herausgabe vom Schuldner verlangt wird, verursachten Schadens (vgl. das Nähere II, 3);

b) daß „sich nicht aus dem Schuldverhältniß ein Anderes ergiebt" (vgl. das Nähere unter II, 2, c);

---

*) Literatur: Wächter, Pand. II S. 337; Dernburg, Pand. I § 227; Dernburg, Bürgerl. Recht § 57; Dernburg, Kompensation 2. Aufl. S. 365, „Kompensation und Retention"; Schoenenberg, Die Voraussetzungen der in § 273 Abs. 1 des BGB. geschaffenen Retentionsbefugniß, Diss. 1901, Gießen. Ausführliche Literaturangaben bei Dernburg, Bürgerl. Recht II § 57 S. 132. Vgl. ferner Schlegelberger, Das Zurückbehaltungsrecht, 1904 (in Fischer's Zwanglosen Heften).

c) in den Fällen a, α, β, γ, daß der Schuldner den Gegenstand nicht durch eine vorsätzlich begangene unerlaubte Handlung erlangt hat. Die Verjährung des Anspruchs des Gläubigers wird durch diese Einrede nicht gehemmt (s. § 202 Abs. 2);

d) daß der Anspruch des Schuldners keine Naturalobligation ist in dem oben S. 6 unter Vorbem. 6, b definirten Sinne; Forderungen aus Spiel, Wette und anderen echten Naturalobligationen, die nur erfüllbar, nicht erzwingbar sind, begründen keine Einrede aus § 273. Dagegen können verjährte Ansprüche des Schuldners das Zurückbehaltungsrecht begründen, wenn die Verjährung noch nicht vollendet war, als der Anspruch des Gläubigers entstand. (Analogie des § 390 Satz 2.) Rehbein S. 91. And. M. Dernburg S. 133 Note 7.

Die Verjährung des Anspruchs des Gläubigers wird durch diese Einrede nicht gehemmt (s. § 202 Abs. 2).

Das Zurückbehaltungsrecht kann auch noch in der Berufungsinstanz geltend gemacht werden. Gruchot, Beitr. Bd. 37 S. 1109, Rspr. d. OLG. Bd. 8 S. 364, Bd. 6 S. 421.

Ob der Schuldner, welcher ohne Kenntniß seines Zurückbehaltungsrechts vorgeleistet hat, berechtigt ist, das Geleistete zurückzufordern, bestimmt sich nach den allgemeinen Vorschriften über die ungerechtfertigte Bereicherung. Darauf allein, daß ohne Kenntniß des Zurückbehaltungsrechts geleistet wurde, kann der Anspruch auf Rückgewährung nicht gestützt werden. § 813 Abs. 1 gilt nur für Ansprüche, denen eine zerstörliche Einrede entgegenstand.

2. Der Schuldner kann die geschuldete Leistung verweigern. Das Zurückbehaltungsrecht beschränkt sich nicht auf Sachleistungen.

Nicht bloß fremde Sachen, auch die eigenen Sachen des Schuldners, zu deren Herausgabe derselbe verpflichtet ist, sowie Rechte und Handlungen, die er zu verschaffen oder vorzunehmen hat, können zurückbehalten werden.

Selbst Unterlassungen können Gegenstand des Zurückbehaltungsrechts sein. (Vgl. P. I, 312; Oertmann Bem. 2; Schollmeyer Bem. 2, b zu § 273.) Vgl. weiter unten II, 1, c. Insofern ist die Einrede des § 273 auch gegenüber dinglichen Ansprüchen (actio negatoria) zulässig.

3. Das Zurückbehaltungsrecht ist vorzugsweise ein Sicherungs- und Zwangsmittel, nicht Mittel zur Deckung und Befriedigung (M. II, 42). Der Schuldner darf deßhalb die ganze Leistung zurückhalten, nicht bloß einen seinem Anspruche gegen den Gläubiger entsprechenden Theil. Eine ihm hieraus etwa drohende Benachtheiligung kann der Gläubiger durch Sicherheitsleistung abwenden (Abs. 3). A. M. Schollmeyer Bem. 1, b.

Anders allerdings bei Verpflichtungen aus gegenseitigen Verträgen. S. hierüber § 320.

4. Das Zurückbehaltungsrecht kann auch gegenüber dem Cessionar des Gläubigers geltend gemacht werden, wenn es schon zur Zeit der Abtretung gegen den Gläubiger begründet war. Dies dürfte sich mit Bestimmtheit aus § 404 ergeben. Die gegentheilige, von Schollmeyer Bem. 1, a zu § 273, vertretene Ansicht würde dahin führen, daß der Gläubiger einfach seinen Anspruch abzutreten brauchte, um das Zurückbehaltungsrecht seines Schuldners zu beseitigen.

5. Das Zurückbehaltungsrecht ist nicht von Amtswegen zu berücksichtigen. Es muß im Wege der Einrede von dem Berechtigten geltend gemacht werden.

II. Die verschiedenen Fälle des Zurückbehaltungsrechts im Einzelnen.

1. Wegen eines fälligen konnexen Gegenanspruchs gegen den Gläubiger. Voraussetzungen sind:

a) Fälligkeit des Gegenanspruchs (s. § 271). Liquidität wird nicht erfordert, auch nicht Gleichartigkeit der geschuldeten Gegenstände; letztere ist nur ein Erforderniß für die Aufrechenbarkeit. (Vgl. § 387.) Es ist nur eine Fälligkeit im weiteren Sinne (ein an und für sich Berechtigtsein zum Verlangen einer Leistung) zu fordern, derart, daß das Entgegenstehen einer verzögerlichen Einrede, z. B. § 2014 (Berechtigung der Erben, die Berichtigung einer Nachlaßverbindlichkeit bis zum Ablaufe der ersten drei Monate nach Annahme der Erbschaft, jedoch nicht über die Errichtung des Inventars hinaus, zu verweigern) nicht schadet. Vgl. Schoenenberg a. a. O. S. 14.

b) Konnexität der beiden Ansprüche. Der Gegenanspruch muß „aus demselben rechtlichen Verhältnisse" entstanden sein, auf welchem die Verpflichtung des Schuldners beruht. Was hierunter zu verstehen ist, wird im BGB. nicht näher erläutert. Nach M. II, 41 ist dem hier aufgestellten Erfordernisse genügt, wenn ein solcher gesetzlicher oder natürlicher Zusammenhang zwischen den beiderseitigen Ansprüchen vorliegt, daß die einseitige Geltendmachung des Anspruchs ohne Rücksicht auf den dem anderen Theile zustehenden Gegenanspruch als ein Verstoß gegen Treu und Glauben erscheinen würde. (Vgl. RGE. Bd. 14 S. 233.) Unter demselben „rechtlichen Verhältniß" ist nicht nur ein bestimmtes einzelnes rechtsgeschäftliches Verhältniß zu verstehen, aus dem die Leistung und die Gegenleistung in gegenseitiger Bedingtheit geschuldet werden. Vielmehr fällt darunter auch die natürliche, gewollte oder als gewollt vorauszusetzende Einheitlichkeit des faktischen Verhältnisses, welche nicht minder, wie die rechtliche gegenseitige Bedingtheit, als gegen Treu und Glauben verstoßend erscheinen läßt, wenn der eine Interessent von dem anderen die Leistung verlangt, die von ihm geschuldete Leistung aber seinerseits nicht gewähren will. OLG. Hamburg in Rspr. d. OLG. Bd. 2 S. 354, Neumann, Jahrbuch I S. 179, RGE. Bd. 14 S. 233, Planck zu § 273 Ziff. 1, a, Oertmann § 273 Ziff. 2, OLG. Karlsruhe v. 13. Juli 1901 Rspr. d. OLG. Bd. 3 S. 355. Es muß sich um ein „einheitliches Lebensverhältniß" handeln (Dernburg II S. 134). RGE. in D. Jur.Z. 1904 S. 408.

c) Die Ausübung des Zurückbehaltungsrechts ist ausgeschlossen, wenn sich aus dem Schuldverhältnisse ergiebt, daß der Schuldner seine Leistung nicht zurückhalten darf, wenn also die Verpflichtung des Schuldners zur Vorleistung entweder vereinbart ist oder aus der Natur des Schuldverhältnisses hervorgeht. Aus der Natur des Schuldverhältnisses ergiebt sich der Ausschluß des Retentionsrechts, wenn nach Treu und Glauben mit Rücksicht auf die Verkehrssitte die Leistung des Schuldners unbedingt ohne Rücksicht auf eine Zug um Zug zu gewährende Gegenleistung gefordert werden kann, z. B. darf der Beauftragte seine Rechnungslegung nicht von dem zuvorigen Ersatze der Aufwendungen, die er behufs Ausführung des Auftrags gemacht hat, abhängig machen. Dernburg II S. 134. Besonders häufig wird die Verweigerung der Leistung dem Zweck des Schuldverhältnisses dann widersprechen, wenn sie in einem Unterlassen besteht, zumal wenn das Zuwiderhandeln über den Zweck des § 273, die Leistung des Gläubigers indirekt zu erzwingen, hinausschießen und zur völligen Beseitigung des Gläubigerrechts führen würde. Vgl. z. B. Rehbein S. 96: „Der Verkäufer einer Parzelle, der sich verpflichtet hat, auf dem ihm verbliebenen Reste des Grundstücks nicht zu bauen, kann dem Anspruch auf Unterlassen des Baues nicht entgegensetzen, daß der Käufer seine Verpflichtung, den Kaufpreis in Raten zu zahlen, nicht erfüllt habe, er deßhalb nur gegen Zahlung den Bau oder eine Anlage anderer Art zu sistiren oder fortzunehmen habe. Wenn dagegen in demselben Falle der Verkäufer einen Zugangsweg auf der verkauften Parzelle aufgiebt, der Käufer sich zur Herstellung eines anderen Weges verpflichtet, so wird der Verkäufer den alten Weg bis zur Herrichtung des neuen benützen und gegen die negatoria des Käufers sich auf § 273 Abs. 1 berufen können." Maßgebend ist, daß die Einrede des § 273 eine besondere Gestalt der exceptio doli generalis ist (vgl. Bem. I). Daher ist Abs. 2 § 320 analog auch auf § 273 zu übertragen, d. h. die Leistung kann gegenüber theilweiser Leistung des Gläubigers insoweit nicht verweigert werden, als die Verweigerung nach den Umständen, insbesondere wegen verhältnißmäßiger Geringfügigkeit des rückständigen Theiles, gegen Treu und Glauben verstoßen würde.

Auch wenn durch die Verweigerung dem Gegner ein unverhältnißmäßiger Schaden erwachsen würde, erachte ich dieselbe als gegen Treu und Glauben verstoßend. Hiernach entscheidet sich die Frage, ob Jemand, der die Fütterung eines Pferdes übernommen, bei Verzug des Gegners in der Erfüllung der Gegenleistung dasselbe verhungern lassen darf. Sie ist zweifellos zu verneinen. Vgl. Petracyzki, Einkommen Bd. 2 S. 520.

Der zur Fütterung Verpflichtete hat übrigens in diesem Falle, solange der Werth seiner Auslagen nicht den Werth des Thieres überschreitet, in dem Zurückbehaltungsrecht am Thiere selbst ein genügendes Sicherungsmittel. Anderen Falles kann er durch Antrag auf Arrest bezw. einstweilige Verfügung (CPO. §§ 916, 917, 935) unter Bezugnahme auf § 383 BGB. die Versteigerung des Pferdes veranlassen und den Erlös gemäß § 373 BGB. hinterlegen.

Natürlich kann das Zurückbehaltungsrecht auch vertragsmäßig (ausdrücklich oder stillschweigend) ausgeschlossen sein. In einzelnen Fällen ist das Zurückbehaltungsrecht durch gesetzliche Vorschrift ausgeschlossen, z. B. in den Fällen der §§ 175 (kein Zurückbehaltungsrecht an der Vollmachtsurkunde), 556 Abs. 2 (kein Zurückbehaltungsrecht des Grundstücksmiethers bezw. Pächters, § 598, am Mieth- bezw. Pachtgrundstück).

2. Wegen gemachter Verwendungen auf einen herauszugebenden Gegenstand. Konnexität wird hier nicht erfordert. Ueber den Begriff der Verwendung s. oben S. 44, Bem. 2 zu § 256. „Gegenstand" ist nicht bloß ein körperlicher Gegenstand, Sache (§ 90), sondern kann auch ein Recht sein, z. B. eine Forderung, ein sonstiger Anspruch gegen einen Dritten (§ 931), dessen Herausgabe verlangt wird. Unter „Herausgabe" ist sowohl die Zurückgabe einer fremden Sache als die Uebergabe der eigenen Sache (Tradition) zu verstehen. Auch der Verkäufer hat das Zurückbehaltungsrecht aus § 273 an dem Kaufgegenstande wegen seines Anspruchs auf Ersatz nothwendiger und anderer Verwendungen, die er vor der Uebergabe nach Uebergang der Gefahr auf den Käufer gemacht hat.

a) Auch der Anspruch wegen der Verwendungen muß fällig sein in dem oben II, 1, a bezeichneten Sinne.

b) Ob einem zur Herausgabe Verpflichteten ein Anspruch auf Ersatz für Verwendungen zusteht und in welchem Umfange, darüber giebt das BGB. besondere Vorschriften bei den einschlägigen Rechtsverhältnissen. Vgl. die §§ 304, 347, 450, 500, 547, 592, 601, 850, 970, 999.

c) Ausgeschlossen ist das Zurückbehaltungsrecht, wenn der Herausgabepflichtige den Gegenstand durch eine vorsätzliche unerlaubte Handlung (§§ 823 ff.) erlangt hat. Daß der Gegenstand auf solche Weise erlangt wurde, hat der Gläubiger zu beweisen, welcher das Zurückbehaltungsrecht bestreitet. Vgl. § 1000 Satz 2, § 393. Also hat auch der Wucherer kein Zurückbehaltungsrecht auf Rückgabe dessen, was er geleistet hat. Vgl. auch Rehbein S. 95.

3. Wegen eines durch den herauszugebenden Gegenstand dem Herausgabepflichtigen verursachten Schadens. Wie bei dem Anspruch auf Ersatz von Verwendungen ist auch hier der Beschädigte vorleistungspflichtig, wenn er den Gegenstand durch eine vorsätzliche unerlaubte Handlung erlangt hat.

III. Die Sicherheitsleistung, welche den Bestimmungen der §§ 232 ff. gemäß zu bewirken ist, soll dem Schuldner eine Gewähr dafür bieten, daß er trotz der Aufgabe seines Zurückbehaltungsrechts die ihm gebührende Leistung erhält. Nach dem Werthe der letzteren ist deßhalb die Höhe der Sicherheit zu bemessen. Der Schlußsatz des Abs. 3 beruht auf dem Gedanken, daß die Stellung eines Bürgen, welche an sich eine zulässige Art der Sicherheitsleistung bilden würde (§ 232 Abs. 2), in der Regel eine schwächere Deckung gewährt als die Realsicherheit, welche in der zurückbehaltenen Leistung liegt.

IV. Im Konkurse des Gläubigers wird das Zurückbehaltungsrecht, wenn es sich auf einen zur Masse gehörigen beweglichen Gegenstand bezieht, durch das Verwerthungsrecht des Verwalters beschränkt. Vgl. § 127 KO. Der Schuldner (Gläubiger) im Sinne des § 127 KO. kann seine Rechte nur auf den Erlös geltend machen. Vgl. ferner KO. § 49 Nr. 3.

V. Das kaufmännische Zurückbehaltungsrecht ist geregelt in den §§ 369—372 HGB.

## § 274.*)

Gegenüber der Klage des Gläubigers hat die Geltendmachung des Zurückbehaltungsrechts nur die Wirkung, daß der Schuldner zur Leistung gegen Empfang der ihm gebührenden Leistung (Erfüllung Zug um Zug) zu verurtheilen ist.

Auf Grund einer solchen Verurtheilung kann der Gläubiger seinen Anspruch ohne Bewirkung der ihm obliegenden Leistung im Wege der Zwangsvollstreckung verfolgen, wenn der Schuldner im Verzuge der Annahme ist.

E. I, 234 S. 1; II, 231; III, 268.

1. § 274 handelt von der Wirkung des Zurückbehaltungsrechts gegenüber der Klage des Gläubigers. Die Geltendmachung des Zurückbehaltungsrechts seitens

*) Literatur: Neumann, Zur Zwangsvollstreckung aus Urtheilen auf Leistungen Zug um Zug in Jur. Wschr. 1901 S. 704; Kohler, Arch. f. bürgerl. R. XIII S. 273.

des beklagten Schuldners hat nicht, wie andere verzögerliche Einreden des Beklagten, die Abweisung der Klage zur Folge, sie bewirkt vielmehr nur, daß der Schuldner zur Erfüllung Zug um Zug verurtheilt wird.

Die Verurtheilung zur Leistung gegen Empfang der Gegenleistung stellt sich als ein Minus gegenüber der unbeschränkten Verurtheilung dar, und die Bestimmung des § 274 Abs. 1 beruht auf der Annahme, daß der Gläubiger eventuell die beschränkte Verurtheilung will. Stellt sich diese Annahme im einzelnen Falle als unbegründet heraus, z. B. weil der Gläubiger nicht Kosten einer Beweisaufnahme über den Umfang des Gegenrechts riskiren will, so ist die Klage ohne Weiteres abzuweisen, wenn das Gegenrecht begründet erscheint. Marwitz, Urtheil S. 8, vgl. Neumann, Jahrb. I S. 183.

Auch wenn der Schuldner im Annahmeverzuge ist, kann er nur zur Leistung Zug um Zug verurtheilt werden; der Annahmeverzug kommt erst bei Zwangsvollstreckung in Betracht. RGE. Bd. 51 S. 308, Jur. Wschr. 1902 Beil. 246.

2. Die Vollstreckung eines solchen Urtheils ist in den §§ 726 Abs. 2, 756, 765 CPO. geregelt.

CPO. § 726 Abs. 2: „Hängt die Vollstreckung von einer Zug um Zug oder vorher zu bewirkenden Leistung des Gläubigers an den Schuldner ab, so ist der Beweis, daß der Schuldner befriedigt oder im Verzug der Annahme ist, nur dann erforderlich, wenn die dem Schuldner obliegende Leistung in der Abgabe einer Willenserklärung besteht."

CPO. § 756: „Hängt die Vollstreckung des Urtheils von einer Zug um Zug oder vorher zu bewirkenden Leistung des Gläubigers an den Schuldner ab, so darf der Gerichtsvollzieher die Zwangsvollstreckung nicht beginnen, bevor er dem Schuldner die diesem gebührende Leistung in einer den Verzug der Annahme begründenden Weise angeboten hat, sofern nicht der Beweis, daß der Schuldner befriedigt oder im Verzug der Annahme ist, durch öffentliche oder öffentlich beglaubigte Urkunden geführt wird und eine Abschrift dieser Urkunden bereits zugestellt ist oder gleichzeitig zugestellt wird."

CPO. § 765: „Hängt die Vollstreckung des Urtheils von einer Zug um Zug zu bewirkenden Leistung des Gläubigers an den Schuldner ab, so darf das Vollstreckungsgericht eine Vollstreckungsmaßregel nur anordnen, wenn der Beweis, daß der Schuldner befriedigt oder im Verzug der Annahme ist, durch öffentliche oder öffentlich beglaubigte Urkunden geführt wird und eine Abschrift dieser Urkunden bereits zugestellt ist. Der Zustellung bedarf es nicht, wenn bereits der Gerichtsvollzieher die Zwangsvollstreckung nach § 756 begonnen hatte und der Beweis durch das Protokoll des Gerichtsvollziehers geführt wird."

Eine besondere Bestimmung über die Zwangsvollstreckung giebt Abs. 2 für den Fall, daß der Schuldner im Verzuge der Annahme ist. Hier soll der Gläubiger auf Grund einer Verurtheilung zur Leistung Zug um Zug die Vollstreckung gerade so betreiben können, wie wenn er die dem Schuldner gebührende Leistung thatsächlich bewirkt hätte.

Ueber den Annahmeverzug s. §§ 293 ff. Insbesondere ist von Bedeutung die Bestimmung des § 298, wonach der Retentionsberechtigte auch dann in Verzug gerät, wenn er zwar zur Annahme der ihm gebührenden Leistung bereit ist, die mit dem Angebote der Leistung Zug um Zug verlangte Gegenleistung aber seinerseits nicht anbietet.

3. Der Ausdruck „Erfüllung Zug um Zug" kehrt in anderen Stellen des Gesetzes wieder (§§ 322, 348).

In Abs. 1 wird erklärt, was hierunter zu verstehen ist: Zur Erfüllung Zug um Zug ist verpflichtet, wer eine Leistung nur gegen Empfang einer ihm gebührenden Gegenleistung zu bewirken hat. Ein gleichzeitiges Bewirken der beiderseitigen Leistungen ist im praktischen Leben häufig nicht durchführbar. In diesem Falle sind für die Art und Weise, wie Leistungen Zug um Zug zu bewirken sind, zufolge § 242 die Anforderungen von Treu und Glauben sowie die Verkehrssitte maßgebend.

## Vorbemerkungen zu den §§ 275—282.

I. Einfluß der Unmöglichkeit der Leistung auf das Schuldverhältniß*): Das BGB. handelt in § 275 von der Befreiung des Schuldners durch Unmöglichkeit der

---

*) Literatur: Mommsen, Unmöglichkeit der Leistung 1853, vgl. dazu Hartmann, Die Obligation S. 166; Kleineidam, Unmöglichkeit und Unvermögen nach BGB. 1900; Titze, Die Unmöglichkeit der Leistung nach dem bürgerl. Recht 1900; Kisch, Nachträglich eintretende Unmöglichkeit bei gegenseitigen Verträgen 1900; Kleineidam in Iherings Jahrb. Bd. 43 S. 105, Einige Streitfragen aus der Unmöglichkeitslehre; Biermann im Archiv f. d. civilist. Praxis Bd. 91 Heft 1 S. 73, Zur Lehre von der Unmöglichkeit der Leistung; Hellmann, das. Bd. 90 S. 363; Fischer, Ein Beitrag zur Unmöglichkeitslehre, Rostock 1904.

Leistung, in den §§ 276, 277, 278 vom Verschulden und dessen Maßstäben (mit Einschluß des Vertretens des Verschuldens Dritter), in § 279 vom Unvermögen bei der Gattungsschuld, in § 280 vom Schadensersatz bei Unmöglichkeit der Leistung, in § 281 von der Leistung eines bei Unmöglichkeit der Leistung gegebenen Surrogats, in § 282 von der Beweislast der Vertretungspflicht einer Unmöglichkeit.

Ueber den Einfluß der Unmöglichkeit der Leistung auf Verträge handeln an späterer Stelle §§ 306—308; auf gegenseitige Verträge insbesondere noch §§ 323—325.

1. Während nun zwar die gewiß nicht unbeabsichtigte Zusammenstellung und Verquickung der Normen über Unmöglichkeit (§§ 275, 279—282) mit denjenigen über Verschulden (§§ 276—278) einen werthvollen Fingerzeig für die begriffliche Natur der sog. Unmöglichkeit darstellt, ist andrerseits die Zersplitterung der auf diese Lehre bezüglichen weiteren Bestimmungen in allgemeine (§§ 275, 279—282), die Verträge betreffende (§§ 306—308) und schließlich in solche, die nur gegenseitige Verträge betreffen (§§ 323—325), wenn auch durch die besondere Redaktionstechnik des BGB. bedingt, ein die Auslegung erschwerender Umstand. Wir werden daher an dieser Stelle theilweise auch schon die §§ 306—308, 323—325 in den Kreis unserer Betrachtung ziehen müssen, und später hierher zurückverweisen.

Der juristische Begriff der Unmöglichkeit fällt nicht zusammen mit dem philosophischen oder logischen, wie ihn beispielsweise Hartmann, Die Obligation S. 172, dahin definirt, daß Unmöglichkeit „negative Nothwendigkeit" sei, Nothwendigkeit des Nichtgeschehens. Selbstverständlich ist nur, daß das logisch Unmögliche auch juristisch unmöglich ist. Der juristische Unmöglichkeitsbegriff ist umfassender. Juristisch unmöglich ist jede Leistung, welche dem Schuldner gesetzlich oder kontraktlich nicht zugemuthet werden darf. Daher stehen juristisch den logisch oder physisch unmöglichen Leistungen gleich:

a) sowohl die verbotenen, §§ 134, 309,

b) als auch die gegen die guten Sitten verstoßenden, § 138, welche dem Schuldner nicht zugemuthet werden können.

2. Schon die römischen Juristen unterschieden (l. 137 § 4 D. de verb. obl. 45, 1) zwischen objektiver Unmöglichkeit (impedimentum naturale) einerseits und bloß subjektiver, individueller Unmöglichkeit (facultas). Das BGB. hat diesen Unterschied aufgenommen und bezeichnet eine bloß individuelle Unmöglichkeit (Mangel der facultas) als Unvermögen. Unmöglichkeit der Leistung liegt vor, wenn die Leistung, sei es aus logischen, rechtlichen oder physischen Gründen (impedimenta naturalia, sie umfassen insbesondere rein technische Unmöglichkeiten) von Niemandem gemacht werden kann. Unvermögen (subjektive, individuelle Unmöglichkeit) liegt vor, wenn die Leistung von dem Schuldner durch diejenige Kraftanstrengung nicht bewirkt werden kann, welche ihm nach dem Inhalte des Schuldverhältnisses (vgl. § 242) obliegt.

Diese Unterscheidung ist wiederholt bemängelt worden (vgl. Ubbelohde, Archiv f. d. civilist. Praxis Bd. 85 S. 120; Titze, Unmöglichkeit S. 70 ff.; Fischer, Ein Beitrag zur Unmöglichkeitslehre S. 9, Jherings Jahrb. Bd. 37 S. 225 ff.). Da jedoch das BGB. den Unterschied gesetzlich sanktionirt hat, gilt es, sich mit ihr zu verständigen.

Da übrigens § 275 Abs. 2 das nach der Entstehung der Schuldverhältnisses eintretende Unvermögen der nach der Entstehung des Schuldverhältnisses eintretenden Unmöglichkeit gleichstellt, so beschränkt sich ihr praktisches Interesse auf die schon bei Entstehung des Schuldverhältnisses vorhandene sog. anfängliche Unmöglichkeit.

3. Der Unterschied zwischen sog. anfänglicher und nachträglicher Unmöglichkeit wird, da ein Gesetz präsumtiv von vornherein Niemanden zu unmöglichen Leistungen verpflichtet, nur für Schuldverträge erheblich. Nach § 306 ist nämlich ein auf eine unmögliche Leistung gerichteter Vertrag nichtig. Hier wird eine sog. objektive Unmöglichkeit vorausgesetzt, nicht ein bloßes Unvermögen. Zu beachten ist aber:

a) daß nach § 307 derjenige, welcher bei Schließung eines Vertrags, der auf eine unmögliche Leistung gerichtet ist, die Unmöglichkeit der Leistung kennt oder kennen muß, zum Ersatze des sog. negativen Vertragsinteresses verpflichtet ist, wenn der Vertragsgegner auf die Gültigkeit des Vertrags vertrauen konnte, d. h. die Unmöglichkeit weder kannte noch kennen mußte;

b) daß nach § 308 auch die objektive Unmöglichkeit der Leistung der Gültigkeit des Vertrags nicht entgegensteht, wenn diese Unmöglichkeit in absehbarer Zukunft gehoben werden kann und der Vertrag für den Fall geschlossen ist, daß die Leistung möglich wird, daß ferner der aufschiebend bedingte oder befristete Vertrag gültig wird, wenn die anfängliche Unmöglichkeit vor dem Eintritte der Bedingung oder des Termins gehoben wird. (Unterschied der dauernden und zeitweiligen Unmöglichkeit.)

4. Zu unterscheiden ist vollständige und theilweise Unmöglichkeit (vgl. §§ 280, 323, 325). Eine theilweise Unmöglichkeit kann betreffen:

a) den Gegenstand der Leistung; es können Sachen nur zum Theil geliefert, Handlungen, z. B. Dienste oder Werke, nur theilweise geleistet werden. Hierbei ist der Gegensatz zwischen juristisch theilbaren und untheilbaren Leistungen beachtenswerth. Eine juristisch untheilbare Leistung ist vollständig unmöglich, auch wenn sie natürlich (äußerlich) theilbar ist und ein Theil dieser natürlichen (äußerlichen) Leistung möglich ist. Vgl. vor Allem cod. civ. art. 1218: L'obligation est indivisible, quoique la chose ou le fait soit divisible par sa nature, si le rapport sous lequel elle est considérée dans l'obligation, ne la rend pas susceptible d'exécution partielle. Entscheidend für die Untheilbarkeit im Rechtssinne ist der einheitliche Zweck der Leistung, die nur in ihrer Vollendung bezw. Totalität Interesse für den Gläubiger hat. Daß es dabei auf die Willensbestimmung im einzelnen Falle ankommt, wird an einzelnen Beispielen gut nachgewiesen bei Titze, Unmöglichkeit S. 48 ff. (Sind z. B. kraft eines Kaufvertrags 4 Pferde verkauft worden, so wird zwar in der Regel der Tod eines dieser Pferde nur eine theilweise Unmöglichkeit der Leistung begründen; sind sie aber als ein zusammengehöriges Viergespann verkauft, so würde das Eingehen auch nur eines derselben die Leistung des Verkäufers gänzlich unmöglich machen.)

b) Die Unmöglichkeit kann betreffen den räumlichen Coeffizienten der Leistung. Auch dieser Coeffizient kann ein juristisch untheilbares, untrennbares Moment der Leistung oder ein trennbares sein. Die Errichtung eines Bauwerks z. B. kann für den Gläubiger nur an einem bestimmten Platze Interesse haben; wird sie hier unmöglich, so ist vollständige Unmöglichkeit anzunehmen, auch wenn Schuldner das Bauwerk an einer anderen Stelle errichten kann. Anders liegt die Sache, wenn es sich beispielsweise um Leistung einer beweglichen Sache oder gar einer Geldsumme handelt, letzteren Falles ist der räumliche Coeffizient in der Regel trennbar und ist beim Wegfalle durch Unmöglichkeit das Interesse schätzbar. Vgl. darüber den Tit. Dig. de eo quod certo loco, 13, 4, insbesondere l. 2 § 5 (siquis insulam fieri stipulatur, et locum non adiciat, non valet stipulatio, § 7: sed mihi videtur summae solutio distare a fabrica insulae et ideo quod interest solum petendum).

c) Die Unmöglichkeit kann betreffen den zeitlichen Coeffizienten der Leistung: Auch dieser kann juristisch einen integrirenden (untrennbaren) Theil der Leistung bilden (Fixgeschäft im weiteren Sinn), z. B. Fahrt zu einem bestimmten Feste, Diner zu einer bestimmten Gesellschaft, so daß eine Unmöglichkeit, diesen Termin zu wahren, vollständige Unmöglichkeit darstellt. Vgl. Seuff. Arch. Bd. 57 S. 240 ff. Regelmäßig begründet aber die Unmöglichkeit zeitlich genauer Erfüllung nur eine theilweise Unmöglichkeit. Rechtspr. d. OLG. Bd. 6 S. 48.

5. Von größerer praktischer Bedeutung als die unter Ziff. 4 behandelten Unterschiede ist die Unterscheidung zwischen zu vertretender und nicht zu vertretender Unmöglichkeit. Ja, man muß sagen, daß das juristische Interesse sich wesentlich auf die Frage zuspitzt, ob bezw. wieweit der Schuldner die Unmöglichkeit der Leistung zu vertreten hat oder

nicht. Der vom BGB. übernommene farblose Ausdruck „vertreten“ bedeutet nichts anderes, als „haften für“, „aufkommen“ für etwas, d. h. also im Rahmen des bürgerlichen Rechtes, daß der Schuldner für den Fall der Unmöglichkeit der Leistung dem Gläubiger das Interesse zu leisten hat.

Erst in Verbindung hiermit wird zunächst der schon erwähnte Gegensatz zwischen anfänglicher und nachträglicher Unmöglichkeit bedeutsam, und in Verbindung damit auch derjenige zwischen objektiver und subjektiver, individueller (bloßem Unvermögen).

a) Anfängliche, objektive Unmöglichkeit:

α) Wenn beide Theile dieselbe beim Abschluß eines Vertrags kennen, so genügt schon die Vorschrift der §§ 117, 118, um die Nichtigkeit des Vertrages ohne weitere Rechtsfolgen für die Kontrahenten zu begründen.

β) Wenn nur ein Theil die Unmöglichkeit kannte oder kennen mußte, so kommt § 307 zur Anwendung. (Negatives Vertragsinteresse.)

γ) Zu beachten ist hier jedoch die Relativität auch des sog. objektiven Unmöglichkeitsbegriffs, welche auch die Anknüpfung für die oben erwähnte kritische Bemängelung des gesetzlich angenommenen Unterschiedes zwischen objektiver und subjektiver Unmöglichkeit bietet. Unmöglich im Sinne des § 306 ist nämlich nicht nur das logisch Unmögliche, sowie das absolut physisch Unmögliche, vielmehr ist auch die objektive Unmöglichkeit unter Berücksichtigung von örtlichen und zeitlichen Verhältnissen in Beziehung auf den konkreten Vertrag nach Treu und Glauben mit Rücksicht auf die Verkehrssitte, also relativ, zu bestimmen. Vgl. darüber die zutreffenden Ausführungen von Titze a. a. O. S. 7, Fischer a. a. O. S. 5 ff. Nicht bloß absolut unüberwindliche Hindernisse, sondern auch solche Hindernisse, deren Ueberwindung dem Schuldner billiger Weise nicht zugemuthet werden kann, lassen eine Leistung objektiv juristisch unmöglich erscheinen. Andrerseits ist klar, daß ein Schuldner, der von vornherein die Opfer kennt, ohne welche ihm die Erfüllung seiner Verbindlichkeit nicht möglich ist, sich hinterher nicht über diese Opfer beschweren kann. Vgl. Bolze, Praxis des RG. Bd. 20 Nr. 137. Es kommt daher auch bei Bestimmung der objektiven Unmöglichkeit auf die besondere Natur des Schuldverhältnisses an.

b) Anfängliche subjektive Unmöglichkeit (Unvermögen). Die Regel lautet dahin, daß eine solche keine rechtlichen Folgen hat, daß also der Vertrag auf eine bloß subjektiv unmögliche Leistung gültig ist. Vgl. auch Planck, Bem. 3, a S. 68. Das BGB. geht davon aus, daß der Schuldner bei Abschluß des Vertrags eine Garantie für seine Leistungsfähigkeit übernimmt:

α) Dies gilt besonders für die sog. fungiblen Leistungen, insbesondere für Leistung von Gegenständen, die nur der Gattung nach bestimmt sind. Vgl. § 279. Der Schuldner hat hier auch ein unverschuldetes Unvermögen zu vertreten. Es gilt aber auch für fungible Arbeitsleistungen. Vgl. vor Allem Fischer a. a. O. S. 22.

β) Handelt es sich aber um individuelle (höchstpersönliche) Leistungen, so koinzidirt das Unvermögen mit der objektiven Unmöglichkeit; es kommen also in diesen Fällen die zu a, α, β, γ hervorgehobenen Grundsätze zur Anwendung, denen zu Folge der Schuldner auch bei Abschluß von Verträgen in dieser Richtung dolus und culpa (kennen und kennen müssen) zu vertreten hat.

c) Nachfolgende Unmöglichkeit. Die hierauf bezüglichen Normen des BGB. decken sich im Wesentlichen mit der gemeinrechtlichen Lehre vom sog. casus. Diejenige Unmöglichkeit, welche der Schuldner nicht zu vertreten hat, ist casus, Zufall. Ein wirklicher casus hebt nicht nur die Verpflichtung zur Leistung, sondern überhaupt die Haftung des Schuldners (auch für das Interesse) auf (§ 275).

Was aber ein wirklicher casus, ein vom Schuldner nicht zu vertretender Umstand ist, läßt sich nur mit Rücksicht auf das konkrete Schuldverhältniß nach Maßgabe der hiefür geltenden Haftungsmaßstäbe (§§ 276, 277, 278) bestimmen. Der Begriff des befreienden Zufalls ist daher durchaus relativ und abhängig vom Maßstabe der Haftung des Schuldners für Verschulden, eventuell von seiner sonstigen gesetzlichen Vertretungspflicht. Vgl. Kuhlenbeck, Von d. Pand. z BGB. II S. 69 ff.

aa) In der Regel hat der Schuldner nur eine verschuldete, ausnahmsweise aber auch eine unverschuldete Unmöglichkeit zu vertreten.

Bei gegenseitigen Verträgen sind überdieß zu unterscheiden:

α) Umstände, welche der Schuldner zu vertreten hat (§§ 280, 325);

β) Umstände, welche der andere Theil (Gläubiger) zu vertreten hat (§ 324);

γ) Umstände, die weder der eine noch der andere Theil zu vertreten hat (§ 323, Zufall im engsten Sinne).

Der Gegensatz zwischen objektiver und subjektiver Unmöglichkeit ist für nachträgliche Unmöglichkeit unerheblich (§ 275 Abs. 2); auch eine unvertretbare (unverschuldete) rein individuelle Unmöglichkeit (Unvermögen) hebt die Haftung auf. Bedeutsam bleibt aber hier der Gegensatz der fungiblen und nicht fungiblen Leistung. Genus perire non censetur (§ 279).

bb) Die Vertretung einer vom Schuldner persönlich nicht verschuldeten Unmöglichkeit ist ihm durch § 278 auferlegt in Ansehung des Verschuldens seiner gesetzlichen Vertreter und der Personen, deren er sich zur Erfüllung seiner Verbindlichkeit bedient. Vgl. III.

cc) Ferner hat der Schuldner unverschuldete Unmöglichkeit in allen den Fällen zu vertreten, in denen dieselbe durch Personen oder Sachen verursacht ist, für die das BGB. eine vom Verschuldungsprinzip abgelöste Haftung eingeführt hat. (Vgl. z. B. §§ 701 ff., 833, 836, 837.)

Eine besondere Vertretung für nachträgliche Unmöglichkeit einer Leistung kann endlich durch besondere Garantieverträge (z. B. Versicherungsverträge) übernommen werden; in der Regel allerdings werden solche Garantieverträge nicht vom Schuldner, sondern von dritten Personen übernommen; insbesondere kann eine Bürgschaft diesen Sinn haben.

II. Arten und Maßstäbe des Verschuldens, Vorsatz und Fahrlässigkeit*):

Die vom Schuldner zu vertretende Unmöglichkeit ist regelmäßig eine von ihm selber verschuldete Unmöglichkeit; das BGB. hat daher an dieser Stelle die allgemeinen Regeln über Haftung für Verschulden eingestellt. Die Tragweite dieser Regeln erstreckt sich aber weit über die Frage der zu vertretenden Unmöglichkeit der Leistung hinaus; das Verschulden greift, wie Dernburg II S. 46 richtig bemerkt, in alle Theile des Privatrechts ein, da überall, wo eine Pflicht gegeben ist, auch die Möglichkeit ihrer rechtswidrigen schuldhaften Verletzung gegeben ist. Allerdings ist dieser Begriff besonders wichtig für das Obligationenrecht und daher vom BGB. an dieser Stelle im allgemeinen Theil des Rechtes der Schuldverhältnisse erledigt.

Im allgemeinsten Sinne ist Verschulden (culpa im weitesten Sinne) eine juristische Kausal-Verknüpfung zwischen der vom Gesetz gemißbilligten Willenshaltung eines zurechnungsfähigen Subjekts und einem Erfolg, dem von mir sogenannten Verantwortlichkeitserfolg.

---

*) Literatur: Liszt, Deliktobligationen; Kuhlenbeck, Von den Pand. z. BGB. I S. 434, II S. 42; Cosack I §§ 71, 72, 78—100; Endemann I §§ 110—116; Enneccerus II S. 287 ff.; Wendt, Archiv f. d. civilist. Praxis Bd 87 S. 422 ff.; Cohn, Gruchot, Beitr. Bd. 43 S. 325 ff.; v. Hippel, Die Grenze von Vorsatz und Fahrlässigkeit; Neumann, Prolegomena S. 105 ff.; v. Rohland, Willenstheorie und Vorstellungstheorie im Strafrecht, Freiburg 1904.

Vgl. Kuhlenbeck, Der Schuldbegriff als Einheit von Wille und von Vorstellung in ursächlichen Beziehungen zum Verantwortlichkeitserfolg. Leipzig 1899. Dieser Allgemeinbegriff setzt also voraus:

a) einen richtigen juristischen Kausalbegriff,

b) eine gewisse Willenshaltung, welche den rechtlichen Anforderungen widerstreitet, also rechtswidrig ist.

Im gewöhnlichen Leben spricht man zwar oft von Verschulden im Sinne von bloßem Verursachen oder auch in dem weiteren moralischen Sinne einer vom eigenen Interessenstandpunkt aus zweckwidrigen Willenshaltung; in letzterem Sinne gebraucht das BGB. den Begriff in § 254 (Verschulden des Beschädigten). Der technische juristische Begriff des Verschuldens setzt aber stets die Ursächlichkeit einer rechtswidrigen Willenshaltung im Rechtsverkehr mit anderen Personen voraus. Jedenfalls schließt er stets den Begriff der Verursachung in sich ein. And. M. freilich Träger, Der Kausalbegriff S. 71. („Das vermeintliche Axiom: ohne Kausalität keine Schuld existirt nicht"; diese Anschauung Trägers hängt mit seinem engen Begriff der Ursache zusammen, den er in streng philosophischem [physischem] Sinne mit einer positiven Handlung identifizirt; für mich kann Ursache im juristischen Sinne auch eine negative Thatsache, eine Nichthandlung sein, da für mich dieser Begriff nichts anderes bedeutet als eine conditio sine qua non eines juristischen retrospektiven Urtheils über die Verantwortlichkeit für einen Erfolg.)

Diese zurechenbare rechtswidrige Willenshaltung des Subjekts kann dreifach verschieden sein:

a) positives Wollen eines von der Rechtsordnung gemißbilligten Erfolgs;

b) negatives Wollen (bewußtes Nichtwollen, nolle) eines von der Rechtsordnung gebotenen (erwarteten) Erfolgs, was gleich ist dem positiven Wollen eines verbotenen negativen Erfolgs;

c) einfaches Nichtwollen, non velle, Negation des Willens, Nichtanspannung der Willenskraft, wo eine solche von der Rechtsordnung zwecks Vermeidung eines von ihr gemißbilligten Erfolgs erwartet wird.

Entsprechend der römisch-rechtlichen, übrigens wohl sich jeder Rechtswissenschaft in einem gewissen Stadium der Entwicklung aufdrängenden Unterscheidung unterscheidet daher auch das BGB. als die zwei Hauptarten schuldhafter Willenshaltung dolus (a, b) und culpa (c) im engeren Sinne, Vorsatz und Fahrlässigkeit:

1. Vorsatz. Das BGB. giebt keine Definition. Nach den Motiven ist Vorsatz die auf die Vornahme einer Handlung oder die Herbeiführung eines rechtswidrigen Erfolgs gerichtete Willensbestimmung. Vorsätzlich ist also gleichbedeutend mit „wissentlich und willentlich". Der Begriff des Vorsatzes umfaßt also, da der rechtswidrige Erfolg sowohl positiv wie negativ qualifizirt sein kann, da ferner die für ihn verantwortlich gemachte Willenshaltung ebenfalls in beiden Fällen sowohl positiv wie negativ qualifizirt sein kann, die Willenshaltung ad a und b, d. h. sowohl den dolus des sogenannten Kommissivdelikts einschließlich desjenigen durch bewußte Unterlassung gebotener Handlungen als auch denjenigen des Ommissivdelikts.

a) Diese Definition wird beanstandet von Seiten der Anhänger der sogenannten Vorstellungstheorie, als deren Hauptvertreter v. Liszt den Vorsatz definirt als bloßes Kennen der zu vertretenden Umstände (im Gegensatz zu Fahrlässigkeit als einem bloßen Kennenmüssen). Da in der Regel der Nachweis der Vorstellung des Erfolgs genügt, um auch das Gewolltsein eben dieses Erfolgs nach dessen Eintritt festzustellen, so läßt sich mit dieser sogenannten Vorstellungstheorie praktisch allerdings ebensogut auskommen, wie mit der sogenannten Willenstheorie und der Streit zwischen dieser und jener hat im Wesentlichen nur ein theoretisches Interesse. Auf alle Fälle ist die sogenannte Vorstellungstheorie praktisch brauchbarer als die einseitige Willenstheorie, welche das Wollen auf den Begriff der Körperbewegung (motorische Innervation) beschränkt mit Zitelmann (vgl.

dessen Irrthum und Rechtsgeschäft S. 36), sie beruht aber in letzter Linie auf einer nur von einzelnen Psychologen getheilten Anschauungsweise, der zufolge der Wille überhaupt keine primäre, sondern eine nur sekundäre Erscheinung des Seelenlebens darstellt und der ganze psychische Prozeß nur in Vorstellungen besteht. Für den Juristen ist dieser psychologische Streit unmittelbar nicht erheblich, und es ist das Verdienst v. Hippels in seiner Monographie: die Grenze zwischen Vorsatz und Fahrlässigkeit nachgewiesen zu haben, daß auch die Vorstellungstheorie v. Liszts ebenso wie diejenige Franks (vgl. dessen Kommentar zum StGB. S. 87 ff., „dolus ist Kenntniß der zum gesetzlichen Thatbestande gehörigen oder die Strafbarkeit erhöhenden Thatumstände") die richtige juristische Willenstheorie voraussetzt, die eben unter Wollen lediglich das bewußte Wollen des Erfolgs als Resultat des innerlichen Verhaltens zur Außenwelt versteht. M. E. ist die sog. Vorstellungstheorie lediglich durch die zu enge Begrenzung des Begriffs des Wollens im Sinne Zitelmanns und durch die philosophische Unterstellung eines sogenannten unbewußten Willens hervorgerufen.

Gewollt im juristischen Sinne ist:

α) der als wünschenswerth erstrebte Erfolg;

β) aber auch der mit diesem als nothwendig verbunden gedachte Erfolg;

γ) endlich auch der mit diesem nur als möglich verbunden gedachte Erfolg, wenn derselbe entweder dem Thäter gleichgültig oder gar selbst unerwünscht war, sofern dennoch dem Thäter der Eintritt dieses Erfolges immerhin lieber war als die Unterlassung der den Erfolg ermöglichenden Handlung, der Verzicht auf seine Interessen, d. h. wenn der Thäter auch bei Annahme sicherer Verbindung dieses Erfolges mit dem erstrebten Ziele ceteris paribus ebenso gehandelt hätte. Vgl. v. Hippel a. a. O. S. 141.

Der unter γ fallende Vorsatz wird in der Regel als sogenannter dolus eventualis bezeichnet; derselbe steht begrifflich dem sogenannten dolus alternativus nahe, wenn der Thäter sich bewußt als Ursache zweier alternativ möglicher Erfolge setzt, oder auch dem dolus indeterminatus, wenn der Thäter eine Mehrzahl von ihm als möglich gedachter Erfolge zum Voraus billigt.

b) Im Strafrecht erscheint Vorsatz stets als der auf die Verwirklichung sämmtlicher Thatbestandsmerkmale des Verbrechens (bezw. des Vergehens, bezw. der Uebertretung) gerichtete (bewußte) Wille. Vgl. v. Hippel a. a. O. S. 150. Nicht zu fordern ist das Bewußtsein der Normwidrigkeit, Kenntniß des Strafgesetzes.

Für das bürgerliche Recht dagegen haben wir zu unterscheiden:

α) Deliktsdolus, d. h. das bewußte Wollen einer rechtswidrigen Handlung. Derselbe setzt ebenso wie der strafrechtliche dolus Kenntniß sämmtlicher Thatbestandsmerkmale des civilrechtlichen Delikts voraus, sofern ein solches überhaupt Vorsatz erfordert (die meisten Civildelikte sind auch schon bei Fahrlässigkeit gegeben, vgl. § 823). Dagegen fordert auch der civilrechtliche Deliktsdolus nicht Kenntniß der verbietenden oder gebietenden Norm, z. B. setzt § 826 nicht voraus das Bewußtsein, daß die Handlung gegen die guten Sitten verstößt, sondern lediglich bewußtes Wollen der Schadenzufügung.

β) Vorsätzliche (wissentliche) Verletzung von Treu und Glauben bei Eingehung von Verträgen (Verkehrsdolus, vgl. Kuhlenbeck, Von den Pand. zum BGB. I S. 435 ff.). Das BGB. bezeichnet diesen Sonderfall des Vorsatzes als „arglistige Täuschung", vgl. § 193.

γ) Vorsätzliche Verletzung der Vertragspflicht, d. h. wissentliche Verletzung der durch das besondere Vertragsverhältniß geforderten bona fides. Ueber die durch die verschiedenen Vertragstypen bedingte Relativität dieses Vertragsdolus vgl. Kuhlenbeck, Von den Pand. zum BGB. II S. 44. Insbesondere verletzt der Schuldner vorsätzlich seine Vertragspflicht, wenn er Begehungen oder Unterlassungshandlungen vornimmt in dem Bewußtsein, daß deren Folge die Unmöglichkeit oder das Unvermögen zur Erfüllung der Leistung sein wird. (Mit diesem Bewußtsein ist auch der rechtswidrige Wille stets gegeben, da eine Handlung schließlich stets aus dem Wollen des Handelnden entspringt.)

c) In einzelnen Fällen fordert das BGB. eine über das Bewußtsein der Rechtswidrigkeit der Handlung selbst hinausgehende Absicht. Vgl. §§ 1456, 1487, 1519, 1549, 1567, 2138, 2287, 2335. Der so besonders qualifizirte dolus, der auch im sonstigen Reichsrecht (z. B. KO. § 31 Ziff. 1) vorkommt, hebt sich vom gewöhnlichen Vorsatz dadurch ab, daß das Bewußtsein sich hier nicht bloß auf die Handlung selbst, sondern auch auf deren Erfolg (Absicht zu benachtheiligen, bösliche Absicht = Absicht, zu schädigen) erstrecken muß.

2. Fahrlässigkeit: Das BGB. definirt diese Art des schuldhaften Verhaltens als Außerachtlassen der im Verkehr erforderlichen Sorgfalt (§ 276 Abs. 1).

a) Diese Definition bezieht sich aber nur auf die sogenannte culpa levis in abstracto des gem. Rechts. Das gem. Recht bestimmte diesen Grad der Fahrlässigkeit durch den Maßstab des sogenannten bonus pater familias. Culpa levis war darnach anzunehmen, wenn eine Handlung gegen diejenige Sorgfalt verstieß, welche ein praktischer gewissenhafter Mensch in Angelegenheiten der fraglichen Art aufzuwenden pflegt. Nach dem BGB. bildet nicht mehr die im Verkehr (bei gewissenhaften Menschen) collektiv übliche, sondern die zur Sicherheit des Verkehrs erforderliche Sorgfalt den objektiven Maßstab des Verhaltens. Was erforderlich ist, um einen bestimmten Verkehr, z. B. den Verkehr mit gefährlichen Stoffen, als ordnungsmäßig erscheinen zu lassen, hat hienach der Richter selbständig ohne Rücksicht auf etwaige eingerissene oder anfänglich vorhandene objektiv zweckwidrige Verhaltungsgewohnheiten der Betheiligten zu bestimmen. Uebrigens ist auch dieser Maßstab ein relativer insofern, als z. B. der Verkehr auf den Straßen einer Großstadt eine größere Sorgfalt erfordert, um Störungen und Verletzungen zu vermeiden, als derjenige auf einer Dorfstraße.

b) Neben dieser sogenannten levis culpa kannte das römische Recht eine sogenannte culpa lata, welche es definirte als Außerachtlassung auch derjenigen Sorgfalt, die selbst ein gewöhnlicher, nicht einmal gewissenhafter Mensch aufgewendet haben würde, ein Verstoß gegen die bei Jedermann übliche Sorgfalt (culpa lata est non intelligere, quod omnes intelligunt).

Auch das BGB. kennt den Begriff einer groben Fahrlässigkeit, hat aber mit Recht auf die keineswegs einwandfreie römische Definition verzichtet; grobe Fahrlässigkeit ist hiernach jede besonders schwere, für Jedermann auf den ersten Blick einleuchtende Verletzung der im Verkehr erforderlichen Sorgfalt.

α) Das römische Recht stellt allgemein den Satz auf: culpa lata dolus est, über dessen Sinn und Umfang jedoch die Meinungen sehr auseinandergehen. M. E. sollte damit im römischen Recht Vorsatz und grobe Fahrlässigkeit nur civilrechtlich und insoweit gleichgestellt werden, als es sich um die Verletzung positiver, sei es durch Vertrag oder Gesetz auferlegter Verpflichtungen handelte. Der Satz galt also nicht im Strafrecht, er galt auch nicht für die civilrechtlichen Delikte, soweit sie dolus voraussetzten. Dagegen wurde in allen anderen Fällen, in denen zur Erfüllung kontraktlicher oder quasikontraktlicher (gesetzlicher) Verpflichtungen der Schuldner für dolus einzustehen hatte, die Haftung auch auf die culpa lata erstreckt. Mit Enneccerus II S. 293, 475 glaube ich, abweichend von Planck, Bem. 4 zu § 276, Dernburg S. 187, ungeachtet des Mangels einer allgemeinen Regel eine Gleichstellung von Vorsatz und grobem Verschulden in diesem Umfange auch für das BGB. bejahen zu müssen, welches sogar in der Gleichstellung von Fahrlässigkeit und Vorsatz überhaupt (Kennen und Kennenmüssen) das römische Recht erheblich überholt hat. In allen Fällen, in denen ein Schuldner überhaupt noch für sein Verhalten einzustehen hat, bildet daher neben Vorsatz auch grobe Fahrlässigkeit das geringste Maß seiner Haftung.

β) Bewußte Fahrlässigkeit liegt vor, wenn der Thäter die Möglichkeit des rechtswidrigen Erfolgs zwar voraussah, gleichwohl aber in der Hoffnung auf den Nichteintritt der als möglich vorgestellten Folge handelte, während ein verkehrstüchtiger, gewissenhafterer Mensch in diesem Falle die Handlung unterlassen hätte. Diese ist aber keineswegs unter allen Umständen auch grobe Fahrlässigkeit. Ein Arzt z. B., der eine gefährliche Operation vornimmt, handelt, obwohl er sich der Möglichkeit eines ungünstigen Ausgangs bewußt ist, nicht einmal unter allen Umständen überhaupt fahrlässig, geschweige denn grobfahrlässig. Es ist also nicht das Bewußtsein der Möglichkeit der Folgen, sondern lediglich der nach Sachlage des einzelnen Falles zu würdigende, mit diesem Bewußtsein verbundene Leichtsinn des Wagnisses, was den Maßstab des Verschuldens bietet. Eine bewußte grobe Fahrlässigkeit wird im gem. Rechte und Strafrecht als luxuria bezeichnet und unterscheidet sich vom sog. dolus eventualis lediglich dadurch, daß Thäter, wenn auch in leichtsinnigster Weise, noch auf das Vermeiden des Erfolges gerechnet hat.

c) Von der sog. leichten Fahrlässigkeit wie auch von der groben Fahrlässigkeit, welche an abstrakten Maßstäben gemessen werden, unterschied das römische Recht die sog. culpa in concreto, deren Feststellung ein konkreter (individueller) Maßstab, nämlich diejenige Sorgfalt zu Grunde gelegt wird, welche der Schuldner in seinen eigenen Angelegenheiten anzuwenden pflegt (sog. diligentia quam in suis). Auch das BGB. hat diese Schuldart als mildere Haftung für gewisse Vertragsverhältnisse anerkannt, sie findet aber, wie schon im römischen Recht (l. 32 D. depositi 1, 63) ihre Grenze an der groben Fahrlässigkeit. Vgl. § 277 und 2, b, α a. E.

Abgesehen von den Fällen der konkreten culpa kommt es bei Bemessung des Verschuldens auf die individuelle Beschaffenheit der Person des Schuldners nicht an, soweit nicht Fehlen oder Minderung der Zurechnungsfähigkeit selbst in Frage steht. Vgl. insbesondere Planck S. 73 gegen Titze S. 80. Auch für das BGB. gilt der Satz: imperitia culpae adnumeratur. Vgl. Mot. II S. 28. Noch weiter als Titze geht in der Individualisirung auch der abstrakten culpa Wendt, Archiv f. d. civilist. Praxis Bd. 87 S. 422 ff. (habita ratione temporis, aetatis, sexus, valetudinis). Vgl. dagegen schon Titze a. a. O. S. 80. Die culpa levis würde keine abstrakte mehr sein, wenn ihrer Abmessung die individuelle Leistungsfähigkeit zu Grunde zu legen wäre. Nur ist zu beachten, daß, wenn im einzelnen Falle die Umstände ergeben, daß beim Abschlusse des dem Schuldverhältnisse zu Grunde liegenden Vertrags besondere Rücksicht auf die dem Gläubiger bekannte Individualität des Schuldners genommen war, hierin eine stillschweigende Modifikation des nach § 276 zu fordernden Maßes der Vertretung liegen kann. Vgl. Planck a. a. O.

3. Grade der Haftung in einzelnen Verhältnissen. Der Regel nach ist Vorsatz und Fahrlässigkeit, d. h. sog. leichte Fahrlässigkeit zu vertreten (§ 276 Abs. 1).

Die mildere Haftung für bloß konkrete culpa tritt ein in den §§ 690 (unentgeltliche Verwahrung), 708 (Gesellschaft), 1359 (Ehegatten), 1664, 1686 (Verpflichtungen in Ausübung elterlicher Gewalt), 2131 (Vorerbe). Bloß für Vorsatz und grobes Verschulden wird gehaftet nach § 521 (vom Schenker), § 599 (vom Verleiher), § 968 (vom Finder), § 300 (vom Schuldner beim Gläubigerverzug).

Im Uebrigen unterliegt das Maß der Culpa-Prästation der Parteivereinbarung, die auch stillschweigend sein kann. Unzulässig, weil gegen die guten Sitten verstoßend, ist jedoch der Vorauserlaß der Haftung für Vorsatz. Enneccerus I § 194 I erachtet gegen Planck S. 73, Dernburg II S. 153, Gruchot, Beitr. Bd. 46 S. 900, RGE. v. 17. Febr. 1902, Jur. Wschr. 1902 Beil. 194 auch den Erlaß der Haftung für grobe Fahrlässigkeit als gegen die guten Sitten verstoßend. Allgemein läßt sich dies nicht behaupten; es dürfte auf die Natur des Vertragsverhältnisses ankommen.

III. Vertretung fremden Verschuldens.*) Eine Vertretung fremden Verschuldens kannte das gemeine Recht nur in beschränkter Weise, nämlich:

a) für den Fall der Substitution auf eigene Gefahr, insbesondere bei vertragswidriger Uebertragung der Leistung auf einen Anderen,
b) bei mitwirkendem eigenen Verschulden in der Auswahl und Beaufsichtigung nothwendiger Gehülfen (culpa in eligendo et custodiendo),
c) bei solchen Verbindlichkeiten, die, wie z. B. die locatio conductio operis, auf Herbeiführung eines Erfolgs gerichtet waren. Vgl. Kuhlenbeck, Rechtspr. d. RG. II S. 105.

Eine weitergehende Haftung statuirt in Nachwirkung deutschrechtlicher Anschauung der Code civil in art. 1797 und 1384; er erklärt Dienstherren und Unternehmer schlechthin für Dienstboten und Angestellte, sowie Eltern für Kinder als haftbar, ohne jede Rücksicht darauf, ob denselben eigenes Verschulden zur Last fällt oder nicht (doch dürfen die Eltern, Lehrherren und Meister den Nachweis führen, daß sie die That nicht haben verhindern können, Zachariae-Crome II § 417). Das BGB. nimmt zwischen beiden entgegengesetzten Standpunkten eine vermittelnde Stellung ein:

a) Bei außerkontraktlichem (deliktischem) Verschulden hat es sich, von ganz bestimmten Ausnahmen abgesehen (§§ 833, 835, 836—838), vom Verschuldungsprinzip nicht emancipirt; maßgebend ist § 831, demzufolge, wer einen Anderen zu einer Verrichtung bestellt, zum Ersatze des Schadens verpflichtet ist, den der Andere in Ausführung der Verpflichtung einem Dritten widerrechtlich zufügt. Die Ersatzpflicht tritt aber nicht ein, wenn der Geschäftsherr bei der Auswahl der bestellten Person und, sofern er Vorrichtungen und Geräthschaften zu beschaffen und die Ausführung der Verrichtung zu leiten hat, bei der Beschaffung oder der Leitung die im Verkehr erforderliche Sorgfalt beobachtet, oder wenn der Schaden auch bei Anwendung dieser Sorgfalt entstanden sein würde. Eine

*) Literatur: Windscheid II § 401 Note 5, § 406 Note 6, § 410 Note 6; Dernburg Pand. II § 38; Ubbelohde, Zeitschr. f. HR. VII S. 199 ff.; Goldschmidt, ebenda XVI S. 284 ff.; Code civil art. 1384 (Zachariä II § 447); PLR. I, 11 § 930; Rümelin, Die Gründe der Schadenszurechnung 1896 S. 70 ff.; Nußbaum, Haftung für Hülfspersonen 1898; Brückner, Die privatrechtliche Haftung für das rechtswidrige Verhalten Anderer, insbes. Vertreter und Gehülfen nach dem BGB. und sonstigen Reichsgesetzen. Hannover 1901 (Helwingscher Verlag); Asmis, Die Haftung des Schuldners für Personen, deren er sich zur Erfüllung seiner Verbindlichkeit bedient, nach gem. R. und BGB. Diss. Greifswald 1900; Wertheimer, Die Haftung des Schuldners für seine Gehülfen nach dem Rechte des BGB. Diss. Erlangen 1900; Wüstendörfer, § 278 des BGB. im Lichte des röm. Rechtes. Diss. Straßburg 1901; Hofmann, Die Haftung des Schuldners für seine Gehülfen, eine Studie über § 278 BGB., 1902; Brückner in Das Recht 1901 S. 299, 338, 378; ders., Die Haftung für das rechtswidrige Verhalten Anderer, insbesondere Vertreter und Gehülfen nach dem BGB. und sonstigen Reichsgesetzen, 1901; Blau, Verantwortlichkeit für fremdes Verschulden, Berlin 1902; Feder, Verantwortlichkeit für fremdes Verschulden nach dem BGB., Berlin 1902 (gekrönte Preisschrift der Universität Berlin); Fischer, Die nicht auf den Parteiwillen gegründete Zurechnung fremden Verschuldens, München 1904; Eichhorn, Die Haftung des Notars für s. Gehülfen, insbes. Bureauvorsteher in D. Not.Ver. 1901 S. 325; Schulze-Görlitz, ebenda S. 449.

Modifikation des gemeinen Rechtes liegt hier jedoch in der Umkehrung der Beweislast zu Gunsten des Beschädigten. Der Beklagte hat den Exculpationsbeweis zu führen.

b) Bei Erfüllung von (gesetzlichen oder kontraktlichen) Verbindlichkeiten hat nach § 278 der Schuldner ein Verschulden seines gesetzlichen Vertreters und der Personen, deren er sich zur Erfüllung seiner Verbindlichkeiten bedient, in gleichem Umfange zu vertreten, wie eigenes Verschulden. Wegen der Zweifel, die sich an die Auslegung dieser Bestimmung knüpfen, vgl. die Bem. zu § 278. Den Grund dieser Bestimmung hat Enneccerus II S. 478 folgendermaßen klargestellt: „Die Verpflichtung zur Sorgfalt ist nicht eine besondere, neben der Leistungspflicht hergehende Pflicht zu persönlich sorgfältigem Verhalten, sie ist vielmehr eine Qualifikation der Leistungspflicht selbst. Nicht zwei Forderungen bestehen, eine auf Leistung, eine auf persönliche Sorgfalt, sondern eine einzige auf sorgfältige Leistung. — Schuldet der Schuldner nun eine eigene Leistung, so schuldet er eine eigene sorgfältige Leistung. Schuldet er die Leistung eines Dritten, so schuldet er dessen sorgfältige Leistung. — Wer aber, wie das gewöhnlich zutrifft, eine Leistung schuldet, die durch eine von vornherein nicht bestimmte Person erfolgen soll, der haftet für sorgfältige Leistung dessen, durch den er die Leistung bewirkt." (Wegen der Widerlegung der unzutreffenden Einwendungen Windscheids gegen diese Deduktion [Windscheid, Pand. II § 401 Anm. 5] vgl. Enneccerus a. a. O. Anm. 3.)

c) Bei Eingehung von Verbindlichkeiten sind ausschließlich die Grundsätze über Stellvertretung (§§ 164, 166) maßgebend.

d) Die Haftung der juristischen Person für Verschulden ihrer verfassungsmäßig berufenen Vertreter (§§ 31, 89) ist nach richtiger Auffassung nicht Haftung für fremdes, sondern für eigenes Verschulden (Organtheorie). Vgl. die Bem. zu §§ 31 und 89.

e) Eine weitergehende Haftung für fremdes Verschulden hat das BGB. nach dem Vorgange der sog. actio de recepto für Gastwirthe in Ansehung der eingebrachten Sachen aufrecht erhalten (§§ 701—703).

Unberührt bleibt ferner die strengere Vertretungspflicht nach Reichscivilrecht:

α) seitens des Frachtführers, HGB. § 431,

β) seitens des Rheders (jedoch mit Beschränkung der Haftung auf Schiff und Fracht), HGB. § 486 Ziff. 3,

γ) der Eigenthümer eines Flußschiffes (Haftung für das Verschulden der Schiffsbesatzung in Ausführung ihrer Dienstverrichtungen mit Schiff und Fracht), Binnenschiffahrtsgesetz v. 15. Juli 1895 §§ 3, 59,

δ) des Reichshaftpflichtgesetzes v. 7. Juni 1871.

IV. Beweislast. Die Unmöglichkeit einer Leistung wird in der Regel eine den Anspruch des Klägers beseitigende Ausnahmethatsache bilden, sie kann auch eine den besonderen Anspruch des Klägers z. B. auf Schadensersatz begründende (zum Minimalthatbestand gehörende, vgl. Kreß, Zur Lehre von der Beweislast, Würzburg 1891) Klagthatsache sein. Ersteres ist der Fall, wenn Schuldner sich auf die befreiende Wirkung der nachträglichen Unmöglichkeit beruft (§ 275). Selbstverständlich hat Schuldner in diesem Falle die Unmöglichkeit zu behaupten (Einredethatsache) und zu beweisen. Da ihn aber nach § 275 die nachträgliche Unmöglichkeit nur befreit, wenn sie die Folge eines Umstandes ist, den er nicht zu vertreten hat, so dürfte sich schon aus § 275 ergeben, daß er im Streitfalle auch diesen Umstand zu beweisen hat, einerlei, ob derselbe positiven oder negativen Charakter hat. Insofern giebt § 282 nur die ausdrückliche Bestätigung eines allgemeinen Beweislastprinzips.

Wenn dagegen die Unmöglichkeit zu denjenigen Thatsachen gehört, welche den Klageanspruch begründen, z. B. bei einem Schadensersatzanspruche wegen Nichterfüllung, so tritt nach § 282 eine Aenderung der allgemeinen Beweismaxime zu Gunsten des Klägers ein. Der Kläger braucht nämlich nicht zu beweisen, daß die Unmöglichkeit die Folge eines von dem Schuldner zu vertretenden Umstandes ist, vielmehr hat umgekehrt der Schuldner den Gegenbeweis zu liefern, daß er den Umstand, dessen Folge die Unmöglichkeit der Leistung ist, nicht zu vertreten hat. Diese Umkehr der Beweislast, die übrigens auf demselben Gedanken beruht, zu Folge dessen andrerseits bei Einrede der Nichterfüllung des Vertrags der Kläger den Beweis der Erfüllung zu führen hat, bildet einen Vortheil für alle Schadensersatzklagen wegen Nichterfüllung von Verbindlichkeiten, während bei deliktischen Schadensersatzklagen der Kläger regelmäßig auch das Verschulden bezw. die Vertretungspflicht des Beklagten zu beweisen hat, ausgenommen in dem Falle des § 831, in welchem ebenfalls die Beweislast zu Gunsten des Klägers umgekehrt ist. Es genügt in der Regel, daß der Schuldner beweist, daß er den Umstand, der die Unmöglichkeit verursacht, nicht verschuldet hat; erst wenn Kläger einen besonderen Grund weitergehender, über das Verschuldungsprinzip hinausreichender Vertretungspflicht geltend macht, wird er auch die weitere Negative, daß ein solcher Haftungsgrund nicht vorliegt, zu beweisen haben.

Uebrigens kann sich der Kläger stets den Beweis der Unmöglichkeit selbst ersparen, wenn er zunächst auf Erfüllung klagt und dann den in § 283 vorgezeichneten Weg einschlägt. Vgl. Planck, Comm. II S. 87.

V. Stellvertretendes commodum (die Ersatzleistung nach § 281):

Der Umstand, welcher die Unmöglichkeit einer Leistung bewirkt, kann zugleich dem Vermögen des Schuldners einen Ersatz oder eine Ersatzforderung zuführen. Hauptfälle eines solchen Ersatzes sind: die Versicherungsentschädigung, die Enteignungssumme, der Schadensersatz, den ein Dritter wegen einer schuldhaften oder doch zur Entschädigung verpflichtenden Handlung bezw. wegen einer Vertragsverletzung zu leisten hat (Vertragsstrafe). Die gemeinrechtliche Theorie bezeichnet einen solchen Vermögensersatz als stellvertretendes commodum und spricht ihn, unter Anwendung des Grundsatzes: Commodum ejus esse debet, cujus periculum est, dem Gläubiger zu, wenn der Schuldner durch die Unmöglichkeit der Leistung frei wird, der Gläubiger also das periculum trägt. Vgl. Mommsen, Beitr. I S. 297 ff., Erörterungen I S. 76 ff. Sie beschränkt aber diesen Anspruch des Gläubigers auf das Surrogat auf den Fall des eigentlichen casus, spricht ihn also dem Gläubiger ab, wenn die Unmöglichkeit der Leistung durch einen vom Schuldner zu vertretenden Umstand verursacht ist.

Das BGB. dagegen giebt dem Gläubiger diesen Anspruch sowohl im Falle des § 276 als auch im Falle des § 280, d. h. auch dann, wenn ihm für die unmöglich gewordene Leistung der volle Schadensersatz wegen Nichterfüllung zusteht; doch mindert sich nach Abs. 2 des § 281 in letzterem Falle die zu leistende Entschädigung um den Werth des thatsächlich erlangten Surrogats. Im Uebrigen setzt auch das BGB. voraus ebenso wie das gem. Recht, daß der vom Schuldner erlangte Vermögensvortheil sich als eine Folge des Umstandes darstellt, der seine Leistung unmöglich macht, als ein zunächst für ihn bestimmter Schadensausgleich, nicht als ein Aequivalent, das er sich durch ein besonderes auf eigenes Risiko abgeschlossenes Rechtsgeschäft verschafft hat (lucrum ex re, nicht lucrum ex negotiatione perceptum); zwar braucht der Schadensausgleich (das Surrogat) keineswegs die unmittelbare Rechtswirkung des Umstandes zu sein, der die Unmöglichkeit der Leistung verursacht (wie z. B. der Enteignungsanspruch), er kann auch durch ein zuvoriges Rechtsgeschäft des Schuldners vermittelt sein; doch muß letzteres auf Sicherung eines Ersatzes gerichtet sein (Versicherungsvertrag); beim Versicherungsvertrag erscheint die Entschädigungssumme nicht als Gegenleistung für die gezahlte Prämie (Aequivalent), sondern als Ersatz für den eingetretenen Vermögensschaden; dieser Ersatz ist zwar einerseits durch Vertrag und die Prämienzahlung, andererseits aber auch durch den casus, der die Sache betroffen, bedingt, und also eine adäquate Folge des die Unmöglichkeit begründenden Umstandes. Das Nähere vgl. in den Bem. zu § 281.

## § 275.

**Der Schuldner wird von der Verpflichtung zur Leistung frei, soweit die Leistung in Folge eines nach der Entstehung des Schuldverhältnisses eintretenden Umstandes, den er nicht zu vertreten hat, unmöglich wird.**

**Einer nach der Entstehung des Schuldverhältnisses eintretenden Unmöglichkeit steht das nachträglich eintretende Unvermögen des Schuldners zur Leistung gleich.**

E. I, 237; II, 232, 235 Satz 1; III, 269.

1. Ueber den Begriff der Unmöglichkeit und deren Wirkungen im Allgemeinen s. d. Vorbem. zu den §§ 275—282 unter I, 1—4.

2. § 275 handelt von der nach Entstehung des Schuldverhältnisses eintretenden Unmöglichkeit, und zwar Abs. 1 von der objektiven, Abs. 2 von der subjektiven.

3. Der § 275 handelt nur von der nachträglichen Unmöglichkeit und erklärt für diese die Unterscheidung zwischen objektiver und subjektiver Unmöglichkeit (Unvermögen) für unerheblich.

Die Unmöglichkeit bzw. das Unvermögen kann auf rein thatsächlichen Gründen beruhen (faktische Unmöglichkeit) oder auf Gründen rechtlicher Natur (juristische Unmöglichkeit). Als Beispiele der letzteren verdienen erwähnt zu werden: Oeffentlich-rechtliches Erwerbsverbot, z. B. Verbot des Erwerbs gewisser Grundstücke durch preußische Forstbeamte (Neumann, Jahrb. I S. 185), Nichtgenehmigung des Erwerbs durch eine juristische Person im Falle der Art. 86, 88 EG., öffentlich-rechtliche Veräußerungsverbote, Ausfuhrverbot; einen besonderen Fall juristischer Unmöglichkeit vgl. RGE. Bd. 32 S. 133 (die von der Eisenbahnverwaltung übernommene Verpflichtung, Züge an bestimmten Stationen halten zu lassen, wird nachträglich unmöglich, wenn die zuständige staatliche Behörde das Halten der Züge an diesen Stationen untersagt).

Unmöglich wird eine Leistung endlich auch, wenn ihre Bewirkung nur unter Verletzung höherer sittlicher Pflichten möglich ist. Vgl. Planck Bem. 1 zu § 275. Unter Umständen kann die Erfüllung einer bloß sittlichen Pflicht der Ausführung einer mit ihr collidirenden Rechtspflicht entgegenstehen; ob und wieweit dies der Fall ist, ist nach billigem Ermessen mit Rücksicht auf die anerkannten sittlichen Anschauungen zu entscheiden.

Allgemein liegt Unmöglichkeit im Sinne des § 275 vor, wenn dem Schuldner unter Berücksichtigung des in § 242 aufgestellten Grundsatzes von Treu und Glauben die Bewirkung der Leistung nicht zugemuthet werden kann, sollte eine Bewirkung derselben auch in abstracto noch möglich erscheinen, vgl. RGE. vom 23. Februar 1904, RGE. Bd. 57 S. 116, D.Jur.Z. 1904 S. 459, Jur.Wschr. Bd. 33 S. 200.

Hienach bestimmt sich die Entscheidung der Frage, ob der Schuldner durch die Nothwendigkeit unverhältnißmäßiger Aufwendungen zur Ermöglichung der Leistung befreit wird. Mit Recht bezeichnet Planck, Bem. 1 zu § 275 die Aufstellung einer solchen allgemeinen Regel als unrichtig; die besondere Natur des Vertragsverhältnisses ist ausschlaggebend.

Vor Allem ist zu beachten, daß der § 275 nicht für Gattungsschulden gilt, solange die Leistung aus der Gattung noch (objektiv) möglich ist, daß vielmehr nach § 279 der Schuldner einer generisch bestimmten Leistung sein Unvermögen zur Leistung auch dann zu vertreten hat, wenn ihm ein Verschulden nicht zur Last fällt. Vgl. das Nähere Bem. zu § 279.

4. Befreit wird der Schuldner durch die nachträglich eintretende Unmöglichkeit bezw. das nachträglich eintretende Unvermögen nur, wenn er den Umstand, dessen Folge diese Unmöglichkeit (bezw. das Unvermögen) ist, nicht zu vertreten hat.

Welche Umstände der Schuldner zu vertreten hat, bestimmt sich nach den §§ 276 bis 279; vgl. ferner Vorbem. I—III.

Die Unmöglichkeit (bezw. das Unvermögen) muß nach Entstehung des Schuldverhältnisses eingetreten sein. Bei Verträgen ist dies stets der Zeitpunkt des Vertragsabschlusses, auch wenn die Leistung selbst aufschiebend bedingt oder befristet ist. Denn mit der Bedingung oder Befristung ist nicht die Haftung selbst, sondern nur der Anspruch (die Schuld) aufgehoben. Die entgegengesetzte Ansicht (Schollmeyer, Bem. 2 b zu § 275) würde zu dem widersinnigen Resultate führen, daß der bedingt Verpflichtete strenger als der unbedingt Verpflichtete haftet. Vgl. Planck Bem. 2 zu § 275; Enneccerus I § 191 Anm. 1; Titze S. 54; Kisch S. 27 ff.

5. Die subjektive Unmöglichkeit, welche gehoben werden kann, steht, solange sie nicht thatsächlich gehoben ist, in ihren rechtlichen Wirkungen der dauernden Unmöglichkeit gleich, da die Ausnahmebestimmung des § 308 selbstverständlich nur auf die objektive Unmöglichkeit anwendbar ist; durch die subjektive Unmöglichkeit wird die Entstehung des Schuldverhältnisses überhaupt nicht gehindert (s. Vorbem. zu den §§ 275 bis 282 4, b). Natürlich wird von einem „Unvermögen" des Schuldners dann nicht gesprochen werden können, wenn dasselbe durch solche Ereignisse gehoben werden kann, welche ausschließlich vom Willen des Schuldners abhängig sind. Anders wenn zur Beseitigung des gegenwärtig bestehenden Unvermögens noch Handlungen vorgenommen werden müssen, welche vom Willen eines Dritten abhängen. In letzterem Falle ist das Unvermögen erst dann aufgehoben, wenn die Handlungen vorgenommen sind. So ist z. B. der Verkäufer einer individuell bestimmten Sache unvermögend, die aus dem Kaufvertrage geschuldete Leistung zu bewirken, wenn er weder Eigenthümer noch Besitzer der Sache ist, da nach § 433 die Leistung des Verkäufers darin besteht, daß er dem Käufer die verkaufte Sache übergiebt und das Eigenthum an der Sache verschafft. Der Umstand, daß die Sache verkäuflich ist und der Verkäufer die nöthigen Geldmittel zum Erwerbe derselben besitzt, ändert an dem Unvermögen des Verkäufers nichts; denn es hängt immer noch vom Willen des gegenwärtigen Eigenthümers ab, ob er gerade dem Verkäufer die Sache ablassen will. Handelt es sich dagegen um eine gattungsmäßig bestimmte Sache, welche im freien Verkehr von überallher beschafft werden kann, so liegt ein Unvermögen des Verkäufers nicht vor, wenn dieser die zum Erwerbe erforderlichen Mittel besitzt. Ebenso Planck Bem. 3 Abs. 2 zu § 275. Dagegen vertritt Cosack I S. 335 die Ansicht, auch beim Verkauf einer individuell bestimmten fremden Sache sei ein Unvermögen nicht vorhanden, soferne nur die Sache verkäuflich und der Verkäufer hinreichend bemittelt ist, dieselbe zu erwerben; das Unvermögen des Verkäufers trete erst in dem Zeitpunkt ein, in welchem derselbe, etwa in Folge von Verarmung, die Mittel verliert, die Sache zu erwerben und dem Käufer zu liefern.

6. Die Befreiung tritt nur soweit ein, als die Leistung in Folge eines vom Schuldner nicht zu vertretenden Umstandes unmöglich wird, bei theilweiser Unmöglichkeit also nur theilweise Befreiung, bei zeitweiser Unmöglichkeit nur zeitweise Befreiung.

Um eine Unmöglichkeit als dauernd erscheinen zu lassen, ist es nicht unbedingt erforderlich, daß sie von unbegrenzter Dauer oder völlig unabsehbar ist, sondern es ist je nach den Umständen und dem Inhalt des einzelnen Vertrages auch einer zeitweiligen Behinderung rechtlich der Charakter einer dauernden dann zuzuschreiben, wenn dieselbe nach ihrer Art und Dauer den Zweck des Vertrags und den Inhalt der Leistung wesentlich beeinträchtigt. Vgl. RGE. Bd. 5 S. 279, Seuff. Arch. Bd. 45 S. 282.

Während der Dauer der zeitweisen Befreiung kommt der Schuldner nicht in Verzug (s. § 285).

7. Beweislast; vgl. Vorbem. IV. Bei einseitigen Verträgen hat der befreite Schuldner gegenüber dem Gläubiger keine andere Verpflichtung als die in § 281 aufgestellte; bezüglich der gegenseitigen Verträge s. §§ 323, 324.

## § 276.

Der Schuldner hat, sofern nicht ein Anderes bestimmt ist, Vorsatz und Fahrlässigkeit zu vertreten. Fahrlässig handelt, wer die im Verkehr erforderliche Sorgfalt außer Acht läßt. Die Vorschriften der §§ 827, 828 finden Anwendung.

Die Haftung wegen Vorsatzes kann dem Schuldner nicht im voraus erlassen werden.

E. I, 144 Abs. 1; 224 Abs. 1 Satz 2, 3, 225; II, 233 Abs. 1, 3; III, 270.

I. Vorsatz und Fahrlässigkeit. Vgl. im Allgemeinen zunächst Vorbem. II. Der § 276 bezieht sich nicht nur auf die Vertretung der Unmöglichkeit einer Leistung, wie aus der Stellung gefolgert werden könnte, sondern überhaupt auf die vom Schuldner in einem Schuldverhältnisse zu vertretende Sorgfalt. Der Schuldner hat bei Erfüllung aller ihm nach dem Schuldverhältnisse obliegenden Verpflichtungen sowohl den Vorwurf des Vorsatzes, der bewußt rechtswidrigen Verletzung dieser Verpflichtungen, als auch denjenigen der Fahrlässigkeit, der nicht genügenden Sorgfalt zu vermeiden, und eine Verletzung dieser allgemeinen Rechtspflicht macht ihn schadensersatzpflichtig nach Maßgabe der §§ 249—255. Vgl. Bem. IV, RGE. Bd. 52 S. 18 ff., Bd. 53 S. 200 ff.; Seuff. Arch. Bd. 58 S. 317.

Dagegen bezieht sich § 276 nur auf bestehende Schuldverhältnisse; wegen sog. culpa in contrahendo, d. h. wegen der beim Abschluß von Verträgen zu prästirenden Sorgfalt vgl. §§ 122, 179, 307, 694.

1. Der Vorsatz kann sowohl in der bewußt rechtswidrigen Vornahme einer nach Maßgabe des konkreten Schuldverhältnisses unerlaubten Handlung bestehen (positives Wollen des rechtswidrigen Erfolgs), als auch in der bewußt rechtswidrigen Unterlassung einer nach Maßgabe des konkreten Schuldverhältnisses gebotenen Handlung. Vgl. Vorbem. 2, a, b. Nicht erforderlich ist eine auf Schädigung des Gläubigers gerichtete Absicht, also nicht Bewußtsein des schädigenden Erfolgs.

Handelt es sich um eine Vertragsobligation, so erscheint als Vorsatz jegliche bewußt gegen Treu und Glauben verstoßende Willenshaltung. Vgl. Kuhlenbeck, Von d. Pand. z. BGB. I S. 436 ff. (Verschiedenheit des dolus je nach der Natur des Vertragsverhältnisses; je nach dem Maß der gegenseitigen Ansprüche und Verpflichtungen kann ein und dieselbe Handlung bei den verschiedenen Kontrakten als dolus zu erachten sein oder nicht.) Uebrigens ist nicht bloß subjektive, sondern auch objektive Rechtswidrigkeit erforderlich; „handelt z. B. der Schuldner der ihm obliegenden Verpflichtung, sich an einem bestimmten Orte nicht aufzuhalten, zuwider, so haftet er, auch wenn er wüßte, daß er dadurch objektiv seine Verpflichtungen verletzte, nicht, wenn er durch eine öffentlichrechtliche Pflicht, z. B. um seiner Militärpflicht zu genügen oder als Zeuge vor Gericht zu erscheinen, zu der Handlung genötigt war", Planck Bem. 2 Abs. 2 zu § 276.

Wegen des sog. dolus eventualis vgl. Vorbem. II, 1, γ. Wegen der Gleichstellung der groben Fahrlässigkeit mit dem Vorsatz vgl. Vorbem. II, b, α. (Dieselbe ist keine begriffliche, sondern bezieht sich nur auf die Haftung, sofern in allen Fällen, wo innerhalb eines Vertragsverhältnisses der Schuldner für Vorsatz haftet, diese Haftung sich auch auf grobes Verschulden erstreckt.)

2. Bei der Fahrlässigkeit unterscheidet das BGB. drei Grade:

a) Fahrlässigkeit schlechthin. Sog. levis culpa in abstracto des gem. R. Vgl. Vorbem. II, 2 S. 82. Ob Fahrlässigkeit in diesem Sinne vorliegt, ist objektiv nach den Erfordernissen zu bestimmen, welche der ordnungsmäßige Verkehr bei dem Verhältniß, um das es sich handelt, an die Sorgfalt (Willensanspannung, Aufmerksamkeit) der betheiligten Personen stellt. Inwiefern hiermit zugleich eine gewisse Relativität des Maßstabs gegeben ist, ergiebt sich aus Vorbem. II, 2. Vgl. auch RGE. v. 7. Juli 1902, Jur. Wschr. 1902 Beil. 11 S. 263.

Die konkrete Sachlage erfordert hiernach bald mehr, bald weniger Sorgfalt (z. B. beim Transport von Glaswaaren mehr als beim Transport von Eisenwaaren, vgl. Schollmeyer II S. 100, beim Wagenverkehr in einer Großstadt mehr als in einem Dorfe); der Richter hat hierbei zwar nach eigenem Ermessen zu entscheiden und einen etwaigen im Verkehr eingerissenen Schlendrian nicht zu berücksichtigen; gefordert wird die im Verkehr erforderliche, nicht die übliche Sorgfalt; sofern jedoch ein bestimmter Verkehr ohne gewisse Gefährdung überhaupt nicht ausführbar ist, dürfen die Ansprüche nicht überspannt werden; in der Regel darf daher der Ausgangspunkt von denjenigen Maßregeln genommen werden, die sich in der Verkehrssitte als zweckmäßig durch allgemeine Uebung bewährt haben (z. B. beim Schiffsverkehr hinsichtlich des Umfangs der Schleppzüge, vgl. RGE. v. 6. Juni 1903, Jur. Wschr. 1903 Beil. S. 96).

b) Inwieweit daneben auf individuelle Momente, insbesondere die größeren oder geringeren körperlichen oder geistigen Kräfte des Schuldners, seine technischen Kenntnisse u. s. w. (die sog. persönliche Gleichung) Rücksicht zu nehmen ist, ist streitig. Zweifellos gilt auch für das BGB. der Satz des gem. R.: imperitia culpae adnumeratur. Wer sich, ohne im Besitze der erforderlichen technischen Fertigkeiten oder auch der erforderlichen geistigen oder körperlichen Kräfte einer Leistungspflicht unterzieht, handelt eben durch Uebernahme dieser Aufgabe, der er nicht gewachsen ist, fahrlässig.

Im Uebrigen will Titze, Unmöglichkeit S. 79—82, unterscheiden zwischen „öffentlichem" Verkehr (des Einzelnen als Unbekannten mit der ihm unbekannten Menge, dem Publikum) und dem „privaten" Verkehr (wo zwei, die sich kennen und mit Rücksicht darauf, daß sie sich kennen, in Rechtsbeziehungen treten); er behauptet, daß in letzterem Falle (im privaten Verkehr, bei Geschäften, die mit Rücksicht auf die Persönlichkeit des anderen Theiles vorgenommen werden, z. B. beim Verleihen einer Sache oder bei der Bestellung eines Faustpfandes) nur diejenige Sorgfalt verlangt werden könne, die der Schuldner seiner Individualität nach zu leisten im Stande sei. Vgl. jedoch dagegen

Planck Bem. 2 Abs. 2 zu § 276: „Nur wenn im einzelnen Falle die Umstände ergeben, daß bei dem Abschlusse des dem Schuldverhältniß zu Grunde liegenden Vertrags besondere Rücksicht auf die dem Gläubiger bekannte Individualität des Schuldners genommen war, wird hierin eine stillschweigende Vereinbarung gefunden werden können, nach welcher bei der Bemessung der dem Schuldner obliegenden Sorgfalt dessen Individualität berücksichtigt werden soll." Wollte man die Ansicht Titzes allgemein billigen, so liefe das auf eine, vom Gesetzgeber zweifellos nicht gewollte Identificirung der culpa in abstracto mit der sog. in culpa in concreto (vgl. Bem. 2, c) hinaus. Wie Titze auch Cosack, Lehrb. S. 237. Gegen Cosack in dem hier vertretenen Sinne auch Schollmeyer II S. 101.

c) Vorausgesetzt wird, da es sich um eine Anwendung des Schuldbegriffs handelt, sowohl für die Feststellung des Vorsatzes wie der Fahrlässigkeit **Zurechnungsfähigkeit**. Vgl. § 276 Abs. 1 Satz 3.

Die Vorschriften der §§ 827, 828 gelten, wie ihre Stellung unter dem Titel „Unerlaubte Handlungen" anzeigt, an sich nur für das **deliktische** Verschulden; zufolge § 276 Abs. 1 Satz 3 sollen dieselben aber auch Anwendung finden auf die Erfüllung **gesetzlicher** und **vertragsmäßiger** Verbindlichkeiten.

§ 827: „Wer im Zustande der Bewußtlosigkeit oder in einem die freie Willensbestimmung ausschließenden Zustande krankhafter Störung der Geistesthätigkeit einem Anderen Schaden zufügt, ist für den Schaden nicht verantwortlich. Hat er sich durch geistige Getränke oder ähnliche Mittel in einen vorübergehenden Zustand dieser Art versetzt, so ist er für einen Schaden, den er in diesem Zustande widerrechtlich verursacht, in gleicher Weise verantwortlich, wie wenn ihm Fahrlässigkeit zur Last fiele; die Verantwortlichkeit tritt nicht ein, wenn er ohne Verschulden in den Zustand gerathen ist."

§ 828: „Wer nicht das siebente Lebensjahr vollendet hat, ist für einen Schaden, den er einem Anderen zufügt, nicht verantwortlich. Wer das siebente, aber nicht das achtzehnte Lebensjahr vollendet hat, ist für einen Schaden, den er einem Anderen zufügt, nicht verantwortlich, wenn er bei der Begehung der schädigenden Handlung nicht die zur Erkenntniß der Verantwortlichkeit erforderliche Einsicht hat. Das Gleiche gilt von einem Taubstummen."

d) **Grobe Fahrlässigkeit**, welche dann vorliegt, wenn die im Verkehr erforderliche Sorgfalt in besonders schwerer Weise verletzt wird. (M. I, 280; P. I, 187.) Vgl. Vorbem. II, b S. 83.

e) Die **individuelle Fahrlässigkeit** (culpa in concreto), d. i. die Außerachtlassung der Sorgfalt, welche Jemand in eigenen Angelegenheiten anzuwenden pflegt. Hierüber s. § 277.

Die Unterart der culpa levissima, das „geringe Versehen" des PLR., kennt das BGB. nicht.

f) **Entschuldbarer und unentschuldbarer Irrthum.**

E. I § 241 bestimmte: „Die Unmöglichkeit gilt als durch einen von dem Schuldner nicht zu vertretenden Umstand herbeigeführt, wenn sie dadurch herbeigeführt ist, daß der Schuldner sich in Ansehung des Schuldverhältnisses in einem entschuldbaren Irrthum befunden hat." Die Bestimmung ist von der II. Komm. mit Recht gestrichen. Vgl. P. II, 609. Soweit sie richtig ist, ergiebt sie sich aus § 276 von selbst. Ob ein Irrthum entschuldbar oder unentschuldbar ist, ist mit Rücksicht auf den nach dem konkreten Schuldverhältniß zu vertretenden Grad der Fahrlässigkeit zu entscheiden. Hiernach ist beispielsweise der Erbe des Schuldners nicht haftbar zu machen, wenn er auf Grund einer nicht durch Fahrlässigkeit verursachten Unkenntniß des Schuldverhältnisses den Gegenstand einer vom Erblasser geschuldeten Leistung verbraucht, vernichtet, über ihn unwiderbringlich disponirt. M. II, 51. Ob aber seine Unkenntniß bezw. sein Irrthum entschuldbar ist oder nicht, ist unter Berücksichtigung der Sachlage und des durch das zum passiven Nachlaß gehörige Schuldverhältniß geforderten Grades der Sorgfalt zu beurtheilen. Fordert beispielsweise das Schuldverhältniß nur Haftung für Vorsatz und **grobe** Fahrlässigkeit, so gilt ein Irrthum schon auch dann als entschuldbar, wenn er den Vorwurf einer leichten Fahrlässigkeit involvirt; der Schenker, der die von ihm versprochene Sache in Folge leichter Fahrlässigkeit mit einer anderen verwechselt und verbraucht, vernichtet oder veräußert, hat die dadurch herbeigeführte Unmöglichkeit der Leistung nicht zu vertreten, und dasselbe gilt von dem Erben des Schenkers. Vgl. Planck Bem. 6 zu § 276; Schollmeyer II S. 102, Bem. 4.

II. Die Bestimmung, daß der Schuldner Vorsatz und Fahrlässigkeit zu vertreten habe, ist nur eine dispositive. Durch Gesetz wie durch Parteiwillen kann die Haftung des Schuldners erweitert oder eingeschränkt werden. Vgl. Vorbem. II, 3. Nur die Haftung wegen Vorsatzes kann dem Schuldner nicht im voraus erlassen werden (s. Bem. III).

Durch Gesetz ist die Haftung des Schuldners eingeschränkt:

a) auf Vorsatz und grobe Fahrlässigkeit in den Fällen der §§ 300 Abs. 1, 521, 599, 680, 968;

b) auf die Sorgfalt, welche der Schuldner in eigenen Angelegenheiten anzuwenden pflegt, in den Fällen der §§ 690, 708, 1359, 1664, 2131.

Durch Gesetz ist die Haftung erweitert in den Fällen der §§ 279, 287 Satz 2, 678, 701, 702, 848.

III. Wie im gem. Recht (l. 23 D. de R. J. 50, 17) kann auch nach BGB. die Haftung wegen Vorsatzes dem Schuldner nicht im voraus erlassen werden. Inwieweit auch die Haftung wegen groben Verschuldens dem Schuldner im voraus erlassen werden kann, vgl. Vorbem. II, 3 am Ende. Die nachträgliche Erlassung der aus einem vorsätzlichen Verschulden entstandenen Ansprüche ist statthaft. Ebenso ist zulässig die Erlassung der Haftung wegen Vorsatzes der in § 278 bezeichneten Personen (s. § 278 Satz 2).

Ist durch Vereinbarung die Haftung wegen Vorsatzes unzulässiger Weise ausgeschlossen worden, so hat dies die Nichtigkeit des ganzen Rechtsgeschäfts zur Folge, wenn nicht anzunehmen ist, daß die Parteien das Rechtsgeschäft auch ohne die fragliche Vereinbarung vorgenommen haben würden (§ 139). In der Mehrzahl der Fälle wird letztere Annahme begründet sein.

IV. Aus § 276 ergiebt sich auch die Verpflichtung zur Schadensersatzleistung wegen sog. positiver Vertragsverletzungen. Denn da hienach der Schuldner, sofern nicht ein Anderes bestimmt ist, Vorsatz und Fahrlässigkeit bei seiner Leistungspflicht zu vertreten hat, so kann mangels anderweitiger gesetzlicher Vorschrift diese Vertretungspflicht gegenüber dem anderen Theile nur in der Weise verwirklicht werden, daß der Schuldner den Schaden ersetzt, der durch sein vorsätzliches oder fahrlässiges Handeln der anderen Partei erwachsen ist.

Wollte man diesen Schluß nicht zulassen, so würde der einen allgemeinen Grundsatz aussprechende § 276 erheblich an Bedeutung verlieren, was nicht als von dem Gesetze gewollt angenommen werden kann. RGE. Bd. 52 S. 19.

Vgl. auch RGE. Bd. 53 S. 201, 202: „Unter dem Vertreten von Vorsatz und Fahrlässigkeit muß die Haftung desjenigen, welcher vorsätzlich oder fahrlässig seine Pflicht verletzt, für die Folgen seines Handelns und der durch dasselbe bewirkten Schädigung eines anderen verstanden werden."

Besonders wichtig wird die Frage der sog. positiven Vertragsverletzung beim Kaufe, vgl. insbesondere Vorbem. 5, e vor §§ 459 ff. und die dort angeführte Literatur und Praxis.

## § 277.

Wer nur für diejenige Sorgfalt einzustehen hat, welche er in eigenen Angelegenheiten anzuwenden pflegt, ist von der Haftung wegen grober Fahrlässigkeit nicht befreit.

E. I, 145; II, 233 Abs. 2; III, 271.

In allen Fällen, wo das BGB. von einer Haftung für diejenige Sorgfalt spricht, welche man in eigenen Angelegenheiten anzuwenden pflegt, wird dies mit den Worten ausgedrückt, daß der Schuldner „nur" für diese Sorgfalt einzustehen habe. (Vgl. die §§ 277, 690, 708, 1359, 1664, 2131.) Die Haftung für die Sorgfalt in eigenen Angelegenheiten wird also gegenüber der regelmäßigen Haftung des § 276 als eine eingeschränkte betrachtet. Wer in seinen eigenen Angelegenheiten eine höhere als die im Verkehr erforderliche Sorgfalt anzuwenden pflegt, hat für diese Sorgfalt nicht einzustehen.

Wendet der Schuldner ein, daß er in seinen eigenen Angelegenheiten nur ein geringeres Maß von Sorgfalt beobachte, so muß er dies beweisen, hat aber im Falle des Gelingens des Beweises nur für das geringere Maß von Sorgfalt einzustehen.

Stets aber haftet er wegen grober Fahrlässigkeit. Grob fahrlässig handelt, wer die im Verkehr erforderliche Sorgfalt in besonders schwerer Weise außer Acht läßt. (Vgl. Vorbem. II, 2, b.)

## § 278.

Der Schuldner hat ein Verschulden seines gesetzlichen Vertreters und der Personen, deren er sich zur Erfüllung seiner Verbindlichkeit bedient, in gleichem Umfange zu vertreten wie eigenes Verschulden. Die Vorschrift des § 276 Abs. 2 findet keine Anwendung.

E. I, 224 Abs. 2; II, 234; III, 272.

Vgl. zunächst hieher im Allgemeinen Vorbem. III.

I. Voraussetzungen des § 278:

1. Ein Verschulden in Ansehung der Erfüllung einer Verbindlichkeit des Schuldners, d. h. ein Verschulden, welches zur Wirkung hat, daß die dem Schuldner aus einem bestehenden Schuldverhältnisse obliegende Verpflichtung nicht oder nicht gehörig erfüllt wird.

Auf ein Verschulden beim Abschlusse eines Vertrags bezieht sich die Vorschrift des § 278 nicht, ebensowenig auf ein deliktisches Verschulden. Dies zeigt sowohl der Wortlaut des Paragraphen als seine Stellung unter dem Titel „Verpflichtung zur Leistung".

a) Wenn der gesetzliche Vertreter oder ein rechtsgeschäftlicher Vertreter beim Abschluß eines Vertrages für den Schuldner thätig wird, so richtet sich die Haftung des letzteren für die Handlungen des Vertreters nach den Vorschriften über die Vertretung (§§ 164 ff.).

b) Eine Haftung des Vertretenen für Delikte des gesetzlichen Vertreters (z. B. des Vormundes) ist dem BGB. unbekannt. Näheres über die Haftung für fremde Delikte im 25. Titel über die unerlaubten Handlungen §§ 823 ff.

c) Besondere Bestimmungen enthält das BGB. über die Haftung juristischer Personen für den von ihren Vertretern einem Anderen zugefügten Schaden in den §§ 31, 86, 89 Abs. 1.

Ueber die Haftung des Staates, der Gemeinden oder anderer Kommunalverbände für einen von ihren Beamten in Ausübung der diesen anvertrauten öffentlichen Gewalt zugefügten Schaden s. Art. 77 EG., hierzu Art. 60 und 61 Bayr. AG. Ueber die Haftung der Beamten für die von ihnen angenommenen Stellvertreter und Gehülfen s. Art. 78 EG.

2. Ein Verschulden

a) des gesetzlichen Vertreters des Schuldners. Als solcher kommt in Betracht: Der Inhaber der elterlichen Gewalt (§§ 1626 ff.), der Vormund (§§ 1793 ff., 1896, 1897), der Pfleger (§§ 1909 ff.), der Beistand (§ 1693). Die Stellung eines gesetzlichen Vertreters hat auch der Vorstand eines Vereins (§ 26) oder einer Stiftung (§ 86);

b) einer anderen Person, deren sich der Schuldner befugterweise zur Erfüllung seiner Verbindlichkeit bedient.

War der Schuldner zur Verwendung fremder Personen überhaupt nicht berechtigt, so liegt ein Verschulden desselben schon darin, daß er sich fremder Personen zur Erfüllung bediente. Er hat deßhalb für alle Folgen dieses seines Verschuldens einzustehen, nicht bloß für ein etwaiges Verschulden der unbefugt zugezogenen Personen; wird insbesondere die Erfüllung der Verbindlichkeit in Folge der unbefugten Zuziehung anderer Personen unmöglich, so hat er diese Unmöglichkeit selbst dann zu vertreten, wenn sie keine Folge eines Verschuldens dieser Personen ist, sofern sie nur nicht eingetreten sein würde, wenn er jene Personen nicht zugezogen hätte. Vgl. Planck Bem. 2, b zu § 278.

Selbstverständlich hat der Schuldner, wenn ihm bei der Auswahl, Ueberwachung oder Anleitung der berechtigterweise zugezogenen Personen ein Verschulden zur Last fällt, dieses Verschulden als eigenes zu vertreten. Die Bestimmung des § 278 geht jedoch weiter und erklärt den Schuldner, auch wenn ihm ein solches Verschulden nicht zur Last fällt, als haftbar für das Verschulden der zur Erfüllung seiner Verbindlichkeit verwendeten Personen.

Der Ausdruck „sich zur Erfüllung bedienen" darf nach dem Zwecke der Bestimmung nicht zu eng ausgelegt werden. Es ist insbesondere gleichgültig, in welchem Rechtsverhältnisse diese „Hülfspersonen" zum Schuldner stehen, insbesondere, ob sie sich ihrerseits dem Schuldner zur Erfüllungsleistung verpflichtet haben oder lediglich aus Gefälligkeit für ihn thätig werden, wofern dies nur mit seiner Genehmigung geschieht; gleichgültig ist auch, ob sie wissen, daß es sich um die Erfüllung einer vom Schuldner einem Dritten geschuldeten Leistung handelt. So wird anzunehmen sein, daß der Schuldner sich auch jener Personen zur Erfüllung bedient, denen er nach der Entstehung des Schuldverhältnisses die geschuldete Sache berechtigter Weise zur Aufbewahrung oder zum Gebrauche überläßt. Wird durch ein Verschulden dieser Personen die Leistung bezw. gehörige Leistung der Sache unmöglich, so haftet der Schuldner. (Vgl. Planck Bem. 2 zu § 278.) Zur Erfüllung der Verbindlichkeit sind nicht nur positive, auf die Bewirkung einer Leistung gerichtete Handlungen zu rechnen, es gehören dazu auch Unterlassungen solcher Handlungen, welche die Erfüllung vereiteln können. Der Schuldner hat also innerhalb des Rahmens der ihm durch das jeweilig in Betracht kommende Schuldverhältniß zur Pflicht gemachten Sorgfalt auch für Verhütung von Umständen einzustehen, welche die künftige Leistung unmöglich machen und daher auch, soweit er diese Verbindlichkeit, beispielsweise die custodia einer Sache, deren Leistung in Frage steht, anderen Personen überläßt, deren Verschulden zu vertreten. Er haftet also, wenn er eine Sache, die den Gegenstand seiner Leistung bildet, anderen Personen vermiethet, verleiht oder in Verwahrung giebt, auch für das Verschulden seines Miethers, Entleihers und Verwahrers, wenngleich diese Personen bei streng grammatischer Auslegung nicht unmittelbar als solche erscheinen, deren „er sich zur Erfüllung seiner Verbindlichkeit bedient". (A. M. Endemann I § 116 Anm. 11, Dernburg II § 68 III, c, Brückner, Das Recht 1901 S. 339.) Hiernach haftet der Schuldner auch für seine Gäste, wenn dieselben mit dem Gegenstand des Schuldverhältnisses nothwendig in Berührung kommen, soweit als dieselben deliktsfähig sind und ihre Handlungen, wenn vom Schuldner selbst begangen, eine culpa desselben involviren würden. Vgl. Titze, Unmöglichkeit S. 87. Vgl. ferner Bem. I, 3. (Ich berichtige damit zugleich die von mir selbst bislang in meinem Handkommentar Bd. 1 S. 231 gegentheilig vertretene Ansicht.) Andrerseits kann nur derjenige, der die Erfüllung des Schuldverhältnisses als Vertragspartei verlangen kann, aus § 278 BGB. Ersatz des Schadens geltend machen, welcher durch die Hülfsperson ihm zugefügt ist. Sind Familienangehörige des Miethers durch eine Hülfsperson des Vermiethers, der zur Erfüllung seiner Vertragspflicht dieselbe zugezogen hat, beschädigt, so können sich die Angehörigen nicht auf § 278 BGB. berufen. Wohl aber haftet der Vermiether dem Miether für den Aufwand, den er mit Rücksicht auf den eingetretenen Schaden den Angehörigen gegenüber zu bewirken hatte. (OLG. Dresden vom 29. April 1902, Sächs. Annalen Bd. 24 S. 125, auch Rspr. d. OLG. Bd. 5 S. 375.) Bezüglich der Miethe vgl. im Einzelnen auch Bem. V zu § 535.

3. Ein Verschulden der unter Nr. 2, a und b aufgeführten Personen.

Was unter Verschulden zu verstehen ist, erklärt § 276. Da hier die §§ 827, 828 für anwendbar erklärt werden, so ergiebt sich, daß auch der Schuldner für seinen gesetzlichen Vertreter bezw. für die von ihm zur Erfüllung befugter Weise zugezogenen Hülfspersonen auf Grund des § 278 nicht haftet, sofern die Verantwortlichkeit dieser Personen für ihr Verschulden nach den Vorschriften der §§ 827, 828 ausgeschlossen ist. Ist z. B. der gesetzliche Vertreter des Schuldners in Geisteskrankheit verfallen und hat in diesem (seine freie Willensbestimmung ausschließenden) Zustande die Unmöglichkeit einer Leistung verschuldet, so haftet der Schuldner wegen dieses Verschuldens nicht (vgl. M. II, 30 und Anm. III zu § 276). Ebenso wie hier Cosack I S. 242. Anders wird diese Bestimmung aufgefaßt von Buchka S. 67 und von Schollmeyer Bem. zu § 278, indeß wohl mit Unrecht, denn nicht die „Handlungen" des gesetzlichen Vertreters ꝛc. hat der Schuldner nach § 278 zu vertreten, sondern das „Verschulden". Freilich wird hier stets darauf zu achten sein, ob nicht ein eigenes Verschulden des Schuldners wegen culpa in eligendo vorliegt.

II. Umfang der Haftung des Schuldners:

Der Schuldner hat das Verschulden der unter Nr. 2, a und b aufgeführten Personen in gleichem Umfange wie eigenes Verschulden zu vertreten. Ist er persönlich für Fahrlässigkeit schlechthin haftbar, so haftet er dafür, daß diese Personen die im Verkehr erforderliche Sorgfalt aufwenden; hat er nur für die Sorgfalt in eigenen Angelegenheiten einzustehen, so ist er nur dafür verantwortlich, daß die gedachten Personen nicht weniger sorgfältig handeln, als er selbst in seinen eigenen Angelegenheiten zu handeln pflegt.

III. Von großer Bedeutung ist aber die Streitfrage, ob der Schuldner nur für solche Handlungen der Hülfspersonen haftet, die in Ausführung der dem Schuldner obliegenden Leistung vorgenommen werden konnten, wegen deren also, wenn der Schuldner selber sie vorgenommen hätte, gegen diesen die Kontraktsklage zulässig sein würde oder auch wegen selbständiger, nur bei Gelegenheit der Hülfeleistung begangener Delikte.

Planck Bem. 3, Enneccerus I § 195 III, Endemann I § 116 Nr. 4, b, Rehbein II Bem. 93 zu §§ 241—292 beschränken die Haftung des Schuldners auf kontraktliche Handlungen; dagegen wollen Rümelin, Die Gründe der Schadenszurechnung S. 88, Feder S. 29 ff., S. 56 ff., Fischer S. 37 die Haftung des Schuldners auch auf selbständige nur aus Anlaß, bei Gelegenheit der Erfüllungshandlung begangene Delikte ausdehnen.

In Von den Pand. Bd. 2 S. 63 Anm. 1 hatte ich mich der letzteren Ansicht angeschlossen, indem ich mich lediglich durch den Auslegungsgrundsatz bestimmen ließ: lege non distinguente nec nostrum est distinguere, und daher die von Planck befürwortete Beschränkung der Haftung für Hülfspersonen auf die Haftung aus dem Schuldverhältnisse glaubte ablehnen zu müssen. Praktische Erwägungen sowohl wie vor Allem die richtige Würdigung des oben Vorbem. III, b S. 86 mitgetheilten, von Enneccerus klar gestellten Grundes der Bestimmung des § 278 veranlassen mich jedoch, diese Meinung zu berichtigen und mich der von Planck, Enneccerus, Endemann, Rehbein vertretenen anzuschließen.

Die Haftung im Sinne von Rümelin würde auch de lege ferenda nicht zu billigen sein; sie würde, wenn sie nicht etwa durch gleichzeitige Anwendung des immerhin noch vielfach bestrittenen Gesichtspunkts des adäquaten Kausalzusammenhangs eingeschränkt wird, zu unbilligen Konsequenzen führen. Beispielsweise würde darnach der Handwerksmeister, der zur Reparatur einer Wohnung Gesellen hinzuzieht, nicht nur für die in Ausführung dieser Reparaturarbeiten, z. B. beim Aufstellen einer Leiter, begangenen Sachbeschädigungen, sondern sogar für einen Gelegenheitsdiebstahl des Gesellen haften, auch wenn ihn persönlich kein Verschulden, sei es in eligendo oder custodiendo, träfe; ja man könnte die Haftung sogar auf eine bei Gelegenheit der Ausführungshandlung von einem etwa betrunkenen Gesellen begangene Körperverletzung ausdehnen.

Das BGB. würde damit in Widerspruch mit der von ihm für juristische Personen (§§ 31, 86, 89) eingeführten Haftungsgrenze treten. Zweifellos hält aber das BGB. im Großen und Ganzen noch am Verschuldungsprinzip fest, von dem ohne ausdrückliche Ausnahme ohne Grund nicht abzuweichen ist. Gerade das Von den Pand. z. BGB. Bd. 2 S. 63 Note von mir angeführte Beispiel zwingt mich, bei näherer Betrachtung die dort vertretene Auffassung aufzugeben. Wenn ich durch meine eigenen Leute einen Baum in meinem Garten fällen lasse und lediglich bei dieser Gelegenheit einer dieser Leute einen Dritten durch unerlaubte Handlungen, die nicht mit der Ausführung dieser Verrichtung selbst zusammenhängen, schädigt, so hafte ich überhaupt nicht, und selbst, wenn er in Ausführung dieser Verrichtung, etwa durch fahrlässige Handhabung der Axt, einen Dritten schädigt, hafte ich nur mit der Maßgabe, daß ich mich durch den Beweis mangelnder culpa in eligendo et custodiendo befreien kann (§ 831).

Warum also sollte mir selber der Gärtner, der in meinem Auftrage dieselbe Arbeit durch seine Leute vornimmt, für von diesen bei dieser Gelegenheit begangene Delikte haften, die mit der Ausführung nicht in adäquatem Zusammenhange stehen? Mit Recht hebt auch Planck a. a. O. hervor, daß schon die Stellung und Entstehungsgeschichte des § 278 ergiebt, daß es sich handelt um eine Haftung des Schuldners als solchen, d. h. um Haftung desselben aus dem Schuldverhältnisse. Eine Haftung aus eigenen Delikten des Schuldners würde nur mit einer der Deliktsklagen des 7. Abschnitts zu verfolgen sein. Soll also nach § 278 der Schuldner ein Verschulden seiner Hülfspersonen nur im gleichem Umfange vertreten, wie eigenes Verschulden, so ist eine Vertretung von selbständigen Delikten der Hülfspersonen aus § 278 ausgeschlossen und nur aus § 831 BGB. zu begründen. Hienach dürfte ein Theaterdirektor wegen der von einem Schauspieler bei seinem Spiele einem Zuschauer fahrlässig zugefügten Körperverletzung nicht haften, wenn er beweisen kann, daß er bei der Auswahl seiner Schauspieler und bei Leitung der Vorstellung die im Verkehr erforderliche Sorgfalt beobachtet hat (§ 831). Vgl. Planck Bem. 3 zu § 278, Rechtspr. d. OLG. Bd. 8 S. 431.

IV. Die Haftung wegen Vorsatzes der Hülfspersonen kann dem Schuldner im voraus erlassen werden (§ 278 Schlußsatz).

V. Die Vorschriften des § 278 finden keine Anwendung auf den Beauftragten, wenn ihm die Uebertragung der Ausführung des Auftrages an einen Dritten gestattet ist; in diesem Falle hat der Beauftragte nur ein ihm bei der Uebertragung zur Last fallendes Verschulden zu vertreten. Für das Verschulden eines Gehülfen dagegen ist er nach § 278 verantwortlich (§ 664 Abs. 1). Das Gleiche gilt für den Verwahrer, welchem die Hinterlegung bei einem Dritten gestattet ist (§ 691).

VI. Die Bestimmungen des § 278 haben auch zwingende Geltung für das der Landesgesetzgebung vorbehaltene Gesinderecht. Art. 95 Abs. 2 EG.

## § 279.*)

Ist der geschuldete Gegenstand nur der Gattung nach bestimmt, so hat der Schuldner, solange die Leistung aus der Gattung möglich ist, sein Unvermögen zur Leistung auch dann zu vertreten, wenn ihm ein Verschulden nicht zur Last fällt.

E. I, 237 Abs. 2; II, 235 Satz 2; III, 273.

1. Die Bestimmung des § 279 hat nur Bedeutung für die nachträglich eintretende subjektive Unmöglichkeit. Ein schon bei der Entstehung des Schuldverhältnisses vorhandenes Unvermögen zur Leistung hat der Schuldner stets zu vertreten (s. Vorbem. zu den §§ 275—283 II, 1), das nachträglich eingetretene nur dann, wenn ihn ein Verschulden trifft (§ 275 Abs. 2).

Von letzterer Regel stellt § 279 eine Ausnahme auf für den Fall, daß der geschuldete Gegenstand nur der Gattung nach, wozu vor allem auch Geld gehört, bestimmt ist. Hier soll der Schuldner nur durch die ohne sein Verschulden eingetretene objektive Unmöglichkeit, wenn nämlich die Leistung aus der Gattung überhaupt ohne sein Verschulden unmöglich geworden ist, befreit werden.

Hiebei ist jedoch die Relativität des Gattungsbegriffes zu beachten; der Satz: genus perire non censetur ist bei begrenzten Gattungen nicht richtig. Der Lieferungsvertrag über beispielsweise eine bestimmte Quantität Schmelzkoks der Zeche Dannenberg ist zwar eine Gattungsschuld. Wird aber die Ausführung dieser Lieferung infolge eines im fraglichen Kohlenrevier ausgebrochenen Arbeiterausstandes zeitweilig unmöglich, so ist nicht ein bloßes unverschuldetes Unvermögen zur (rechtzeitigen) Leistung, sondern eine objektive Unmöglichkeit gegeben, welche den Schuldner auch nach § 279 liberirt. Vgl. hierzu die Kritik der RGE. Bd. 28 Nr. 50 bei Kuhlenbeck, Rechtspr. des RG. II S. 15.

Ob eine Leistung nur der Gattung nach möglich ist, ist nach Treu und Glauben mit Rücksicht auf die Verkehrssitte zu beurtheilen. Vgl. Vorbem. IV, γ. Die objektive Unmöglichkeit ist mit Rücksicht auf Zeit und Ort zu bestimmen (relativ) und braucht keine absolute, abstrakte zu sein; Unmöglichkeit, nicht bloßes Unvermögen liegt auch dann vor, wenn es zwar ungewiß ist, daß Gegenstände der fraglichen Gattung überhaupt nicht mehr existiren, jedenfalls aber die Beschaffung derselben mit so außergewöhnlichen Schwierigkeiten verknüpft ist, daß diese nach der Auffassung des Verkehrs der Unmöglichkeit gleichgeachtet werden müssen. Vgl. Planck Bem. 1 zu § 279, RGE. in D. Jur.Z. 1904 S. 459; Jur. Wschr. 1904 S. 201. (Bezweifelt von Schollmeyer S. 106.)

2. § 279 bezieht sich im Gegensatz zu § 243 auch auf unkörperliche Gegenstände, z. B. auf nur der Gattung nach bestimmte Handlungen. Zu letzteren werden auch solche Leistungen zu rechnen sein, welche in der Aufwendung von Geldmitteln zu einem bestimmten Zwecke bestehen. (Vgl. Planck Bem. 2 zu § 279.) Auch wenn es sich hierbei mittelbar um Beschaffung einer Spezies handelt, z. B. wenn ein Kunsthändler ein bestimmtes, auf der Ausstellung befindliches Bild zu liefern versprochen hat, wird der Schuldner nicht dadurch befreit, daß er nachträglich ohne sein Verschulden sein Vermögen verliert und lediglich deßhalb außer Stande ist, das Bild zu kaufen. Vgl. auch Titze S. 94.

3. Sobald die Gattungsschuld gemäß § 243 Abs. 2 sich in eine Speziesschuld umgewandelt hat, ist die Anwendung des § 279 ausgeschlossen. S. § 243 Anm. 5, b.

## § 280.

Soweit die Leistung in Folge eines von dem Schuldner zu vertretenden Umstandes unmöglich wird, hat der Schuldner dem Gläubiger den durch die Nichterfüllung entstehenden Schaden zu ersetzen.

Im Falle theilweiser Unmöglichkeit kann der Gläubiger unter Ablehnung des noch möglichen Theiles der Leistung Schadensersatz wegen Nichterfüllung der ganzen Verbindlichkeit verlangen, wenn die theilweise Erfüllung für ihn kein

*) Literatur: Cuno, Uebertragung der Gefahr bei Gattungsschulden. 1902.

Interesse hat. Die für das vertragsmäßige Rücktrittsrecht geltenden Vorschriften der §§ 346—356 finden entsprechende Anwendung.

E. I, 240 Abs. 1, 242; II, 236; III, 274.

§ 280 handelt vom Schadensersatzanspruche des Gläubigers wegen einer vom Schuldner zu vertretenden Unmöglichkeit der Leistung.

1. Voraussetzungen:

a) Eine nach der Entstehung des Schuldverhältnisses eintretende objektive oder subjektive Unmöglichkeit.

§ 280 spricht zwar nur von der objektiven Unmöglichkeit; letzterer ist jedoch durch § 275 Abs. 2 das nachträglich eintretende Unvermögen des Schuldners zur Leistung gleichgestellt. (Vgl. Vorbem. II und P. I, 321.)

b) Die Unmöglichkeit muß die Folge eines vom Schuldner zu vertretenden Umstandes sein. Welche Umstände der Schuldner zu vertreten hat, bestimmen die §§ 276—279.

2. Umfang des Ersatzanspruchs:

a) Der Schuldner hat dem Gläubiger den Schaden zu ersetzen, der durch die Nichterfüllung entsteht. Ueber die Schadensersatzleistung s. die §§ 249 ff.

Bei der objektiven Unmöglichkeit kann sich der Anspruch nur auf Geldentschädigung richten (§ 251); liegt subjektive Unmöglichkeit vor, so kann der Gläubiger nach Ansicht Plancks Bem. 3 zu § 280 zunächst nur Herstellung des Zustandes fordern, welcher bestehen würde, wenn die subjektive Unmöglichkeit nicht eingetreten wäre, d. h. er kann als Schadensersatz zunächst nur Erfüllung der Verbindlichkeit fordern. Dem gegenüber vertritt die Mehrheit der Schriftsteller die Ansicht, daß auch bei subjektiver Unmöglichkeit immer sofort Entschädigung in Geld verlangt werden kann. (Endemann I § 124 Anm. 29; Schöller in Gruchot, Beitr. 45 S. 530; Dernburg II § 60 Anm. 6; Kisch S. 122 ff., Titze S. 145, Rehbein Erl. 101 zu §§ 241—292.) Planck meint, daß seine Ansicht vom praktischen Standpunkt aus den Vorzug verdiene, weil dadurch eine sichere Grundlage für das Verhalten des Gläubigers und des Schuldners gegeben und dabei in billiger Weise dem Zweifel Rechnung getragen werde, welcher bei der subjektiven Unmöglichkeit darüber bestehe, ob es nicht dem Schuldner gelingen werde, sie zu heben. Allein abgesehen von der unnatürlichen Vorstellung einer Klage, welche die Erfüllung aus dem Grunde beansprucht, weil sie vom Schuldner nicht bewirkt werden kann, versetzt die Planck'sche Auffassung den Gläubiger in die Unbequemlichkeit, den Nachweis des Unvermögens des Schuldners, der ja eine Voraussetzung seines Anspruchs bildet, zu führen, um ihn praktisch zur Erfüllung zu zwingen. Sowohl theoretisch wie praktisch verdient den Vorzug die Ansicht von Kisch S. 127, wonach der Gläubiger, wenn er im Stande ist, das vertretbare Unvermögen des Gegners zu beweisen, sogleich Entschädigung in Geld verlangen kann. Er kann aber auch auf die Behauptung und somit den meistens schwierigen Beweis des schuldnerischen Unvermögens verzichten und zunächst aus dem bestehenden Schuldverhältniß auf Erfüllung klagen. Weist alsdann der Schuldner auch seinerseits sein Unvermögen nach, so muß er, wenn Kläger dies verlangt, trotzdem zur Naturalleistung verurtheilt werden. Der Gläubiger kann aber dann Geldentschädigung verlangen, wenn die von ihm gestellte angemessene Nachleistungsfrist gemäß § 283 erfolglos abgelaufen ist. Vgl. § 281 Bem. 1.

Der Schaden ist nur soweit zu ersetzen, als die Leistung unmöglich wird.

Bei nur vorübergehender Unmöglichkeit finden die Vorschriften über den Verzug (§§ 286 ff.) Anwendung. Befindet sich der Gläubiger darüber in Ungewißheit, ob die Unmöglichkeit eine dauernde oder nur eine zeitweilige ist, so kann er nach § 283 gegen den Schuldner vorgehen.

Eine Unmöglichkeit hört nicht deßhalb auf, eine dauernde im Rechtssinne zu sein, wenn sie denkbarer Weise später gehoben werden kann, wenn beispielsweise der Schuldner den von ihm zu leistenden, aber an einen Dritten veräußerten Gegenstand möglicher Weise von dem Dritten wiedererwerben kann; es müssen in solchem Falle von dem Schuldner besondere Umstände dargethan werden, welche den Wiedererwerb des Gegenstandes von dem Dritten sichern. RGE. Bd. 31 S. 184, Bd. 52 S. 92; Seuff. Arch. Bd. 45 Nr. 176; Kuhlenbeck, Rechtspr. d. RG. II S. 66.

b) Besondere Bestimmungen gelten für die theilweise Unmöglichkeit.

Ist die Leistung zum Theil unmöglich geworden, so erfüllt der Schuldner die ihm obliegende Verbindlichkeit dadurch, daß er dem Gläubiger den möglich gebliebenen Theil und gleichzeitig Schadensersatz wegen der unmöglich gewordenen Leistung anbietet. Dem Gläubiger ist jedoch durch die Bestimmung des § 280 Abs. 2 das Recht eingeräumt, unter Ablehnung des noch möglichen Theiles Schadensersatz wegen Nichterfüllung der ganzen Verbindlichkeit zu verlangen, wenn die theilweise Leistung für ihn kein Interesse hat. Letzteres muß der Gläubiger beweisen. Die Frage, ob kein Interesse mehr besteht, ist mit Rücksicht auf die persönlichen Verhältnisse des Gläubigers zu entscheiden.

Ist die Leistung zu der Zeit bereits theilweise bewirkt, in welcher die Leistung des übrigen Theiles unmöglich wird, so finden die Bestimmungen des Abs. 2 bloß dann Anwendung, wenn der Gläubiger die Theilleistung nur vorläufig unter dem Vorbehalte der Ergänzung angenommen hat.

Hat dagegen der Gläubiger einen Theil einer theilbaren Leistung endgültig angenommen, so besteht das Schuldverhältniß nur mehr für den noch ausstehenden Theil der Leistung. Wird die Leistung dieses Theiles in Folge eines vom Schuldner zu vertretenden Umstandes unmöglich, so muß der Schuldner dem Gläubiger den durch die Nichtleistung dieses Theiles entstehenden Schaden ersetzen. Das Recht der Ablehnung gemäß Abs. 2 aber steht dem Gläubiger nicht zu (P. I, 320).

3. Die Vorschriften der §§ 346—356 über das vertragsmäßige Rücktrittsrecht finden entsprechende Anwendung.

Der Gläubiger hat den Rücktritt gegenüber dem Schuldner zu erklären (§ 349, §§ 130 ff.), er hat die empfangenen Leistungen zurückzugewähren, für geleistete Dienste sowie für die Ueberlassung der Benutzung einer Sache den Werth zu vergüten oder, falls eine Gegenleistung in Geld bestimmt ist, diese zu entrichten (§ 346). Das Recht des Abs. 2 Satz 1 § 280 ist ausgeschlossen, wenn der Gläubiger eine wesentliche Verschlechterung, den Untergang oder die anderweitige Unmöglichkeit der Herausgabe der schon empfangenen Leistung verschuldet hat, bezw. wenn seine Gehülfen oder gesetzlichen Vertreter dies verschuldet haben (§ 351). Bei nicht wesentlicher Verschlechterung bestimmt sich seine Verpflichtung zum Schadensersatze nach den Vorschriften, welche für das Verhältniß zwischen dem Eigenthümer und dem Besitzer von dem Eintritte der Rechtshängigkeit des Eigenthumsanspruchs an gelten (§ 347, §§ 989 ff.). Das Gleiche gilt von dem Anspruch auf Herausgabe oder Vergütung von Nutzungen und von dem Anspruch auf Ersatz von Verwendungen. Eine Geldsumme ist von der Zeit des Empfangs an zu verzinsen. Das frühere Recht des Gläubigers wird nicht dadurch ausgeschlossen, daß der Gegenstand, den er empfangen hat, durch Zufall untergegangen ist (§ 350). Dagegen ist das frühere Recht des Gläubigers ausgeschlossen, wenn er die empfangene Sache durch Verarbeitung oder Umbildung in eine Sache anderer Art umgestaltet hat (§ 352), ferner, wenn er den empfangenen Gegenstand oder einen erheblichen Theil des Gegenstandes veräußert oder mit dem Rechte eines Dritten belastet hat, wenn bei demjenigen, welcher den Gegenstand in Folge der Verfügung erlangt hat, die Voraussetzungen des § 351 oder des § 352 eingetreten sind. Einer Verfügung des Berechtigten steht eine Verfügung gleich, die im Wege der Zwangsvollstreckung oder der Arrestvollziehung oder durch den Konkursverwalter erfolgt (§ 353). Die aus dem Rücktritte sich ergebenden Verpflichtungen sind Zug um Zug zu erfüllen (§ 348). §§ 320, 322 finden entsprechende Anwendung (Einrede des nicht erfüllten Vertrags, Verurtheilung Zug um Zug). Kommt der Gläubiger mit der Rückgewähr des Empfangenen oder eines erheblichen Theiles desselben in Verzug, so kann der Schuldner ihm eine angemessene Frist mit der Erklärung bestimmen, daß er die Annahme nach dem Ablaufe der Frist ablehne, und der Rücktritt des Gläubigers wird unwirksam, wenn nicht die Rückgewähr vor dem Ablaufe der Frist erfolgt (§ 354). Alsdann kann der Gläubiger nur noch Schadensersatz wegen des unmöglichen Theiles der Leistung fordern. Der Schuldner kann aber überhaupt dem Gläubiger eine angemessene Frist zur Ausübung seines Rechtes aus Abs. 2 § 280 bestimmen mit der Wirkung, daß dieses Recht erlischt, wenn nicht der Rücktritt vor dem Ablaufe der Frist erklärt wird (§ 355). Sind mehrere Gläubiger oder mehrere Schuldner vorhanden, so gilt das Rücktrittsrecht aktiv und passiv als untheilbar (§ 356). Das BGB. geht demnach davon aus, daß § 280 Abs. 2 nur in solchen Fällen Anwendung finden kann, in denen der Gläubiger die Theilleistung nur vorläufig unter dem Vorbehalte der Ergänzung angenommen hat; im Falle der endgültigen Annahme eines Theiles einer Leistung bleibt das Schuldverhältniß überhaupt nur für den Rest der Leistung bestehen.

4. Ueber die Folgen der von einem der Vertragschließenden zu vertretenden gänzlichen oder theilweisen Unmöglichkeit bei gegenseitigen Verträgen s. die §§ 324—327.

## § 281.

Erlangt der Schuldner in Folge des Umstandes, welcher die Leistung unmöglich macht, für den geschuldeten Gegenstand einen Ersatz oder einen Ersatzanspruch, so kann der Gläubiger Herausgabe des als Ersatz Empfangenen oder Abtretung des Ersatzanspruchs verlangen.

Hat der Gläubiger Anspruch auf Schadensersatz wegen Nichterfüllung, so mindert sich, wenn er von dem im Abs. 1 bestimmten Rechte Gebrauch macht, die ihm zu leistende Entschädigung um den Werth des erlangten Ersatzes oder Ersatzanspruchs.

E. I, 238 Abs. 1; II, 237; III, 275.

1. Der Anspruch nach § 281 Abs. 1 steht dem Gläubiger in jedem Falle zu, in welchem die geschuldete Leistung nachträglich, objektiv oder subjektiv, unmöglich wird, gleichviel, ob die Unmöglichkeit durch den Schuldner verschuldet ist oder nicht. Daß sich die Vorschrift des § 281 nur auf die nachträglich eingetretene Unmöglichkeit bezieht, ergiebt sich bezüglich der objektiven Unmöglichkeit schon aus den §§ 306 und 307, für die subjektive Unmöglichkeit aus dem Umstande, daß § 281 nur von einer „unmöglichen Leistung", also von einer objektiven Unmöglichkeit spricht, und daß der letzteren das Unvermögen des Schuldners zur Leistung nur dann gleichgestellt ist, wenn es nachträglich eingetreten ist. (§ 275 Abs. 2.) Ebenso Planck Bem. 5; Schollmeyer Bem. 2, b zu § 281. And. M. Cosack I S. 333, 2, c, welcher die Vorschrift des § 281 auch auf eine von Anfang an vorhandene subjektive Unmöglichkeit für anwendbar erklärt.

2. Der Ersatz oder Ersatzanspruch muß „in Folge" des Umstandes erlangt sein, welcher die Leistung unmöglich macht. Daß dieser Umstand die ausschließliche Ursache der Ersatzleistung war, wird nicht verlangt. Es gehören also auch hieher die Fälle, in denen der Schuldner einen Ersatz aus einem Versicherungsvertrag erlangt. Die häufigsten Fälle der Anwendbarkeit des § 281 sind jene, in denen von einem Dritten, welcher durch eine unerlaubte Handlung den geschuldeten Gegenstand entzogen oder zerstört hat, Ersatz geleistet wird.

Nicht unter § 281 fällt der Entgelt, den der Schuldner, welcher durch die Veräußerung des geschuldeten Gegenstandes die Unmöglichkeit herbeigeführt hat, für den veräußerten Gegenstand erlangt hat. So richtig (gegen die Ansicht von Oertmann, Erl. 2, c zu § 281, Schollmeyer, 2, b zu § 281, Enneccerus I § 192 II, Dernburg II § 62 IV) Planck, 2. Aufl. S. 85, Kisch S. 198 ff. Vgl. vor Allem Kuhlenbeck, Von d. Pand. z. BGB. II S. 96. Es handelt sich in diesem Falle nicht um ein Surrogat der Sache, nicht um ein lucrum ex re im Sinne der l. 21 D. de her. vend. 18, 4, sondern um ein lucrum ex negotiatione oder ex persona, um einen Gewinn, der durch eine auf eigene Gefahr unternommene persönliche Handlung des Schuldners vermittelt worden ist, der zweite Verkauf ging ausschließlich auf Risiko des Schuldners, der sich dadurch der Haftung aus seinem Schuldverhältnisse dem ersten Gläubiger gegenüber nicht entziehen konnte; der Anspruch des Schuldners auf den Kaufpreis wird schon durch den zweiten Verkauf, nicht erst durch die Uebertragung, welche erst die Unmöglichkeit der Leistung an den ersten Gläubiger herbeiführt, begründet; allerdings bildet auch beim Versicherungsvertrag letzterer die obligatorische Grundlage des Anspruchs auf die Versicherungssumme, aber dieser Anspruch selbst entsteht erst durch den Unfall selbst, der den Gegenstand der Leistung betroffen und dadurch die Unmöglichkeit der Leistung herbeigeführt hat.

Auch wenn ein Vormund mit dem Gelde des Mündels an der Börse spekulirt, ein Mandatar mit ihm zu bestimmten Zwecken anvertrautem Gelde sich ein Lotterieloos kauft, haben der Mündel, der Mandant keinen Anspruch auf Herausgabe des Gewinns; letzterer bildet keinen Ersatz im Sinne des § 281.

3. § 281 findet auch Anwendung, wenn in einem von einer aufschiebenden Bedingung oder von einem Anfangstermin abhängigen Schuldverhältnisse die Leistung vor dem Eintritte der Bedingung oder des Termins unmöglich geworden ist. (Vgl. E. I, 238 Abs. 2 und P. I, 316.)

4. Abs. 2. Hat der Schuldner das Unmöglichwerden der Leistung zu vertreten, so steht dem Gläubiger der Anspruch auf Schadensersatz nach Maßgabe des § 280 zu.

Neben diesem Anspruche kann er auch das ihm nach § 281 Abs. 1 eingeräumte Recht geltend machen. Thut er dies, so muß er sich den Werth des erlangten Ersatzes oder Ersatzanspruchs auf die Schadensersatzleistung anrechnen lassen. Maßgebend ist der gemeine Werth des erlangten Gegenstandes oder Anspruchs im Zeitpunkte der Abtretung.

5. Bezüglich der gegenseitigen Verträge s. § 323 Abs. 2.

## § 282.

Ist streitig, ob die Unmöglichkeit der Leistung die Folge eines von dem Schuldner zu vertretenden Umstandes ist, so trifft die Beweislast den Schuldner.

E. I, 239; II, 238; III, 276.

1. Ist streitig, ob der Schuldner die Unmöglichkeit zu vertreten hat, so trifft die Beweislast immer den Schuldner, gleichviel, ob der Gläubiger auf Erfüllung oder auf Schadensersatz wegen Nichterfüllung klagt.

Gegenüber der Erfüllungsklage des Gläubigers muß der Schuldner, welcher sich auf seine Befreiung wegen Unmöglichkeit der Leistung beruft, außerdem noch die eingetretene Unmöglichkeit der Leistung beweisen.

Klagt dagegen der Gläubiger auf Schadensersatz wegen Nichterfüllung (§ 280), so obliegt der Beweis der Unmöglichkeit dem Gläubiger. Diesen Beweis kann er dadurch umgehen, daß er ohne Rücksicht auf eine etwa eingetretene thatsächliche Unmöglichkeit den Schuldner zunächst auf Erfüllung verklagt und auf Grund des erwirkten rechtskräftigen Urtheils gemäß § 283 gegen den Schuldner vorgeht.

2. Die Entscheidung der Frage, ob der Schuldner den ihm obliegenden Beweis erbracht hat, unterliegt der freien richterlichen Beweiswürdigung. Von der Aufstellung besonderer Beweisregeln hat das BGB. abgesehen. (M. II 48, 49.)

3. Die Beweisvorschrift des § 282 gilt auch für die Fälle einer nachträglich eingetretenen subjektiven Unmöglichkeit (s. Vorbem. II, 2); sie gilt nicht für den Fall einer schon bei Begründung des Schuldverhältnisses vorhandenen (anfänglichen) Unmöglichkeit. Vgl. Vorbem. 4, a.

## § 283.*)

Ist der Schuldner rechtskräftig verurtheilt, so kann der Gläubiger ihm zur Bewirkung der Leistung eine angemessene Frist mit der Erklärung bestimmen, daß er die Annahme der Leistung nach dem Ablaufe der Frist ablehne. Nach dem Ablaufe der Frist kann der Gläubiger Schadensersatz wegen Nichterfüllung verlangen, soweit nicht die Leistung rechtzeitig bewirkt wird; der Anspruch auf Erfüllung ist ausgeschlossen. Die Verpflichtung zum Schadensersatze tritt nicht ein, wenn die Leistung in Folge eines Umstandes unmöglich wird, den der Schuldner nicht zu vertreten hat.

Wird die Leistung bis zum Ablaufe der Frist nur theilweise nicht bewirkt, so steht dem Gläubiger auch das im § 280 Abs. 2 bestimmte Recht zu.

E. I, 243; II, 239 Abs. 1 Satz 1, 3 Abs. 2; III, 277.

1. Bedeutung der Vorschrift. Die Regelung der Voraussetzungen, unter welchen von dem Anspruch auf Erfüllung zur Forderung des Schadensersatzes übergegangen werden kann, gehört dem materiellen Rechte an (vgl. § 893 CPO. und M. z. CPO. S. 445). Eine solche materiellrechtliche Bestimmung giebt § 283. Ohne diese Vorschrift könnte der Gläubiger Schadensersatz wegen Nichterfüllung erst dann fordern, wenn die Unmöglichkeit der Leistung erwiesen oder das im dritten Abschnitt des 8. Buches der CPO. vorgezeichnete Zwangsvollstreckungsverfahren erschöpft ist. Zur Abschneidung dieses weitläufigen Verfahrens dient die Vorschrift des § 283. Sie kommt dem Gläubiger nicht bloß zu statten gegenüber einem Schuldner, welcher böswillig eine mögliche Leistung verweigert, sondern auch im Falle eines schon bei der Entstehung des Schuldverhältnisses vorhandenen Unvermögens zur Leistung, da letzteres auf die Verpflichtung des Schuldners

*) Literatur: Romeick, Zur Technik des BGB. Heft 1. 1901.

zur Leistung ohne Einfluß ist (s. Vorbem. 4, b vor §§ 275 ff.), endlich auch im Falle einer nachträglich eingetretenen objektiven oder subjektiven Unmöglichkeit, wenn der Beweis der Unmöglichkeit für den Gläubiger mit Schwierigkeiten verknüpft ist.

2. Vorausgesetzt wird eine rechtskräftige Verurtheilung des Schuldners. Ein vorläufig vollstreckbares Urtheil genügt nicht. Beim Vorliegen dieser Voraussetzung kann der Gläubiger, ohne zur Zwangsvollstreckung schreiten zu müssen, dem Schuldner eine angemessene Frist mit der Erklärung bestimmen, daß er nach dem Ablaufe der Frist die Leistung nicht mehr annehme. Näheres über die Fristbestimmung und deren Wirkungen in den Bem. 2—5 zu § 250.

3. Satz 3 des Abs. 1 bezieht sich nur auf solche Fälle, in denen nach der rechtskräftigen Verurtheilung, jedoch vor dem Ablaufe der Frist, die Leistung dauernd unmöglich geworden ist. Eine vor der rechtskräftigen Verurtheilung eingetretene Unmöglichkeit, zu erfüllen, kann zufolge § 767 Abs. 2 CPO. nicht in Betracht kommen, die erst nach dem Ablaufe der Frist eingetretene aus dem Grunde nicht, weil mit dem Fristablauf an die Stelle der Pflicht zur Erfüllung die Schadensersatzpflicht getreten ist. Eine vorübergehende, wenn auch unverschuldete Verhinderung des Schuldners, während des Laufes der Frist seine Verbindlichkeit zu erfüllen, befreit denselben nicht von der Verpflichtung, mit dem Ablaufe der Frist Schadensersatz zu leisten. (P. I, 322.)

4. Der Gläubiger, welcher den Schuldner auf Erfüllung klagt, kann verlangen, daß die Frist, mit deren Ablaufe der Schadensersatzanspruch eintritt, im Urtheil bestimmt werde. § 255 CPO.

5. Dem Schuldner, welcher auf Grund des § 283 dem Gläubiger Schadensersatz zu leisten hat, steht der Anspruch auf Abtretung nach § 255 zu.

## Vorbemerkungen: Verzug des Schuldners.*)

Im Anschluß an die Unmöglichkeit der Leistung wird in den §§ 284—290 der Verzug des Schuldners behandelt. Die §§ 284, 285 regeln die Voraussetzungen, die §§ 286 bis 290 die Rechtsfolgen desselben. Im Wesentlichen schließt sich das BGB. in der Auffassung des Schuldnerverzugs an die gemeinrechtliche Lehre an, der zufolge derselbe einen Sonderfall des kontraktlichen Verschuldens darstellt (subjektive mora). Vgl. Kuhlenbeck, Von den Pand. z. BGB. Bd. 2 S. 101 ff., Kniep, Die mora des Schuldners, 2 Bde. 1871, Wolf, Zur Lehre von der mora (1841), G. Lehmann, Die Ausweitung der debitorischen Verzugsfolge 1891, Windscheid-Kipp II §§ 276—281, Mommsen, Die Lehre von der mora, Beitr. zum Obl.R. Abt. 3.

1. Voraussetzungen des Schuldnerverzugs sind:
   a) Nichtentrichtung der geschuldeten Leistung nach eingetretener Fälligkeit der Leistung und hinzutretende Mahnung des Gläubigers (§ 284 Abs. 1). Ohne Mahnung kommt der Schuldner in Verzug, wenn für die Leistung eine Zeit nach dem Kalender bestimmt ist; durch bloße Kündigung, wenn der Leistung eine Kündigung vorauszugehen hat und die Zeit für die Leistung in der Weise bestimmt ist, daß sie sich von der Kündigung ab nach dem Kalender berechnen läßt (§ 284 Abs. 2; dies interpellat pro homine).
   b) Verschulden des Schuldners (§ 285).
2. Rechtsfolgen des Schuldnerverzugs:
   a) Ersatz des Schadens verspäteter Erfüllung (§ 286 Abs. 1) oder wegen Unmöglichkeit der Leistung, wenn der zeitliche Coeffizient der Leistung ein wesentliches Interesse für den Gläubiger bildet, so daß dieser an der verspäteten Erfüllung kein Interesse mehr hat (§ 286 Abs. 2).
   b) Steigerung der Haftung des Schuldners; der Schuldner haftet während des Verzugs, auch wenn er nach dem Schuldverhältnisse ursprünglich nur Vorsatz und grobe Fahrlässigkeit zu vertreten hatte, für jede Fahrlässigkeit;

*) Literatur: Päch, Der Leistungsverzug 1902; de Claparède, Beiträge zur Lehre vom Leistungsverzuge u. s. w. 1903.

ja er haftet sogar für Zufall, sofern er nicht den Nachweis führen kann, daß der Schaden auch bei rechtzeitiger Leistung eingetreten sein würde (§ 287).

c) Verzugszinsen bei Geldschulden (§ 288).

d) Bei gegenseitigen Verträgen sind die Folgen des Schuldnerverzugs besonders geregelt durch §§ 326, 327 (Wahlrecht des Gläubigers zwischen

α) Anspruch auf Erfüllung nebst Ersatz des durch den Verzug entstehenden Schadens oder

β) Anspruch auf Schadensersatz wegen Nichterfüllung oder

γ) einfachem Rücktritt vom Vertrage).

e) Die Verzugsfolgen bei den aus unerlaubten Handlungen (mora ex re) entspringenden Verpflichtungen sind besonders geregelt in §§ 848 ff.

3. Aufhebung der Rechtsfolgen des Schuldnerverzugs (purgatio morae): Das BGB. giebt hierüber keine besonderen Vorschriften; aus seinen allgemeinen Grundsätzen ergiebt sich, daß die weiteren Wirkungen, nicht die schon eingetretenen Folgen des Schuldnerverzugs aufhören:

a) dadurch, daß der Schuldner nachträglich seiner Verpflichtung in gehöriger Weise, d. h. unter Einschluß der durch den bisherigen Verzug hinzugekommenen Verpflichtungen nachkommt oder den Gläubiger in Ansehung dieser Leistung in Annahmeverzug setzt; nimmt der Gläubiger eine Theilleistung an, so hören die weiteren Wirkungen des Verzugs nur bezüglich des geleisteten Theiles auf; verpflichtet ist der Gläubiger zur Annahme solcher Theilleistungen nicht (§ 266);

b) dadurch, daß der Gläubiger dem Schuldner nachträglich (ausdrücklich oder stillschweigend) eine Frist bewilligt (Stundungsvertrag). Ob in einem solchen Vertrage auch ein Verzicht auf die bereits eingetretenen Verzugsfolgen liegt, ist Sache der Auslegung. Zu vermuthen ist ein solcher Verzicht nicht. Vgl. Seuff. Arch. Bd. 54 Nr. 143.

4. Besondere Vorschriften zwingenden Charakters giebt das RG. vom 16. Mai 1894 (RGBl. S. 450) betr. Abzahlungsgeschäfte gegen gewisse Abreden über die Wirkung von Nichterfüllung und Verzug, Vorschriften, die das BGB. nach Art. 32 EG. unberührt läßt. Abgesehen von diesen Vorschriften sind die folgenden Paragraphen dispositiv.

Die Vorschriften des BGB. über Schuldnerverzug gelten auch (nach Streichung der Art. 356, 358, 359 des alten HGB.) für Handelsgeschäfte.

## § 284.

Leistet der Schuldner auf eine Mahnung des Gläubigers nicht, die nach dem Eintritte der Fälligkeit erfolgt, so kommt er durch die Mahnung in Verzug. Der Mahnung steht die Erhebung der Klage auf die Leistung sowie die Zustellung eines Zahlungsbefehls im Mahnverfahren gleich.

Ist für die Leistung eine Zeit nach dem Kalender bestimmt, so kommt der Schuldner ohne Mahnung in Verzug, wenn er nicht zu der bestimmten Zeit leistet. Das Gleiche gilt, wenn der Leistung eine Kündigung vorauszugehen hat und die Zeit für die Leistung in der Weise bestimmt ist, daß sie sich von der Kündigung ab nach dem Kalender berechnen läßt.

E. I, 245; II, 240; III, 278.

I. Voraussetzungen des Verzugs:

1. Eingetretene Fälligkeit des Anspruchs. Vgl. hierüber § 271. Fälligkeit im Sinne des § 284 liegt jedoch nicht vor, solange dem Schuldner eine civilrechtliche Einrede gegen den Anspruch zusteht, da von einem Verzuge des Schuldners nicht die Rede sein

kann, solange der Schuldner die Leistung zu verweigern berechtigt ist. (Rspr. d. OLG. Bd. 5 S. 28.)

Nicht erforderlich ist, daß die Mahnung zeitlich einem die Fälligkeit begründenden Rechtsakte, z. B. der Kündigung, nachfolge; es ist zulässig, die Handlung, welche die Fälligkeit begründet, z. B. die Kündigung, mit der Mahnung zu verbinden. (RGE. in Jur. Wschr. 1902 S. 230.)

2. Mahnung ist die nach dem Eintritte der Fälligkeit an den Schuldner gerichtete Aufforderung des Gläubigers, die Leistung zu bewirken. Eine Mahnung, welche ergeht, solange die Forderung gestundet oder die bedungene Kündigung noch nicht erfolgt ist, ist wirkungslos. Ueber die Mahnung eines Vertreters oder gegenüber einem Vertreter s. § 180.

Die Mahnung bewirkt nicht unmittelbar die Aenderung oder Aufhebung eines Rechtes. Sie ist deßhalb keine Verfügung im Sinne des BGB. In der bloßen Uebersendung einer Rechnung ist, sofern sich nicht aus den Umständen (z. B. aus der Sendung wiederholter Rechnung) ein Anderes ergiebt, eine Mahnung nicht zu erblicken.

a) Die Mahnung ist eine gegenüber einem Anderen abzugebende Willenserklärung, also eine einseitige empfangsbedürftige Willenserklärung, auf welche die §§ 130—132 Anwendung finden. Ob die Mahnung ein Rechtsgeschäft ist, ist bestritten. Nach Planck Bem. 4, b (Kipp, Festgabe der jurist. Gesellschaft für Koch S. 119 ff., Päch S. 50) ist sie eine Rechtshandlung. Nach Bruck (Bedingungsfeindliche Rechtsgeschäfte S. 173 ff.) gehört sie einer besonderen Gattung rechtserheblicher Handlungen an, die er als Willenserklärungen mit Eventualrechtserfolg oder Eventualgeschäfte bezeichnet; ihr Wille ist auf Leistung gerichtet; tritt dieser Erfolg nicht ein, so tritt an Stelle dieses Prinzipalerfolgs ex lege ein Surrogaterfolg, die Rechtsfolgen des Verzugs. Der Wille, daß geleistet werden soll, muß deutlich zum Ausdruck gekommen sein. Ein Schreiben: „Es würde mir angenehm sein, wenn u. s. w." enthält keine Mahnung. RGE. v. 8. Januar 1904 in Das Recht 1904 S. 136. Ueber die Fälle, in denen die Mahnung von einer geschäftsunfähigen oder in der Geschäftsfähigkeit beschränkten Person ausgeht oder an eine solche Person gerichtet ist, s. die §§ 105, 111, 131.

Bei unbekanntem Aufenthalte des Schuldners kann die Mahnung im Wege der öffentlichen Zustellung erfolgen. § 132.

Besondere Vorschriften über die Form der Mahnung sind nicht gegeben.

b) Der Inhalt der Mahnung bestimmt sich nach dem Inhalte des Schuldverhältnisses. Aus der Mahnung muß mit Bestimmtheit hervorgehen, daß der Gläubiger die Bewirkung der geschuldeten Leistung verlangt.

α) Die Frage, ob durch eine Zuvielforderung der Schuldner in Verzug gesetzt wird, ist im Gesetze nicht beantwortet. In der Regel wird sie zu bejahen sein, namentlich dann, wenn anzunehmen ist, daß der Schuldner auch einer auf den geschuldeten Betrag beschränkten Mahnung keine Folge geleistet haben würde. Vgl. RGE. Bd. 9 S. 141, Bd. 14 S. 108; Seuff. Arch. Bd. 32 Nr. 309; Schollmeyer S. 122. Umgekehrt wird eine Mahnung dann als unwirksam zu betrachten sein, wenn anzunehmen ist, daß der Gläubiger die Leistung eines geringeren Betrages als des zuvielgeforderten nicht annehmen werde. Erfolgt die Mahnung durch Vorlegung einer quittirten Rechnung, welche vom Schuldner mit Recht als unrichtig beanstandet wird, so kommt der Schuldner nicht in Verzug, wenn er die Rechnung zurückweist und der Gläubiger sich weigert, eine Quittung über den Theilbetrag auszustellen. Ferner kommt der Schuldner durch eine Mahnung nicht in Verzug, wenn er nur gegen Rückgabe des Schuldscheins oder Ausstellung eines Anerkenntnisses der in § 371 gedachten Art zu leisten braucht und der Gläubiger nicht bereit ist, diese Handlungen vorzunehmen. Vgl. Planck Bem. 4, c zu § 284.

β) Eine eventuelle oder bedingte Mahnung entbehrt der erforderlichen Bestimmtheit und ist deßhalb wirkungslos (M. II, 58). Die Mahnung ist eine relativ „bedingungsfeindliche" Willenserklärung; denn der Empfänger (Schuldner) hat ein rechtliches Interesse an ihrer Bestimmtheit. Vgl. Bruck, Bedingungsfeindliche Rechtsgeschäfte S. 172.

Eine Ausnahme liegt auch nicht in dem Falle, daß der Gläubiger unter der Bedingung, daß Schuldner Sicherheit leiste, die Rechtsfolgen der Mahnung ausschließt. Vgl. Schollmeyer Bem. 2 zu § 284, Rehbein S. 119 Bem. 108, Oertmann Bem. 2 zu § 284. Wie Planck Bem. 4, g richtig bemerkt, liegt in dieser (uneigentlichen) Bedingung der Antrag auf Abschluß eines Stundungsvertrags, nach welchem die Wirkungen der Mahnung wegfallen, wenn Schuldner ihn annimmt und die Sicherheit leistet.

γ) Die Mahnung auf eine Leistung, welche der Schuldner nur Zug um Zug gegen eine Gegenleistung des Gläubigers zu bewirken hat, ist wirksam, auch wenn der Gläubiger sich nicht vorher oder gleichzeitig mit der Mahnung zur Bewirkung der Gegenleistung erboten hat. Der Gläubiger, welcher den Schuldner mahnt, erbietet sich stillschweigend mit der Mahnung zu der von ihm selbst geschuldeten Gegenleistung. Der Schuldner muß die Leistung gegen die Gegenleistung bewirken oder anbieten. Thut er dies, so kommt er nicht in Verzug (§ 294). Vielmehr geräth der Gläubiger in Verzug, wenn er nicht seinerseits die Gegenleistung anbietet (§ 298).

Das Gleiche gilt, wenn der Schuldner nur gegen Aushändigung einer Urkunde zur Leistung verpflichtet ist (§§ 410, 497), oder wenn der Gläubiger gegen Empfang der Leistung eine Quittung zu ertheilen hat. In letzterem Falle muß jedoch die Ertheilung der Quittung verlangt werden (§ 368).

c) Ist zur Leistung eine Mitwirkung des Gläubigers erforderlich, so geräth der Schuldner trotz der Mahnung nicht in Verzug, solange der Gläubiger die ihm obliegende Handlung nicht vornimmt und der Schuldner aus diesem Grunde die Leistung nicht bewirken kann.

Bei einer Holschuld wird also der Schuldner nur dann in Verzug gesetzt, wenn der Gläubiger sich zur Empfangnahme am Leistungsorte einfindet.

d) Zeit der Mahnung. Die Mahnung kann wirksam erst nach eingetretener Fälligkeit des Anspruches erfolgen (s. Bem. I, 1). Die Wirksamkeit einer Mahnung einem Abwesenden gegenüber bestimmt sich nach den §§ 130, 132; es genügt darnach, daß die Mahnung dem Schuldner zugeht und sie gilt als zugegangen, wenn sie dem Schuldner nach Maßgabe des § 132 zugestellt ist. Der Schuldner kommt nicht in Verzug, wenn er, nachdem ihm die Mahnung zugegangen, ohne schuldhaftes Zögern die Leistung bewirkt. Verzögert er schuldhafter Weise die Leistung, so gilt der Verzug schon als im Zeitpunkte der Mahnung eingetreten. (Vgl. Planck Bem. 7, a zu § 284.) Im Uebrigen enthält das BGB. keine besonderen Vorschriften über Zeit und Ort der Mahnung.

In der I. Auflage war gesagt worden, daß eine Mahnung als solche auch wirksam sei, wenn nicht opportuno loco et tempore gemahnt wurde. Der Satz ist nicht unter allen Umständen und in jeder Hinsicht richtig. (Vgl. l. 32 D. de usuris 22, 1.) Jedenfalls tritt, wenn inopportuno loco et tempore gemahnt wird, z. B. außerhalb der Geschäftszeit, an einem unpassenden Orte, bei einer Festlichkeit, sofortige Zahlung einer fälligen Geldsumme gefordert wird, die Verzugsfolge nicht sofort ein; dem Schuldner ist überhaupt nach den Umständen des Falles (nach Treu und Glauben mit Rücksicht auf die Verkehrssitte) eine anständig bemessene Zeit zur Erfüllung (modicum tempus, l. 105 D. de sol. 46, 3) zu bewilligen. Doch ist allerdings eine unpassende Mahnung, die unter Umständen sogar eine Injurie darstellen kann, dieserhalb nicht völlig unbeachtlich, wie Dernburg II S. 168 anzunehmen scheint; sie braucht wegen des Verstoßes gegen die Verkehrssitte nicht nachgeholt zu werden, die Rechtsfolgen treten nach Ablauf des modicum tempus von selber ein. Vgl. Bem. 1 zu § 286.

e) Der Mahnung gleich steht die Erhebung der Klage auf Verurtheilung zur Leistung, nicht aber die Feststellungsklage nach § 256 CPO., auch nicht die einredeweise Geltendmachung des Anspruchs (M. I, 363), ebensowenig die Ladung zum Sühneversuch (CPO. § 510); dagegen hat die Erhebung einer auf die Leistung gerichteten Widerklage (§ 33 CPO.) die Wirkungen der Mahnung. Diese Wirkungen treten zufolge § 281 CPO. mit dem Zeitpunkte ein, in welchem die Widerklage in der Verhandlung erhoben wird.

Eine Klage kann als Kündigung wirksam werden, wenn im Uebrigen die Voraussetzungen, unter denen gekündigt werden konnte, vorliegen. RGE.

Bd. 53 S. 212; sie kann aber nicht eine an sich unwirksame Kündigung wirksam machen. RGE. in Jur. Wschr. 1903 Beil. S. 138. In der wirksamen Kündigung liegt, sofern nichts Anderes bestimmt ist, zugleich die Mahnung. RGE. Bd. 50 S. 255.

f) Der gemeinrechtliche, in der Theorie bestrittene, in der neueren Praxis jedoch durchgängig anerkannte Satz dies interpellat pro homine (s. Dernburg, Pand. Bd. 2 § 40 Note 14) ist durch Abs. 2 des § 284 auch in das BGB. aufgenommen, und zwar für alle Fälle, ohne Unterscheidung, ob die Zeitbestimmung durch Rechtsgeschäft, Gesetz oder Urtheil festgesetzt ist. Jedoch muß die Leistungszeit nach dem Kalender bestimmt sein, oder, wenn eine Kündigung vorherzugehen hat, von der Kündigung ab sich nach dem Kalender berechnen lassen. Ist dies der Fall, so kommt der Schuldner zur bestimmten Zeit ohne Mahnung in Verzug, wenn er nicht leistet.

Wenn jedoch die Beifügung einer kalendermäßigen Leistungszeit nach dem erklärten oder anzunehmenden Willen der Parteien nur die Bedeutung haben soll, daß der Gläubiger nicht vor der bestimmten Zeit fordern darf, so kommt selbstverständlich der Schuldner nur durch Mahnung in Verzug.

Der Schuldner kommt nach Abs. 2 des § 284 ohne Mahnung auch dann in Verzug, wenn als Zeitpunkt der Leistung ein „bewegliches" Fest, z. B. Ostern oder Pfingsten eines bestimmten Jahres oder der Geburtstag einer bestimmten Person, festgesetzt ist; ferner genügt die Bestimmung einer Frist, deren Ende sich nach dem Kalender berechnen läßt. Vgl. Planck Bem. 6 zu § 284. Dagegen fällt nicht unter Abs. 2 des § 284 die Bestimmung eines dies certus an incertus quando oder gar incertus an et quando. Doch gilt hiervon eine Ausnahme bei der Kündigung, sei es nun, daß die Leistung sofort mit der Kündigung erfolgen soll oder sich von der Kündigung ab nach dem Kalender berechnen läßt. Vgl. Planck Bem. 6 zu § 284, RGE. Bd. 50 S. 255 Bem. 1; Schollmeyer S. 123.

g) Ueberflüssigwerden der Mahnung durch unbedingte Weigerung des Schuldners: Zur Zeit der Geltung des früheren Rechtes hatte bereits das Reichsgericht in RGE. Bd. 4 S. 69, Bd. 7 S. 44 ausgesprochen, daß nach der im kaufmännischen Verkehre herrschenden Auffassung, die in Handelssachen nach Art. 279 des früheren HGB. maßgebend sein müsse, und die auch die Natur der Sache für sich habe, einer von dem Verkäufer vor Eintritt der Fälligkeit seiner Verbindlichkeit zur Lieferung der Waaren abgegebenen bestimmten Erklärung, er erachte sich an den Vertrag nicht gebunden und werde nicht liefern, nur die Bedeutung beigelegt werden könne, daß sie die Inverzugsetzung, die sonst nach den Art. 355 und 356 des alten HGB. die Voraussetzung für die Geltendmachung der dort dem Käufer beigelegten Rechte bilde, überflüssig mache. Es ist insbesondere in der zweiterwähnten Entscheidung ausgeführt, daß der Vertragstheil, der eine solche Erklärung abgebe, unter Verzicht auf jede weitere Mahnung von Seiten des anderen sich den gesetzlichen Folgen unterwerfe, die einträten, wenn er gleichwohl zur Erfüllung verpflichtet sein sollte. Der in jenen Entscheidungen ausgesprochene Satz beansprucht nach dem ihm zu Grunde liegenden Gedanken eine über die Fälle der Art. 355 und 356 des alten HGB. hinausgehende allgemeine Geltung. Er ist auch für das neue HGB. und das BGB. anzuerkennen. Vgl. RGE. in Jur. Wschr. 1902 S. 28, Beil. S. 252. Dagegen freilich Planck Bem. 4, i zu § 284. M. E. ist es Chikane, wenn ein Schuldner, nachdem er unbedingte Weigerung der Leistung erklärt hat, im Prozeß noch den Mangel einer besonderen, überflüssigen Mahnung rügt. Die Entscheidung des Reichsgerichts ist mit Rücksicht auf §§ 157, 242 gerechtfertigt; die Voraussetzungen des Verzugs, welche dispositives Recht bilden, sind nach Treu und Glauben mit Rücksicht auf die Verkehrssitte zu bestimmen, und darnach ist eine von vornherein überflüssige, weil vom Schuldner zum Voraus abgelehnte Mahnung, nicht erforderlich. Vgl. jedoch für Gläubigerverzug Bem. 1, a zu § 295.

h) Keine Anwendung findet § 284 auf Schuldverhältnisse, die auf ein Unterlassen gerichtet sind; wenn der Schuldner die Handlung vornimmt, die er zu unterlassen verpflichtet ist, bedarf es keiner Mahnung, die Handlung zu unterlassen, um die Rechtsfolgen der Handlung, die unmittelbare Rechtsfolgen der Verletzung der Verbindlichkeit, nicht eines bloßen Verzugs sind, eintreten zu lassen. Vgl. Planck Bem. 3 zu § 284. Wendt, Unterlassungen und Versäumnisse im bürgerlichen Recht, Archiv f. d. civilist. Praxis Bd. 92

S. 68. And. M. Päch S. 67, der bei Verpflichtungen zu dauernden Unterlassungen die Vorschriften über Verzug für anwendbar hält.

i) Ueber die Frage, wie der Schuldner in Verzug zu setzen ist, wenn eine von beiden Theilen als zur Erfüllung geeignet angesehene Leistung sich nachträglich als dazu ungeeignet darstellt, vgl. Seuff. Arch. Bd. 60 Nr. 28.

3. Eine weitere gesetzliche Voraussetzung des Schuldnerverzugs ist, daß die Leistung in Folge eines Umstandes unterbleibt, den der Schuldner zu vertreten hat, s. § 285.

II. Beendigung des Verzugs, purgatio morae (vgl. E. I § 253; P. I, 328) s. Vorbem. 3.

Ist Geld zu bestimmter Zeit geschuldet, so genügt die rechtzeitige Absendung (§ 270), um den Verzug auszuschließen oder zu beenden. Dernburg II S. 125, LG. Hirschberg in Breslauer Anwaltzeitung 1900 S. 121.

## § 285.

Der Schuldner kommt nicht in Verzug, solange die Leistung in Folge eines Umstandes unterbleibt, den er nicht zu vertreten hat.

E. I, 246; II, 241; III, 279.

1 Die gemeinrechtliche Streitfrage, ob für den Verzug ein Verschulden des Schuldners erfordert wird (Dernburg, Pand. Bd. 2 § 40 Note 15) hat das BGB. im Allgemeinem in bejahendem Sinne entschieden. Der Verzug des Schuldners hat stets zur Voraussetzung, daß das Unterbleiben der Leistung durch einen Umstand verursacht wurde, welchen der Schuldner zu vertreten hat und in der Regel hat der Schuldner nur sein Verschulden zu vertreten. Doch geht die Haftung des Schuldners für Verzug insoweit über das strenge Verschuldungsprinzip hinaus, als der Schuldner auch unverschuldete Umstände, insbesondere das Verschulden seiner gesetzlichen Vertreter und seiner Hülfspersonen (§ 278) zu vertreten hat, oder als sich aus dem Inhalte des Schuldverhältnisses eine über das Verschuldungsprinzip hinausgehende Haftung ergiebt.

Der Schuldner kommt nicht in Verzug, solange die Leistung in Folge eines Umstandes unterbleibt, den er nicht zu vertreten hat. Hieraus ergiebt sich, daß mit dem Wegfallen des die Unterlassung rechtfertigenden Umstandes der Verzug von selbst eintritt, ohne daß eine Wiederholung der Mahnung erforderlich ist. Vgl. Bem. 2, d zu § 285.

Bedarf es zur Bewirkung der Leistung einer Mitwirkung des Gläubigers, so hat der Schuldner das Unterbleiben der Leistung so lange nicht zu vertreten, als der Gläubiger die zur Bewirkung der Leistung seinerseits erforderliche Handlung (beispielsweise die ordnungsmäßige Abnahme, die Lieferung des zur Reparatur von ihm zu stellenden Gegenstandes) unterläßt. Vgl. Bem. 2, b, γ und 2, c zu § 284.

2. Beweislast. Der Gläubiger hat in der Regel nur die Fälligkeit seines Anspruchs und, soweit Mahnung erforderlich, auch die nach dem Eintritte der Fälligkeit erfolgte Mahnung zu beweisen, um den Verzug des Schuldners darzuthun. Dem Schuldner dagegen obliegt der Beweis, daß er die Leistung ordnungsmäßig bewirkt oder angeboten habe, bezw. daß die Leistung in Folge eines Umstandes unterblieben ist, den er nicht zu vertreten hat; das Unterbleiben der Leistung braucht der Gläubiger nicht zu beweisen. In den Fällen der Bem. 2, b, γ und 2, c zu § 284 braucht der Schuldner nur zu beweisen, daß er die Leistung Zug um Zug angeboten habe, bezw. daß er die Leistung angeboten habe; der Gläubiger muß beweisen, daß er diejenige Handlung vorgenommen habe, vor deren Vornahme der Schuldner nicht zu leisten braucht. Vgl. Planck Bem. 8 zu § 284.

3. Was der Schuldner zu vertreten hat, bestimmen die §§ 276–279.

Mangel an Zahlungsmitteln, wenn auch unverschuldeter, schützt zufolge § 279 den Schuldner niemals vor den Folgen des Verzugs, wohl aber ein entschuldbarer Irrthum in Ansehung des Schuldverhältnisses; ein Zweifel des Schuldners über seine Verbindlichkeit nur insofern, als darin ein entschuldbarer Irrthum zu erblicken ist (M. II, 60/61). Sobald der Irrthum bezw. der Zweifel des Schuldners gehoben oder ein sonstiger zeitweiliger Entschuldigungsgrund weggefallen ist, treten die Verzugsfolgen von selbst ein, ohne daß es einer Wiederholung der geschehenen Mahnung bedürfte. Dies ergiebt sich aus dem Wortlaute des § 285 „Kommt nicht in Verzug, solange ....“

## § 286.

Der Schuldner hat dem Gläubiger den durch den Verzug entstehenden Schaden zu ersetzen.

Hat die Leistung in Folge des Verzugs für den Gläubiger kein Interesse, so kann dieser unter Ablehnung der Leistung Schadensersatz wegen Nichterfüllung verlangen. Die für das vertragsmäßige Rücktrittsrecht geltenden Vorschriften der §§ 346 bis 356 finden entsprechende Anwendung.

E. I, 247; II, 242; III, 280.

In I. Aufl. wurde mit Planck Bem. 1 zu § 286 behauptet, durch den Verzug des Schuldners sei eine von letzterem zu vertretende theilweise Unmöglichkeit herbeigeführt, nämlich die Unmöglichkeit der Erfüllung in Ansehung der Zeit, zu welcher die Leistung zu bewirken war (s. M. II, 56 und Bem. zu § 284) und deßhalb sei in § 286 die Ersatzverbindlichkeit des im Verzuge befindlichen Schuldners in derselben Weise geregelt, wie in § 280 die Ersatzpflicht des Schuldners im Falle der von ihm zu vertretenden Unmöglichkeit der Leistung überhaupt.

Wenngleich diese Definition nicht unmittelbar zu praktisch unzulässigen Folgerungen führt, ist sie doch von Dernburg II § 71 N. 4 mit Recht als „merkwürdig" bezeichnet. Sie widerspricht der natürlichen Auffassung in allen Fällen, in denen der zeitliche Coeffizient keinen wesentlichen Inhalt der Leistung bildet, trifft also nur zu, wenn es sich um ein Fixgeschäft im weiteren Sinne handelt. Im Uebrigen läßt sich die Verpflichtung des Schuldners zum Schadensersatz zur Genüge mit der Rechtswidrigkeit des Verzugs, ohne Zuhülfenahme jener künstlichen Definition rechtfertigen. Vgl. § 276, Bem. IV. (Uebrigens war diese Rechtsfolge dem deutschen Rechte fremd, vgl. Crome S. 141 Bem. 2, Dernburg S. 170, Kisch in Grünhuts Zeitschr. Bd. 29 S. 351.)

1. Der Schuldner hat dem Gläubiger den Schaden zu ersetzen, der durch den Verzug entstanden ist. Für die Art und den Umfang der Ersatzleistung sind die Bestimmungen der §§ 249—255 maßgebend. Darüber, ob durch den Verzug ein Schaden überhaupt entstanden ist und wie hoch sich derselbe beläuft, entscheidet das Gericht nach freier Ueberzeugung (§ 287 CPO.).

a) Grundsätzlich ist nach § 249 vom Schuldner derjenige Zustand herzustellen, der bestehen würde, wenn der Verzug nicht eingetreten wäre (Naturalrestitution). Da Planck Unmöglichkeit dieser Forderung voraussetzt, weil er den Verzug als eine vom Schuldner zu vertretende Unmöglichkeit der Leistung in Ansehung der Zeit definirt, so folgert er, daß es sich beim Verzug nur um Schadensersatz in Geld handeln könne (§ 251). Wir halten diese Folgerung nur für Fixgeschäfte im weiteren Sinne zulässig. Bei Leistungen, bei denen die Zeit kein wesentliches Moment bildet, kann dem Interesse des Gläubigers auch durch Naturalrestitution genügt werden; Beispiel: A hat sich dem B zur Vornahme gewisser landwirthschaftlicher Arbeiten, z. B. zum Umpflügen eines Ackers verpflichtet und den Beginn derselben zum 1. März versprochen; die Arbeitsleistung wird am 1. März fällig und A kommt durch Mahnung des B in Verzug. B kann durch intensivere Arbeit, längere Arbeitszeit, Stellung mehrerer Gespanne auch noch nach dem 1. März naturaliter denselben Zustand herstellen, der bestehen würde, wenn der Verzug nicht eingetreten wäre (Umpflügen des Ackers vor der Saatzeit). Ein besonderes Interesse des Gläubigers an der Naturalrestitution kann begründet sein, wenn durch den Verzug ein Schaden entstanden ist, der nicht Vermögensschaden ist; denn in diesem Falle würde die Entschädigung in Geld nach § 253 in der Regel ausgeschlossen sein.

b) Als Verzugsschaden kommt auch der entgangene Gewinn in Frage (§ 252), auch bei Geldschulden, obwohl § 288 für diesen Fall zunächst das Zinsäquivalent bestimmt hat. Vgl. § 288 Abs. 2. Doch ist gerade im Falle des Verzugs besondere Beachtung dem § 254 Abs. 2 zu schenken, demzufolge sowohl der Schadensersatzanspruch überhaupt ausgeschlossen werden als auch seinem Umfange nach beschränkt werden kann, wenn der Gläubiger es bei der Mahnung unterlassen hat, den Schuldner auf die Gefahr eines ungewöhnlich hohen Schadens aufmerksam zu machen, die der Schuldner weder kannte noch kennen mußte, oder es unterlassen hat, den Schaden abzuwenden oder zu mindern. Vgl. hierzu die interessante l. 21 § 3 D. de act. empt. 19, 1.

c) Die Kosten der Mahnung gehören an sich nicht zu dem zu ersetzenden Schaden. Wenn jedoch der Schuldner, um den schon im Verzuge befindlichen Schuldner nochmals zu mahnen, sich eines Anwalts bedient, so sind die hierdurch erwachsenen Kosten, insbesondere die Anwaltsgebühren, zu ersetzen, wenn diese Mahnung durch den Anwalt sich als ein den Umständen nach gerechtfertigter Versuch darstellt, den Schuldner zur Leistung zu bestimmen, was regelmäßig der Fall sein wird. Vgl. Dernburg II S. 173, v. Aken, Jur. Wschr. 1901 S. 118 ff. Die Gebühr ist im nachfolgenden Prozesse liquidationsfähig, s. Das Recht 1901 S. 259, Neumann, Jahrbuch des deutschen Rechtes I S. 203.

2. Abs. 2. Der Gläubiger, welcher unter Ablehnung der verspäteten Leistung Schadensersatz wegen Nichterfüllung verlangt, muß beweisen, daß die verspätete Leistung für ihn kein Interesse hat. Die Geltendmachung des in Abs. 2 dem Gläubiger eingeräumten Rechtes ist in das Belieben des Gläubigers gestellt. Dieser kann daher, soweit nicht § 226 entgegensteht, auch wenn die Leistung für ihn kein Interesse mehr hat, auf der Erfüllung bestehen, so z. B. wenn ein Dritter an der verspäteten Lieferung Interesse hat.

Die Vorschriften des Abs. 2 finden auch Anwendung, wenn der Schuldner nur mit einem Theile der Leistung in Verzug ist. Die entsprechende Anwendbarkeit der §§ 346—356 ist hier insbesondere von Bedeutung, wenn der Gläubiger bereits einen Theil der Leistung empfangen hat und den noch ausstehenden Theil auf Grund des ihm nach Abs. 2 zustehenden Rechtes ablehnt. Vgl. hierüber die Bem. zu § 280.

3. Ueber die Folgen des Schuldner-Verzugs bei gegenseitigen Verträgen s. § 326.

Besondere Folgen des Schuldnerverzugs bei einzelnen Schuldverhältnissen, vgl. §§ 264 Abs. 2, 280, 339, 354, 554, 633 Abs. 3, 775 Nr. 3.

## § 287.

Der Schuldner hat während des Verzugs jede Fahrlässigkeit zu vertreten. Er ist auch für die während des Verzugs durch Zufall eintretende Unmöglichkeit der Leistung verantwortlich, es sei denn, daß der Schaden auch bei rechtzeitiger Leistung eingetreten sein würde.

E. I, 250, 251; II, 243; III, 281.

Die Vorschriften des § 287 schließen sich an die herrschende gemeinrechtliche Lehre von der perpetuatio obligationis an (Windscheid, Pand. Bd. 2 § 280; Dernburg, Pand. Bd. 2 § 41).

1. Satz 1. Der Schuldner hat von Beginn des Verzugs bis zu dessen Beendigung jede Fahrlässigkeit zu vertreten, auch wenn er vor Eintritt des Verzugs nur für grobe Fahrlässigkeit oder nur für die Sorgfalt in eigenen Angelegenheiten haftbar war.

Der Satz gilt selbst für den Schenker, dem der § 522 nur für Verzugszinsen eine Vergünstigung gewährt.

2. Satz 2. Der Schuldner haftet auch für die während des Verzugs durch Zufall eintretende Unmöglichkeit der Leistung. Die Haftung fällt nur dann weg, wenn der Schaden den Gläubiger auch bei rechtzeitiger Leistung getroffen haben würde. Letzteres muß der Schuldner beweisen.

a) Nach E. I § 251 war der Schuldner nur dann befreit, wenn er beweisen konnte, daß eben derselbe Zufall, welcher die Leistung unmöglich gemacht hat, auch bei rechtzeitiger Leistung den Schaden zur Folge gehabt haben würde. Die Beschränkung hat die II. Komm. zu Gunsten des Schuldners fallen lassen. (P. I, 328.) Wenn z. B. nach Eintritt des Verzugs des Schuldners der von diesem zu liefernde Gegenstand durch Brand zu Grunde ging und der Schuldner beweist, daß auch bei rechtzeitiger Leistung dem Gläubiger der Gegenstand innerhalb derselben Zeit auf andere Weise, etwa durch Hochwasser, ohne Ersatzanspruch zu Grunde gegangen wäre, so wird er von der Haftung frei.

b) Der weitere Zufall würde den Nachtheil für den Gläubiger allerdings nur dann zur Folge haben, wenn der Gläubiger den rechtzeitig gelieferten Gegenstand bis dahin behalten haben würde. Planck Bem. 2 zu § 287 (ebenso die I. Aufl.) entnimmt aus der Fassung des § 287, daß die Beweislast für die Einrede, daß der Schaden auch bei rechtzeitiger Lieferung eingetreten sein würde, ausschließlich den Schuldner treffe und daß damit auch die alte Streitfrage, ob der Gläubiger beweisen muß, daß er früher veräußert haben würde, oder ob dem Schuldner der Beweis obliegt, daß der Gläubiger behalten haben würde (vgl. Windscheid, Pand. Bd. 2 § 280 Note 14, und Dernburg, Pand. Bd. 2 § 41 Note 2), zu Ungunsten des Schuldners entschieden sei. (Ebenso Schollmeyer Bem. 26, Fischer-Henle Bem. 2.) Ich kann mich dieser Ansicht nicht anschließen, da dieselbe vom Schuldner Unmögliches verlangt. Der wörtlichen Fassung des § 287 zufolge („es sei denn, daß der Schaden auch bei rechtzeitiger Leistung eingetreten sein würde") genügt es, wenn Schuldner beweist, daß der Zufall auch bei dem Gläubiger eingetreten sein würde. Die Behauptung, der Gläubiger würde ihn durch rechtzeitige Veräußerung von sich abgewendet haben, stellt sich als eine Beweisreplik dar, für die der Gläubiger beweispflichtig ist. Vgl. auch l. 15 § 3 D. 6, 1; l. 40 pr. D. 5, 3; E. d. ROHG. Bd. 9 S. 139 ff., Bd. 21 S. 241. Die gegentheilige Aeußerung der Motive II, 64 ist nicht maßgebend, da dieselbe im Gesetze nicht zum Ausdruck gebracht ist. — Mittlere Ansicht bei Oertmann Bem. 2 zu § 287: „Schuldner hat den Nachweis zu führen, daß eine Abwälzung des Schadens nach der Eigenart des Schuldobjekts oder nach der besonderen Sachlage nicht zu erwarten gewesen wäre."

Jedenfalls ist dem Gläubiger der Beweis aus praktischen Gründen eher zuzumuthen als dem Schuldner. Auch das durch § 287 CPO. dem Richter bei Schadensersatzansprüchen zustehende freie Ermessen ist in dem hier vertretenen Sinne zu verwerthen.

c) Der Nachtheil darf den Gläubiger nicht erst nach der Entstehung des Schadensersatzanspruchs gegen den Schuldner getroffen haben. Wenn also in dem oben angeführten Beispiele das Hochwasser erst nach dem Brande eingetreten ist, würde sich der Schuldner hierauf nicht berufen können. Der einmal entstandene Ersatzanspruch wird durch einen späteren Zufall nicht mehr berührt (P. I, 328).

d) Die Bestimmung des Satzes 2 gilt nicht bloß, wenn die Leistung überhaupt unmöglich geworden, sondern auch wenn die gehörige Leistung unmöglich geworden ist, z. B. bei einer durch Zufall eingetretenen Verschlechterung des Leistungsgegenstandes.

Der Schaden durch Sinken des Preises ist zwar nicht mit Verschlechterung identisch, aber doch ebenso wie der durch Verschlechterung der Sache zu behandeln. Doch bleibt es dem Gläubiger nach allgemeinem Grundsatze unbenommen, zu beweisen, daß er den Schuldgegenstand bei rechtzeitiger Leistung vor der Werthverminderung nach Eintritt des Verzugs verkauft haben würde. A. M. freilich hier, wie zu b die herrschende Ansicht (auch die I. Aufl. dieses Komm.), insbesondere Planck Bem. 3 zu § 287, Dernburg II S. 172 Note 10, welche in diesem Falle die Mot. II, 65 gegen sich haben. (Dernburg lehnt hier die Beweiskraft der Motive deßhalb ab, weil dies nicht harmonire mit der Vertheilung der Beweislast bei zufälligem Untergange; nach meiner Ansicht haben sich aber die Motive im ersteren, nicht im letzteren Falle geirrt.) Für meine Ansicht sind nicht die Motive, sondern die bereits zu b hervorgehobenen praktischen und beweistechnischen Gründe maßgebend, welche bestätigt werden durch die Kontinuität der älteren Praxis. E. d. ROHG. Bd. 8 S. 115, Bd. 11 S. 9 und S. 17, Bd. 21 S. 218, Bd. 25 S. 241. Striethorst Arch. Bd. 79 S. 3. Wie hier auch Enneccerus, Lehmann II S. 491, ferner aber aus dem Grunde, daß Verminderung keine Verschlechterung sei, Crome II S. 144.

Ist der Werth des betr. Gegenstandes in der Zwischenzeit bis zum Urtheil gestiegen, so kann nach Planck Bem. 3 der Gläubiger den höheren Werth der Schadensberechnnng zu Grunde legen, und zwar auch dann, wenn der Preis in der Zwischenzeit gestiegen, nachher aber wieder gefallen war, der Schuldner soll auch hier den Beweis zu führen haben, daß der Gläubiger den Gegenstand bis dahin, daß der Preis wieder gesunken, behalten haben würde. Ebenso Windscheid-Kipp II § 280 Zus., Päch S. 147. Daß wir anderer Ansicht sind (abweichend von der I. Aufl.), ergiebt sich schon aus dem Vorstehenden. Man vgl. auch die Motive, die hier ebenfalls für uns sprechen (II, 65): „Aus §§ 286, 287 folgt, daß der Gläubiger keineswegs ohne Weiteres den höchsten Werth fordern kann, welchen der Leistungsgegenstand während der Dauer des Verzuges hatte; für die Werthminderung ist vielmehr zunächst die Zeit entscheidend, in welcher der Schuldner zu leisten hatte." Vgl. ferner Dernburg II S. 172: „Höheren Preis, welchen der Gegenstand in der Zwischenzeit zwischen Verzug und Urtheil vorübergehend hatte, kann der Gläubiger nur beanspruchen, wenn er nach den Umständen, insbesondere getroffenen Veranstaltungen wahrscheinlich machen kann, daß er denselben bei rechtzeitiger Erfüllung erlangt hätte." Ebenso Rehbein Bem. 120, 121 zu §§ 241—292; Enneccerus-Lehmann I § 199 II, 2. Vgl. auch Bem. 3 zu § 252.

## § 288.

Eine Geldschuld ist während des Verzugs mit vier vom Hundert für das Jahr zu verzinsen. Kann der Gläubiger aus einem anderen Rechtsgrunde höhere Zinsen verlangen, so sind diese fortzuentrichten.

Die Geltendmachung eines weiteren Schadens ist nicht ausgeschlossen.

E. I, 248; II, 244; III, 282.

1. In Uebereinstimmung mit dem bisherigen Rechte (vgl. Windscheid, Pand. Bd. 2 § 280 Nr. 1; Dernburg, Pand. Bd. 2 § 41 Nr. 3; § 3 BG. vom 14. Nov. 1867 und Art. 3 Bayr. Ges. vom 5. Dez. 1867) bestimmt § 288, daß der Schuldner einer Geldschuld Verzugszinsen zu entrichten hat. Nur der Zinssatz ist für die Verzugszinsen von 5% auf 4% herabgesetzt. Bei beiderseitigen Handelsgeschäften beträgt nach § 352 HGB. der Zinssatz auch für Verzugszinsen 5%.

2. Der Anspruch auf die vierprozentigen Verzugszinsen steht dem Gläubiger in allen Fällen zu, ohne daß er eine Zinseneinbuße oder einen sonstigen Schaden nachzuweisen hat, also auch dann, wenn die Geldschuld vor dem Verzuge zu einem geringeren Zinssatze verzinslich oder unverzinslich war.

3. Der Schenker braucht Verzugszinsen nicht zu entrichten (§ 522).

4. Zufolge § 197 unterliegen die Ansprüche auf rückständige Zinsen ohne Unterscheidung des Entstehungsgrundes, mithin auch die Ansprüche auf rückständige Verzugszinsen, der vierjährigen Verjährung.

5. Die Geltendmachung eines den Betrag der vierprozentigen Verzugszinsen übersteigenden Schadens ist dem Gläubiger unbenommen, jedoch trifft ihn in Ansehung dieses Schadens die Beweislast.

## § 289.

Von Zinsen sind Verzugszinsen nicht zu entrichten. Das Recht des Gläubigers auf Ersatz des durch den Verzug entstehenden Schadens bleibt unberührt.

E. I, 249; II, 245; III, 283.

1. Von Zinsen, gleichviel ob dieselben gesetzliche oder rechtsgeschäftliche Zinsen sind, sind Verzugszinsen nicht zu entrichten. Das Interesse des Gläubigers ist hinreichend geschützt dadurch, daß er in allen Fällen die Erstattung des ihm durch den Verzug erweislich zugegangenen gesammten Schadens fordern kann. Im Uebrigen s. die Bem. zu § 248.

2. Ueber den Zinsanspruch im Kontokurrentverkehr mit einem Kaufmanne s. § 355 HGB.

## § 290.

Ist der Schuldner zum Ersatze des Werthes eines Gegenstandes verpflichtet, der während des Verzugs untergegangen ist oder aus einem während des Verzugs eingetretenen Grunde nicht herausgegeben werden kann, so kann der Gläubiger Zinsen des zu ersetzenden Betrags von dem Zeitpunkt an verlangen, welcher der Bestimmung des Werthes zu Grunde gelegt wird. Das Gleiche gilt, wenn der Schuldner zum Ersatze der Minderung des Werthes eines während des Verzugs verschlechterten Gegenstandes verpflichtet ist.

E. I, 252; II, 246; III, 284.

1. Zinsen von dem zu ersetzenden Werthe eines Gegenstandes (Verzinsung der Ersatzschuld): Da nach § 287 der in Verzug gerathene Schuldner nicht nur jede Fahrlässigkeit, sondern sogar die während des Verzugs durch Zufall eintretende Unmöglichkeit der Leistung zu vertreten hat, wenn er nicht beweist, daß der Schaden auch bei rechtzeitiger Leistung eingetreten sein würde, so kann es häufig vorkommen, daß er zum Ersatze des Werthes eines Gegenstandes verpflichtet wird, der während des Verzugs untergegangen ist, sei es durch sein Verschulden, sei es durch Zufall, oder aus einem während des Verzugs eingetretenen Grunde nicht herausgegeben werden kann (weil beispielsweise der Gegenstand inzwischen an einen Dritten veräußert, enteignet ist oder dergl.). In diesen Fällen hat der Schuldner, da sich nunmehr die Forderung des Gläubigers in eine Geldforderung umgewandelt hat, die Ersatzsumme zu verzinsen, nach § 288 Abs. 1. Eine besondere Regelung dieser Verzinsung würde überflüssig gewesen sein, wenn nicht auch Fälle zu berücksichtigen wären, in denen der Werth des untergegangenen oder nicht mehr leistungsfähigen Gegenstandes nicht ein für alle Mal feststeht, sondern variabel ist. Beispielsweise kann der Schuldner im Anfang Januar eines Jahres bezüglich der Verpflichtung zur Leistung eines Rindes in Verzug gekommen sein. Das Rind wird im Februar geschlachtet und kann daher nicht mehr geliefert werden. Da nun der Gläubiger vollen Schadensersatz wegen des Verzugs fordern kann, kann er unter Umständen (vgl. Bem. 2, d zu § 287) geltend machen, daß das Rind in Folge später eingetretener Preissteigerung einen höheren Werth als zu Beginn des Verzugs oder im Augenblicke seines Untergangs erlangt haben würde und daß daher der Bestimmung seines Werthersatzes ein anderer Zeitpunkt zu Grunde gelegt werden müsse, beispielsweise der Preis, den das Rind erlangt haben würde, wenn es Anfang Dezember noch gelebt hätte. Der § 290 bestimmt nun, daß in diesem Falle von den so ermittelten Ersatzsummen auch die Zinsen für solche nicht seit Anfang Januar, sondern erst seit Anfang Dezember des betr. Jahres verlangt werden können. Diese Zinsen bilden nicht einen Ersatz für die dem Gläubiger entzogenen Nutzungen des Gegenstandes, sondern für den Schaden, welchen der Gläubiger dadurch erlitten hat, daß ihm der zu ersetzende Betrag nicht sofort zu der Zeit bezahlt ist, welche der Bestimmung des Werthes zu Grunde gelegt ist.

Die erst durch die Reichstagskommission mit Berücksichtigung des angeführten Beispiels beschlossene Fassung des Paragraphen tritt an Stelle folgender Bestimmung der Reichstagsvorlage (§ 284):

> „Ist der Schuldner zum Ersatz des Werthes eines Gegenstandes verpflichtet, der während des Verzugs untergegangen ist oder aus einem anderen während des Verzugs eingetretenen Grunde nicht herausgegeben werden kann, so kann der Gläubiger Zinsen des zu ersetzenden Betrags von der Zeit an verlangen, zu welcher der Schuldner mit der Leistung in Verzug gekommen ist. Das Gleiche gilt, wenn der Schuldner zum Ersatze der Minderung des Werthes eines während des Verzugs verschlechterten Gegenstandes verpflichtet ist.
>
> Für die Zeit, für welche der Gläubiger Zinsen fordert, kann er nicht Ersatz für entzogene Nutzungen verlangen."

Der Abs. 2 dieser Bestimmung ist von der Reichstagskommission nur deßwegen gestrichen worden, weil es sich von selbst versteht, daß Nutzungen des Gegenstandes von demjenigen Zeitpunkt an nicht mehr gefordert werden können, von dem an eine an seine Stelle tretende Ersatzsumme verzinst wird. Den Werth der bis zu diesem Zeitpunkte dem Gläubiger entgangenen Nutzungen (also beispielsweise in obigem Beispiel den Werth der etwa entgangenen Milchnutzung der Kuh vom Januar bis Anfang Dezember) kann der Gläubiger selbstverständlich neben der Ersatzsumme und ihren Zinsen verlangen. Vgl. Planck Bem. zu § 290 Abs. 1, Windscheid-Kipp II § 280 Zusatz 3.

2. Welcher Zeitpunkt der Bestimmung des Werthansatzes zu Grunde zu legen ist, konnte und wollte das BGB. nicht allgemein entscheiden. Es kommt dafür auf die besonderen Umstände des Falles unter Berücksichtigung der in Bem. 2, d zu § 287, Bem. 3 zu § 252 aufgestellten Grundsätze an.

Nehmen wir beispielsweise an, in dem Falle des Verzugs des Verkäufers einer Kuh könnte der Verkäufer nachweisen, daß der Käufer selbst die Kuh, wenn auch nicht schon im Monat Februar, so doch schon im Anfang des Monats Oktober wieder verkauft oder geschlachtet haben würde, so würde nicht der Anfang Dezember, sondern der Anfang des Monats Oktober der Werthbestimmung zu Grunde zu legen sein. Unrichtig ist jedenfalls, daß Gläubiger stets den ihm günstigsten Zeitpunkt der Werthberechnung wählen kann (Kipp-Windscheid a. a. O.) oder daß stets der Zeitpunkt der Urtheilsfällung maßgebend sei. Vgl. § 252 Bem. 3.

3. Wenn der Schuldner noch in der Lage ist, den Gegenstand selbst herauszugeben, dieser aber während des Verzugs, sei es durch Verschulden oder vertretbaren casus, eine Werthminderung erlitten hat, so kann der Gläubiger nach § 286 Abs. 1 natürlich neben

dem Gegenstand eine Ersatzsumme für diese Werthminderung verlangen. Auch diese Ersatzsumme ist von dem Zeitpunkt an zu verzinsen, der ihrer Berechnung zu Grunde gelegt wird. Im Uebrigen gilt dasselbe wie zu Bem. 2.

4. „Gegenstand" im Sinne des § 290 braucht nicht ein körperlicher Gegenstand (Sache) zu sein, es kann sich auch um Leistung eines unkörperlichen Gegenstandes (Forderung, Werthpapier) handeln. Es kommt aber nur der unmittelbare Leistungsgegenstand selbst in Frage. Eine Zinsenliquidation für Zahlung einer Vertragsstrafe, in die der Gläubiger in Folge des Verzugs einem Dritten gegenüber verfallen ist, kann nicht auf § 290 gegründet werden; der Gläubiger kann jedoch nach § 286 nicht nur den Betrag dieser Vertragsstrafe, sondern unter Umständen auch den durch Zahlung derselben ihm erwachsenen Zinsverlust als sein Interesse geltend machen. Vgl. Schollmeyer II S. 131.

5. Der Zinsfuß beträgt 4% (§ 246). Für Deliktsansprüche vgl. § 849.

## § 291.

Eine Geldschuld hat der Schuldner von dem Eintritte der Rechtshängigkeit an zu verzinsen, auch wenn er nicht im Verzug ist; wird die Schuld erst später fällig, so ist sie von der Fälligkeit an zu verzinsen. Die Vorschriften des § 288 Abs. 1 und des § 289 Satz 1 finden entsprechende Anwendung.

E. II, 247; III, 285.

1. § 291 handelt von den sogenannten Prozeßzinsen. Nach dem gemeinen Gewohnheitsrecht konnte der Gläubiger von der Rechtshängigkeit an Prozeßzinsen aus der eingeklagten Summe verlangen (Dernburg, Pand. Bd. 1 § 154 N. 19, Bd. 2 § 29 N. 12). E. I enthielt eine solche Bestimmung nicht. Die allgemeinen Vorschriften über den Verzug (§ 288) wurden für ausreichend erachtet (M. II, 55). Erst von der II. Komm. wurde aus Gründen der Billigkeit und Zweckmäßigkeit die Bestimmung in das BGB. aufgenommen (P. I, 323, 324).

Die Bestimmung ist von Bedeutung nur für jene Fälle, in welchen das Rechtshängigmachen des Anspruchs (§§ 263, 281, 693 CPO.) den Schuldner nicht in Verzug bringt. Dies trifft zu, wenn der Schuldner sich in Ansehung des Schuldverhältnisses in einem entschuldbaren Irrthum befindet (s. Bem. 3 zu § 285) oder wenn der Anspruch beim Eintritte der Rechtshängigkeit noch nicht fällig ist, da in § 284 Abs. 1 Fälligkeit des Anspruchs vorausgesetzt wird. In ersterem Falle sind die Prozeßzinsen vom Eintritt der Rechtshängigkeit, in letzterem von der Fälligkeit an zu entrichten.

Ist der Schuldner durch die Erhebung der Klage in Verzug gerathen (§ 284 Abs. 1 Satz 2), so ergiebt sich seine Verpflichtung, die eingeklagte Schuld von der Rechtshängigkeit an zu verzinsen, schon aus der allgemeinen Vorschrift des § 288.

Ist der Schuldner schon vor der Rechtshängigkeit im Verzug, so beginnt die Zinsverbindlichkeit selbstverständlich mit dem Momente des Verzugs (§ 288).

2. Der Zinsfuß beträgt 4%, auch wenn die Geldschuld auf Grund des Schuldverhältnisses geringer verzinslich oder unverzinslich war; kann der Gläubiger aus einem anderen Rechtsgrunde höhere Zinsen verlangen, so sind diese fort zu entrichten (§ 288 Abs. 1 Satz 2); Verzugszinsen sind von diesen Zinsen nicht zu entrichten (§ 289 Satz 1).

Für die Geltendmachung eines weiteren Schadens nach § 288 Abs. 2 wird stets Verzug des Schuldners vorausgesetzt.

3. Die Prozeßzinsen des § 291 sind keine Verzugszinsen. Sie müssen daher auch vom Schenker entrichtet werden (s. § 522).

4. Ueber den Begriff der Geldschuld s. Bem. 1 zu § 245.

## § 292.

Hat der Schuldner einen bestimmten Gegenstand herauszugeben, so bestimmt sich von dem Eintritte der Rechtshängigkeit an der Anspruch des Gläubigers auf Schadensersatz wegen Verschlechterung, Unterganges oder einer aus einem anderen Grunde eintretenden Unmöglichkeit der Herausgabe nach den Vorschriften, welche für das Verhältniß zwischen dem Eigenthümer und dem Besitzer von dem Eintritte der Rechtshängigkeit des Eigenthumsanspruchs an gelten, soweit nicht aus dem

Schuldverhältniß oder dem Verzuge des Schuldners sich zu Gunsten des Gläubigers ein Anderes ergiebt.

Das Gleiche gilt von dem Anspruche des Gläubigers auf Herausgabe oder Vergütung von Nutzungen und von dem Anspruche des Schuldners auf Ersatz von Verwendungen.

E. I, 244; II, 248; III, 286.

1. Grund der Bestimmung. Durch die Klageerhebung wird zwar nicht immer ein Verzug des Beklagten begründet (s. Bem. 1 zu § 291), allein der Beklagte verzögert, auch wenn er in bester Ueberzeugung den Prozeß führt, durch die Prozeßführung die Befriedigung des klägerischen Anspruchs. Er muß sich vom Prozeßbeginn an die Möglichkeit vorhalten, daß der Anspruch des Klägers als begründet anerkannt werden kann. Deßhalb hat er das Streitobjekt, sofern es ein bestimmter Gegenstand (species) ist, mit aller Sorgfalt zu behandeln und muß sich von Streitbeginn an als Verwahrer und Verwalter fremden Gutes betrachten. Auf dieser Erwägung beruht die Vorschrift des § 292 (M. I, 362 und II, 55).

2. Voraussetzung ist, daß ein bestimmter Gegenstand, d. i. eine Species, herauszugeben ist. Für Gattungsschulden ist § 243 maßgebend. Unter Herausgabe ist sowohl die Zurückgabe (Restitution) als die Uebergabe (Tradition) zu verstehen. Dagegen ist die Vorschrift nicht anwendbar, wenn es sich um die Verpflichtung des Schuldners zur Vorlegung einer Sache oder Urkunde nach §§ 809, 810 handelt. (M. II, 56.)

3. Die Vorschrift ist eine subsidiäre und nur zu Gunsten des Gläubigers gegeben. Sie bezeichnet das Mindestmaß dessen, was der Gläubiger vom Schuldner gesetzlich beanspruchen kann. Eine weitergehende Haftung des Schuldners, die sich aus dem Schuldverhältnisse oder aus dem Verzuge des Schuldners ergiebt, wird hiedurch nicht berührt. Daß durch Rechtsgeschäft die nach § 292 begründete gesetzliche Verpflichtung des Schuldners nicht nur erweitert, sondern auch eingeschränkt werden kann, ist nach dem für das Obligationenrecht anerkannten Prinzip der Vertragsfreiheit selbstverständlich.

4. Die Anwendung der Vorschriften, welche für das Verhältniß zwischen dem Eigenthümer und dem Besitzer von dem Eintritte der Rechtshängigkeit des Eigenthumsanspruchs an gelten, auf die durch § 292 getroffenen Fälle ergiebt Folgendes:

a) Der Schuldner ist von dem Eintritte der Rechtshängigkeit an dem Gläubiger für den Schaden verantwortlich, der dadurch entsteht, daß in Folge seines Verschuldens der herauszugebende Gegenstand verschlechtert wird, untergeht oder aus einem anderen Grunde von ihm nicht herausgegeben werden kann (§ 989).

b) Der Schuldner hat dem Gläubiger die Nutzungen herauszugeben, die er nach dem Eintritte der Rechtshängigkeit zieht, und ist, soweit er schuldhafter Weise nach diesem Zeitpunkte Nutzungen nicht gezogen hat, die er nach den Regeln einer ordnungsmäßigen Wirthschaft hätte ziehen können, dem Gläubiger zum Ersatze verpflichtet.

c) Macht der Schuldner nach dem Eintritte der Rechtshängigkeit nothwendige Verwendungen auf den herauszugebenden Gegenstand oder Aufwendungen zur Bestreitung von Lasten des Gegenstandes, so bestimmt sich die Ersatzpflicht des Gläubigers nach den Vorschriften über die Geschäftsführung ohne Auftrag (§§ 994 Abs. 2 und 995). Ist ein landwirthschaftliches Grundstück herauszugeben, so findet § 998 Anwendung. Auch die §§ 1000—1003 sind entsprechend anwendbar.

## Zweiter Titel.

## Verzug des Gläubigers.

### Vorbemerkung.

Während das gemeine Recht, wenigstens die herrschende Ansicht, auch das PLR. I, 11 §§ 98, 102, 103, 939, 940 und sächs. GB. §§ 746—749, Code civil art. 1257 ff. (Zachariä II § 322) auch den Verzug des Gläubigers als eine subjektive mora bestimmt, d. h. Verschuldung voraussetzt, bestimmt ihn das BGB. rein objektiv und sieht von einem Verschulden des Gläubigers als Voraussetzung seines Verzugs ab. Die §§ 294—299 regeln die Voraussetzungen des Gläubigerverzugs, die §§ 300—304 die Rechtswirkungen desselben.

Das im gemeinen Rechte anerkannte Recht des Schuldners, den Leistungsgegenstand nach zuvoriger Androhung preiszugeben, steht dem Schuldner nur noch in Bezug auf Grundstücke zu (§ 303). Dagegen ist aus dem Art. 343 des alten HGB. das Recht des Selbsthülfeverkaufs übernommen (§§ 383 ff.) für Sachen, die zur Hinterlegung nicht geeignet sind.

Abweichend vom PLR. I, 11 §§ 102, 103, 940 und sächs. GB. § 750 gewährt das BGB. dem Schuldner nicht einen Anspruch auf Ersatz des durch den Gläubigerverzug entstandenen Schadens, vielmehr nur einen Anspruch auf Ersatz der Mehraufwendungen (§ 304), da es von dem Gesichtspunkt einer bloß objektiven Mora ausgeht.*)

## § 293.

**Der Gläubiger kommt in Verzug, wenn er die ihm angebotene Leistung nicht annimmt.**

E. I, 254; II, 249; III, 287.

1. Für den Verzug des Gläubigers ist ein Verschulden des letzteren nicht erfordert. Vgl. Vorbem. Vielmehr kommt der Gläubiger schon durch die bloße Thatsache in Verzug, daß er die ihm ordnungsmäßig angebotene Leistung nicht annimmt. Der Gläubiger kann sich, abgesehen von dem besonderen Falle des § 299, auch nicht durch den Nachweis entschuldigen, daß er durch äußere Zufälle an der Annahme verhindert war.

Voraussetzungen des Gläubigerverzugs sind lediglich:

a) Angebot der Leistung. Vgl. das Nähere zu § 294. Das Angebot muß erfolgt sein an den Gläubiger selbst oder an einen zur Annahme der Leistung berechtigten Vertreter desselben (§ 164 Abs. 3).

Streitig ist, ob ein gewillkürter Stellvertreter, der lediglich ermächtigt ist, die Leistung mit befreiender Wirkung für den Gläubiger anzunehmen, letzteren durch seine Ablehnung in Verzug setzt oder ob hierzu auch erforderlich ist, daß der Schuldner ermächtigt sei, an den Vertreter zu leisten, wie Enneccerus II § 203 Note 5 behauptet. Vgl. darüber Planck Bem. 3 zu § 293. „Die Vollmacht kann nach § 167 sowohl durch Erklärung gegenüber dem zu Bevollmächtigenden als gegenüber dem Schuldner erfolgen; sie hat dieselbe Wirkung, mag sie in der einen oder anderen Weise ertheilt sein. Es kommt daher lediglich auf den Umfang der Vollmacht an. Diese kann dahin beschränkt sein, daß der Vertreter nur zur Annahme, nicht aber zur Ablehnung der Leistung ermächtigt ist." Im Zweifel ist eine solche Beschränkung der Vollmacht nicht anzunehmen.

Sind mehrere Gläubiger vorhanden, an welche die Leistung nur gemeinschaftlich erfolgen kann, so muß das Angebot an alle erfolgen (§ 432). Für den Fall der Gesammtgläubigerschaft vgl. § 429.

Ein Angebot der Leistung ist nicht erforderlich, wenn der Gläubiger im voraus mit Bestimmtheit erklärt hat, die Leistung nicht annehmen zu wollen. Vgl. Kipp-Windscheid II § 345 N. 5 und Bem. 1, a zu § 295.

b) Unterbleiben der Annahme. Der Gläubiger kommt nicht in Verzug durch berechtigte Ablehnung einer Theilleistung (§ 266).

Uebrigens ist ausdrückliche Ablehnung nicht erforderlich; ein passives Verhalten, das die Annahme unmöglich macht, genügt. Annahme ist nur Annahme als Erfüllung; der Gläubiger muß die Leistung zum Zwecke

---

*) Literatur: Kohler, Jahrb. f. Dogmatik XVII S. 261 ff.; v. Schey, Begriff und Wesen der mora creditoris 1884; G. A. Leist, Archiv f. d. civilist. Praxis Bd. 83 S. 161 ff.; Stammler, Recht der Schuldverhältnisse S. 151 ff.; Kohler, Der Gläubigerverzug, im Arch. f. bürgerl. R. Bd. 13 Nr. 5 S. 149—295; Henrici, Die Voraussetzungen der mora creditoris nach gem. R. und nach dem deutschen BGB. Inaug.-Diss. Greifswald 1891; Wentrup, Der Gläubigerverzug im BGB. 1892; Wachsner Josef, Voraussetzungen und Wirkungen des Annahmeverzugs. Nach gem. R. und dem BGB. Inaug.-Diss. Rostock 1899; P. Hirsch, Zur Revision der Lehre vom Gläubigerverzug 1895; Munk, Begriff und Voraussetzungen der mora creditoris 1898; Rosenberg, Der Gläubigerverzug in Iherings Jahrb. Bd. 43 S. 141 ff.

der Erfüllung derjenigen Verbindlichkeit annehmen, die der Schuldner durch sein Angebot erfüllen will. Vgl. Rosenberg a. a. O. S. 197 ff.

2. Auch ein Dritter kann dem Gläubiger mit der Wirkung des Annahmeverzugs die Leistung anbieten, es sei denn, daß der Schuldner in Person zu leisten hat, oder daß der Schuldner der Leistung des Dritten widerspricht. Dagegen bedarf es einer Einwilligung des Schuldners nicht, um den Annahmeverzug herbeizuführen, s. Bem. 3 und 4 zu § 267.

3. Eine Pflicht des Gläubigers zur Annahme besteht nicht. Der Gläubiger kann also nicht auf Annahme der Leistung verklagt werden.

Sonderbestimmungen enthalten die §§ 433 und 640 über die Abnahmepflicht des Käufers einer Sache bezw. des Bestellers eines Werkes.

4. Beweislast. Der Schuldner hat im Bestreitungsfalle zu beweisen, daß dem Gläubiger die Leistung ordnungsmäßig angeboten und von demselben nicht angenommen wurde.

5. Ueber die Beendigung des Verzugs (purgatio morae) giebt das BGB. keine ausdrückliche Bestimmung. Die Vorschrift in E. I § 262, daß der Verzug des Gläubigers für die Zukunft mit dem Zeitpunkt aufhöre, in dem der Gläubiger das Versäumte nachholt und sich zum Ersatze der durch den Verzug erwachsenen Mehraufwendungen bereit erklärt hat, wurde von der II. Komm. als entbehrlich gestrichen (s. M. II, 77 und P. I, 333). Aus den allgemeinen Regeln des BGB. über den Verzug ergiebt sich, daß der Gläubigerverzug beendigt wird:

a) im Falle des § 294 dadurch, daß der Gläubiger sich dem Schuldner gegenüber zur Annahme bereit erklärt,

b) in den Fällen der §§ 295, 296 dadurch, daß der Gläubiger die ihm obliegende Handlung vornimmt. Jedoch braucht der Schuldner, wenn ihm nach § 304 ein Anspruch auf Ersatz der Mehraufwendungen zusteht, zufolge Abs. 2 des § 273 die Leistung nur Zug um Zug gegen Leistung des Ersatzes anzubieten. Der Gläubiger geräth alsdann von neuem in Verzug, wenn er den verlangten Ersatz nicht anbietet (§ 298).

Daß die Wirkungen des Annahmeverzugs sowohl für die Vergangenheit wie für die Zukunft durch Vereinbarung der Parteien aufgehoben werden können, ist nach dem Prinzipe der Vertragsfreiheit selbstverständlich.

## § 294.

Die Leistung muß dem Gläubiger so, wie sie zu bewirken ist, thatsächlich angeboten werden.

E. I, 255 Abs. 1; II, 250; III, 288.

1. § 294 handelt von dem regelmäßigen Falle, in welchem der Gläubiger, um das Bewirken der Leistung zu ermöglichen, keine weitere Thätigkeit vorzunehmen hat, als daß er die ihm angebotene Leistung annimmt.

In diesem Falle muß der Schuldner (bezw. der Dritte), um den Gläubiger in Verzug zu setzen, diesem die Leistung

a) inhaltlich so, wie sie zu bewirken ist, insbesondere vollständig (§ 266),

b) am gehörigen Orte (§ 269),

c) zur rechten Zeit (§ 271),

d) nicht bloß wörtlich, sondern thatsächlich (§ 294)

anbieten.

Hiebei ist zufolge § 242 erforderlich, daß das Angebot nach Inhalt, Zeit und Ort so erfolgt, wie Treu und Glauben mit Rücksicht auf die Verkehrssitte es erfordern.

Ist ein Gegenstand zu leisten, so hat der Schuldner diesen dem Gläubiger zur Empfangnahme vorzulegen; ist eine Handlung zu leisten, so muß der Schuldner zu deren Vornahme — erforderlichen Falles gehörig ausgerüstet — am Leistungsorte sich einfinden.

Ein genügendes thatsächliches Angebot liegt nicht vor, wenn der Schuldner sich dem Gläubiger gegenüber zur Abrechnung wegen der von ihm behaupteten Gegenforderungen erbietet; er muß zum Mindesten den Betrag dieser Gegenforderungen angeben und den darnach verbleibenden Rest thatsächlich anbieten. RGE. Bd. 49 S. 38.

2. Rosenberg a. a. O. S. 151 ff. bekämpft die vom BGB. zu Grunde gelegte Eintheilung des Angebots in Real- und Verbaloblation (thatsächliches und wörtliches Angebot) als unlogisch und äußerlich und will das Erforderniß des Angebots durch ein solches der Leistungsbereitschaft ersetzen. Aber auch er sieht sich genöthigt, zwischen thatsächlicher

Leistungsbereitschaft und dem Angebot einer nur wörtlichen Leistungsbereitschaft zu unterscheiden. Da er zugiebt, daß die Leistungsbereitschaft erklärt werden muß, bezeichnet Planck Bem. 1 zu § 293 mit Recht seine, dem Standpunkte des BGB. nicht entsprechende Unterscheidung als eine solche, die keinerlei (praktische) Vortheile gewährt.

## § 295.*)

**Ein wörtliches Angebot des Schuldners genügt, wenn der Gläubiger ihm erklärt hat, daß er die Leistung nicht annehmen werde, oder wenn zur Bewirkung der Leistung eine Handlung des Gläubigers erforderlich ist, insbesondere wenn der Gläubiger die geschuldete Sache abzuholen hat. Dem Angebote der Leistung steht die Aufforderung an den Gläubiger gleich, die erforderliche Handlung vorzunehmen.**

E. I, 255 Abs. 2, 3 Satz 1; II, 251 Abs. 1; III, 289.

1. Von der in § 294 aufgestellten Regel, daß die Leistung thatsächlich angeboten werden muß, um den Gläubiger in Verzug zu setzen, werden in § 295 im Anschlusse an das gemeine Recht (Dernburg, Pand. Bd. 2 § 43 Note 7 und Windscheid, Pand. Bd. 2 § 345 Note 5) zwei Ausnahmen gemacht. Es soll nämlich ein wörtliches Angebot genügen:

a) wenn der Gläubiger dem Schuldner (in bestimmter Weise) erklärt hat, daß er die Leistung nicht annehmen werde. Vgl. Bem. 1, a zu § 253.

Das wörtliche Angebot muß erfolgen, nachdem der Gläubiger die fragliche Erklärung abgegeben hat; ein vorher erfolgtes wörtliches Angebot genügt nicht. RGE. Bd. 50 S. 208.

Die verschiedenen Entscheidungen des Reichsgerichts, wonach, falls ein Vertragstheil die bestimmte Erklärung, nicht erfüllen zu wollen, abgiebt, es einer weiteren Mahnung (Sommation) nicht bedarf (vgl. Bem. 4, g zu § 287), beziehen sich nur auf den Schuldnerverzug und der in demselben ausgesprochene Grundsatz kann gegenüber den positiven Bestimmungen der §§ 294, 295 beim Annahmeverzuge nicht gelten. RGE. Bd. 50 S. 210, Jur. Wschr. 1902, Beil. 197, Staub in D. Jur.Z. 1902 S. 426;

b) wenn zur Bewirkung der Leistung eine Handlung des Gläubigers erforderlich ist. Außer dem im Gesetze besonders hervorgehobenen Falle der Holschuld gehören hieher auch die Fälle, in welchen bei einem alternativen Schuldverhältnisse das Wahlrecht dem Gläubiger zusteht (s. § 264 Anm. 3), ferner die Fälle, in denen die Leistung von einer vorgängigen Klarstellung der Schuld durch den Gläubiger abhängt (vgl. Bayr. Oberst. LG. Bd. 7 S. 313), oder wenn der Gläubiger die Art und Weise der Erfüllung oder die nähere Beschreibung des Leistungsgegenstandes vorher zu bestimmen hat, z. B. beim sogenannten Spezifikationskaufe (§ 375 HGB.; ROHG. Bd. 15 N. 45; RGE. Bd. 10 S. 95), wo der Käufer die nähere Spezifikation seiner Bestellung vorzunehmen, beispielsweise noch anzugeben hat, in welchen Farben, Mustern u. s. w. die von ihm bestellte Stoffquantität geliefert werden soll. Vgl. darüber Oertmann, Archiv f. d. civilist. Praxis Bd. 85 Nr. 10.

Keinen Unterschied macht es, ob die Handlung des Gläubigers vorhergehen oder ob der Gläubiger gleichzeitig mit dem Schuldner in Thätigkeit treten muß, damit die Leistung perfekt werden kann. Hat in letzterem Falle, um die gleichzeitige Thätigkeit zu ermöglichen, der Schuldner selbst vorher in irgend einer Weise thätig zu werden, so muß selbstverständlich rücksichtlich dieser Thätigkeit des Schuldners ein thatsächliches Angebot vorausgehen (M. II, 71).

Die gleiche Wirkung, wie ein wörtliches Angebot, hat in den unter b aufgeführten Fällen die an den Gläubiger gerichtete Aufforderung, die Handlung vorzunehmen. Wenn jedoch der Schuldner mit der Aufforderung einen anderen Zweck verfolgt, als den, seiner Leistungspflicht zu genügen, so kann die Aufforderung natürlich einem wörtlichen Angebote der Leistung nicht gleich erachtet werden. Der Gegenbeweis, daß die Aufforderung einen anderen Zweck hatte, steht dem Gläubiger offen.

2. Giebt der Gläubiger auf das wörtliche Angebot des Schuldners die Erklärung ab, daß er die Leistung jetzt annehmen werde, oder nimmt er auf das wörtliche Angebot

*) Literatur: Romeick, Zur Technik des BGB. 1901.

bezw. auf die Aufforderung des Schuldners die erforderliche Handlung vor, so hat nunmehr der Schuldner thatsächlich anzubieten.

3. Die Erklärung des Gläubigers, daß er die Leistung nicht annehmen werde, das wörtliche Angebot und die Aufforderung des Schuldners, die erforderliche Handlung vorzunehmen, sind einseitige, empfangsbedürftige Willenserklärungen, auf welche die §§ 130—132 Anwendung finden. Es kann also insbesondere das wörtliche Angebot sowie die Aufforderung an den Gläubiger bei unbekanntem Aufenthalte des letzteren im Wege der öffentlichen Zustellung gemäß § 132 erfolgen.

4. § 295 spricht nur vom wörtlichen Angebote des Schuldners. Einem Dritten, welcher für den Schuldner die Leistung anbietet (§ 267), steht die Vergünstigung des § 295 nicht zu. Dem Gläubiger kann nicht zugemuthet werden, sich wegen der von seiner Seite zur Ausführung der Leistung erforderlichen Handlungen mit dem Dritten statt des Schuldners einzulassen (P. I, 329).

5. Um den Gläubiger durch ein wörtliches Angebot oder durch die in Satz 2 erwähnte Aufforderung in Verzug zu setzen, ist ferner erforderlich, daß der Schuldner zur Zeit des Angebotes bezw. der Aufforderung im Stande ist, die Leistung zu bewirken (§ 297).

## § 296.

Ist für die von dem Gläubiger vorzunehmende Handlung eine Zeit nach dem Kalender bestimmt, so bedarf es des Angebots nur, wenn der Gläubiger die Handlung rechtzeitig vornimmt. Das Gleiche gilt, wenn der Handlung eine Kündigung vorauszugehen hat und die Zeit für die Handlung in der Weise bestimmt ist, daß sie sich von der Kündigung ab nach dem Kalender berechnen läßt.

E. I, 255 Abs. 3 Satz 2; II, 251 Abs. 2; III, 290.

1. Die Bestimmung des § 296 entspricht der Bestimmung des § 284 Abs. 2.

Wenn in den Fällen des § 295 für die vom Gläubiger vorzunehmende Handlung eine Zeit kalendermäßig bestimmt ist, so bedarf es weder eines wörtlichen Angebots der Leistung noch einer Aufforderung an den Gläubiger, die Handlung vorzunehmen. Der Gläubiger geräth ohne Weiteres zu der bestimmten Zeit in Verzug, wenn er die Handlung nicht rechtzeitig vornimmt. Ebenso für das gem. R. Windscheid, Pand. Bd. 2 § 345 Note 4b. Nimmt der Gläubiger die Handlung rechtzeitig vor, so hat nach der Regel des § 294 der Schuldner thatsächlich anzubieten, es sei denn, daß der Gläubiger mit oder nach der Vornahme der Handlung dem Schuldner erklärt, daß er die Leistung nicht annehmen werde. Dagegen scheint Schollmeyer in Bem. b, γ zu § 296 die Ansicht zu vertreten, daß in den Fällen des § 296 bei rechtzeitiger Vornahme der Handlung durch den Gläubiger stets das wörtliche Angebot des Schuldners genüge. Vgl. dagegen Planck Bem. 1, b zu § 296.

Die Bestimmung des § 296 ist insbesondere von praktischer Bedeutung bei Inhaber- und Orderpapieren, für deren Vorlegung eine nach dem Kalender berechenbare Zeit bestimmt ist. Vgl. § 801.

2. Wie in § 295 wird auch hier vorausgesetzt, daß der Schuldner im Stande ist, die Leistung zu bewirken, s. § 297.

## § 297.

Der Gläubiger kommt nicht in Verzug, wenn der Schuldner zur Zeit des Angebots oder im Falle des § 296 zu der für die Handlung des Gläubigers bestimmten Zeit außer Stande ist, die Leistung zu bewirken.

E. I, 255 Abs. 3 Satz 2; II, 251 Abs. 3; III, 291.

1. Reelles Leistungsvermögen.

Um den Gläubiger in Verzug zu setzen, ist in allen Fällen erforderlich, daß der Schuldner auch im Stande ist, die Leistung zu bewirken. Das Leistungsvermögen des Schuldners muß vorhanden sein im Zeitpunkte des thatsächlichen oder wörtlichen Angebots, im Falle des § 295 Satz 2 im Zeitpunkte der Aufforderung und in den Fällen des § 296 zu der kalendermäßig bestimmten Zeit.

2. Beweislast. Das Leistungsvermögen des Schuldners wird vermuthet. Der Gläubiger, welcher geltend macht, daß der Schuldner zu der in Frage kommenden Zeit außer Stande war, zu leisten, hat den Beweis hiefür zu erbringen.

Daraus, daß der Schuldner zur Zeit des Angebots die Waare noch nicht in Händen hat, folgt keineswegs schon, daß er nicht im Stande sei, sie zu liefern, wenn es sich um Waaren handelt, die er sich jeder Zeit beschaffen kann. RGE. Bd. 50 S. 255.

Die Note 1 bei Fischer-Henle zu § 297, daß der Schuldner den Beweis des reellen Leistungsvermögens zu führen habe, stützt sich offenbar auf E. I § 255, welcher von der II. Komm. unter Umkehrung der Beweislast abgeändert wurde (P. I, 329).

## § 298.

**Ist der Schuldner nur gegen eine Leistung des Gläubigers zu leisten verpflichtet, so kommt der Gläubiger in Verzug, wenn er zwar die angebotene Leistung anzunehmen bereit ist, die verlangte Gegenleistung aber nicht anbietet.**

E. I, 256; II, 252; III, 292.

Der § 298 regelt den Gläubigerverzug bei Leistungen, die Zug um Zug zu bewirken sind. Vgl. §§ 255, 258, 348, 320.

1. Die Bestimmung des § 298 hat zur Voraussetzung:
   a) daß der Schuldner nur gegen eine Leistung des Gläubigers zu leisten verpflichtet ist. Dies ist der Fall nicht bloß bei Verpflichtungen aus gegenseitigen Verträgen (§ 320), sondern bei allen Verpflichtungen, welche Zug um Zug zu erfüllen sind. Selbstverständlich muß § 298 erst recht auch für jene Fälle anwendbar sein, in denen der Gläubiger vorzuleisten hat (M. II, 73); der § 298 ist in allen Fällen anwendbar, in denen der Schuldner für seine Leistung vom Gläubiger etwas verlangen kann, also insbesondere in den Fällen der §§ 255, 273 Abs. 3, 281 Abs. 3, 281 Abs. 1, 368, 371, 410, 797, 1144, 1223, HGB. § 812 Abs. 1, sowie in den Fällen der actio contraria, BGB. §§ 601, 670, 693, 699, 994. Vgl. Rosenberg, Iherings Jahrb. Bd. 43 S. 198 ff.;
   b) daß der Schuldner die ihm gebührende Gegenleistung bezw. die Vorleistung des Gläubigers verlangt; z. B. kommt der Gläubiger, wenn der Schuldner nur gegen Sicherheitsleistung zu leisten verpflichtet ist, nicht ohne Weiteres dadurch in Verzug, daß er die Sicherheitsleistung nicht anbietet, sondern erst, wenn der Schuldner diese bei seinem Leistungsangebot verlangt; dasselbe gilt, wenn der Gläubiger zur Ausstellung einer Quittung (§ 368) oder zur Rückgabe des Schuldscheins (§ 371) verpflichtet ist. Vgl. Planck Bem. 2 zu § 298;
   c) auf Seite des Gläubigers, daß dieser die verlangte Gegenleistung anzubieten unterläßt. Einer Verweigerung der Gegenleistung bedarf es nicht; ein bloß passives Verhalten des Gläubigers, das „Nichtanbieten", genügt.
2. Wirkungen:
   a) Der Schuldner, welcher in Folge des Nichtanbietens der verlangten Gegenleistung die ihm selbst obliegende und gehörig angebotene Leistung nicht bewirkt, geräth nicht in Verzug, bis der Gläubiger die Gegenleistung anbietet, da der Annahmeverzug des Gläubigers den Leistungsverzug des Schuldners in Bezug auf dieselbe Leistung ausschließt.
   b) Der Gläubiger kommt in Annahmeverzug ohne Rücksicht, ob ihn ein Verschulden trifft oder nicht (s. Bem. 1 zu § 293); dagegen geräth er durch das Nichtanbieten der Gegenleistung nicht schlechthin in Leistungsverzug (mora solvendi), vielmehr steht ihm als Schuldner der Gegenleistung gemäß § 285 der Beweis offen, daß die ihm obliegende Gegenleistung in Folge eines Umstandes unterblieben ist, den er nicht zu vertreten hat, z. B. in Folge eines entschuldbaren Irrthums. Vgl. Planck Bem. 2 zu § 298.

## § 299.

Ist die Leistungszeit nicht bestimmt oder ist der Schuldner berechtigt, vor der bestimmten Zeit zu leisten, so kommt der Gläubiger nicht dadurch in Verzug, daß er vorübergehend an der Annahme der angebotenen Leistung verhindert ist, es sei denn, daß der Schuldner ihm die Leistung eine angemessene Zeit vorher angekündigt hat.

E. II, 253; III, 253.

1. Grund der Bestimmung. § 299, welcher eine Ausnahme von der Regel aufstellt, daß der Verzug des Gläubigers ohne jedes Verschulden des letzteren eintritt, ist mit Rücksicht auf die Bestimmung des § 271 von der II. Komm. angenommen worden. Zufolge § 271 kann der Schuldner, wenn eine Zeit für die Leistung weder bestimmt noch aus den Umständen zu entnehmen ist, die Leistung sofort bewirken, und, wenn eine Zeit bestimmt ist, im Zweifel die Leistung vorher bewirken.

Die II. Komm. ging davon aus, daß in diesen Fällen, in welchen die Leistung während eines längeren Zeitraumes bewirkt werden könne, der Schuldner sich vorübergehende Behinderungen des Gläubigers gefallen lassen müsse; es könne nicht verlangt werden, daß in den gedachten Fällen der Gläubiger jeden Augenblick zur Empfangnahme der Leistung bereit sei. Komme es dem Schuldner darauf an, gerade in einem bestimmten Zeitpunkte zu leisten, so solle er seine Absicht dem Gläubiger eine angemessene Zeit vorher mittheilen. (P. I, 329.)

Die richtige Anwendung des § 299 ist mit Rücksicht auf § 242 zu finden, wonach der Schuldner die Leistung so zu bewirken hat, wie Treu und Glauben mit Rücksicht auf die Verkehrssitte es erfordern. Beispielsweise kann nach § 242 der Gläubiger zur Kontrolle der Abnahme auf seine persönliche Anwesenheit Werth legen. Handelt es sich also z. B. um eine Kohlenlieferung, für deren Abnahme nicht von vornherein ein bestimmter Tag und eine bestimmte Stunde bestimmt ist, so kann der Gläubiger verlangen, daß die Abladung derselben zu einer Zeit stattfinde, in der er nicht durch anderweitige Geschäfte behindert ist, bei derselben (zum Nachmessen der Kohlen) anwesend zu sein.

2. Vorausgesetzt wird, daß der Gläubiger zur Zeit des Angebots an der Annahme verhindert und die Verhinderung nur eine vorübergehende, keine dauernde ist. Ob diese Voraussetzungen vorliegen, ist nach den Umständen des einzelnen Falles zu beurtheilen.

3. Beweislast. Der Gläubiger hat seine vorübergehende Verhinderung zu beweisen, der Schuldner die rechtzeitige Ankündigung der Leistung.

4. Die Ankündigung ist ein einseitiges empfangsbedürftiges Rechtsgeschäft (§§ 130—132). Sie muß stets vom Schuldner ausgehen. Die Ankündigung eines Dritten, welcher die Leistung bewirken will, braucht der Gläubiger nicht zu beachten. Dies ergiebt schon der Wortlaut des § 299 und auch der Grundgedanke des § 267, wonach ein Dritter bloß zum Bewirken bezw. zum thatsächlichen Anbieten der Leistung befugt ist.

## § 300.

Der Schuldner hat während des Verzugs des Gläubigers nur Vorsatz und grobe Fahrlässigkeit zu vertreten.

Wird eine nur der Gattung nach bestimmte Sache geschuldet, so geht die Gefahr mit dem Zeitpunkt auf den Gläubiger über, in welchem er dadurch in Verzug kommt, daß er die angebotene Sache nicht annimmt.

E. I, 257; II, 254; III, 294.

1. Wirkung des Gläubigerverzugs auf die Haftung des Schuldners. Durch den Verzug des Gläubigers wird der Schuldner, abgesehen von jenen Fällen, in welchen durch den Annahmeverzug die Leistung überhaupt unmöglich geworden ist (§ 275), von der Verpflichtung nicht befreit. Doch hat der Gläubigerverzug ebenso wie im gemeinen Rechte (Dernburg, Pand. Bd. 2 § 43 Nr. 3, a und Windscheid, Pand. Bd. 2 § 346 Nr. 1) die Folge, daß der Schuldner während des Verzugs nur für Vorsatz und für grobe Fahrlässigkeit haftet, auch wenn er vorher in weiterem Umfange haftbar war. Diese Abschwächung der Haftung des Schuldners tritt nach der Fassung des § 300 Abs. 1 abweichend von E. I § 257 (s. M. II, 74) ganz allgemein ein, mag es sich um einen in den Händen des Schuldners befindlichen, dem Gläubiger zu gewährenden Gegenstand handeln oder um eine Handlung, welche der Schuldner in Erfüllung seiner fortdauernden Verpflichtung vorzunehmen hat. Ebenso Planck Bem. 2 zu § 300.

2. Uebergang der Gefahr bei Gattungsschulden.

Zufolge § 275 wird bei Schuldverhältnissen, welche auf die Leistung eines bestimmten Gegenstandes (einer species) gerichtet sind, im Falle einer nachträglich eintretenden zufälligen Unmöglichkeit der Schuldner von der Verpflichtung zur Leistung frei; der Gläubiger verliert mithin den Anspruch auf die Leistung, er kann auch das Interesse nicht fordern. In diesem Sinne trägt also bei Speziesobligationen schon von der Entstehung des Schuldverhältnisses an die Gefahr der Gläubiger.

Für Gattungsschuldverhältnisse bestimmt § 279, daß, solange die Leistung aus der Gattung überhaupt möglich ist, der Schuldner auch sein unverschuldetes Unvermögen zur Leistung zu vertreten hat. Da nun nach § 243 Abs. 2 mit dem Zeitpunkt, in welchem der Schuldner das zur Leistung seinerseits Erforderliche gethan hat, die Gattungsschuld sich in eine Speziesschuld verwandelt, so spricht § 300 Abs. 2 nur eine selbstverständliche Folgerung der §§ 275 und 243 aus; denn der Schuldner, welcher dem Gläubiger die zur Erfüllung bestimmte Sache in solcher Weise anbietet, daß der Gläubiger durch deren Nichtannahme in Verzug geräth, hat das zur Leistung seinerseits Erforderliche gethan. Damit hat sich das Schuldverhältniß auf die angebotene Sache konzentrirt, es liegt nunmehr eine Speziesschuld vor, bei welcher die Gefahr schon nach § 275 den Gläubiger trifft.

Ueber die besondern Wirkungen des Annahmeverzugs bei gegenseitigen Verträgen s. § 324 Abs. 2.

Der Uebergang der Gefahr ist dadurch bedingt, daß der Gläubiger die „angebotene Sache nicht annimmt". Für § 300 wird der Unterschied zwischen sog. Bringschuld und Holschuld praktisch bedeutsam.

a) Bei der Bringschuld ist thatsächliches Angebot einer individuell bestimmten Sache der betr. Gattung erforderlich; ein solches ist noch nicht mit der Absendung der Sache an den Gläubiger, sondern erst dann gegeben, wenn die Sache dem Gläubiger zugeht. Doch geht in bestimmten Fällen (z. B. § 447) die Gefahr aus anderen Gründen schon mit der Absendung auf den Gläubiger über.

b) Bei der Holschuld kommt der Gläubiger zwar schon in Verzug, wenn der Schuldner ihm die Leistung wörtlich anbietet oder zur Abholung aufgefordert hat und er sich nunmehr nicht beim Schuldner zur Abholung einstellt. Allein nach § 300 Abs. 2 geht die Gefahr beim Annahmeverzug erst mit der Konkretisirung über; es muß also noch bei Gattungsschulden die Ausscheidung hinzutreten. Ist diese geschehen, so genügt auch bei Holschulden das wörtliche Angebot. Vgl. Planck Bem. 3 zu § 300.

Der Schuldner hat also eine bestimmte Sache auszuscheiden und diese dem Gläubiger thatsächlich oder in den Fällen des § 295 wörtlich anzubieten. Vgl. RGE. in Jur. Wschr. 1904 S. 286. Wo es eines Angebotes überhaupt nicht bedarf, um den Gläubiger in Verzug zu setzen (s. § 295 Satz 2 und § 296), da kommt der Gläubiger zwar ohne das Angebot der Leistung in Verzug, allein die Gefahr bleibt bei dem Schuldner. And. M. Rosenberg S. 278; Titze, Die Unmöglichkeit der Leistung S. 26. Wie hier, Planck Bem. 3 zu § 300.

3. Geld, Werthpapiere, sonstige Urkunden und Kostbarkeiten kann der Schuldner im Falle des Annahmeverzugs für den Gläubiger hinterlegen (§ 372), bewegliche Sachen, welche sich zur Hinterlegung nicht eignen, kann er versteigern lassen (§ 383). Ueber weitere Wirkungen des Gläubigerverzugs auf das Schuldverhältniß s. die §§ 264 Abs. 2, 274 Abs. 2, 322, 324, 424, 429, 615, 642, 644.

## § 301.

Von einer verzinslichen Geldschuld hat der Schuldner während des Verzugs des Gläubigers Zinsen nicht zu entrichten.

E. I, 259; II, 255; III, 295.

1. Während nach gem. R. die Zinsverbindlichkeit des Schuldners durch den Annahmeverzug des Gläubigers nicht berührt wurde (Dernburg, Pand. Bd. 2 § 43 Note 11; Windscheid, Pand. Bd. 2 § 346 Nr. 4), bestimmt das BGB., daß von einer verzinslichen Geldschuld, mag die Zinspflicht auf Gesetz oder auf Rechtsgeschäft beruhen, der Schuldner während des Verzugs des Gläubigers Zinsen nicht zu entrichten hat. Hiebei macht es keinen Unterschied, ob der Schuldner thatsächlich Zinsen gezogen hat oder nicht.

Die in den Motiven (M. II, 75) ausgesprochene Ansicht, daß in ersterem Falle auf die Verpflichtung des Schuldners zum Ersatze der thatsächlich gezogenen Zinsen die Vorschrift des § 302 über den Ersatz der Nutzungen zur Anwendung komme, dürfte sich mit der bestimmten Fassung des § 301 nicht vereinbaren lassen. Ebenso Planck Bem. zu § 301. Die Befreiung des Schuldners von der Zinsverbindlichkeit tritt auch dann ein, wenn derselbe die dem Gläubiger aus dem Schuldverhältnisse obliegende Gegenleistung empfangen hat, z. B. im Falle des § 452, wo dem Schuldner als Käufer die Nutzungen der gekauften Sache gebühren (P. I, 332).

Nach Oertmann Bem. zu § 301, soll § 301 keine Anwendung finden auf die Zinspflicht desjenigen, welcher, wie in den Fällen der §§ 668, 1834 fremdes Geld für sich verwendet. Ein Grund für eine solche Ausnahme ist nicht ersichtlich, vgl. auch Planck Bem. zu § 301. Die Anwendung des § 301 ist auf verzinsliche Geldschulden zu beschränken; für sonstige verzinsliche Schulden, deren Vorkommen selten ist, gilt der Grundsatz, daß die Verzinsung erst mit der Hinterlegung des Geschuldeten aufhört (§ 379). Vgl. Kohler, Iherings Jahrb. Bd. 17 S. 382 ff., Zwölf Studien S. 227 ff. Planck Bem. zu § 301 Abs. 2.

2. Daß der Schuldner während des Gläubigerverzugs keine Verzugszinsen zu entrichten braucht, ist selbstverständlich, da der Annahmeverzug des Gläubigers den Leistungsverzug des Schuldners hinsichtlich derselben Leistung ausschließt.

## § 302.

Hat der Schuldner die Nutzungen eines Gegenstandes herauszugeben oder zu ersetzen, so beschränkt sich seine Verpflichtung während des Verzugs des Gläubigers auf die Nutzungen, welche er zieht.

E. I, 258; II, 256; III, 296.

1. Ob der Schuldner zur Herausgabe oder zum Ersatze der Nutzungen eines Gegenstandes verpflichtet ist, bestimmt sich nach dem Inhalte des konkreten Schuldverhältnisses. Besteht hienach eine solche Verpflichtung des Schuldners, so beschränkt sich dieselbe während des Verzugs des Gläubigers auf jene Nutzungen, welche der Schuldner thatsächlich gezogen hat. In Ansehung dieser Nutzungen haftet er für Vorsatz und grobe Fahrlässigkeit. Dagegen ist nicht zu untersuchen, ob der Schuldner aus Vorsatz oder grober Fahrlässigkeit es unterlassen hat, Nutzungen zu ziehen. Das BGB. steht auf dem Standpunkte, daß der Schuldner vom Eintritte des Gläubigerverzugs an zur Ziehung von Nutzungen im Interesse des Gläubigers nicht mehr verpflichtet ist (s. M. II, 75). Eine nicht bestehende Verpflichtung kann aber durch Vorsatz oder Fahrlässigkeit nicht verletzt werden.

2. Ueber den Begriff der Nutzungen s. § 100.

## § 303.

Ist der Schuldner zur Herausgabe eines Grundstücks verpflichtet, so kann er nach dem Eintritte des Verzugs des Gläubigers den Besitz aufgeben. Das Aufgeben muß dem Gläubiger vorher angedroht werden, es sei denn, daß die Androhung unthunlich ist.

E. II, 257; III, 297.

1. Nach gemeinem Recht war der Schuldner vom Eintritte des Gläubigerverzugs an berechtigt, den geschuldeten Gegenstand preiszugeben, sofern ihm andere dem Gläubiger weniger nachtheilige Mittel nicht zu Gebote standen (s. Dernburg, Pand. Bd. 2 § 43 Note 13, Windscheid, Pand. Bd. 2 § 346 Note 6). Vgl. jedoch l. 1 § 3 D. 18, 6: si tamen, cum posset effundere, non effudit, laudandus est potius.

Das BLR. Th. IV cap. 14 § 15 Nr. 16 verweist den Schuldner auf die gerichtliche Hinterlegung.

Das BGB. kennt bei beweglichen Sachen ein Preisgebungsrecht des Schuldners nicht. Der Schuldner kann sich durch Hinterlegung der geschuldeten Sache (§ 372) oder, wenn die Sache sich zur Hinterlegung nicht eignet, durch öffentliche Versteigerung derselben und Hinterlegung des Erlöses (§ 383) von seiner Verbindlichkeit befreien.

Diese Behelfe stehen jedoch dem Schuldner nicht zur Seite, wenn ein Grundstück den Leistungsgegenstand bildet. Aus Billigkeitsgründen wurde deßhalb von der II. Komm. die Bestimmung des § 303 aufgenommen, „weil dem Schuldner nicht zugemuthet werden könne, Unkosten aufzuwenden und sich vielleicht sogar in der Wahl des Aufenthaltsortes eine Beschränkung aufzuerlegen, um den Besitz für den säumigen Gläubiger zu bewahren". (P. I, 332.)

2. Der Schuldner ist nur zum Aufgeben des Besitzes, d. i. der thatsächlichen Gewalt (§ 856) berechtigt, nicht zum Aufgeben des Eigenthums (§ 928). Die Besitzaufgabe ist keine Dereliktion im Sinne des § 928, sondern eine Traditionsofferte, durch die das

Gut dem Gläubiger frei wird. Vgl. Kohler, Zwölf Studien S. 168, Rosenberg, Iherings Jahrb. Bd. 43 S. 217 ff.

3. Androhung. Das Aufgeben muß dem Gläubiger vorher angedroht werden. Die Androhung ist ein einseitiges empfangsbedürftiges Rechtsgeschäft (§§ 130–132). Treu und Glauben erfordern, daß die Androhung so zeitig erfolgt, daß der Gläubiger noch im Stande ist, den Besitz zu übernehmen.

Unthunlich ist die Androhung, wenn sie mit einem Aufwand an Kosten, Mühe oder Zeit verknüpft sein würde, welcher dem Schuldner billiger Weise nicht zugemuthet werden kann. Dies darf in der Regel angenommen werden, wenn der mit einem erheblichen Zeitaufwande verbundene Weg der öffentlichen Zustellung der Androhung gewählt werden müßte (§ 132 Abs. 2).

Den Beweis der Unthunlichkeit hat der Schuldner zu liefern, welcher die Androhung unterlassen hat. Hat der Schuldner den Besitz aufgegeben ohne die erforderliche Androhung, so wird er gemäß § 280 dem Gläubiger schadensersatzpflichtig, soweit er in Folge der Besitzaufgabe unvermögend geworden ist, zu leisten. Er haftet jedoch zufolge § 300 nur, wenn er aus Vorsatz oder grober Fahrlässigkeit die Androhung unterlassen hat.

## § 304.

Der Schuldner kann im Falle des Verzugs des Gläubigers Ersatz der Mehraufwendungen verlangen, die er für das erfolglose Angebot sowie für die Aufbewahrung und Erhaltung des geschuldeten Gegenstandes machen mußte.

E. I, 261; II, 258; III, 298.

1. Für den Annahmeverzug wird ein Verschulden des Gläubigers nicht vorausgesetzt. Es rechtfertigt sich deßhalb auch nicht eine dem § 286 entsprechende Bestimmung, daß der Gläubiger dem Schuldner den durch den Annahmeverzug verursachten Schaden zu ersetzen habe. Nur in den Fällen, in welchen eine Annahmepflicht des Gläubigers gesetzlich ausgesprochen ist (§ 433 Abs. 2 und § 640), wo sich also der Annahmeverzug zugleich als Leistungsverzug darstellt, ist der Gläubiger aus seiner mora solvendi dem Schuldner zum Schadensersatze nach § 286 Abs. 1 verpflichtet.

In allen anderen Fällen des Annahmeverzugs beschränkt sich die Ersatzpflicht des Gläubigers auf die erforderlichen Mehraufwendungen für das erfolglose Angebot, für die Aufbewahrung und Erhaltung des geschuldeten Gegenstandes.

Nur dasjenige, was der Schuldner nothwendigerweise aufgewendet, und was er mehr aufgewendet hat, als er ohne den Annahmeverzug aufgewendet haben würde, kann er ersetzt verlangen.

2. Der Anspruch ist selbständig klagbar; auch hat der Schuldner wegen desselben nach § 273 ein Zurückbehaltungsrecht.

Der Anspruch bleibt bestehen, auch wenn der Gläubiger nachträglich auf sein Forderungsrecht verzichtet oder der Leistungsgegenstand später untergegangen ist.

Wegen der Verpflichtung des Gläubigers, den aufgewendeten Mehrbetrag zu verzinsen und den Schuldner von einer zu diesem Zweck eingegangenen Verbindlichkeit zu befreien, s. §§ 256 und 257.

# Zweiter Abschnitt.

# Schuldverhältnisse aus Verträgen.

### Vorbemerkungen.

I. In Uebereinstimmung mit dem gemeinen Recht setzt das BGB. als regelmäßigen Entstehungsgrund eines Schuldverhältnisses den Vertrag voraus, d. h. ein zweiseitiges, durch Offerte und Annahme zu Stande kommendes Rechtsgeschäft. Die Normen über das Zustandekommen des Vertrags sind bereits in §§ 145–157 geregelt. Das BGB. bezeichnet als Vertrag nur den auf Begründung eines Schuldverhältnisses gerichteten sog. obligatorischen Vertrag, bei anderen Verträgen, z. B. solchen, die unmittelbar auf Begründung, Aufhebung, Aenderung dinglicher Rechte gerichtet sind, bedient es sich des Ausdrucks „Einigung“. Vgl. § 873 mit Bem. Siehe insbes. Jacobi, Versprechen und Vertrag, Iherings

Jahrb. Bd. 35 S. 35 ff. Ausnahmsweise ist die verbindliche Kraft des einseitigen, auf unmittelbare Begründung eines Schuldverhältnisses gerichteten Versprechens anerkannt bei der Stiftung (§§ 80, 81), Auslobung (§§ 657 ff.), Schuldverschreibung auf Inhaber (§§ 793 ff.).

II. Der II. Abschnitt zerfällt in fünf Titel.

1. Der 1. Titel giebt allgemeine Vorschriften über Begründung und Inhalt der Verträge (§§ 305—319).

2. Der 2. Titel handelt besonders von den gegenseitigen Verträgen. Gegenseitig ist ein Vertrag, wenn in ihm zwei Verpflichtungen sich in der Weise gegenüberstehen, daß die eine das Aequivalent der anderen bildet und Versprechen und Gegenversprechen sich gegenseitig bedingen. (Synallagmatische Verträge.) Dernburg, Pand. II § 20; Stammler, Recht der Schuldverh. S. 85. Sie sind zu unterscheiden von einseitigen Verträgen (Schenkungsversprechen § 516, Bürgschaftsvertrag § 765) und nur zufällig gegenseitigen, d. h. solchen einseitigen Verträgen, bei denen nur ein möglicher Gegenanspruch (actio contraria der Pandekten) des Schuldners in Betracht kommen kann, wie beim Auftrag (§§ 662 ff.); letztere heißen auch unvollkommen zweiseitige Verträge, contractus bilaterales inaequales. Der Leihvertrag (commodatum) gilt jedoch im BGB. als gegenseitiger Vertrag (§ 598).

Nach früherer Doktrin galten alle gegenseitigen Verträge als unter der stillschweigend vorausgesetzten clausula rebus sic stantibus geschlossen, PLR. Thl. I Tit. 5 §§ 377, 378, d. h. wegen erheblich veränderter Umstände wurde eine Einrede bezw. Rücktritt zugelassen. Nachdem die herrschende Lehre des gemeinen Rechtes diese Doktrin beseitigt hat, ist das BGB. in verschiedenen Anwendungsfällen wiederum auf die älteren Grundsätze zurückgekommen, z. B. §§ 321, 361, 610, 626, 627, 649. Vgl. Stammler, Recht der Schuldverh. S. 88 ff. Sodann entspringt aus der synallagmatischen Natur der gegenseitigen Leistungen die Einrede des nicht erfüllten Vertrags (exceptio non adimpleti contractus). § 322.

Die Gültigkeit eines von seiner causa losgelösten Vertrages, durch den eine Leistung in der Weise versprochen wird, daß das Versprechen die Verpflichtung selbständig begründen soll (abstraktes Schuldversprechen) und eines abstrakten Schuldanerkenntnisses ist durch schriftliche Form bedingt (§§ 780, 781).

Außerdem ist gerichtliche und notarielle Form vorgeschrieben in §§ 311, 312, 313.

In der Regel dagegen bedürfen obligatorische Verträge keiner Form.

3. Der 3. Titel (§§ 328—335) handelt von den Verträgen zu Gunsten Dritter das BGB. erkennt sie allgemein als zulässig an.

4. Der 4. Titel (§§ 328—345) regelt die Draufgabe (arrha) und Vertragsstrafe (Konventionalstrafe) als Bestärkungsmittel eines abgeschlossenen Vertrages.

5. Der 5. Titel (§§ 346—361) behandelt den Rücktritt vom Vertrage.

## Erster Titel.

## Begründung. Inhalt des Vertrags.

### § 305.

Zur Begründung eines Schuldverhältnisses durch Rechtsgeschäft sowie zur Aenderung des Inhalts eines Schuldverhältnisses ist ein Vertrag zwischen den Betheiligten erforderlich, soweit nicht das Gesetz ein Anderes vorschreibt.

E. I, 342; II, 310; III, 299.

1. Das BGB. giebt keine Definition des Begriffes „Vertrag“. Aus den §§ 145, 146, 151 geht jedoch so viel hervor, daß zum Vertrag immer ein Anbieten von einer Seite und ein Annehmen von der anderen Seite, also eine übereinstimmende Willenserklärung der sich gegenüber stehenden Betheiligten erforderlich ist. Näheres hierüber im Ersten Buche, 3. Abschn. 3. Tit.

§ 305 bringt demnach zum Ausdruck, daß, soweit nicht das Gesetz ein Anderes vorschreibt, eine einseitige Willenserklärung nicht geeignet ist, ein Schuldverhältniß zu begründen oder den Inhalt eines solchen zu ändern, daß hiezu vielmehr stets eine ausdrückliche oder stillschweigende Annahmeerklärung der anderen an dem Schuldverhältnisse betheiligten Partei nothwendig ist.

Es wurde für angezeigt erachtet, dies im Gesetz ausdrücklich hervorzuheben, um hiedurch der Schlußfolgerung entgegenzutreten, daß das BGB. den in der neueren Theorie vertretenen Satz von der allgemeinen Verbindlichkeit des einseitigen Schuldversprechens (s. Windscheid, Pand. Bd. 2 § 304 Note 12) anerkannt habe (M II, 175).

2. Durch Rechtsgeschäfte, welche sich nicht als Verträge darstellen, kann also nur in den vom Gesetz besonders bestimmten Fällen ein Schuldverhältniß begründet bezw. der Inhalt eines solchen geändert werden. Als selbstverständlich darf aber angenommen werden, daß auf solche Rechtsgeschäfte die Grundsätze über die Verträge entsprechend anwendbar sind. Der E. I § 343 enthielt eine ausdrückliche Bestimmung über diese entsprechende Anwendung, die von der zweiten Kommission nur wegen ihrer Selbstverständlichkeit gestrichen worden ist.

3. Ueber die bindende Kraft des Vertragsantrags s. die §§ 145 ff.

4. Der Paragraph redet nur von der Erforderlichkeit des Vertrags zur Begründung oder Aenderung des Inhalts eines Schuldverhältnisses; es wurde als selbstverständlich angesehen, daß ein Schuldverhältniß durch Vertrag (mutuus dissensus, auch Novation, vgl. Kuhlenbeck, Von d. Pand. z. BGB. II S. 205 ff., S. 180 ff.) auch aufgehoben werden kann. Das BGB. berührt die Frage in dem Abschnitt über das Erlöschen der Schuldverhältnisse, vgl. § 397. Aenderung des Inhalts ist zu unterscheiden von einer Novation. Letztere liegt vor, wenn nicht nur die den Gegenstand der Obligation bildende Verpflichtung selbst oder eine Modalität derselben (Zeit, Ort u. s. w.) abgeändert wird, sondern zugleich unter Aufhebung des bisherigen Rechtsgrundes (der causa debendi) ein neuer Rechtsgrund, sei es unter denselben Betheiligten, sei es gleichzeitig unter Uebertragung einer oder beider Seiten des Schuldverhältnisses auf andere Personen, geschaffen wird, so daß lediglich die Identität des wirthschaftlichen Zweckes gewahrt bleibt (cum ex praecedenti causa ita nova constituatur, ut prior perimatur, § 3 J. quib. mod. 3, 29). Entscheidend ist der Parteiwille; das BGB. erwähnt zwar die Novation nicht, läßt aber ihre Zulässigkeit unberührt; nur soll sie im Falle des § 364 Abs 2 nicht präsumirt werden.

Die Betheiligten im Sinne des § 305 sind diejenigen, welche das Schuldverhältniß zwischen sich begründen wollen. Durch Zulassung der Verträge zu Gunsten Dritter (§§ 328 ff.) erleidet diese Beschränkung eine wichtige Ausnahme.

5. Verzicht auf Einreden: Ein in der zweiten Kommission gestellter Antrag, der Vorschrift des § 305 den Zusatz hinzuzufügen:

> „Zu dem Verzichte des Schuldners auf eine Einrede genügt einseitige Erklärung gegenüber dem Gläubiger" (P. VI, 163 ff.)

ist abgelehnt worden. In der Regel ist hiernach der einseitige, nicht angenommene Verzicht auf eine Einrede für unwirksam zu erklären. Eine Ausnahme macht das BGB. in bestimmten Fällen beim Verzicht auf das Recht an fremden Sachen (§§ 875, 876, Aufhebung des Rechtes an einem Grundstück, 1064, Aufhebung des Nießbrauchs an einer beweglichen Sache, 1255, Aufhebung des Pfandrechts). Im Prozesse ist die Frage praktisch dadurch erledigt, daß eben nicht vorgebrachte Einreden keine Berücksichtigung finden. Außerhalb des Prozesses fordert der Verzicht auf eine Einrede Annahme von Seiten des Gegners. Vgl. Planck Bem. 4 zu § 305. And. M. Cohn in Gruchot, Beitr. Bd. 47 S. 269 ff., der einen Vertrag nur für erforderlich hält, wenn in dem Verzicht auf die Einrede eine Aenderung des Schuldverhältnisses zu finden sei.

6. Auf einseitige Versprechen, die vom Gesetz als verbindlich anerkannt werden, finden die für Schuldverhältnisse aus Verträgen geltenden Vorschriften entsprechende Anwendung, soweit nicht das Gesetz ein Anderes bestimmt. Planck Bem. 3 zu § 305.

7. Isay, Iherings Jahrb. Bd. 36 S. 460, meint, der § 305 wolle lediglich solchen einseitigen Versprechen die Wirksamkeit absprechen, welche ihrer Natur nach zu Bestandtheilen eines Vertrags geeignet sind, nicht solchen, durch die eine Obligation begründet werden solle, ohne daß es eine Mehrheit von „Betheiligten" gäbe, zwischen denen sie begründet werden solle. Er behauptet dies, um die Rechtsgültigkeit der Zeichnung eines Beitrags zu einem Sammelvermögen zu rechtfertigen, wo der Regel nach ein Vertrag, d. h. eine Mitwirkung dessen, der erwerben soll, nicht angängig sei. M. E. läßt sich die Rechtsgültigkeit einer solchen Zeichnung, soweit sie praktisch erforderlich ist, durch einen Vertrag zu Gunsten Dritter rechtfertigen. Die Zeichnung ist Annahme der Vertragsofferte. Im Uebrigen vgl. über das Recht derartiger Sammlungen § 1914. Es entsteht

eine Beitragsgesellschaft zwischen sämmtlichen Beitragsspendern. Vgl. Gierke, Das Privatrecht I § 80 N. 43; Kuhlenbeck, Handkomm. II. Aufl. § 1914 Bem. 1.

## § 306.*)

Ein auf eine unmögliche Leistung gerichteter Vertrag ist nichtig.

E. I, 344; II, 259 Abs. 1; III, 300.

1. Der auf eine unmögliche Leistung gerichtete Vertrag ist nichtig. Vorausgesetzt wird hiebei

a) daß die Unmöglichkeit schon bei Eingehung des Vertrages vorhanden ist. Die Wirkungen einer nachträglich eintretenden Unmöglichkeit der Leistung sind in § 275 geregelt,

b) daß die Leistung objektiv unmöglich ist, gleichviel, ob aus thatsächlichen oder aus rechtlichen Gründen. Vgl. Warneyer, Jahrb. d. Entsch. I S. 44, II S. 31 Nr. 2, III S. 36. RGE. Bd. 51 S. 92, Bd. 52 S. 417. Ein vor oder bei Eingehung des Vertrages vorhandenes subjektives Unvermögen des Versprechenden ist auf die Gültigkeit des Vertrages ohne Einfluß. S. Vorbem. zu den §§ 275—283. Für den Fall, daß die Unmöglichkeit gehoben werden kann, kommt § 308 zur Anwendung.

Die Unmöglichkeit, eine zugesicherte Eigenschaft zu gewähren, begründet keine Nichtigkeit, RGE. v. 13. Okt. 1903 in D. Jur.Z. 1904 S. 549. Vgl. Bem. 4.

2. Bei einer theilweisen Unmöglichkeit der Leistung ist der ganze Vertrag nichtig, wenn nicht anzunehmen ist, daß der Vertrag auch ohne den nichtigen Theil geschlossen worden sein würde (§ 139). RGE. Bd. 51 S. 92.

Wenn letzteres anzunehmen ist, so ist der Vertrag insoweit nichtig, als die Leistung unmöglich ist, bleibt aber gültig in Ansehung des möglichen Theils.

Bei gegenseitigen Verträgen wird in letzterem Falle eine entsprechende Minderung der Gegenleistung nach Analogie der §§ 275, 472 einzutreten haben, sofern nicht nach § 242 wegen Unerheblichkeit des unmöglichen Theiles die ganze Gegenleistung gleichwohl zu entrichten sein sollte.

3. Ein Vertrag ist auch nichtig, wenn er auf eine Leistung gerichtet ist, die gegen ein gesetzliches Verbot oder gegen die guten Sitten verstößt. Dies ergiebt sich schon aus den §§ 134 und 138. Vgl. auch § 309.

4. Durch die Vorschrift des § 306 wird die Gültigkeit eines Garantieversprechens nicht berührt, durch welches jemand die Haftung dafür übernimmt, daß eine objektiv unmögliche Leistung möglich sei. Unter Umständen kann eine stillschweigende Garantieübernahme schon in der bewußten Eingehung eines auf eine unmögliche Leistung gerichteten Vertrages gefunden werden. In diesen Fällen haftet der Versprechende nicht bloß für das negative Interesse nach § 307, sondern für das Erfüllungsinteresse. (Vgl. P. I, 448—450.) Vgl. Bem. 1, b.

Der Verkauf einer nicht existirenden Sache ist nicht nichtig, wenn er mit Rücksicht auf ihre zukünftige Existenz (§ 308) abgeschlossen ist oder wenn aus den Umständen zu entnehmen ist, daß für ihre Existenz Garantie geleistet werden sollte. Vgl. Planck Bem. 2 zu § 306.

5. Einschränkungen des in § 306 aufgestellten Satzes enthalten § 437 (Haftung des Verkäufers einer nicht bestehenden Forderung) und § 459 (Gewährleistungspflicht des Verkäufers wegen einer ausdrücklich zugesicherten, aber in Wirklichkeit nicht vorhandenen und nicht zu beschaffenden Eigenschaft der verkauften Sache).

6. In den Fällen, in welchen ausnahmsweise ein Schuldverhältniß auch durch ein einseitiges Versprechen begründet werden kann (s. Bem. 2 zu § 305), findet die Vorschrift des § 306 auch auf das einseitige Versprechen Anwendung. Vgl. Bem. 6 zu § 305.

Daß kraft Gesetzes ein auf eine unmögliche Leistung gerichtetes Schuldverhältniß begründet werden könnte, ist als ausgeschlossen zu erachten (M. II, 178).

---

*) Literatur: Vgl. Vorbem. zu §§ 275—283.

## § 307.*)

Wer bei der Schließung eines Vertrags, der auf eine unmögliche Leistung gerichtet ist, die Unmöglichkeit der Leistung kennt oder kennen muß, ist zum Ersatze des Schadens verpflichtet, den der andere Theil dadurch erleidet, daß er auf die Gültigkeit des Vertrags vertraut, jedoch nicht über den Betrag des Interesses hinaus, welches der andere Theil an der Gültigkeit des Vertrags hat. Die Ersatzpflicht tritt nicht ein, wenn der andere Theil die Unmöglichkeit kennt oder kennen muß.

Diese Vorschriften finden entsprechende Anwendung, wenn die Leistung nur theilweise unmöglich und der Vertrag in Ansehung des möglichen Theiles gültig ist oder wenn eine von mehreren wahlweise versprochenen Leistungen unmöglich ist.

E. I, 345; II, 259 Abs. 2 und 3; III, 301.

1. Der § 307 giebt nach dem Vorgange der §§ 122, 179 demjenigen, der bei Abschluß des Vertrags die Unmöglichkeit der Leistung nicht kannte und nicht kennen mußte, gegen denjenigen, der sie kannte oder kennen mußte, einen Anspruch auf das sog. negative Vertragsinteresse oder Vertrauensinteresse. Abweichend von den §§ 122, 179 ist hier aber dieser Anspruch gegründet auf eine culpa in contrahendo. Das BGB. stellt sich damit für den Fall der Nichtigkeit wegen Unmöglichkeit auf den Boden der gemeinrechtlich zuerst von v. Ihering, Dogm. Jahrb. Bd. 4 Nr. 1 und gesetzlich im PLR. Thl. I Tit. 5 § 284 vertretenen Auffassung, wonach das Gebot der kontraktlichen Sorgfalt nicht nur für gewordene, sondern auch für werdende Kontraktsverhältnisse gelten muß. Zweifellos verlieh auch in solchen Fällen schon das römische Recht eine Klage, die jedoch nicht auf das positive Erfüllungsinteresse, sondern auf das negative Interesse, d. h. auf Ersatz desjenigen Schadens gerichtet war, den Kläger dadurch erlitten hat, daß der Vertrag nicht zu Stande gekommen ist (l. 45 D. her. pet. 5, 3: quanti interfuit non decipi, l. 62 D. de contr. empt. 18, 1: quod interfuit ejus, ne deciperetur). Dieses sog. negative Vertrags- oder Vertrauensinteresse kann übrigens wie jedes Schadensersatzinteresse ebensowohl in positivem Verluste bestehen (z. B. in Unkosten des Vertragsschlusses und sonstigem effektiven Schaden), als auch in entgangenem Gewinn (Versäumung der Gelegenheit eines anderen Vertragsschlusses). Vgl. § 252. Es kann weit unter dem Erfüllungsinteresse bleiben und sich fast auf Nichts reduziren, wenn z. B. die Nichtigkeit bald nach dem Abschluß entdeckt ist, bevor ein Nachtheil erwachsen ist, es kann das Erfüllungsinteresse — den Betrag des Interesses — erreichen, den der Kläger an der Gültigkeit des Vertrages hat. An sich könnte sowohl der effektive Schaden, wie auch der entgangene Gewinn auch darüber hinausgehen; beispielsweise kann jemand in dem Vertrauen auf die Möglichkeit der Leistung zu deren weiterer geschäftlicher Verwerthung kostspielige Anstalten (Ankauf und dergl.) getroffen haben. In solchen Fällen aber findet die negative Schadensberechnung nach § 307, wie nach §§ 122, 179 eine Grenze an dem Betrage des positiven Erfüllungsinteresses.

Offenbar beruht diese Begrenzung des negativen Vertragsinteresses auf dem Prinzipe des adäquaten Schadensersatzes. Vgl. Vorbem. 3, c, β S. 27 oben. Wenn jemand in der objektiv gerechtfertigten Erwartung der Erfüllung einer Leistung getäuscht wird, kann er auf keinen Fall ein größeres Interesse geltend machen als dasjenige, welches durch die Erfüllung selbst gedeckt sein würde; die Verfolgung des Kausalverlaufs seiner Täuschung wird daher durch das positive Erfüllungsinteresse begrenzt, selbst wenn im einzelnen Falle der Getäuschte einen effektiv größeren Schaden nachweisen kann. Beispiel: Der Gärtner A verpflichtet sich, dem Blumenhändler B aus seinem Treibhause eine Quantität Orchideen zu liefern, deren Erzeugung innerhalb der vereinbarten Frist objektiv unmöglich ist. B hat ohne Vorwissen des A seinerseits im Vertrauen auf dieses Versprechen die Lieferung dieser Orchideen unter hoher Vertragsstrafe an einen Anderen versprochen. A haftet höchstens für den Betrag, den die Beschaffung solcher Orchideen anderweitig kostet, sowie für den unter regelmäßigen Umständen für solche vom Blumenhändler zu erzielenden Gewinn, nicht aber für die objektiv unvoraussehbare Vertragsstrafe.

2. Zur Begründung des in § 307 bezeichneten Ersatzanspruchs wird vorausgesetzt, daß der Vertrag auf eine objektiv unmögliche Leistung gerichtet (s. § 306) und daß die

---

*) Literatur: Brock, Das negative Vertragsinteresse 1903; Wilutzky, Das Recht 1901 S. 189: Was gehört zum Vertrauensinteresse? Schmidt, Die Lehre vom negativen Vertragsinteresse, Greifswald 1900; Melliger, Culpa in contrahendo oder Schadensersatz bei nichtigen Verträgen, 2. Aufl., Zürich 1898.

Kenntniß oder fahrlässige Nichtkenntniß der Unmöglichkeit beim Abschlusse des Vertrags vorhanden war.

3. Der Ersatzanspruch beschränkt sich auf das sogenannte negative Interesse. Der haftbare Theil hat also beispielsweise dem anderen Theile jene Aufwendungen zu erstatten, welche dieser im Vertrauen darauf, daß ein gültiger Vertrag zu Stande gekommen sei, gemacht hat. Würde indessen der Vermögensvortheil, den der andere Theil im Falle der Gültigkeit des Vertrags gehabt hätte, geringer sein als der Betrag der Aufwendungen, so wäre nur der erstere geringere Betrag zu erstatten. Vgl. Bem. 1. Näheres in den Bem. zu § 122.

4. Jeder Vertragstheil kann den Anspruch erheben, sowohl der die unmögliche Leistung Versprechende als der Versprechensempfänger, vorausgesetzt, daß den Gegner ein Verschulden trifft, nämlich die Kenntniß oder schuldhafte Nichtkenntniß der Unmöglichkeit, während er selbst von einem solchen Verschulden frei ist (vgl. M. II, 179; P. I, 452).

5. Die Ersatzpflicht tritt nicht ein, wenn auch der andere Theil die Unmöglichkeit kannte oder kennen mußte (Abs. 1 Satz 2). Das Gesetz stellt hier das „Kennenmüssen" dem „Kennen" völlig gleich. Eine Ersatzpflicht besteht hienach auch dann nicht, wenn der eine Theil die Unmöglichkeit kennt, während bei dem anderen nur ein fahrlässiges Nichtkennen vorliegt. And. M. Oertmann, Anm. 4 zu § 307, welche zum Ausschlusse des Ersatzanspruches ein äquivalentes Verschulden fordert.

Der Ersatzanspruch ist nicht begründet, wenn keiner der Vertragschließenden die Unmöglichkeit kannte oder kennen mußte.

Bestritten ist, ob das „Kennenmüssen der Unmöglichkeit", d. h. die Fahrlässigkeit, auf der die vertretbare Unkenntniß der Ersatzpflichtigen beruht, nach demselben Maßstabe der Haftung zu bestimmen ist, der ausschlagend sein würde, wenn der Vertrag gültig wäre, oder ob die hier fragliche culpa in contrahendo stets abstrakte culpa levis (jede Fahrlässigkeit) im Sinne des § 276 sein muß. Planck Bem. 1 zu § 308 behauptet letzteres. Darnach würde beispielsweise der Schenker, der bei Gültigkeit des Schenkungsversprechens nur Vorsatz und grobe Fahrlässigkeit zu vertreten hat (§ 521), bei Ungültigkeit desselben wegen Unmöglichkeit jede Fahrlässigkeit (culpa levis) zu prästiren haben. So auch Schollmeyer II S. 154; Enneccerus, Rechtsgeschäft S. 399. Vgl. dagegen Titze, Unmöglichkeit S. 226 N. 27: „Ganz abgesehen davon, daß dieser Standpunkt formalistisch ist, indem es sich bei culpa in contrahendo, wenn auch nicht um eine kontraktliche, so doch jedenfalls um eine aus Anlaß eines Kontraktabschlusses begangene culpa handelt (vgl. auch Ihering in seinen Jahrbüchern Bd. 4 S. 52), so wird von Schollmeyer übersehen, daß dort, wo das Gesetzbuch eine mindere Sorgfaltspflicht statuirt, dies in der Regel deshalb geschieht, weil der Verkehr in solchen Fällen eine mindere Sorgfalt erfordert, so daß sich auch die mindere Sorgfalt schließlich immer als „die im Verkehr erforderliche Sorgfalt" darstellt." (Auch Planck a. a. O. giebt zu, daß der Maßstab der im Verkehr erforderlichen Sorgfalt häufig dazu führen werde, von demjenigen, welcher schenkweise eine Leistung verspricht, einen geringeren Grad von Sorgfalt zu erfordern, als von demjenigen, welcher eine Leistung gegen Entgelt verspricht, und daß daher in der Praxis seine Auffassung regelmäßig zu demselben Ergebnisse führen werde, wie die von Titze.) Ich bin aber der Ansicht, daß das arg. a majore ad minus schlechthin dazu nöthigt, in contrahendo keinen größeren Grad von Sorgfalt von den Parteien zu fordern, als das Gesetz für den abgeschlossenen gültigen Vertrag statuirt.

Beim Kennenmüssen ist auch die Fahrlässigkeit der gesetzlichen Vertreter und Hülfspersonen (§ 278) zu vertreten. Vgl. Planck Bem. 1. Ebenso finden auch die §§ 827, 828 Anwendung. Vgl. Titze, Unmöglichkeit S. 226 N. 26, Neumann in der Festschrift für Wilke S. 221. And. M. Cosack I § 71 Nr. 6, b.

6. Bei theilweiser Unmöglichkeit der Leistung ist der Vertrag zum möglichen Theile gültig, wenn anzunehmen ist, daß er auch ohne den unmöglichen Theil abgeschlossen worden sein würde (§ 139). In diesem Falle ist der Schaden zu ersetzen, den der andere Theil dadurch erleidet, daß er auf die Gültigkeit auch des unmöglichen Theiles baute. Ist dagegen der ganze Vertrag nichtig, so kommt Abs. 1 zur Anwendung.

7. Bei wahlweise versprochenen Leistungen beschränkt sich nach § 265 das Schuldverhältniß auf die möglichen Leistungen. Der verantwortliche Theil muß dem anderen den Schaden ersetzen, welchen dieser dadurch erfährt, daß er auf die Gültigkeit sämmtlicher wahlweise versprochenen Leistungen vertraut hat.

8. Rechtliche Natur des Anspruchs. Die Frage, ob die Haftung nach § 307 eine Haftung aus Delikt oder wegen Verletzung rechtsgeschäftlicher Pflichten ist, ist von Bedeutung für die Verjährung des Anspruchs. Sie ist im Gesetze nicht ausdrücklich entschieden (M. II, 179), allein nach der Stellung der Bestimmung im Abschnitte „Schuldverhältnisse aus Verträgen" wird angenommen werden dürfen, daß die Verletzung rechts-

geschäftlicher Pflichten den Grund der Haftung bildet. Der Anspruch unterliegt also der ordentlichen dreißigjährigen Verjährung (§ 195), nicht der kürzeren des § 852. Ebenso Fischer-Henle Note 1, Planck Bem. 4, Oertmann Bem. 7, c, Schollmeyer Bem. 3 zu § 307; Kleineidam, Unmöglichkeit und Unvermögen S. 37—39. Wenn der Anspruch auf Erfüllung wegen Verjährung wegfällt, ist auch wegen der in § 307 gezogenen Grenze des negativen Vertragsinteresses der letztere Anspruch ausgeschlossen. Vgl. Planck Bem. 2 zu § 307. Enneccerus I § 178 Anm. 8.

9. Beweislast. Der die Entschädigung Fordernde hat den Nachweis zu führen, daß der andere Theil die Unmöglichkeit kannte oder kennen mußte. Der die Ersatzpflicht Bestreitende kann sich dann durch den Nachweis befreien, daß auch der andere Theil die Unmöglichkeit kannte oder kennen mußte (P. I, 451).

## § 308.

Die Unmöglichkeit der Leistung steht der Gültigkeit des Vertrags nicht entgegen, wenn die Unmöglichkeit gehoben werden kann und der Vertrag für den Fall geschlossen ist, daß die Leistung möglich wird.

Wird eine unmögliche Leistung unter einer anderen aufschiebenden Bedingung oder unter Bestimmung eines Anfangstermins versprochen, so ist der Vertrag gültig, wenn die Unmöglichkeit vor dem Eintritte der Bedingung oder des Termins gehoben wird.

E. I, 346; II, 260; III, 302.

1. Abs. 1. Die Bestimmung des § 306 gilt an sich auch dann, wenn die Unmöglichkeit nur eine vorübergehende ist. In diesem Falle kann nun die Absicht der Vertragschließenden dahin gehen, der Vertrag solle nur für den Fall geschlossen sein, daß die Leistung späterhin möglich wird. Diese Absicht kann aus den Umständen erhellen (konkludent sein): es bedarf keiner ausdrücklichen Erklärung. Ist diese Absicht vorhanden, so nimmt das BGB. einen durch die Beseitigung der Unmöglichkeit aufschiebend bedingten gültigen Vertrag an.

Der § 308 läßt in Ansehung der juristischen Möglichkeit des Inhalts des Rechtsgeschäfts entsprechend der späteren Entwicklung des römischen Rechtes eine wichtige Ausnahme zu von dem ursprünglich für den Abschluß von Rechtsgeschäften allgemein gültig gewesenen Prinzip der Präsenz des Thatbestandes. Vgl. v. Ihering, Geist des röm. Rechtes IV S. 157 ff. Es soll dem Rechtsverkehr dadurch die Beherrschung der Zukunft ermöglicht werden, er wird von der Schranke der Gegenwart emanzipirt und befähigt, die Zukunft von sich, ohne sich von ihr abhängig zu machen, Kombinationen, Berechnungen, Erwartungen, kurz das bloß Mögliche, in den Kreis seiner Operationen zu ziehen (v. Ihering a. a. O. S. 164). Der § 308 hat aber lediglich die Unmöglichkeit der Leistung selbst, d. h. des Inhalts der Obligation im Auge, eine Unmöglichkeit der Leistung, die ihren Grund in der zur Zeit des Vertragsabschlusses noch mangelnden persönlichen Fähigkeit der Kontrahenten (Geschäftsunfähigkeit) hat, fällt nicht unter den § 308.

Im Uebrigen ist es gleichgültig, ob eine abstrakte oder nur konkrete (bloß im Mangel konkreter Verhältnisse, durch welche die Wirksamkeit der Disposition, z. B. Mangel des Eigenthums, bedingt ist, begründete) Unmöglichkeit vorliegt. Der mit Rücksicht auf die später eintretende Möglichkeit der Leistung abgeschlossene Vertrag ist aufschiebend bedingt. Es finden daher die Bestimmungen der §§ 158 Abs. 1, 159, 160 Abs. 1, 161 Abs. 1, Abs. 3, 162 Anwendung, d. h. die Parteien sind bereits mit Abschluß des Vertrags obligatorisch gebunden, wenngleich die Verpflichtung zur Leistung erst mit dem Eintritte der Bedingung, d. h. der Möglichkeit der Leistung entsteht (§ 158 Abs. 1). Die Parteien können vereinbaren, daß der Eintritt der Bedingung fiktizisch zurückdatirt wird, d. h. daß der Verpflichtete dem Berechtigten im Falle des Eintritts der Möglichkeit gewähren soll, was dieser haben würde, wenn die Leistung schon bei Abschluß des Vertrags möglich gewesen wäre (§ 159). A. M. Schollmeyer S. 159, der die Rückziehung nur auf die Zeit des Eintritts der Möglichkeit der Leistung für zulässig und wirksam erachtet. Sein Einwand, daß dieselben Früchte, welche der Berechtigte haben würde, wenn die Sache schon beim Vertragsschlusse vorhanden gewesen wäre, weder der Verpflichtete noch irgend ein Mensch leisten könne, trifft aber nicht den Fall, daß die Unmöglichkeit der Leistung nur auf einem gesetzlichen Grunde (z. B. Veräußerungsverbot) beruhte; für den von ihm vorausgesetzten Fall der Nichtexistenz der Sache bleibt in Ansehung der Früchte die Unmöglichkeit ungehoben. Der Berechtigte kann vom Verpflichteten Schadensersatz verlangen, wenn dieser das Möglichwerden der Leistung durch sein Verschulden vereitelt oder beeinträchtigt (§ 160). Hat der Verpflichtete unter der Bedingung des späteren Möglichwerdens über einen Gegenstand verfügt (z. B. eine noch nicht existirende Sache veräußert, verpfändet, ein Recht an derselben bestellt), so ist jede weitere Verfügung, die er vor dem Eintritt der Möglichkeit über denselben Gegenstand trifft, insoweit unwirksam, als sie das Recht desjenigen beeinträchtigen würde, zu dessen Gunsten er zuerst verfügt hat, und seiner eigenen Verfügung steht eine Verfügung gleich, die während der Schwebezeit (bis zum Eintritt der Möglichkeit) im Wege der Zwangsvollstreckung oder der Arrestvollziehung oder durch den Konkursverwalter erfolgt (§ 161 Abs. 1). Doch bleiben die Vorschriften, welche zu Gunsten der Sicherheit des Verkehrs den Rechtserwerb durch Nichtberechtigte gestatten (originärer Rechtserwerb im derivativen Gewande, §§ 407, 892, 893, 932, 936, 1032, 1138, 1155, 1207, 1208, 1244) unberührt (§ 161 Abs. 3). Der Verpflichtete darf das Möglichwerden der Leistung nicht wider Treu und Glauben vereiteln, widrigenfalls die Bedingung als eingetreten gilt (§ 162 Abs. 2), d. h. von dem Augenblick an, in dem diese Vereitelung feststeht, hat der Berechtigte einen Anspruch auf das Erfüllungsinteresse (positiven Schadensersatzanspruch), nicht bloß auf das negative Vertragsinteresse.

Eine Vermuthung dafür, daß der Vertrag im Zweifel als für den Fall der Beseitigung der Unmöglichkeit geschlossen anzusehen sei, spricht das Gesetz nicht aus. Es kommt auf die Prüfung des einzelnen Falles an, doch wird in der Regel nach Treu und Glauben eine solche Absicht der Parteien anzunehmen sein. Haben die Parteien in Unkenntniß der vorhandenen Unmöglichkeit die Leistung beim Vertragsabschlusse für eine sofort mögliche gehalten, so fehlt es an der Voraussetzung, daß der Vertrag für den Fall des Möglichwerdens der Leistung geschlossen wurde; es kommt alsdann nicht § 308, sondern § 306 bezw. § 307 zur Anwendung.

Der auf Uebertragung des Eigenthums einer Sache an denjenigen, welchem die Sache bereits gehört, gerichtete Vertrag fällt nach Planck im Zweifel nicht unter § 308, da anzunehmen sei, daß die Parteien das Eigenthumsverhältniß nicht gekannt und daher die Uebertragung des Eigenthums für möglich gehalten haben. Planck Bem. 1 zu § 308. Vgl. dagegen l. 31 D. de v. o. 45, 1 (Si rem meam sub conditione stipuler, utilis est stipulatio, si conditionis existentis tempore mea non sit), l. 16 D. de contr. empl. 18, 1, l. 61 D. eod. 18, 1 (Existimo posse me id quod meum est sub conditione emere, quia forte speratur meum esse desinere).

2. Abs. 2. Wenn eine unmögliche Leistung unter der aufschiebenden Bedingung versprochen wird, daß die Leistung möglich wird, so ist der Vertrag zufolge Abs. 1 sofort gültig, sofern die Unmöglichkeit eine nur vorübergehende ist.

Wird dagegen eine unmögliche Leistung unter einer anderen aufschiebenden Bedingung oder unter Bestimmung eines Anfangstermins versprochen, so hängt die Gültigkeit des Vertrags noch davon ab, daß die Unmöglichkeit vor dem Eintritte der Bedingung oder des Termins beseitigt wird. Wird die Unmöglichkeit vor diesem Zeitpunkte gehoben, dann bleibt der Vertrag gültig, auch wenn im Zeitpunkte des Eintritts des Termins oder der Bedingung die Unmöglichkeit wieder vorhanden ist. Dies ist insbesondere wichtig wegen der Haftung für eine verschuldete nachträgliche Unmöglichkeit (§§ 275, 280).

Im Falle des Abs. 2 genügt die objektive Thatsache der Hebung der Unmöglichkeit vor dem Eintritte der Bedingung oder des Termins; eine bewußte Beziehung der Parteien auf diesen Fall, wie im Falle des Abs. 1, ist nicht erforderlich.

Tritt die Bedingung oder der Anfangstermin ein, bevor die Unmöglichkeit beseitigt wurde, so ist zu unterscheiden:

a) Die Unmöglichkeit war den Parteien beim Abschlusse des Vertrags bekannt, sie haben aber den Vertrag gleichwohl geschlossen für den Fall; daß die Leistung möglich werde innerhalb der Schwebezeit (mit bewußter Beziehung auf den Fall der vor Eintritt der Bedingung oder des Anfangstermins eintretenden Möglichkeit). In diesem Fall ist der Vertrag wegen Nichteintritts der Bedingung unwirksam, nicht aber als von vornherein nichtig zu behandeln (es gelten die §§ 158 ff., vgl. Bem. 1).

b) Die Unmöglichkeit war ihnen zur Zeit des Vertragschlusses bekannt und si haben gleichwohl den Vertrag abgeschlossen, in der Erwartung, daß irgend einmal die Leistung möglich werde, ohne zugleich dieses Möglichwerden in die Bedingung oder Befristung einzuschließen. In diesem Falle bleibt auch jetzt noch Abs. 1 anwendbar, d. h. wenn die Unmöglichkeit noch gehoben werden kann, steht sie der Gültigkeit des Vertrags nicht entgegen. Die in I. Aufl. aus der wörtlichen Fassung des Abs. 2 gefolgerte gegentheilige Behauptung beruhte auf einem unvorsichtigen arg. a contrario.

c) Die Parteien haben beim Abschluß des Vertrags die sofortige Möglichkeit oder wenigstens das Möglichwerden während der Schwebezeit vorausgesetzt und überall nicht den Fall im Auge gehabt, daß die Leistung erst nach Eintritt der Bedingung oder des Termins möglich werden könne. Nur in diesem Falle ist sowohl Abs. 1, wie Abs. 2 nicht anwendbar, vielmehr bleibt es alsdann bei der Regel des § 306, wonach der Vertrag, allerdings erst als vom Eintritt der Bedingung und des Termins ab, als nichtig zu behandeln ist.

3. Die Vorschriften des § 308 finden auch entsprechende Anwendung auf ein Vermächtniß, das auf eine zur Zeit des Erbfalls unmögliche Leistung gerichtet ist (§ 2171).

4. Sowohl im Falle des Abs. 1 wie des Abs. 2 finden die Vorschriften der §§ 916 Abs. 2, 935—945 der CPO., §§ 67, 154, 156, 171 KO. betr. Sicherung bedingter Ansprüche Anwendung.

## § 309.

Verstößt ein Vertrag gegen ein gesetzliches Verbot, so finden die Vorschriften der §§ 307, 308 entsprechende Anwendung.

E. I, 347; II, 261; III, 303.

1. Ein Vertrag, welcher gegen ein gesetzliches Verbot verstößt, ist nichtig, wenn sich nicht aus dem Gesetz etwas Anderes ergiebt (§ 134). Ob ein gesetzliches Verbot Nichtigkeit der verbotenen Geschäfte nach sich zieht, eine lex perfecta darstellt, oder lediglich Strafen bezw. sonstige Rechtsnachtheile aufstellt, lex minus quam perfecta, ist hiernach stets eine Frage der Auslegung des besonderen Gesetzes. Es wird also auch für die entsprechende Anwendbarkeit der §§ 307, 308 vorausgesetzt, daß nach dem Willen des fraglichen Gesetzes (lex perfecta) der Verstoß gegen dessen Vorschriften Nichtigkeit des Vertrags zur Folge hat. Es muß sich also um Verstöße gegen sog. Mußvorschriften, nicht sog. Sollvorschriften handeln; letztere können andere Rechtsfolgen, beispielsweise Strafen (Stempelgesetze, die den Stempel nicht zur wesentlichen Form des Geschäfts machen) nach sich ziehen. Vgl. Rspr. d. OLG. Bd. 8 S. 34. Ob in einem Falle, in dem durch Verletzung einer bloßen Soll- oder Ordnungsvorschrift durch Verschulden eines der Vertragschließenden den anderen ein Nachtheil trifft (z. B. eine Stempelstrafe), ersterer dem letzteren ersatzpflichtig wird, ist nach allgemeinen Grundsätzen zu entscheiden; in der Regel wird die Kontraktsklage (§ 276) begründet sein; fällt ein Verschulden in dieser Richtung in die Zeit vor Abschluß des Vertrags, so ist auf culpa in contrahendo kein Ersatzanspruch zu begründen, da das BGB. eine Bestimmung, wie die des PLR. Thl. I Tit. 5 § 284 (vgl. Bem. 1 zu § 307) nicht aufgenommen hat; liegt also ein außerkontraktliches Versehen des einen Theils in dieser Richtung vor, so kann ein Schadensersatzanspruch gegen ihn vom anderen Vertragstheil nur geltend gemacht werden, wenn die Voraussetzungen des § 823 gegeben sind.

Gegen ein gesetzliches Verbot verstößt sowohl ein Vertrag, welcher auf eine durch Gesetz verbotene Leistung gerichtet, als ein Vertrag, dessen Schließung durch Gesetz verboten ist. (Vgl. die Fassung des inhaltlich unverändert angenommenen § 347 E. I und die Bem. zu § 134.)

2. Die entsprechende Anwendung der §§ 307, 308 auf solche Verträge führt zu folgendem Ergebnisse:

a) Wer bei der Schließung des Vertrags das gesetzliche Verbot kannte oder kennen mußte, ist dem anderen Theile zum Ersatze des negativen Interesses verpflichtet, es sei denn, daß auch der Andere das Verbot kannte oder kennen mußte.

Diese Bestimmung wird allerdings nur von geringer praktischer Bedeutung sein, da in der Regel auf Seiten eines Jeden der Vertragschließenden in Ansehung des gesetzlichen Verbots ein unentschuldbarer Rechtsirrthum vorliegen und deßhalb eine Ersatzpflicht ausgeschlossen sein wird.

Verstößt nur ein Theil des Vertrags gegen ein gesetzliches Verbot, so bestimmt sich nach § 139, ob der Vertrag ganz oder theilweise nichtig ist. Ist eine von mehreren wahlweise versprochenen Leistungen nichtig, weil sie gegen ein gesetzliches Verbot verstößt, so muß im Falle der Beschränkung auf die übrigen Leistungen der Schuldige dem andern Theil den Schaden ersetzen, den dieser dadurch erleidet, daß er auf die Gültigkeit des Vertrags mit der Möglichkeit sämmtlicher wahlweise versprochenen Leistungen vertraut hat.

b) Das gesetzliche Verbot steht der Gültigkeit nicht entgegen, wenn der Vertrag für den Fall geschlossen ist, daß es aufgehoben wird.

Wird ein gegen ein gesetzliches Verbot verstoßender Vertrag unter einer anderen aufschiebenden Bedingung oder unter der Bestimmung eines

Anfangstermins geschlossen, so ist der Vertrag gültig, wenn das Verbot vor dem Eintritt der Bedingung oder des Termins aufgehoben wird.

3. Auf Verträge, welche gegen die guten Sitten verstoßen, finden die §§ 307 und 308 keine Anwendung. Verträge dieser Art sind schlechthin nichtig (§ 138) und berechtigen niemals zu einem Anspruche auf das negative Interesse.

Ob ein Vertrag gegen die guten Sitten verstößt, muß stets nach dem Zeitpunkte des Vertragsschlusses beurtheilt werden.

Ein Vertrag kann zugleich gegen ein gesetzliches Verbot und die guten Sitten verstoßen; auch dann finden die §§ 307, 308 keine entsprechende Anwendung; denn beide Kontrahenten müssen wissen, was gegen die guten Sitten verstößt. Die guten Sitten haben zwingenden Charakter; maßgebend ist ausschließlich die deutsche Anschauung und ein Ausländer kann sich nicht darauf berufen, daß er in anderen sittlichen Anschauungen aufgewachsen sei.

4. Auf ein Vermächtniß, das gegen ein zur Zeit des Erbfalls bestehendes gesetzliches Verbot verstößt, ist § 308 entsprechend anwendbar (§ 2171).

## § 310.

**Ein Vertrag, durch den sich der eine Theil verpflichtet, sein künftiges Vermögen oder einen Bruchtheil seines künftigen Vermögens zu übertragen oder mit einem Nießbrauche zu belasten, ist nichtig.**

E. I, 350 Abs. 1; II, 262; III, 301.

1. Nach gemeinem Rechte ist die Schenkung des künftigen Vermögens zulässig (Dernburg, Pand. Bd. 2 § 106 Anm. 7; Windscheid, Pand. Bd. 2 § 368 Anm. 8 und 9), desgleichen ein das künftige Vermögen umfassender Gesellschaftsvertrag (Windscheid, Pand. Bd. 2 § 405 Anm. 2 und 3; Dernburg, Pand. Bd. 2 § 124 Anm. 7 und 8; ebenso ALR. Thl. IV cap. 8 § 1 Nr. 2 und 3).

2. Das BGB. dagegen erklärt jeden Vertrag, durch welchen sich der eine Theil verpflichtet, sein künftiges Vermögen oder einen Bruchtheil desselben zu übertragen oder mit einem Nießbrauche zu belasten, für nichtig.

Die Gründe dieser Bestimmung liegen auf wirthschaftlichem Gebiete. Es soll Jedermann seine wirthschaftliche Freiheit erhalten bleiben, insbesondere soll verhütet werden. daß Jemand sich gewissermaßen seiner Erwerbsfähigkeit begebe und dadurch allen Antrieb zum Erwerb verliere. Bei dem auf Uebertragung eines Bruchtheiles des künftigen Vermögens gerichteten Vertrage besteht das weitere Bedenken, daß die Zulassung solcher Rechtsgeschäfte in der Praxis zu unabsehbaren Verwickelungen führen würde. (Vgl. M. II, 186/187, P. I, 458.)

3. Das Verbot erstreckt sich auch auf solche Verträge, durch welche Jemand gegen das Versprechen einer Gegenleistung (Leibrente, Versorgung und dgl.) sein künftiges Vermögen ganz oder theilweise zu übertragen oder mit einem Nießbrauche zu belasten sich verpflichtet. Insbesondere ist im Gegensatz zum früheren gem. R. nach § 310 die Vereinbarung einer allgemeinen Gütergemeinschaft unter Personen, die nicht Ehegatten sind, societas omnium bonorum ungültig. Vgl. Knoke, Gesellschaft S. 16. Nichtig ist darnach auch ein Ehevertrag, durch welchen Alles, was der Ehemann erwirbt, als Vorbehaltsgut der Ehefrau erklärt wird. Vgl. Bem. 3, c, α zu § 1432 in Bd. IV und Neumann, Jahrb. I S. 215.

Ueber die Geltung des § 310 für Klosterpersonen vgl. v. Brünneck in Gruchot, Beitr. Bd. 45 S. 197.

4. Erbverträge (§§ 2274 ff.), sowie Eheverträge über die eheliche Gütergemeinschaft (§ 1432, §§ 1437 ff.) werden durch die Vorschrift des § 310 selbstverständlich nicht berührt. (M. II, 187.)

5. Streitig ist, ob § 310 nur als ein gesetzliches Verbot zu gelten hat oder ob ein dagegen verstoßender Vertrag auch gegen die guten Sitten verstößt, ob also § 309 auf den Fall des § 310 anwendbar ist oder nicht. Schollmeyer II S. 161 erachtet die Bestimmung des § 310 nur eine solche des positiven Rechtes, bejaht also die Anwendbarkeit des § 309, da § 310 lediglich auf volkswirthschaftlichen Erwägungen beruhe. Enneccerus I § 180 I hält den Ersatzanspruch des § 309 nur dann für ausgeschlossen, wenn, was zwar häufig, aber keineswegs immer zutreffe, der Vertrag einen unsittlichen Grad persönlicher Gebundenheit hervorrufen würde. A. M. Planck Bem. zu § 310, der den Ersatzanspruch aus dem Grunde, weil die wirthschaftliche Freiheit einen Theil des ordre public bildet, ausschließt. Letztere Ansicht halte ich für die zutreffende vom maßgebenden Standpunkte des Gesetzgebers aus.

## § 311.*)

Ein Vertrag, durch den sich der eine Theil verpflichtet, sein gegenwärtiges Vermögen oder einen Bruchtheil seines gegenwärtigen Vermögens zu übertragen oder mit einem Nießbrauche zu belasten, bedarf der gerichtlichen oder notariellen Beurkundung.

E. I, 350 Abs. 2; II, 263; III, 305.

1. Der obligatorische Vertrag, durch welchen sich der eine Theil verpflichtet, sein gegenwärtiges Vermögen oder einen Bruchtheil desselben zu übertragen oder mit einem Nießbrauche zu belasten, bedarf der gerichtlichen oder notariellen Beurkundung. Zum Vollzuge der Vermögensübertragung sind noch die gesetzlich vorgeschriebenen besonderen Uebertragungsakte bezüglich der einzelnen Vermögensgegenstände erforderlich (Uebergabe, Auflassung, Uebertragung der Forderungen und sonstigen Rechte, Bestellung des Nießbrauchs an den einzelnen Gegenständen nach § 1085 u. s. w.).

Ein dinglicher Vertrag, durch den das gegenwärtige Vermögen des einen oder ein Theil desselben auf einen anderen übertragen oder zu dessen Gunsten belastet werden könnte, ist unmöglich, da das BGB. die Uebertragung bezw. Belastung der einzelnen zu dem Vermögen gehörigen Gegenstände nach Maßgabe der Vorschriften der §§ 398, 413, 873, 925, 929 ff., 1032, 1069, 1085, 1153 ff., 1192, 1199, 1250 fordert. Ein Vertrag im Sinne des § 311 führt keine Gesammtrechtsfolge (Universalsuccession) herbei.

2. Der Vertrag bedarf der gerichtlichen oder notariellen Beurkundung; bei einem Vertrag, durch welchen sich Jemand schenkungsweise verpflichtet, also nicht bloß das Versprechen des Schenkers, sondern auch die Annahmeerklärung des Beschenkten.

Daher wird der Mangel der Form des § 311 auch nicht durch den thatsächlichen Vollzug des Vertrags geheilt. Rspr. d. OLG. Bd. 8 S. 35 (OLG. Frankfurt v. 28. Okt. 1903), Recht 1898 S. 603; denn der § 518 Abs. 2 bezieht sich nur auf die Heilung des Mangels der im § 518 Abs. 1 für das Schenkungsversprechen (nicht auch für dessen Annahme) vorgeschriebenen Form. Vgl. Planck Bem. 1 zu § 311 gegen Schollmeyer Bem. 2, b zu § 311, Rehbein Bem. 12 zu §§ 305—319, Endemann I § 102 Anm. 4.

3. Ueber die Form der gerichtlichen oder notariellen Beurkundung s. § 128 und Art. 141 EG. In Bayern sind zufolge Art. 167, I AG. z. BGB. und Art. 1 Not.Ges. zur Beurkundung ausschließlich die Notare zuständig.

4. Wegen der Schuldenhaftung bei der Vermögensübertragung s. § 419, bei der Bestellung eines Nießbrauchs §§ 1086 ff.

5. Nach § 139 ist zu beurtheilen, ob ein Vertrag, durch welchen eine Verpflichtung, das gegenwärtige und künftige Vermögen zu übertragen oder mit einem Nießbrauche zu belasten, im Ganzen oder nur, soweit er das künftige Vermögen betrifft, nichtig ist.

## § 312.

Ein Vertrag über den Nachlaß eines noch lebenden Dritten ist nichtig. Das Gleiche gilt von einem Vertrag über den Pflichttheil oder ein Vermächtniß aus dem Nachlaß eines noch lebenden Dritten.

Diese Vorschriften finden keine Anwendung auf einen Vertrag, der unter künftigen gesetzlichen Erben über den gesetzlichen Erbtheil oder den Pflichttheil eines von ihnen geschlossen wird. Ein solcher Vertrag bedarf der gerichtlichen oder notariellen Beurkundung.

E. I, 349; II, 264; III, 306.

I. Abs. 1. Verträge über den Nachlaß eines noch lebenden Dritten sind nichtig.

1. Nach der herrschenden gemeinrechtlichen Ansicht sind Verträge über die Erbschaft eines noch lebenden Dritten ungültig, falls nicht der Dritte seine Zustimmung giebt. (Vgl. Windscheid, Pand. Bd. 3 § 529 Note 4; Dernburg, Pand. Bd. 3 § 127 Nr. 2; RGE. Bd. 4 S. 125.)

---

*) Literatur: Klein, Zur Behandlung des elterlichen Vermögensübergabevertrags; die bruchtheilsmäßige Vermögensübergabe, Württ. Zeitschr. f. FG. Bd. 46 S. 166.

Das BLR. Thl. III cap. 11 § 1 erkennt Vergleiche und Gedinge über die künftige Erbschaft einer noch lebenden Person auch ohne die Zustimmung der letzteren als gültig an.

2. Das BGB. geht von der Anschauung aus, daß Verträge über den Nachlaß eines noch lebenden Dritten sowohl aus sittlichen als aus volkswirthschaftlichen Gründen zu mißbilligen seien (M. II, 184), und erklärt dieselben — abgesehen von der Ausnahme in § 312 Abs. 2 — schlechthin für nichtig, und zwar

a) ohne Rücksicht darauf, ob der Dritte seine Zustimmung ertheilt oder nicht. Bei vorhandenem Einverständnisse des Dritten kann allerdings der durch einen solchen Vertrag bezweckte Erfolg auf einem Umwege praktisch erreicht werden, indem zunächst der Veräußerer mit dem künftigen Erblasser einen Erbverzichtsvertrag (§§ 2346 ff.), sodann der Erblasser mit dem Erbschaftserwerber einen Erbvertrag (§§ 2274 ff.), endlich der Erbschaftserwerber mit dem Veräußerer einen obligatorischen Vertrag über den Erbverzicht und die zu gewährende Abfindung abschließt (M. II, 185).

b) Nicht bloß Verträge über den Nachlaß, auch Verträge über einen Bruchtheil des Nachlasses (vgl. E. I, 349 mit P. I, 456), über den Pflichttheil und über ein Vermächtniß sind nichtig, weil in allen diesen Fällen die gleiche ratio vorliegt.

c) Auch Verträge über den Nachlaß eines unbestimmten Dritten. Es ist daher beispielsweise nicht zulässig, daß jemand, der auszuwandern beabsichtigt, einen Abtretungsvertrag über alle ihm etwa künftig anfallenden Erbschaften abschließt (M. II, 186; P. I, 456).

d) Das Verbot trifft jeden obligatorischen Vertrag über die Erbschaft, mag er auf die Veräußerung oder auf eine andere Verfügung über den Nachlaß (den Pflichttheil oder das Vermächtniß) gerichtet sein.

3. Gültig ist dagegen

a) ein Vertrag, der nur einzelne Nachlaßgegenstände betrifft, sofern nicht unter Aufzählung aller einzelnen Nachlaßgegenstände eine Umgehung des Verbots beabsichtigt erscheint;

b) ein nach dem Tode des Dritten, aber vor dem Erbschaftsanfalle geschlossener Vertrag, da es sich hier nicht um den Nachlaß eines Lebenden handelt;

c) aus dem gleichen Grunde zufolge der gesetzlichen Vermuthung des § 18 ein Vertrag über den Nachlaß eines für todt Erklärten.

Der Erbschaftskauf nach § 2371 setzt eine bereits angefallene Erbschaft voraus und gehört deßhalb nicht hieher.

II. Abs. 2. Verträge unter künftigen gesetzlichen Erben.

1. Die Bestimmung des Abs. 2 wurde von der II. Komm. aufgenommen, weil unter Umständen für einen an einer zukünftigen Erbschaft Betheiligten ein praktisches Bedürfniß vorhanden sei, sich mit seinen Mitbetheiligten über den ihm anfallenden Erbtheil abzufinden, insbesondere bei beabsichtigter Auswanderung. Der Ausweg des Erbvertrags kann hier wenigstens in solchen Fällen nicht gewählt werden, in denen die Zuziehung des Erblassers wegen dessen Geisteskrankheit oder Verschollenheit unthunlich ist.

2. Vorausgesetzt wird,

a) daß beide Vertragschließende künftige gesetzliche Erben (§§ 1924 ff.) sind. Daß es gerade die nächsten gesetzlichen Erben sind, wird nicht erfordert; der Vertrag kann auch von entfernteren künftigen gesetzlichen Erben für den Fall geschlossen werden, daß sie demnächst zur gesetzlichen Erbfolge berufen werden. Planck Bem. 6 zu § 302; Schollmeyer S. 164;

b) daß der Vertrag über den gesetzlichen Erbtheil oder den Pflichttheil (§§ 2303 ff.) eines der Vertragschließenden geschlossen wird.

Die Wirksamkeit des Vertrags ist dadurch bedingt, daß die Vertragschließenden in der That gesetzliche Erben werden.

c) Der Vertrag hat nur obligatorische Wirkung, eine unmittelbare vertragsmäßige Aenderung der Erbfolge ist ausgeschlossen. Auch derjenige, der also zu Gunsten eines gesetzlich nachfolgenden Erben vertragsmäßig diesem gegenüber auf sein Erbrecht verzichtet, wird zunächst als Erbe Eigenthümer bzw. als Miterbe Miteigenthümer der Erbschaftssachen zur gesammten Hand (§ 2032), Gläubiger bzw. Mitgläubiger der Erbschaftsforderungen (§ 2039) und haftet den Erbschaftsgläubigern als Gesammtschuldner (§ 2058). Er hat lediglich die Verpflichtung, seinen Erbtheil dem anderen

Vertragstheil zu überlassen und umgekehrt den Anspruch gegen letzteren, ihn von den Erbschaftsschulden zu befreien bzw. gezahlte Beträge wieder zu erstatten. Ein Miterbe kann seine Verpflichtung durch eine Verfügung über seinen Antheil nach Maßgabe des § 2033 uno actu erfüllen, mit der Uebertragung des Antheils wird der Uebernehmer desselben Mitglied der Erbengemeinschaft, also „Miterbe". Vgl. Schollmeyer II S. 165.

3. Ueber die Form der Beurkundung s. Anm. 3 zu § 311.

## § 313.*)

Ein Vertrag, durch den sich der eine Theil verpflichtet, das Eigenthum an einem Grundstücke zu übertragen, bedarf der gerichtlichen oder notariellen Beurkundung. Ein ohne Beobachtung dieser Form geschlossener Vertrag wird seinem ganzen Inhalte nach gültig, wenn die Auflassung und die Eintragung in das Grundbuch erfolgen.

E. I, 351; II, 265; III, 307.

1. § 313 handelt von dem sogenannten obligatorischen Immobiliarvertrage. Das BGB. schließt sich hier an Art. 14 d. Bayr. Not.Ges. v. 10. Nov. 1861 an, unterscheidet sich von diesem jedoch dadurch, daß nur die Verträge über die Uebertragung des Eigenthums, nicht auch die obligatorischen Verträge über andere dingliche Rechte an Grundstücken unter den Beurkundungszwang gestellt sind, und daß eine Heilung der Nichtigkeit zugelassen wird.

2. Die Gründe, welche dazu geführt haben, für den obligatorischen Immobiliarvertrag die gerichtliche oder notarielle Beurkundung bei Strafe der Nichtigkeit vorzuschreiben, sind in den M. II, 189/190, P. I, 460/461 und D. 47 ausführlich dargelegt. Sie laufen im Wesentlichen dahin zusammen, daß durch den Beurkundungszwang einerseits die Parteien von übereilten Verträgen abgehalten werden, und daß andererseits eine Gewähr dafür geboten wird, daß der Wille der Vertragschließenden richtig und vollständig zum Ausdruck gelangt.

3. Nur der obligatorische Vertrag, durch welchen sich der eine Vertragschließende zur Uebertragung des Eigenthums an einem Grundstück verpflichtet, ist an die Formvorschrift des § 313 gebunden.

Auf obligatorische Verträge zur Begründung, Uebertragung oder Belastung eines anderen Rechtes an einem Grundstücke (z. B. auf eine Verpflichtung zur Bestellung oder Uebertragung von Hypotheken, Grund- und Rentenschulden) erstreckt sich die Vorschrift nicht.

Dagegen gilt nach § 1017 die Vorschrift des § 313 auch für das Erbbaurecht, und zwar nicht bloß für die Uebertragung eines schon begründeten, sondern auch für die Bestellung eines Erbbaurechtes. Vgl. Bd. III Bem. 1, d zu § 1015, ferner Oertmann Bem. 3, b zu § 313, Schollmeyer Bem. 1, a zu § 313. And. M. in der 3. Aufl. (abweichend von der ersten Aufl.) Planck Bem. 1 zu § 313, Rehbein Bem. 1, a zu §§ 303 bis 309. Planck meint, der § 1017 gelte nur für das begründete Erbrecht; allein der § 1017 sagt schlechthin: „Für das Erbbaurecht gelten die sich auf Grundstücke beziehenden Vorschriften"; es entspricht der Ausdrucksweise des BGB., dies vom Erbbaurecht in abstracto, als Rechtsinstitution, nicht von einem in concreto bestehenden Erbbaurecht zu

---

*) Literatur: Tochtermann, Beiträge zur Erläuterung der §§ 313, 192; Stranz und Haenschke, Gutachten über die Aufhebung des § 313 in den Verhandlungen des 26. Juristentags Bd. 2 S. 105 ff., S. 389 ff.; Oberneck in D. Jur.Z. 1902 S. 422 ff.; Brettner in Das Recht 1900 S. 319: Streifzüge durch das BGB. (zu §§ 313, 398); ders. in Das Recht 1901 S. 488 (Theilauflassung und § 313 BGB); Förster, Das Recht 1901 S. 579: Zwei Fragen aus dem Vertragsrecht; Landsberg, D. Jur.Z. 1901 S. 350: Bedarf die Abtretung der Rechte aus einem gerichtlichen oder notariellen Vertrage über Uebertragung des Eigenthums an einem Grundstücke gerichtlicher oder notarieller Form? Consbruch, D. Jur.Z. 1901 S. 431: Die Einreichung privatschriftlicher Grundveräußerungsverträge bei dem Grundbuchamte; Rau, Ueber die Form der Beurkundung eines Vertrags nach § 313 BGB. durch den Rathsschreiber und Grundbuchbeamten des Art. 3 Abs. 3 (württemberg.) AG. z. BGB., Württ.Z. Bd. 46 S. 161; Traße, Ein Beitrag zum Immobiliarveräußerungsvertrag und zur Auflassung, Bayr. Not.Z. n. F. Bd. 5 S. 183; Dennler, Abänderung des § 313 BGB., Bayr. Not.Z. n. F. Bd. 5 S. 205.

verstehen, ferner verstößt die Auslegung Plancks gegen die Regel: lege non distinguente nec nostrum est distinguere; endlich sprechen die P. I, 464 gegen die Planck'sche Auslegung. Wenn Planck meint, daß § 1015 die Bestellung des Erbbaurechtes speziell geregelt habe, so kann man erwidern: lex specialis non derogat generali; die Vorschrift des § 1017 ist als abschließende, subsidiär allgemeine Verweisung aufzufassen.

Im Einzelnen ist über die Tragweite des § 313 noch Folgendes hervorzuheben:

a) Die Bestimmung ist auch auf solche Grundstücke anzuwenden, für welche das Grundbuch noch nicht angelegt worden ist. Rspr. d. OLG. Bd. 1 S. 95 (Frankfurt).

b) Die Bestimmung setzt nicht nur einen Vertrag voraus, wodurch sich der eine Theil zur Uebertragung des Eigenthums an den anderen Theil verpflichtet, sondern bezieht sich auch ganz allgemein auf einen Vertrag, durch den sich der eine Theil verpflichtet, das Eigenthum an einem Grundstück zu übertragen, ohne Unterschied, ob die Uebertragung an den anderen Vertragschließenden oder einen Dritten erfolgen soll, und ohne Unterschied, ob die Person des Erwerbers bereits bekannt und bestimmt ist oder von dem anderen Theil erst noch ermittelt oder bestimmt werden soll, auch ohne Unterschied, ob zunächst nur der eine Theil oder gemäß § 328 auch der Dritte unmittelbar das Recht erwirbt, die Erfüllung des Vertrags zu fordern. Auch ein Parzellirungsauftrag, nach welchem der Beauftragte sich verpflichtet, innerhalb eines bestimmten Zeitraums das Eigenthum an bestimmte Personen zu übertragen und die Widerruflichkeit der zur Vornahme der Eigenthumsübertragung ertheilten Vollmacht durch eine Vertragsstrafe einengt, ist vom Reichsgerichte für nichtig erklärt. Vgl. RGE. Bd. 50 S. 163, Jur. Wschr. 1902 S. 191 ff., Rspr. d. OLG. Bd. 2 S. 463 (Königsberg), Bd. 3 S. 188 (Marienwerder), Dernburg II S. 193 Anm. 18. Die Vollmacht bildet hier einen integrirenden Theil des Gesammtvertrags und ist als Theil des ganzen Vertrags (§ 139) nichtig. Vgl. auch Planck Bem. 1, a zu § 313.

c) Dagegen bedarf (abgesehen von dem zu b am Ende erwähnten Falle, der eine Umgehung des Gesetzes darstellt) eine Vollmacht oder ein Auftrag zur Vollziehung der in den §§ 311 bis 313 geregelten Geschäfte nach § 167 Abs. 2 der Form des Rechtsgeschäftes nicht, auf welche sich die Vollmacht bezieht. Rspr. d. OLG. Bd. 8 S. 438, RGE. in D. Jur.Z. 1902 S. 475, Jur. Wschr. 1903 Beil. S. 56.

d) Auch durch Abschluß eines Vergleichs vor dem Prozeßrichter wird die Formvorschrift des § 313 erübrigt. RGE. v. 18. April 1902 in Gruchot, Beitr. Bd. 46 S. 901, RGE. Bd. 48 S. 183 ff., Rspr. d. OLG. Bd. 2 S. 51.

e) Auch ein Vorvertrag, durch den sich Jemand zum Abschluß eines Vertrags über Uebertragung eines Grundstücks verpflichtet, desgleichen ein bis zu einem bestimmten Zeitpunkte bindend gemachter Vertragsantrag (das sog. „an die Handgeben" des Grundstücks) bedarf der Form des § 313. Vgl. RGE. Bd. 43 S. 139, Tochtermann S. 6, Dernburg II S. 176 und auch diesen Kommentar Bd. II S. 422, 423.

f) Bestritten ist, ob auch die Einräumung eines obligatorischen Vorkaufsrechtes unter § 313 fällt. Von der Mehrzahl der Schriftsteller wird die Frage bejaht, so insbesondere in Bd. III dieses Kommentars Bem. 2, a zu § 1094, Dernburg II § 196 I, 2, Goldmann-Lilienthal I 522 Anm. 3, Neumann, Komm. Anm. 1, b zu § 1094, Biermann, Vormerkung und Widerspruch S. 133, Planck Bem. zu § 504, Rehbein II, 161 Anm. 14 und vom OLG. Jena (Rspr. d. OLG. Bd. 1 S. 293) und KG. (Rspr. d. OLG. Bd. 2 S. 74, RGE. v. 22. Febr. 1899 in Seuff. Arch. Bd. 55 S. 261 Nr. 130); and. Ans. Kublenbeck, Jur. Wschr. 1901 S. 392, insbesondere unter Bezugnahme auf RGE. Bd. 16 S. 155.

Dasselbe gilt vom Wiederkaufsrecht.

g) Da die analoge Anwendung einer Formvorschrift der Regel nach als unzulässig zu erachten ist, so kann der § 313 auch nicht auf die Verpflichtung, das Eigenthum an einem Grundstück aufzugeben (§ 928), angewandt werden. And. M. Planck Bem. 2 zu § 313.

h) Die Abtretung einer durch einen formgültigen Vertrag begründeten Forderung auf Uebertragung des Grundstücks bedarf nicht der Form des § 313, RGE. Bd. 53 S. 268 ff.; Brettner in Das Recht 1900 S. 319 ff.; Landsberg, D. Jur.Z. 1901 S. 350. And. M. Scherer, Jur. Wschr. 1901 S. 888; Brettner, Das Recht 1900 S. 319.

i) Die Rechtswirksamkeit einer Aenderung eines formgültig abgeschlossenen Vertrags bedarf natürlich wiederum derselben Form; dagegen die Aufhebung des durch Auflassung nicht erfüllten Vertrags unterliegt der Formvorschrift des § 313 nicht; es handelt sich dabei zwar um einen Vertrag „über ein Grundstück", aber nicht „um einen auf Uebertragung des Eigenthums gerichteten Vertrag". Vgl. Seuff. Arch. Bd. 57 S. 390 ff., RGE. Bd. 51 S. 179; Rspr. d. OLG. Bd. 4 S. 208, Bd. 8 S. 25. And. M. bezüglich der Aufhebung Brettner in Das Recht 1900 S. 319. Dagegen bedarf die Aufhebung der Form des § 313, sobald das Grundstück dem Vertrage gemäß aufgelassen und eingetragen ist. Dernburg II § 80, IV.

k) Ueber die Frage, ob bei der Wandelung der Vertrag über die Rückgewähr eines verkauften Grundstücks unter § 313 fällt, vgl. Bem. III, 1, c zu § 465.

4. Der ohne Einhaltung der vorgeschriebenen Form abgeschlossene Vertrag ist schlechthin nichtig, begründet also weder einen Anspruch auf Nachholung der Form, noch auf Mitwirkung zur Auflassung.

Nebenbestimmungen, die vor dem formgültigen Abschlusse des Vertrags von den Parteien vereinbart sind, sind unwirksam, wenn sie nicht in den formellen Vertrag aufgenommen sind. Bayr. Oberst. LG. n. F. Bd. 3 S. 8. Dasselbe gilt von Nebenabreden, welche bei oder nach dem Abschlusse des formgültigen Vertrags getroffen sind. Rspr. d. OLG. Bd. 4 S. 207 ff.; RGE. Bd. 51 S. 179, Bd. 52 S. 1; Planck Bem. 1, f zu § 313.

Die Benutzung der Nebenabreden zur Auslegung des formgültigen Vertrags ist jedoch nicht ausgeschlossen, sofern nur aus dem Vertrage selbst zu ersehen ist, worauf die eingegangene Verpflichtung geht. Rspr. d. OLG. Bd. 8 S. 37, Bd. 6 S. 228; RGE. in Seuff. Arch. Bd. 59 S. 92; D. Jur.-Z. 1904 S. 504. Ferner vgl. bezüglich der Nebenabreden Bem. 6, a.

5. Eine falsche Bezeichnung des verkauften Grundstücks in der Vertragsurkunde ist unschädlich (error in nomine), wenn der Vertragswille festgestellt werden kann. Vgl. RGE. vom 28. Nov. 1903 in Jur. Wschr. 1904 S. 58 Nr. 13, sowie auch Bem. V, 5 zu § 119.

6. Heilung der Nichtigkeit. Durch die nachfolgende Auflassung und die Eintragung in das Grundbuch wird der Vertrag seinem ganzen Inhalte nach gültig. Die Auflassung hat, sobald auf Grund derselben die Eintragung im Grundbuch erfolgt ist, die Wirkung einer Bestätigung des nichtigen Vertrags durch die Vertragschließenden. (§ 141 Abs. 2, s. Planck Bem. 4.)

Die Heilung hat also rückwirkende Kraft, d. h. sie ist auf den Zeitpunkt des Abschlusses des formlosen Vertrags zurückzubeziehen (ex tunc) und tritt nicht erst mit dem Zeitpunkte der Eintragung ein (ex nunc). Dies nimmt auch Schollmeyer Bem. 3 zu § 313 an, weil diese Rückbeziehung nach Treu und Glauben als im Sinne der Kontrahenten liegend gewollt erscheint. Die Parteien haben einander also im Zweifel alles zu gewähren, was sie haben würden, wenn der Vertrag von Anfang an gültig gewesen wäre. (§ 141 Abs. 2.) Ueberdies aber liegt in der Auflassung ein vertragsmäßiges Anerkenntniß aller durch den Vertrag begründeten Ansprüche, so daß diese, auch wenn sie verjährt sind, nach § 222 Abs. 2 Satz 2 wieder gültig erscheinen. So mit Recht gegen Schollmeyer Planck Bem. 4 zu § 323.

Ueber die Auflassung und Eintragung im Grundbuche s. §§ 873, 925.

a) Der Vertrag wird auch in Ansehung aller von den Parteien neben oder nach dem Vertrage mündlich oder schriftlich getroffenen Nebenabreden gültig. Dies gilt auch dann, wenn der Hauptvertrag formgerecht geschlossen, die Nebenverabredungen aber formlos getroffen wurden (P. I, 463). Damit wird eine Frage befriedigend gelöst, die bisher der Praxis viele Schwierigkeiten bereitete. RGE. v. 20. April 1904, Seuff. Arch. Bd. 59 S. 345. RGE. v. 5. März 1904 in Jur. Wschr. 1904 S. 197, D. Jur.-Z. Bd. 9 S. 506. Zu beachten ist aber, daß in Betreff solcher Nebenabreden zur Zeit der Auflassung noch Willensübereinstimmung bestanden haben muß; vgl. RGE. Bd. 52 S. 4 und 5. Vgl. auch Bem. IV, 3 zu § 459.

b) Jedoch nur der Mangel der Form wird geheilt; auf sonstige Mängel, welche die Gültigkeit des obligatorischen Vertrags beeinflussen, wie Nichtigkeit und Anfechtbarkeit wegen vorliegender Willensmängel, wegen Verstoßes gegen die guten Sitten u. dgl. äußert die nachfolgende Auflassung und Eintragung keine Wirkung.

c) Hat der Vertrag die Uebertragung des Eigenthums an mehreren Grundstücken zum Gegenstand und erfolgt nur bei einem Theile derselben die Auflassung und Eintragung, so bestimmt sich nach § 139, ob bezüglich letzterer

Grundstücke der Vertrag Gültigkeit erlangt. Bei dem Tauschvertrage muß die Eigenthumsübertragung von beiden Theilen bewirkt sein. Siehe Jacubezky, Bem. S. 80.

d) Eine Frist, innerhalb welcher die Auflassung und Eintragung nachfolgen muß, ist nicht vorgeschrieben.

e) Der Formmangel wird durch die Auflassung auch dann geheilt, wenn sie nicht unter den unmittelbaren Vertragstheilen, sondern an einen Zessionar stattgefunden hat. RGE. v. 13. Febr. 1904, Jur. Wschr. 1904 S. 169.

f) War der obligatorische Vertrag auf die Uebertragung mehrerer Grundstücke gerichtet, so tritt, wenn nicht alle diese Grundstücke aufgelassen und eingetragen werden, die Heilung selbstverständlich nur in Ansehung jedes einzelnen aufgelassenen und eingetragenen Grundstücks ein. Rspr. d. OLG. Bd. 3 S. 93, Bd. 6 S. 43, RGE. in Jur. Wschr. 1904 S. 169.

7. Form. Ueber die gerichtliche oder notarielle Beurkundung s. § 128 und Art. 141, 142 EG.

Der Vertrag nach § 313 kann an jedem Orte des deutschen Reichs auch über ein in einem anderen Bundesstaate gelegenes Grundstück errichtet werden. Maßgebend für die Form sind die Vorschriften des Ortes der Errichtung, wobei jedoch zu beachten ist, daß Art. 142 besondere landesgesetzliche Vorschriften nur in Ansehung der in dem betreffenden Bundesstaate liegenden Grundstücke zuläßt. Betrifft z. B. der Vertrag nach § 313 ein in Bayern gelegenes Grundstück, so kann derselbe auch in einem anderen Bundesstaate nur vor Gericht oder vor dem Notare gültig beurkundet werden.

Für Bayern gelten folgende Bestimmungen:

a) Art. 1 des bayr. Not.G. v. 9. Juni 1899 u. Art. 167 Nr. I des bayr. AG. z. BGB., wonach zur Beurkundung des Vertrags nach § 313 ausschließlich die Notare zuständig sind.

b) Art. 12 des bayr. AGO.: „Das Grundbuchamt soll die Erklärung der Auflassung nur entgegennehmen, wenn die nach § 313 BGB. erforderliche Urkunde vorgelegt wird. Dasselbe gilt für die Notare. Der Vorlegung der Urkunde steht die Aufnahme durch den Notar gleich."

Diese Bestimmung ist eine Sollvorschrift, deren Verletzung keine Nichtigkeit der Auflassung nach sich zieht.

Das Grundbuchamt kann die Auflassung auch nicht ablehnen, wenn ein obligatorischer Vertrag in der durch § 313 vorschriebenen Form nicht aufgenommen ist; seine Befugniß beschränkt sich darauf, die Vorlegung zu verlangen, wenn ein solcher Vertrag aufgenommen worden ist. Vgl. Planck Bem. 5 zu § 313.

Dieselbe Vorschrift haben aufgenommen Württemberg, AG. Art. 122, Baden, AG. z. GBO. § 23, Elsaß-Lothringen, AG. z. GBO. § 14, Bremen, AG. z. GBO. § 9.

c) Während der Uebergangszeit bis zur Anlegung des Grundbuchs verbleibt es zufolge Art. 189 EG. und Art. 132 Not.G. v. 9. Juni 1899 bei den bisherigen Bestimmungen des Art. 14 bayr. Not.G. v. 10. Nov. 1861 und des Art. 219 AG. z. CPO. und KO. v. 23. Febr. 1879.

8. Uebergangsfragen: Streitig ist, ob auch in den Gebieten, in welchen das Grundbuch noch nicht als angelegt anzusehen ist, ein nicht formgültiger Liegenschaftsveräußerungsvertrag durch Vollziehung des dinglichen Vertrags nach Maßgabe der dafür noch bestehenden Vorschriften (z. B. durch Verlautbarung oder gar bloße Tradition) geheilt werde. M. E. ist die Frage mit Recht bejaht von Tochtermann S. 55, Habicht S. 455 ff.: „Wo nach den bisherigen Gesetzen der Eigenthumsübergang an eine Verlautbarung des Veräußerungsgeschäfts für eine Behörde und an eine Ab- und Zuschreibung in einem öffentlichen Buche geknüpft war, da wird man unbedenklich den Grundsatz des § 313 Satz 2 ebenfalls sinngemäß anwenden, d. h. den Formmangel des obligatorischen Geschäfts durch die Form des dinglichen Vertrags als gedeckt ansehen dürfen." And. M. Rspr. d. OLG. Bd. 1 S. 96 (Frankfurt) und Sonntag, Eigenthümlichkeiten des Grundstücksverkaufs gegenüber dem Rechte beweglicher Sachen, Diss. 1899 S. 36.

Für Bayern vgl. v. Jacubezky in Bl. f. RA. Bd. 68 S. 449 ff. (Artikel 14 des Bayr. Notariatsgesetzes von 1861 und § 313 BGB.), dagegen aber ein Urtheil des Reichsgerichts v. 30. Septbr. 1903 in S. Hornschuh gegen Reichel und vgl. auch Schneider in der Zeitschrift für Rechtspflege in Bayern, 1. Jahrg. S. 7 ff.

## § 314.

Verpflichtet sich Jemand zur Veräußerung oder Belastung einer Sache, so erstreckt sich die Verpflichtung im Zweifel auch auf das Zubehör der Sache.

E. I, 790; II, 265a; III, 308.

1. § 314 giebt eine Auslegungsregel: Im Zweifel erstreckt sich die Verpflichtung zur Veräußerung oder Belastung einer Sache auch auf das Zubehör der Sache. Als Zubehör sind im Zweifel jene Sachen zu erachten, welche die Zubehöreigenschaft im Zeitpunkte des Vertragsabschlusses haben (P. III, 20 21). Aus dem erklärten oder den Umständen zu entnehmenden Willen der Vertragschließenden kann sich ergeben, daß das Zubehör von der Verpflichtung ausgenommen, dann auch, daß ein anderer Zeitpunkt als der des Vertragsschlusses für die Beurtheilung der Zubehöreigenschaft maßgebend sein soll.

2. „Sachen" sind nur körperliche Gegenstände (§ 90). Ueber den Begriff „Zubehör" s. §§ 97, 98. Waarenzeichen als Zubehör einer Firma nach Analogie des § 314 behandelt vom OLG. Hamburg, Hans. Ger.Ztg. 1901 S. 299.

3. Die Auslegungsregel des § 314 gilt nur für den obligatorischen Vertrag. Durch diesen erwirbt der Berechtigte selbstverständlich nur einen obligatorischen Anspruch auf das Zubehör.

Die Regel des § 314 hat nicht die Bedeutung, daß das an einer Sache begründete dingliche Recht sich ohne Weiteres auch auf das Zubehör erstreckt. Namentlich ist, wenn ein Grundstück aufgelassen und die Eintragung bewirkt ist, damit nicht auch das Eigenthum an den zu dem Grundstücke gehörenden Sachen auf den Erwerber übergegangen, es sei denn, daß die zur Uebertragung dieser Sachen erforderliche Uebergabe vollzogen ist. Vgl. übrigens § 926: „Sind der Veräußerer und der Erwerber darüber einig, daß sich die Veräußerung auf das Zubehör des Grundstücks erstrecken soll, so erlangt der Erwerber mit dem Eigenthum an dem Grundstück auch das Eigenthum an den zur Zeit des Erwerbs vorhandenen Zubehörstücken, soweit sie dem Veräußerer gehören."

Andrerseits wird zum Eintritt der obligatorischen Verpflichtung aus § 314 nicht vorausgesetzt, daß der Veräußerer Eigenthümer des Zubehörs ist, er muß auch an solchen Zubehörgegenständen, die noch einem Dritten gehören, dem Erwerber das Eigenthum verschaffen.

Ueber den Erwerb des Eigenthums am Zubehör s. §§ 926, 929.

4. Das Vermächtniß einer Sache erstreckt sich im Zweifel auf das zur Zeit des Erbanfalls vorhandene Zubehör (§ 2164).

## § 315.*)

Soll die Leistung durch einen der Vertragschließenden bestimmt werden, so ist im Zweifel anzunehmen, daß die Bestimmung nach billigem Ermessen zu treffen ist.

Die Bestimmung erfolgt durch Erklärung gegenüber dem anderen Theile.

Soll die Bestimmung nach billigem Ermessen erfolgen, so ist die getroffene Bestimmung für den anderen Theil nur verbindlich, wenn sie der Billigkeit entspricht. Entspricht sie nicht der Billigkeit, so wird die Bestimmung durch Urtheil getroffen; das Gleiche gilt, wenn die Bestimmung verzögert wird.

E. I, 353; II, 266; III, 309.

1. Nach dem Prinzipe der Vertragsfreiheit steht nichts im Wege, daß die Vertragschließenden vereinbaren, die Leistung solle durch einen von ihnen, den Gläubiger oder den Schuldner, bestimmt werden, sei es nach freiem Belieben desselben oder nach seinem billigen Ermessen.

2. Die Bestimmung nach freiem Belieben hat nach doppelter Richtung ihre Schranken. Würde die Bestimmung der Leistung ganz und gar der Willkür des Schuldners anheimgegeben, so würde es an einem wesentlichen Erfordernisse eines Schuldverhältnisses, an der Gebundenheit des Schuldners fehlen; andrerseits würde es gegen die guten Sitten verstoßen, wenn das Maß der Leistung völlig der Willkür des Gläubigers überlassen würde. Innerhalb dieser Grenzen kann eine Vereinbarung des Inhalts, daß

*) Literatur: Recke im Arch. f. bürgerl. R. Bd. 20 S. 137ff.: das Ermessen im BGB.

die Bestimmung der Leistung nach dem freien Belieben eines der Vertragschließenden erfolgen solle, in gültiger Weise getroffen werden. In diesem Falle wird regelmäßig anzunehmen sein, daß der Vertrag unter der aufschiebenden Bedingung, daß die Bestimmung durch den berechtigten Vertragschließenden erfolge, geschlossen wurde. Jedoch wird in allen Fällen, wo die Bestimmung der Leistung „dem Belieben" eines der Vertragstheile anheimgestellt ist, nach den Grundsätzen von Treu und Glauben unter Berücksichtigung der Verkehrssitte zu prüfen sein, ob nicht eine Bestimmung nach billigem Ermessen dem wahren Willen der Parteien entspricht (§§ 133, 157). Ueber die verschiedenen Ansichten s. Planck Bem. 5, Oertmann Bem. 4, b, Schollmeyer Bem. 4, c zu § 315, Cosack, Bd. I S. 295, d. Vgl. RGE. Bd. 30 Nr. 45 S. 148, Bd. 8 Nr. 58 S. 229 ff., Bd. 13 Nr. 18 S. 343, Seuff. Arch. Bd. 30 Nr. 237, Bd. 32 Nr. 118.

Jede Modalität der Leistung, Art, Umfang, Ort, Zeit kann auf das arbitrium boni viri gestellt sein, doch muß die Leistung selbst bestimmbar sein und eine wirklich ernstgemeinte Bindung des Verpflichtungswillens vorliegen. Versprechen des Arbeitgebers, seine Arbeiter versichern zu lassen, Seuff. Arch. Bd. 40 Nr. 110 S. 154.

3. Bestimmung nach billigem Ermessen. Dem vermuthlichen Parteiwillen entsprechend stellt das BGB. in § 315 Abs. 1 für Vereinbarungen des Inhalts, daß die Bestimmung durch einen der Vertragschließenden erfolgen soll, die Auslegungsregel auf, daß die Bestimmung nach billigem Ermessen zu treffen ist.

a) Die Bestimmung der Leistung ist ein einseitiges empfangsbedürftiges Rechtsgeschäft (§§ 130—132); ist sie einmal getroffen, so kann sie nicht einseitig widerrufen werden.

b) Der bestimmungsberechtigte Vertragstheil ist dem anderen gegenüber verpflichtet, die Bestimmung zu treffen. Verzögert er die Bestimmung, d. h. unterläßt er es, innerhalb der vereinbarten oder in Ermangelung einer Vereinbarung innerhalb einer angemessenen Zeit, die Leistung zu bestimmen, — gleichviel ob verschuldet oder unverschuldet — so kann der andere Vertragstheil im Wege der Klage die Bestimmung durch Urtheil erlangen.

c) Entspricht die getroffene Bestimmung nicht der Billigkeit, so ist sie zwar für denjenigen, welcher sie getroffen hat, verbindlich, allein der andere Theil braucht sie nicht anzuerkennen. Auf die Klage des einen oder des anderen Kontrahenten erfolgt alsdann die Bestimmung durch Urtheil.

d) Die Vorschriften des Abs. 3 beziehen sich nur auf die in Bem. 3 erwähnten Fälle; für die Bestimmung nach freiem Belieben gilt das in Bem. 2 Gesagte.

## § 316.

Ist der Umfang der für eine Leistung versprochenen Gegenleistung nicht bestimmt, so steht die Bestimmung im Zweifel demjenigen Theile zu, welcher die Gegenleistung zu fordern hat.

E. I, 354; II, 267; III, 310.

1. Bei gegenseitigen Verträgen kommt es im Verkehr nicht selten vor, daß zwar eine Gegenleistung ausdrücklich oder stillschweigend bedungen, der Umfang derselben aber nicht bestimmt wird. Für solche Fälle stellt § 316 die Auslegungsregel auf, daß im Zweifel der Gläubiger der Gegenleistung deren Umfang zu bestimmen habe.

Ergänzend kommt hiezu die weitere Auslegungsregel des § 315, daß der Gläubiger die Bestimmung nach billigem Ermessen zu treffen hat.

Die Bestimmung ist ein einseitiges empfangsbedürftiges Rechtsgeschäft (§§ 130—132). Hat sie nach billigem Ermessen zu erfolgen, was im Zweifel anzunehmen ist (§ 315 Abs. 1), so finden die Vorschriften des § 315 Abs. 3 Anwendung.

Die Beweislast, daß der Vertrag ohne Bestimmung des Umfangs der Gegenleistung geschlossen sei, trifft denjenigen, der die Gegenleistung fordert und das Recht der Bestimmung nach Maßgabe des § 316 beansprucht. RGE. in Seuff. Arch. Bd. 48 S. 260. Planck Bem. 1 zu § 316. And. M. Martinius in D. Jur.Z. 1903 S. 146.

2. Wo für die Gegenleistung ein objektiver Maßstab, wie ein Marktpreis, Börsenpreis, ortsüblicher Preis oder eine Taxe besteht, wird regelmäßig als stillschweigender Parteiwille anzusehen sein, daß die Gegenleistung nach diesem objektiven Maßstabe zu erfolgen habe. Läßt der letztere einen Spielraum zwischen einem Mindest- und einem Höchstbetrage, so ist zufolge §§ 316 mit 315 im Zweifel der Gläubiger der Leistung berechtigt, innerhalb dieses Spielraumes die Bestimmung nach billigem Ermessen zu treffen.

Für den Dienst-, Werk- und Mäklervertrag ist durch die §§ 612, 632, 653 ausdrücklich vorgeschrieben, daß, wenn die Höhe der zu leistenden Vergütung nicht bestimmt ist, bei dem Bestehen einer Taxe die taxmäßige Vergütung, in Ermangelung einer Taxe die übliche Vergütung als vereinbart anzusehen ist. Hier findet § 316 nur Anwendung, wenn entweder eine Taxe oder eine übliche Vergütung nicht besteht oder wenn diese einen Spielraum gewähren.

## § 317.*)

Ist die Bestimmung der Leistung einem Dritten überlassen, so ist im Zweifel anzunehmen, daß sie nach billigem Ermessen zu treffen ist.

Soll die Bestimmung durch mehrere Dritte erfolgen, so ist im Zweifel Uebereinstimmung aller erforderlich; soll eine Summe bestimmt werden, so ist, wenn verschiedene Summen bestimmt werden, im Zweifel die Durchschnittssumme maßgebend.

E. I, 355; II, 268; III, 311

1. Die Vertragschließenden können die Bestimmung der Leistung auch einem Dritten überlassen, und zwar entweder dem billigen Ermessen eines Dritten oder seinem freien Belieben. Im Zweifel ist ersteres anzunehmen. Ueber letzteren Fall s. § 319 Abs. 2. Ausnahme § 93 Abs. 1 der Rechtsanw.-Geb.-O.

2. Solange die Parteien über die Person des Dritten sich noch nicht geeinigt haben, fehlt es an einem wesentlichen Erfordernisse des Vertrags und ist deßhalb der Vertrag im Zweifel als nicht geschlossen anzusehen (§ 154).
Die Perfektion des Vertrags gilt, wenn nicht die Parteien die Bestimmung dem freien Belieben des Dritten überlassen haben, was unter Umständen als gegen die guten Sitten verstoßend zu erachten ist (vgl. Schirmer a. a. O.), nicht als bedingt durch die Bestimmung (vgl. § 319 Abs. 2); wenn der Dritte die Bestimmung nicht trifft oder seine Bestimmung offenbar unbillig ist, hat die Bestimmung durch richterliche Entscheidung zu erfolgen (§ 319 Abs. 1).

3. Die Auslegungsregeln des Abs. 2 gelten sowohl, wenn die Bestimmung nach dem freien Belieben mehrerer Dritter, als wenn sie nach dem billigen Ermessen derselben erfolgen soll. Ist die erforderliche Uebereinstimmung der mehreren Dritten nicht zu erzielen, sei es, weil sie sich nicht einigen können oder weil einer von ihnen die Bestimmung nicht treffen kann (z. B. wegen Krankheit, Abwesenheit), oder nicht treffen will, so ist zu unterscheiden, ob das billige Ermessen oder das freie Belieben der mehreren Dritten entscheiden soll. Ersteren Falles kommt § 319 Abs. 1 Satz 2, letzteren Falles § 319 Abs. 2 zur Anwendung.

4. Ist eine Summe durch mehrere Dritte zu bestimmen, so ist im Zweifel die Durchschnittssumme maßgebend. Ein offenbar unbilliges Ergebniß kann zufolge § 319 Abs. 1 durch Urtheil korrigirt werden.

## § 318.

Die einem Dritten überlassene Bestimmung der Leistung erfolgt durch Erklärung gegenüber einem der Vertragschließenden.

Die Anfechtung der getroffenen Bestimmung wegen Irrthums, Drohung oder arglistiger Täuschung steht nur den Vertragschließenden zu; Anfechtungsgegner ist der andere Theil. Die Anfechtung muß unverzüglich erfolgen, nachdem der Anfechtungsberechtigte von dem Anfechtungsgrunde Kenntniß erlangt hat. Sie ist ausgeschlossen, wenn dreißig Jahre verstrichen sind, nachdem die Bestimmung getroffen worden ist.

E. I, 356; II, 269; III, 312.

---

*) Literatur: Schirmer, Arbitrium merum und arbitrium boni viri. Archiv f. d. civilist. Praxis Bd. 91 S. 136 ff.

1. Auch die Bestimmung des Dritten ist ein einseitiges empfangsbedürftiges Rechtsgeschäft, auf welches die §§ 130—132 Anwendung finden. Sie ist ebenso wie die von einem der Vertragschließenden getroffene Bestimmung unwiderruflich.

Es ist erforderlich, aber auch genügend, daß sie einem der Vertragschließenden gegenüber getroffen wird.

Der Dritte hat die Bestimmung in Person zu treffen. (M. II, 194.)

2. Anfechtung der Bestimmung. Nach den Vorschriften der §§ 119, 123 steht das Recht, eine Willenserklärung wegen Irrthums, arglistiger Täuschung oder Drohung anzufechten, nur demjenigen zu, der die Willenserklärung abgegeben hat. Hier jedoch, wo der Dritte an der Anfechtung seiner Bestimmung kein oder höchstens ein ideales Interesse hat, versagt ihm das Gesetz das Anfechtungsrecht und räumt dasselbe ausschießlich den Vertragschließenden ein.

Anfechtungsgegner ist stets der andere Vertragschließende.

Die Anfechtung muß in allen Fällen unverzüglich d. h. ohne schuldhaftes Zögern (§ 121) nach Erlangung der Kenntniß vom Anfechtungsgrunde erfolgen. Die einjährige Frist des § 124 Abs. 1 steht den Anfechtungsberechtigten hier nicht zu.

Wird die Anfechtung mit Erfolg durchgeführt, so ist die Bestimmung als von Anfang an nichtig anzusehen; der Dritte hat also eine neue Bestimmung zu treffen, eventuell ist nach § 319 die Entscheidung des Richters anzurufen.

## § 319.

Soll der Dritte die Leistung nach billigem Ermessen bestimmen, so ist die getroffene Bestimmung für die Vertragschließenden nicht verbindlich, wenn sie offenbar unbillig ist. Die Bestimmung erfolgt in diesem Falle durch Urtheil; das Gleiche gilt, wenn der Dritte die Bestimmung nicht treffen kann oder will oder wenn er sie verzögert.

Soll der Dritte die Bestimmung nach freiem Belieben treffen, so ist der Vertrag unwirksam, wenn der Dritte die Bestimmung nicht treffen kann oder will oder wenn er sie verzögert.

E. I, 357; II, 270; III, 313.

1. Bestimmung durch den Dritten nach billigem Ermessen (Abs. 1). Soll die Bestimmung der Leistung durch einen der Vertragschließenden nach billigem Ermessen erfolgen, so ist die getroffene Bestimmung für den anderen Theil nur verbindlich, wenn sie der Billigkeit entspricht (§ 315 Abs. 3). Derjenige, welcher sich darauf beruft, daß die Bestimmung für den anderen Theil verbindlich sei, muß daher die Billigkeit beweisen.

Anders, wenn ein Dritter die Leistung nach billigem Ermessen bestimmen soll. Hier muß derjenige, welcher die getroffene Bestimmung nicht anerkennt, beweisen, daß sie „offenbar unbillig" ist. Der Grund dieser Vorschrift liegt in Folgendem: Die von dem Dritten getroffene Bestimmung soll regelmäßig die Vertragschließenden binden. Die Ersetzung derselben durch Urtheil soll die Ausnahme sein. Es wird deßhalb nicht nur die Beweislast zu Ungunsten des die Bestimmung Bemängelnden umgekehrt, sondern auch der Nachweis offenbarer Unbilligkeit verlangt. Letzterer Ausdruck ist der l. 79 D. pro socio 17, 2 entnommen: „Unde si Nervae arbitrium ita pravum est, ut manifesta iniquitas ejus appareat, corrigi potest per judicium bonae fidei" (V. I, 469). Als „offenbar unbillig" wird hienach eine Bestimmung anzusehen sein, deren Unbilligkeit von Jedermann oder doch wenigstens von jedem Sachkundigen zweifellos als solche erkannt wird. Damit wird indessen nicht gesagt, daß die Unbilligkeit sich ohne jede Beweisführung ergeben müsse; nur wird im Zweifel der Richter sich stets für die Aufrechthaltung der Bestimmung zu entscheiden haben. Vgl. § 2048.

Der Ausdruck „offenbar" läßt keine juristisch scharfe Abgrenzung zu, es ist ein Ausdruck des gewöhnlichen Lebens und dementsprechend auszulegen. Vgl. RGE. in D. Jur.Z. 1904 S. 554 (offenbare Unbilligkeit einer Schätzung).

Der Dritte, der eine Leistung nach billigem Ermessen bestimmen soll, ist ein Schiedsgutachter, arbitrator im Sinne des § 1 Inst. de emt. et vend. 3, 23, l. 76 ff. Dig. pro soc. 17, 2, kein Schiedsrichter (arbiter, l. 1 D. de rec. 4, 8). Auch die Frage, ob überhaupt eine Leistung zu machen ist, kann Sache schiedsgutachtlichen Ermessens sein. So erkannte das Reichsgericht in einer Sache Helldorf gegen Wilhelma (Urth. v.

12. Jan. 1900), daß eine Kommission, die die thatsächliche Vorfrage des Kausalzusammenhangs des Todes bei einem Unfalle zu entscheiden hatte, kein Schiedsgericht gewesen sei, sondern ein Schiedsgutachten abgab. „Nicht eine sententia wird von ihr erwartet, sondern ein arbitrium boni viri über einen für das Rechtsverhältniß der Parteien erheblichen Punkt. Vgl. RGE. Bd. 10 S. 131, Bd. 24 S. 358, 412. Und wenn auch der Ausgang des Rechtsstreits von ihrer Begutachtung wesentlich abhängt, so ist doch, nach dem Zwecke des Abkommens, ihr Spruch nur dazu bestimmt, im Rahmen der Vertragsberedung zu bemessen, ob das festgestellte Ereigniß die verklagte Gesellschaft zahlungspflichtig macht. Vgl. die Ausführungen Weißmanns im Arch. f. d. civilist. Praxis Bd. 72 S. 269 ff. Ihr Spruch ist nicht schlechthin für die Betheiligten verbindlich, sondern nur, wenn er sich wirklich als das Ergebniß des unparteiischen Ermessens darstellt." Der Spruch darf nach dem cit. Erkenntniß des RG. nicht „so sachwidrig sein, daß er nicht aus verständigem Ermessen hergeleitet sein kann".

Es genügt nicht jede Unbilligkeit, sondern nur eine offenbare, vgl. l. 72 D. pro socio 17, 2 culpa non ad exactissimam diligentiam dirigenda est; ferner Code civil 1854 évidemment contraire à l'équité. In dem erwähnten Falle Helldorf gegen Wilhelma hatte nach Aufhebung des zweitinstanzlichen Urtheils die medizinische Fakultät zu Jena die Möglichkeit eines Kausalzusammenhangs zwischen Unfall und Tod im Gegensatz zum sogenannten Schiedsspruch, richtiger dem Gutachten der Kommission, verneint. Dessen ungeachtet hatte eine zweite Revision gegen das hierauf erfolgende die Gesellschaft gleichwohl zur Leistung der Versicherungssumme verurtheilende Erkenntniß keinen Erfolg. RGE. vom 18. Juli 1902: „Ueber den Inhalt des Gutachtens der Kommissionsmehrheit ist gesagt, es könne derselbe nach der Aeußerung der medizinischen Fakultät in Jena nur als irrig angesehen werden, aber es sei kein Grund vorhanden, daß derselbe nicht nach objektivem, verständigem Ermessen abgegeben worden. — Seitens der Revision wird erfolglos gegen die Ausführungen des angefochtenen Urtheils angekämpft, denen zufolge durch die Darlegungen in dem Gutachten der medizinischen Fakultät zu Jena nicht eine derartige Sachwidrigkeit des Ausspruchs der Kommissionsmehrheit begründet wird, daß, wie in dem früheren Revisionsurtheil auf Grund der l. D. 76, 2 als erforderlich zur Beseitigung eines Schiedsgutachtens hingestellt worden, jener Ausspruch sich nicht als der Ausfluß eines objektiven, der Billigkeit entsprechenden Ermessens darstellt. Die bezügliche Begründung läßt einen Verstoß gegen den in der cit. Gesetzesstelle aufgestellten Satz nicht erkennen, wonach eine offenbare Unbilligkeit vorliegen muß, also, sofern es, wie hier, auf sachverständiges Ermessen ankommt, ein klares Inwiderspruchtreten mit dem Sachverhältniß." In dem vorliegenden Falle hatte die Fakultät den Tod auf einen durch Arterienverkalkung verursachten Schlagfluß, die Kommission auf einen mehrere Wochen vorher erlittenen Unfall zurückgeführt. Hienach erscheint freilich die Feststellung, ob offenbare Unbilligkeit vorliegt oder nicht, wesentlich subjektivem Geschmacksurtheil anheimgestellt. Jedenfalls genügt objektive Sachwidrigkeit und ist nicht bewußte Unbilligkeit vorauszusetzen. Vgl. Recke, Archiv f. bürgerl. R. Bd. 20 S. 143.

2. Bestimmung durch den Dritten nach freiem Belieben (Abs. 2). Zufolge der Auslegungsregel des § 317 Abs. 1 bedarf es einer ausdrücklichen oder stillschweigenden Erklärung der Parteien, wenn ein Bestimmungsrecht des Dritten nach seinem freien Belieben angenommen werden soll. Ist ein hierauf gerichteter Parteiwille ausdrücklich erklärt oder aus den Umständen zu entnehmen, so ist die Bestimmung des Dritten für beide Theile verbindlich, soferne sie nur nicht gegen die guten Sitten oder gegen ein gesetzliches Verbot verstößt. Will oder kann der Dritte die Bestimmung nicht treffen oder verzögert er dieselbe, so ist der Vertrag unwirksam. Es kann also hier nicht, wie im Falle des § 315 Abs. 3 bezw. § 319 Abs. 1, die Bestimmung des Dritten durch Urtheil ersetzt werden, vielmehr ist die Wirksamkeit des Vertrags dadurch aufschiebend bedingt, daß der Dritte die Bestimmung ohne Verzögerung trifft. Das Gleiche gilt, wenn die Bestimmung dem freien Belieben mehrerer Dritter anheimgestellt ist und diese die Bestimmung nicht treffen können oder wollen oder dieselbe verzögern oder wenn die für die Verbindlichkeit erforderliche Uebereinstimmung der mehreren Dritten nicht zu erzielen ist. S. Bem. 3 zu § 317.

## Zweiter Titel.

## Gegenseitiger Vertrag.

### Vorbemerkungen.

Der Vertrag ist zwar ein zweiseitiges (oder mehrseitiges) Rechtsgeschäft, sofern zu seinem Zustandekommen die erklärte Willenseinigung mehrerer Personen erforderlich ist, er erzeugt aber nicht stets eine zweiseitige (mehrseitige) Verpflichtung. Vielmehr giebt es sog. einseitige Verträge, die, wie z. B. das Schenkungsversprechen, unter allen Umständen nur auf einer Seite eine Verpflichtung erzeugen, so daß von vornherein und stets nur die eine Person Gläubiger, die andere Schuldner sein kann (einseitige Verträge).

An diese Vertragsart reihen sich zunächst solche Verträge, die neben der durch sie bezweckten Verpflichtung des einen Theiles ausnahmsweise unter Umständen auch eine Verpflichtung des anderen Theiles begründen können, z. B. der Auftrag; der Zweck desselben geht dahin, den Beauftragten zu der Ausführung des Auftrags zu verpflichten; es kann aber daneben auch eine Verpflichtung des Auftraggebers entstehen, wenn der Beauftragte zum Zwecke der Ausführung des Auftrags Aufwendungen macht. Man nennt solche Verträge, bei denen nur zufällig, nicht regelmäßig auf der anderen Seite ein Anspruch erwächst (actio contraria der Pand.), unvollkommen zweiseitige (contractus bilaterales inaequales).

Diesen Verträgen stehen als dritte und zahlreichste Gattung die vollkommen zweiseitigen oder gegenseitigen zur Seite, die man zutreffender auch als synallagmatische bezeichnet, weil sie einen wechselseitigen Austausch bezwecken und daher Leistung und Gegenleistung einander in gewissem Grade bedingen. Zwar stellt das BGB. im Anschluß an das gemeine Recht und PLR., abweichend vom französischen Recht (Code civil art. 1184), als Grundsatz die Regel hin, daß, wenn der eine Vertragschließende seine Verbindlichkeit nicht erfüllt, darum der andere nicht einseitig vom Vertrage zurücktreten kann. Es weicht aber, abgesehen von den Fixgeschäften (§ 361) von diesem Grundsatz insofern ab, als es in den §§ 325, 326, 327 einer vom alten HGB. (Art. 354—356) angebahnten Rechtsentwicklung folgt.

Die §§ 320 ff. regeln die Einrede des nicht erfüllten Vertrags (exceptio non adimpleti contractus). Die exceptio non rite adimpleti contractus oder Einrede des nicht vollständig erfüllten Vertrags ist nach denselben Paragraphen zu beurtheilen, doch geht bei dieser in Uebereinstimmung mit dem gem. R. (Dernburg, Pand. II § 21, RGE. Bd. 20 S. 6, 7) die Beweislast, daß die erfolgte Leistung unvollständig gewesen sei, auf den Gläubiger über, wenn dieser eine ihm als Erfüllung angebotene Leistung angenommen und damit als solche anerkannt hat (§ 363).

Die §§ 323—327 regeln die Tragung der Gefahr und die Wirkung des Verzugs bei gegenseitigen Verträgen.*)

## § 320.

**Wer aus einem gegenseitigen Vertrage verpflichtet ist, kann die ihm obliegende Leistung bis zur Bewirkung der Gegenleistung verweigern, es sei denn, daß er vorzuleisten verpflichtet ist. Hat die Leistung an Mehrere zu erfolgen, so kann dem Einzelnen der ihm gebührende Theil bis zur Bewirkung der ganzen Gegenleistung verweigert werden. Die Vorschrift des § 273 Abs. 3 findet keine Anwendung.**

**Ist von der einen Seite theilweise geleistet worden, so kann die Gegenleistung insoweit nicht verweigert werden, als die Verweigerung nach den Umständen, insbesondere wegen verhältnißmäßiger Geringfügigkeit des rückständigen Theiles, gegen Treu und Glauben verstoßen würde.**

E. I, 362, 363, 364; II, 271; III, 314.

---

*) Literatur: Tödter, Die allgemeinen Bestimmungen des BGB. über den gegenseitigen Vertrag. Ein Beitrag zur Auslegung der §§ 320—327; Krahmer, Gegenseitige Verträge 1904; Düringer-Hachenburg, HGB. Bd. 2 S. 91 ff.; Staub, HGB. Bd. 2 S. 1270 ff.

1. Begriff.*) Gegenseitiger Vertrag im Sinne dieses Titels ist nur der sogenannte vollkommen zweiseitige (synallagmatische) Vertrag, zu dessen Wesen es gehört, daß beide Theile berechtigt und verpflichtet werden, daß Versprechen einer Leistung gegen Versprechen einer Gegenleistung ausgetauscht wird, wie beim Kauf-, Mieth-, Gesellschafts-Vertrage. (Vgl. Dernburg, Pand. Bd. 2 § 20; Windscheid, Pand. Bd. 2 §§ 320, 321.) Vgl. Vorbem.

Die sog. unvollkommen zweiseitigen Verträge, bei denen eine Verpflichtung des berechtigten Theiles zu einer Leistung an den anderen Theil zwar nicht ausgeschlossen, jedoch für den Vertrag nicht wesentlich ist (z. B. Auftrag, Verwahrungsvertrag), fallen nicht unter die Bestimmungen des vorliegenden Titels. Auf die etwaigen Gegenansprüche des Schuldners aus Verträgen der letzteren Art finden die Vorschriften der §§ 273, 274 Anwendung.

2. Die Erfüllung des gegenseitigen Vertrags ist vom BGB. im Anschlusse an die herrschende gemeinrechtliche Lehre in der Weise geregelt, daß jeder Theil die ihm gebührende Leistung selbständig einfordern kann. Der Anspruch auf die Leistung ist nicht dadurch bedingt, daß der Fordernde selbst die von ihm geschuldete Gegenleistung bewirkt oder anbietet. Dagegen ist der andere Theil, sofern er nicht vorzuleisten hat, berechtigt, die geschuldete Leistung so lange zu verweigern, bis die Gegenleistung bewirkt wird. Es steht ihm gegenüber dem Anspruche des Fordernden eine verzögerliche Einrede zu, die Einrede des nichterfüllten Vertrags.

Die (synallagmatische) Abhängigkeit der Leistung von der Gegenleistung geht nicht soweit, daß von vornherein nur unter Angebot der Gegenleistung gefordert werden könnte, wie einige Schriftsteller des gem. R. (Gans, Obl.R. S. 108 ff.; Liebe, Stipulation S. 284; Scheurl, Beiträge Bd. 1 S. 151; Keller, Bekkers Jahrb. 4 N. 11) behauptet haben; es kann vielmehr die Klage einfach auf Leistung gerichtet werden, der Antrag braucht nicht auf Erfüllung Zug um Zug gestellt werden. Aber der Beklagte kann die Einrede des nicht erfüllten Vertrags erheben, und alsdann muß Kläger entweder die seinerseits bereits geschehene Erfüllung substantiiren und beweisen (Seuffert Arch. XI Nr. 138) oder die Verurtheilung kann nur auf Erfüllung Zug um Zug erfolgen (§ 322).

Die durch Satz 1 § 320 gegebene Einrede ist nur eine aufschiebende, verzögerliche (dilatorische), darf aber nicht als Retentionseinrede bezeichnet werden, da die Einrede der Retention (Zurückbehaltung) einen besonderen technischen Sinn hat (§§ 273 ff.). Vgl. d.

Die Einrede ist aber eine echte Einrede (Behauptung eines Gegenrechtes), nicht Leugnung des Klaggrundes, obwohl Kläger beweispflichtig wird. Denn die Behauptung der Erfüllung gehört nicht zum Klaggrund bezw. der Antrag braucht nicht auf Erfüllung Zug um Zug zu lauten, im Versäumnißverfahren hat Verurtheilung der Beklagten zu erfolgen, auch wenn die Möglichkeit einer Einrede des nichterfüllten Vertrags aus dem eigenen Vorbringen des Klägers hervorgeht.

a) Die Leistung darf nur so lange verweigert werden, bis die Gegenleistung bewirkt wird, nicht bis die Gegenleistung bewirkt ist. Letzteres wäre Vorleistung. Hierüber in Bem. 4. Vgl. auch § 273 Abs. 1.

b) Die Einrede des nicht erfüllten Vertrags steht dem anderen Theile auch zu, wenn sich derselbe in Ansehung der ihm gebührenden Gegenleistung im Verzuge der Annahme befindet. Zu den Folgen des Annahmeverzuges, welche in den §§ 293—304 aufgezählt sind, gehört die Verwirkung dieser Einrede nicht. Vgl. jedoch Anm. 3 zu § 322.

c) Die Einrede kann nicht bloß im Falle gänzlichen Ausbleibens der Gegenleistung, sondern auch dann geltend gemacht werden, wenn und solange die Gegenleistung nur unvollständig oder mangelhaft bewirkt wird — exceptio non rite adimpleti contractus (M. II, 202/203).

Handelt es sich aber um diese besondere Art der Einrede, die Einrede unzulänglicher oder unvollständiger Erfüllung, so ist zu unterscheiden:

α) Der Kläger weist die angebotene Erfüllung von vornherein zurück; es handelt sich dann schlechthin um die Einrede des nicht erfüllten Vertrags, da die geringste Unvollständigkeit, der geringfügigste Mangel der Leistung in diesem Falle den Beklagten zur Zurückbehaltung

---

*) Literatur: Regelsberger, Zur Lehre von der Einrede des nichterfüllten Vertrags und von dem Einfluß der theilweisen Unmöglichkeit auf das Vertragsverhältniß, in Jherings Jahrb. Bd. 40 S. 249 ff., Bd. 41 S. 330 ff.; André, Die Einrede des nichterfüllten Vertrags im heutigen gem. R. 1891.

der vollen Gegenleistung berechtigt, bis ihm das Gebührende angeboten wird. Vgl. Dernburg, II, § 94 II. Bei einem Kaufe steht dem Käufer diese Einrede auch dann zu, wenn der Verkäufer einen Theil des verkauften Gegenstandes noch nicht geliefert oder die ihm nach §§ 434—437 obliegenden Verpflichtungen nicht erfüllt hat (§ 440). Planck Bem. 3 zu § 320.

β) Der Kläger hat die Erfüllung ganz als vertragsmäßig angenommen. In diesem Falle verändert sich die Beweislast zu Ungunsten des Beklagten, vgl. § 363. OLG. Hamburg in Seuff. Arch. Bd. 57 S. 2. (Der Beklagte bestritt, eine nicht ziffernmäßig bestimmte und durch Wiegen, Besichtigen u. s. w. nicht feststellbare Menge, sondern alle Produktion einer bestimmten Art in unbestimmter Menge geliefert erhalten zu haben, z. B. den Mist von sämmtlichen Pferden. Der Empfänger darf sich nicht darauf beschränken, am Schlusse der Lieferungen einfach zu bestreiten, daß er im Laufe des Jahres nicht sämmtlichen Mist erhalten habe, nachdem durch dessen Wegschaffung und Verbrauch für den Verkäufer die Unmöglichkeit herbeigeführt ist, auch nur die Menge des gelieferten Mistes noch zu erweisen; die in der Regel dem Verkäufer obliegende Beweislast ist hier zu Lasten des fortgesetzt ohne Protest und ohne Kontrolle abnehmenden Käufers verschoben.) — Wenn bei einem gegenseitigen Vertrag ein Theil für seinen Anspruch eine Vormerkung auf ein Grundstück des andern Theils hat eintragen lassen, so kann der letztere unter Bezugnahme auf § 320 gegenüber der wider ihn erhobenen Leistungsklage verlangen, nur Zug um Zug gegen Einwilligung des klagenden Theils in die Löschung der Vormerkung verurtheilt zu werden, RGE. Bd. 56 S. 251.

d) Vom Zurückbehaltungsrechte nach § 273 unterscheidet sich die Einrede des nichterfüllten Vertrags dadurch, daß sie nicht durch Sicherheitsleistung beseitigt werden kann. § 320 Abs. 1 S. 3, § 273 Abs. 3.

3. Leistung an Mehrere. Sind bei einem auf eine theilbare Leistung gerichteten Schuldverhältnisse mehrere Gläubiger oder mehrere Schuldner betheiligt, so ist im Zweifel jeder Gläubiger zu einem gleichen Antheile berechtigt, jeder Schuldner zu einem gleichen Antheile verpflichtet (§ 420). Zufolge dieser Auslegungsregel würde beim gegenseitigen Vertrage der Einzelne den ihm gebührenden Theil der Leistung gegen Bewirkung des auf ihn entfallenden Theiles der Gegenleistung verlangen können. Das BGB. bestimmt jedoch, der regelmäßigen Absicht der Parteien entsprechend, daß dem Einzelnen der ihm gebührende Theil der Leistung bis zur Bewirkung der ganzen Gegenleistung verweigert werden kann.

Für die Fälle, in welchen die Mehreren eine untheilbare Leistung schulden oder sich durch Vertrag gemeinschaftlich zu einer theilbaren Leistung verpflichtet haben, ergiebt sich letztere Vorschrift schon aus den §§ 431 und 427, da die Mehreren hier als Gesammtschuldner haften, jeder von ihnen also die ganze Gegenleistung zu bewirken verpflichtet ist (§ 421). Die Vorschrift des § 320 Abs. 1 Satz 2 hat daher nur Bedeutung für jene Fälle, in welchen eine antheilmäßige Verpflichtung der mehreren Schuldner einer theilbaren Leistung vereinbart ist. Eine Vereinbarung dieses Inhalts ist bei dem Charakter der Vorschrift des § 427 als Auslegungsregel zulässig.

Haben z. B. A und B unter Ausschluß der Gesammtschuldnerhaftung von C 100 Zentner einer Waare um 1000 Mk. gekauft, so kann, wenn A gegen Zahlung von 500 Mk. den auf ihn entfallenden Theil von 50 Zentnern von C verlangt, dieser dem A die 50 Zentner verweigern, bis die vollen 1000 Mk. gezahlt werden.

Umgekehrt darf A die Zahlung der von ihm geschuldeten 500 Mk. nicht verweigern, wenn er von C auf diesen Betrag unter Anbietung der ihm gebührenden 50 Zentner belangt wird. Dies ergiebt sich aus § 420 und aus dem Wortlaute des § 320. Vgl. Planck Bem. 2 zu § 320, Enneccerus I § 182 Anm. 3. And. M. Schollmeyer Anm. 3.

Die Vorschrift des Abs. 1 Satz 2 gilt nicht bloß dann, wenn Zug um Zug zu erfüllen ist, sondern auch, wenn derjenige, welcher antheilsmäßige Leistung verlangt, vorzuleisten hat. Wenn dagegen derjenige, welcher auf antheilmäßige Leistung in Anspruch genommen wird — also im oben angeführten Beispiele C — vorleisten muß, so ergiebt sich schon aus seiner vertragsmäßigen Verpflichtung, daß er mit der von ihm geschuldeten Leistung weder ganz noch theilweise zurückhalten darf (M. II, 202).

4. Die Vorschriften des § 320 Abs. 1 sind dispositiver Natur:

a) Die Parteien können vereinbaren, daß der eine Theil mit der von ihm geschuldeten Leistung vorausgehen muß.

Gesetzlich ist eine Vorleistungspflicht aufgestellt in den §§ 551, 614, 641.

b) Durch Vertrag kann bestimmt werden, daß jeder Einzelne den ihm gebührenden Theil der Leistung gegen antheilmäßige Gegenleistung zu erhalten hat.

5. Die Vorschrift des Satzes 3 Abs. 1 bezieht sich sowohl auf Satz 1 als auf Satz 2. Das Recht, dem Einzelnen den ihm gebührenden Theil zu verweigern, kann also nicht dadurch abgewendet werden, daß der Einzelne wegen der ganzen Gegenleistung Sicherheit leistet.

6. Theilweise Leistung. Die Bestimmung des Abs. 2 ist von der II. Komm. eingefügt worden mit der Begründung, daß es unter Umständen den Grundsätzen von Treu und Glauben widerspreche, wenn der Gläubiger, trotzdem er einen Theil der ihm gebührenden Leistung empfangen hat, wegen des Ausbleibens des noch übrigen Theiles der Leistung seinerseits die Gegenleistung vollständig verweigere (P. I, 633).

Die Frage, ob und inwieweit die Verweigerung der Gegenleistung gegen Treu und Glauben verstößt, ist nach Lage des einzelnen Falles zu beantworten. Hiebei sind alle vorliegenden Umstände, nicht bloß die verhältnißmäßige Geringfügigkeit des rückständigen Theiles der Leistung, zu berücksichtigen. Ein Verstoß gegen Treu und Glauben ist nach P. I, 635 nicht anzunehmen, wenn der Käufer die ganze Gegenleistung aus dem Grunde verweigert, weil der Verkäufer, obwohl er vollständig in der Lage wäre, sofort den Rest des Kaufgegenstandes zu liefern, dies nur aus bösem Willen oder aus Nachlässigkeit unterläßt. Die Vorschrift soll nicht dem bösen Willen oder der Nachlässigkeit eines Vertragstheils Vorschub leisten, sondern nur der Chikane vorbeugen. Diesem Zweck entsprechend wird als theilweise Leistung im Sinne des § 320 Abs. 2 nicht bloß die quantitativ unvollständige Leistung zu verstehen sein, sondern unter Umständen auch eine mangelhafte Leistung, vorausgesetzt allerdings, daß die Mängel solche sind, welche durch Vervollständigung der Leistung gehoben werden können, z. B. mangelhafter Anstrich einzelner Theile einer gelieferten Maschine. Ebenso Planck Bem. 4, Schollmeyer Bem. 3, Oertmann Bem. 7, b zu § 320; and. M. Cosack Bd. 1 S. 301.

7. Wird der eine oder der andere der Vertragschließenden von Mehreren beerbt, so kommen die §§ 2038—2040 zur Anwendung.

8. Ueber das Recht des Konkursverwalters, an Stelle des Gemeinschuldners den gegenseitigen Vertrag zu erfüllen und die Erfüllung von dem anderen Theile zu verlangen, s. § 17 KO.

9. Ueber Anwendung des § 320 speziell beim Kaufe vgl. die Bem. zu § 440.

## § 321.*)

Wer aus einem gegenseitigen Vertrage vorzuleisten verpflichtet ist, kann, wenn nach dem Abschlusse des Vertrags in den Vermögensverhältnissen des anderen Theiles eine wesentliche Verschlechterung eintritt, durch die der Anspruch auf die Gegenleistung gefährdet wird, die ihm obliegende Leistung verweigern, bis die Gegenleistung bewirkt oder Sicherheit für sie geleistet wird.

E. II, 272; III, 315.

1. Die Vorschrift des § 321 verdankt ihre Aufnahme in das Gesetz einem Beschlusse der II. Komm. (P. I, 631/632). Sie enthält eine auf Billigkeitsgründen beruhende eingeschränkte Anerkennung der clausula rebus sic stantibus. (Vgl. Windscheid, Pand. Bd. 1 § 98 Ziff. 5; Förster-Eccius, PLR. § 87 I, a; BLR. Thl. IV cap. 15 § 12 Nr. 3.)

Eine ähnliche Vorschrift giebt § 610 zu Gunsten desjenigen, der die Hingabe eines Darlehens versprochen hat.

Der § 321 soll den Vorleistungspflichtigen gegen den Nachtheil einer nachträglichen Insolvenz des zur Gegenleistung verpflichteten anderen Theiles durch Einrede schützen, in Anbetracht dessen, daß ihm die Einrede des nicht erfüllten Vertrags nicht zusteht. Die Einrede des § 321 entspringt aber demselben Grundgedanken, wie jene, und man könnte sie als Einrede des nicht erfüllbaren Vertrags bezeichnen. Sie führt keineswegs den Grundsatz der clausula rebus sic stantibus unbeschränkt durch; denn der § 321 gewährt weder ein Rücktrittsrecht vom Vertrage noch bewirkt er eine Aenderung des Vertrags.

---

*) Literatur: Regelsberger, Anspruch des Gläubigers auf Leistung von Sicherheit für betagte oder bedingte Forderungen wegen Eintritts einer Verschlechterung in der Vermögenslage des Schuldners, in Iherings Jahrb. Bd. 40 S. 451 ff.; Türk, Der Irrthum über die Zahlungsfähigkeit des Schuldners beim Vertragsschlusse nach BGB. in Gruchot, Beitr. Bd. 43 S. 549; Nissen, Jur. Wschr. 1903 S. 361 ff., Ein Beitrag zu § 321 BGB.

Der Vertrag bleibt an sich mit der Vorleistungspflicht bestehen und der Vorleistungspflichtige ist lediglich durch eine aufschiebende Einrede geschützt; dem Vorleistungspflichtigen ist nur ein Sicherungsrecht gewährt; es kann daher Vorleistung beansprucht werden, sofern dies in einer Weise geschieht, bei der der Vorleistungspflichtige für seinen Gegenanspruch gesichert ist.

Uebrigens schließt diese beschränkte Tragweite des § 321 nicht aus, daß unter Umständen nach § 157, d. h. nach einer Auslegung des Vertragsverhältnisses nach Treu und Glauben, der Vorleistungspflichtige dennoch auch zum Rücktritt berechtigt ist, weil die clausula rebus sic stantibus stillschweigend als vereinbart anzunehmen ist. Vgl. RGE. Bd. 50 S. 255, Rspr. d. OLG. Bd. 6 S. 44.

2. Voraussetzungen:

a) Es ist gleichgültig, ob die Vorleistungspflicht auf Gesetz oder auf Vertrag beruht. S. Bem. 4, a zu § 320.

b) Die eingetretene Verschlechterung in den Vermögensverhältnissen des anderen Theiles muß wesentlich und derart sein, daß hiedurch die Erfüllung der Gegenleistung gefährdet wird.

Die in § 321 vorausgesetzte Verschlechterung muß die Vermögenslage des anderen Theils betreffen. Deßhalb wird der § 321 regelmäßig nur praktisch werden bei Ansprüchen auf Zahlung einer Geldsumme, nicht bei solchen auf Sachleistung oder Dienste, für welche die Vermögenslage des Pflichtigen ohne Bedeutung ist. Doch ist zu beachten, daß auch Ansprüche auf Sachleistungen oder Dienste unter dem Einflusse anderer Faktoren sich in Geldansprüche umwandeln können und daß diesen eventuellen Summenansprüchen der Schutz des § 321 nicht erst mit eingetretener Unmöglichkeit der Leistung, sondern schon dann zuzuerkennen ist, wenn Umstände in der Person des Pflichtigen die Besorgniß begründen, daß die unmittelbar zu beanspruchende Sache oder Dienstleistung unmöglich wird. Vgl. Nissen a. a. O. S. 363. Beispiel: Der Käufer eines Grundstücks ist zu einer Anzahlung auf den Kaufpreis verpflichtet. Der Verkäufer besitzt das Kaufgrundstück nicht und kann es sich nur verschaffen für einen exorbitant hohen Preis, den aufzubringen seine inzwischen eingetretene Vermögensverschlechterung unmöglich macht.

Die Verschlechterung der Vermögensverhältnisse braucht keine verschuldete zu sein.

c) Die Verschlechterung muß nach dem Abschlusse des Vertrags eingetreten sein. Bestand die den Anspruch auf die Gegenleistung gefährdende Vermögenslage des anderen Theiles schon zur Zeit der Schließung des Vertrags, so findet § 321 keine Anwendung, auch dann nicht, wenn dem Vorleistungspflichtigen die Vermögenslage des Anderen ohne sein Verschulden unbekannt geblieben ist. Vgl. OLG. Dresden v. 16. Okt. 1900 und v. 10. Juli 1900 in Annalen des Sächs. OLG. Bd. 21 S. 247, Sächs. Arch. Bd. 11 S. 503, sowie auch Bem. IX, 1, b zu § 433. Im Falle arglistiger Täuschung steht ihm das Anfechtungsrecht nach § 123 zu.

3. Beim Vorliegen der erwähnten Voraussetzungen kann der Vorleistungspflichtige die ihm obliegende Leistung bis zur Bewirkung der Gegenleistung verweigern, wie wenn eine Vorleistungspflicht nicht bestünde. Nur kann der andere Theil die Vorleistung dadurch erzwingen, daß er wegen der ihm obliegenden Gegenleistung Sicherheit gemäß §§ 232 ff. leistet.

Die Sicherheitsleistung bestimmt sich nach den §§ 232 ff.; eine Sicherheitsleistung durch Bürgen ist nicht ausgeschlossen. Vgl. Planck Bem. zu § 321 Abs. 3. Eine Frist für die Möglichkeit, die Einrede des § 321 durch Sicherheitsleistung zu beseitigen, ist zwar im Gesetze nicht bestimmt. Der Vorleistungspflichtige kann auch nicht auf dem Wege des § 326 zu einer Lösung des Verhältnisses gelangen. Doch ist eine längere Unthätigkeit des Nachleistungspflichtigen, Verzögerung der Sicherheitsleistung unter Umständen nach Treu und Glauben als Fallenlassen seines Anspruchs anzusehen. Vgl. Staub, Komm. z. HGB., Exkurs zu § 374 S. 1306 und Nissen a. a. O. S. 363.

## § 322.*)

Erhebt aus einem gegenseitigen Vertrage der eine Theil Klage auf die ihm geschuldete Leistung, so hat die Geltendmachung des dem anderen Theile

*) Vgl. hiezu Oertmann, Leistungen „Zug um Zug" in der Zeitschr. f. Rechtspflege in Bayern Bd. 1 S. 10 ff. und 47 ff.

zustehenden Rechts, die Leistung bis zur Bewirkung der Gegenleistung zu verweigern, nur die Wirkung, daß der andere Theil zur Erfüllung Zug um Zug zu verurtheilen ist.

Hat der klagende Theil vorzuleisten, so kann er, wenn der andere Theil im Verzuge der Annahme ist, auf Leistung nach Empfang der Gegenleistung klagen.

Auf die Zwangsvollstreckung findet die Vorschrift des § 274 Abs. 2 Anwendung.

E. I, 365, 366; II, 273; III, 316.

1. Wer aus einem gegenseitigen Vertrage berechtigt ist, kann die Klage auf die ihm geschuldete Leistung erheben. Die Behauptung, daß er die ihm obliegende Gegenleistung bewirkt oder angeboten habe, bezw. daß er zur Bewirkung bereit sei, gehört nicht zum Klagegrunde. Die Erlassung eines Versäumnißurtheils auf eine Klage, welche diese Behauptung nicht enthält, ist daher zulässig (§ 331 Abs. 2 CPO.).

Macht der Beklagte die ihm zufolge § 320 zustehende Einrede des nicht erfüllten Vertrags geltend, so muß der Kläger beweisen, daß er erfüllt habe, wenn er die unbedingte Verurtheilung erwirken will. Erbringt der Kläger diesen Beweis nicht, so erfolgt nicht Abweisung der Klage, sondern Verurtheilung des Beklagten zur Erfüllung Zug um Zug, d. h. gegen Empfang der dem Beklagten gebührenden Gegenleistung (§ 274 Abs. 1). Hat dagegen der Beklagte eine ihm als Erfüllung der Gegenleistung angebotene Leistung als Erfüllung angenommen, so trifft die Beweislast den Beklagten, wenn er diese Leistung deßhalb nicht als Erfüllung gelten lassen will, weil sie eine andere als die geschuldete Gegenleistung oder weil sie unvollständig gewesen sei (§ 363).

Wird Klage im Urkundenprozesse erhoben, so gehört die Behauptung, daß die Gegenleistung bewirkt oder angeboten sei, nicht zu jenen Thatsachen, welche durch Urkunden bewiesen werden müssen (§ 592 CPO.).

Auch ein Annahmeverzug des Beklagten schließt die Einrede desselben und die Anwendbarkeit des Abs. 1 § 322 nicht aus. Solange der Annahmeverzug des Schuldners dauert, kann der Gläubiger nach § 322 Abs. 3 das Urtheil ebenso vollstrecken lassen, wie wenn der Schuldner zur Leistung schlechthin verurtheilt wäre. Vgl. Bem. 3, ferner RGE. Bd. 51 S. 367, Jur. Wschr. 1904 S. 90.

2. Anders, wenn aus dem Klagevorbringen erhellt, daß der klagende Theil nach Gesetz oder vertragsmäßig vorzuleisten hat.

Hier ist zur Begründung der Klage erforderlich, daß der Kläger behauptet, er habe die ihm obliegende Leistung bewirkt oder in solcher Weise angeboten, daß der Beklagte sich im Verzuge der Annahme befinde. Dies ergiebt sich klar aus dem Wesen der Vorleistungspflicht und aus der Fassung des § 322 Abs. 2. Ebenso Planck Bem. 1 zu § 322; and. M. Schollmeyer Bem. 2 zu § 322.

Freilich, wenn aus der Klage nichts über die Vorleistungspflicht des Klägers ersichtlich wäre, könnte Versäumnißurtheil gegen den Schuldner erlassen werden, da nach der Regel des § 320 nur Verpflichtung zur Leistung Zug um Zug anzunehmen ist. Den Einwand, daß der Kläger vorleistungspflichtig sei, hat der Schuldner zu beweisen. Erbringt er diesen Beweis, so erfolgt die Abweisung der Klage, wenn nicht der Gläubiger beweist, daß er bereits vorgeleistet hat oder daß der Schuldner sich im Verzuge der Annahme befindet. Hat der Kläger vorgeleistet, so erfolgt unbedingte Verurtheilung des Schuldners zur Leistung. Befindet sich der Schuldner im Annahmeverzug, so tritt Verurtheilung auf Leistung nach Empfang der Gegenleistung ein. Zur Begründung der Klage auf unbedingte Leistung ist daher hier erforderlich die Behauptung der bewirkten Vorleistung, zur Begründung der Klage auf Leistung nach Empfang der Gegenleistung die Behauptung des Annahmeverzugs des Schuldners.

3. Abs. 3. Mag der Schuldner zur Erfüllung Zug um Zug oder zur Leistung nach Empfang der Gegenleistung verurtheilt worden sein, in beiden Fällen kann der Kläger auf Grund einer solchen Verurtheilung seinen Anspruch ohne Bewirkung der ihm obliegenden Leistung im Wege der Zwangsvollstreckung verfolgen, wenn der Schuldner sich im Verzuge der Annahme befindet, was bei der Verurtheilung zur Leistung nach Empfang der Gegenleistung ohnehin gesetzliche Voraussetzung ist (§ 274 Abs. 2). Ebenso Planck Bem. 3 zu § 322. Vgl. oben Bem. 1 am Ende.

Für die Ertheilung der vollstreckbaren Ausfertigung und für die Vollstreckung durch den Gerichtsvollzieher bezw. durch das Vollstreckungsgericht finden bei der Verurtheilung zur Leistung Zug um Zug die §§ 726 Abs. 2, 756, 765 CPO. Anwendung.

§ 726 Abs. 2: „Hängt die Vollstreckung von einer Zug um Zug zu bewirkenden Leistung des Gläubigers an den Schuldner ab, so ist der Beweis, daß der Schuldner befriedigt oder im Verzug der Annahme ist, nur dann erforderlich, wenn die dem Schuldner obliegende Leistung in der Abgabe einer Willenserklärung besteht."

§ 756: „Hängt die Vollstreckung von einer Zug um Zug zu bewirkenden Leistung des Gläubigers an den Schuldner ab, so darf der Gerichtsvollzieher die Zwangsvollstreckung nicht beginnen, bevor er dem Schuldner die diesem gebührende Leistung in einer den Verzug der Annahme begründenden Weise angeboten hat, sofern nicht der Beweis, daß der Schuldner befriedigt oder im Verzug der Annahme ist, durch öffentliche oder öffentlich beglaubigte Urkunden geführt wird und eine Abschrift dieser Urkunden bereits zugestellt ist oder gleichzeitig zugestellt wird."

§ 765: „Hängt die Vollstreckung von einer Zug um Zug zu bewirkenden Leistung des Gläubigers an den Schuldner ab, so darf das Vollstreckungsgericht eine Vollstreckungsmaßregel nur anordnen, wenn der Beweis, daß der Schuldner befriedigt oder im Verzug der Annahme ist, durch öffentliche oder öffentlich beglaubigte Urkunden geführt wird und eine Abschrift dieser Urkunden bereits zugestellt ist. Der Zustellung bedarf es nicht, wenn bereits der Gerichtsvollzieher die Zwangsvollstreckung nach § 756 begonnen hatte und der Beweis durch das Protokoll des Gerichtsvollziehers geführt wird."

Die Verurtheilung zur Leistung nach Empfang der Gegenleistung hat zur gesetzlichen Voraussetzung, daß der Schuldner im Verzuge der Annahme ist. Der Beweis der letzteren Thatsache ist hier stets durch eine öffentliche Urkunde, nämlich durch das Urtheil selbst, geführt. Die Zwangsvollstreckung gemäß § 274 Abs. 2 kann deßhalb ohne Weiteres durchgeführt werden.

## Vorbemerkungen zu den §§ 323—327.

Die §§ 323—327 regeln die Folgen, welche

a) die nachträgliche Unmöglichkeit der Leistung und

b) der Verzug des Schuldners

bei gegenseitigen Verträgen hat.

Sie sind ad a im Zusammenhange mit den §§ 275, 279—282, 306—308 auszulegen. Man vgl. daher zunächst die Vorbem. S. 76 ff. Sowohl die Trennung der §§ 323—327 in der Anordnung des Gesetzbuchs von den vorbezeichneten Paragraphen, als auch ihre abstrakte Fassung erschwert in hohem Grade das Verständniß ihres Inhalts und hat vor Allem die wichtige Streitfrage nach dem Wesen des Schadensersatzanspruchs bei Nichterfüllung eines gegenseitigen Vertrags hervorgerufen (vgl. Bem. zu § 326); mit vollem Recht sagt daher Kipp in seinem Gutachten zum 27. deutschen Juristentage, Verh. I S. 287, daß der Gesetzgeber an dieser Stelle „nicht die glückliche Hand gehabt hat, die dazu gehört, seine Ansichten klar und sicher zum Ausdruck zu bringen und alles in gehörigen Einklang zu bringen".

Zur vorläufigen Orientirung können wir Folgendes hervorheben:

Der § 323 regelt den Einfluß des Zufalls (casus) auf gegenseitige Verträge, die sog. Lehre von der Gefahr. Denn casus ist ein die einem Theile obliegende Leistung unmöglich machender Umstand, den weder der eine noch der andere Theil zu vertreten hat. Vgl. Vorbem. S. 80, aa, γ. Nach § 323 trägt (im Anschluß an das deutsche Recht und § 365, I, 5 des PLR.) derjenige Theil, dessen Leistung unmöglich geworden ist, die Gefahr, d. h. er ist nicht berechtigt, die Gegenleistung zu fordern, und die Gefahr geht also nicht mehr, wie dies nach der herrschenden Lehre des römischen Rechtes im Falle des Kaufes der Fall war, mit dem Vertragsschluß auf den Gegenkontrahenten über.

Hat dagegen der Gegenleistungspflichtige schuldhaft die Unmöglichkeit der Leistung des anderen Theiles verursacht, so bleibt er zur Gegenleistung verpflichtet, ohne seinerseits wegen der ihm geschuldeten Leistung Ansprüche zu haben (§ 324).

Der § 325 regelt im Gegensatz zu § 324 den Fall, daß der Schuldner die Unmöglichkeit seiner eigenen Leistung zu vertreten hat (vgl. wegen der Gründe solcher Vertretungspflicht Vorbem. S. 78—85).

Der Gläubiger bekommt in diesem Falle die Wahl zwischen:

a) dem Anspruch auf Schadensersatz wegen Nichterfüllung, oder
b) dem einfachen Rücktritt. Er kann aber statt des Anspruchs auf Schadensersatz und des Rücktrittsrechts auch
c) einredeweise die Gegenleistung nach Maßgabe des § 323 verweigern, oder
d) den etwaigen vom Schuldner erlangten Ersatz oder Ersatzanspruch gemäß § 323 Abs. 2 für sich verlangen.

Ad b. Der § 326 regelt die Folgen des Leistungsverzugs bei gegenseitigen Verträgen. Der Gläubiger kann:

a) Erfüllung und zugleich Ersatz des durch den Verzug entstandenen Schadens verlangen (§ 286 Abs. 1),
b) dem Schuldner eine angemessene Frist zur Leistung setzen und nach deren fruchtlosem Ablaufe
   α) Schadensersatz wegen Nichterfüllung verlangen, oder
   β) vom Vertrage zurückzutreten;
c) wenn die Erfüllung des Vertrags für ihn kein Interesse hat, kann er, ohne dem Schuldner eine Frist zu bestimmen,
   α) Schadensersatz wegen Nichterfüllung verlangen, oder
   β) vom Vertrage zurücktreten.

Auch bei theilweiser Unmöglichkeit oder theilweisem Verzuge nach Setzung der Nachfrist kann der Gläubiger, wenn die theilweise Erfüllung für ihn kein Interesse hat, entweder

α) wegen Nichterfüllung der ganzen Verbindlichkeit Schadensersatz verlangen oder
β) vom ganzen Vertrage zurücktreten.

Er kann aber im Fall theilweiser Unmöglichkeit auch

γ) den noch möglichen Theil der Leistung und
   αα) wegen des unmöglich gewordenen Theiles der Leistung Schadensersatz wegen Nichterfüllung fordern, unter Verpflichtung zur ganzen Gegenleistung, oder
   ββ) wegen des unmöglich gewordenen Theiles Minderung der Gegenleistung nach Maßgabe des § 323 Abs. 1 verlangen, oder
   γγ) in Betreff des unmöglich gewordenen Theiles von dem Vertrage zurücktreten.

Im hohen Grade streitig ist aber die Frage, worin in den Fällen der Unmöglichkeit und des Verzugs der Leistung bei gegenseitigen Verträgen der Schadensersatzanspruch wegen Nichterfüllung besteht. Es stehen sich hier zwei Theorien gegenüber, die man als Austauschtheorie einerseits und Differenztheorie andererseits bezeichnen kann.

Nach der ersteren (der Austauschtheorie) kann der Gläubiger den Schadensersatz nur gegen Bewirkung der ihm obliegenden Gegenleistung fordern; der Vertrag bleibt an sich durch die Unmöglichkeit oder den Verzug unberührt und es tritt der Schadensersatz lediglich an die Stelle der unmöglich gewordenen bezw. überfälligen Leistung. Dagegen besteht nach der zweiten Theorie der Schadensersatzanspruch wegen Nichterfüllung bei gegenseitigen Verträgen von vornherein in der Differenz zwischen dem Interesse des Gläubigers an der Leistung des Gegners und dem Werth, den das Behalten der eigenen Leistung für ihn hat.

Die erstere Ansicht wird mit großer Gründlichkeit und vielem Scharfsinn besonders von Kisch, Jherings Jahrb. Bd. 44 S. 68 ff., verfochten, während für die zweite vor Allem Schöller a. a. O. (siehe Literaturnote zu § 323) eingetreten ist. Allerdings kann der Begründung, welche Schöller seiner Ansicht giebt, nicht durchweg beigepflichtet werden; seine Behauptung, daß sich in Folge des vom Schuldner zu vertretenden Unmöglichwerdens der Leistung der ganze Vertrag in einen einseitigen Schadenersatzanspruch auflöse, geht zu weit.

Andererseits ist die von Kisch vertretene Theorie, der sich auch Planck in seiner neuen Auflage, Bem. 1, a zu § 325 anschließt, einerseits nicht in Einklang zu bringen mit der besonders von Kipp in seinem Gutachten zu den Verhandlungen des 27. Deutschen Juristentags I S. 250 ff. nachgewiesenen Absicht des Gesetzgebers, die insbesondere in der Denkschrift zum Entw. d. HGB. (vgl. Kipp a. a. O. S. 268) klar hervortritt, und verstößt andererseits gegen die Bedürfnisse der Praxis, zumal bei Geldleistungen; vgl. vor Allem RGE. Bd. 50 S. 255, Bd. 52 S. 352, Bd. 53 S. 11, 89, Ripr. d. OLG. Bd. 4 S. 224. Besonders unpraktisch erscheint die Ansicht von Kisch und Planck, wenn bei einem Kaufe der Käufer oder sonst derjenige im Verzug ist, dessen Leistung eine Geldleistung ist. Der Verkäufer könnte in diesem Falle statt des Kaufpreises auch Schadensersatz wegen Nichtzahlung des Kaufpreises stets nur gegen Anbietung der Waare fordern, würde also, abgesehen von dem Falle des § 376 Abs. 3 HGB., durch die Bestimmung des § 326 BGB. um keinen Schritt weiter kommen, als er auf Grund des Verzugs ohne alle weiteren Vorschriften sein würde; der Schadensersatz wegen Nichterfüllung unterschiede sich in keiner Weise von Erfüllung nebst Schadensersatz für die Verzögerung. Unseres Erachtens ist die Ansicht Kipps, der zufolge der Normenzusammenhang der §§ 325, 326 mit den Bestimmungen des alten und neuen HGB. einerseits und den §§ 249, 280 dafür spricht, daß der Gläubiger die Wahl haben soll zwischen dem Anspruch auf die Differenz und dem Anspruch auf das Erfüllungsinteresse gegen Gegenleistung, die richtige. Derselben schließt sich im Wesentlichen auch die vom 27. Deutschen Juristentag in folgenden Sätzen ausgesprochene Rechtsüberzeugung an:

1. „Geht die dem Schadensersatzberechtigten obliegende Leistung auf Geld, so kann er als Schadensersatz grundsätzlich denjenigen Geldbetrag begehren, welcher sich nach Anrechnung seiner Leistung als Ueberschuß ergiebt. Unterläßt der Schadensersatzberechtigte diese Anrechnung, so kann, soweit es der Billigkeit entspricht, der Schadensersatzverpflichtete auf ihrer Vornahme bestehen. Die Voraussetzungen der Aufrechnung brauchen hiebei nicht gegeben zu sein."

2. „Besteht die dem Schadensersatzberechtigten obliegende Leistung nicht in einer Geldleistung, so kann er Schadensersatz wegen Nichterfüllung unter Einbehaltung und den Umständen entsprechenden Anrechnung seiner Leistung dann verlangen, wenn ihm die Bewirkung dieser Leistung billigerweise nicht mehr zugemuthet werden kann. Diese Bedingung wird in der Regel gegeben sein bei Handelskäufen über Waaren, die einen Börsen- oder Marktpreis haben, auch wenn es sich nicht um ein Fixgeschäft handelt."

## § 323.*)

**Wird die aus einem gegenseitigen Vertrage dem einen Theile obliegende Leistung in Folge eines Umstandes unmöglich, den weder er noch der andere Theil zu vertreten hat, so verliert er den Anspruch auf die Gegenleistung; bei theilweiser Unmöglichkeit mindert sich die Gegenleistung nach Maßgabe der §§ 472, 473.**

---

*) Literatur: Vgl. die Lit. zur Vorbem. S. 75. Außerdem: Regelsberger: Zur Lehre von der Einrede des nicht erfüllten Vertrags und von dem Einfluß der theilweisen Unmöglichkeit der Erfüllung auf das Vertragsverhältniß, in Jherings Jahrb. Bd. 40 S. 249 ff.; Kisch, Der Schadensersatz wegen Nichterfüllung bei gegenseitigen Verträgen in Jherings Jahrb. Bd. 44 S. 68 ff.; Kipp, Das Reichsgericht und die positiven Vertragsverletzungen in D. Jur.Z. 1903 S. 253 ff.; Dernburg, Ueber das Rücktrittsrecht des Käufers wegen positiver Vertragsverletzung in D. Jur.Z. 1903 S. 1 ff.; Luttermann, Das gesetzliche Rücktrittsrecht vom Vertrage nach dem BGB. 1902; Staffel, Zur Erläuterung der §§ 325, 326 BGB. im Archiv f. d. civilist. Praxis Bd. 92 S. 407 ff.; Gutachten für den deutschen Juristentag von Mayr und Kipp in den Verhandlungen des 27. deutschen Juristentags Bd. V S. 167 ff., 249 ff.; Staub, Die positiven Vertragsverletzungen 1904; Schöller, Die Folgen schuldhafter Nichterfüllung, insbesondere der Schadensersatz wegen Nichterfüllung bei Kauf, Werkvertrag, Miethe und Dienstvertrag in Gruchot, Beitr. Bd. 44 S. 603 ff., Bd. 45 S. 1 ff., 253 ff.

Verlangt der andere Theil nach § 281 Herausgabe des für den geschuldeten Gegenstand erlangten Ersatzes oder Abtretung des Ersatzanspruchs, so bleibt er zur Gegenleistung verpflichtet; diese mindert sich jedoch nach Maßgabe der §§ 472, 473 insoweit, als der Werth des Ersatzes oder des Ersatzanspruchs hinter dem Werthe der geschuldeten Leistung zurückbleibt.

Soweit die nach diesen Vorschriften nicht geschuldete Gegenleistung bewirkt ist, kann das Geleistete nach den Vorschriften über die Herausgabe einer ungerechtfertigten Bereicherung zurückgefordert werden.

E. I, 368 Abs. 1, 3; II, 274; III, 317.

1. § 323 behandelt die Folgen einer **zufällig**, d. h. ohne Verschulden eines der Vertragschließenden, **eingetretenen Unmöglichkeit der Leistung** beim gegenseitigen Vertrage.

Gemäß § 275 wird derjenige, welcher einen individuell bestimmten Gegenstand schuldet, von der Verpflichtung zur Leistung frei, wenn die Leistung ohne sein Verschulden unmöglich wird. Dies gilt auch beim gegenseitigen Vertrage, jedoch **verliert** hier zufolge § 323 **der befreite Schuldner den Anspruch auf die Gegenleistung**, es sei denn, daß die Unmöglichkeit vom andern Theile, d. i. vom Gläubiger zu vertreten ist. (Hierüber in § 324.)

Diese Bestimmung des § 323 enthält eine wichtige Aenderung gegenüber dem gemeinen Rechte. Hier galt nach herrschender Ansicht bei den auf eine Veräußerung gerichteten gegenseitigen Verträgen der Satz »periculum est emtoris«, d. h. der Erwerber blieb zur Gegenleistung verpflichtet, auch wenn er infolge der Befreiung des Veräußerers wegen zufällig eingetretener Unmöglichkeit die Leistung nicht erhielt. (Windscheid, Pand. Bd. 2 § 321 Nr. 3; Dernburg, Pand. Bd. 2 § 20 Nr. 1.) Ebenso für den Kaufvertrag das ALR. Thl. IV cap. 3 § 11.

**Besondere Bestimmungen** über das **Tragen der Gefahr** giebt das BGB. für den Kaufvertrag in den §§ 446, 447, 451, für den Pachtvertrag in § 588, für den Dienstvertrag in § 616, für den Werkvertrag in § 644. Vgl. die Bem. zu diesen Paragraphen im Einzelnen.

Ueber die Anwendung der §§ 323 ff. beim Kaufe bezüglich der Haftung des **Verkäufers wegen Mängel im Rechte** s. die Bem. zu § 440.

Ueber die Frage, ob und inwieweit die §§ 323 ff. beim **Kaufe** neben den speziellen **Gewährleistungsansprüchen** anwendbar sind, vgl. Vorbem. 6 vor §§ 459 ff.

2. Ueber die vom **Schuldner** zu vertretenden Umstände s. §§ 276—279 und 300, über die vom **Gläubiger** zu vertretenden Bem. 2 zu § 324.

3. Ist der geschuldete Gegenstand **nur der Gattung** nach bestimmt, so hat der Schuldner, solange die Leistung aus der Gattung möglich ist, sein Unvermögen zur Leistung stets zu vertreten (§ 279). Auf Gattungsschuldverhältnisse kann § 323 also nur Anwendung finden, wenn die Leistung aus der Gattung überhaupt unmöglich geworden ist.

4. Wird die Leistung **theilweise** unmöglich, so tritt Minderung der Gegenleistung nach Maßgabe der §§ 472, 473 ein, d. h. die Gegenleistung ist in dem Verhältnisse herabzusetzen, in welchem **zur Zeit des Vertragsabschlusses** der Werth der ganzen Leistung zum Werthe der möglich gebliebenen Leistung gestanden haben würde. Würde z. B. zu diesem Zeitpunkt der Werth der ganzen Leistung 1600, der möglich gebliebenen Theilleistung 1200 betragen haben, und beläuft sich die vereinbarte Gegenleistung auf 2000, so ist letztere im Verhältnisse von 1600 : 1200 = 4 : 3, d. i. auf 1500 herabzusetzen. Näheres in den Bem. zu den §§ 472 und 473.

5. Nach der Bestimmung des § 281 kann der Gläubiger, wenn der Schuldner in Folge des Umstandes, welcher die Leistung unmöglich macht, für den geschuldeten Gegenstand einen **Ersatz oder Ersatzanspruch** erlangt, z. B. in Folge einer unerlaubten Handlung eines Dritten oder auf Grund eines Versicherungsvertrags, die Herausgabe des als Ersatz Empfangenen oder Abtretung des Ersatzanspruchs verlangen. Macht der Gläubiger von diesem Rechte Gebrauch, so ist die volle Gegenleistung zu bewirken, wenn der Werth des Ersatzanspruchs höher als die Gegenleistung oder gleich hoch ist. Insoweit jedoch ersterer hinter der Gegenleistung zurückbleibt, mindert sich diese nach Maßgabe der §§ 472, 473; z. B. der Verkäufer erhält für das verendete Pferd, das er um 2000 verkauft hat, 1200 Versicherungssumme: war das Pferd zur Zeit des Kaufabschlusses 2400 werth, so erhält der Käufer in dem Ersatze von 1200 die Hälfte des Werthes der

geschuldeten Leistung, seine Gegenleistung mindert sich daher ebenfalls auf die Hälfte, d. i. auf 1000.

6. Die Beweislast in den Fällen des § 323 ergiebt sich aus dem Zusammenhalte dieses Paragraphen mit den §§ 324 und 325. Während in § 324 bestimmt wird, welche Folgen eintreten, wenn der Gläubiger die Unmöglichkeit zu vertreten hat, und in § 325 die Wirkungen der durch den Schuldner verschuldeten Unmöglichkeit der Leistung geregelt wird, bestimmt § 323, welche Folgen eintreten, wenn weder ein Verschulden des Gläubigers noch ein Verschulden des Schuldners bewiesen ist. Es hat also in den Fällen des § 323 der auf die Gegenleistung belangte Gläubiger der unmöglich gewordenen Leistung, wenn er seine Befreiung von der Gegenleistung geltend macht, lediglich zu beweisen, daß die Leistung unmöglich geworden ist. Macht er Minderung wegen theilweiser Unmöglichkeit geltend, so muß er beweisen, daß die Gegenleistung theilweise unmöglich geworden ist, ferner daß die von ihm geltend gemachte Minderung nach der Vorschrift des § 323 berechnet ist. Er muß also nachweisen, welchen Werth die ganze Leistung und welchen Werth der möglich gebliebene Theil der Leistung zur Zeit des Vertragsabschlusses hatten. Ebenso Planck Bem. 1 und 2 zu § 323.

Wird dagegen der Schuldner auf die Leistung belangt, so muß dieser nicht bloß den Beweis der Unmöglichkeit, sondern zufolge § 282 noch den weiteren Beweis liefern, daß die Unmöglichkeit von ihm nicht zu vertreten ist.

7. Hat der Schuldner die ihm nach § 323 nicht zukommende Gegenleistung ganz oder theilweise erhalten, so kann der Gläubiger das Geleistete nach den Vorschriften über die Herausgabe einer ungerechtfertigten Bereicherung (§§ 812 ff.) zurückfordern.

8. Zwar ist in § 323 ebenso wie in den §§ 324 und 325 nur von einem Unmöglichwerden der Leistung die Rede, also nach der Sprache des BGB. von der objektiven Unmöglichkeit; da es sich hier aber nur um die nachträglich eintretende Unmöglichkeit handelt und bei nachträglichem Eintreten objektive und subjektive Unmöglichkeit gleichgestellt sind (§ 275 Abs. 2), so gelten die Vorschriften der §§ 323—325 auch für die nachträglich eintretende subjektive Unmöglichkeit. Vgl. Vorbem. II, 2 zu den §§ 275—283. Ebenso Oertmann Bem. 4, Schollmeyer Bem. 1 zu § 323. Die gegentheilige Ansicht würde in den Fällen des § 323 zu dem sonderbaren Ergebniß führen, daß der Schuldner des Anspruchs auf die Gegenleistung verlustig würde, wenn die Leistung nicht bloß für ihn, sondern für jedermann unmöglich wird, dagegen den Anspruch behalten würde, wenn die Unmöglichkeit bloß in seiner Person ihren Grund hat.

## § 324.

Wird die aus einem gegenseitigen Vertrage dem einem Theile obliegende Leistung in Folge eines Umstandes, den der andere Theil zu vertreten hat, unmöglich, so behält er den Anspruch auf die Gegenleistung. Er muß sich jedoch dasjenige anrechnen lassen, was er in Folge der Befreiung von der Leistung erspart oder durch anderweitige Verwendung seiner Arbeitskraft erwirbt oder zu erwerben böswillig unterläßt.

Das Gleiche gilt, wenn die dem einen Theile obliegende Leistung in Folge eines von ihm nicht zu vertretenden Umstandes zu einer Zeit unmöglich wird, zu welcher der andere Theil im Verzuge der Annahme ist.

E. I, 368 Abs. 2; II, 275; III, 318.

1. § 324 regelt jene Fälle, in denen der Gläubiger der unmöglich gewordenen Leistung die Unmöglichkeit zu vertreten hat. Der Schuldner behält hier den Anspruch auf die Gegenleistung. Er wird, wenn die Unmöglichkeit von ihm nicht zu vertreten ist, gemäß § 275 von der Leistung befreit, ist aber berechtigt, die Gegenleistung zu fordern, wie wenn er erfüllt hätte.

2. Wann der Schuldner die Unmöglichkeit der Leistung zu vertreten hat, bestimmt sich nach den Vorschriften der §§ 275—279. Eine entsprechende allgemeine Vorschrift besteht für den Gläubiger als solchen nicht. Der Gläubiger hat das Unmöglichwerden der Leistung des Schuldners nur dann zu vertreten, wenn er die Unmöglichkeit dadurch verschuldet, daß er einer ihm nach dem bestimmten Schuldverhältnisse gesetzlich oder vertragsmäßig obliegenden Verbindlichkeit zuwiderhandelt oder wenn er durch eine von ihm begangene unerlaubte Handlung (§§ 823 ff.) die Unmöglichkeit herbeiführt. Vgl.

Planck Bem. 1, a zu § 324. Beruht das Verschulden des Gläubigers auf unerlaubter Handlung, so finden die für diese geltenden Grundsätze, insbesondere auch die §§ 827, 828 und die in Betreff der Haftung für dritte Personen (§ 831) geltenden Vorschriften Anwendung. Beruht es dagegen auf Verletzung der gesetzlich oder vertragsmäßig dem Gläubiger obliegenden Verbindlichkeiten, so finden die §§ 276, 278 direkte oder entsprechende Anwendung.

Ueber die Haftung des Gläubigers während des Annahmeverzugs s. Bem. 5.

3. Beim Vorliegen der Voraussetzungen des § 324 behält der Schuldner den Anspruch auf die Gegenleistung. Darüber hinaus wird ein Schadensersatzanspruch des Schuldners gegen den Gläubiger durch den Umstand allein, daß der Gläubiger die Unmöglichkeit der Leistung zu vertreten hat, nicht begründet (§ 280 gilt nicht für den Gläubiger). Wohl aber kann eine Schadensersatzpflicht des Gläubigers aus anderen Gründen, z. B. in Folge einer unerlaubten Handlung (§ 823), entstehen.

4. Wenn die Unmöglichkeit von beiden Theilen verschuldet ist, so sind weder die Voraussetzungen des § 323 noch jene des § 275 gegeben. Die Verbindlichkeit des Schuldners zur Leistung bleibt also bestehen und es greift die Vorschrift des § 280 Platz: der Schuldner hat, soweit die Leistung in Folge eines von ihm zu vertretenden Umstandes unmöglich wird, dem Gläubiger den durch die Nichterfüllung entstehenden Schaden zu ersetzen. Da jedoch hier ein bei der Entstehung des Schadens mitwirkendes Verschulden des Beschädigten vorliegt, bestimmt sich die Verpflichtung des Schuldners zum Schadensersatze und der Umfang der Ersatzleistung nach § 254.

5. Abs. 2. Zufolge § 300 Abs. 1 hat der Schuldner während des Annahmeverzugs des Gläubigers nur Vorsatz und grobe Fahrlässigkeit zu vertreten. Der Schuldner wird also, soweit andere Umstände (z. B. gewöhnliche Fahrlässigkeit des Schuldners, Zufall oder Verschulden des Gläubigers) während des Annahmeverzugs die Unmöglichkeit herbeiführen, von der Verpflichtung zur Leistung befreit (§ 275), er behält aber auch gemäß § 324 Abs. 2 in allen diesen Fällen den Anspruch auf die Gegenleistung.

6. Der Schuldner, welcher die Gegenleistung nach den Bestimmungen des § 324 Abs. 1 Satz 1 oder Abs. 2 erhält, muß sich auf dieselbe anrechnen lassen:

a) was er in Folge seiner Befreiung von der Leistung erspart, z. B. Aufwendungen, welche er auf die Bewirkung der Leistung noch hätte machen müssen;

b) was er dadurch erwirbt, daß er seine freigewordene Arbeitskraft anderweit verwendet;

c) was ihm dadurch entgeht, daß er böswillig seine freigewordene Arbeitskraft nicht verwendet. Böswilligkeit wird erfordert, d. h. die Absicht, dem Gläubiger zu schaden, fahrlässige Unterlassung bildet keinen Grund für die Anrechnung. „Hat der Schuldner gerechte Gründe gehabt, eine ihm gebotene Arbeitsgelegenheit auszuschlagen, so kann von Böswilligkeit keine Rede sein; besondere Anstrengungen, anderweitig Arbeit zu erhalten, werden ihm nicht auferlegt. Nur wenn er ohne gerechten Grund die ihm vom Gläubiger oder von anderer Seite gebotene Arbeitsgelegenheit böswillig ausschlägt, muß er sich den dadurch entgangenen Lohn anrechnen lassen." RTK. S. 59, 60.

Der Schuldner muß sich das Ersparte 2c. „anrechnen lassen", d. h. der Gläubiger hat nur ein Recht des Abzugs, nicht einen selbständigen Anspruch auf Bezahlung des anrechenbaren Betrags. Ist ohne Abzug geleistet worden, so treten die Bestimmungen der §§ 812 ff. in Wirksamkeit. Besteht die Gegenleistung nicht in Geld, so wird der Gläubiger die Anrechnung in analoger Anwendung der §§ 337 und 273 in der Weise vollziehen können, daß er die Gegenleistung nur gegen Erstattung des anzurechnenden Betrags bewirkt. Ebenso Oertmann Bem. 4; and. M. Planck Bem. 2, welcher die Vorschriften des § 473 für entsprechend anwendbar erklärt.

Für den Dienstvertrag vgl. hieher im Besonderen § 615 mit Bem.

7. Beweislast. Der Schuldner, welcher bei vorliegender Unmöglichkeit der Leistung die Gegenleistung verlangt, muß beweisen, daß die Unmöglichkeit durch den Gläubiger verschuldet ist. Vgl. Kisch, Unmöglichkeit S. 40 ff. Der Gläubiger, welcher auf die Gegenleistung gemäß § 324 Abs. 1 Satz 2 anrechnet, ist bezüglich seiner Berechtigung zum Abzug und des Umfangs derselben beweispflichtig.

8. § 324 gilt sowohl für die objektive als für die subjektive Unmöglichkeit. Siehe Bem. 8 zu § 323.

## § 325.

Wird die aus einem gegenseitigen Vertrag dem einen Theil obliegende Leistung in Folge eines Umstandes, den er zu vertreten hat, unmöglich, so kann der andere Theil Schadensersatz wegen Nichterfüllung verlangen oder von dem Vertrag zurücktreten. Bei theilweiser Unmöglichkeit ist er, wenn die theilweise Erfüllung des Vertrags für ihn kein Interesse hat, berechtigt, Schadensersatz wegen Nichterfüllung der ganzen Verbindlichkeit nach Maßgabe des § 280 Abs. 2 zu verlangen oder von dem ganzen Vertrage zurückzutreten. Statt des Anspruchs auf Schadensersatz und des Rücktrittsrechts kann er auch die für den Fall des § 323 bestimmten Rechte geltend machen.

Das Gleiche gilt in dem Falle des § 283, wenn nicht die Leistung bis zum Ablauf der Frist bewirkt wird oder wenn sie zu dieser Zeit theilweise nicht bewirkt ist.

E. I, 369 Abs. 1 u. 2; II, 276; III, 319.

§ 325 regelt die Fälle, in denen derjenige Theil, welcher die Leistung schuldet — der Schuldner — die Unmöglichkeit der Leistung zu vertreten hat.

1. Bei gänzlicher Unmöglichkeit der Leistung kann der andere Theil, d. i. der der Gläubiger, nach seiner Wahl folgende Rechte geltend machen:

a) Der Gläubiger kann Schadensersatz wegen Nichterfüllung verlangen. Vgl. hiezu im Einzelnen Vorbem. S. 150, 151. In der Regel kann, wenn Schadensersatz wegen Nichterfüllung gefordert wird, von Naturalherstellung keine Rede sein. Nur ausnahmsweise, in Fällen, in denen Jemand seinen Vertrag auf ein Individuum nur als auf einen Repräsentanten einer bestimmten Gattung richtet, ohne an dem Individuum ein selbständiges Interesse zu nehmen, kann Naturalherstellung gefordert werden. „Wenn Jemand einem Kaufmann schreibt, er möge ihm die gestern besichtigte Porzellanschale senden, und diese nach Abschluß des Vertrags und vor Absendung durch den Kaufmann oder seine Leute schuldhaft zerbrochen wird, so liegt eine vom Schuldner zu vertretende Unmöglichkeit vor. Hat aber der Kaufmann eine ganz gleiche Schale auf Lager, so wird nicht zu bezweifeln sein, daß er Schadensersatz durch Lieferung dieser anderen Schale leisten kann. (Vgl. l. 9 pr. D. 19, 2: alia habitatio non minus commoda.) Den Beweis aber, daß der Gläubiger in allen seinen Interessen durch eine derartige Ersatzleistung befriedigt wird, muß man vom Schuldner verlangen." Vgl. Kipp, Gutachten zum 27. deutschen Juristentag I S. 256.

In solchen Fällen bleibt die Verpflichtung des Schadensersatzberechtigten zur Gegenleistung unberührt, er kann die Naturalherstellung selbstverständlich nur gegen Leistung seinerseits (Zug um Zug) verlangen.

Anders, wenn, wie in der überwiegenden Mehrzahl der Fälle, der Schadensersatzanspruch sich als Geldersatz darstellt. Es sind alsdann zwei Fälle zu unterscheiden:

α) Auch die Gegenleistung (die dem Schadensersatzberechtigten obliegende Leistung) geht auf Geld. Nach der früheren Auflage des Komm. blieb auch in diesem Falle der Anspruch auf die Gegenleistung an sich bestehen und konnte nur im Wege der Aufrechnung beseitigt werden. Nach unserer Ansicht besteht aber in diesen Fällen von vornherein der Schadensersatzanspruch wegen Nichterfüllung in der Differenz zwischen Leistung und Gegenleistung, d. h. Kläger kann grundsätzlich nur denjenigen Geldbetrag begehren, welcher sich nach Anrechnung seiner Gegenleistung als Ueberschuß ergiebt. Unterläßt der Schadensberechtigte diese Anrechnung (Subtraktion) bei Berechnung seiner Schadensersatzsumme, so kann der Schadensersatzverpflichtete auf ihrer Vornahme bestehen, auch wenn die Voraussetzungen der Aufrechnung (z. B. Fälligkeit der Gegenforderung) nicht gegeben sind, bezw. die Aufrechnung nach § 394 ausgeschlossen sein würde. Die Beweislast für den Betrag des Schadensersatzes, also die Richtigkeit der Anrechnung trifft den Kläger.

β) Die Gegenleistung (die dem Schadensersatzberechtigten obliegende Leistung) besteht nicht in einer Geldleistung. Beispiel: Tauschvertrag; A und B haben einen Pferdetausch vereinbart, die Leistung des von B versprochenen Rappen wird durch einen Umstand, den B zu vertreten hat, beispielsweise durch Verschulden des B, insbesondere weil B den Rappen anderweitig veräußert, unmöglich. Nach der auch in der I. Aufl. hier vertretenen Austauschtheorie müßte jetzt gleichwohl der A, wenn er Schadensersatz verlangt, den von ihm versprochenen Schimmel Zug um Zug in natura anbieten. Ich kann mich dieser Auffassung, die den Schadensersatzberechtigten unbillig beschränken würde, nicht anschließen. Vielmehr erachte ich in diesem Falle den A für berechtigt, unter Einbehaltung und entsprechender Anrechnung seiner Leistung (des Schimmels) nach den Grundsätzen der Vortheilsausgleichung (vgl. Vorbem. 4 S. 28 oben) Schadensersatz wegen Nichterfüllung zu verlangen.

Uebrigens steht die Befugniß zu α und β, der Differenzanspruch dem Gläubiger elektiv zu neben dem Anspruch, gegen Gegenleistung das Erfüllungsinteresse zu fordern. Vgl. Kipp a. a. O. S. 250 ff. Das gegen diese Kipp'sche Ansicht geltend gemachte Argument Plancks, II. Aufl. S. 151, daß sie eine mangelhafte Redaktion des Gesetzes voraussetze, steht nicht im Wege, da in der That die Redaktion der Bestimmungen über Unmöglichkeit der Leistung, wie eben die vorliegende Kontroverse bezeugt, an Klarheit und Durchsichtigkeit viel zu wünschen läßt und eine Verwerthung der Motive ebensowohl im Sinne unserer Auslegung wie im Sinne der gegentheiligen möglich ist, im Zweifel aber die durch die Beschlüsse des 27. deutschen Juristentages bekundete moderne Rechtsüberzeugung den Ausschlag geben dürfte. Es ist keineswegs richtig, daß diese Auslegung eine „Verwandlung des ganzen gegenseitigen Vertrags" in einen Schadensersatzanspruch voraussetzt, der gegenseitige Vertrag wird als solcher nicht etwa aufgelöst, sondern nur den Umständen entsprechend modifizirt; umgekehrt verkennt die gegentheilige Auslegung das eigentliche Wesen des synallagmatischen Vertrags, welches in einer Wechselbedingtheit der beiderseitigen Leistungen besteht, der Art, daß A nur Zug um Zug gegen die vollständige Leistung des B zu leisten hat. Vgl. auch Cosack Bd. 1 S. 336: „Der Gläubiger braucht die ihm obliegende Gegenleistung nicht als Gegengabe zu bieten, aber muß natürlich das, was er durch Unterlassung der Gegenleistung erspart, von seiner Ersatzforderung abrechnen". Auch Dernburg II S. 240.

b) Der Gläubiger kann vom Vertrage zurücktreten. Auf das Rücktrittsrecht finden zufolge § 327 die für das vertragsmäßige Rücktrittsrecht geltenden Vorschriften der §§ 346—356 entsprechende Anwendung.

c) Er kann die in § 323 dem Gläubiger eingeräumten Rechte geltend machen, d. h.

α) die Gegenleistung verweigern,

β) gemäß § 281 die Herausgabe des für den geschuldeten Gegenstand erlangten Ersatzes oder die Abtretung des Ersatzanspruchs verlangen, bleibt aber dann zur Gegenleistung verpflichtet, welche sich bei unzureichendem Ersatze nach Maßgabe der §§ 472, 473 mindert,

γ) nach den Vorschriften über die ungerechtfertigte Bereicherung (§§ 812 ff.) die von ihm nicht geschuldete Leistung, soweit er dieselbe bewirkt hat, zurückfordern.

2. Bei theilweiser Unmöglichkeit der Leistung kann der Gläubiger

a) den möglich gebliebenen Theil verlangen und Schadensersatz wegen Nichterfüllung des unmöglich gewordenen Theiles. In diesem Falle bleibt er zur ganzen Gegenleistung verpflichtet;

b) den möglich gebliebenen Theil fordern und wegen des unmöglich gewordenen vom Vertrage zurücktreten;

c) den möglich gebliebenen Theil verlangen und wegen des unmöglich gewordenen die in § 323 dem Gläubiger eingeräumten Rechte geltend machen;

d) wenn die theilweise Erfüllung des Vertrags für ihn kein Interesse hat, kann der Gläubiger unter Ablehnung des noch möglichen Theiles entweder Schadensersatz wegen Nichterfüllung der ganzen Verbindlichkeit unter Anrechnung seiner Gegenleistung nach 1, α, β oder gegen Anbietung derselben verlangen oder vom ganzen Vertrage zurücktreten oder hinsichtlich des ganzen Vertrags die in § 323 bestimmten Rechte geltend machen.

Zur Geltendmachung der in Bem. 2, d aufgeführten Rechte ist der Gläubiger zwar berechtigt, jedoch nicht verpflichtet; er kann statt derselben auch die unter Bem. 2, a, b und c aufgeführten Rechte ausüben, soweit er nur nicht gegen § 226 verstößt.

Der Gläubiger, welcher sich darauf beruft, daß die theilweise Erfüllung für ihn kein Interesse habe, ist hiefür beweispflichtig. Entscheidend ist der Zeitpunkt der Geltendmachung des Anspruchs.

3. Unter den in den Bem. 1 und 2 aufgeführten Rechten hat der Gläubiger die freie Wahl; jedoch die gleichzeitige Geltendmachung derselben neben einander ist ausgeschlossen.

Hat sich der Kläger für die Ausübung des Rücktrittsrechts entschieden, so erfolgt der Rücktritt durch die Erklärung des Gläubigers gegenüber dem anderen Theile (§ 349). Diese Erklärung ist unwiderruflich (s. Bem. zu § 349). Die Frage, ob der Gläubiger auch gebunden ist, wenn er eines der anderen ihm nach § 325 zustehenden Rechte gewählt hat, oder ob ihm in diesem Falle ein jus variandi zusteht, ist im Gesetze nicht entschieden. Sie wird im Einzelfalle nach den Grundsätzen von Treu und Glauben beantwortet werden müssen. Vgl. Planck Bem. 1, c und Bem. 2, Schollmeyer Bem. 5 zu § 325.

4. In Abs. 2 wird der thatsächlichen vom Schuldner verschuldeten Unmöglichkeit die sogenannte fiktive Unmöglichkeit des § 283 gleichgestellt. Ist nämlich der Schuldner rechtskräftig zur Leistung verurtheilt, so kann ihm der Gläubiger zur Bewirkung der Leistung eine angemessene Frist mit der Erklärung bestimmen, daß er die Annahme der Leistung nach dem Ablaufe der Frist ablehne. Nach dem Ablaufe der Frist kann der Gläubiger die in § 325 Abs. 1 bestimmten Rechte geltend machen, wenn nicht die Leistung bis zum Ablaufe der Frist bewirkt wird oder wenn sie zu dieser Zeit theilweise nicht bewirkt ist. Auch die Vorschrift des § 283 Abs. 1 Satz 3 findet hieher Anwendung, d. h. die Folgen einer vom Schuldner zu vertretenden Unmöglichkeit treten nicht ein, wenn die Leistung zwischen der rechtskräftigen Verurtheilung und dem Ablaufe der Frist infolge eines Umstandes dauernd unmöglich wird, den der Schuldner nicht zu vertreten hat. Vgl. Bem. 3 zu § 283.

Der Kläger kann schon in der auf die Erfüllung gerichteten Klage verlangen, daß die Frist, mit deren Ablauf ihm das Recht auf Schadensersatz oder auf Rücktritt vom Vertrage zusteht, im Urtheile bestimmt werde. § 255 CPO.

5. Die Bestimmungen des § 325 gelten sowohl im Falle der nachträglich eintretenden objektiven als der nachträglich eintretenden subjektiven Unmöglichkeit (s. Bem. 8 zu § 323), ferner zufolge § 325 Abs. 2 auch im Fall einer schon bei Entstehung des Schuldverhältnisses vorhandenen subjektiven Unmöglichkeit (s. Vorbem. II, 1 zu den §§ 275—283).

6. Unter welchen Voraussetzungen der Schuldner die Unmöglichkeit zu vertreten hat, ergiebt sich aus den §§ 276—279.

Ist streitig, ob die Unmöglichkeit die Folge eines vom Schuldner zu vertretenden Umstandes ist, so trifft nach § 282 die Beweislast den Schuldner.

7. Das Rücktrittsrecht nach § 325 Abs. 2 und § 326 wird versagt

a) dem Verkäufer, welcher den Vertrag erfüllt und den Kaufpreis gestundet hat, § 454,

b) nach Art. 42 d. bayr. AG. z. BGB. dem aus einem Leibgedingsvertrage Berechtigten gegenüber dem Verpflichteten, welcher mit der Bewirkung einer ihm obliegenden Leistung im Rückstande ist.

## § 326.*)

Ist bei einem gegenseitigen Vertrage der eine Theil mit der ihm obliegenden Leistung im Verzuge, so kann ihm der andere Theil zur Bewirkung der Leistung

---

*) Literatur: Romeick, Zur Technik des BGB. Heft I und D. Jur.Z. 1901 S. 493; Erler, Ueber Fristbestimmung bei Weigerung der Erfüllung von Seiten des Schuldners, Das Recht 1901 S. 421; Riedner, D. Jur.Z. 1901 S. 443; Staub, D. Jur.Z. 1901 S. 478; Brückmann, D. Jur.Z. 1902 S. 220; Förtsch, Schadensersatz wegen Nichterfüllung bei Zahlungsverzug des Käufers vor Uebergabe der Waare, D. Jur.Z. 1902 S. 64; Simonson, D. Jur.Z. 1902 S. 121.

eine angemessene Frist mit der Erklärung bestimmen, daß er die Annahme der Leistung nach dem Ablaufe der Frist ablehne. Nach dem Ablaufe der Frist ist er berechtigt, Schadensersatz wegen Nichterfüllung zu verlangen oder von dem Vertrage zurückzutreten, wenn nicht die Leistung rechtzeitig erfolgt ist; der Anspruch auf Erfüllung ist ausgeschlossen. Wird die Leistung bis zum Ablaufe der Frist theilweise nicht bewirkt, so findet die Vorschrift des § 325 Abs. 1 Satz 2 entsprechende Anwendung.

Hat die Erfüllung des Vertrags in Folge des Verzugs für den anderen Theil kein Interesse, so stehen ihm die im Abs. 1 bezeichneten Rechte zu, ohne daß es der Bestimmung einer Frist bedarf.

E. I, 369 Abs. 2; II, 277; III, 320.

§ 326 handelt von den Wirkungen des Schuldnerverzugs beim gegenseitigen Vertrage.

I. Nach den allgemeinen Vorschriften über den Leistungsverzug (§§ 284 ff.) kann der Gläubiger, wenn der Schuldner in den Verzug gerathen ist,

neben der Leistung Ersatz des durch den Verzug entstandenen Schadens verlangen (§ 286 Abs. 1).

Dieses Recht steht dem Gläubiger selbstverständlich auch beim gegenseitigen Vertrage zu.

Es entsteht mit der Fälligkeit der Leistung und besteht, bis der Berechtigte es aufgiebt. Dieser Anspruch auf Erfüllung nebst Ersatz des Verzugsschadens erlischt, wenn der Berechtigte entweder:

a) wegen Interessemangels die Annahme der Leistung ablehnt und der Schuldner sich hiermit einverstanden erklärt hat (§ 326 Abs. 2, Bem. III, 1, a, β), oder

b) dem in Verzug befindlichen Schuldner zur Bewirkung der Leistung eine angemessene Frist mit der Erklärung bestimmt hat, daß er die Annahme der Leistung nach dem Ablaufe der Frist ablehne, und diese Frist abgelaufen ist, ohne daß inzwischen die Leistung erfolgt war. Vgl. Bem. III, 4.

In beiden Fällen kann der Gläubiger nachträglich nicht mehr einseitig auf Erfüllung bestehen, auch nicht mit der Begründung, daß die Voraussetzungen der Ablehnung (Interessemangel, Angemessenheit der Frist) objektiv nicht vorgelegen haben.

c) Unter Umständen kann auch eine Aufgabe des Anspruchs auf Erfüllung und Verzugsinteresse darin liegen, daß der Berechtigte längere Zeit die Erfüllung nicht verlangt und nicht gemahnt hat, wenn eine andere Deutung dieses passiven Verhaltens mit Rücksicht auf die Verkehrssitte nach Treu und Glauben nicht angängig ist, so daß das Zurückkommen auf den Vertrag, der stillschweigend als aufgehoben zu betrachten ist, gegen Treu und Glauben verstieße. Vgl. RGE. Bd. 23 S. 85, Bd. 32 S. 63, Bd. 36 S. 87, Bd. 41 S. 64.

Ueber den neben der Erfüllung zu ersetzenden Verzugsschaden vgl. § 286 Bem. 1, ferner §§ 287—292.

II. Neben diesem aus den allgemeinen Grundsätzen über Schuldverzug entstandenen Anspruche giebt nun aber § 326 dem Gläubiger bei einem gegenseitigen Vertrage unter Verallgemeinerung der Bestimmungen des alten HGB. über Verzug beim Kauf (Art. 354 bis 356) noch die Wahl zwischen Schadensersatz statt Erfüllung und Rücktritt.

Bei gegenseitigen Verträgen hat hiernach der Gläubiger die Auswahl zwischen drei Rechtsbehelfen (elektive Anspruchs-Konkurrenz, vgl. Vorbem. 6 S. 52), nämlich zwischen:

a) Klage auf Leistung nebst Schadensersatz wegen des durch den Verzug entstandenen Schadens,

b) Schadensersatz wegen Nichterfüllung,

c) Rücktritt, nebst den daran sich anschließenden etwaigen Kondiktionen.

Wegen der näheren Voraussetzung des Anspruchs zu b vgl. Bem. III, wegen des Rücktritts und seiner Folgen vgl. Bem. VI und VII.

III. Schadensersatz wegen Nichterfüllung bei gegenseitigen Verträgen als Verzugsanspruch:

Zu unterscheiden sind zwei Hauptfälle, nämlich

1. der Fall, daß die Erfüllung des Vertrags für den anderen Theil kein Interesse mehr hat,

2. der Fall, daß der Mangel eines solchen Interesses nicht nachweisbar ist, oder daß der Gläubiger auf Nachweis dieses Mangels verzichtet.

Für beide Fälle kommen wiederum zwei Unterfälle in Betracht, nämlich

a) der Fall, daß überhaupt noch nichts geleistet ist (Totalverzug);

b) der Fall, daß eine Theilleistung erfolgt ist (Partialverzug).

Ad 1a (Totalverzug):

Hat die Erfüllung des Vertrags in Folge des Verzugs für den Gläubiger kein Interesse mehr, so kann er ohne Weiteres (ohne Fristsetzung) erklären, daß er die Annahme der Leistung ablehne und Schadensersatz wegen Nichterfüllung verlangen.

α) Ob die Leistung kein Interesse mehr für den Gläubiger hat, kann nur unter Würdigung aller Umstände des einzelnen Falles entschieden werden. Der Kläger ist im Zweifel beweispflichtig. Gleichgültig ist, ob der Wegfall des Interesses durch den subjektiven Verzug des Schuldners, durch von diesem zu vertretende Umstände oder durch andere Umstände herbeigeführt ist, gleichgültig ist auch, ob der Säumige voraussehen konnte, daß das Interesse des anderen Theiles wegfallen würde. Vgl. Cosack I § 123.

β) Die Erklärung der Ablehnung der Erfüllung ist eine einseitige empfangsbedürftige Willenserklärung, also wirkungslos, wenn sie dem säumigen Theile in Folge Zufalls nicht zugeht. Vgl. Dernburg II S. 238. Der Gläubiger kann sie dem Schuldner gemäß § 132 zustellen lassen, für die dadurch entstehenden Kosten haftet der Schuldner auf Grund seines Verzugs. Vgl. Rspr. d. OLG. Bd. 2 S. 438. Die Erklärung ist an keine Form gebunden, es genügt, daß der Wille der Ablehnung mittelbar aus ihr erhellt.

Mit der Erklärung tritt ohne Zuthun des Schuldners der Wegfall des Anspruchs auf Erfüllung ein, der Gläubiger kann sie einseitig nicht zurücknehmen. RGE. in Jur. Wschr. 1903 Beil. 3 S. 23, Rspr. d. OLG. Bd. 2 S. 438, Bd. 6 S. 45.

Der Gläubiger kann diese Erklärung noch abgeben, auch wenn er bereits Erfüllung verlangt hat, ja auch, wenn er bereits auf Erfüllung geklagt hat. Vgl. Dernburg II S. 239, Rehbein S. 199 Anm. 31, RGE. Bd. 15 S. 68.

γ) Wegen des näheren Inhalts des Schadensersatzanspruchs gilt das in der Vorbem. S. 150, 151 und Bem. 1 zu § 325 Gesagte, d. h. in der Regel kann der Gläubiger, ohne seinerseits die Gegenleistung anzubieten, als Gelderſatz die Differenz zwischen dem Werthe der Leistung und Gegenleistung fordern. Vgl. RGE. Bd. 50 S. 255 und die daselbst weiter angegebene Judikatur und Literatur. Bei der Bemessung des Schadensersatzes ist auch § 254 in Betracht zu ziehen, der schadensersatzberechtigte Theil ist insbesondere zu angemessenem Verhalten hinsichtlich Vornahme oder Unterlassung des Deckungskaufs bezw. Verkaufs verpflichtet. Vgl. hiezu RGE. Bd. 50 S. 268, ferner auch Bd. 52 S. 152, Bd. 57 S. 114 u. Jur. Wschr. 1905 S. 17 und 18.

Ad 1b (Partialverzug):

Auch wenn der Schuldner schon theilweise erfüllt hat, kann der Gläubiger die Annahme weiterer Leistungen ablehnen und Schadensersatz wegen Nichterfüllung des ganzen Vertrags fordern, wenn die geschehene theilweise Leistung ebensowenig mehr für ihn ein Interesse hat als die abgelehnte. Insbesondere wird dies bei untheilbaren Leistungen der Fall sein, ausnahmsweise aber auch bei theilbaren.

α) In Ansehung der bereits geschehenen Leistungen enthält alsdann die Erklärung, Schadensersatz wegen Nichterfüllung des ganzen Vertrags zu fordern, einen Rücktritt, jedoch nicht einen Rücktritt vom Vertrage, sondern nur einen Rücktritt von der Annahmeerklärung.

β) Inwieweit der Werth der gemachten Leistungen auf diesen Schadensersatz in Anrechnung zu bringen ist, ist Thatfrage im einzelnen Fall. Eventuell sind die Bestimmungen über den Rücktritt vom Vertrag auf diesen Rücktritt von der Annahme der Leistung entsprechend anzuwenden, insbesondere § 327 Satz 2.

γ) Tritt dagegen der Wegfall des Interesses nur in Ansehung der noch rückständigen Leistungen ein, so beschränkt sich der Schadensersatzanspruch auf das Interesse an den Restleistungen. Vgl. P. II, 62—64; RGE. Bd. 50 S. 142 ff.

δ) Zu beachten ist, daß der Gläubiger zur Annahme von Theilleistungen nicht verpflichtet ist (§ 266), daß also der Schuldner, wenn der Gläubiger eine Theilleistung zurückweist, im Totalverzug ist. Dasselbe gilt, wenn der Gläubiger die Theilleistung nur unter Vorbehalt der rechtzeitigen Leistung des Restes angenommen hat. Vgl. Neumann Bem. 3, a zu § 326.

3. Im Uebrigen gilt auch zu 1, b das zu 1, a Gesagte; vgl. oben 1 a, α, β, γ.

4. Recht zur Setzung einer Nachfrist. Die Fristbestimmung wirkt als Ersatz für den Beweis des Interessewegfalls.

a) Mit der Fristbestimmung muß die Erklärung verbunden sein, daß der Gläubiger nach dem Ablaufe der Frist die Annahme der Leistung ablehne, wenigstens muß diese Absicht konkludent sein. (Rspr. d. OLG. Bd. 8 S. 439, 440.)

b) Für den Fall einer Verpflichtung zur Entgegennahme einer Auflassung ist Tag und Stunde anzugeben, in welcher der Schuldner zur Entgegennahme der Auflassung sich auf dem Grundbuchamt einstellen soll (RGE. Bd. 53 S. 70).

c) Die Frist kann wirksam auch noch in dem Prozesse gesetzt werden, in welchem der Gläubiger auf Erfüllung klagt, wenn er damit die eventuelle Klage auf Schadensersatz wegen Nichterfüllung für den Fall verbindet, daß innerhalb der Frist die Erfüllung nicht erfolgt. Wenn die Frist zur Zeit des Urtheils noch nicht abgelaufen ist, so ist dem Prinzipalantrag auf Erfüllung stattzugeben, während die Verurtheilung zum Schadensersatz auf Grund des Eventualantrags zu erfolgen hat, wenn die Frist zur Zeit des Urtheils bereits abgelaufen ist. Auf Antrag des Klägers ist nach § 255 CPO. auch in dem auf Erfüllung lautenden Urtheile zugleich eine Frist nach Maßgabe des § 326 zu bestimmen, nach deren Ablaufe Kläger die ihm nach § 326 zustehenden Rechte geltend machen kann. Vgl. Planck Bem. 2, c zu § 326.

d) Die Setzung der Frist wird überflüssig, wenn der Schuldner die Erfüllung bestimmt verweigert. Vgl. Dernburg II § 98 IV, 1; Romeick, D. Jur.-Z. 1901 S. 493, Riedner, D. Jur.-Z. 1901 S. 443; Seuff. Arch. Bd. 57 S. 442; RGE. Bd. 51 S. 347, Bd. 52 S 150, Bd. 53 S. 11 ff., S. 161 ff.; RGE. in D. Jur.-Z. 1904 S. 342, in Jur. Wschr. 1902 Beil. S. 263. And. M. Erler, Das Recht 1901 S. 421 ff. und Planck Bem. 2, d zu § 326 (gegen diesen neuerdings RG. in Jur. Wschr. 1905 S. 17 und 18). Die gegentheilige Ansicht belastet den Verkehr mit einem ihm unverständlichen Formalismus, sie verkennt ferner den dispositiven Charakter des § 326; die Weigerung schließt einen Verzicht auf die Fristbestimmung ein. Vgl. auch Dernburg II S. 237. Dagegen ist die RGE. in Jur. Wschr. 1903 Beil. 263, derzufolge es der Weigerung gleichsteht, wenn die Erfüllung von unzulässigen Bedingungen abhängig gemacht wird, zu beanstanden. (Vgl. dagegen Rspr. d. OLG. Bd. 3 S. 9.)

e) Das Recht zur Fristsetzung steht dem Gläubiger bei allen Schuldverhältnissen aus gegenseitigen Verträgen zu, auch bei einem alternativen, auch wenn der Schuldner die an sich ziffernmäßig bestimmte Leistung um den Betrag der ihm zustehenden Gegenforderungen kürzen darf. RGE. in Jur. Wschr. 1901 S. 647. RGE. Bd. 49 S. 38. Rspr. d. OLG. Bd. 4 S. 224.

Es steht auch dem Cessionar des Gläubigers zu, wenn der Schuldner ihm gegenüber in Verzug kommt. RGE. Bd. 55 S. 402, Jur. Wschr. 1903 Beil. S. 140.

f) Ueber Setzung einer zu kurzen Frist vgl. Bem. 4 zu § 250, ferner RGE. Bd. 56 S. 231, Jur. Wschr. 1904 S. 172 und 1905 S. 17 und 18.

g) Im Uebrigen gilt über diese Fristsetzung als einseitiges empfangsbedürftiges Rechtsgeschäft das zu III, 1, a, β Gesagte.

5. Wirkungen des Fristablaufs. Vgl. hiezu zunächst Bem. 2—4 zu § 250.

a) Totalverzug: Weder der Gläubiger noch der Schuldner kann nach Ablauf der Frist einseitig Erfüllung fordern. RGE. Bd. 52 S. 92. Der Gläubiger hat jetzt die Wahl zwischen Schadensersatz wegen Nichterfüllung oder Rücktritt. In Betreff des ersteren gilt das zu III, 1, a, γ und Bem. 1 zu § 325 Gesagte. Wegen des Rücktritts und seiner Folgen vgl. Bem. VI.

b) Partialverzug: Zu unterscheiden ist, ob eine Theilleistung erfolgt ist, bevor die Frist gesetzt oder während des Laufes der Frist.

α) Die Theilleistung ist vor der Fristsetzung erfolgt: Das Recht des Gläubigers beschränkt sich darauf, eine Frist zur Bewirkung des noch restlichen Theiles der Leistung zu setzen und ihm stehen die Rechte aus § 326 (Schadensersatz wegen Nichterfüllung oder Rücktritt) nur in Ansehung desjenigen Theiles zu, für dessen Bewirkung die Frist gesetzt ist. Er kann auch jetzt noch Schadensersatz wegen Nichterfüllung des ganzen Vertrags fordern oder vom ganzen Vertrage zurücktreten, wenn er an der Erfüllung desselben kein Interesse mehr hat. Vgl. Planck Bem. 3.

β) Die Theilleistung erfolgt während des Laufes der Frist: Auch in diesem Falle kann der Gläubiger noch Schadensersatz wegen Nichterfüllung des ganzen Vertrags fordern oder vom ganzen Vertrage zurücktreten, wenn er kein Interesse mehr an der Erfüllung hat. Vgl. RGE. Bd. 50 S. 138 ff. Kann der Gläubiger den Wegfall dieses Interesses nicht nachweisen, so beschränkt sich sein Schadensersatzanspruch bezw. Rücktrittsrecht auf den nach Ablauf der Frist noch restirenden Theil der Leistung. A. M. Romeick, D. Jur.Z. 1901 S. 493 ff., demzufolge in diesem Falle der Gläubiger berechtigt sein soll, nochmals eine Frist mit der Wirkung zu setzen, daß nach dem unbenutzten Ablauf er Schadensersatz wegen Nichterfüllung des ganzen Vertrags fordern oder vom ganzen Vertrag zurücktreten könne. Vgl. dagegen Planck Bem. 3.

IV. Staub, Guttentag'sche Festschrift für den 26. Deutschen Juristentag S. 44 ff. und die positiven Vertragsverletzungen S. 30 ff., will in analoger Anwendung des § 326 ein Wahlrecht auch dann gewähren, wenn eine Vertragspflicht durch positives Thun verletzt wird, sofern dieses Thun gegen wesentliche Vertragspflichten verstößt; insbesondere wendet er diesen Grundsatz auch auf den Fall an, daß der zu successiven Leistungen Verpflichtete die erste Leistung so mangelhaft gemacht hat, daß der Gläubiger Grund zu der Annahme hat, daß auch die künftigen Leistungen ebenso mangelhaft sein werden. Der § 326 hat aber lediglich den Verzug des Schuldners zur Voraussetzung. Vgl. Planck Bem. 6 zu § 326. Dagegen ist bei Verletzung einer Unterlassungspflicht der § 325 Abs. 1 Satz 2 anwendbar und kann der Gläubiger, wenn er in Folge der durch diese Handlung herbeigeführten theilweisen Unmöglichkeit der Leistung (die Leistung kann auch in einem Unterlassen bestehen) kein Interesse mehr an der Erfüllung des Vertrags hat, die dort bestimmten Rechte geltend machen. Vgl. Planck a. a. O. Denn, „daß durch das Zuwiderhandeln gegen eine Unterlassungspflicht die Erfüllung dieser Pflicht unmöglich geworden ist, folgt logisch daraus, daß Geschehenes nicht ungeschehen gemacht werden kann". Vgl. vor Allem RGE. Bd. 54 S. 286. Im Sinne Staubs dagegen RGE. Bd. 54 S. 98 und vgl. ferner Bem. B, I, 3, a, δ zu § 440.

V. Ueber Anwendung des § 326 beim Kaufe vgl. insbesondere die Bem. XI, 4 zu § 433, Bem. B, I, 3 zu § 440.

Ueber die Frage, ob § 326 auch im Falle mangelhafter Lieferung beim Kaufe Anwendung finden könne, vgl. Bem. B, I, 3, a, γ zu § 440.

Wegen der Frage, ob die Rechte des § 326 auch dem nichtsäumigen Verkäufer gegenüber dem in Abnahmeverzuge befindlichen Käufer zusteht, vgl. im Einzelnen die Bem. IX, 2, a zu § 433.

VI. Auf das Rücktrittsrecht finden die Vorschriften der §§ 346—356 entsprechende Anwendung (§ 327). Die Hauptfolge des Rücktritts ist, daß die Parteien verpflichtet sind, einander die empfangenen Leistungen zurückzugewähren, da der Vertrag jetzt mit allen Rechten und Pflichten aufgehoben ist, als wenn er nicht abgeschlossen wäre. Diese Verpflichtung folgt aus der Rücktrittserklärung von selbst; ihre Erfüllung braucht nicht ausdrücklich angeboten zu werden. § 348, § 322 Abs. 1, RGE Bd. 49 S. 38.

VII. Ueber den Ausschluß des Rücktrittsrechts beim Kauf- und Leibgedingsvertrage s. Bem. 7 zu § 325.

## § 327.

Auf das in den §§ 325, 326 bestimmte Rücktrittsrecht finden die für das vertragsmäßige Rücktrittsrecht geltenden Vorschriften der §§ 346 bis 356 entsprechende Anwendung. Erfolgt der Rücktritt wegen eines Umstandes, den der andere Theil nicht zu vertreten hat, so haftet dieser nur nach den Vorschriften über die Herausgabe einer ungerechtfertigten Bereicherung.

E. I, 361 Abs. 2, 369 Abs. 3; II, 279; III, 321.

1. Der Rücktritt kann nicht unter einer Bedingung oder Zeitbestimmung erklärt werden, auch nicht im voraus für den Fall, daß ein Grund zum Rücktritt eintreten werde. Vgl. Planck Bem. 1 zu § 327. Seine Erklärung ist an keine Form gebunden, sie kann auch im Prozeß von und gegenüber dem Prozeßbevollmächtigten erfolgen. Vgl. Rehbein Bem. 24 zu §§ 320—327.

2. Auf das gesetzliche Rücktrittsrecht der §§ 325 und 326 sind die für das vertragsmäßige Rücktrittsrecht geltenden Bestimmungen der §§ 346—356 entsprechend anzuwenden; daher sind

a) die Parteien, wenn der Rücktritt erfolgt, verpflichtet, einander die empfangenen Leistungen zurückzugewähren (§§ 346, 347), jedoch mit der in Bem. 3 erwähnten Beschränkung.

b) Der Rücktritt erfolgt durch Erklärung gegenüber dem anderen Theile (§ 349); dem Berechtigten kann vom anderen Theile für die Ausübung eine angemessene Frist bestimmt werden. Das Rücktrittsrecht erlischt, wenn nicht der Rücktritt vor dem Ablaufe der Frist erklärt wird (§ 355).

c) Sind auf der einen oder anderen Seite Mehrere betheiligt, so kann das Rücktrittsrecht nur von Allen und gegen Alle ausgeübt werden; erlischt das Rücktrittsrecht für einen der Berechtigten, so erlischt es auch für die übrigen (§ 356).

3. Zu Satz 2. Im Falle des § 325 Abs. 1 und beim Schuldnerverzuge nach § 326 erfolgt der Rücktritt stets wegen eines Umstandes, den der andere Theil zu vertreten hat, nur im Falle des § 325 Abs. 2 kann eine Berechtigung des Gläubigers zum Rücktritt entstehen, ohne daß dem anderen Theil ein Verschulden zur Last fällt, wenn nämlich in der Zeit zwischen der Verurtheilung und dem Ablaufe der Frist die Erfüllung in Folge eines Umstandes, den der Schuldner nicht zu vertreten hat, vorübergehend unmöglich wird (vgl. Bem. 3 zu § 283). Erfolgt in letzterem Falle der Rücktritt vom Vertrage, so hat der Schuldner die empfangene Leistung nur nach Maßgabe der Vorschriften über die Herausgabe einer ungerechtfertigten Bereicherung (§ 818) zurückzugewähren. Außerdem kommt die Vorschrift des § 327 Satz 2 nach § 636 auch beim Werkvertrage zur Anwendung, vgl. die Bem. zu § 636.

Ueber spezielle Anwendung des § 327 beim Kaufe vgl. auch Bem. B, I, 3, a, ε zu § 440.

# Dritter Titel.

## Versprechen der Leistung an einen Dritten.*)

### Vorbemerkungen.

Das römische Recht verwarf im Prinzipe die bindende Wirkung von Verträgen zu Gunsten Dritter (l. 38 § 17 D. de V. O. 45, 1), ließ jedoch folgende Ausnahmen zu:

*) Literatur: Hellwig, Die Verträge auf Leistung an Dritte. Nach deutschem Recht, unter besonderer Berücksichtigung des BGB. Leipzig 1900; Stammler, Recht der Schuldverhältnisse S. 165 ff.; Stahl, Die Verträge zu Gunsten Dritter nach BGB.; Gareis, Verträge zu Gunsten Dritter, 1873; Cosack, Lehrbuch I § 96; Georgi Rudolf, Verträge zu Gunsten Dritter. Ihre geschichtliche Entwickelung in der neueren Doktrin und Gesetzgebung und ihre Regelung im BGB. Aachen 1900 (H. Georgi). Auch als Inaug.-Diss. von Tübingen erschienen; Zersch Wilhelm, Wie unterscheiden sich im Namen eines Dritten geschlossene Verträge von solchen zu Gunsten eines Dritten? Inaug.-Diss. Jena 1901. Weimar, F. Roltsch; Mayer Philipp, Begriffliche Abgrenzung von Verträgen, geschlossen im Namen eines Dritten, von solchen zu Gunsten eines Dritten. Inaug.-Diss. (Jena.) Rudolstadt. Mänicke & Jahn. 1902.

1. Es gab demjenigen, der nicht sich selbst, sondern für einen Dritten eine Leistung versprechen ließ (dem Promissar), eine Klage, sofern er ein berechtigtes Interesse an dieser Leistung hatte (l. 38 § 22 D. de V. O. 45, 1, l. 3 Cod. i. f. de inut. stip. 8, 39).

2. Es gab auch dem begünstigten Dritten eine utilis actio gegen den Promittenten
   a) beim Versprechen auf Rückgabe einer dos an die dritte Person,
   b) bei einer Schenkung, wenn die Leistung an den Dritten sich als Auflage darstellte,
   c) beim Pfandverkauf, wenn der Gläubiger bei demselben dem Schuldner das Einlösungsrecht bis zu einem bestimmten Termine vorbehielt,
   d) beim Depositum (Verwahrungsvertrag) und Commodat (Leihvertrag), wenn der Depositar oder Commodatar sich verpflichtete, die Sache einem Dritten herauszugeben.

Vgl. Kuhlenbeck, Von den Pand. z. BGB. I S. 519.

Das gemeine Recht hat diese Ausnahmen theils gewohnheitsrechtlich, theils gesetzlich vermehrt, insbesondere erkannte es die Wirksamkeit des Vertrags zu Gunsten einer dritten Person an bei bäuerlichen Gutsübernahmen, beim Lebensversicherungs- und Leibrentenvertrage, es blieb aber zweifelhaft, unter welchen Voraussetzungen der Dritte ein Forderungsrecht gegen den Versprechenden erwarb; als Regel wurde der römische Grundsatz festgehalten, so daß ein Klagrecht des Dritten nur ausnahmsweise anerkannt wurde. Auf demselben Standpunkte steht der Code civil art. 1119—1121, 1165. Nach dem Codex Maximilianeus Bavaricus IV Thl. I cap. 1 § 13 „sind Verträge für Dritte, insoweit als ihnen diese nützlich sein mögen und nach der Hand ratifiziert oder angenommen werden", gültig und erlangt dann der Dritte ein Klagrecht. Nach dem PLR. Thl. I Tit. 5 §§ 74—77 hat der Dritte ein Klagrecht erst dann, wenn er mit Bewilligung des Promissars dem Vertrag beigetreten ist. Jedoch ist die Praxis weitergegangen und hat bei Gutsüberlassungs- und Lebensversicherungsverträgen ein unmittelbares Klagrecht des Dritten angenommen. RGE. Bd. 1 S. 188 ff., 378 ff. Aehnlich das sächs. GB. §§ 853—856.

Das BGB. geht weiter, es läßt die Verträge zu Gunsten Dritter grundsätzlich zu, macht aber die Wirkung zu Gunsten Dritter selbst, die Frage, ob der Dritte unmittelbar ein Klagrecht gegen den Schuldner erwirbt, lediglich von der Absicht der beiden Kontrahenten, des Promittenten und Promissars, abhängig. Hiernach sind mit Hellwig, Verträge auf Leistung an Dritte, ermächtigende und berechtigende Verträge zu Gunsten Dritter zu unterscheiden; bei ersteren erscheint der Dritte nur als Empfangsbevollmächtigter, solutionis causa adjectus; bei letzteren erwirbt der Dritte unmittelbar aus dem Vertrage einen selbständigen Anspruch gegen den Schuldner, der allerdings resolutiv bedingt ist durch Annahme der Leistung (§ 333).

Die Konstruktion des dreiseitigen Verhältnisses bei berechtigenden Verträgen zu Gunsten Dritter bildet auch jetzt noch einen Gegenstand wissenschaftlichen Streites:

Stammler, Recht der Schuldverh. S. 172, erklärt die Willensäußerung des Versprechenden „rücksichtlich des Dritten, der aus ihr unmittelbar berechtigt sein soll, für ein einseitiges Rechtsgeschäft, das hier ausnahmsweise (§ 305) in besonders umgrenzter Art Rechtswirkung besitze".

Hellwig zerlegt den Vertrag in einen Hauptvertrag, durch den sich der Versprechende dem Versprechensempfänger gegenüber verpflichte, und einen Nebenvertrag, kraft dessen der Versprechende die durch den Hauptvertrag begründete Verpflichtung an den Dritten zu erfüllen habe; er nimmt überdieß an, entsprechend seiner allgemeinen Theorie vom Obligationenrecht, daß die Verbindlichkeit immer ein vermögensrechtliches Interesse für den Gläubiger haben müsse.

Wir können uns weder der Stammler'schen noch der Hellwig'schen Auffassung anschließen; insbesondere bedarf es hier keiner weiteren Begründung dafür, daß ein vermögensrechtliches Interesse für keine der drei Parteien zu fordern ist. Vgl. Einleitung S. 5, 6.

Unseres Erachtens liegt ein einheitlicher Vertrag und eine einheitliche Obligation vor mit mehreren Subjekten auf der aktiven Seite, also ein aktives Gesammtschuldverhältniß, jedoch mit der Besonderheit, daß die Leistung selbst ausschließlich an den Dritten erfolgen kann. Es ist eben eine Eigenthümlichkeit des modernen Rechtes, daß es auch Ansprüche auf Leistungen an Andere, als den Versprechensempfänger, anerkennt, da es von dem früher wenigstens in der herrschenden Theorie (wenn auch zu Unrecht) behaupteten Erfordernisse eines selbstischen Vermögensinteresses des Kontrahenten absieht. Der Versprechensempfänger hat die actio directa, die actio utilis des Dritten ist eine Ausdehnung des Klagrechts aus dem Vertrage in subjektiver Beziehung. Aus der Einheit des obligatorischen Bandes ergiebt sich begrifflich auch die Regel des § 334, demzufolge die actio utilis des Dritten materiell vollständig identisch ist mit dem Anspruche des eigentlichen Vertragssubjekts, der actio directa, also alle Einwendungen aus dem Vertrage dem Schuldner auch gegenüber dem Dritten zustehen. Die Verpflichtung dem Dritten gegenüber ist also keine abstrakte, nicht unabhängig von der causa des Vertrags. Doch kann die causa der Leistung an den Dritten verschieden sein von der causa des Vertrags. Die Leistung kann dem Dritten vom Promissar zugewendet werden ex causa solvendi, debendi, credendi, donandi. Diese causa der Leistung kann nur der Promissar, nicht der Promittent wirksam bestimmen. Soll z. B. die Uebertragung des Eigenthums einer Sache an den Dritten zu dem Zwecke erfolgen, um eine Verbindlichkeit des Promissars zu erfüllen (causa solvendi), so bedarf es, damit die Uebertragung des Eigenthums der Sache von seiten des Versprechenden als Erfüllung gilt, einer hierauf gerichteten Vereinbarung zwischen dem Versprechensempfänger und dem Dritten. „Entsprechendes gilt, wenn die dem Dritten zu zahlende und gezahlte Geldsumme als Darlehen gegeben werden sollte. Solange die erforderliche Vereinbarung zwischen dem Versprechensempfänger und dem Dritten nicht erfolgt ist, hat dieser das Geleistete sine causa." Vgl. Planck Bem. 3 zu § 328.

Die Zulässigkeit der Verträge zu Gunsten Dritter ist auf obligatorische Verträge beschränkt. Vgl. Kuhlenbeck, Von d. Pand. z. BGB. I S. 518 ff. Einen Sonderfall des Vertrags zu Gunsten eines Dritten bildet die Erfüllungsübernahme (§ 329) im Gegensatze zur Schuldübernahme (§ 414); die letztere, welche regelmäßig eine Form der Befreiung des Schuldners (Sondernachfolge in die Schuld) ist und privativ wirkt (abgesehen von dem Falle des § 419), ist in dem beschränkten Sinne des § 417 Abs. 2 ein abstraktes Rechtsgeschäft. Bei der Erfüllungsübernahme soll im Zweifel nicht anzunehmen sein, daß der Gläubiger (Dritte) unmittelbar das Recht gegen den Promittenten erwerben soll (§ 329). Die §§ 330—331 enthalten besondere Vorschriften für Lebensversicherungs- und Leibrentenverträge. Nach § 332 kann sich der Versprechensempfänger die Befugniß vorbehalten, ohne Zustimmung des Versprechenden an die Stelle des in dem Vertrage bezeichneten Dritten einen anderen zu setzen. Auch wenn der Dritte unmittelbar forderungsberechtigt wird, ist im Zweifel anzunehmen, daß der Versprechensempfänger die actio directa auf die Leistung an den Dritten behalten wollte (§ 335).

## § 328.

Durch Vertrag kann eine Leistung an einen Dritten mit der Wirkung bedungen werden, daß der Dritte unmittelbar das Recht erwirbt, die Leistung zu fordern.

In Ermangelung einer besonderen Bestimmung ist aus den Umständen, insbesondere aus dem Zwecke des Vertrags, zu entnehmen, ob der Dritte das Recht erwerben, ob das Recht des Dritten sofort oder nur unter gewissen Voraussetzungen entstehen und ob den Vertragschließenden die Befugniß vorbehalten sein soll, das Recht des Dritten ohne dessen Zustimmung aufzuheben oder zu ändern.

E. I, 412 Abs. 1, 413, 414; II, 280; III, 322.

1. Der Abs. 1 stellt den Grundsatz auf, daß obligatorische Verträge zu Gunsten eines Dritten mit der Wirkung, daß der Dritte unmittelbar ein Recht aus dem Vertrage

erwirbt, allgemein zulässig sind. Er bezieht sich auf berechtigende Verträge im Sinne der Vorbemerkung. Daß ermächtigende Verträge zu Gunsten eines Dritten zulässig sind, d. h. daß der Vertragschließende selber ein Recht auf Bewirkung einer an einen Dritten bedungenen Leistung erwirbt, wenn die Voraussetzung des § 241 (Einleitung S. 5), d. h. ein schutzwürdiges Interesse vorhanden ist, wird als selbstverständlich vorausgesetzt.

a) Vorausgesetzt wird ein obligatorischer Vertrag, ein Vertrag, durch den eine Leistung bedungen wird. Die Leistung kann in einem Thun oder Unterlassen bestehen. Es kann also beispielsweise auch ein Vermiether zu Gunsten eines anderen Miethers einen Miether verpflichten, gewisse Handlungen, z. B. das Klavierspielen in bestimmten Stunden zu unterlassen, mit der Wirkung, daß der andere Miether unmittelbar gegen den Verpflichteten aus dem Miethvertrage auf Unterlassung klagen kann.

b) Die unmittelbare Berechtigung des Dritten aus dem Vertrage kann wirksam bedungen werden. Zunächst kann sie ausdrücklich von den Kontrahenten bedungen werden. Die Bestimmung des § 328 ist rein dispositiv. Die Parteien können also das Recht des Dritten beliebig begrenzen; sie können dem Dritten ein unentziehbares Recht bewilligen, sie können das Recht an bestimmte Voraussetzungen knüpfen, auch suspensiv oder resolutiv bedingen oder befristen; sie können sich die Befugniß vorbehalten, das Recht des Dritten ohne dessen Zustimmung aufzuheben oder zu ändern.

Die ausdrückliche Vereinbarung ist aber nicht erforderlich; es genügt, daß die Absicht der Vertragstheile konkludent sei, die unmittelbare Berechtigung des Dritten kann also auch stillschweigend bedungen werden. Vgl. RGE. Bd. 2 S. 54, Bd. 7 S. 131, Bd. 11 S. 174, Bd. 16 S. 126, Bd. 29 S. 173. Ob stillschweigende (konkludente) Berechtigung des Dritten vorliegt, ist Frage der Auslegung im einzelnen Fall. Vgl. Bem. 2.

2. Abs. 2 giebt übrigens nicht nur eine Auslegungsregel für den Fall, daß eine besondere stillschweigende Berechtigung des Dritten behauptet wird, sondern auch eine ergänzende Rechtsregel für den Fall, daß weder ausdrücklich noch stillschweigend eine besondere Bestimmung vorliegt. In Ermangelung besonderer Anhaltspunkte ist:

a) zunächst zu entscheiden, ob und wieweit die unmittelbare Berechtigung des Dritten dem Sinne des Vertrags, d. h. dem entspricht, was die Parteien nach den Umständen des Falles gewollt haben würden, wenn sie beim Vertragsabschlusse die betreffende Frage sich vorgelegt hätten. Dabei ist vor Allem die Verkehrsauffassung zu berücksichtigen (Trinkgelder, Halftergeld).

b) Sodann gewährt einen besonderen Anhaltspunkt der Zweck des Vertrags. Vgl. Jacubezky, Bem. S. 101. Die wirthschaftliche Bedeutung des Vertrags zu Gunsten eines Dritten liegt vor Allem darin, daß er eine Zuwendung aus dem Vermögen des Versprechenden an den Dritten ermöglicht, ohne die Nothwendigkeit der doppelten Uebertragung des Vermögensgegenstandes zunächst vom Versprechenden an den Versprechensempfänger, dann von diesem an den Dritten.

Aus diesem Gesichtspunkte werden in der Regel, wenn auch nicht immer (vgl. Planck, Vorbem. 1 zu § 328), solche Verträge eine Berechtigung des Dritten schlüssig erscheinen lassen, die eine Fürsorge für den Dritten enthalten. Doch kann der Vertrag zu Gunsten eines Dritten auch verschiedenen Zwecken dienen; alsdann ist es Thatfrage, welcher Zweck der prävalirende ist.

c) Sowohl in Fällen zu a, wie in Fällen zu b kann die Berechtigung des Dritten ebenso wie bei ausdrücklicher Bestimmung an gewisse Voraussetzungen gebunden, bedingt, befristet oder widerruflich sein. Beispielsweise soll der Anspruch des Kutschers oder Reitknechts auf Trinkgeld erst mit Ausführung der Fahrt bezw. des Ritts entstehen, der Miether die bei einem Verkauf des Hauses vom Käufer übernommenen Verpflichtungen erst geltend machen können, wenn dem Käufer das Eigenthum übertragen ist.

3. Einzelne Fälle: Die Frage, ob dem Adressaten eines Geldbriefs ein selbstständiger Anspruch gegen die Post auf Aushändigung nach dessen Ankunft am Bestimmungsort zusteht, wird von RGE. Bd. 43 S. 98, Seuff. Arch. Bd 57 S. 270, Schlegelberger, D. Jur.Z. 1901 S. 69 verneint. M. E. mit Unrecht, solange nicht der Absender gegen die Auslieferung protestirt hat.

Ein zu Gunsten eines Dritten vereinbartes Recht kann auch mit der Beschränkung begründet werden, daß Streitigkeiten, die künftig aus diesem Rechte erwachsen sollten, von einem Schiedsrichter entschieden werden sollen. RGE. v. 12. Februar 1901, Jur. Wochenschr. 1901 S. 207 und 7.

Für einige häufig vorkommende Arten von Verträgen giebt das BGB. in den §§ 329 bis 331 bestimmte Auslegungsregeln. Hierüber s. die Bem. zu diesen Paragraphen.

4. Einer besonderen Form bedarf der zu Gunsten eines Dritten geschlossene Vertrag als solcher nicht (P. I, 769). Die Frage, ob für die Beobachtung der Form nur das Verhältniß unter den Vertragschließenden oder auch das Verhältniß zu dem Dritten zu berücksichtigen ist, wird im Gesetze nicht beantwortet (M. II, 270). Grundsätzlich wird der Ansicht Oertmanns (Bem. 1 zu § 328) beizupflichten sein, daß für den etwaigen Formzwang nur die causa des Versprechens dem Empfänger gegenüber maßgebend ist. Haben jedoch die Vertragschließenden, lediglich um die gesetzlichen Formvorschriften zu umgehen, ein dem Formzwang unterworfenes Rechtsgeschäft in die Form eines von ihnen nicht wirklich gewollten Vertrags zu Gunsten eines Dritten eingekleidet, so finden die §§ 117, 140, 125 Anwendung. (Vgl. RGE. Bd. 10 S. 280.)

Nach Planck (Bem. 7) bestimmt sich „nach dem Inhalte des Vertrags", ob derselbe an eine bestimmte Form gebunden ist.

5. Umfang der Haftung des Versprechenden gegenüber dem Dritten: Dieselbe bestimmt sich nach der causa des Vertrags, nicht nach der allein für das Verhältniß zwischen dem Versprechensempfänger und dem Dritten maßgebenden causa der Zuwendung. Vgl. Vorbem. S. 164.

Handelt es sich um einen entgeltlichen Veräußerungsvertrag, so finden nach § 445 die Vorschriften der §§ 433—444 entsprechende Anwendung. Der Versprechende haftet dem Dritten gegenüber ebenso, wie er dem Versprechensempfänger gegenüber haften würde, wenn dieser den geleisteten Gegenstand selbst empfangen hätte, auch dann, wenn die zwischen dem Dritten und dem Versprechensempfänger bestehende causa keine entgeltliche, sondern etwa eine causa donandi ist. Das etwaige selbständige Recht des Versprechensempfängers nach § 335 bleibt unberührt.

Handelt es sich dagegen um einen unentgeltlichen Vertrag zwischen den Vertragschließenden selbst, so haftet der Schuldner auch dem Dritten gegenüber nur nach Maßgabe der §§ 519—524. Vgl. Planck Bem. 4 zu § 328.

6. Recht des Dritten auf die etwaige Vertragsurkunde: Solange der Versprechensempfänger nach § 335 die actio directa behält, hat der Dritte nur ein Recht auf Einsicht der Vertragsurkunde nach § 810.

Hat der Versprechensempfänger selbst kein Recht mehr (vgl. Bem. zu § 335), so wird der Dritte nach § 952 Eigenthümer der über die Forderung ausgestellten Urkunde. Vgl. Dernburg II § 106, VII; Planck Bem. 5 zu § 328.

## § 329.

Verpflichtet sich in einem Vertrage der eine Theil zur Befriedigung eines Gläubigers des anderen Theiles, ohne die Schuld zu übernehmen, so ist im Zweifel nicht anzunehmen, daß der Gläubiger unmittelbar das Recht erwerben soll, die Befriedigung von ihm zu fordern.

E. I, 318 Abs. 1; II, 281; III, 323.

1. Der § 329 handelt von der sog. Erfüllungsübernahme im Gegensatz zur Schuldübernahme. Wegen letzterer vgl. § 415. Die Schuldübernahme ist entweder kumulativ, Miteintritt in das Schuldverhältniß, oder privativ, eine Form der Befreiung des Erstschuldners, als solche Sondernachfolge in die passive Seite des Schuldverhältnisses.

Die Erfüllungsübernahme ist ein Fall des Vertrags zu Gunsten Dritter: der Uebernehmer verspricht dem Schuldner, dessen Gläubiger zu befriedigen, ohne, sei es privativ (mit befreiender Wirkung), sei es kumulativ (accessorisch, unter Bestehenbleiben der Verpflichtung des Prinzipalschuldners), in das Schuldverhältniß einzutreten. Die Verpflichtung des Uebernehmers beschränkt sich also auf die Bewirkung der Leistung, vgl. § 267; sie ist nur möglich, wenn der Schuldner nicht in Person zu leisten hat, also nur bei vertretbaren, nicht bei höchstpersönlichen, unvertretbaren Leistungen. Der § 329 giebt für eine solche bloße Leistungs- oder Erfüllungsübernahme eine Auslegungsregel dahin, daß im Zweifel nicht anzunehmen sein soll, daß der Gläubiger unmittelbar das Recht erwerben soll, die Befriedigung von dem Uebernehmer zu fordern. Hiernach bewirkt die Erfüllungsübernahme:

a) im Zweifel lediglich eine Verpflichtung des Uebernehmers gegenüber dem Schuldner, den Gläubiger rechtzeitig zu befriedigen. Kommt der Uebernehmer dieser Verpflichtung nach, so erfolgt die Befriedigung des Gläubigers auf Grund des § 267, der Gläubiger kann die Annahme der Leistung nur verweigern, wenn der Schuldner widerspricht. Nimmt der Gläubiger die Leistung von dem Dritten, dem Uebernehmer, an, so liegt ein Fall der von mir, Von d. Pand. z. BGB. I S. 323, dargestellten idealen Konkurrenz von Rechtsgeschäften vor, d. h. durch einen und denselben Akt, die Leistung, werden mehrere (zwei) Obligationen getilgt, nämlich

α) die erste Obligation zwischen dem Schuldner und dem Gläubiger;

β) die durch die Erfüllungsübernahme kontrahirte Obligation zwischen dem Uebernehmer der Erfüllung und dem Schuldner. Vgl. l. 44 D. de solut. 46, 3 (una numeratione duae obligationes tolluntur u. s. w.).

Lehnt der Gläubiger die Annahme der Leistung vom Uebernehmer ab, so liegt eine vom Uebernehmer nicht vertretbare Unmöglichkeit der Erfüllung vor, vorausgesetzt, daß das Angebot des Uebernehmers der Vorschrift der §§ 294—299 entspricht. Der Gläubiger kommt alsdann dem Schuldner gegenüber in Annahmeverzug und der Uebernehmer wird nach § 275 von seiner gegenüber dem Schuldner übernommenen Verpflichtung frei.

b) Auch dann, wenn nach dem Willen des Schuldners und des Uebernehmers (der Vertragschließenden) ausdrücklich dem Gläubiger ein unmittelbares Recht auf die Erfüllung von Seiten des Uebernehmers eingeräumt worden ist oder auch diese unmittelbare Berechtigung des Gläubigers zweifellos aus den Umständen, insbesondere aus dem Zwecke des Uebernahmevertrags zu entnehmen ist, liegt immer noch keine Schuldübernahme vor, so lange die Genehmigung des Gläubigers fehlt. Vgl. §§ 414, 415. Auch wenn diese Genehmigung des Gläubigers hinzutritt, wird noch zu prüfen sein, ob die Absicht der Parteien, insbesondere auch des Gläubigers, dahin geht, daß der Uebernehmer an Stelle des bisherigen Schuldners treten soll oder nur unter Aufrechterhaltung der Verbindlichkeit des Schuldners für diesen erfüllen soll.

α) Im ersteren Falle ist eine privative Schuldübernahme festzustellen:

β) Im letzteren Falle liegt ausnahmsweise Erfüllungsübernahme mit voller Wirksamkeit zu Gunsten des Dritten, des Gläubigers, vor. Jedoch von der kumulativen Schuldübernahme ist dieser Fall noch insofern verschieden, als die Uebernahme der bloßen Erfüllung nicht gleichbedeutend ist mit Uebernahme der Schuld. Doch ist dieser Unterschied mehr von rein theoretischem, als praktischem Interesse; denn sowohl bei der berechtigenden Erfüllungsübernahme, als auch bei der kumulativen Schuldübernahme stehen dem Uebernehmer alle Einwendungen zu, die sich aus dem Rechtsverhältnisse zwischen dem ersten Schuldner und dem Gläubiger ergeben. Vgl. § 334 mit § 417 Satz 1.

Die Erfüllungsübernahme bildet stets einen Theil der Schuldübernahme; eine Erfüllungsübernahme gilt daher als gewollt, wenn das Erforderniß der Schuldübernahme (Genehmigung des Gläubigers) nicht erfüllt wird. Vgl. § 415 Abs. 3. (Ein Fall der sog. conversio actus juridici.) Doch ist letztere Bestimmung nur dispositiv; wenn anzunehmen ist, daß bei Kenntniß der Nichtigkeit der Schuldübernahme auch die Erfüllungsübernahme nicht gewollt sein würde, findet § 415 Abs. 3 keine Anwendung. Vgl. § 141.

## § 330.

Wird in einem Lebensversicherungs- oder einem Leibrentenvertrage die Zahlung der Versicherungssumme oder der Leibrente an einen Dritten bedungen, so ist im Zweifel anzunehmen, daß der Dritte unmittelbar das Recht erwerben soll, die Leistung zu fordern. Das Gleiche gilt, wenn bei einer unentgeltlichen Zuwendung dem Bedachten eine Leistung an einen Dritten auferlegt oder bei einer Vermögens- oder Gutsübernahme von dem Uebernehmer eine Leistung an einen Dritten zum Zwecke der Abfindung versprochen wird.

E. II, 282; III, 324.

Der § 330 giebt eine Auslegungsregel, indem er in vier besonderen Fällen vorschreibt, daß im Zweifel durch den Vertrag eine unmittelbare Berechtigung des Dritten als gewollt angenommen werden soll. Diese vier Fälle sind:

1. der **Lebensversicherungsvertrag**, in dem die Zahlung der Versicherungssumme an einen Dritten bedungen wird;
2. der **Leibrentenvertrag**, in dem die Zahlung der Leibrente an einen Dritten bedungen wird;
3. die **unentgeltliche Zuwendung**, bei der dem Bedachten eine Leistung an einen Dritten auferlegt wird (lex rei suae dicta, donatio sub modo und ähnliches);
4. der **Vermögens- und Gutsübernahmevertrag**, bei dem von dem Uebernehmer eine Leistung an einen Dritten zum Zwecke der Abfindung versprochen wird.

Wie aus den Vorbem. ersichtlich, handelt es sich um Fälle, in denen bereits die gemeinrechtliche Theorie und Praxis die Zulässigkeit eines berechtigenden Vertrags zu Gunsten Dritter annahm.

Ad. 1. **Lebensversicherungsvertrag.***) Es gehören hieher alle diejenigen Formen der Kapital- und Rentenversicherung, bei welchen die Leistung des Versicherers in der Art von dem Leben einer Person abhängig gemacht wird, daß die seitens des Versicherers zu tragende Gefahr aus der Ungewißheit der Dauer dieses Lebens entspringt. Zu den Bedürfnissen, deren Befriedigung im Wege der Lebensversicherung erfolgt, gehört an erster Stelle die Fürsorge für Angehörige und für sonstige Personen, die demjenigen, welcher die Versicherung nimmt, nahestehen. Zur Zeit bleiben nach Art. 75 des EG. die landesgesetzlichen Vorschriften, welche dem Versicherungsrechte angehören, soweit nicht in dem BGB. besondere Bestimmungen getroffen sind, unberührt; im Wesentlichen ist darnach das im Versicherungsverkehr und der Wissenschaft ausgeprägte Gewohnheitsrecht maßgebend. Doch liegt jetzt bereits dem Bundesrat der Entwurf eines Reichsgesetzes über den Versicherungsvertrag vor, dessen Annahme noch im laufenden Jahre zu erwarten ist. Die in § 330 gegebene Auslegungsregel wird voraussichtlich auch in dem zukünftigen Reichsgesetz unberührt bleiben; vgl. die Motive des Reichs-Justizamts zum ersten Entwurf eines Gesetzes über den Versicherungsvertrag, S. 170. Als hauptsächlichste Formen der hierher gehörenden Versicherungsverträge sind zu nennen:

a) die einfachen Versicherungen für den **Todesfall** und zwar sowohl
   α) die **Kapitalversicherungen**, bei denen der Versicherer ein bestimmtes Kapital auszuzahlen hat, als auch
   β) gewisse Formen der **Renten**versicherung, z. B. die Wittwenversicherung;
b) die sog. **abgekürzte Lebensversicherung**, auch gemischte oder alternative Lebensversicherung genannt, bei der die Versicherungssumme beim Tode, spätestens aber bei Vollendung des in der Police festgesetzten Lebensjahres zu zahlen ist.

Der § 330 umfaßt beide Arten, er findet auch auf den Fall Anwendung, daß der Versicherte noch selbst die Fälligkeit der Versicherungssumme erlebt. (Ehrenberg a. a. O. S. 345 ff.)

In jedem einzelnen Falle setzt aber die Anwendbarkeit des § 330 voraus, daß der Versicherungsvertrag überhaupt als Vertrag zu Gunsten Dritter geschlossen ist. Andernfalls gehört der Anspruch zum Vermögen und zum Nachlaß des Versicherten. Es muß also

a) die Leistung an einen Dritten **bedungen** werden, d. h. die **Vereinbarung** (der Versicherungsvertrag) muß sich auf die Persönlichkeit des Dritten richten; einseitige Bezeichnung durch den Versicherten genügt nicht, auch nicht eine Vereinbarung zwischen ihm und dem Dritten, wofern nicht schon im Vertrag dem Versicherten die Befugniß vorbehalten ist, einen Begünstigten zu ernennen (§ 332). Vgl. Ehrenberg a. a. O. S. 361 ff. Der I. Entwurf des RG. über den Versicherungsvertrag enthält jedoch folgenden § 155: „Bei einer Kapitalversicherung ist im Zweifel anzunehmen, daß dem Versicherten die Befugniß vorbehalten ist, ohne Zustimmung des Versicherers einen Dritten als Bezugsberechtigten zu bezeichnen, sowie an die Stelle des so bezeichneten Dritten einen anderen zu setzen."

---

*) **Literatur**: **Ehrenberg**, Wichtige Probleme des Lebensversicherungsrechts, insbesondere der Anspruch auf die Lebensversicherungssumme. Mit Rücksicht auf das BGB. erörtert in Iherings Jahrb. Bd. 41 S. 341; **Hülsse**, Zeitschr. f. Versicherungsrecht Bd. 5 S. 237 ff.; **Fuld**, ebenda S. 965; **A. Stahl**, Die Berechtigung des Dritten bei der Versicherung des eigenen Lebens zu Gunsten eines Dritten. Diss. Freiburg.

b) Der Dritte muß genügend gekennzeichnet sein.

α) Zweifelhaft war bislang, ob die Bestimmung „zu Gunsten der Erben" diesem Erforderniß genügt. Nach RGE. Bd. 32 Nr. 42 S. 162 sollten alsdann die Erben nicht als bezügliche Dritte, sondern nur als Rechtsnachfolger der Versicherten den Anspruch erlangen, dieser also in den Nachlaß fallen. Vgl. dagegen Hellwig a. a. O. S. 358, RGE. in Jur. Wschr. 1900 S. 496, RGE. Bd. 51 S. 403, Schollmeyer Bem. 1, a zu § 330 (die Erben sollen nicht in ihrer Eigenschaft als Erben, sondern als durch den Vertrag Berechtigte die Versicherungssumme erhalten), Das Recht 1902 S. 433. Voraussichtlich wird auch das Reichsversicherungsgesetz die Frage in letzterem Sinne, d. h. dahin regeln, daß der Anspruch in diesem Falle nicht einen Bestand des Nachlasses bilden, sondern den betreffenden Personen unmittelbar auf Grund des Versicherungsvertrags zustehen, also dem Zugriffe der Nachlaßgläubiger entzogen sein und, wenn der Nachlaßkonkurs eröffnet wird, nicht zur Konkursmasse gehören soll. Vgl. Mot. des I. Entw. zum RG. über den Versicherungsvertrag S. 178 und § 157: „Soll bei einer Kapitalversicherung die Leistung des Versicherers nach dem Tode des Versicherten erfolgen und ist die Zahlung an die Erben ohne nähere Bestimmung bedungen, so sind im Zweifel diejenigen, welche zur Zeit des Todes als Erben berufen sind, nach dem Verhältniß ihrer Erbtheile bezugsberechtigt. Eine Ausschlagung der Erbschaft hat auf die Berechtigung keinen Einfluß. Der Fiskus gilt nicht als Erbe im Sinne dieser Vorschrift."

β) Auch die Bestimmung zu Gunsten „der Hinterbliebenen" ist genügend. Sie ist nicht gleichbedeutend mit derjenigen „zu Gunsten der Erben". Nach dem gewöhnlichen Sprachgebrauch, auch in einer Reihe von Fürsorgegesetzen sind unter dem Ausdruck „Hinterbliebene" die nächsten Familienangehörigen, die Nachkommen und der überlebende Ehegatte verstanden. Vgl. Rehbein II S. 220, Bayr. Oberst. LG. in Bl. f. RA. Bd. 66 S. 498.

c) Ein unwiderrufliches Recht erhält der begünstigte Dritte im Zweifel erst mit dem Tode des Versicherten. Vgl. auch § 156 des I. Entw. eines RG. über den Versicherungsvertrag. „Die Befugniß des Versicherten, an die Stelle des bezugsberechtigten Dritten einen andern zu setzen, gilt bei einer Kapitalversicherung im Zweifel auch dann vorbehalten, wenn die Bezeichnung des Dritten im Vertrag erfolgt ist." (Anders also in Zukunft voraussichtlich bei einer Rentenversicherung.) Vgl. übrigens den § 155 des I. Entw. zum Vers.Ges. oben unter a. Vgl. § 331. Die Regel des § 331 trifft zwar ihrem Wortlaute nach nicht die abgekürzte Lebensversicherung, allein die richtige Meinung ist hier die, daß bei Lebzeiten des Versicherten der Begünstigte noch gar kein Recht erwerben soll und daß also für ihn jeder Rechtserwerb unterbleibt, wenn die Leistung vor dem Tode des Versicherten zu erfolgen hat; tritt die Fälligkeit dieser Leistung dagegen erst mit diesem Tode ein, so erhält der Begünstigte nunmehr stets das Recht, sowohl bei der lebenslänglichen wie bei der abgekürzten Lebensversicherung.

Es kann jedoch vereinbart werden, daß der Dritte sofort ein Recht, aber ein widerrufliches, erhalten soll; dann steht sein Recht unter einer Resolutivbedingung Auch die Möglichkeit, daß eine „unwiderrufliche Bezeichnung des Dritten" vorliegt, ist vorhanden. Vgl. Ehrenberg a. a. O. S. 384.

Ad. 2. Ueber die Leibrente vgl. die Bestimmungen des BGB. in den §§ 759—761.

Ad. 3. Unter „unentgeltlichen Zuwendungen" sind alle liberalen Rechtsgeschäfte, nicht bloß Schenkungen zu verstehen, also liberale (unentgeltliche) Geschäfte sowohl unter Lebenden als auch von Todeswegen (§ 2301). Vgl. Kuhlenbeck, Von d. Pand. z. BGB. Bd. 1 S. 383. Schon das römische Recht (vgl. Vorbem.) erkannte in diesen Fällen (lex rei suae dicta) die Möglichkeit einer „Auflage" zu Gunsten eines Dritten an; es gehört hierher also auch das unverzinsliche Darlehen, der Verwahrungsvertrag, die unentgeltliche Leihe; es muß sich aber um eine Zuwendung, d. h. um den Uebergang eines Rechtes aus einem Vermögen in das andere handeln, mag dieses Recht dinglich oder obligatorisch, seine Uebertragung konstitutiv, translativ oder restitutiv sein. Vgl. Schollmeyer Bem. b zu § 330. Wegen der Schenkungen unter einer Auflage vgl. §§ 525—527.

Ad. 4. Vgl. Art. 96 EG. und Art. 32—48 des bayr. AG. Es gehören hieher die sog. Leibgedings-, Leibzuchts-, Altentheils- und Auszugsverträge.

## § 331.

Soll die Leistung an den Dritten nach dem Tode desjenigen erfolgen, welchem sie versprochen wird, so erwirbt der Dritte das Recht auf die Leistung im Zweifel mit dem Tode des Versprechensempfängers.

Stirbt der Versprechensempfänger vor der Geburt des Dritten, so kann das Versprechen, an den Dritten zu leisten, nur dann noch aufgehoben oder geändert werden, wenn die Befugniß dazu vorbehalten worden ist.

E. II, 283; III, 325.

1. In Abs. 1 des § 331 wird eine Auslegungsregel gegeben für die Feststellung des Zeitpunktes, in welchem der Dritte das Recht auf die Leistung erwirbt. Die Regel gilt nur für jene Fälle, in denen die Leistung vertragsgemäß nach dem Tode des Versprechensempfängers zu bewirken ist. In allen anderen Fällen kommt die allgemeine Vorschrift des § 328 Abs. 2 zur Anwendung, daß in Ermangelung einer besonderen Bestimmung die Umstände, insbesondere der Zweck des Vertrags für den Zeitpunkt des Rechtserwerbs durch den Dritten maßgebend sind.

In den erstgedachten Fällen ist im Zweifel anzunehmen, daß der Dritte das Recht auf die Leistung mit dem Tode des Versprechensempfängers erwirbt. Vorher hat im Zweifel der Dritte überhaupt kein Recht, auch nicht etwa ein durch den Tod des Versprechensempfängers bedingtes Recht. Stirbt also der Dritte vor dem Versprechensempfänger, so ist kein Recht vorhanden, das auf die Erben des Dritten übergehen könnte (P. I, 760). Letztere sind daher, sofern nicht ein anderer Wille der Vertragschließenden erklärt oder den Umständen zu entnehmen ist, nicht befugt, einen Anspruch gegen den Versprechenden zu erheben. Diese Bestimmung ist von besonderer Bedeutung für die Lebensversicherungsverträge.

Welche rechtliche Folgen für das Verhältniß der Vertragschließenden zu einander eintreten, wenn der Dritte vor dem Versprechensempfänger stirbt, muß aus dem Inhalte des Vertrags ermittelt werden. Eine allgemeine Regel läßt sich wohl kaum aufstellen. Vgl. Planck Bem. 1 zu § 331.

2. Abs. 2. Ist der Dritte zur Zeit des Todes des Versprechensempfängers noch nicht geboren, so kann der Rechtserwerb für ersteren mit dem Zeitpunkte des Todes nicht eintreten, weil dem noch nicht Geborenen die Fähigkeit mangelt, Rechte zu erwerben. (Siehe Bem. III, c zu § 1.) Ohne eine besondere Gesetzesbestimmung könnte daher der Ungeborene durch eine Abmachung zwischen dem Versprechenden und den Erben des Versprechensempfängers der ihm von letzterem zugedachten Vermögenszuwendung verlustig werden. Da aber eine solche Abmachung in der Regel den Absichten des Versprechensempfängers zuwiderlaufen würde, so wird in Abs. 2 des § 333 die dispositive Vorschrift gegeben, daß nach dem Tode des Versprechensempfängers das Versprechen zu Gunsten eines noch ungeborenen Dritten weder aufgehoben noch geändert werden kann, es sei denn, daß die Befugniß hiezu vorbehalten worden ist. (P. I, 766.)

Die Aufnahme einer den Vorschriften der §§ 2162 und 2163 entsprechenden Bestimmung, daß das Versprechen unwirksam werden solle, wenn seit dem Tode des Versprechensempfängers 30 Jahre verstrichen sind und der Dritte noch nicht empfangen ist, wurde von der II. Komm. abgelehnt, weil ein Bedürfniß für eine solche Beschränkung in der Praxis nicht hervorgetreten sei. (P. I, 767.)

## § 332.

Hat sich der Versprechensempfänger die Befugniß vorbehalten, ohne Zustimmung des Versprechenden an die Stelle des in dem Vertrage bezeichneten Dritten einen Anderen zu setzen, so kann dies im Zweifel auch in einer Verfügung von Todeswegen geschehen.

E. II, 284; III, 326.

1. Auch die Bestimmung des § 332 hat als Auslegungsregel nur soweit Geltung, als nicht ein anderer Wille der Vertragschließenden erhellt. Letztere können vereinbaren sowohl, daß die Bestimmung eines anderen Dritten in einer letztwilligen Verfügung ausgeschlossen sein solle, als auch, daß jede einseitige Erklärung, nicht bloß die in einer Verfügung von Todeswegen erfolgte, für die Bestimmung genügen solle.

2. Der Zweck der Vorschrift, welche auf einem Beschlusse der II. Komm. beruht, ist nach P. I, 759, 760 ein doppelter:

a) Die Bestimmung eines anderen Dritten an Stelle des im Vertrage benannten enthält eine Aenderung des geschlossenen Vertrags. Regelmäßig wird für die Rechtswirksamkeit einer solchen Aenderung, auch wo sie nach dem Vertrage statthaft ist, eine Erklärung gegenüber dem anderen Vertragschließenden erfordert werden müssen. Durch § 332 wird nun festgestellt, daß von letzterem Erfordernisse dann abgesehen werden kann, wenn die Bestimmung in einer Verfügung von Todeswegen getroffen wird. Auf andere Fälle kann die Auslegungsregel des § 332 nicht ausgedehnt werden. Ebenso Planck Bem. zu § 332.

b) Hat sich in einem Lebensversicherungsvertrage der Versicherungsnehmer das Recht vorbehalten, einseitig an Stelle des in der Police benannten Berechtigten einen anderen Berechtigten zu setzen, und macht er von diesem Rechte in einer Verfügung von Todeswegen Gebrauch, so kann Streit darüber entstehen, ob der im Versicherungsvertrag oder der in der letztwilligen Verfügung Benannte zur Erhebung der Versicherungssumme berechtigt ist. § 332 entscheidet diesen Streit dem muthmaßlichen Willen der Vertragschließenden und der Billigkeit entsprechend dahin, daß im Zweifel der späteren letztwilligen Verfügung der Vorzug vor der Bestimmung im Versicherungsvertrage einzuräumen sei.

3. Vorausgesetzt wird, daß der Versprechensempfänger sich die Befugniß vorbehalten hat, ohne Zustimmung des anderen Vertragstheils die Bestimmung zu treffen. Ohne einen solchen Vorbehalt kann selbstverständlich die Einsetzung eines anderen Dritten an Stelle des ursprünglichen nur mit Einwilligung des Versprechenden erfolgen.

## § 333.

Weist der Dritte das aus dem Vertrag erworbene Recht dem Versprechenden gegenüber zurück, so gilt das Recht als nicht erworben.

E. I, 415; II, 285; III, 327.

1. Nach dem in § 328 anerkannten Prinzipe kann der Dritte das Forderungsrecht ohne sein Zuthun und ohne seine Mitwirkung erwerben. Da ihm nun ein Recht gegen seinen Willen nicht aufgedrängt werden kann, so wird dem Dritten in § 333 die Befugniß eingeräumt, das erworbene Recht zurückzuweisen mit der Wirkung, daß das Verhältniß rechtlich so anzusehen ist, als ob er das Recht niemals erworben hätte.

Die Zurückweisung des Rechtes seitens des Begünstigten ist als Resolutivbedingung aufzufassen, und zwar mit rückwirkender Kraft. Vgl. Planck Bem. 1 zu § 333, Kuhlenbeck, Von d. Pand. z. BGB. Bd. 1 S. 524.

2. Vorausgesetzt wird, daß der Dritte das Recht bereits erworben hat. Giebt der Dritte vor dem Erwerbe des Rechtes eine Ablehnungserklärung ab, so ist nach den allgemeinen Vorschriften und aus dem Inhalte des Vertrags festzustellen, welche Wirkungen einer solchen Erklärung zukommen.

3. Ebenso ist aus dem Inhalte des Vertrags zu ermitteln, welche Folgen die Zurückweisung für das Verhältniß der Vertragschließenden zu einander hat, ob der Versprechensempfänger in Folge der Ausschlagung das Recht für sich fordern, ob er einen Anderen an die Stelle des ablehnenden Dritten setzen darf, oder ob die Leistungspflicht des Versprechenden überhaupt erlischt (P. I, 767, 768).

4. Die Zurückweisung ist ein einseitiges, empfangsbedürftiges Rechtsgeschäft (§§ 130—132). Sie muß dem Versprechenden gegenüber erklärt werden, die Erklärung gegenüber dem Versprechensempfänger ist nicht erforderlich.

5. Hat der Dritte das Recht einmal angenommen — sei es durch Erklärung gegenüber dem Versprechenden, sei es durch schlüssige Handlungen — so hat er das Recht der Zurückweisung verwirkt. Ebenso Planck Bem. 3, Oertmann Bem. 2, Schollmeyer Bem. 1.

## § 334.

Einwendungen aus dem Vertrage stehen dem Versprechenden auch gegenüber dem Dritten zu.

E. I, 416; II, 286; III, 328

1. Wenn auch der Dritte ein selbständiges, nicht vom Versprechensempfänger hergeleitetes Recht auf die Leistung hat, so beruht doch sein Recht auf dem zwischen dem Versprechenden und dem Empfänger geschlossenen Vertrage. Vgl. Vorbem. und Bem. 5 zu § 328. Folgerichtig bestimmt deßhalb § 334, daß Einwendungen aus dem Vertrage dem Versprechenden auch gegenüber dem Dritten zustehen.

2. Unter Einwendungen sind nach der Sprache des BGB. nicht bloß die Einreden im engeren civilrechtlichen Sinne, sondern auch alle prozessualen Einreden, also auch die Berufung auf rechtshindernde und rechtszerstörende Thatsachen zu verstehen.

3. Nur Einwendungen, welche im Vertrage selbst ihren Grund haben, kann der Versprechende dem Dritten entgegensetzen, nicht auch andere Einwendungen, welche ihm gegen die Person des Versprechensempfängers zustehen.

a) Ist der Vertrag nichtig oder wird er beim Vorliegen eines gesetzlichen Anfechtungsgrundes angefochten (§ 142), so kann aus einem solchen nichtigen Vertrag auch ein Dritter kein Recht erwerben. Bildet arglistige Täuschung den Anfechtungsgrund, so kann der Vertrag auch dem Dritten gegenüber, welcher das Recht unmittelbar erworben hat, angefochten werden, wenn dieser die Täuschung kannte oder kennen mußte (§ 123 Abs. 2 Satz 2).

b) Auch die Einrede des nicht erfüllten Vertrags beim gegenseitigen Vertrage (§ 320) ist eine Einwendung aus dem Vertrage, welche dem Dritten gegenüber geltend gemacht werden kann. So ist z. B. bei Lebensversicherungsverträgen der Versicherer berechtigt, die Bezahlung der Versicherungssumme dem Dritten ganz oder zu einem verhältnißmäßigen Theilbetrage (§ 320 Abs. 2) zu verweigern, bis die rückständige, vom Versicherungsnehmer geschuldete Prämie entrichtet wird. Auf die Klage des Dritten wird der Versprechende, welcher diese Einrede entgegensetzt, zur Erfüllung Zug um Zug verurtheilt. (§ 322 Abs. 1.)

c) Rücktritt eines der Vertragschließenden vom Vertrage.

α) Wird bei einem gegenseitigen Vertrage die dem Versprechensempfänger obliegende Leistung in Folge eines von ihm zu vertretenden Umstandes unmöglich, so kann nach § 325 der Versprechende Schadensersatz wegen Nichterfüllung verlangen oder vom Vertrage zurücktreten. Diese beiden Einwendungen kann der Versprechende auch dem Dritten gegenüber geltend machen. Ebenso Planck Bem. 2 Abs. 2, Oertmann Bem. 1 zu § 334.

β) Tritt dagegen der Versprechensempfänger gemäß § 325 wegen der vom Versprechenden zu vertretenden Unmöglichkeit vom Vertrage zurück, so wird hiedurch das Recht des Dritten, vom Versprechenden die Leistung bezw. Schadensersatz zu fordern, nicht berührt, da es mit dem Zwecke des Vertrags nicht vereinbar wäre, das Recht des Dritten aus dem Grunde aufzuheben, weil der Versprechende seiner vertragsmäßigen Verpflichtung nicht nachkommt. Ebenso Planck Bem. 3 zu § 335. Oertmann Bem. 4 zu § 335 spricht für diesen Fall dem Versprechensempfänger das Rücktrittsrecht überhaupt ab. And. M. Schollmeyer Bem. 1, b zu § 335.

Das Verhältniß der Vertragschließenden zu einander bestimmt sich im Falle des Rücktritts nach §§ 346 ff.

Einwendungen, welche dem Versprechenden erst erwachsen sind, nachdem das Recht des Dritten bereits entstanden war, stehen dem Dritten nicht entgegen, sofern nicht dem Vertragschließenden die Befugniß vorbehalten war, das Recht des Dritten ohne dessen Zustimmung aufzuheben oder zu ändern (§ 328 Abs. 2).

4. Aufrechnung. Die Leistung wird, sobald der Dritte das Recht erworben hat, dem Dritten geschuldet. Es ergiebt sich daher schon aus § 387, daß der Versprechende nicht mit einer ihm gegen den Versprechensempfänger zustehenden Forderung gegen die Forderung des Dritten aufrechnen kann. (P. I, 769.) Dagegen ist selbstverständlich die Aufrechnung mit solchen Forderungen zulässig, die dem Versprechenden gegen den Dritten selbst zustehen.

5. Die Vorschrift des § 334 ist eine dispositive, was im E. I (§ 416) ausdrücklich hervorgehoben war. (Vgl. P. I, 768, 769.)

## § 335.

Der Versprechensempfänger kann, sofern nicht ein anderer Wille der Vertragschließenden anzunehmen ist, die Leistung an den Dritten auch dann fordern, wenn diesem das Recht auf die Leistung zusteht.

E. I, 412 Abs. 2; II, 287; III, 329.

1. In der Regel hat derjenige, welcher sich durch Vertrag eine Leistung an einen Dritten hat versprechen lassen, auch ein Interesse daran, daß die Leistung an den Dritten erfolgt, sei es, daß er durch den Vertrag eine Fürsorge für den Dritten bethätigen, sei es, daß er sich von einer eigenen Verbindlichkeit gegen den Dritten befreien will.

In § 335 wird deßhalb die Auslegungsregel aufgestellt, daß der Versprechensempfänger, soferne nicht ein anderer Wille der Vertragschließenden anzunehmen ist, die Leistung an den Dritten auch dann fordern kann, wenn dem Dritten das Recht auf die Leistung zusteht. Dies entspricht auch der bisherigen gemeinrechtlichen Doktrin und Praxis. (Windscheid, Pand. Bd. 2 § 316 Note 1; RGE. Bd. 21 S. 190, 191.)

2. Die Erben des Versprechensempfängers sind nicht diejenigen, welche die Leistung an den Dritten ausbedungen haben. Bei ihnen besteht keine Vermuthung dafür, daß sie ein eigenes Interesse an dieser Leistung haben. Regelmäßig wird daher bei Lebensversicherungsverträgen ein Recht der Erben des Versicherungsnehmers auf die Zahlung der Versicherungssumme an den Dritten ausgeschlossen sein. Ebenso P. I, 756, D. 50.

3. Die Beweislast dafür, daß ein gegentheiliger Wille anzunehmen ist, trifft den Versprechenden, welcher das Forderungsrecht des Empfängers bestreitet.

4. Solange der Dritte das Recht noch nicht erworben hat, kann nur der Versprechensempfänger die Gläubigerrechte ausüben. Dies ist von Wichtigkeit im Falle des Konkurses über das Vermögen des Versprechenden.

5. Wird die dem Versprechenden obliegende Leistung durch einen von ihm zu vertretenden Umstand unmöglich, so kann jedenfalls der Dritte, welcher das Recht erworben hat, als Gläubiger den durch die Nichterfüllung entstehenden Schaden ersetzt verlangen (§ 280), aber auch dem Versprechensempfänger wird in diesem Falle ein Ersatzanspruch zugebilligt werden müssen, jedoch nur ein Anspruch auf Ersatz seines eigenen Schadens. Ebenso Planck Bem. 3, Oertmann Bem. 4 zu § 335.

# Vierter Titel.

## Draufgabe. Vertragsstrafe.

## § 336.*)

Wird bei der Eingehung eines Vertrags etwas als Draufgabe gegeben, so gilt dies als Zeichen des Abschlusses des Vertrags.

Die Draufgabe gilt im Zweifel nicht als Reugeld.

E. I, 417; II, 288; III, 330.

1. Die §§ 336—338 handeln von der Draufgabe, welche bei Eingehung eines Vertrags gegeben wird, von der sogenannten arrha pacto perfecto data.

Die Vorschriften der §§ 336—338 sind dispositiver Natur, zum größten Theil bloße Auslegungsregeln.

Wie im gemeinen Rechte (Dernburg, Pand. Bd. 2 § 12; Windscheid, Pand. Bd. 2 § 325) ist diese auch nach BGB. nur ein Zeichen des Vertragsabschlusses (arrha confirmatoria). Ebenso nach BLR. Thl. IV cap. 1 § 11 Nr. 1. Sie ist nicht, wie das

---

*) Literatur: Kunze, Das Wesen und die Bedeutung der arrha des gemeinen Rechts im Verhältniß zu der Draufgabe des BGB., der Konventionalstrafe des gemeinen Rechts und der modernen Vertragsstrafe, 1904; Schrödter, Vergleichende Darstellung des Rechts der arrha (Draufgabe) nach dem gemeinen Recht und dem BGB., Erlanger Diss. 1899; Ballentin, Die Draufgabe des gemeinen Rechts, Die Draufgabe des BGB., Berliner Diss. 1900; Kipp, Rechtswahrnehmung und Reugeld, Berlin 1903; Ledermann, Die Unterschiede des Reugeldes (sog. Wandelpön) und der Vertragsstrafe im gemeinen Recht und neuen Reichsrecht, Berlin 1904.

Handgeld des deutschen Rechtes, ein Mittel des Vertragsschlusses. Der Vertrag kommt zu Stande, wenn die Voraussetzungen der §§ 151 und 154 vorliegen, gleichviel ob eine Draufgabe gegeben wurde oder nicht. Aber auch nach Leistung einer Draufgabe ist der Gegenbeweis zulässig, daß der Vertrag mangels der erforderlichen Einigung der Parteien nicht zu Stande gekommen ist.

Statt des Ausdruckes „Draufgabe" kommen auch die Bezeichnungen Angeld, Arrha, Dinggeld, Draufgeld, Haftgeld, Handgeld, Weinkauf, Miethsthaler (bei Gesindeverträgen) und andere vor.

Der Gebrauch des gesetzlichen Ausdrucks „Draufgabe" ist nicht erforderlich, es ist nicht ausgeschlossen, daß die Parteien auch mit anderen Ausdrücken je nach Sitte und Sprachgebrauch dasselbe bezwecken. Vgl. Seuff. Arch. Bd. 30 Nr. 132.

Bei der Feststellung, was als Parteiwille anzunehmen sei, kann auch ein etwa bestehender Ortsgebrauch oder die Ortssitte in Berücksichtigung gezogen werden (P. 1, 773).

2. Allerdings kann die Draufgabe auch den Charakter eines Reugeldes (arrha poenitentialis) haben, wenn die — ausdrückliche oder stillschweigende — Absicht der Vertragschließenden darauf gerichtet ist, daß der einseitige Rücktritt vom Vertrage gegen Verlust der hingegebenen oder gegen Rückgabe der empfangenen Draufgabe gestattet sein soll. Im Zweifel ist dies aber nicht anzunehmen. Vgl. § 336 Abs. 2. Wer sich darauf beruft, daß die Draufgabe Reugeld sei, muß einen hierauf gerichteten Willen der Vertragschließenden beweisen.

Ueber den Vorbehalt des Rücktritts gegen Zahlung eines Reugeldes s. § 359.

3. Als Draufgabe kann jeder Gegenstand (etwas) gegeben werden. In der Regel wird zwar Geld gegeben, es können aber auch andere Sachen, auch Forderungen, Rechte als Draufgabe übertragen werden. Planck Bem. 4. And. M. Schollmeyer Bem. 2 zu § 336, der nur aus den Worten „gegeben werden" folgert, daß nur Sachen (körperliche Gegenstände) als Draufgabe gegeben werden können.

Regelmäßig wird die Draufgabe durch körperliche Uebergabe, Tradition (§ 929 Satz 1) vollzogen. Zulässig ist aber auch Uebergabeersatz durch traditio brevi manu (§ 929 Satz 2) und selbst constitutum possessorium (§ 930). Vgl. Planck Bem. 4 zu § 336, Dernburg § 99 Nr. 4. And. M. Oertmann Bem. 5 zu § 336. Verf., der früher im Handkommentar (Kuhlenbeck Bem. 1 zu § 336) sich der Oertmann'schen Ansicht angeschlossen hatte, giebt diese Ansicht auf. Das BGB. gebraucht den Ausdruck „geben" mehrfach im weiteren Sinne als „übergeben".

4. Durch die Hingabe der Draufgabe wird der Empfänger Eigenthümer der letzteren. Er begeht also durch den Verbrauch derselben keine Unterschlagung im Sinne des § 246 StGB. Der dem Geber nach §§ 337, 338 zustehende Anspruch auf Rückgabe ist nur ein obligatorischer.

5. Sehr häufig ist die Draufgabe beim Viehhandel. Am häufigsten aber kommt die Draufgabe vor bei der Gesindemiethe, deren Regelung zufolge Art. 95 EG. dem Landesrechte vorbehalten ist. Soweit im letzteren besondere Bestimmungen über die Draufgabe nicht getroffen sind, gelten auch für die Gesindemiethe die §§ 336—338. Vgl. die Bem. zu Art. 95 EG., sowie auch Vorbem. IX vor § 611 über den Gesindemiethevertrag. Für Preußen s. Ges.O. v. 8. Novbr. 1810 §§ 22 ff. (Durch das bayrische AG. haben die Bestimmungen des § 336 keine Abänderung erfahren, wohl aber jene der §§ 337 und 338.)

6. Die Draufgabe, welche mit Rücksicht auf einen erst abzuschließenden Vertrag gegeben wird, die sogenannte arrha pacto imperfecto data, wird im BGB. nicht geregelt (M. II, 273), für die rechtliche Beurtheilung derselben ist der aus den Umständen des Einzelfalles zu ermittelnde Wille der Vertragschließenden maßgebend.

7. Ueber eine Sonderregelung bei Hingabe zum Zeichen eines Verlöbnisses s. § 1301 mit Bem.

8. Für das Handelsrecht bestehen hier keine Sondervorschriften.

Ueber Handgeld beim Heuervertrag mit der Schiffsmannschaft vgl. Seemanns-O. v. 27. Dezbr. 1872 § 37 und v. 2. Juni 1900 § 47.

## § 337.

Die Draufgabe ist im Zweifel auf die von dem Geber geschuldete Leistung anzurechnen oder, wenn dies nicht geschehen kann, bei der Erfüllung des Vertrags zurückzugeben.

Wird der Vertrag wieder aufgehoben, so ist die Draufgabe zurückzugeben.

E. I, 418; II, 289; III, 331.

1. Sofern nicht ein anderer Wille der Vertragschließenden anzunehmen ist, wird die Draufgabe nicht als Zugabe zu der geschuldeten Leistung, sondern als Vorschuß auf dieselbe angesehen. Sie ist deßhalb bei der Erfüllung des Vertrags auf die vom Geber geschuldete Leistung anzurechnen oder, wenn dies nicht geschehen kann, weil Gegenstand der Draufgabe und Gegenstand der Leistung nicht gleichartig sind, zurückzugeben. Auch hier kann ein etwa bestehender Ortsgebrauch als Auslegungsbehelf für die Erforschung des Parteiwillens berücksichtigt werden. Vgl. Bem. 1 zu § 336.

So schreibt z. B. auch die preußische Gesindeordnung § 25 vor, daß der sogenannte Dingpfennig auf den Lohn angerechnet werden darf. Gleichwohl ist das Gegentheil vielfach gewohnheitsrechtlich üblich. Anders auch das bayr. AG. Vgl. Bem. 4. Vielfach bringt die Verkehrssitte und das Gewohnheitsrecht es auch mit sich, daß eine nicht aufrechenbare Draufgabe, z. B. ein Ring (Verlobungsring, Trauring) nicht zurückgegeben wird bei Erfüllung des Vertrags.

Die anzurechnende Draufgabe wird vielfach als „Angeld" bezeichnet. Vgl. OTr.E. Bd. 58 S. 27.

2. Abs. 2. Wird der Vertrag wieder aufgehoben, sei es ohne Verschulden eines der Vertragschließenden, sei es aus Verschulden des Empfängers der Draufgabe, so ist die Draufgabe zurückzugeben. Nur wenn der Geber die Wiederaufhebung des Vertrags verschuldet hat, darf der Empfänger die Draufgabe behalten (§ 338 Satz 1). Die Verpflichtung zur Zurückgabe tritt mit der Wiederaufhebung des Vertrags ohne Weiteres ein.

Die Verpflichtung zur Zurückgabe ist eine unmittelbar gesetzliche, vgl. § 337 Abs. 2; es finden also die allgemeinen Grundsätze, insbesondere die §§ 275—283, nicht die besonderen Vorschriften über Herausgabe einer ungerechtfertigten Bereicherung Anwendung. Vgl. Planck Bem. 3 zu § 337, Schrödter a. a. O., Neumann, Jahrb. I, 1 S. 254. And. M. Oertmann Bem. 3 zu § 337, Endemann I § 107 Anm. 6, Schollmeyer Bem. 1 zu § 337 (früher auch Kuhlenbeck, Handkomm. N. 4 zu § 336). Nur wenn der Vertrag nichtig ist, z. B. wegen Formmangels oder infolge von Anfechtung wegen Irrthums, Betrugs, Zwang, finden die Grundsätze über ungerechtfertigte Bereicherung Anwendung. Vgl. Bem. 3. Bestand die Draufgabe in vertretbaren Sachen, so sind Sachen derselben Art und Menge zurückzugeben, bestand sie in einer nicht vertretbaren Sache, so ist diese in Natur zurückzugeben. Für den Fall der Unmöglichkeit vgl. §§ 280, 281 (vom Empfänger zu vertretende Unmöglichkeit), §§ 275, 323 (kasuelle Unmöglichkeit).

Uebrigens ist die Vorschrift des Abs. 2, wie sich schon aus § 336 Abs. 2 ergiebt, keine zwingende. Die Parteien können z. B. vereinbaren, daß im Falle der von keinem Vertragstheile verschuldeten Wiederaufhebung die Draufgabe dem Empfänger verbleiben soll.

3. Die Nichtigkeit des Vertrags hat gemäß § 139 regelmäßig auch die Nichtigkeit des die Draufgabe betreffenden Nebenvertrags zur Folge. Der Empfänger ist in diesem Falle nach § 812 verpflichtet, die erhaltene Draufgabe herauszugeben. Beruht jedoch die Nichtigkeit auf einem Verstoße gegen ein gesetzliches Verbot (§ 134) oder gegen die guten Sitten (§ 138) und fällt dieser Verstoß nicht nur dem Empfänger, sondern auch dem Geber der Draufgabe zur Last, so ist zufolge § 817 die Rückforderung ausgeschlossen. (Vgl. P. I, 774.)

Hierauf beruht auch die Unzulässigkeit der Rückforderung der sogenannten arrha fornicationis. Vgl. Schollmeyer Bem. 4 zu § 337.

4. Für das Gesinderecht bestimmt das bayrische AG. zum BGB. in Art. 18 abweichend von der Auslegungsregel des § 337 Abs. 1, daß das Draufgeld im Zweifel nicht vom Lohn abgezogen werden darf.

## § 338.

Wird die von dem Geber geschuldete Leistung in Folge eines Umstandes, den er zu vertreten hat, unmöglich oder verschuldet der Geber die Wiederaufhebung des Vertrags, so ist der Empfänger berechtigt, die Draufgabe zu behalten. Verlangt der Empfänger Schadensersatz wegen Nichterfüllung, so ist die Draufgabe im Zweifel anzurechnen oder, wenn dies nicht geschehen kann, bei der Leistung des Schadensersatzes zurückzugeben.

E. I, 419; II, 290; III, 332.

1. In zwei Fällen trifft den Geber der Draufgabe die Strafe, daß er den Anspruch auf Zurückgabe der Draufgabe verliert:

a) Wenn die von dem Geber geschuldete Leistung in Folge eines Umstandes unmöglich wird, den der Geber zu vertreten hat.

Dem Empfänger bleibt es in diesem Falle selbstverständlich auch unbenommen, gemäß §§ 280 und 325 Schadensersatz wegen Nichterfüllung zu verlangen. Macht er von letzterem Rechte Gebrauch, so muß er im Zweifel, wie auf die vom Geber geschuldete Leistung (§ 337 Abs. 1), so auf die an deren Stelle tretende Entschädigung sich die Draufgabe anrechnen lassen oder, wenn dies wegen Ungleichartigkeit der Leistungen nicht geschehen kann, die Draufgabe zurückgeben. § 338 Satz 2. Vgl. dagegen für das Gesinderecht Bem. 5.

Welche Umstände der Geber als Schuldner der Leistung zu vertreten hat, bestimmt sich nach den §§ 276—279.

b) Wenn der Geber die Wiederaufhebung des Vertrags verschuldet. Dies ist z. B. der Fall, wenn der Empfänger wegen Verzugs des Gebers nach Maßgabe des § 326 vom Vertrage zurücktritt. Dagegen muß der Empfänger die Draufgabe zurückgeben, wenn er auf Grund der §§ 360 und 361 vom Vertrage zurücktritt, ohne daß ein Verschulden des Gebers oder eine vom Geber zu vertretende Unmöglichkeit vorliegt. S. § 360 Bem. 2, § 361 Bem 1, c und 2, d.

2. Wird der Vertrag in Folge eines Umstandes, den keiner der Vertragstheile oder den der Empfänger allein zu vertreten hat, wieder aufgehoben, so ist nach der allgemeinen Bestimmung des § 337 Abs. 2 die Draufgabe zurückzugeben. Vgl. Bem. 2 zu § 337.

3. Wenn der Empfänger die Unmöglichkeit der von ihm geschuldeten Leistung verschuldet, so hat derselbe zufolge § 280 dem Geber den durch die Nichterfüllung entstehenden Schaden zu ersetzen. Regelmäßig wird er also mindestens die vom Geber geleistete Draufgabe zurückzuerstatten haben. Hiedurch wird seine Verpflichtung, einen weitergehenden Schaden zu vergüten, nicht berührt. Dagegen verfällt er beim Vertragsbruche nicht, wie nach gemeinem Rechte (Dernburg, Pand. Bd. 2 § 12 Note 3) der Strafe, den doppelten Betrag der Draufgabe erstatten zu müssen.

Beim gegenseitigen Vertrage kann der Geber, statt Schadensersatz wegen Nichterfüllung zu verlangen, vom Vertrage zurücktreten (§ 325). Macht der Geber vom Rücktrittsrechte Gebrauch, so ist ihm die Draufgabe gemäß § 337 Abs. 2 zurückzugeben; s. oben Bem. 2.

4. Die Aufnahme einer dem § 343 entsprechenden Bestimmung über die richterliche Ermäßigung einer unverhältnißmäßig hohen Draufgabe wurde von der II. Komm. abgelehnt. Zur Rechtfertigung einer solchen Bestimmung war geltend gemacht worden, daß die Vorschriften, durch welche die Vertragsstrafe beschränkt werde, umgangen werden könnten, wenn derjenige, welcher eine unverhältnißmäßig hohe Summe als Draufgabe empfangen habe, diese wegen einer vom Geber verschuldeten Nichterfüllung des Vertrags behalten dürfe. Die Mehrheit der Kommission war dagegen der Ansicht, die Rechtsprechung werde in einem solchen Falle, auch wenn die Vertragschließenden die Bezeichnung „Draufgabe" wählen, nicht verkennen, daß es sich thatsächlich um eine Vertragsstrafe handle und das Verhältniß nicht aus dem Gesichtspunkte der Draufgabe, sondern aus dem der Vertragsstrafe beurtheilen (P. I 775).

5. Für das Gesinderecht bestimmt Art. 18 des bayrischen AG. z. BGB. entgegen der Auslegungsregel des § 338 Satz 2, daß die Dienstherrschaft, wenn sie im Falle der Auflösung des Dienstverhältnisses zum Schadensersatze verpflichtet ist, die Draufgabe auf den von ihr zu ersetzenden Schaden nicht anrechnen kann.

## Vorbemerkungen zu den §§ 339—345.*)

Die §§ 339—345 handeln von der Vertragsstrafe (Konventionalstrafe).

Die Vertragsstrafe ist ein Mittel zur Verstärkung der schuldnerischen Haftung, sie bezweckt in erster Linie, dem Vertragsbruch vorzubeugen und will daher als indirektes Zwangsmittel, als gewillkürte Strafandrohung psychologisch wirken. Sie ist als solche eine echte Strafe, ein für rechtswidriges Verhalten festgesetztes Uebel und unterscheidet sich von der öffentlichen Strafe nur dadurch, daß sie ausschließlich dem privaten Interesse des Gläubigers dient.

Daneben kann sie als Mittel benutzt werden, die Schwierigkeit des Schadensersatznachweises für den Fall der Nichterfüllung oder nicht gehöriger Erfüllung der schuldnerischen Verpflichtung zu beseitigen und ein voraus vereinbartes Aversional-Quantum für das Interesse bilden. Vgl. Kuhlenbeck, Von den Pand. z. BGB. II S. 128, PLR. Thl. I Tit. 5 § 292, RGE. Bd. 26 S. 93, Bd. 33 S. 219, Jur. Wschr. 1880 S. 186. Nach dem BGB. (§ 340) dient sie im Zweifel beiden Zwecken. (M. II, 275.)

Regelmäßig wird unter Vertragsstrafe nur eine vertragsmäßige, vereinbarte Strafe verstanden. Nach § 339 ist jedoch auch ein einseitiges Strafversprechen in Fällen, in denen überhaupt einseitige Versprechen bindend sind, z. B. in Inhaberpapieren, gültig und als Vertragsstrafe zu behandeln. Vgl. Dernburg II S. 245.

Eine durch letztwillige Verfügung angedrohte Strafe ist keine Vertragsstrafe im Sinne der folgenden Paragraphen, daher auch, wenngleich rechtswirksam, soweit die Normen über die Bedingung zutreffen, nicht entsprechend zu behandeln. Vgl. Rehbein II S. 230. And. M. Dernburg a. a. O., RGE. Bd. 19 S. 232.

Die Vertragsstrafe als vereinbarte Strafe (Konventionalstrafe) ist nicht auf vertragsmäßige Verbindlichkeiten beschränkt, ihre Vereinbarung ist zulässig bei Verbindlichkeiten jeder Art, auch bei gesetzlichen, z. B. kann sie auch für die Erfüllung einer gesetzlichen Alimentationspflicht ausbedungen werden. Sie kann ferner nicht nur bei der Eingehung der Verbindlichkeit, sondern auch nachträglich vereinbart werden.

Die echte Vertragsstrafe (im Sinne der folgenden Paragraphen) setzt aber eine Verbindlichkeit voraus und ist insofern accessorisch (§ 339).

Die im Verkehr nicht seltene selbständige (konstitutive) Bedeutung einer Strafvereinbarung, Versprechen einer Leistung für den Fall, daß Jemand etwas thut oder unterläßt, worauf kein unmittelbarer Anspruch besteht, fällt nicht unter den gesetzlichen Begriff. Doch sind solche Vereinbarungen — Dernburg II S. 246 bezeichnet sie als strafähnliche Versprechen — in einer Beziehung (rücksichtlich des Ermäßigungsrechts) entsprechend zu behandeln (§ 343).

In diesen Fällen des strafähnlichen Versprechens ist, wie Rehbein II S. 226 richtig hervorhebt, nur die Strafe in obligatione, die Leistung, Handlung oder Unterlassung, zu der die Verpflichtung nicht übernommen, in conditione, während bei der Vertragsstrafe die Strafabrede Nebenabrede ist, neben der die Hauptverpflichtung in obligatione bleibt. Im Uebrigen

*) Literatur: Vgl. Dernburg, D. bürgerl. Recht II S. 245—258; Fuld, Die Vertragsstrafe nach dem BGB. im Sächs. Arch. Bd. 9 S. 337; Pfizer, Die Vertrags-(Konventional-)Strafe nach dem BGB. in der Zeitschr. f. d. Notariat in Bayern 1900 S. 24; Klein, Ueber den Verfall der Konventionalstrafe nach gem. Rechte, unter Berücksichtigung der modernen Gesetzgebung, Diss., Königsberg 1898; Strauß A., Ueber die Konventionalstrafe nach der neuen Reichsgesetzgebung, Inaug.-Diss., Erlangen 1898, München, Buchdruckerei von J. B. Lindl; Lübbe, Hans, Die Vertragsstrafe nach gemeinem Rechte und dem Rechte des BGB., Inaug.-Diss., Greifswald 1900, Druck von J. Abel; Korsch in Marine-Rundsch. 13. Jahrg. 1902 S. 75: Die Vertragsstrafen im heutigen Recht und in der Praxis der kaiserlichen Werften; Schmidt, Albert, Verwirkungsklausel und Vertragsstrafe im Abzahlungsgeschäft, Inaug.-Diss., Rostock 1902; Neuenfeldt, Ist die Konventionalstrafe Straf- oder Ersatzleistung? 1885; Nettelbladt, Die Vertragsstrafe, 1891; Pergament, Konventionalstrafe und Interesse, 1896; Framheim, Cessibilität der Konventionalstrafe, Diss., Erlangen 1895; Volmar, Cessibilität der Konventionalstrafen, Diss., Erlangen 1898.

ist sowohl das selbständige wie das accessorische Strafversprechen ein bedingtes Rechtsgeschäft, und die allgemeinen Vorschriften über letzteres (§§ 158 ff.) würden darnach an sich, nicht wie Planck II S. 191 zu meinen scheint, nur auf ersteres, sondern auf beide anwendbar sein. Eine nähere Betrachtung aber ergiebt, daß diese Anwendbarkeit eine sehr beschränkte ist. Denn

a) das Strafversprechen ist stets aufschiebend bedingt; die Resolutivbedingung kommt nicht in Frage;
b) die Bedingung ist stets eine Potestativbedingung, d. h. ihr Eintritt oder Nichteintritt ist vom Willen des bedingt Verpflichteten abhängig;
c) die obligatorische Rückbeziehung des § 159 ist durch den Zweck des Strafversprechens ausgeschlossen;
d) die Absicht der Parteien ist stets darauf gerichtet, daß die Bedingung nicht eintreten soll; aus diesem Grunde ist auch sowohl die Anwendbarkeit des § 160 Abs. 1 wie die des § 162 ausgeschlossen. Der Eintritt der Bedingung kann der Natur der Sache nach nicht wider Treu und Glauben verhindert werden, da ja gerade der Zweck der Strafe darauf geht, den Eintritt derselben zu verhindern;
e) unanwendbar ist auch § 161, da es sich bei einem Strafversprechen, sei dieses nun konstitutiv oder bloß accessorisch, niemals um eine bedingte Verfügung handelt;
f) denkbar ist also nur die Anwendbarkeit des § 162 Abs. 2, sofern möglicher Weise der aus dem Strafversprechen Berechtigte den Verfall der Strafe wider Treu und Glauben herbeiführen kann. Vgl. OLG. Karlsruhe, Bad. Rspr. 1901 S. 121; Neumann, Jahrb. I S. 256.

Nicht erforderlich ist jedoch, daß die Hauptverbindlichkeit, welche durch die Vertragsstrafe gesichert wird, klagbar sein muß; sie darf auch eine bloß natürliche Verbindlichkeit im Sinne der Vorbem. S. 6 oben sein. Vgl. Dernburg II S. 249. And. Ans. Cosack I § 92 Anm. 2 und Endemann I Abth. 2 § 133.

Ein wichtiger Unterschied zwischen der accessorischen (echten) Konventionalstrafe und der selbständigen (konstitutiven) ist der, daß erstere eine gültige Hauptforderung voraussetzt, daher bei Unwirksamkeit des Hauptversprechens schlechthin ebenfalls unwirksam ist, während letztere nur unwirksam ist, wenn die übernommene Hauptverpflichtung gegen zwingendes Recht oder die guten Sitten verstößt. Vgl. § 344 Bem. 1.

Die Vertragsstrafe muß eine Vermögensleistung ausbedingen, sie wird in der Regel in Geld vereinbart, und die §§ 339—341 beziehen sich zunächst auf die vereinbarte Geldstrafe. Der § 342 erklärt diese Vorschriften für den Fall, daß eine andere Leistung versprochen ist, für entsprechend anwendbar, schließt jedoch den Schadensersatzanspruch aus, wenn der Gläubiger die Strafe verlangt; die nicht auf Geld gerichtete Strafabrede ist also stets als Aequivalentvereinbarung für den Schadensersatz aufzufassen.

Ueber den wesentlichen Unterschied zwischen Konventionalstrafe und Reugeld (Wandelpön) vgl. § 359, vgl. ferner RGE. Bd. 43 S. 228, D. Jur.Z. Bd. 7 S. 118.

Keine Vertragsstrafe ist die sog. kassatorische Klausel oder die lex commissoria, die als Resolutivbedingung wirkt. Ebenso liegt keine Vertragsstrafe im Sinne der folgenden Paragraphen vor, wenn der Verfall geliehenen Kapitals oder kreditirter Forderung von pünktlicher Zins- oder Ratenzahlung abhängig gemacht ist.

Dagegen ist es streitig, ob in der Vereinbarung, daß der Kaufpreis sich im Falle der Verzögerung der Lieferung der Kaufsache um gewisse Prozente vermindern soll, der Lohn des Arbeiters wegen Verfehlungen desselben gekürzt werden darf oder die Höhe des bedungenen Zinses im Falle nicht rechtzeitiger Zinszahlung steigen soll, eine Vertragsstrafe im Sinne der folgenden Paragraphen zu erblicken ist. Dagegen Rehbein II S. 228, Dernburg II S. 247, während Planck Bem. 1 zu § 339, Endemann I § 133 Anm. 6 die Bestimmungen über die Vertragsstrafe auf solche Abreden für anwendbar halten. Ich halte sie zwar nicht für unmittelbar, wohl aber für entsprechend anwendbar. Vgl. Bem. 1 zu § 339.

Der Anspruch auf die Vertragsstrafe ist passiv und aktiv vererblich; er ist kein höchstpersönlicher, wie der öffentliche Strafanspruch. Daher ist er auch übertragbar.

Daß mit der Abtretung des Anspruchs auf die Hauptleistung auch der Anspruch aus dem Strafvertrag übergeht, ist unbestritten. Der Anspruch auf die bereits verwirkte Strafe kann auch für sich allein abgetreten werden. Vgl. Planck II Bem. 4 zu § 340, Rehbein II S. 231, Dernburg II S. 248.

Bestritten ist, ob auch der Anspruch auf die noch nicht verwirkte Strafe für sich allein abgetreten werden kann. Mit Rehbein II S. 231, Planck Bem. 4 zu § 340, Dernburg II S. 248 halte ich die Abtretung für zulässig, da auch bedingte Forderungen abgetreten werden können und die §§ 399, 400 nicht entgegenstehen. And. Ans. Oertmann Bem. 2, b zu § 399.

Ob und wieweit der zum Abschluß eines Vertrags Bevollmächtigte auch eine Vertragsstrafe mit bindender Kraft für seinen Machtgeber vereinbaren kann, richtet sich nach dem Umfange der Vollmacht. In der Regel wird eine ausdrückliche Ermächtigung zu fordern sein, es sei denn, daß es sich um Verträge handelt, bei denen derartige Strafversprechen üblich sind und also der Vermuthung nach im Willen des Machtgebers liegen. Vgl. Dernburg II S. 245 Anm. 5, O.Trib.E. Bd. 80 S. 284.

## § 339.

Verspricht der Schuldner dem Gläubiger für den Fall, daß er seine Verbindlichkeit nicht oder nicht in gehöriger Weise erfüllt, die Zahlung einer Geldsumme als Strafe, so ist die Strafe verwirkt, wenn er in Verzug kommt. Besteht die geschuldete Leistung in einem Unterlassen, so tritt die Verwirkung mit der Zuwiderhandlung ein.

E. I, 422; II, 291; III, 333.

1. Die folgenden §§ 339—341 beschränken sich auf den Fall, daß eine Geldsumme als Strafe versprochen ist, sie sind aber auf Fälle, in denen eine andere Leistung versprochen ist, mit dem in § 342 gemachten Vorbehalt entsprechend anwendbar. Sie beziehen sich auf jedes Strafversprechen, setzen also keine Strafvereinbarung voraus, sind also auch dann anwendbar, wenn ausnahmsweise ein einseitiges Versprechen eine Verpflichtung erzeugt. Vgl. Vorbem. S. 177.

Vorausgesetzt wird eine Verbindlichkeit; sie bezieht sich also auf das accessorische, nicht auf das konstitutive Strafversprechen (vgl. Vorbem.). Gleichgültig ist, ob es sich um eine vertragsmäßige oder gesetzliche oder deliktische oder letztwillig begründete Verbindlichkeit handelt.

2. Da eine zur Sicherung einer bestehenden Verbindlichkeit versprochene Strafe vorausgesetzt ist, so wird die Vertragsstrafe nicht verwirkt, wenn

a) der Hauptanspruch von vornherein ungültig ist, z. B. wegen Unmöglichkeit der Leistung; vgl. § 344;

b) der Hauptanspruch vor Verfall der Vertragsstrafe erlischt, z. B. in Folge einer Aufrechnung, oder wenn ihm eine zerstörliche Einrede entgegentritt. Vgl. RGE. Bd. 33 S. 220.

3. Vorausgesetzt wird das Versprechen der Zahlung einer Geldsumme. Darnach fällt die Vereinbarung, daß der Lohn eines Dienstverpflichteten sich bei nicht gehöriger Erfüllung seiner Dienstpflichten um einen gewissen Betrag vermindern soll, zwar nicht unmittelbar unter den Begriff der Konventionalstrafe (and. M. Planck Bem. 1 zu § 339); doch dürfte der entsprechenden Anwendung der §§ 339—341 auf diesen Fall nichts entgegenstehen, da Aufrechnung ein Surrogat der Zahlung ist. Im Uebrigen ist nicht erforderlich, daß die Zahlung der Geldsumme ausdrücklich als Strafe bezeichnet sei, es genügt, daß sie objektiv den Charakter einer solchen hat. Vgl. Vorbem. S. 178.

4. Die Verpflichtung zur Zahlung der Vertragsstrafe tritt mit dem Verzuge des Schuldners ein. Es wird also stets ein Verschulden des Schuldners vorausgesetzt (§ 285), dies ist auch der Fall, wenn die geschuldete Leistung in einem Unterlassen besteht (Satz 2). And. M. Planck Bem. 2 zu § 339, RGE. Bd. 55 S. 78, sowie auch Schollmeyer II S. 243 auf Grund der Mot. (II, 278). Planck und Schollmeyer finden für den Fall, daß die geschuldete Leistung in einem Unterlassen besteht, in der Vereinbarung

der Strafe stets ein Garantieversprechen. Nach meiner Auffassung will Satz 2 den Kläger für diesen Fall nur von dem Nachweise des Verschuldens entbinden, der Mangel des Verschuldens kann jedoch vom Beklagten als Befreiungsgrund geltend gemacht und bewiesen werden. Vgl. Titze, Unmöglichkeit der Leistung S. 103.

Jedenfalls muß die Zuwiderhandlung eine bewußte und freigewollte sein. Bayr. Oberst. LG. 2. April 1901 in Seuff. Arch. Bd. 56 S. 442; auch verfällt die Strafe nicht, wenn die Zuwiderhandlung durch höhere Pflichten geboten war, z. B. auf Befehl eines Oberen, dem man schlechthin zu gehorchen hat, oder behufs Rettung eines Menschen. Dernburg II S. 256, Enneccerus I § 186 Anm. 7. And. M. Planck Bem. 2 zu § 339.

Uebrigens ist die Bestimmung des § 339 rein dispositiver Natur. Die Parteien können daher in allen Fällen die Verwirkung der Strafe vom Verschulden oder Nichtverschulden durch Vertragsbestimmung unabhängig machen und der Strafabrede die Natur des Garantieversprechens geben.

5. Die Vertragsstrafe braucht nicht nothwendig dem Gläubiger der Verbindlichkeit zukommen, sie kann auch einem Dritten, z. B. einer Armenkasse, bestimmt sein. Ob darin ein Vertrag zu Gunsten des Dritten im Sinne des § 328 zu befinden ist, ist Auslegungsfrage. Vgl. Bem. zu § 328. Nach Dernburg II S. 347 ist im Zweifel ein den Dritten selbständig berechtigender Vertrag nicht anzunehmen.

6. Das BGB. bietet keinen Anhalt dafür, daß eine Vertragszusage deßwegen, weil der Schuldner für den Fall der Nichterfüllung seiner Verbindlichkeit zugleich die Zahlung einer Geldsumme als Strafe versprochen hat (§ 339), nach anderen Regeln (strenger einschränkend) auszulegen sei, als den allgemein gültigen. Auch bei Auslegung der Strafbestimmung selbst sind §§ 133, 157 zu beachten. RGE. in Jur. Wschr. 1903 Beil. 43. Anders RGE. Bd. 26 S. 165.

7. Wegen der selbständigen (konstitutiven) Vertragsstrafe (Versprechen einer Leistung für den Fall der Vornahme einer Handlung oder einer Unterlassung, auf welche keine Verbindlichkeit besteht), vgl. Vorbem. S. 177 und § 343 Bem. 6.

8. Das für eine Forderung bestellte Pfand haftet auch für die Vertragsstrafen. § 1210. Das Versprechen einer Strafe für den Fall, daß die Eingehung einer Ehe unterbleibt, ist nichtig. (§ 1297.)

Im Konkursverfahren werden die Vertragsstrafen mit der Kapitalsforderung an derselben Stelle angesetzt. (§ 62 Nr. 2 KO.)

9. Vorschriften über die Vertragsstrafen enthalten ferner die §§ 75 Abs. 2, 212 Abs. 2, 218 Abs. 2, 348, 351 HGB. und § 4 Abs. 1 RG. über die Abzahlungsgeschäfte vom 16. Mai 1894 (RGBl. S. 450).

## § 340.

Hat der Schuldner die Strafe für den Fall versprochen, daß er seine Verbindlichkeit nicht erfüllt, so kann der Gläubiger die verwirkte Strafe statt der Erfüllung verlangen. Erklärt der Gläubiger dem Schuldner, daß er die Strafe verlange, so ist der Anspruch auf Erfüllung ausgeschlossen.

Steht dem Gläubiger ein Anspruch auf Schadensersatz wegen Nichterfüllung zu, so kann er die verwirkte Strafe als Mindestbetrag des Schadens verlangen. Die Geltendmachung eines weiteren Schadens ist nicht ausgeschlossen.

E. I, 420; II, 292; III, 334.

I. Ist die Vertragsstrafe für den Fall der Nichterfüllung versprochen, so kann der Gläubiger nur entweder die Erfüllung oder die Strafe fordern. (§ 340.) Wenn dagegen die Strafe nur für den Fall der nicht gehörigen Erfüllung versprochen wurde, so kann der Gläubiger beides, Erfüllung und Strafe, verlangen. (§ 341.)

II. Ist die Strafe für den Fall der Nichterfüllung versprochen und hat der Schuldner durch seinen Verzug oder durch die Zuwiderhandlung die Strafe verwirkt (§ 339), so kann:

1. in allen Fällen der Gläubiger nach seinem Belieben statt der Erfüllung die verwirkte Strafe verlangen. Es ist dies kein Wahlschuldverhältniß nach §§ 262 bis 265 mit Wahlberechtigung des Gläubigers, sondern nur eine facultas alternativa des letzteren (P. I, 776 und Jacubezky Bem. S. 107).

a) Dem Schuldner steht nicht das Recht zu, dem Gläubiger gemäß § 264 Abs. 2 eine Frist zur Vornahme der Wahl zu setzen.

b) Der Gläubiger, welcher nach Verwirkung der Vertragsstrafe die Erfüllung verlangt hat, kann, solange die Erfüllung nicht bewirkt ist, von diesem Verlangen wieder abgehen und die Strafe fordern.

Hat dagegen der Gläubiger durch Erklärung gegenüber dem Schuldner einmal die Strafe verlangt, so soll sein Anspruch auf Erfüllung zufolge der Bestimmung des § 340 Abs. 1 Satz 2 unwiderruflich ausgeschlossen sein.

Die Erklärung ist ein einseitiges empfangsbedürftiges Rechtsgeschäft (§§ 130—132).

2. In den Fällen, in welchen dem Gläubiger ein Schadensersatzanspruch wegen Nichterfüllung zusteht (§§ 280, 283, 286 Abs. 2, 325, 326), kann derselbe stets die verwirkte Strafe als Mindestbetrag des Schadens verlangen. Er kann aber auch den Anspruch auf Ersatz eines über den Betrag der Strafe hinausgehenden Schadens geltend machen. Letztere Bestimmung, welche auf einem Beschlusse der II. Komm. beruht (P. I, 776), gilt jedoch nicht, wenn als Strafe eine andere Leistung als die Zahlung einer Geldsumme vereinbart ist (s. § 342).

Für das Vorhandensein eines den Betrag der Strafe übersteigenden Schadens ist der Gläubiger allerdings beweispflichtig, während er die Strafe mit ihrer Verwirkung ohne Rücksicht auf die Erweislichkeit eines Schadens und auf die Höhe des letzteren verlangen kann.

Wählt der Gläubiger in den Fällen der §§ 325 und 326 statt des Schadensersatzes wegen Nichterfüllung den Rücktritt, so ist der Anspruch auf die Strafe ausgeschlossen, weil durch die Erklärung des Rücktritts die Hauptverbindlichkeit erlischt (s. Bem. 1 zu § 346), und das Erlöschen der Hauptverbindlichkeit auch das Erlöschen des auf die Strafe gerichteten Nebenvertrags zur Folge hat. Vgl. M. II, 276, Planck Bem. 3, Schollmeyer Bem. 3 zu § 340.

III. Theilweise Erfüllung ist keine „Nichterfüllung", sondern „nicht gehörige" Erfüllung (s. § 341). Nur wenn dem Gläubiger gemäß §§ 280 Abs. 2, 325, 326 ein Schadensersatzanspruch wegen Nichterfüllung der ganzen Verbindlichkeit aus dem Grunde zusteht, weil die theilweise Erfüllung für ihn kein Interesse hat, kommt Abs. 2 des § 340 zur Anwendung, vorausgesetzt, daß die Vertragsstrafe für den Fall der Nichterfüllung versprochen ist. Der Gläubiger, welcher die Strafe verlangt, muß in diesem Falle die empfangene Theilleistung zufolge der alsdann Anwendung findenden Vorschriften über das vertragsmäßige Rücktrittsrecht zurückgewähren. Vgl. § 346.

IV. Auch die Bestimmungen des § 340 sind dispositiver Natur. Die Vertragschließenden können nicht nur die Bedingungen, unter welchen die Verpflichtung des Schuldners zur Bezahlung der Vertragsstrafe eintreten soll, sondern auch die Folgen der Verwirkung der Strafe nach ihrem Belieben festsetzen. Durch Parteivereinbarung kann z. B. bestimmt werden, daß im Falle der Verwirkung nur die Strafe zu leisten und der Anspruch auf Erfüllung gänzlich ausgeschlossen ist.

V. Für das Verhältniß zwischen dem Handlungsgehülfen und dem Prinzipal giebt eine von der Regel des § 340 abweichende zwingende Vorschrift der § 75 Abs. 2 HGB.:

Hat nämlich der Handlungsgehülfe für den Fall, daß er die in einer Vereinbarung der in § 74 HGB. bezeichneten Art übernommene Verpflichtung nicht erfüllt, eine Strafe versprochen, so kann der Prinzipal nur die verwirkte Strafe verlangen; der Anspruch auf Erfüllung oder auf Ersatz eines weiteren Schadens ist ausgeschlossen.

## § 341.

Hat der Schuldner die Strafe für den Fall versprochen, daß er seine Verbindlichkeit nicht in gehöriger Weise, insbesondere nicht zu der bestimmten Zeit, erfüllt, so kann der Gläubiger die verwirkte Strafe neben der Erfüllung verlangen.

Steht dem Gläubiger ein Anspruch auf Schadensersatz wegen der nicht gehörigen Erfüllung zu, so finden die Vorschriften des § 340 Abs. 2 Anwendung.

Nimmt der Gläubiger die Erfüllung an, so kann er die Strafe nur verlangen, wenn er sich das Recht dazu bei der Annahme vorbehält.

E. I, 421; II, 293; III, 335.

1. In § 340 wird als Grundsatz aufgestellt, daß der Gläubiger nicht beides nebeneinander erhalten soll, die Leistung, deren Erfüllung durch die Vertragsstrafe gesichert werden wollte, und die Vertragsstrafe. Die Bestimmung des § 341 bildet nur

scheinbar eine Durchbrechung dieses Prinzips. Der Gläubiger, der die gehörige Erfüllung erst nachträglich erhält, hat eben dasjenige nicht erhalten, was er sich durch die Vertragsstrafe sichern wollte, nämlich die gehörige Erfüllung zur rechten Zeit. Er kann deßhalb im Verwirkungsfalle die bedungene Strafe neben der Erfüllung verlangen. Damit erklärt sich auch die Bestimmung des Abs. 2 (s. Bem. 5).

Die Bestimmung des § 341 ist ebenso wie jene des § 340 dispositiver Natur. Die Parteien können auch bei einer nach § 341 ausbedungenen Vertragsstrafe vereinbaren, daß der Gläubiger im Falle der Verwirkung nur entweder die Erfüllung oder die Strafe (wie nach § 340) oder daß der Gläubiger die Erfüllung überhaupt nicht mehr, sondern nur die Strafe solle fordern dürfen.

2. § 341 setzt voraus, daß die Strafe nur für den Fall versprochen ist, daß der Schuldner seine Verbindlichkeit nicht in gehöriger Weise erfüllt. Eine nicht gehörige Erfüllung liegt vor, wenn die Leistung nicht zur rechten Zeit, nicht am rechten Orte oder nach Qualität oder Quantität mangelhaft bewirkt wird. Also auch die theilweise Erfüllung fällt — abgesehen von dem in Bem. III zu § 340 erwähnten Falle — unter den Begriff der nicht gehörigen Erfüllung.

3. Ist die Strafe nur für einen einzelnen bestimmten Fall der nicht gehörigen Erfüllung, z. B. nur für die nicht rechtzeitige Erfüllung versprochen, so kann sie auch nur für diesen Fall verwirkt werden. Auf andere, nicht unter das Strafversprechen gestellte Fälle der nicht gehörigen Erfüllung sind die allgemeinen Vorschriften anzuwenden. (M. II, 277.)

4. Auch in den Fällen des § 341 wird die Strafe mit dem Verzuge des Schuldners, eventuell mit der Zuwiderhandlung verwirkt (§ 339).

5. Der Gläubiger kann neben dem Schadensersatze die Vertragsstrafe nicht fordern, wenn er im Falle des Schuldnerverzugs von dem ihm nach § 326 zustehenden Rechte Gebrauch macht, nach Ablauf der dem Schuldner gesetzten Frist Schadensersatz wegen Nichterfüllung zu fordern. Es liegt alsdann der Fall des § 340, nicht der des § 341 vor. Vgl. Planck Bem. 1. Der Gläubiger kann in diesem Falle die Strafe als Mindestbetrag des Schadens fordern, der Anspruch auf Ersatz des durch die Strafe nicht gedeckten Schadens wird durch die Geltendmachung dieses Rechtes nicht ausgeschlossen. Wenn der Gläubiger neben dem Schadensersatze noch die Strafe fordern könnte, würde er eine dem muthmaßlichen Parteiwillen nicht entsprechende Bereicherung erfahren.

6. In der vorbehaltlosen Annahme der Erfüllung erblickt das Gesetz einen Verzicht des Gläubigers auf die Strafe. Der Nachweis, daß er nicht hat verzichten wollen, ist ausgeschlossen. Vgl. Jur. Wschr. 1895 S. 608 Nr. 65. Der § 341 Abs. 1 enthält eine praesumptio juris et de jure. Vgl. Rehbein II S. 237. Der Gläubiger, welcher sich den Anspruch auf die Strafe wahren will, muß bei der Annahme seinen hierauf gerichteten Willen ausdrücklich erklären.

Der Vorbehalt muß bei der Annahme erklärt werden. Den Vorbehalt muß der Gläubiger beweisen, wenn er nach der Annahme der Erfüllung die Strafe verlangt.

E. I enthielt im Satz 3 des § 421 die Bestimmung, daß ungeachtet der vorbehaltlosen Annahme dem Gläubiger das Recht auf die Strafe gewahrt bleibe, „wenn der Gläubiger bei Annahme der Hauptleistung von seinem Rechte auf die Strafleistung oder von dem Eintritte der Voraussetzungen desselben nicht unterrichtet war". Die II. Komm. hat diese Bestimmung gestrichen, weil sie es für unzuträglich erachtete, jedesmal über die Frage der Kenntniß des Gläubigers eine Untersuchung anstellen zu lassen (P. I, 778).

Die Annahme muß, um die in Abs. 3 gedachte Wirkung zu äußern, eine dem Schuldner gegenüber, wenn auch stillschweigend, abgegebene Willenserklärung dahin enthalten, daß die Leistung als Erfüllung angenommen werde (RGE. v. 22. April 1904, Jur. Wschr. 1904 S. 338, Urth. d. OLG. Hamburg v. 16. Juni 1903, OLG. Bd. 8 S. 42; and. M. OLG. Kiel v. 14. Dez. 1903, Schl.-Holst.Anz. 1904 Nr. 21). In der Benützung hergestellter Baulichkeiten ist eine Annahme zu finden (OLG. Hamburg v. 23. April 1904, OLG. Bd. 8 S. 441).

Der Vorbehalt kann auch vor der Annahme ausgesprochen werden: nur darf nicht zweifelhaft sein, daß er bei der Annahme noch fortwirken soll (OLG. Stuttgart v. 25. März 1904, D. Jur.Z. 1904 S. 822).

7. Durch die vorbehaltlose Annahme verliert der Gläubiger nur das Recht auf die Strafe, nicht dagegen einen etwaigen Anspruch auf Schadensersatz.

8. Selbstverständlich wird durch die Vorschrift des Abs. 3 nicht das Recht des Gläubigers berührt, die Annahmehandlung selbst anzufechten, wenn für diese ein gesetzlicher Anfechtungsgrund (Irrthum, arglistige Täuschung, Drohung) vorhanden ist. Ist die Annahme anfechtbar und wird sie angefochten, so liegt überhaupt keine rechtlich wirksame Annahme der Erfüllung vor. Ebenso Oertmann Bem. 3 zu § 341.

## § 342.

Wird als Strafe eine andere Leistung als die Zahlung einer Geldsumme versprochen, so finden die Vorschriften der §§ 339 bis 341 Anwendung; der Anspruch auf Schadensersatz ist ausgeschlossen, wenn der Gläubiger die Strafe verlangt.

E. II, 294; III, 336.

Als Vertragsstrafe können auch andere Leistungen als die Zahlung einer Geldsumme versprochen werden. Es gelten alsdann ebenso wie für das Versprechen einer Geldsumme die Bestimmungen der §§ 339—341, jedoch mit folgender Einschränkung: Steht dem Gläubiger ein Schadensersatzanspruch zu, so ist, wenn er statt des Schadensersatzes die Strafe verlangt, hiemit der Anspruch des Gläubigers auf Ersatz des ihm über den Werthsbetrag der Strafe hinaus zugegangenen Schadens unwiderruflich ausgeschlossen. Er muß sich mit der Strafleistung als Ersatz für die Nichterfüllung oder nicht gehörige Erfüllung der Verbindlichkeit begnügen. § 340 Abs. 2 Satz 2 findet also auf diese Art der Vertragsstrafen keine Anwendung. Dagegen ist es dem Gläubiger, wenn er Schadensersatz verlangt hat, und der Schuldner diesem Verlangen nicht nachkommt, unbenommen, nachträglich statt des Schadensersatzes die Strafe zu verlangen.

Das Verlangen der Strafe ist auch hier, wie in § 340 Abs. 1 Satz 2, ein einseitiges empfangsbedürftiges Rechtsgeschäft (§§ 130—132).

Ueber die Ermäßigung der Vertragsstrafe nach § 342 s. Bem. 7 zu § 343.

## § 343.*)

Ist eine verwirkte Strafe unverhältnißmäßig hoch, so kann sie auf Antrag des Schuldners durch Urtheil auf den angemessenen Betrag herabgesetzt werden. Bei der Beurtheilung der Angemessenheit ist jedes berechtigte Interesse des Gläubigers, nicht blos das Vermögensinteresse, in Betracht zu ziehen. Nach der Entrichtung der Strafe ist die Herabsetzung ausgeschlossen.

Das Gleiche gilt auch außer den Fällen der §§ 339, 342, wenn Jemand eine Strafe für den Fall verspricht, daß er eine Handlung vornimmt oder unterläßt.

E. II, 295; III, 337.

1. Das gemeine Recht gestattete eine Ermäßigung der Konventionalstrafe nur aus dem allgemeinen Grundsatze der zwingenden Bedeutung des Sittlichen, sofern sie contra bonos mores war. Das PLR. Thl. 1 Tit. 5 § 301 gestattete nur den doppelten Betrag des erweislichen Interesses. Sächs. GB. § 1430 bestimmte, daß eine „wegen verspäteter Entrichtung einer Geldschuld“ versprochene Konventionalstrafe „mit Einschluß der etwa versprochenen Zinsen den Betrag der Zinsen, welche von der bestimmten Erfüllungszeit bis zur Entrichtung der Schuld erlaubter Weise versprochen werden dürfen“, nicht übersteigen darf. Code civil 1231 ermächtigt den Richter zur Minderung, wenn die Hauptobligation theilweise erfüllt ist (RGE. Bd. 25 S. 349).

Das BGB. hat abweichend vom gemeinen Recht in § 343 ein besonderes Ermäßigungsrecht des Richters eingeführt, allerdings in der Erwartung, daß der deutsche Richter von demselben einen nicht zuweitgehenden Gebrauch machen werde, so daß man nicht etwa eine Beförderung der Vertragsuntreue von der Vorschrift zu befürchten brauche. Der Zweck der Vorschrift ist wesentlich nur der, einen Mißbrauch der sogenannten Vertragsfreiheit zu wucherischer Ausbeutung des wirthschaftlich schwächeren Theils zu verhindern. Andererseits ist der Zweck der Konventionalstrafe wesentlich der, des oft schwierigen Nachweises des Interesses enthoben

*) Literatur: Geyershöfer, Richterliches Ermäßigungsrecht bei Konventionalstrafen (Bl. f. RA. Bd. 61 S. 49—54); Cohn, Das Recht des Handlungsgehülfen auf Herabsetzung der Vertragsstrafe (D. Jur.Z. 1897 S. 443 ff.); Marcus in Bl. f. Rechtspflege i. B. d. K. 1900 S. 18: „Ueber die Geltendmachung des Rechtes des Schuldners auf richterliche Ermäßigung in den Fällen §§ 343, 655 BGB.“; Wolf in D. Jur.Z. 1901 S. 554: „Herabsetzung der Vertragsstrafe bei Abzahlungsgeschäften“; Hölder in Das Recht 1900 S. 161: „Die richterliche Herabsetzung der Vertragsstrafe“.

zu sein. Der Richter darf daher nicht den aus § 343 Verklagten nöthigen, gleichwohl die Faktoren seines Interesses darzulegen. Vielmehr muß der Schuldner (Kläger) darthun, daß im einzelnen Falle ein offenbares Mißverhältniß zwischen der Strafe und den Interessen des Gläubigers besteht.

2. Die Prüfung, ob eine verwirkte Strafe unverhältnißmäßig hoch sei, ist dem freien richterlichen Ermessen anheimgegeben.

Maßgebender Zeitpunkt für die Schätzung der zulässigen Höhe der Strafe wird regelmäßig die Zeit der Urtheilsfällung sein. Ebenso Planck Bem. 2; Schollmeyer Bem. 2, c. Bei Ausübung des Ermäßigungsrechts soll der Richter alle ihm erheblich erscheinenden Momente, insbesondere das Interesse des Gläubigers zu den verschiedenen in Betracht kommenden Zeiten (Zeitpunkt der Vereinbarung, der Verwirkung, der Geltendmachung der Strafe, der Urtheilsfällung), die Höhe des möglichen und des wirklichen Schadens, die wirthschaftliche Lage der Vertragschließenden, den Grad des Verschuldens auf Seite des Schuldners, berücksichtigen (P. 1, 785).

3. Gegen eine Gefährdung seiner berechtigten Interessen ist der Gläubiger in mehrfacher Richtung geschützt:

a) Die Herabsetzung tritt nur auf Antrag des Schuldners ein. Vgl. jedoch Bem. 4.

b) Der Schuldner muß beweisen, daß die Strafe übermäßig hoch ist. Gelingt ihm dieser Beweis nicht, so hat es bei der vereinbarten Strafe sein Bewenden.

c) Die Ermäßigung kann nur durch Urtheil ausgesprochen werden.

d) Bei der Festsetzung des angemessenen Betrags hat der Richter nicht bloß ein vermögensrechtliches Interesse des Gläubigers, sondern jedes berechtigte Interesse, also auch ein etwaiges Affektionsinteresse, in Betracht zu ziehen. (Abs. 1 Satz 2.) Letztere Bestimmung ist von besonderer Bedeutung für Schuldverhältnisse, welche auf eine Leistung ohne Vermögenswerth gerichtet sind, bei denen die Erzwingung der Leistung sehr häufig nur durch Vereinbarung einer Vertragsstrafe ermöglicht wird. S. Vorbem. I, 5 S. 6.

Auf bloße Launen des Gläubigers ist allerdings keine Rücksicht zu nehmen.

e) Die einmal entrichtete Strafe kann nicht mehr herabgesetzt werden.

Diese Bestimmung findet sich auch in § 4 Abs. 1 des RG. über die Abzahlungsgeschäfte vom 16. Mai 1894 (RGBl. S. 450).

Im Falle theilweiser Entrichtung der Strafe ist eine Ermäßigung des bereits geleisteten Betrages ausgeschlossen. Der noch ausstehende Betrag kann durch Urtheil ganz oder theilweise erlassen werden.

4. Der Antrag auf Herabsetzung kann auch im Wege der Einrede gestellt werden. Vgl. RGE. vom 1. Mai 1903 in D. Jur.-Z. 1903 S. 429, Jur. Wschr. 1903 Beil. S. 96, Dernburg II S. 254 Anm. 8. And. M. die frühere Auflage dieses Komm., Planck Bem. 1 zu § 343, Hellwig, Anspruch und Klagrecht S. 13, Hellwig, Lehrbuch des Civilprozesses Bd. I S. 247, Bayr. Oberst. LG. vom 20. Juni 1902 in Das Recht 1903 S. 153 (Geltendmachung im Wege der Widerklage).

Der in der I. Aufl. vertretene Standpunkt ist der eines überflüssigen Formalismus, das aus den §§ 315 Abs. 3 Satz 2, 319 Abs. 1 Satz 2 entnommene arg. e contr. ist unzutreffend. Der Ausdruck „Antrag“ nöthigt keineswegs zu der Annahme, daß der Gesetzgeber einen Klagantrag gemeint habe; der Planck'sche Vergleich der hier dem Richter eingeräumten Befugniß der Herabsetzung der Vertragsstrafe mit einer Ehescheidung ist verfehlt; es handelt sich nicht um die konstitutive Aenderung eines bestehenden Vertragsverhältnisses, sondern um die theilweise Aberkennung eines Anspruchs aus Billigkeitsgründen. Richtig ist zwar, daß die unverhältnißmäßige Vertragsstrafe nicht ohne Weiteres nichtig ist, wenn nicht zugleich die Voraussetzungen des § 138 Abs. 2 vorliegen. Wenn aber auch die Voraussetzungen des § 138 Abs. 2 im Wege der Einrede geltend gemacht werden können, wenn ferner jede Anfechtung eines Vertrags wegen arglistiger Täuschung, Zwang, Irrthum, endlich auch der Anspruch auf Wandelung und Minderung beim Kauf im Wege der Einrede zulässig ist, so ist nicht einzusehen, warum dies bei dem Anspruch auf Herabsetzung einer Vertragsstrafe unzulässig sein soll. Vgl. auch Hölder, Das Recht 1900 S. 161 ff., Flechtheim in Gruchot, Beitr. Bd. 44 S. 67, 94 ff. Dagegen Marcus, Das Recht 1900 S. 214.

Die Klage kann erst erhoben werden, wenn die Strafe verwirkt ist. Eine vorherige Feststellungsklage ist unzulässig, auch wenn die sonstigen Voraussetzungen einer solchen Klage vorliegen. Die Klage ist überhaupt nicht als Feststellungsklage möglich;

sie ist auch keine Klage auf Beseitigung der Strafabrede, vielmehr handelt es sich um einen ausnahmsweise, nach Analogie der römisch-rechtlichen restitutio in integrum gewährten Rechtsbehelf gegen Mißbrauch der Vertragsfreiheit. Die Strafe kann immer nur herabgesetzt werden. Vgl. Bem. 7.

Nach vollständiger freiwilliger Entrichtung der Strafe findet eine Herabsetzung nicht mehr statt. Dagegen kann nach theilweiser Entrichtung, auch wenn der Theilbetrag in Anerkennung der vollen Schuld als Abschlagszahlung geleistet wurde, bezüglich des Restes die richterliche Ermäßigung noch beansprucht werden; Anerkenntniß oder Schuldversprechen schließt die Herabsetzung nicht aus. So richtig Planck Bem. 5; and. M. Benedix, Privatr. S. 310; Neumann, Jahrb. I S. 257. Auch die zwangsweise Beitreibung auf Grund eines für vorläufig vollstreckbar erklärten Urtheils schließt die Ermäßigung nicht aus, wohl aber die Zwangsvollstreckung aus dem rechtskräftigen, aus der Verabredung erlangten Urtheil; einem nachträglichen Klagantrage auf Ermäßigung würde hier die Einrede der Rechtskraft entgegenstehen. Auch durch freiwillige Zahlung wird der Anspruch auf Herabsetzung nicht ausgeschlossen, wenn diese unter Vorbehalt der Herabsetzung erfolgt ist. Rehbein, Erl. 16 zu §§ 336—345. Dagegen wird der Anspruch auch dann ausgeschlossen, wenn der Schuldner die Strafschuld durch ein Erfüllungssurrogat, z. B. durch Aufrechnungserklärung, Hinterlegung, Hingabe an Erfüllungsstatt berichtigt.

Zuständig für die Klage ist das Gericht des Wohnsitzes des Gläubigers (§§ 12 und 13 CPO.), sowie das Gericht des Ortes, an welchem das Versprechen der Vertragsstrafe zu erfüllen ist (§ 29 CPO.).

5. Keine Anwendung finden die Vorschriften des § 343, wenn das Strafversprechen selber gegen ein gesetzliches Verbot (§ 134) oder gegen die guten Sitten verstößt (§ 138), z. B. wegen Wuchers. In diesen Fällen ist das Strafversprechen seinem ganzen Umfange nach nichtig. Die etwa gezahlte Strafe kann alsdann nach den Bestimmungen über die ungerechtfertigte Bereicherung zurückgefordert werden.

6. Abs. 2. Die Vorschriften der §§ 339—345 haben (vgl. Vorbem.) nur die accessorische Vertragsstrafe im Auge, d. h. die zur Sicherung einer bestehenden Verbindlichkeit versprochene Zahlung einer Geldsumme. Durch Absatz 2 wird aber das richterliche Ermäßigungsrecht auch ausgedehnt auf die selbständige (konstitutive) Strafvereinbarung, das von Dernburg sog. strafähnliche Versprechen. Der Abs. 2 erkennt also die Zulässigkeit einer solchen selbständigen (konstitutiven, prinzipalen) Strafabrede, durch welche auch eine an sich nicht klagbare Verbindlichkeit indirekt erzwingbar gemacht werden kann, ausdrücklich an. Besonders wichtig ist dies für die praktische Gestaltung solcher Vertragsverhältnisse, bei denen ein Zweifel obwaltet, ob die Voraussetzung eines schutzwürdigen Interesses vorliegt. Vgl. § 242 und Vorbem. S. 178 Abs. 3. Auch diejenigen, welche, wie z. B. Hellwig, Archiv f. d. civilist. Praxis Bd. 86 S. 223 ff., Oertmann, Komm. S. 4, 5, für die Obligation ein vermögenswerthiges Interesse fordern, müssen zugeben, daß nicht in Geld abschätzbare, „ideale“ Interessen, auch bloße Affektionsinteressen, im Wege einer selbständigen Strafverabredung indirekt erzwingbar gemacht werden können. Nach unserer Ansicht kann jedes individuelle Interesse, unter Umständen also auch eine an sich nicht durch Zwangsvollstreckung direkt erzwingbare beliebige Handlung oder Unterlassung, z. B. das Versprechen, nicht zu rauchen, in einer Vereinsversammlung zu erscheinen oder nicht zu erscheinen, durch eine selbständige Strafabrede indirekt erzwingbar gemacht werden, sofern nur nicht dieser indirekte Zwang gegen ein zwingendes gesetzliches Verbot oder gegen die guten Sitten verstößt.

Beispiel: Vertragsstrafe für den Fall, daß der A einen ihm verkauften Hund als Ziehhund benutzt oder ein ihm zum Schlachten verkauftes Reitpferd weiterveräußert oder als Wagenpferd benutzt. Vgl. Bem. 1 zu § 344.

Um nun zu verhüten, daß auf dem Wege einer solchen Vereinbarung die durch das richterliche Ermäßigungsrecht verfolgten Zwecke vereitelt werden, ist in § 343 Abs. 2 bestimmt, daß die in Abs. 1 enthaltenen Vorschriften — aber nur diese, nicht auch die Vorschriften der §§ 339—342 — auch dann zur Anwendung kommen sollen, wenn Jemand ohne eine bestehende Verbindlichkeit eine Strafe für den Fall verspricht, daß er eine Handlung vornimmt oder unterläßt.

7. Der § 343 gilt unmittelbar nur für verabredete Geldstrafen, nicht auch für Vertragsstrafen, die eine andere Leistung zum Gegenstande haben (§ 342). Dies ergiebt sich mit Nothwendigkeit aus dem § 342 per arg. e contr. und dessen Stellung. Hätte auch § 343 für entsprechend anwendbar erklärt werden sollen, so würden zweifellos die Redaktoren die Bestimmung des § 342 nicht vor den § 343, sondern später, unter Einbeziehung derselben, eingestellt haben. Es ergiebt sich auch aus dem Begriff „Herabsetzung“. Jedenfalls muß es sich immer um eine Strafe handeln, deren Betrag (Quantum) herabgesetzt werden kann. Vgl. Rehbein II S. 241, Schollmeyer II S. 250. Wenn die

Vertragsstrafleistung eine solche ist, welche nicht herabgesetzt werden kann, weil der Schuldner z. B. eine Spezies (beispielsweise sein Reitpferd) versprochen hat, darf keinesfalls das Gericht diese Vertragsleistung durch eine andere ersetzen, insbesondere nicht, wie in der I. Aufl. dieses Komm. angenommen war, statt der Leistung einen angemessenen Geldbetrag als Strafe zusprechen. Nur wenn die versprochene Leistung statt auf Geld auf sonstige vertretbare und daher in quanto herabsetzbare Sachen geht, kann eine entsprechende Anwendung des § 343, ungeachtet der Stellung des § 342, auf Grund der Erwägung zugelassen werden, daß die Analogie nicht an ausdrückliche Anweisungen des Gesetzgebers gebunden ist, sofern eadem ratio legis gegeben ist. And. M. die frühere Auflage und Planck Bem. 4 zu § 343.

8. Der § 343 giebt zwingendes Recht d. h. es kann durch Vereinbarung, Verzicht nicht ausgeschlossen werden. Es findet auch auf Schuldverhältnisse Anwendung, die nach ausländischem Rechte zu beurtheilen sind. Vgl. Einf.Ges. Art. 30, Rspr. d. OLG. Bd. 6 S. 231, Seuff. Arch. Bd. 59 Nr. 63. Daher kann auch eine vor dem 1. Januar 1900 verwirkte Vertragsstrafe herabgesetzt werden. OLG. Hamburg v. 9. Februar 1900, Hanseat. Ger.-Ztg. Beibl. 1900 S. 81, D. Jur.Z. 1900 S. 235. And. M. OLG. Kassel v. 23. April 1900, D. Jur.Z. 1900 S. 304, RGE. Bd. 53 S. 420, Das Recht 1900 S. 440.

9. Für das Handelsrecht bestimmt § 348 HGB.: „Eine Vertragsstrafe, die von einem Kaufmann im Betriebe seines Handelsgewerbes versprochen ist, kann nicht auf Grund der Vorschriften des § 343 BGB. herabgesetzt werden." Hat jedoch ein Handlungsgehülfe für den Fall, daß er die in einer Vereinbarung nach § 74 HGB. übernommene Verpflichtung nicht erfüllt, eine Strafe versprochen, so ist zufolge § 75 Abs. 2 Satz 2 HGB. eine richterliche Ermäßigung der Strafe zulässig. Ebenso ist das richterliche Ermäßigungsrecht durch § 351 HGB. aufrechterhalten für die Verbindlichkeiten der in § 4 HGB. bezeichneten Gewerbetreibenden.

10. Das Bundesgesetz vom 14. November 1867 über die vertragsmäßigen Zinsen (BGBl. S. 159), welches in § 1 die Konventionalstrafe der freien Vereinbarung ohne Einschränkung überließ, ist durch Art. 39 EG. aufgehoben.

Ebenso ist das bayrische Gesetz vom 5. Dezember 1867, die Abänderung der gesetzlichen Bestimmungen über die Zinsen betr. (G. u. VBl. 1866/69 S. 249), welches in Art. 1 alle Beschränkungen der Höhe derjenigen Konventionalstrafen beseitigt hatte, die statt der Zinsen für den Fall der zur bestimmten Zeit nicht erfolgenden Leistung bedungen wurden, aufgehoben durch Art. 175 Ziff. 19 bayr. AG. z. BGB., so daß nunmehr auch Vertragsstrafen dieser Art dem richterlichen Ermäßigungsrechte unterliegen, soferne sie nicht von einem Kaufmann im Betriebe seines Handelsgewerbes versprochen sind.

## § 344.

Erklärt das Gesetz das Versprechen einer Leistung für unwirksam, so ist auch die für den Fall der Nichterfüllung des Versprechens getroffene Vereinbarung einer Strafe unwirksam, selbst wenn die Parteien die Unwirksamkeit des Versprechens gekannt haben.

E. I, 424; II, 296; III, 338.

1. Das Versprechen einer Vertragsstrafe, als Rechtsgeschäft für sich betrachtet, unterliegt selbstverständlich den allgemeinen gesetzlichen Bestimmungen über die Nichtigkeit und Anfechtbarkeit der Rechtsgeschäfte.

Unabhängig von diesen allgemeinen Bestimmungen giebt § 344 eine besondere Vorschrift, die in der accessorischen Natur der Vertragsstrafe ihren Grund hat. Der Zweck, welchen das Gesetz durch die Nichtigerklärung bestimmter Rechtsgeschäfte verfolgt, würde vereitelt werden, wenn das für den Fall der Nichterfüllung der für nichtig erklärten Verbindlichkeit vereinbarte Strafversprechen als wirksam anerkannt würde. (M. I, 218.) Die Erfüllung eines vom Gesetze für nichtig erklärten Versprechens soll auch nicht indirekt durch eine Vertragsstrafe erzwungen werden können. (M. II, 279.)

§ 344 bestimmt deßhalb, daß in allen Fällen, in welchen das Gesetz das Versprechen der Hauptleistung für unwirksam erklärt, auch die für den Fall der Nichterfüllung der Hauptleistung getroffene Vereinbarung einer Strafe unwirksam sein soll. Hiebei macht es keinen Unterschied, ob die Vertragschließenden die Unwirksamkeit des Hauptversprechens gekannt haben oder nicht.

Nach Planck Bem. 1 zu § 344 findet der § 344 auch Anwendung auf die selbstständige (prinzipale, konstitutive) Strafabrede, das sogenannte strafähnliche Versprechen im Sinne Dernburgs (vgl. Vorbem.), wenigstens erklärt Planck für unwirksam „auch das Versprechen einer Strafe für den Fall, daß der Versprechende den ersten Tanz mit dem anderen Teile nicht tanze". (Allerdings scheint er dabei auch anzunehmen, daß ein solches Versprechen als rechtsgeschäftlich gegen die gute Sitte oder den Anstand verstoße.) Auch Stammler, Das Recht der Schuldverhältnisse S. 162, schließt aus dem Ausdruck „unwirksam", daß für § 344 „nicht nur die Fälle der Ungültigkeit in Betracht kommen, sondern auch solche naturales obligationes, bei denen nur ganz vereinzelte Rechtswirkungen nach positiver Satzung bestimmt sind". M. E. ist diese Ausdehnung des § 344 unberechtigt. Der § 344 ist lediglich eine Konsequenz der accessorischen Natur der Vertragsstrafe, eine Anwendung der l. 178 D. de R. I. 50, 17 (Quum principalis causa non consistat causa, plerumque ne ea quidem, quae sequuntur, locum habent). Auf diejenigen Strafvereinbarungen, die als selbständige (prinzipale, konstitutive) lediglich die Verpflichtung zur Strafleistung zum Gegenstand eines Schuldverhältnisses machen (§ 343 Abs. 2), insbesondere auch auf klaglose Verpflichtungen ist er nicht zu beziehen. Letztere finden eine Schranke nur an zwingendem Recht oder den guten Sitten. Es steht hienach, wie Dernburg II S. 249 richtig bemerkt, an sich nichts im Wege, bloß soziale Verpflichtungen durch selbständige Vertragsstrafen indirekt erzwingbar zu machen. Vgl. auch Kohler, Arch. f. bürgerl. R. Bd. 12 S. 25, Zwölf Studien I S. 25. Für klaglose Verpflichtungen (Naturalobligationen) ergiebt sich dies auch arg. e contrario aus § 1297 und dessen Entstehungsgeschichte. („Im ersten Entwurfe galten Verlöbnisse als „unwirksam". Daher war für sie eine Vorschrift, welche die Bestärkung derselben durch Privatstrafe besonders ausschloß, unnöthig und wurde nicht getroffen. Der zweite Entwurf erklärte Verlöbnisse nur für „klaglos". Danach mußte die Nichtverbindlichkeit der auf den Bruch des Verlöbnisses gesetzten Vertragsstrafe, wenn man sie feststellen wollte, besonders vorgeschrieben werden, was auch geschah." Dernburg a. a. O.) Bloß soziale Verpflichtungen sind auch nicht ausdrücklich durch das Gesetz für unwirksam erklärt, ihre Unverbindlichkeit folgt nur aus dem Mangel eines rechtsgeschäftlichen Verpflichtungswillens, vgl. Vorbem. S. 5. — Ob die rechtsgeschäftliche Verpflichtung zu einer beliebigen Handlung oder Unterlassung gegen ein zwingendes Gesetz oder die guten Sitten verstößt, ob demnach auch die Vereinbarung einer selbständigen Vertragsstrafe zu ihrer indirekten Erzwingung unstatthaft ist, läßt sich nur mit Berücksichtigung der individuellen Sachlage bestimmen. Man kann keineswegs behaupten, daß die Verpflichtung, nicht zu rauchen, mit Jemandem zu tanzen, eine bestimmte Versammlung zu besuchen oder nicht zu besuchen u. dgl. unter allen Umständen gegen den Anstand und die guten Sitten verstoße oder eine unzulässige Beschränkung der individuellen Freiheit darstellt.

Zweifellos fallen unter § 344 und sind auch im Wege einer selbständigen Strafabrede nicht erzwingbar:

a) Vertragsstrafen, welche den Zweck einer zwingenden Formvorschrift vereiteln würden, z. B. eine Umgehung des § 313 bezwecken. Die trotz des Formmangels gegebene Vertragsstrafe kann zurückgefordert werden. Vgl. RGE. vom 30. Oktober 1902 in Jur. Wschr. 1902 Beil. 14 S. 281, RGE. vom 10. Januar 1903, Jur. Wschr. 1903 Beil. 4 S. 32.

b) Vereinbarungen einer Vertragsstrafe, welche eine Zuwiderhandlung gegen ein zwingendes Gesetz (§ 134), insbesondere auch gegen ein absolutes Veräußerungsverbot erzwingen soll.

Dagegen kann ein Privatveräußerungsverbot, obwohl dinglich unwirksam (§ 137 Satz 1), durch eine Konventionalstrafe obligatorisch gesichert werden (§ 137 Satz 2).

c) Vereinbarungen einer Vertragsstrafe, durch die eine den guten Sitten zuwiderlaufende Handlung erzwungen werden soll.

d) Streitig ist, inwieweit Vertragsstrafen statthaft sind, durch welche bei sogenannten Kartellen, Syndikaten oder Ringen, Trusts, sei es in rein vertragsmäßiger (Gesellschaft) oder genossenschaftlicher Form (z. B. unter der Form einer Gesellschaft mit beschränkter Haftung), die beigetretenen Produzenten sich zu einem bestimmten Verkaufspreise oder zur Uebertragung ihrer Produkte zur Veräußerung an die Gesellschaft verpflichten. Vgl. Kohler, Arch. f. bürgerl. R. Bd. 5 S. 218. Kohler erklärt nur die vor dem Austritt aus dem Kartell verfallene Vertragsstrafe für klagbar. And. M. Dernburg II S. 250. Die Sicherung gegen zügellose Konkurrenz verstößt an sich weder gegen ein Gesetz, insbesondere gegen die Gewerbeordnung, noch gegen die guten Sitten. Vgl. Bayr. Oberst. LG. in Bl. f. RA. Bd. 53 S. 191. Immerhin darf das Kündigungsrecht nicht durch Vertragsstrafen beschränkt werden.

Unzulässig sind nach § 152 Abs. 2 der RGew.O. alle Strafabreden unter Gewerbetreibenden, gewerblichen Gehülfen, Gesellen oder Fabrikarbeitern wegen Verabredungen und Vereinigungen zum Behufe der Erlangung günstiger Lohn- und Arbeitsbedingungen, insbesondere mittelst Einstellung der Arbeit oder Entlassung der Arbeiter. Vgl. RGE. vom 27. Nov. 1901 in Jur. Wschr. 1902 S. 30 Nr. 30, RGE. Bd. 50 S. 28.

e) Unzulässig sind Strafabreden zum Zwecke der öffentlichen Sperrung des Geschäftsverkehrs mit einer bestimmten Person (Boykott). Vgl. RGE. Bd. 28 S. 238; Reger, Entsch. d. Gerichts- und Verwaltungsbehörden Bd. 11 S. 280.

f) Vertragsmäßige Konkurrenzverbote sind an sich nicht unzulässig, sofern nicht im Einzelfalle das Verbot nach seiner Art und Dauer, sowie nach sonstigen Umständen die Erwerbsfähigkeit, persönliche Freiheit und Selbständigkeit des Verpflichteten in einem der guten Sitte widerstreitenden Umfange antastet. Vgl. RGE. Bd. 33 S. 141, Bd. 37 S. 176, Bd. 40 S. 97. Jur. Wschr. 1897 S. 255 Nr. 87, S. 353 Nr. 35, S. 402 Nr. 7, 1898 S. 17 Nr. 45, S. 23 Nr. 57, S. 56 Nr. 36, S. 77 Nr. 41, 42, S. 469 Nr. 25, S. 665 Nr. 28. Die daran geknüpfte Vertragsstrafe gilt jedoch im Zweifel als Wandelpön (§ 359), RGE. Bd. 33 S. 141, Bd. 40 S. 97. — Wegen des Konkurrenzverbots für Handlungsgehülfen vgl. HGB. §§ 74, 75.

g) Unwirksam ist die Vereinbarung einer Vertragsstrafe für den Fall, daß eine Spiel- oder Wettschuld (§ 762) nicht bezahlt oder die durch einen ungültigen Lotterievertrag (§ 763) eingegangene Verpflichtung nicht erfüllt wird. Vgl. Planck Bem. 1 zu § 343.

h) Nichtig ist das Versprechen einer Strafe für den Fall, daß die Eingehung der Ehe unterbleibt. § 1297 Abs. 2.

2. Unter Umständen kann in einem Strafversprechen eine Bestätigung des nichtigen Hauptvertrags zu erblicken sein (§ 141). Ist dies der Fall, so ist mit dem Strafversprechen ein wirksamer Hauptvertrag zu Stande gekommen. Die Voraussetzungen des § 344 sind alsdann nicht mehr gegeben. Wird z. B. von demjenigen, der einen Vertrag im Zustande der Geschäftunfähigkeit geschlossen hat, nach Erlangung der unbeschränkten Geschäftsfähigkeit eine Strafe für den Fall versprochen, daß er die durch den nichtigen Vertrag eingegangene Verbindlichkeit nicht erfülle, so ist mit dieser Strafabrede die wirksame Bestätigung des nichtigen Vertrags verbunden. Vgl. Planck Bem. 1 zu § 343.

3. Anfechtbarkeit (P. I, 787).

a) Ist das Versprechen der Strafleistung aus einem gesetzlichen Anfechtungsgrund anfechtbar (wegen Irrthums, Drohung oder arglistiger Täuschung), so unterliegt es der selbständigen Anfechtung, mag der Hauptvertrag rechtsbeständig oder anfechtbar sein.

b) Ist das Strafversprechen an sich gültig, das Hauptversprechen aber anfechtbar, so ist Folgendes zu bemerken:

α) Wird der Hauptvertrag angefochten, so ist derselbe gemäß § 142 als von Anfang an nichtig anzusehen, das Strafversprechen daher unwirksam (s. Bem. 1 und 2).

β) Unterläßt der Versprechende die Anfechtung des Hauptvertrags, so bleibt auch das Strafversprechen wirksam.

γ) Hat der Versprechende das Strafversprechen in Kenntniß der Anfechtbarkeit des Hauptvertrags abgegeben, so ist hierin ein Verzicht auf die Anfechtung des Hauptvertrags zu erblicken (§ 144).

## § 345.

Bestreitet der Schuldner die Verwirkung der Strafe, weil er seine Verbindlichkeit erfüllt habe, so hat er die Erfüllung zu beweisen, sofern nicht die geschuldete Leistung in einem Unterlassen besteht.

E. I, 425; II, 297; III, 339.

1. Die Vorschrift des § 345 regelt die Beweislast. Der Gläubiger, welcher die Vertragsstrafe einfordert, hat zufolge § 339 zu beweisen:

a) das Versprechen der Strafleistung;

b) den Verzug des Schuldners in Ansehung der Hauptleistung, also die Fälligkeit der letzteren und erforderlichen Falls die erfolgte Mahnung. Der Schuldner kann sich gemäß § 285 vertheidigen. (Vgl. § 285 Bem. 2.) Wendet er gegenüber der Strafordnung ein, daß er erfüllt habe, so liegt ihm der Beweis der Erfüllung ob. Nur wenn die geschuldete Leistung in einem Unterlassen besteht, muß der Gläubiger die Zuwiderhandlung beweisen. (Vgl. P. VI, 384.)

2. § 345 gilt sowohl für die Nichterfüllung überhaupt als für die nicht gehörige Erfüllung. In beiden Fällen trifft jedoch die Beweislast zufolge § 363 den Gläubiger, wenn dieser eine ihm als Erfüllung angebotene Leistung als Erfüllung angenommen hat und die angenommene Leistung aus den in § 363 angeführten Gründen nicht als Erfüllung gelten lassen will.

3. Macht der Gläubiger einen über den Betrag der Strafe hinausgehenden Schadensersatz geltend, so muß er die Entstehung und die Höhe des behaupteten Schadens beweisen.

Ueber die Beweislast bei der Annahme ohne Vorbehalt s. Bem. 6 zu § 341.

## Fünfter Titel.

## Rücktritt.*)

### Vorbemerkungen.

I. Die Parteien können einen Vertrag unter Vorbehalt des Rücktritts abschließen. Der Vorbehalt kann bloß zu Gunsten eines Theiles oder auch zu Gunsten beider Theile gemacht werden. Die folgenden §§ 346—361 geben einige dispositive Bestimmungen für die Bedeutung eines solchen Vorbehalts. Diese Bestimmungen über das vertragsmäßige Rücktrittsrecht haben dadurch noch eine besondere Bedeutung, daß sie ganz oder theilweise auf die meisten Fälle eines gesetzlichen Rücktrittsrechts für entsprechend anwendbar erklärt sind, so finden insbesondere:

a) die §§ 346—348, 350—354, 356 auf die Wandelung beim Kaufe und dem Werkvertrag (vgl. §§ 467 und 634 Abs. 4 mit Bem.),

b) die §§ 346—356 auf das in den §§ 325, 326 bestimmte gesetzliche Rücktrittsrecht (§ 327) und auf das dem Gläubiger im Falle theilweiser Unmöglichkeit der Leistung sowie im Falle des Verzugs nach Maßgabe der §§ 280 Abs. 2, 286 Abs. 2 zustehende Recht, Schadensersatz wegen Nichterfüllung der ganzen Verbindlichkeit zu verlangen,

entsprechende Anwendung.

II. Im Gegensatze zum sog. mutuus dissensus, der Wiederaufhebung des Vertrags durch beiderseitige Willenserklärung, bildet der Rücktritt einen Fall der Vertragsaufhebung durch einseitige Willenserklärung. Er hat insofern Aehnlichkeit mit dem Widerruf und der Kündigung.

a) Vom Widerruf (§§ 81 Abs. 2, 109, 178, 530, 1397), durch den die Wirksamkeit des Rechtsgeschäfts ebenso wie durch Rücktritt erlischt, unterscheidet sich der Rücktritt durch seine strengeren Wirkungen; beim Widerruf erlischt zwar ebenfalls die Wirksamkeit eines Rechtsgeschäfts, doch wird in der Regel keine Verpflichtung zur Rückgängigmachung weiterer Folgen dabei in Frage kommen, und wo dies, wie z. B. im Fall des § 530 (Widerruf einer Schenkung wegen Undanks), der Fall ist, kann die Herausgabe des Geleisteten nicht nach den Grundsätzen der §§ 346 ff., sondern nur nach den Vorschriften über die Herausgabe einer ungerechtfertigten Bereicherung gefordert werden.

Der Widerruf eines Auftrags (§ 671) beendigt das durch den Auftrag begründete Rechtsverhältniß ebenso wie Kündigung nur für die Zukunft.

---

*) Literatur: Stammler, Recht der Schuldverhältnisse S. 129 ff.; Oertmann, Das Rücktrittsrecht in Bl. f. RA. 1904 Nr. 4; Cretschmar, Archiv f. d. civilist. Praxis Bd. 82 S. 127; Strohal in Iherings Jahrb. Bd. 33 S. 367; Dernburg, Das bürgerl. Recht II S. 266 ff.; Kuhlenbeck, Von d. Pand. z. BGB. II, 1 S. 197 ff.; Kisch, Unmöglichkeit S. 134 ff.; Türke, Rücktritt vom zweiseitigen Vertr. 1891; Dietz, Badische Annalen Bd. 65 S. 26 ff.; Heuser, Das ausbedungene Rücktrittsrecht beim Kaufvertrage (lex commissoria). Diss. 1901.

b) Die Kündigung (§§ 553, 564, 605, 623, 626, 649, 671, 723—725, 1358) löst die bestehenden Rechtsbeziehungen nur für die Zukunft, nicht, wie der Rücktritt, auch für die Vergangenheit auf; die auf Grund des Rechtsverhältnisses vorgenommenen Leistungsgeschäfte verlieren also bei der Kündigung nicht ihre causa, wie dies beim Rücktritt der Fall ist.

c) Das Recht, durch Anfechtung einer Willenserklärung einen Vertrag zu beseitigen, unterscheidet sich vom gesetzlichen Rücktrittsrecht sowohl in Ansehung der Voraussetzungen als der Wirkungen. Die Voraussetzung für die Anfechtung ist bereits mit dem Vertragsschlusse gegeben, der, weil mangelhaft, eine rechtliche Gebundenheit der Kontrahenten nicht erzeugt hat. Die Wirkung der Anfechtung ist dinglich (absolut) — wirksame Fiktion der Nichtigkeit ex tunc (§ 142).

d) Die Erklärung, Schadensersatz wegen Nichterfüllung zu fordern, ist kein Rücktritt. Vgl. Vorbem. S. 150. Der Vertrag bleibt in diesem Falle an sich bestehen und bildet eben die Grundlage des Schadensersatzanspruchs; wenn der Schadensberechtigte nach unserer Ansicht (vgl. Vorbem. S. 151, Bem. 1 zu § 325, Bem. 2, γ zu § 326) in der Regel die Differenz zwischen Leistung und Gegenleistung fordern kann und nicht, wie z. B. Kisch meint, zur Anbietung der Gegenleistung, wenigstens nicht unter allen Umständen verpflichtet ist (vgl. insbesondere Bem. 1 zu § 325), so ergiebt sich dies aus der compensatio lucri cum damno, vgl. S. 156.

III. 1. Der Rücktritt hat nur obligatorische Folgen d. h. er äußert in subjektiver Beziehung Wirkungen nur zwischen den Parteien und ihren Rechtsnachfolgern; er hebt das Vertragsverhältniß unter den Parteien auf. Nach der Anschauungsweise der I. Kommission (E. I § 427, Mot. II, 280) sollte er nur eine civilrechtliche Einrede in sich schließen, daneben allerdings die Verpflichtung der Parteien begründen, sich gegenseitig so zu behandeln, wie wenn der Vertrag nicht geschlossen wäre, also die empfangenen Leistungen zurückzugewähren. Mit Recht wurde diese Konstruktion in der II. Kommission bekämpft (P. I, 787). Der Rücktritt wirkt aber auch nicht wie eine auflösende Bedingung, die entstandene Rechtsveränderung wird nicht, wie bei dieser (§ 158 Abs. 2) von selbst wieder aufgehoben. Der Rücktritt löst:

a) das Rechtsverhältniß ipso jure auf, so daß z. B. ein Versäumnißurtheil nicht zulässig ist, wenn sich die Thatsache des Rücktritts aus dem Klagvorbringen ergiebt, ferner auch ein Verzicht auf die Rücktrittswirkungen nicht ohne Weiteres den Vertrag wieder wirksam macht (Planck, Vorbem. 2, a zu § 346);

b) er löst das Rechtsverhältniß nach rückwärts (ex tunc) auf; seine Wirkung wird fiktizisch zurückdatirt;

c) er begründet unter den Parteien ein neues, auf Rückgewähr gerichtetes Rechtsverhältniß, eine obligatio ad restituendum, für das die Vorschriften des § 347, nicht die Grundsätze über ungerechtfertigte Bereicherung maßgebend sind.

Auf dingliche Verträge finden die folgenden Vorschriften somit an sich keine unmittelbare Anwendung (RGE. in Jur. Wschr. 1903 Beil. S. 79).

2. Da übrigens die folgenden Vorschriften nur dispositiv sind, so steht nichts im Wege, daß die Parteien dem Rücktrittsvorbehalt auch dingliche Wirkung geben; sie können ihn im Sinne einer Resolutivbedingung auffassen. Bei Veräußerung von Grundstücken bedarf aber ein solcher dinglicher Vorbehalt der Sicherung durch Vormerkung im Grundbuch; handelt es sich um bewegliche Sachen, so bleiben die Vorschriften zu Gunsten des gutgläubigen Erwerbers unberührt (§ 161 Abs. 2 und 3).

Wenn die Parteien bei einem dinglichen Vertrage dem Rücktrittsvorbehalt nur obligatorische Wirkung geben wollen, so sind die §§ 346 ff. entsprechend anwendbar. Vgl. Planck, Vorbem. 3 zu § 346.

3. Unzulässig ist ein Rücktrittsvorbehalt in der Regel bei familienrechtlichen und erbrechtlichen Geschäften.

Ueber das gesetzliche Rücktrittsrecht beim Verlöbnisse vgl. §§ 1298—1300, wegen des Rücktritts von einem Erbvertrage §§ 2293 ff.

4. Nach Kisch, Unmöglichkeit, Oertmann, Vorbem. zu § 346 ist die Möglichkeit des Rücktritts kein subjektives Recht, sondern eine Befugniß. Diese Behauptung hängt mit einer streitigen Allgemeindefinition des Begriffs „subjektives Recht" zusammen; das BGB. redet ausdrücklich von einem Rücktrittsrecht; richtig ist jedoch, daß kein Recht vorliegt, von einem Anderen ein Thun oder Unterlassen zu verlangen, also kein Anspruch im Sinne des § 194. Das vertragsmäßige Rücktrittsrecht ist daher unverjährbar. Dagegen unterliegen die aus dem vollzogenen Rücktritt entstandenen Verbindlichkeiten der Verjährung. Ueber die zeitliche Begrenzung seiner Ausübung s. § 355.

5. Das Rücktrittsrecht ist, sofern nicht eine gegentheilige Vereinbarung vorliegt, kein höchstpersönliches Recht. Es kann also übertragen und vererbt werden.

IV. Rücktritt wegen veränderter Umstände (sog. clausula rebus sic stantibus). Eine ältere Theorie wandte die im Staats- und Völkerrecht herrschende Lehre von einer stillschweigend bei allen Verträgen vorbehaltenen clausula rebus sic stantibus auch auf privatrechtliche Verträge an. Insbesondere verstattete das PLR. Thl. I Tit. 5 § 378 allgemein den Rücktritt von Verträgen, wenn es sich um unvorhergesehene Veränderungen handelte, welche die Erreichung des ausdrücklich erklärten oder aus der Natur des Geschäftes sich ergebenden Endzwecks beiden Theilen oder einem unmöglich machen. Vgl. Dernburg II S. 277, RGE. Bd. 1 S. 109 ff., Bd. 22 S. 87. Das BGB. giebt keine allgemeinen Vorschriften über den Rücktritt wegen veränderter Umstände. Es gewährt indessen doch aus dem fraglichen Gesichtspunkte in mannigfachen einzelnen Fällen bald ein Rücktrittsrecht, bald eine Einrede, bald ein Widerrufs- oder Kündigungsrecht. Vgl. § 610 (Rücktritt vom Darlehnsversprechen), § 321 (Verweigerung der Vorleistung bei Gefährdung des Anspruchs auf Gegenleistung durch wesentliche Verschlechterung der Vermögensverhältnisse des anderen Theils), § 605 (Kündigung der Frist wegen unvorhergesehenen Bedarfs der Sache), §§ 626, 723 (Kündigung von Dienst- und Gesellschaftsverträgen bei wichtigem Grunde). Aus diesen Einzelbestimmungen ist nicht zu schließen, daß die Zulässigkeit eines Rücktritts in allen anderen Fällen ausgeschlossen sein soll. Dieselbe kann vielmehr nach § 157 aus einer Auslegung des Vertrags nach Treu und Glauben mit Rücksicht auf die Verkehrssitte bezw. aus § 242 auch für andere Fälle sich als gerechtfertigt ergeben. Insbesondere wird mit Dernburg II S. 278 der Rücktritt für zulässig zu erachten sein:

a) wenn von der anderen Seite widerrechtlich oder illoyal der ausdrücklich erklärte oder dem anderen Theil bekannte wirthschaftliche Endzweck des Geschäfts vereitelt wird. Vgl. Gruchot, Beitr. Bd. 37 S. 993;

b) wenn sich in Folge der neuen Umstände die Natur des Geschäftes derart ändert, daß das Festhalten an demselben auf Seiten des anderen Theils sich als Chikane (§ 226) oder als wucherische Ausbeutung (§ 138 Abs. 2) darstellt. Vgl. RGE. Bd. 22 S. 81.

In beiden Fällen wird aber das Vertragsverhältniß nicht ex tunc, sondern ex nunc aufgehoben, so daß an eine entsprechende Anwendung der Bestimmungen der §§ 346 ff. nicht zu denken ist. Ob eine solche entsprechende Anwendung unter Umständen nach § 157 als gewollt anzunehmen ist, ist Frage der Auslegung im einzelnen Fall.

Vgl. hiezu RGE. Bd. 50 S. 255, Jur. Wschr. 1902 Beil. S. 230, Rspr. d. OLG. Bd. 4 S. 12, Seuff. Arch. Bd. 57 S. 131.

V. Anordnung des Stoffes: Wirkungen des Rücktritts s. §§ 346—348; Erklärung des Rücktritts § 349; Gefahr des Gegenstandes vor Ausübung des Rücktritts § 350; Ausschließung des Rücktritts §§ 351—353; Unwirksamkeit des Rücktritts § 354; Recht der Fristbestimmung zur Ausübung des Rücktritts § 355; Untheilbarkeit des Rücktrittsrechts § 356; Vorbehalt des Rücktritts für den Fall, daß der andere Theil seine Verbindlichkeit nicht erfüllt § 359; Rücktritt gegen Haftung eines Reugeldes § 359; Vorbehalt der Rechtsverwirkung (kassatorische Klausel, lex commissoria) § 360; Fixgeschäft § 361.

## § 346.

Hat sich in einem Vertrag ein Theil den Rücktritt vorbehalten, so sind die Parteien, wenn der Rücktritt erfolgt, verpflichtet, einander die empfangenen Leistungen zurückzugewähren. Für geleistete Dienste sowie für die Ueberlassung der Benutzung einer Sache ist der Werth zu vergüten oder, falls in dem Vertrag eine Gegenleistung in Geld bestimmt ist, diese zu entrichten.

E. I, 427 Abs. 1, 2; II, 298 Abs. 1; III, 340.

I. Um die Rechtsfolgen der folgenden Paragraphen eintreten zu lassen, ist der förmliche Gebrauch des Ausdrucks „Rücktritt vorbehalten" nicht erforderlich. Es ist vielmehr ausschließlich Frage der Willensauslegung, ob die Parteien sich die Möglichkeit einer Aufhebung des Vertragsverhältnisses mit der Fiktion, als sei der Vertrag nie geschlossen worden, haben vorbehalten wollen. Als Wendungen, in denen sich der Vorbehalt auch einkleiden kann, erwähnt Kisch, Unmöglichkeit S. 137: „Ich betrachte den Vertrag als nicht geschlossen, als aufgehoben; ich löse unser Verhältniß, ich werde unter diesen Umständen nicht erfüllen, ich erwarte die Rückgabe meiner Leistung u. s. w."

Umgekehrt ist zu beachten, daß die Absicht der Parteien oft weniger weit geht, wenn sie auch von „Rücktritt" reden. „Wird z. B. bei einem Auszugsvertrage der Rücktritt wegen schlechter Behandlung des Auszüglers bedungen, so liegt den Betheiligten in der Regel fern, daß der Gutsübernehmer die inzwischen gezogenen Nutzungen, der Auszügler die inzwischen genossenen Gutserträgnisse und Renten zurückgewähren soll. Sie wollen Beseitigung ex nunc, nimmermehr ex tunc." (Dernburg II S. 268.)

Hat sich bei einem Darlehensvertrag und der hinsichtlich der Darlehenshypothek getroffenen Nebenverabredung der Gläubiger (z. B. für den Konkursfall des anderen Theiles) das Recht vorbehalten, die sofortige Rückzahlung des sonst noch längere Zeit unkündbaren Darlehens verlangen zu dürfen, so liegt kein Rücktrittsvorbehalt im Sinne des Gesetzes vor, auch wenn dieser Ausdruck gebraucht ist. Es handelt sich um die Ausübung eines in diesem Fall auch gesetzlich vorbehaltenen Widerrufsrechts (§ 610). Vgl. RGE. Bd. 52 S. 5 ff.

Dagegen ist umgekehrt der Vorbehalt eines Widerrufs eines gerichtlichen Vergleichs regelmäßig ein Rücktrittsvorbehalt im Sinne des § 346; der Rücktritt hat also hier gemäß § 349 durch Erklärung gegenüber dem anderen Theile zu erfolgen, wenn nicht ausdrücklich vereinbart ist, daß die Erklärung dem Gerichte gegenüber als genügend gelten soll. Vgl. Bocke, Das Recht 1901 S. 617.

Der Vorbehalt wird in der Regel in den Hauptvertrag selbst aufgenommen werden. Doch kann er auch nachträglich noch durch besonderen Vertrag für zulässig erklärt werden; letzteren Falls ist nach Planck Bem. 3 zu § 346 im Zweifel anzunehmen, daß nach Absicht der Parteien das unter ihnen bestehende Verhältniß, insbesondere die Verpflichtung zur eventuellen Rückgewähr des Geleisteten so beurtheit werden soll, wie wenn der Rücktritt schon im Vertrage selbst ausbedungen wäre. And. M. Schollmeyer Bem. 1 zu § 346.

II. 1. Die Erklärung des Rücktritts hat nach § 346 folgende Wirkungen:

a) Das bisherige Schuldverhältniß erlischt ipso jure. Vgl. Vorbem. III, a—c. Die Auffassung des E. I § 427, wonach der Rücktritt nur eine peremptorische Einrede gewährt, wurde ausdrücklich von der II. Komm. abgelehnt. Vgl. P. VI, 158.

Zur Wiederherstellung des durch den Rücktritt aufgehobenen Schuldverhältnisses ist daher ein neuer Vertrag unter Wiederholung der etwa erforderlichen Formen nothwendig.

b) Mit der Rücktrittserklärung entsteht ein neues Schuldverhältniß zwischen den Vertragschließenden des Inhalts, daß diese verpflichtet sind, die auf Grund des alten Schuldverhältnisses empfangenen Leistungen einander zurückzugewähren.

2. Die gesetzlichen Wirkungen der Rücktrittserklärung sind jedoch nicht diejenigen des Eintritts einer auflösenden Bedingung (§ 158 Abs. 2). Es tritt nicht der frühere Rechtszustand ohne Weiteres wieder ein. Nur das obligatorische Schuldverhältniß erlischt, die auf Grund desselben vorgenommenen dinglichen Geschäfte bleiben bestehen. Hat z. B. der eine Theil dem anderen auf Grund des Vertrags Eigenthum übertragen, so fällt das Eigenthum nicht von selbst an den ersteren zurück. Dieser hat nur einen obligatorischen Anspruch gegen den anderen Theil auf Rückübertragung. Das Gleiche gilt von einer abgetretenen Forderung. Vgl. Vorbem. III.

3. Nur die Vertragschließenden sind einander obligatorisch zur Rückgewährung verpflichtet. Rechte dritter Personen, welche etwa an der Wirksamkeit des Vertrags

betheiligt sind, werden durch den Rücktritt nicht berührt. Gegen einen dritten Erwerber, selbst wenn dieser in Kenntniß des Rücktrittsrechtes den geschuldeten Gegenstand erworben hat, stehen dem Rücktrittsberechtigten keinerlei Ansprüche zu (M. II, 281; D. 52).

4. Nur die empfangenen Leistungen sind zurückzugewähren, ein Anspruch auf Ersatz des sog. negativen Vertragsinteresses (vgl. Bem. 2 zu § 307) wird durch den Rücktritt nicht begründet. Dagegen fällt unter die Rückgewährung empfangener Leistungen auch die Befreiung von einer Verbindlichkeit, welche der andere Theil zur Erfüllung des Vertrags übernommen hat. (M. II, 281.)

5. Die Zurückgewährung erfolgt nicht nach den Grundsätzen über die Herausgabe einer ungerechtfertigten Bereicherung, sondern nach Maßgabe der §§ 346 ff.

6. Nach dem Prinzipe der Vertragsfreiheit können die Parteien durch Vereinbarung die Wirkungen des vorbehaltenen Rücktritts auch abweichend von den Bestimmungen dieses Titels regeln. Sie können insbesondere vereinbaren, daß die Erklärung des Rücktritts die Wirkungen des Eintritts einer auflösenden Bedingung haben solle. Vgl. Bem. I und Vorbem. III (S. 190). Ebenso ist den Parteien unbenommen, die in § 346 aufgestellte Verpflichtung zur Rückgewährung der empfangenen Leistungen durch Vertrag schon im voraus auszuschließen oder zu beschränken. (RJA. 60.) Anders bei den Abzahlungsgeschäften (vgl. §§ 1 und 2 des RG. betreffend die Abz.-Gesch. vom 16. Mai 1894).

7. Zu Abs. 2. Geleistete Dienste können nicht in natura zurückgewährt werden, ebensowenig die Ueberlassung der Benutzung einer Sache. Ist in dem aufgehobenen Vertrage für die geleisteten Dienste oder für die Ueberlassung der Benutzung eine Gegenleistung in Geld vereinbart, so ist diese zu vergüten, andernfalls ist der gemeine Werth zu ersetzen, welchen die geleisteten Dienste zur Zeit der Leistung, die Benutzung der Sache zur Zeit der Ueberlassung gehabt haben. (Vgl. M. II, 21, III, 30, P. VI, 159.) Vgl. ferner Schollmeyer S. 257, 258, Planck Bem. 2 zu § 346.

8. „Aus § 346 darf nicht gefolgert werden, daß der zur Rückgewähr Verpflichtete die Sache auf seine Kosten an den Ort zurückzubringen hat, an welchem der andere Theil sie ihm übergeben hat. Denn die Rückgewährpflicht begreift schon nach dem Wortlaute des § 346 nur solche Handlungen in sich, durch welche der Rückgewährende sich der Sache entäußert und zugleich den anderen Teil in die Lage versetzt, darüber zu verfügen. Diesem Erfordernisse wird aber durch die Rückgewähr an dem Orte genügt, an welchem sie sich dem Vertrage gemäß befindet." Planck Bem. 1 zu § 348.

## § 347.

Der Anspruch auf Schadensersatz wegen Verschlechterung, Unterganges oder einer aus einem anderen Grunde eintretenden Unmöglichkeit der Herausgabe bestimmt sich im Falle des Rücktritts von dem Empfange der Leistung an nach den Vorschriften, welche für das Verhältniß zwischen dem Eigenthümer und dem Besitzer von dem Eintritte der Rechtshängigkeit des Eigenthumsanspruchs an gelten. Das Gleiche gilt von dem Anspruch auf Herausgabe oder Vergütung von Nutzungen und von dem Anspruch auf Ersatz von Verwendungen. Eine Geldsumme ist von der Zeit des Empfanges an zu verzinsen.

E. I, 427 Abs. 2 und 3; II, 298 Abs. 2; III, 341.

1. Wie in Bem. 3 zu § 346 bemerkt wurde, entstehen durch den Rücktritt nur obligatorische Beziehungen zwischen den Vertragschließenden. Die Bestimmungen des § 347 gelten also nur für das Verhältniß der Vertragschließenden unter einander, nicht gegenüber Dritten.

2. Wer aus einem Vertrage, den er unter dem Vorbehalte des Rücktritts abgeschlossen hat, eine Leistung empfängt, muß mit der Möglichkeit rechnen, daß der Rücktritt erklärt wird, und daß er dann die empfangene Leistung zurückzugewähren hat. Er befindet sich also vom Empfange der Leistung an in einer ähnlichen Lage wie der Besitzer gegenüber dem Eigenthümer vom Eintritte der Rechtshängigkeit des Eigenthumsanspruchs an (D. 52). Das BGB. läßt deßhalb die für das Verhältniß zwischen letzteren geltenden Vorschriften Anwendung finden auf die Verpflichtung des Empfängers zum Schadensersatze, zur Herausgabe oder Vergütung von Nutzungen und zum Ersatze von Verwendungen. (Vgl. § 292.) Die Anwendung dieser Vorschriften auf die Rückgewährpflicht des Empfängers führt zu folgendem Ergebnisse:

a) Der Empfänger der Leistung ist vom Empfange (nicht erst von der Erklärung des Rücktritts) an dem anderen Theile für den Schaden verantwortlich, der dadurch entsteht, daß in Folge seines Verschuldens (§§ 276 ff.) der zurückzugewährende Gegenstand verschlechtert wird, untergeht oder aus einem anderen Grunde von ihm nicht zurückgewährt werden kann (§ 989).

b) Der Empfänger hat dem anderen Theile die Nutzungen herauszugeben, die er nach dem Empfange gezogen hat, und ist, soweit ihm ein Verschulden zur Last fällt, dem anderen Theile zum Ersatz verpflichtet, wenn er nach dem Empfang Nutzungen nicht gezogen hat, die er nach den Regeln einer ordnungsmäßigen Wirthschaft hätte ziehen können (§ 987).

c) Macht der Empfänger nach dem Empfange nothwendige Verwendungen, so bestimmt sich die Verpflichtung des anderen Theiles zum Ersatze derselben nach den Vorschriften über die Geschäftsführung ohne Auftrag (§§ 994 Abs. 2, 683 ff.). Ueber den Begriff der Nutzungen s. § 100, über den Anspruch auf Ersatz von Verwendungen die §§ 256, 257. Vgl. ferner Gruchot, Beitr. Bd. 8 S. 520 ff., Bd. 18 S. 371, Jur. Wschr. 1880 S. 29.

3. Die Anwendbarkeit der in Bem. 2, a—c dargestellten strengeren Haftungsgrundsätze auf Fälle des gesetzlichen Rücktrittsrechts soll nach Kisch, Unmöglichkeit S. 146, unter Umständen zu unbilligen Ergebnissen führen, insbesondere für den Fall des Rücktritts wegen nachträglicher Unmöglichkeit (§§ 325, 327), sowie in solchen Fällen, in denen hiernach der zurücktretende Gläubiger selbst unter § 347 fällt; es erscheine unbegründet, den letzteren, wenn er den Rücktritt erkläre, vom Zeitpunkte des Empfangs an gleich einem unredlichen Besitzer zu behandeln; der Gesetzgeber habe wohl, indem er die Grundsätze des vertragsmäßigen Rücktritts unbesehen auf den gesetzlichen übertrug, ein solches Ergebniß nicht vorausgesehen. Kisch meint gleichwohl, daß es unstatthaft sei, die gesetzliche Vorschrift mit Rücksicht auf die ihr zu Grunde liegenden Zwecke gegen ihre klare Fassung anzuwenden, der Gläubiger möge sich, wenn ihm der Rücktritt nachtheilig erscheine, anstatt dessen eine andere Befugniß wählen. Wäre die in Bem. 1 Satz 1 für das vertragsmäßige Rücktrittsrecht hervorgehobene ratio der einzige legislative Grund für die strengere Haftung, so würde ich kein Bedenken tragen, letztere für Fälle des gesetzlichen Rücktrittsrechts erst mit dem Zeitpunkte der Entstehung des Rücktrittsgrundes Platz greifen zu lassen. Denn die §§ 346 ff. werden auf Fälle des gesetzlichen Rücktrittsrechts nur für entsprechend anwendbar erklärt, jede entsprechende Anwendung (Analogie) findet aber eine Schranke an der Auslegungsregel: cessante ratione legis cessat lex ipsa. Meines Erachtens ist aber der von den Mot. (II, 282, D. 79) hervorgehobene Grund, daß jeder Vertragschließende „von Anfang an mit der Möglichkeit rechne, daß er infolge des Rücktritts verpflichtet werde, die empfangenen Leistungen zurückzugewähren", nicht der einzige und nicht der ausschließlich maßgebende für die Haftung des Empfängers nach §§ 989 ff. Vielmehr erweist sich diese strengere Haftung überhaupt als ein Erforderniß der Billigkeit bei Auflösung eines Rechtsverhältnisses ex tunc. Nehmen wir beispielsweise den Fall der Wandelung bei einem Viehkauf. Der Gläubiger, der in diesem Falle den Wandlungsanspruch geltend macht, ist nach § 487 auf denselben beschränkt und kann keine andere Befugniß wählen. Es würde aber auch geradezu unbillig erscheinen, wenn er bei Rückgewähr des mit einem Hauptmangel behafteten Viehs nicht nachträglich jedes Verschulden vom Zeitpunkte des Empfanges an zu vertreten hätte. Beispiel: A, dem ein mit dem Fehler des Krippensetzens behaftetes Reitpferd verkauft ist, hat dieses als ungeschickter Reiter vor Geltendmachung seines Anspruchs auf Wandelung entwerthet. B, der Verkäufer, kann mit Recht geltend machen, daß es nicht unbillig ist, daß A bei Rückgabe des Pferdes ihm diese unter Umständen erhebliche Entwerthung vergüte. Res deterior reddita non est reddita.

Aus diesem Grunde dürfte auch die Meinung Schollmeyers Bem. 1 zu § 347, daß die strengen Rückgewährsgrundsätze dieses Paragraphen erst vom Augenblick der Rücktrittsstipulation an Platz greifen, wenn der Rücktritt erst nach der Vertragsleistung stipulirt sei, unhaltbar sein. Schollmeyer will bis dahin lediglich die Grundsätze ungerechtfertigter Bereicherung gelten lassen, soweit nicht ein Betrug bei Verabredung des Rücktrittsrechts unterlief. M. E. ist die vernünftige ratio der strengeren Haftung ebenso wie die des vollständigen Ausschlusses des Rücktritts im Falle des § 351 darin zu finden, daß beide Theile verlangen können, in integrum restituirt zu werden, soweit sie nicht die Gefahr des Zufalls trifft (§ 350).

## § 348.

Die sich aus dem Rücktritt ergebenden Verpflichtungen der Parteien sind Zug um Zug zu erfüllen. Die Vorschriften der §§ 320, 322 finden entsprechende Anwendung.

E. I, 428; II, 299; III, 342.

1. Durch den Rücktritt wird zufolge § 346 eine obligatorische Verpflichtung der Vertragschließenden zur gegenseitigen Rückgewährung der empfangenen Leistungen begründet. Das Verhältniß der Vertragschließenden zu einander ist hienach ein ähnliches, als wenn dieselben in einem gegenseitigen Vertrage (§ 320) die Rückgewährung vereinbart hätten. Dieser Auffassung entspricht die Vorschrift des § 348, daß die aus dem Rücktritte sich ergebenden Verpflichtungen der Parteien Zug um Zug (§ 274) zu erfüllen und daß die Vorschriften der §§ 320, 322 entsprechend anwendbar sind. Diese entsprechende Anwendung ergiebt Folgendes:

a) Jeder Theil hat, wenn er auf Rückgewähr belangt wird, eine der Einrede des nicht erfüllten Vertrags entsprechende Einrede. Er kann mit dieser Einrede insbesondere auch nicht wesentliche Verschlechterungen des vom Gegner zurückzugewährenden oder -gewährten Gegenstandes geltend machen, die dieser seit dem Empfange verschuldet hat. Sind wesentliche Verschlechterungen oder gar der Untergang oder die anderweitige Unmöglichkeit der gegnerischen Herausgabe verschuldet, so ist der Rücktritt überhaupt ausgeschlossen (§ 351).

b) Wenn Mehrere auf gegnerischer Seite stehen, so kann jedem Einzelnen der ihm gebührende Theil bis zur Bewirkung der ganzen Gegenleistung verweigert werden.

c) Die Ausübung des Zurückbehaltungsrechts kann nicht durch Sicherheitsleistung abgewendet werden (§ 273 Abs. 3 findet keine Anwendung).

d) Ist von der anderen Seite theilweise geleistet worden, so kann die Gegenleistung insoweit nicht verweigert werden, als die Verweigerung nach den Umständen, insbesondere wegen verhältnißmäßiger Geringfügigkeit des rückständigen Theiles, gegen Treu und Glauben verstoßen würde.

e) Die Geltendmachung des dem Beklagten zustehenden Rechtes, die Leistung bis zur Bewirkung der Gegenleistung zu verweigern, hat nur die Wirkung, daß derselbe zur Erfüllung Zug um Zug zu verurtheilen ist. Vgl. die Bem. zu §§ 320 und 322.

2. Welche Verpflichtungen sich aus dem Rücktritte für die Parteien ergeben, ist in den §§ 346 und 347 bestimmt.

3. Auf die Zwangsvollstreckung finden § 274 Abs. 2 BGB., §§ 726 Abs. 2, 756, 765 CPO. Anwendung.

## § 349.

Der Rücktritt erfolgt durch Erklärung gegenüber dem anderen Theile.

E. I, 426; II, 300; III, 343.

Die Rücktrittserklärung ist ein einseitiges, empfangsbedürftiges Rechtsgeschäft (§§ 130—132).

Sie kann auch durch Zustellung der Klageschrift erfolgen. Vgl. Das Recht 1901 S. 589.

Die Rücktrittserklärung kann vom Prozeßbevollmächtigten auf Grund der Prozeßvollmacht im Sinne des § 81 CPO. sowohl erklärt wie angenommen werden. RGE. Bd. 50 S. 138, Dernburg II S. 209 Anm. 3. And. M. Schollmeyer S. 260, der eine Spezialvollmacht fordert.

Sie kann sowohl in der Klagschrift wie in einem vorbereitenden Schriftsatz abgegeben werden, entscheidend ist alsdann die Zeit der Zustellung. RGE. Bd. 50 S. 138, Jur. Wschr. 1903 S. 21 Nr. 3. And. M. bezüglich der vorbereitenden Schriftsätze, da diese als bloße Ankündigungen späterer in der Verhandlung abzugebender Erklärungen zu betrachten seien, Kammerger. v. 21. Jan. 1901 in Rspr. d. OLG. Bd. 2 S. 217. Vgl. dagegen Dernburg II S. 269 Anm. 3: „Es ist zu prüfen, ob der vorbereitende Schriftsatz eine endgültige Erklärung oder nur eine Ankündigung späterer Erklärung enthält."

Ueber den Rücktritt einer in der Geschäftsfähigkeit beschränkten Person s. § 111.

Mit der Abgabe der Erklärung gegenüber dem anderen Theile ist der Rücktritt vollzogen, eine Annahme seitens des anderen Theiles ist nicht erforderlich.

Die einmal abgegebene Erklärung kann nicht widerrufen werden. Im E. I § 426 Abs. 2 war dies ausdrücklich bestimmt (vgl. M. II, 280). Die II. Komm. hat diese Bestimmung aber als überflüssig gestrichen, weil es sich von selbst verstehe, daß die durch die Erklärung einmal eingetretene Rechtswirkung (Erlöschen des Schuldverhältnisses und Verpflichtung zur Rückgewährung) durch einseitigen Widerruf nicht wieder rückgängig gemacht werden könne (P. VI, 153).

Die Rücktrittserklärung ist formfrei, auch an den Gebrauch des Ausdrucks „Rücktritt" nicht gebunden, vgl. Bem. I zu § 346. Eine bloße Willensbethätigung aber, insbesondere die Rücknahme der dem Schuldner hingegebenen Sache oder die anderweitige Verfügung des Gläubigers über seine eigene Gegenleistung genügt nicht. Kisch, Unmöglichkeit S. 137. Die Erklärung des Rücktritts kann nicht unter einer Bedingung abgegeben werden, vgl. Planck Bem. 1 zu § 349, sie kann auch nicht eventuell ertheilt werden, sie muß wie die Kündigung bestimmt sein. Vgl. Kisch a. a. O. S. 137. Der bedingt oder eventuell erklärte Rücktritt ist unwirksam. Aber nur die technische Bedingung (Vorbem. 2, a zum 4. Titel Bd. I S. 445) ist unzulässig, nicht die sog. uneigentliche Bedingung (Vorbem. 7 Bd. I S. 448), insbesondere nicht die sog. conditio in praesens oder in praeteritum collata, ferner nicht die sog. condicio juris. Richtiger Ansicht nach (Kisch a. a. O. S. 137) dürfte auch eine echte Bedingung zulässig sein, deren Erfüllung rein vom Willen des Schuldners abhängt.

Die Wirksamkeit der Rücktrittserklärung ist nicht davon abhängig, daß der Erklärende sich zugleich zur Rückgabe des auf Grund des Vertrags Empfangenen erbietet. RGE. Bd. 49 S. 38, Jur. Wschr. 1901 S. 647 Beil. 144.

## § 350.

Der Rücktritt wird nicht dadurch ausgeschlossen, daß der Gegenstand, welchen der Berechtigte empfangen hat, durch Zufall untergegangen ist.

E. I, 429; II, 301; III, 344.

1. Die Bestimmung des § 350 enspricht den Grundsätzen des gemeinen Rechtes bezüglich der Wandelungsklage (Dernburg, Pand. Bd. 2 § 101, 1, c und Windscheid, Pand. Bd. 2 § 394 Note 5, 12); sie weicht jedoch ab vom Preuß. ALR. Thl. I Tit. 5 §§ 327, 328 und Code civil art. 1647.

2. Der Gegenstand, welchen der Berechtigte empfangen hat, ist durch Zufall untergegangen, wenn der Umstand, welcher den Untergang bewirkt hat, vom Berechtigten nicht zu vertreten ist (vgl. Bem. 3 zu § 276).

3. Wenn schon der zufällige gänzliche Untergang des empfangenen Gegenstandes den Rücktritt nicht ausschließt, so versteht es sich von selbst, daß noch weniger der zufällige theilweise Untergang oder eine zufällige Verschlechterung den Rücktritt ausschließen kann.

4. Der Berechtigte, welcher den zufällig untergegangenen Gegenstand nicht herausgeben kann, wird zufolge § 275 von seiner Verpflichtung zur Herausgabe desselben befreit, behält aber nach § 346 den ihm zustehenden Anspruch auf Zurückgewährung der von ihm gemachten Gegenleistung, da durch § 348 Satz 2 nur die Vorschriften der §§ 320 und 322, nicht auch jene des § 323 für anwendbar erklärt sind. Demgemäß tritt bei zufälligem theilweisen Untergang oder bei zufälliger Verschlechterung auch keine Minderung der Gegenleistung ein.

5. Auch diese Bestimmung ist dispositiver Natur (P. I, 791). Durch Vereinbarung kann die Zulässigkeit des Rücktritts auch von der Bedingung abhängig gemacht werden, daß der Berechtigte den empfangenen Gegenstand in unversehrtem Zustande zurückgewährt. Zu dieser abweichenden Regelung ist zu rathen, da die allgemeine Bestimmung des § 350 zweifellos zu Unbilligkeiten führen kann. Vgl. den Fall bei Goldmann und Lilienthal, Das BGB. 1903 S. 163 (A tauscht ein Pferd von B gegen einen Wagen, unter Vorbehalt des Rücktritts binnen vier Wochen. Er verkauft das Pferd ebenfalls unter Vorbehalt des Rücktritts binnen vier Wochen an C. Das Pferd geht bei C zufällig unter. A übt jetzt gegenüber B sein Rücktrittsrecht aus, erhält den Wagen ohne Gegenleistung zurück und behält den Kaufpreis).

## § 351.

**Der Rücktritt ist ausgeschlossen, wenn der Berechtigte eine wesentliche Verschlechterung, den Untergang oder die anderweitige Unmöglichkeit der Herausgabe des empfangenen Gegenstandes verschuldet hat. Der Untergang eines erheblichen Theiles steht einer wesentlichen Verschlechterung des Gegenstandes, das von dem Berechtigten nach § 278 zu vertretende Verschulden eines Anderen steht dem eigenen Verschulden des Berechtigten gleich.**

E. I, 430 Nr. 1; II, 302 Nr. 1; III, 345.

1. Zufolge des § 347 in Verbindung mit § 989 (s. Bem. 2, a zu § 347) ist, wenn der Rücktritt erfolgt, vom Empfange der Leistung an jeder Theil dem anderen für den Schaden verantwortlich, der dadurch entsteht, daß in Folge seines Verschuldens der empfangene Gegenstand verschlechtert wird, untergeht oder aus einem anderen Grunde von ihm nicht zurückgegeben werden kann. Ist der Rücktrittsberechtigte derjenige, welcher den Schaden verschuldet hat, so verliert er das Rücktrittsrecht.

Streitig ist, ob der Ausdruck „verschuldet hat" in Satz 1 im technischen Sinne der §§ 276 ff. (vgl. auch § 347) oder in dem weiteren Sinne jeder freien, imputablen Handlung auszulegen ist, in dem er beispielsweise im § 254 (mitwirkendes Verschulden des Beschädigten) vorkommt. Für letztere Auslegung Oertmann Bem. 1 zu § 351, unter Berufung auf die Analogie des § 352 und in der Erwägung, daß von einer wahren „Verschuldung" hier, wo der „Berechtigte" doch ein volles Recht auf den Gegenstand habe, nicht die Rede sein könne. And. M. Kisch, Unmöglichkeit S. 141: „Eine Schuld in diesem Sinne liegt nur vor, wenn bei Vornahme der angeführten Handlungen der Rücktrittsgrund bereits eingetreten und dem Gläubiger bekannt ist, oder wenn er wenigstens vorausgesehen werden kann." Vgl. auch Eck in der Berliner Festschrift für Beseler 1885 S. 161. M. E. würde es gegen Treu und Glauben verstoßen, wenn der Rücktrittsberechtigte, obwohl er von dem Rücktrittsrechte Gebrauch macht, sich darauf beruft, daß eine von ihm vorgenommene Handlung, durch die er den Untergang oder eine wesentliche Verschlechterung des empfangenen Gegenstandes herbeigeführt hat, ihm nicht zum Verschulden anzurechnen sei, weil er bei der Handlung in entschuldbarem Irrthum über das ihm zustehende Rücktrittsrecht gewesen sei. Vgl. auch Planck Bem. 1 zu § 351, Rehbein Bem. 6 zu §§ 346 bis 361; der Oertmann'schen Auffassung ist also beizutreten.

Der Verlust tritt jedoch im Falle der verschuldeten Verschlechterung nur dann ein, wenn die Verschlechterung eine wesentliche ist (vgl. Bem. 3), im Falle des verschuldeten Unterganges nicht bloß, wenn der ganze Gegenstand, sondern schon, wenn ein erheblicher Theil desselben untergegangen ist. Ist die Verschlechterung keine wesentliche oder nur ein unerheblicher Theil des Gegenstandes untergegangen, so bleibt der Rücktritt zulässig; der Rücktrittsberechtigte aber ist nach Maßgabe des § 347 dem anderen Theile zum Ersatze des dadurch entstandenen Schadens verpflichtet. Planck Bem. 1 zu § 351.

2. Ist die (vom Berechtigten verschuldete) wesentliche Verschlechterung ꝛc. erst nach der Erklärung des Rücktritts eingetreten, so wird — abgesehen von dem Falle des § 354 — der erklärte Rücktritt nicht unwirksam. Der Gegner des Rücktrittsberechtigten hat lediglich den Anspruch auf Schadensersatz nach Maßgabe des § 347.

3. Ob die Verschlechterung eine wesentliche, ob der untergegangene Theil ein erheblicher ist, ist eine nach den Umständen des Falles zu beurtheilende Thatfrage, bei deren Prüfung nach dem Zwecke der Bestimmung hauptsächlich das Interesse des Gegners des Rücktrittsberechtigten zu berücksichtigen ist.

4. Ueber die Haftung des Rücktrittsberechtigten für das Verschulden dritter Personen s. die Bem. zu § 278. Insbesondere ist auch hier zu bemerken, daß zur „Erfüllung der Verbindlichkeit" im Sinne des § 278 auch die Verpflichtung des Rücktrittsberechtigten gehört, den möglicherweise herauszugebenden Gegenstand vor der Verschlechterung oder dem Untergange zu bewahren, und daß deßhalb der Berechtigte auch für das Verschulden einer Person haftet, deren er sich zur Erfüllung dieser seiner Bewahrungspflicht bedient. Eine solche Person ist, wie in P. VI, 161, 163 und 154, 155 ausgeführt wird, nicht bloß derjenige, welchen der Verpflichtete mit der Bewahrung beauftragt, sondern jeder, dem der Berechtigte den Gegenstand durch ein, wenn auch zunächst auf einen anderen Zweck gerichtetes, Rechtsgeschäft anvertraut. Wenn z. B. der Rücktrittsberechtigte die empfangene Sache verliehen oder vermiethet und der Entleiher oder der Miether den Untergang der Sache verschuldet hat, so ist der Rücktritt ausgeschlossen. Dagegen haftet der Rücktrittsberechtigte nicht für

das Verschulden solcher Personen, denen er nur die Möglichkeit der Einwirkung eingeräumt hat, z. B. für ein Verschulden seiner Gäste.

5. Eine anderweitige Regelung durch Vereinbarung der Parteien ist zulässig, soweit nicht das gesetzliche Verbot des § 276 Abs. 2, wonach die Haftung wegen Vorsatzes im voraus nicht erlassen werden kann, entgegensteht.

## § 352.

Der Rücktritt ist ausgeschlossen, wenn der Berechtigte die empfangene Sache durch Verarbeitung oder Umbildung in eine Sache anderer Art umgestaltet hat.

E. I, 430 Nr. 3; II, 302 Nr. 2; III, 346.

1. Das Verhältniß des Werthes der Verarbeitung oder Umbildung zum Werthe des Stoffes (s. § 950) ist hier ohne Einfluß. Der Rücktritt ist ausgeschlossen, auch wenn der Werth der Verarbeitung oder der Umbildung erheblich geringer ist als der Werth des Stoffes, sofern nur die Umgestaltung in eine Sache anderer Art vorliegt.

Eine Verschuldung, wie im § 351, wird für die Verarbeitung oder Umgestaltung nicht vorausgesetzt. Auch bei entschuldbarem Irrthume des Berechtigten, sei es über sein Rücktrittsrecht, sei es in Betreff der umgestalteten Sachen (Verwechselung), bleibt das Rücktrittsrecht ausgeschlossen. Es würde eben gegen Treu und Glauben verstoßen (§ 242), vom Gegner die Rücknahme der völlig veränderten Sachen zu beanspruchen, unter Berufung auf den eigenen Irrthum. Vgl. Bem. 1 zu § 351.

2. Dem Zwecke der Bestimmung entsprechend wird der Umgestaltung durch den Berechtigten der Fall gleichgestellt werden müssen, daß ein Dritter, welchem der Berechtigte die Sache zur Bewahrung anvertraut hatte, (verschuldet oder unverschuldet) die Umgestaltung vorgenommen hat. (P. VI, 163 und Bem. 4 zu § 351.)

3. Ebenso ist der Rücktritt ausgeschlossen, wenn die Umgestaltung zwar nicht die ganze empfangene Sache, aber einen erheblichen Theil derselben betroffen hat (P. I, 175). Wurde nur ein unerheblicher Theil umgestaltet, so ist der Rücktritt zulässig, der Zurücktretende aber nach Maßgabe des § 347 schadensersatzpflichtig.

4. Die Wandelung ist im Falle der Umgestaltung nicht ausgeschlossen, wenn der Mangel sich erst bei der Umgestaltung gezeigt hat. § 467. Vgl. auch § 487 Abs. 2.

5. Die Vorschrift hat dispositiven Charakter. Die Parteien können vereinbaren, daß trotz Umgestaltung der Rücktritt statthaft sein soll.

6. Verwendungen. Das BGB. enthält keine ausdrückliche Vorschrift für den Fall, daß der Rücktrittsberechtigte, ohne die Sache in eine Sache anderer Art umgebildet oder verarbeitet zu haben, Verwendungen auf dieselbe gemacht hat, deren Ersatz den anderen Theil unverhältnißmäßig belasten würde. Es ist kein Grund vorhanden, in diesem Falle mit Oertmann Bem. 2 zu § 352 den § 352 entsprechend anzuwenden und das Rücktrittsrecht auszuschließen. Nach §§ 347, 994, 996 kann der Rücktrittsberechtigte nur für die auf die Sache gemachten nothwendigen Verwendungen Ersatz verlangen und auch für diese nur dann, wenn die Verwendung dem Interesse und dem wirklichen oder muthmaßlichen Willen des anderen Theiles entsprochen hat oder von diesem genehmigt wird; anderenfalls ist der andere Theil nur verpflichtet, dasjenige, was er in Folge der Verwendung erlangt, dem Rücktrittsberechtigten nach den Vorschriften über die Herausgabe einer ungerechtfertigten Bereicherung herauszugeben. Im Uebrigen bleiben die Vorschriften über das Abtrennungsrecht (jus tollendi) anwendbar (§ 997); das Recht der Abtrennung ist daher ausgeschlossen, wenn die Abtrennung keinen Nutzen hat oder wenigstens der Werth ersetzt wird, den der Bestandtheil nach der Abtrennung für den Berechtigten haben würde. Vgl. auch Planck Bem. 1 zu § 352.

## § 353.

Hat der Berechtigte den empfangenen Gegenstand oder einen erheblichen Theil des Gegenstandes veräußert oder mit dem Rechte eines Dritten belastet, so ist der Rücktritt ausgeschlossen, wenn bei demjenigen, welcher den Gegenstand in Folge der Verfügung erlangt hat, die Voraussetzungen des § 351 oder des § 352 eingetreten sind.

Einer Verfügung des Berechtigten steht eine Verfügung gleich, die im Wege der Zwangsvollstreckung oder der Arrestvollziehung oder durch den Konkursverwalter erfolgt.

E. I, 430; II, 303; III, 347.

1. Durch die Veräußerung des empfangenen Gegenstandes oder durch die Belastung desselben mit dem Rechte eines Dritten wird der Rücktritt nicht ausgeschlossen (Bem. 2 zu § 354 und P. VI, 161). Der Berechtigte kann bis zu dem Zeitpunkt, in welchem er seine Verpflichtung zur Rückgewährung erfüllen muß, den veräußerten Gegenstand zurückerwerben, er kann bis dahin das dingliche Recht wieder beseitigen. Geräth er mit der Erfüllung seiner Verbindlichkeit zur Rückgewährung in Verzug, so kann der andere Theil nach § 354 gegen ihn vorgehen.

Hat jedoch ein Dritter, welcher in Folge der Veräußerung oder der Belastung mit einem dinglichen Rechte den Gegenstand oder einen erheblichen Theil des Gegenstandes erlangt hat, eine wesentliche Verschlechterung, den Untergang oder die anderweitige Unmöglichkeit der Herausgabe des empfangenen Gegenstandes verschuldet (§ 351) oder hat er die empfangene Sache durch Verarbeitung oder Umbildung in eine Sache anderer Art umgestaltet (§ 352), so soll der Rücktritt ebenso ausgeschlossen sein, als wenn beim Berechtigten selbst diese Voraussetzungen eingetreten wären. Die Bestimmung bezieht sich nicht bloß auf den unmittelbaren Erwerber, sie findet auch dann Anwendung, wenn erst bei einem Anderen, welcher mittelbar in Folge der Verfügung des Berechtigten den Gegenstand erlangt hat, die Voraussetzungen des § 351 oder des § 352 eingetreten sind.

Die Vorschrift war als Ergänzung der §§ 351 und 352 aus dem Grunde veranlaßt, weil es immerhin zweifelhaft ist, ob in den hier aufgeführten Fällen der Rücktrittsberechtigte schon nach § 278 für die Handlungen des Dritten einzustehen hat.

2. Der Rücktritt ist auch ausgeschlossen, wenn im Wege der Zwangsvollstreckung oder der Arrestvollziehung gegen den Berechtigten oder im Konkurs über das Vermögen des letzteren durch den Konkursverwalter über den empfangenen Gegenstand verfügt wird, und bei demjenigen, welcher in Folge der Verfügung den Gegenstand erlangt hat, die Voraussetzungen des § 351 oder des § 352 eingetreten sind. Diese Bestimmung beruht auf dem im BGB. mehrfach anerkannten Grundsatze (§§ 135, 161, 184, 499), daß der Verfügung einer Person eine Verfügung gleichgestellt wird, welche aus dem Rechte dieser Person durch Dritte erfolgt. (M. I, 213; P. VI, 133.)

3. Natürlich darf aus § 353 nicht gefolgert werden, daß im Falle einer Veräußerung durch den Rücktrittsberechtigten der Rücktritt nur ausgeschlossen sei, wenn die Voraussetzungen des § 351 in der Person des Erwerbers eingetreten sind, vielmehr ist stets in erster Linie zu prüfen, ob der Rücktrittsberechtigte nicht durch die Veräußerung selber sich nach § 351 schuldhafterweise in die Unmöglichkeit der Rückgewähr versetzt hat. Vgl. RGE. Bd. 56 S. 258, 267, Planck Bem. zu § 353 (letzter Absatz). Da letzteres in der Regel zu bejahen sein wird, so erledigt sich praktisch das Bedenken, welches Rehbein Bem. 6 zu §§ 346—361 gegen den § 353 de lege ferenda geltend macht. Im Uebrigen ist Rehbein darin beizutreten, daß die Regelung des E. I § 430 Nr. 1, 2, II § 303, der zufolge bei Veräußerung und Belastung des empfangenen Gegenstandes der Rücktritt schlechthin ausgeschlossen sein sollte, praktisch den Vorzug verdient hätte. Wo weder von einem Verschulden des Rücktrittsberechtigten noch des Dritten die Rede sein kann, weil er über seine Sache verfügt hat, wird sich der Vertragsgegner durch Anwendung des § 354 vor den mißlichen Konsequenzen der theoretischen Auffassung des BGB. schützen können, indem er dem in Folge seiner Veräußerung und deren Konsequenzen mit der Rückgewähr in Verzug gerathenden Berechtigten eine angemessene Frist mit der Erklärung bestimmt, daß er die Annahme nach dem Ablaufe der Frist ablehne. Vgl. Rehbein a. a. O. S. 251 Bem. 2 zu § 354.

4. Abweichende Regelung durch Vereinbarung der Parteien ist zulässig.

## § 354.

Kommt der Berechtigte mit der Rückgewähr des empfangenen Gegenstandes oder eines erheblichen Theiles des Gegenstandes in Verzug, so kann ihm der andere Theil eine angemessene Frist mit der Erklärung bestimmen, daß er die

**Annahme nach dem Ablaufe der Frist ablehne. Der Rücktritt wird unwirksam, wenn nicht die Rückgewähr vor dem Ablaufe der Frist erfolgt.**

E. III, 348.

1. Wie schon in Bem. 1 zu § 348 erwähnt wurde, wird durch den Rücktritt ein ähnliches Verhältniß zwischen den Vertragschließenden begründet, als wenn diese in einem gegenseitigen Vertrage die Rückgewähr vereinbart hätten. Diesem Gedanken entspricht die von der II. Komm. bei der Revision des E. II aufgenommene Vorschrift des § 354, welche sich an jene des § 326 anlehnt. (Vgl. P. VI, 161, 384.)

2. Vorausgesetzt wird in § 354, daß der Rücktritt in zulässiger Weise erklärt worden ist. Ist der Rücktritt aus einem der in den §§ 351—353 aufgeführten Gründe ausgeschlossen, so kann § 354 überhaupt nicht zur Anwendung kommen.

Seine häufigste Anwendung wird § 354 finden im Falle der Veräußerung des empfangenen Gegenstandes durch den Rücktrittsberechtigten. Die Veräußerung bewirkt keine objektive Unmöglichkeit der Herausgabe (welche zufolge § 351 den Rücktritt ausschließen würde), sondern nur ein subjektives Unvermögen des Berechtigten, wenn dieser den veräußerten Gegenstand nicht mehr besitzt. Die Verpflichtung des Berechtigten zur Herausgabe entsteht erst mit der Rücktrittserklärung. Das Unvermögen, welches in diesem Zeitpunkte schon vorhanden war, ist also kein nachträglich entstandenes im Sinne des § 275 Abs. 2 und steht deßhalb der objektiven Unmöglichkeit nicht gleich. (Vgl. Vorbem. II zu den §§ 275—283.) Die Erklärung des Rücktritts wird daher durch die Veräußerung nicht ausgeschlossen, der andere Theil aber kann zufolge § 354 dem Berechtigten, wenn dieser mit der Rückgewährung des empfangenen Gegenstandes oder eines erheblichen Theiles des Gegenstandes in Verzug geräth, eine angemessene Frist mit der Erklärung bestimmen, daß er die Annahme nach dem Ablaufe der Frist ablehne. Erfolgt die Rückgewähr nicht innerhalb der Frist, so wird der Rücktritt unwirksam. Vgl. Bem. 3 zu § 353.

3. Das Recht nach § 354 steht dem anderen Theile erst zu, wenn der Berechtigte mit der Rückgewähr in Verzug kommt. Es wird also erfordert, daß der Berechtigte durch den anderen Theil zur Rückgewähr gemahnt wurde (§ 284), und daß die Rückgewähr in Folge eines Umstandes unterbleibt, welchen der Berechtigte zu vertreten hat (§ 285). Den Umstand, daß er den empfangenen Gegenstand veräußert hat, muß der Berechtigte, welcher den Rücktritt erklärt, stets vertreten. Vgl. Bem. 3 zu § 353. Dies ergiebt sich schon aus dem Zusammenhalte des § 354 mit der Vorschrift des § 353. Es ist kein Grund abzusehen, warum der Rücktritt ausgeschlossen sein soll, wenn der Dritte, welcher den Gegenstand in Folge der Veräußerung erlangt hat, den Untergang des Gegenstandes verschuldet hat, der Rücktritt aber gegen den Willen des anderen Theiles wirksam sein sollte, wenn der Dritte den Gegenstand zwar unversehrt bewahrt hat, denselben aber nicht mehr herausgiebt. Ebenso Planck Bem. 1; and. M. Schollmeyer Bem. 2, a zu § 354.

4. Der Verzug muß in Ansehung der Rückgewähr des empfangenen Gegenstandes oder eines erheblichen Theiles desselben bestehen. Auf einen Verzug anderer Art — etwa hinsichtlich der Vergütung für geleistete Dienste (§ 346 Satz 2) oder des zu leistenden Schadensersatzes (§ 347) — können die Bestimmungen des § 354 nicht erstreckt werden.

5. Ueber die Fristbestimmung s. die Bem. zu § 250. Ist die Frist zu kurz bemessen, so kann der Berechtigte innerhalb einer vom Zeitpunkte der Fristbestimmung an laufenden angemessenen Frist die Rückgewähr bewirken.

6. Mit dem Ablaufe der Frist sind die Wirkungen des Rücktritts kraft Gesetzes aufgehoben d. h. es erlischt von selbst die Obligation auf gegenseitige Rückgewähr der empfangenen Leistungen, und die Rechte und Verpflichtungen aus dem Vertrage treten wieder in Kraft, wie wenn der Rücktritt nicht erklärt worden wäre.

7. Die Bestimmung einer Frist nach § 354 ist nicht erforderlich, wenn der Rücktrittsberechtigte den betreffenden Gegenstand nicht herausgeben kann oder will. Wenn er ihn nicht herausgeben kann, so ist dies die Folge eines von ihm zu vertretenden Umstandes, der Rücktritt also bereits nach § 351 ausgeschlossen. Vgl. Bem. 3 zu § 353. Wenn er aber erklärt, ihn nicht herausgeben zu können oder zu wollen, so schließt diese Erklärung einen Verzicht auf die Fristbestimmung ein. Vgl. Bem. 4, d zu § 326. Seuff. Arch. Bd. 57 S. 264, RGE. Bd. 50 S. 188. And. M. freilich Planck Bem. 4 zu § 354, Bem. 2, d zu 326.

8. Verzug in der Rückgewähr eines erheblichen Theiles ist auch dann anzunehmen, wenn der Berechtigte den Gegenstand mit dem Rechte eines Dritten belastet hat und das Recht nicht beseitigen kann oder will. Allerdings muß diese Belastung selbst eine erhebliche sein; für eine nicht erhebliche Belastung, beispielsweise Belastung eines Grundstücks

mit einer Hypothek von ganz geringem Betrage oder unerhebliche Dienstbarkeit, ist wie für eine nicht wesentliche Verschlechterung nach Maßgabe des § 347 Ersatz zu leisten. Vgl. Planck Bem. 2 Abs. 2 zu § 354, and. M. Schollmeyer Bem. 2, b zu § 354, der bei jeder Belastung des Gegenstandes ohne Rücksicht auf ihre Erheblichkeit dem anderen Theile das Recht einräumt, die Annahme zu verweigern.

## § 355.

Ist für die Ausübung des Rücktrittsrechts eine Frist nicht vereinbart, so kann dem Berechtigten von dem anderen Theile für die Ausübung eine angemessene Frist bestimmt werden. Das Rücktrittsrecht erlischt, wenn nicht der Rücktritt vor dem Ablaufe der Frist erklärt wird.

E. I, 432; II, 304; III, 349.

1. Da das Rücktrittsrecht der Verjährung nicht unterliegt (s. Vorbem. zu diesem Titel), würde in allen Fällen, in denen eine Frist für die Ausübung des Rechtes nicht vereinbart wurde, der andere Theil sich in einer dauernden Ungewißheit darüber befinden, ob der Berechtigte von seinem Rechte Gebrauch machen wird oder nicht. Die Bestimmung des § 355 ermöglicht es ihm, eine alsbaldige Entscheidung herbeizuführen.

Ueber die Fristbestimmung s. Bem. zu § 250. Ueber die Berechnung der Frist s. die Auslegungsvorschriften der §§ 187—193.

2. Wurde eine Frist für den Rücktritt vereinbart, so ist diese maßgebend. Von welchem Zeitpunkt an der Lauf einer vereinbarten Frist beginnt, muß durch Auslegung des Parteiwillens ermittelt werden.

3. Ist der Rücktritt von einer Bedingung abhängig (z. B. in den Fällen des § 357), so kann die Bestimmung der Frist nicht vor dem Eintritte der Bedingung erfolgen. (P. I, 796.) Vgl. RGE. vom 6. Dez. 1901, Jur. Wschr. 1902 S. 10.

4. Das Rücktrittsrecht kann selbstverständlich auch durch vertragsmäßigen Verzicht erlöschen. Ob ein solcher Verzicht schon darin zu erblicken ist, daß der Berechtigte in Kenntniß seines Rücktrittsrechts und des Eintritts der Voraussetzungen desselben den Vertrag theilweise erfüllt oder die Erfüllung theilweise annimmt, bleibt der Auslegung des einzelnen Falles überlassen. Vgl. E. I § 431 und P. I, 796.

## § 356.

Sind bei einem Vertrag auf der einen oder der anderen Seite Mehrere betheiligt, so kann das Rücktrittsrecht nur von allen gegen alle ausgeübt werden. Erlischt das Rücktrittsrecht für einen der Berechtigten, so erlischt es auch für die übrigen.

E. I, 433; II, 305; III, 350.

1. Die Bestimmungen des § 356 gelten für alle Fälle, in denen auf der einen oder auf der anderen Seite Mehrere betheiligt sind, also auch dann, wenn die geschuldete Leistung theilbar ist und wenn die mehreren Betheiligten nicht Gesammtgläubiger bezw. nicht Gesammtschuldner sind. (Vgl. M. II, 284.)

Sie sind nicht zwingender Natur, die Parteien können eine andere Regelung vereinbaren.

Der § 356 findet Anwendung, wenn:

a) auf der aktiven Seite der Obligation als Gläubiger mehrere zu Quoten betheiligt sind (Theilgläubigerschaft § 420). Beispiel: Mehrere Personen, A, B, C, haben durch einen gemeinsamen Bevollmächtigten dem D unter Vorbehalt des Rücktrittsrechts Gegenstände verkauft und verpachtet; jeder ist selbständig Gläubiger des Kaufgeldes oder des Pachtgeldes nach Maßgabe ihres Antheils, im Zweifel nach § 420 zu gleichen Antheilen. Die Vorschrift des § 356 versteht sich, wie Schollmeyer Bem. 1 zu § 356 richtig bemerkt, für diesen Fall keineswegs von selbst, wenngleich zuzugeben ist, daß unter Umständen der Vertragsgegner ein Interesse daran haben kann, das ganze Rechtsverhältniß als einheitliches behandelt zu sehen. Da jedoch bei einem solchen Vertrage auf der Gläubigerseite mehrere „betheiligt" sind, ist die Anwendbarkeit des § 356 nicht abzulehnen, sofern nicht ausdrücklich oder stillschweigend die Selbständigkeit des Rücktrittsvorbehalts, der Ausschluß des § 356 ausbedungen ist;

b) wenn auf der passiven Seite als Schuldner Mehrere betheiligt sind (Theilschuldnerschaft, § 420). Zu beachten ist aber, daß nach § 427, wenn sich Mehrere durch Vertrag gemeinschaftlich zu einer theilbaren Leistung verpflichten, im Zweifel Gesammtschuldnerschaft eintritt. Auch sofern in einem solchen Falle die Gesammtschuldnerschaft ausdrücklich ausgeschlossen ist, also beispielsweise mehrere Personen gemeinschaftlich unter Vorbehalt des Rücktrittsrechts einen Gegenstand gemiethet haben mit ausdrücklichem Ausschlusse der Gesammtschuldnerschaft für den Miethzins, können sie das Rücktrittsrecht nur alle (einheitlich) ausüben, wenn sie es nicht ausdrücklich oder in konkludenter Weise (stillschweigend) für jeden Einzelnen als selbständige Befugniß vorbehalten.

c) Der Fall einer Gesammtgläubigerschaft (§ 428) ist im heutigen Rechtsverkehr sehr selten. Er ist nicht zu verwechseln mit der Vollmacht eines Einzelnen, namens aller Gläubiger die Forderung geltend zu machen; liegt eine solche Vollmacht vor, so wird man sie im Zweifel auch auf die Ausübung des Rücktrittsrechts erstrecken können. Im Uebrigen nimmt Hellwig, Anspruch und Klagrecht S. 197, als stillschweigend vereinbart an, daß jeder Gesammtgläubiger mit Wirksamkeit für alle zurücktreten könne. Diese Ansicht dürfte dem Wesen der Gesammtgläubigerschaft entsprechen und sich, da § 356 nur dispositiv ist, auch gegenüber der wörtlichen Auslegung des § 356 bewähren.

d) Unbedingte Anwendung findet der § 356 auf Gesammtschuldverhältnisse (§ 421), von denen selbstverständlich jedoch nur die durch Vertrag begründeten in Frage kommen können. Soweit also bei einem solchen nach Inhalt des Vertrags ein Rücktrittsrecht vorbehalten ist, kann dasselbe nur von allen und gegen alle Gesamtschuldner ausgeübt werden. Die Nothwendigkeit auch dieser Bestimmung ist nicht einzusehen, wie denn auch der § 425 Abs. 2 hinsichtlich der Kündigung lediglich den Willen des Kontrahenten entscheiden läßt. Da der § 356 übrigens auch nur dispositives Recht setzt, ist er praktisch der Bestimmung des § 425 gleichzusetzen, d. h. der Rücktritt wirkt nur für oder gegen alle Gesammtschuldner, soweit nicht nach dem Schuldverhältnisse eine andere Wirkung desselben für zulässig zu erachten ist. Die Parteien können auch vereinbaren, daß bei einem Gesammtschuldverhältnisse ein einzelner Gesammtschuldner durch den Rücktritt befreit wird (persona tantum eximitur obligationi), d. h. sie dürfen einen Rücktrittsvorbehalt in personam statt in rem vereinbaren.

e) Von der Gesammtgläubigerschaft und Gesammtschuldnerschaft sind zu unterscheiden die Mitgläubigerschaft oder Mitschuldnerschaft zur gesammten Hand. Beispiel: die Gesellschaft (§ 709), die Miterbengemeinschaft (§ 2039). Auch in diesem Falle ist wegen der dispositiven Natur des § 356 eine besondere Vereinbarung bezüglich des Rücktrittsrechts zu respektiren. Vgl. Schollmeyer Bem. 1 zu § 356. Ist also beispielsweise bei einer Gesellschaft die Führung der Geschäfte einzelnen oder mehreren Gesellschaftern übertragen (§ 710), so genügt es, daß das Rücktrittsrecht von oder gegen die geschäftsführenden Gesellschafter ausgeübt wird.

f) Der § 356 findet auch Anwendung, wenn die Mehrheit der Betheiligten erst durch Erbgang entstanden ist, und zwar sowohl vor wie nach Theilung der Erbschaft. Planck Bem. 1 zu § 356, Schollmeyer a. a. O.

2. Auf ein gesetzliches Rücktrittsrecht findet § 356 entsprechende Anwendung, auch dann, wenn das Schuldverhältniß, bei welchem Mehrere als Gläubiger oder Schuldner betheiligt sind, selbst ein gesetzliches ist. Schollmeyer Bem. 2 zu § 356. Vgl. Bem. 1, f.

3. Das Rücktrittsrecht erlischt für alle Rücktrittsberechtigten, wenn es für einen der Betheiligten erlischt, einerlei ob das Erlöschen durch Verzicht, durch Erlaß (§ 423) oder durch verschuldete Unmöglichkeit der Leistung oder durch unbenutzten Ablauf der für seine Ausübung festgesetzten Präklusivfrist eintritt (§ 355). Doch ist bei einem Verzicht oder Erlaß auch hier die dispositive Natur des § 356 zu beachten und steht daher der vertragsmäßigen Beschränkung eines Rücktrittsvorbehalts auch in Ansehung der Erlöschungsgründe auf einen einzelnen Betheiligten nichts im Wege. Bei dem Mitschuldverhältniß zur gesammten Hand, insbesondere der Erbengemeinschaft vor der Erbtheilung kann das Rücktrittsrecht nicht für einen der Betheiligten allein erlöschen, da es hier Jedem nur in Gemeinschaft mit den anderen zusteht; § 356 Satz 2 kommt also für diese Verhältnisse nicht in Betracht. Vgl. § 2040. Schollmeyer Bem. 4 zu § 356.

## § 357.

Hat sich der eine Theil den Rücktritt für den Fall vorbehalten, daß der andere Theil seine Verbindlichkeit nicht erfüllt, so ist der Rücktritt unwirksam, wenn der andere Theil sich von der Verbindlichkeit durch Aufrechnung befreien konnte und unverzüglich nach dem Rücktritte die Aufrechnung erklärt.

E. II, 306; III, 352.

In dem in § 357 gedachten Falle hätte der Rücktritt überhaupt nicht erklärt werden können, wenn der Gegner des Rücktrittsberechtigten vor der Rücktrittserklärung durch Aufrechnung seine Verbindlichkeit aus dem Vertrage zum Erlöschen gebracht hätte (§§ 387, 389). Wenn aber der zum Rücktritte Berechtigte dem Aufrechnungsberechtigten mit der Rücktrittserklärung zuvorkommt, so würde nach rein formaler Logik, da erst die Aufrechnungserklärung die Gegenforderung zerstört (§§ 388, 389), diese aber nach erklärtem Rücktritt nicht mehr vorhanden ist (vgl. Vorbem.), die Aufrechnung ausgeschlossen sein (§ 387). Ein solches Ergebniß würde den Aufrechnungsberechtigten unbillig benachtheiligen, die Prävention des Rücktrittsberechtigten würde gegen Treu und Glauben verstoßen. Der § 357 giebt daher der rückwirkenden Kraft der Aufrechnungserklärung, vorausgesetzt, daß diese unverzüglich (§ 121) nach dem Rücktritte erfolgt, den Vorzug vor derjenigen der Rücktrittserklärung oder läßt vielmehr letztere, die Rücktrittserklärung, nur unter der gesetzlichen Resolutivbedingung wirksam werden, daß nicht die Aufrechnungserklärung noch unverzüglich erfolgt.

Ankündigung der Aufrechnung in der Beantwortung der Klage auf Rückleistung ist keine „unverzügliche" Erklärung der Aufrechnung. RG. vom 21. Jan. 1901 in Rspr. d. OLG. Bd. 2 S. 217.

Voraussetzung ist hiebei, daß der Rücktritt für den Fall vorbehalten wurde, daß der andere Theil seine Verbindlichkeit nicht erfüllt, und daß der andere Theil sich vor der Rücktrittserklärung durch Aufrechnung von seiner Verbindlichkeit hätte befreien können. Die Aufrechnungserklärung ist eine Form der Erfüllung, sie zerstört die Forderung des Rücktrittsberechtigten zur Deckung der eigenen Gegenforderung.

## § 358.

Hat sich der eine Theil den Rücktritt für den Fall vorbehalten, daß der andere Theil seine Verbindlichkeit nicht erfüllt, und bestreitet dieser die Zulässigkeit des erklärten Rücktritts, weil er erfüllt habe, so hat er die Erfüllung zu beweisen, sofern nicht die geschuldete Leistung in einem Unterlassen besteht.

E. I, 434; II, 307; III, 353.

1. E. I enthielt in § 434 Abs. 1 die Bestimmung, daß der Vertragschließende, welcher auf Grund des Vorbehalts des Rücktrittsrechts vom Vertrage zurücktritt, diesen Vorbehalt zu beweisen habe. Die Bestimmung wurde von der II. Komm. gestrichen, es ist daher die Entscheidung über die Beweispflicht in dieser Richtung nunmehr der freien richterlichen Würdigung anheimgestellt (P. I, 797). Allerdings wird die Frage der Beweislast vom Richter regelmäßig im Sinne der aufgehobenen Bestimmung des E. I zu beantworten sein. Vgl. Planck Bem. 2 zu § 358.

Ueber den Standpunkt der bisherigen Praxis in dieser Frage s. Gaupp, Komm. z. CPO. Bem. 2 zu § 262 ä. Nr. (§ 289 n. Nr.) und Seuffert, Komm. z. CPO. Bem. 2 zu § 262 ä. Nr., Struckmann und Koch, Komm. z. CPO. § 289 Bem. 3.

2. Nur für einen bestimmten Fall des Rücktritts giebt § 358 eine Vorschrift über die Beweislast. Wenn nämlich ein Vertragschließender sich den Rücktritt für den Fall vorbehalten hat, daß der andere Theil seine Verbindlichkeit nicht erfüllt und letzterer die Zulässigkeit des erklärten Rücktritts aus dem Grunde bestreitet, weil er erfüllt habe, dann hat der andere Theil die Erfüllung zu beweisen. Besteht dagegen die Verbindlichkeit in einem Unterlassen, so obliegt der Beweis der Zuwiderhandlung dem Zurücktretenden. Ist die Zulässigkeit des Rücktritts aus irgend einem anderen Grunde bestritten, z. B. weil der Rücktrittsvorbehalt überhaupt widersprochen wird, so gilt für die Beweislast das unter Bem. 1 Gesagte.

## § 359.

Ist der Rücktritt gegen Zahlung eines Reugeldes vorbehalten, so ist der Rücktritt unwirksam, wenn das Reugeld nicht vor oder bei der Erklärung entrichtet wird und der andere Theil aus diesem Grunde die Erklärung unverzüglich zurückweist. Die Erklärung ist jedoch wirksam, wenn das Reugeld unverzüglich nach der Zurückweisung entrichtet wird.

E. I, 435; II, 308; III, 354.

1. Hat sich Jemand den Rücktritt gegen Zahlung eines Reugeldes vorbehalten, so ist der Rücktritt (abweichend von E. I, 435) wirksam, auch wenn das Reugeld weder vor noch bei der Erklärung des Rücktritts entrichtet wurde. Der Rücktritt gilt jedoch als nicht erklärt, wenn der andere Theil die Rücktrittserklärung wegen mangelnder Zahlung des Reugeldes unverzüglich (§ 121) zurückweist. Thut er dies, so hat der Berechtigte immer noch die Möglichkeit, durch unverzügliche Entrichtung des Reugeldes den Rücktritt als rechtswirksam aufrecht zu erhalten. (P. I, 798.)

Eine ähnliche Regelung ist für einseitige Rechtsgeschäfte in § 111 Satz 2 und § 174 Satz 1 getroffen.

Das Reugeld des § 359 wird auch als sog. Wandelpön bezeichnet, es stellt keine Vertragsstrafe dar und unterliegt daher nicht dem richterlichen Ermäßigungsrecht. RGE. Bd. 43 S. 65 und Vorbem. S. 178. Vgl. jedoch auch HGB. § 75.

Es verfällt nur bei willkürlichem Rücktritte; es verfällt nicht, wenn man aus einem gesetzlichen Grunde zurücktritt. Dernburg II S. 275, Gruchot, Beitr. Bd. 2 S. 159.

Der Rücktritt liegt in der Erklärung, das Reugeld zahlen zu wollen; diese Erklärung kann auch in der willkürlichen Nichterfüllung der Hauptverbindlichkeit liegen, wenn nach Absicht der Parteien deren rechtzeitige Vornahme unverschiebbar sein soll. E. d. ROHG. Bd. 24 S. 110.

Das Recht des Rücktritts fällt fort, wenn sich der Schuldner nachträglich für die Erfüllung der Hauptverpflichtung erklärt hat, und dies kann im Beginne der Erfüllung zu finden sein. Dernburg II S. 275.

Eine Wandelpön im Sinne des § 359 kann auch die sog. Prämie bei Zeitkäufen im Börsengeschäft sein, so nach den Bedingungen der Berliner Fondsbörse § 12. Zu unterscheiden sind das Vorprämien- und das Rückprämiengeschäft:

a) Bei der Vorprämie oder Lieferungsprämie behält sich der Käufer, welcher à la hausse spekulirt, für den Fall der Baisse den Rücktritt gegen Leistung der vereinbarten Prämie vor; er kann also in diesem Falle höchstens die Prämie verlieren, während er im Falle der Kurssteigerung bis zum Stichtage unbegrenzte Gewinnchance hat.

b) Bei der Rückprämie behält sich der Verkäufer, der auf Baisse spekuliert, den Rücktritt gegen Zahlung der Prämie vor, um sein Risiko zu begrenzen für den Fall, daß eine Hausse eintritt.

2. Das Recht des anderen Theiles, das Reugeld nachträglich zu fordern, wird selbstverständlich dadurch nicht berührt, daß derselbe es unterläßt, die Rücktrittserklärung zurückzuweisen. Dagegen kann der Gläubiger, wenn der Schuldner nicht leistet, aber sich auch nicht für den Rücktritt erklärt, nicht sofort auf das Reugeld klagen, sondern nur prinzipaliter auf Erfüllung der Hauptverpflichtung, eventuell, für den Fall, daß der Beklagte den Rücktritt erklärt, auf das Reugeld. Vgl. O. Trib. Bd. 34 S. 65 ff., Dernburg II S. 276.

3. Das Reugeld kann nicht nur in einem Geldbetrag, sondern auch in einem andern Gegenstande bestehen.

4. Auch bei der arrha poenitentialis können die Bestimmungen des § 359 Anwendung finden, wenn nämlich dem einen Vertragschließenden der Rücktritt gegen Rückgabe der empfangenen Draufgabe verstattet ist (s. Anm. 2 zu § 336). Ebenso Oertmann Bem. 1 zu § 359. A. M. Schollmeyer Bem. 1 zu § 359.

5. Beweislast. Derjenige, welcher sich auf die Wirksamkeit des Rücktritts beruft, muß beweisen, daß das Reugeld vor oder bei der Erklärung des Rücktritts oder unverzüglich nach der Zurückweisung entrichtet wurde. Ebenso Planck Bem. 2, Oertmann Bem. 3. Dagegen Schollmeyer Bem. 3 unter Berufung auf die Fassung des § 359.

6. Die Vorschrift ist dispositiver Natur.

## § 360.*)

Ist ein Vertrag mit dem Vorbehalte geschlossen, daß der Schuldner seiner Rechte aus dem Vertrage verlustig sein soll, wenn er seine Verbindlichkeit nicht erfüllt, so ist der Gläubiger bei dem Eintritte dieses Falles zum Rücktritte von dem Vertrage berechtigt.

E. I, 436; II, 309; III, 356.

1. § 360 behandelt den sogenannten Vorbehalt der Rechtsverwirkung (lex commissoria s. Dernburg, Pand. Bd. 2 § 95, Windscheid, Pand. Bd. 2 § 323).

Wenn ein Vertrag mit dem Vorbehalte geschlossen wurde, daß der Schuldner für den Fall der Nichterfüllung seiner Verbindlichkeit seiner Rechte aus dem Vertrag — und zwar aller seiner Rechte, nicht bloß der Rechte für die Zukunft — verlustig sein soll, so hat dieser Vorbehalt (Verwirkungsklausel) nicht die Wirkung, daß der Rechtsverlust ohne Weiteres mit der Nichterfüllung der Verbindlichkeit eintritt, vielmehr soll die Nichterfüllung den Gläubiger nur zum Rücktritte vom Vertrag berechtigen. (P. I, 799.) Der Gläubiger kann selbstverständlich auch auf der Erfüllung des Vertrags bestehen. Macht er vom Rücktrittsrechte Gebrauch, so finden auf den Rücktritt die Bestimmungen der §§ 346 ff. Anwendung.

2. „Bei dem Eintritte dieses Falles", d. h. wenn die Voraussetzungen eingetreten sind, unter welchen nach dem Willen der Vertragschließenden der Schuldner seiner Rechte aus dem Vertrage verlustig sein soll. Ob hierunter lediglich die Nichterfüllung oder auch die nicht gehörige Erfüllung zu verstehen ist, ob schon die bloße Thatsache der Nichterfüllung genügt, oder ob die Voraussetzungen des Schuldnerverzugs (§§ 284, 285) vorliegen müssen, bleibt der Auslegung des einzelnen Falles vorbehalten. (M. II, 285, 286; RTK. 60, 61.)

3. Ging die Vereinbarung der Vertragschließenden dahin, daß der Schuldner nur seiner Rechte für die Zukunft verlustig sein solle, so ergiebt sich schon aus der getroffenen Vereinbarung, daß ein Rücktritt des Gläubigers, welcher zufolge § 346 die beiderseitigen Rechte aus dem Vertrag auch für die Vergangenheit aufheben würde, ausgeschlossen ist. Die Folgen der Verwirkung sind in diesem Falle nach dem zu erforschenden Willen der Vertragschließenden zu bestimmen.

4. Die Bestimmung ist dispositiv. Für die Abzahlungsgeschäfte dagegen giebt eine entsprechende zwingende Vorschrift § 1 des RG. vom 16. Mai 1894 (RGBl. S. 450).

## § 361.

Ist in einem gegenseitigen Vertrage vereinbart, daß die Leistung des einen Theiles genau zu einer festbestimmten Zeit oder innerhalb einer festbestimmten Frist bewirkt werden soll, so ist im Zweifel anzunehmen, daß der andere Theil zum Rücktritte berechtigt sein soll, wenn die Leistung nicht zu der bestimmten Zeit oder innerhalb der bestimmten Frist erfolgt.

E. I, 361; II, 278; III, 351.

1. § 361 gibt eine Auslegungsregel für das sogenannte Fixgeschäft. Fixgeschäft im weiteren Sinne ist jedes Rechtsgeschäft, bei dem der ausdrücklich oder stillschweigend (konkludent) bestimmte zeitliche Koeffizient (die Leistungszeit) einen wesentlichen Theil des Geschäfts (essentiale negotii) bildet.

Dies kann der Fall sein:

a) weil nach dem Inhalte des Schuldverhältnisses die Leistung zu einer anderen Zeit ihrer Natur nach gar nicht als die geschuldete angesehen werden kann. Beispiele: Bestellung eines Transportmittels, Droschke, Reitpferd zu einer bestimmten Ausfahrt; Miethe eines Tribünensitzes für einen Festzug, einer Sommerwohnung für die Ferienzeit; Verlagsvertrag bezüglich einer Gelegenheitsschrift. Für diese Geschäfte ist der Ausdruck „Fixgeschäft" im Verkehr nicht üblich. (Fixgeschäfte im weiteren Sinne);

---

*) Literatur: Wendt, Reurecht und Gebundenheit, 1879; Heuser, Das ausbedungene Rücktrittsrecht (lex commissoria) beim Kaufvertrage. Diss. Köln 1891.

b) weil die Leistung ohne Rücksicht auf ihre Natur zu bestimmter Zeit oder innerhalb eines festbestimmten Zeitraums besonders bedungen ist. Hier gebraucht man den Ausdruck „Fixgeschäft" auch im Verkehr. Es genügt die erkennbare Parteiabsicht; der Ausdruck, daß „fix" zu einem bestimmten Termin oder innerhalb bestimmter Frist geleistet werden soll, ist nicht erforderlich; es genügt, daß vereinbart sei, daß „genau", „präzis", „spätestens bis", „prompt" zu liefern sei, oder daß aus den Umständen erhellt, daß die Parteien mit der Angabe der Erfüllungszeit deren fixe Einhaltung als wesentlichen Theil der Leistung gewollt haben. Vgl. Crome, System Bd. 2 § 156, Bem. 2; E. d. ROG. Bd. 2 S. 93, Bd. 7 S. 386, Bd. 9 S. 408; RGE. Bd. 1 S. 241, Bd. 36 S. 83, 85; D. Jur.Z. Bd. 7 S. 393; Gruchot, Beitr. Bd. 46 S. 902; Jur. Wschr. 1902 Beil. 247.

Der § 361 bezieht sich nur auf Fixgeschäfte im engeren Sinne (b), er bezieht sich ferner nur auf gegenseitige Verträge, welche die Leistung in der gedachten Weise fixiren und stellt für diese eine Auslegungsregel auf. Bei einseitigen Verträgen, z. B. Schenkungsversprechen, kann zwar die Einhaltung des Termins auch wesentlich sein, z. B. vereinbart sein, daß bei Nichteinhaltung desselben der andere Theil, z. B. der Beschenkte, von dem Vertrag soll zurücktreten dürfen; allein eine Vermuthung dafür, daß dies beabsichtigt sei, läßt sich nicht rechtfertigen. Vgl. Schollmeyer Bem. 1 zu § 361.

Der § 361 bezieht sich ferner nicht auf das Fixgeschäft beim Handelskauf. Für letzteres gilt die besondere Bestimmung des § 376 HGB.:

„Ist bedungen, daß die Leistung des einen Theiles genau zu einer festbestimmten Zeit oder innerhalb einer festbestimmten Frist bewirkt werden soll, so kann der andere Theil, wenn die Leistung nicht zu der bestimmten Zeit oder nicht innerhalb der bestimmten Frist erfolgt, von dem Vertrage zurücktreten oder, falls der Schuldner im Verzug ist, statt der Erfüllung Schadensersatz wegen Nichterfüllung verlangen. Erfüllung kann er nur beanspruchen, wenn er sofort nach dem Ablaufe der Zeit oder der Frist dem Gegner anzeigt, daß er auf Erfüllung bestehe.

Wird Schadensersatz wegen Nichterfüllung verlangt und hat die Waare einen Börsen- oder Marktpreis, so kann der Unterschied des Kaufpreises und des Börsen- oder Marktpreises zur Zeit und am Orte der geschuldeten Leistung gefordert werden.

Das Ergebniß eines anderweit vorgenommenen Verkaufs oder Kaufes kann, falls die Waare einen Börsen- oder Marktpreis hat, dem Ersatzanspruche nur zu Grunde gelegt werden, wenn der Verkauf oder Kauf sofort nach dem Ablaufe der bedungenen Leistungszeit oder Leistungsfrist bewirkt ist. Der Verkauf oder Kauf muß, wenn er nicht in öffentlicher Versteigerung geschieht, durch einen zu solchen Verkäufen oder Käufen öffentlich ermächtigten Handelsmäkler oder eine zur öffentlichen Versteigerung befugte Person zum laufenden Preise erfolgen.

Auf den Verkauf mittelst öffentlicher Versteigerung findet die Vorschrift des § 373 Abs. 4 Anwendung. Von dem Verkauf oder Kauf hat der Gläubiger den Schuldner unverzüglich zu benachrichtigen; im Falle der Unterlassung ist er zum Schadensersatze verpflichtet."

2. Voraussetzungen des § 361:

a) Ein gegenseitiger Vertrag (s. Bem. 1). Für einseitige Verträge und Handelsfixgeschäfte gilt die Auslegungsregel des § 361 nicht. (P. I, 626.) Vgl. Bem. 1 am Ende und weiter unten Bem. 3, b.

b) Eine Vereinbarung der Vertragschließenden, daß die Leistung des einen Theiles genau zu einer fest bestimmten Zeit oder innerhalb einer fest bestimmten Frist zu bewirken sei.

α) Der gewollte Zeitpunkt oder äußerste Termin der Leistung muß in einer jedes weitere Ermessen ausschließenden Weise genau festgestellt sein. Vgl. Staub Anm. 1 ff. zu § 376 HGB., Thöl, Handelsrecht § 281, RG. in D. Jur.Z. 1902 S. 393, RGE. Bd. 51 S. 347.

Nicht vorausgesetzt wird, daß die Leistung dadurch, daß sie nicht zu der bestimmten Zeit erfolgt, überhaupt unmöglich wird. In diesem Falle finden vielmehr die §§ 323—325 Anwendung. Der § 361 bezieht sich also nicht auf Fixgeschäfte im weiteren Sinne der Bem. 1, a.

β) Die pünktliche Einhaltung des Zeitpunktes bezw. der Frist der Leistung muß von den Vertragschließenden als wesentliche Vertragsbestimmung gesetzt sein.

Fehlt es an einem dieser beiden Erfordernisse, so greift nicht die Auslegungsregel des § 361 Platz, vielmehr ist alsdann der Rücktritt nur nach Maßgabe der allgemeinen Vorschriften über die gegenseitigen Verträge (§§ 324, 325) statthaft.

c) Ausbleiben der Leistung zu der bestimmten Zeit oder innerhalb der bestimmten Frist. Ein Verzug des Leistungspflichtigen (§§ 284, 285) braucht nicht vorzuliegen. Es genügt die Thatsache, daß die Leistung zu der bedungenen Zeit nicht erfolgt ist.

3. Wirkungen:

a) Der nicht säumige Theil ist im Zweifel berechtigt, vom Vertrage zurückzutreten. Auf den Rücktritt finden die Vorschriften der §§ 346 ff. Anwendung. Der säumige Theil kann also dem Berechtigten gemäß § 355 eine angemessene Frist für die Ausübung des Rücktrittsrechts mit der Wirkung bestimmen, daß das Rücktrittsrecht erlischt, wenn nicht der Rücktritt vor dem Ablaufe der Frist erklärt wird.

Macht der Berechtigte von seinem Rücktrittsrechte Gebrauch, so kann er nur die sich aus dem Rücktritt ergebenden Rechte geltend machen, ein Anspruch auf Ersatz seines Interesses steht ihm neben dem Rücktrittsrechte nicht zu.

Der Rücktritt kann erst erklärt werden, wenn die Voraussetzung zu Bem. 2, c eingetreten ist; eine im voraus für den Fall des Ausbleibens der Leistung abgegebene Erklärung ist unwirksam, ebenso wie eine bedingte Erklärung. Dagegen kann der Rücktritt für zulässig erklärt werden, sobald feststeht, daß die Einhaltung der Erfüllungszeit unmöglich geworden ist. Vgl. Planck Bem. 2 zu § 361, Schollmeyer Bem. zu § 361.

b) Der Wille der Vertragschließenden entscheidet darüber, ob der nicht säumige Theil beim Vorliegen der Voraussetzungen des § 361, statt vom Vertrage zurückzutreten, auch die nachträgliche Erfüllung soll verlangen können. Im Zweifel wird dem Gläubiger dieses Recht zustehen, sofern nicht das Unterbleiben der Leistung zu der bestimmten Zeit die Erfüllung überhaupt unmöglich macht (s. Bem. 1, b).

Beim handelsrechtlichen Fixgeschäfte (§ 376 HGB., vgl. Bem. 1) kann der Gläubiger die nachträgliche Erfüllung nur beanspruchen, wenn er sofort nach dem Ablaufe der Zeit oder der Frist dem Gegner anzeigt, daß er auf Erfüllung bestehe.

c) Befindet sich der säumige Theil im Verzuge, so steht dem anderen Theile statt des Rücktrittsrechts auch das Recht auf Schadensersatz gemäß § 326 zu.

4. Die Vorschrift des § 361 ist eine Auslegungsregel. Ergiebt sich aus den Umständen, daß die Parteien im Falle der Nichteinhaltung der Leistungszeit ein Rücktrittsrecht des Gläubigers nicht gewollt haben, so ist der Rücktritt des Gläubigers nur auf Grund der allgemeinen gesetzlichen Vorschriften über die gegenseitigen Verträge (§ 325, 326) zulässig. Aus dem Charakter der Vorschrift als Auslegungsregel ergiebt sich auch, daß dem Gläubiger das Rücktrittsrecht dann nicht zusteht, wenn er selbst das Unterbleiben der Leistung verschuldet hat, da anzunehmen ist, daß die Parteien für diesen Fall dem schuldigen Theile ein Rücktrittsrecht nicht einräumen wollten.

## Dritter Abschnitt.

# Erlöschen der Schuldverhältnisse.*)

### Vorbemerkungen.

I. Im dritten Abschnitte des zweiten Buches werden als Gründe, welche das Erlöschen eines Schuldverhältnisses bewirken, aufgeführt: die Erfüllung, die Hinterlegung, die Aufrechnung und der Erlaß.

---

*) Literatur: Seuffert, Die allgemeinen Grundsätze des Obligationenrechts in dem Entwurf eines BGB. (Beiträge zur Erläuterung u. s. w.) Heft XI (1889) S. 23 ff.; Stammler, Das Recht der Schuldverhältnisse S. 214—245.

Novation: Hruza, Die Lehre von der Novation 1881; Kuntze, Die Obligation 1886 S. 125 ff.; Merkel, Der röm.-rechtl. Begriff der novatio 1892; Blume, Novation,

Die genannten vier Gründe bewirken, daß das Schuldverhältniß ipso jure erlischt (M. II, 78), d. h. sie bringen dasselbe ohne Weiteres unmittelbar zum Erlöschen im Gegensatze zu der zerstörlichen Einrede (z. B. der Einrede der Verjährung § 222), welche dem Schuldner nur die Befugniß gewährt, die Leistung zu verweigern, das Schuldverhältniß selbst aber fortbestehen läßt.

Richtig bemerkt Dernburg, Bürgerl. R. III S. 279, daß im wirthschaftlichen Sinne auch vor Geltendmachung der zerstörlichen Einrede schon keine Forderung bzw. Verbindlichkeit mehr besteht, daß also eine mit solcher Einrede behaftete Forderung bezw. Verbindlichkeit nicht in die Vermögensbilanz aufzunehmen ist. Vgl. l. 66 D. de R. J. 50, 17: desinit debitor esse, qui nactus est exceptionem. Der Unterschied der mit einer zerstörlichen Einrede behafteten Obligation von der erloschenen ist ein rein rechtlicher; eine mit einer Einrede behaftete Forderung gewinnt ihre ursprüngliche Geltung durch bloßen Verzicht auf die Einrede zurück; eine erloschene Forderung kann auch durch Vereinbarung zwischen Gläubiger und Schuldner nicht wieder hergestellt werden, es kann lediglich eine inhaltsgleiche neue Forderung neu konstituirt werden; praktisch wird dieser Unterschied unter Anderem auch dann erheblich, wenn es sich um Rechte Dritter, insbesondere um das Anfechtungsrecht der Gläubiger handelt.

II. Außer diesen vier Gründen kennt das BGB. noch weitere ipso jure wirkende Erlöschungsgründe, so den Eintritt einer auflösenden Bedingung (§ 158 Abs. 2) und den Eintritt eines Endtermins (§ 163). Diese Gründe sind aber wegen ihrer über das Gebiet der Schuldverhältnisse hinausreichenden Geltung nicht hier, sondern im Allgemeinen Theile geregelt worden.

Auch die Vereinigung von Forderung und Verbindlichkeit in derselben Person (confusio) bewirkt nach dem BGB., soweit nicht im Gesetze selbst Ausnahmen aufgestellt werden, ipso jure das Erlöschen des Schuldverhältnisses.

§ 291 des E. I, in welchem dieser Satz ausdrücklich ausgesprochen war, wurde in der II. Komm. gestrichen, weil die Regel des § 291, soweit sie richtig sei, sich aus dem Wesen der Obligation von selbst ergebe und überdies aus den im Gesetz enthaltenen Ausnahmen sich unschwer ableiten lasse. (P. I, 376.)

Besondere Bestimmungen über die Vereinigung von Berechtigung und Verpflichtung in einer Person enthalten die §§ 425, 429, 889, 1063, 1177, 1256, 1976, 1991, 2143, 2175, 2377.

Näheres vgl. über die Vereinigung von Forderung und Schuld: PLR. Thl. I Tit. 16 §§ 476—506; Crome, System II § 196; Kuhlenbeck, Von d. Pand. z. BGB. II S. 207 ff.

Hier ist hervorzuheben:

a) Die juristische Auffassung der confusio ist nicht unstreitig. Der herrschenden Lehre, welche das Erlöschen des Schuldverhältnisses aus dem Begriffe des Schuldverhältnisses erklärt, welches getrennte Personenrollen der Gläubigerschaft und Schuldnerschaft voraussetzt (Niemand kann sein eigener Gläubiger und Schuldner sein; Kuhlenbeck, Von d. Pand. z. BGB. II S. 207), steht die sog. Solutionstheorie gegenüber, die die confusio als eine Art der Erfüllung auffaßt, vgl. Ribbentrop, Zur Lehre von den Korrealobligationen 1831 S. 25 ff.; Girtanner, Die Bürgschaft 1850 S. 502 ff.; Kuntze, Die Obligation § 51; eine besondere Modifikation dieser Theorie vertritt Kretschmar, secum pensare 1886

---

Delegation u. s. w. 1895; Schwartz, D. Wesen der Novation u. ihre Anerkennung im BGB. Göttingen 1903.

Confusio: Schwedler, Das Erlöschen der Schuldverhältnisse durch Vereinigung von Recht und Verbindlichkeit nach bürgerlichem Recht 1897; Kretschmar, Die Theorie der Konfusion. Ein Beitrag zur Lehre von der Aufhebung der Rechte. Leipzig, Veit & Co. 1901; Sachs, Die Wirkungen der Konfusion nach röm. Rechte u. dem Rechte des BGB. Berlin, Guttentag 1901.

Concursus causarum lucrativarum: Dernburg, Pand. II § 68; Isay, Der conc. caus. lucrativ. Erlangen 1895; Tigges, Ueber den conc. caus. lucrativ. Göttingen 1895.

Im Allgemeinen vgl. Kuhlenbeck, Von den Pand. z. BGB. II § 29 S. 207—211.

Contrarius consensus (Erlaßvertrag): Windscheid-Kipp II § 357 Note 5.

S. 40 ff. (Erwerbskompensation). Klein, Untergang der Obligation S. 149, erklärt die confusio als Erlöschen durch Zweckerreichung. Vgl. unten zu Ziff. 5. Wir halten die herrschende Anschauung für richtiger. Wesentliche Existenzbedingung einer Obligation ist das Vorhandensein zweier Personen, die Obligation verlangt zu ihrem Bestande zwei selbständige getrennte Willen, eine Person kann immer nur Träger eines Willens sein. Die scheinbare Durchbrechung dieser Rechtslogik in den Fällen weiter unten zu c, d, e, f rechtfertigt sich durch die praktische Rücksicht auf konkurrirende Rechte bezw. Pflichten dritter Personen oder die Widerruflichkeit der Vereinigung, welche eine passive Gebundenheit des Schuldverhältnisses (vgl. Kuhlenbeck, Von d. Pand. z. BGB. I S. 73; v. Jhering, Jahrb. f. Dogmatik Bd. 10 S. 387 ff.) zur Folge haben. Dasselbe gilt für den der confusio im Gebiete des Sachenrechts entsprechenden, wenn auch keineswegs identischen Begriff der Konsolidation (Vereinigung des Eigenthums mit dinglichen Rechten, nemini res sua servit), der ebenfalls scheinbare Ausnahmen zuläßt (Eigenthümerhypothek, Eigenthümergrundschuld).

b) Die confusio kann eintreten sowohl auf Grund einer Gesammtrechtsnachfolge, wie auf Grund einer Sondernachfolge (Singularsuccession); insbesondere ist auch die Zession einer Forderung an den Schuldner zulässig und bewirkt Untergang der Forderung durch confusio. Wird der Schuldner durch Gesetz Nießbraucher der Forderung, so tritt keine confusio bezüglich der Hauptforderung, sondern nur während der Dauer des Nießbrauchs bezüglich der Zinsforderungen ein. Vgl. Rehbein, Komm. II S. 265, Bem. 2, a zu §§ 362—371.

Keine confusio, sondern Aufrechnung ist anzunehmen, wenn A an B verkauft und B seine eigene Forderung an A in Anrechnung auf den Kaufpreis übernimmt. RGE. Bd. 5 S. 321. Ebenso handelt es sich nicht um confusio, wenn ein Pachtgut an den Pächter verkauft wird, vielmehr ist dies ein Fall der Konsolidation, da Eigenthum mit Pachtforderung und Pachtschuld nicht in derselben Person zusammentreffen können. E. d. OTr. Bd. 46 S. 118.

c) Bei einem Gesammtschuldverhältniß wirkt, soweit sich nicht aus dem Schuldverhältniß ein Anderes ergiebt, die confusio nur subjektiv, d. h. nur der einzelne Gesammtschuldner, der unmittelbar von der confusio betroffen ist, wird befreit, die übrigen bleiben verpflichtet (§ 425 Abs. 2). Dagegen wirkt die confusio bei der Gesammtgläubigerschaft objektiv; wenn z. B. ein Gesammtgläubiger den Schuldner beerbt, erlöschen die Rechte der übrigen Gläubiger gegen den Schuldner (§ 429). Ueber den Grund dieses Unterschiedes siehe die Bem. zu § 429.

d) Aus dem Gesichtspunkte der Widerruflichkeit erklärt sich der Rechtssatz des § 2143, demzufolge, wenn Nacherbfolge eintritt, die in Folge des Erbfalls durch Vereinigung von Recht und Verbindlichkeit (confusio) oder von Recht und Belastung (consolidatio) erloschenen Rechtsverhältnisse als nicht erloschen gelten.

e) Der Gesichtspunkt der passiven Gebundenheit schließt die confusio aus in den Fällen der §§ 1975, 1976 (Nachlaßverwaltung, Nachlaßkonkurs), § 1991 Abs. 2 (Einrede der Unzulänglichkeit des Nachlasses), § 2377 (Erbschaftskauf), endlich im Falle des § 2175, d. h. wenn der Erblasser eine ihm gegen den Erben zustehende Forderung oder ein Recht vermacht hat, mit dem eine Sache oder ein Recht der Erben belastet ist.

f) Die Obligation aus einem Inhaber- oder Orderpapier erlischt nicht definitiv, wenn ein solches Werthpapier in die Hände des Ausstellers bezw. Acceptanten zurückgelangt. Vgl. RGE. Bd. 18 S. 8. Die rechtliche Gebundenheit dauert fort, die Wiederbegebung des Papiers hat dieselbe Bedeutung wie die erste Begebung.

Beim Wechsel, der wieder in die Hände des Ausstellers oder Acceptanten zurückgelangt, betrifft die Konfusion ausschließlich Recht und Pflicht des Aussteller- bezw. Acceptanten-Indossatars gegen sich selbst, „es bestehen fort die Regreßrechte und -pflichten der übrigen, nicht betroffenen Wechselgaranten gegen einander und gegen den Aussteller bezw. Acceptanten; denn dieselben sind aus dem Wechsel skripturmäßig berechtigt und verpflichtet; diese Rechte dauern so lange, wie der Wechsel besteht und noch nicht honorirt ist, wenn sie nicht von einem besonderen Erlöschungsgrunde betroffen werden; da der Aussteller-Indossatar den Wechsel weiter indossiren kann, ist zur Zeit noch ungewiß, ob jene Rechte nicht zur Geltung gebracht werden können. Indossirt nun der Aussteller bezw. Acceptant den Wechsel weiter, so übernimmt er damit von neuem eine Wechselverpflichtung, für deren Umfang gleichfalls der Inhalt des Wechsels maßgebend ist, und die sich somit vollständig mit der erloschenen deckt. Die Weiterindossirung hat ganz dieselbe Bedeutung, wie die erste Ausstellung bezw. Begebung des Wechsels". Vgl. Schwedler, Das Erlöschen der Schuldverhältnisse durch Vereinigung von Recht und Verbindlichkeit nach bürgerlichem Recht S. 69, 70; E. d. ROHG. Bd. 1 S. 103; Strieth, Archiv f. d. civilist. Praxis Bd. 51 S. 177.

III. Durch den Tod des Gläubigers oder des Schuldners dagegen erlischt das Schuldverhältniß nicht, es müßte denn ein Anderes entweder aus der Natur des Schuldverhältnisses sich ergeben oder gesetzlich oder rechtsgeschäftlich bestimmt sein. Auch diese im § 292 E. I noch enthaltene Bestimmung hat die II. Komm. als selbstverständlich gestrichen. (P. I, 377.)

IV. Ueber die Wirkungen des Rücktritts vom Vertrage s. Vorbem. S. 190 oben III.

V. Verschiedene andere, vom gemeinen Rechte anerkannte Erlöschungsgründe werden vom BGB. stillschweigend übergangen:

1. Die Novation (vgl. Dernburg, Pand. Bd. 2 §§ 59, 60, Windscheid, Pand. Bd. 2 §§ 353—356, ALR. Thl. IV, c cap. 15 § 4). Die Gründe, aus denen die gesetzliche Regelung des Instituts der Novation für entbehrlich erachtet wurde, sind nach M. II, 78 folgende:

Dem Bedürfnisse, welches zu der mittelst Wechsels des Gläubigers oder des Schuldners sich vollziehenden Novation geführt habe, werde im Wesentlichen durch die Vorschriften über die Uebertragung der Forderung (§§ 398 ff.) und über die Schuldübernahme (§§ 414 ff., vgl. M. II, 143) gedient. Allerdings bleibe hiernach die bisherige Schuld unter Fortdauer der Zulässigkeit aller bisher gegen sie statthaften Einreden bestehen, während bei der Novation ein Anderes gelte. Aber auch diese Wirkungen der Novation könnten durch Schließung eines neuen Vertrags herbeigeführt werden, inhaltlich dessen ein Dritter Gläubiger oder Schuldner sein und die Forderung aus dem neuen Schuldverhältnisse sich nicht mit Einreden aus dem alten bekämpfen lassen solle. Ein derartiger Vertrag würde als abstraktes Schuldversprechen den Vorschriften der §§ 780, 782 unterliegen.

Soweit eine Novation ohne Personenwechsel in Frage komme, so stehe nach dem Prinzipe der Vertragsfreiheit und der Formfreiheit der Verträge dem Abschluß eines Vertrags, wodurch die bisherige Verbindlichkeit durch eine andere zwischen denselben Personen ersetzt werde, kein Hinderniß im Wege. Vgl. § 364 Abs. 2 und § 607 Abs. 2.

Da hiernach die Novation auch nach heutigem Recht ein zweifellos zulässiges Rechtsgeschäft bildet, ist Folgendes zu beachten:

a) Die Novation setzt das Bestehen des Schuldverhältnisses, welches novirt werden soll, zum mindesten im Sinne einer Naturalobligation, d. h. einer erfüllbaren, wenn auch nicht erzwingbaren Schuld voraus. Vgl. Vorbem. S. 6, b. Die Novation einer nichtigen Schuld ist ebenfalls nichtig. Dagegen geht die bloße Anfechtbarkeit der älteren Schuld dann nicht auf die novirte Schuld über, wenn die Novation in Kenntniß des Anfechtungsgrundes erfolgt; in diesem Falle ist in der Novation ein Verzicht auf die Anfechtbarkeit zu erblicken. Unzulässig und unwirksam ist aber die Novation eines vom Rechte mißbilligten Geschäftes, selbst wenn dieses eine Naturalobligation erzeugt und also erfüllt werden kann. Die Novation ist nämlich keineswegs als Leistung an Erfüllungsstatt aufzufassen, da das wirthschaftliche Kreditverhältniß fortgesetzt und nicht, wie bei Leistung an Erfüllungsstatt, schlechthin getilgt wird. Vgl. Dernburg, Bürgerl. R. II S. 303. Dies gilt insbesondere für Spiel- und Differenzgeschäfte (§§ 762, 764). Das BGB. gestattet deren Erfüllung, die bezahlte Spielschuld kann nicht zurückgefordert werden, und dies gilt auch von einer Leistung an Erfüllungsstatt. Vgl. § 364 Abs. 1. Dagegen soll jeder Weg zur Erzwingung des wirthschaftlich gemißbilligten Erfolges versagt sein, also auch derjenige durch Begründung einer neuen Verbindlichkeit (Novation); „der Makel, welcher dem Kreditverhältniß als solchem anklebt, bleibt also auch für die novirte Schuld bestehen“, solange sie nicht sachlich getilgt ist. Vgl. Dernburg a. a. O. S. 304.

b) Die Absicht, zu noviren — der animus novandi — muß festgestellt werden. Auf Grund der l. 8 Cod. de novat. 8, 41 nahm die frühere gemeinrechtliche Praxis, wenn auch irrthümlich (vgl. Kuhlenbeck, Der Check S. 146, Erkenntniß des OLG. Celle) an, daß diese Absicht besonders erklärt sein müsse. Dies Erforderniß entfällt nunmehr, da die l. 8 Cod. de novat. beseitigt ist; es genügt, daß die Absicht der Novation konkludent ist.

c) Da die ältere Schuld durch die neue, welche an deren Stelle gesetzt wird, vollständig beseitigt wird, erlöschen auch mit der Novation die Vorrechte, Pfandrechte, sowie Sicherheiten anderer Art, welche für die ursprüngliche Forderung bestanden. Vgl. RGE. Bd. 10 S. 53. Dies schließt jedoch nicht aus, daß diese Sicherheiten für die neue Schuld wieder bestellt werden, es müssen aber dann die Voraussetzungen einer Neubestellung vorhanden sein. Dernburg, Bürgerl. R. II S. 304.

d) Im Gegensatz zum früheren Rechte, welches im Falle eines Kontokorrentvertrags bei Anerkennung des Saldos und dessen Vortrag auf die neue Rechnung Novation annahm (RGE. Bd. 10 S. 53), bestimmt jetzt HGB. § 356 Abs. 1, daß „der Gläubiger, wenn eine Forderung, die durch Pfand, Bürgschaft oder in anderer Weise gesichert ist, in die laufende Rechnung aufgenommen wird, durch die Anerkennung des Rechnungsabschlusses nicht gehindert wird, aus der Sicherheit insoweit Befriedigung zu suchen, als sein Guthaben aus der laufenden Rechnung und die Forderung sich decken“. Dernburg, Bürgerl. R. II S. 305, folgert hieraus mit Recht, daß Aufnahme einer Forderung in den Kontokorrent (und Vortrag des Saldos auf neue Rechnung) keine Novation (an sich) mehr bewirkt. Dies schließt jedoch nicht aus, daß im einzelnen Falle, wenn dieses Rechtsgeschäft nachweisbar animo novandi vorgenommen wird, dennoch eine Novation auch durch Saldovortrag festgestellt werden kann.

e) Das Schuldversprechen (§ 780) und Schuldanerkenntniß (§ 781), auch wenn es auf Grund einer Abrechnung ertheilt wird, bewirkt ebenfalls an sich keine Novation; der Gläubiger kann also sowohl aus dem neuen wie aus dem alten Schuldverhältnisse klagen, ihm steht die Einrede der Rechtskraft nicht entgegen, wenn er mit der Klage aus dem neuen Rechtsgrunde abgewiesen, auf das alte Schuldverhältniß zurückgreift. (Vgl. hiezu auch Vorbem. VII vor § 780.) Dagegen wirkt eine Zahlung als Erlöschungsgrund für beide Obligationen durch Zweckerreichung. Vgl. Dernburg a. a. O.; Klein, Untergang der Obligation S. 89 ff.

Wenn jedoch die Absicht der Novation festgestellt werden kann, so erlöschen natürlich auch bei einem Schuldversprechen, einem Schuldanerkenntniß, einer Abrechnung die älteren Schuldverhältnisse.

f) Besonders praktisch ist die Frage der Novation durch einen Wechsel oder Check. An sich sind drei Fälle möglich:

α) Der Wechsel oder Check ist nur zahlungshalber begeben (pro solvendo). Dies wird, sofern wenigstens in der Tratte und dem Check eine Anweisung enthalten ist, vermuthet. Vgl. § 788. (Anweisung ist keine Zahlung.)

β) Der Wechsel oder Check ist an Zahlungsstatt (pro soluto) begeben. Der hierauf gerichtete Wille muß festgestellt werden. Er kann sich aus den Umständen ergeben. Vgl. darüber insbesondere bei internationalem Zahlungsausgleich durch sog. Bankier-Rembours Kuhlenbeck, Der Check S. 144 ff. (Der Wechsel im internationalen Zahlungsverkehr und seine Delegationsfunktion.) Siehe ferner Bem. zu § 364.

γ) Mit der Ausstellung des Wechsels (auch des Eigenwechsels) kann eine Novation beabsichtigt sein. Dies wird heutzutage unter allzu strenger Anwendung der Vermuthung des § 788 nicht selten übersehen.

g) Ein Fall der Novation liegt vor, wenn nach § 607 Abs. 2 derjenige, welcher Geld oder andere vertretbare Sachen aus einem anderen Grunde schuldet, mit dem Gläubiger vereinbart, daß das Geld oder die Sachen als Darlehen geschuldet werden sollen. Dennoch kann auch in diesem Falle die Erklärung des Schuldners, darlehnsweise zu schulden, eine geringere Tragweite haben und nur bedeuten, daß länger kreditirt werden soll. Vgl. RGE. bei Gruchot, Bd. 36 S. 688, Bd. 35 S. 1197; Dernburg, Bürgerl. R. II S. 304 Anm. 1.

2. Daß durch entgegengesetzten Vertrag (contrarius consensus s. Dernburg, Pand. Bd. 2 § 102 Anm. 1; Windscheid, Pand. Bd. 2 § 357 Note 5; ALR. Thl. IV cap. 15 § 11 Nr. 1) auch nach BGB. ein Schuldverhältniß zum Erlöschen gebracht werden kann, versteht sich nach der für das Gebiet der Schuldverhältnisse geltenden Vertragsfreiheit von selbst. Ueber die Verpflichtung, das aus dem alten Vertrag etwa bereits Empfangene zurückzuerstatten, entscheidet der im neuen Vertrage zum Ausdruck gelangte oder aus den Umständen zu ermittelnde Parteiwille. S. M. III, 79, 80.

3. Concursus causarum lucrativarum (Dernburg, Pand. Bd. 2 § 68; Windscheid, Pand. Bd. 2 § 343a Note 6; ALR. Thl. IV cap. 15 § 14 Nr. 1; Mommsen, Beitr. zum Obligationenrecht Bd. 1 S. 225 ff.).

Die M. II, 80 bemerken hiezu, die richtige Entscheidung werde sich im einzelnen Falle an der Hand der Vorschriften über den Einfluß des Eintritts der objektiven Unmöglichkeit der Leistung (§ 275) oder im Wege der Auslegung des Gesetzes oder des Parteiwillens von selbst ergeben. Vgl. dazu Crome II § 181 Anm. 8.

Wir haben bereits oben S. 61 Bem. 7 zu § 267 hervorgehoben, daß wir diese Auffassung des concursus causarum lucrativarum nicht theilen. Das Erlöschen wegen Unmöglichkeit der Leistung kommt beim concursus causarum lucrativarum nur kumulativ in Betracht. Vgl. auch Kuhlenbeck, Von d. Pand. z. BGB. 1. Bd. (nicht, wie oben S. 62 als Druckfehler steht, 2. Bd.) S. 557. Unsere Auffassung finden wir neuerdings bestätigt durch die lehrreiche Untersuchung über den Untergang der Obligation durch Zweckerreichung von Dr. jur. Peter Klein, Berlin 1905. Vgl. insbesondere a. a. O. S. 95, 193 ff.

Als typisches Beispiel für den concursus duarum causarum lucrativarum führt Klein folgenden Fall an: „In Bonn wohnt ein unbemittelter ausgezeichneter Geiger. Sein Herzenswunsch wäre, eine dem H gehörige Geige käuflich zu erwerben. Von diesem Wunsche erfahren die Musikfreunde F und Z. F bestimmt testamentarisch, daß dem Geiger die H'sche Geige verschafft werden solle. Z verpflichtet sich durch notarielles Schenkungsversprechen dem Geiger die H'sche Geige zu verschaffen. F wußte bei seiner Verfügung zu Gunsten des Geigers nichts von der großmüthigen Absicht des Z und umgekehrt. F stirbt. Z erwirbt H's Geige und giebt sie (solvendi causa) dem hochbeglückten Geiger. Kann dieser nun noch gegen die Erben F's aus der testamentarischen Verfügung F's Ansprüche geltend machen?" Mit Leonhard in Ecks Vorträgen über das Recht des BGB. Bd. 1 S. 384 Anm. 6 und Zitelmann nimmt Klein an, daß nachzuprüfen sei, ob die beiden Forderungen zweckidentisch sind, und daß nur in diesem Falle Erlöschen der anderen Forderung durch Zweckerreichung anzunehmen sei. Wäre also anzunehmen, daß F in seinem Vermächtniß nur von der Verschaffung sprach, um dem Geiger die Annahme des Vermächtnisses auf eine entsprechende Geldsumme annehmbarer zu machen, so müssen die Erben F's eine Summe in Höhe des Wertes der H'schen Geige an den Geiger herauszahlen. Wollte aber F lediglich, daß der Geiger das bestimmte Instrument erhalte, so werden die Erben F's durch Z's Leistung frei."

Dies entspricht im Wesentlichen der schon von mir, Von den Pand. z. BGB. Bd. 1 S. 557, aufgestellten Behauptung, daß es beim concursus causarum lucrativarum lediglich auf die Erforschung des Parteiwillens im einzelnen Falle ankomme. Im Gegensatz zu Klein a. a. O. halte ich daran fest, daß im Zweifel nach Analogie des § 2017 Abs. 2 mit dem geltend gemachten Anspruch nochmals der Werth der Sache verlangt werden kann. Vgl. auch Enneccerus, Bürgerl. R. I § 221 S. 540.

4. Die Unmöglichkeit der Leistung als Erlöschungsgrund ist in den §§ 275, 323—325 geregelt.

5. Untergang der Obligation durch Zweckerreichung: Zweck der Obligation ist stets die Befriedigung eines Bedürfnisses des Gläubigers. Die Obligation erlischt daher, sobald dieser Zweck erreicht ist. Im weitesten Sinne liegt überall, wo der Zweck der Obligation, die Bedürfnißstillung beim Gläubiger erreicht ist, Zweckerreichung vor, also insbesondere bei Erfüllung, auch Erfüllung durch einen Dritten, Leistung an Erfüllungsstatt, Aufrechnung, Hinterlegung.

Bei diesen Fällen der Zweckerreichung im weiteren Sinne erlischt die Obligation durch eine besondere auf sie gerichtete Handlung (ein auf sie gerichtetes Verhalten) des Schuldners bezw. eines Dritten. Im Gegensatze zu diesen Erlöschungsgründen im weiteren Sinne stehen die Erlöschungsgründe der Obligation ohne Bedürfnißbefriedigung beim Gläubiger: Unmöglichkeit der Leistung, auflösende Bedingung, Endtermin, Confusio, Rücktritt, Novation. Eine Sonderstellung nimmt der Erlaß ein. Daneben aber ist noch zu unterscheiden eine Zweckerreichung im engeren (technischen) Sinne. Bei dieser handelt es sich um Fälle, bei denen:

a) die Obligation nicht durch ein auf sie direkt gerichtetes Verhalten, eine auf sie direkt gerichtete Handlung (Leistung) des Schuldners bezw. eines Dritten erlischt, sondern dadurch, daß der Schuldner bezw. ein Dritter auf eine andere Weise die Bedürfnißbefriedigung beim Gläubiger mittelbar herbeigeführt hat. In Frage kommen insbesondere:

b) Fälle, in denen der Zweck der Obligation durch vollständige gleich günstige Erfüllung einer zweckidentischen Obligation erreicht ist. Es genügt die sogen. praktische Identität. Vgl. Klein, Untergang der Obligation S. 77. Hierher gehört der Untergang der Obligation eines Gesammtschuldners durch Erfüllung seitens des anderen, vgl. Klein a. a. O. S. 93 ff., ferner der oben Bem. 3 behandelte Fall des concursus causarum lucrativarum.

c) Die Obligation erlischt durch Zweckerreichung, wenn durch Erfüllung eines zweckidentischen dinglichen Anspruchs ihr Zweck gleich günstig und vollständig erfüllt ist; z. B. eine Obligation erlischt durch Verwerthung des für sie bestellten Pfandes oder einer Grundschuld.

d) Klein in der mehrfach zitirten Schrift stellt noch den allgemeinen Satz auf, daß eine Obligation erlösche, wenn durch irgend ein anderes nicht auf die Obligation gerichtetes noch auch aus einem zweckidentischen Anspruche geschuldetes Handeln ihr Zweck gleich günstig und vollständig erreicht werde. Klein a. a. O. rechnet hieher Folgendes: „A leiht dem B ein Buch. Durch B's Fahrlässigkeit löst sich das Buch aus dem Einband. B läßt, ohne dem A etwas davon zu sagen, den Einband beim Buchbinder wieder herstellen. A erfährt von dem ganzen Vorgang nichts." M. E. genügt aber zur juristischen Erklärung dieses Beispiels der Begriff der Zweckerreichung im weitesten Sinne, und zwar insbesondere derjenige der Erfüllung. Die Erfüllung kann ein einseitiges Rechtsgeschäft sein und ist nicht unter allen Umständen empfangsbedürftig. Vgl. die folgende Vorbemerkung zum I. Titel dieses Abschnitts. Zum Wesen des Schuldverhältnisses gehört es keineswegs, daß der Gläubiger sich desselben bewußt ist; man kann Forderungen haben, ohne es zu wissen. Zweifellos will der B in dem von Klein gegebenen Beispiel eine Verbindlichkeit erfüllen.

Dagegen dürfte die Frage der Zweckerreichung in dem von Klein gedachten engeren Sinne zusammenfallen mit derjenigen des Wegfalls des Interesses des Gläubigers an der Leistung.

In der I. Auflage war gesagt, daß der Wegfall des Interesses keinen Erlöschungsgrund bilde und daß lediglich die Vorschrift des § 226 (Einrede der Chikane) gegenüber einem durch keinerlei Interesse des Gläubigers begründeten Anspruch in Frage komme.

Diese Ansicht ist falsch. Irgend ein schutzwürdiges Interesse muß gegeben sein; nur braucht dieses kein vermögenswertiges zu sein. Vgl. Vorbem. S. 5 Nr. 5 und im Einzelnen Krückmann, Der Fortfall des Interesses und Untergang der Obligation im Archiv f. d. civilist. Praxis Bd. 90 S. 88 ff.

## Erster Titel.

## Erfüllung.

### Vorbemerkungen.*)

Die Erfüllung (solutio im weiteren Sinne) ist, wie am deutlichsten das lateinische Wort solutio zum Ausdruck bringt, „Lösung" des obligatorischen Bandes, die normalste Form des Erlöschens eines Schuldverhältnisses. Vgl. Vorbem. S. 2. Der Zweck jedes Schuldverhältnisses erschöpft sich in der Leistung, mit Bewirkung der Leistung findet daher die Obligation ihr Ziel, ihr Ende. Vgl. Dernburg, Bürgerl. R. II S. 280. Bedenken gegen diese natürliche Auffassung des Wesens der Erfüllung entnimmt Stammler a. a. O. aus dem weiteren und engeren Begriffe des Schuldverhältnisses, vgl. Vorbem. oben S. 3 Abs. 5. Das BGB. bezeichnet nämlich als Schuldverhältniß sowohl die Gesammtheit der auf Grund einer Schuld zwischen Gläubiger und Schuldner bestehenden Beziehungen als auch jeden einzelnen Anspruch; Stammler meint nun, daß immer nur der einzelne Anspruch durch Erfüllung getilgt werde, nicht das Schuldverhältniß im weiteren Sinne. Unseres Erachtens ist hieran nur so viel richtig, daß in jedem einzelnen Falle zu prüfen ist, ob das Schuldverhältniß in seiner Gesammtheit (als Schuldverhältniß im weiteren Sinne) oder ob nur ein aus diesem sich ergebender Einzelanspruch erfüllt ist. Es giebt allerdings Schuldverhältnisse, die sich in einer einzigen Leistung als ihrem Zwecke erschöpfen, z. B. das unverzinsliche Darlehen, welches durch Rückzahlung der dargeliehenen Summe „gelöst" wird, neben Schuldverhältnissen, aus denen eine Reihe von Ansprüchen auf verschiedene Leistungen entspringen, z. B. verzinsliches Darlehen, Miethverhältnisse; selbstverständlich erlischt bei Schuldverhältnissen der letzteren Art stets nur derjenige Einzelanspruch, welcher erfüllt wird, und erlöschen Schuldverhältnisse im weiteren Sinne immer erst durch Bewirkung sämmtlicher durch sie begründeten Leistungsansprüche. Diese Bemerkung aber schließt die Bedeutung der Erfüllung als eines generellen Endigungsgrundes aller Schuldverhältnisse nicht aus. Auch ein auf Unterlassung gerichtetes Schuldverhältniß wird, wenn die positive Vornahme der Handlung, zu deren Unterlassung der Schuldner verpflichtet ist, nicht mehr möglich ist, durch Erfüllung beendigt, d. h. durch Nichtvornahme der

*) Literatur: Römer, Beitr. zur Lehre von der Erfüllung der Obligation 1877; Gruchot, Die Lehre von der Zahlung der Geldschulden 1877; Unger in Grünhuts Zeitschr. Bd. 15 S. 529 ff.; Stammler, Das Recht der Schuldverhältnisse S. 214 ff.; Enneccerus I §§ 206 ff.; Crome II §§ 182 ff.; Dernburg, Bürgerl. R. II § 113.

Handlung innerhalb der ausdrücklich oder konkludent bestimmten Zeit der Verpflichtung; es giebt keine ewigen Schuldverhältnisse. Erfüllung ist die normale Form der Zweckerreichung im weiteren Sinne. Vgl. Vorbem. S. 213. Vgl. ferner gegen Stammler auch Schollmeyer II S. 276.

1. In der Theorie besteht darüber Streit, ob zur Erfüllung ein Erfüllungsvertrag erforderlich ist, d. h. ob der Wille des Schuldners, die Leistung zum Zwecke der Erfüllung zu bewirken, mit einem auf Seiten des Gläubigers vorhandenen Willen, die Leistung als die vom Schuldner gewollte Erfüllung anzunehmen, zusammentreffen muß, damit die Leistung als Erfüllung wirke. Vgl. Klein, Die Natur der Erfüllung, in hess. Rechtsprechung 1904 S. 22 ff. Das BGB. hat die Entscheidung dieser Streitfrage der Wissenschaft überlassen. M. II, 81. Wir bemerken dazu Folgendes:

a) Nach § 241 kann die Leistung auch in einem Unterlassen bestehen. Handelt es sich um den Begriff der Erfüllung einer auf Unterlassen gerichteten Obligation, so liegt ein Fall vor, an den der Gesetzgeber bei der Fassung des § 362 zweifellos nicht gedacht hat. Denn man kann logisch kaum behaupten, daß ein Unterlassen an den Gläubiger bewirkt wird. In diesem Falle braucht die Erfüllung nicht einmal ein Rechtsgeschäft, d. h. eine Willensäußerung (Handlung), deren (bewußter) Zweck auf Herbeiführung einer Rechtsfolge gerichtet ist, zu sein, vielmehr nur eine juristische, rechtserhebliche Thatsache; es ist nämlich keineswegs erforderlich, daß die Unterlassung in dem Bewußtsein der Erfüllung einer Rechtspflicht geschieht; es genügt die objektive Thatsache des Unterlassens.

b) Die Erfüllung einer auf positive Handlungen gerichteten Obligation kann sowohl einseitiges wie zweiseitiges Rechtsgeschäft sein; ob sie das eine oder andere ist, richtet sich nach der Natur des Schuldverhältnisses, insbesondere darnach, ob zur Erfüllung eine Mitwirkung des Gläubigers erforderlich ist oder nicht.

Ist die Erfüllung ein einseitiges Rechtsgeschäft, so kann sie wiederum, je nachdem Annahme der Leistung erforderlich ist oder nicht, empfangsbedürftig sein oder nicht.

Ein einseitiges, nicht empfangsbedürftiges Rechtsgeschäft ist die Erfüllung, wenn sie auf Abschluß eines Rechtsgeschäfts mit einem Dritten geht, was z. B. beim Auftrag vorkommt. Vgl. Schollmeyer II S. 275. Die Mehrzahl der Fälle, in denen zur Erfüllung Mitwirkung des Gläubigers erforderlich ist, erklärt sich daraus, daß hier der durch die Erfüllung zu erreichende Rechtserfolg eines zweiseitigen Rechtsgeschäfts zwischen Schuldner und Gläubiger bedarf, z. B. zur Uebereignung des geschuldeten Gegenstandes in das Vermögen des Schuldners. Schollmeyer a. a. O.; Dernburg II § 55; Rosenberg in Iherings Jahrb. Bd. 17 S. 211; Matthiaß, Bürgerl. R. Bd. 1 S. 375; and. M. Stammler a. a. O. S. 211; Kohler, Dogmat. Jahrb. Bd. 17 S. 362 ff.

In vielen Fällen ist Erfüllung möglich, ohne daß sie der Gläubiger in Empfang zu nehmen hat, ja ohne daß er von ihrer Vornahme zur Zeit der Erfüllung weiß, so z. B. beim Dienstvertrage. Vgl. auch oben Vorbem. 5 zum dritten Abschnitt S. 213, 214.

c) Notwendig ist die auf die Schuldtilgung gerichtete Absicht des Erfüllenden nur bei Obligationen, die auf eine positive Handlung des Schuldners gerichtet sind. Vgl. diese Vorbem. zu a. Schuldet A dem B 1000 Mk. und schickt er ihm die Summe von 1000 Mk. zu anderen Zwecken, z. B. damit B Waaren für ihn kaufe, so liegt hierin keine Schuldtilgung. Vgl. Dernburg, Bürgerl. R. II S. 281, Jur. Wschr. 1882 S. 264 Nr. 50, 1887 S. 372 Nr. 18.

d) Eine Unterart der Erfüllung ist die Zahlung im engeren Sinne. Diese unterscheidet sich von der Zahlung im weiteren Sinne (numeratio) dadurch, daß sie animo solvendi, solvendi causa geschieht. Die Zahlung im weiteren Sinne dagegen bedeutet jede Uebereignung von Geldstücken, sei es nun, daß diese solvendi causa, sei es, daß sie credendi causa, zur Begründung eines Schuldverhältnisses, z. B. beim Darlehen, oder zu anderen Zwecken, z. B. donandi causa, geschieht.

α) Die Zahlung im engeren Sinne erfordert zu ihrer Wirksamkeit: Daß der Gläubiger Eigenthum an den gezahlten Geldstücken erlangt. Nach BGB. §§ 932, 935 genügt hierzu guter Glaube des Gläubigers beim Empfang der Geldstücke, auch wenn der Zahlende nicht Eigenthümer war, während nach röm. Recht die Vindikation des fremden Eigenthümers erst durch Konsumtion bezw. Vermischung der Geldstücke mit denen des Empfängers ausgeschlossen war. (L. 14 § 8 D. de sol. 46, 3.) Wenn der Gläubiger beim Empfange nicht im guten Glauben ist, so wirkt auch nach BGB. die Zahlung nicht als Erfüllung; denn der dritte Eigenthümer kann das Geld, solange es erkennbar beim Gläubiger vorhanden ist, vindiziren, eventuell kondiziren. Vgl. § 948; Kuhlenbeck, Von d. Pand. z. BGB. II S. 535; RGE. Bd. 24 S. 314; Kößler bei Gruchot, Beitr. Bd. 36 S. 556; Comte, Erwerb des Eigenthums an Geldstücken, Berlin 1887; Hohenemser, Konsumtion des Geldes, Marburg 1892; Rock, Die Erleichterung für Eigenthumserwerb an Geld nach gem. R. und BGB., Rostock 1901; Niemeyer in Goldschmidts Zeitschr. f. HR. Bd. 42 Nr. 2; Endemann, Lehrb. II S. 330.

β) Ueberweisung im Girokonto. Ist Zahlung durch Vermittelung des Girokontos nicht vereinbart, so kann sie vom Schuldner zurückgewiesen werden. Jur. Wschr. 1892 S. 483 Nr. 22. Wenn die Ueberweisung als Erfüllung vereinbart ist, so ist sie mit der Umschreibung erfüllt.

Im Girokontoverkehr bei der Reichsbank ist die Zahlung in dem Augenblick bewirkt, in dem der überwiesene Betrag dem Bezeichneten zugeschrieben wird. Die Benachrichtigung ist ohne rechtliche Bedeutung. Verfügt die Reichsbank eine Sperre des Kontos eines Girokunden, so wird dadurch nicht das Girokontoverhältniß aufgehoben, sondern es werden nur Auszahlungen aus dem betreffenden Konto gehindert. Mit der Konkurseröffnung erlischt der Girovertrag mit dem Kunden. Vorher aber sind Ueberweisungen auf das Konto des Kridars wirksam, auch wenn die Reichsbank die Zahlungseinstellung gekannt hat. Kammerger. v. 3. Nov. 1902, Rspr. d. OLG. Bd. 6 S. 77. Im Uebrigen befreit die Zahlung auf Girokonto des Gläubigers anstatt baarer Zahlung den Schuldner nur, soweit der Gläubiger dadurch bereichert wird. (Urth. d. OLG. Hamburg in Rspr. d. OLG. Bd. 7 S. 13.)

γ) Zahlung unter Vorbehalt, vgl. Bem. 4 zu § 362.

2. Anordnung des Stoffes. Das BGB. regelt unter dem Titel Erfüllung:
a) die Wirkung der Erfüllung (§ 362);
b) die Beweislast (§ 363);
c) die Hingabe und Annahme an Erfüllungsstatt (§§ 364, 365);
d) die Anrechnung einer Leistung beim Vorhandensein mehrerer Schulden (§§ 366, 367);
e) die Quittung (§§ 368–370);
f) die Rückgabe des Schuldscheins (§ 371).

## § 362.

Das Schuldverhältniß erlischt, wenn die geschuldete Leistung an den Gläubiger bewirkt wird.

Wird an einen Dritten zum Zwecke der Erfüllung geleistet, so finden die Vorschriften des § 185 Anwendung.

E. I, 263, 266; II, 311; III, 356.

1. Die Annahme einer Leistung als Erfüllung durch den Annahmeberechtigten bewirkt, daß das Forderungsrecht des Gläubigers unmittelbar aufgehoben wird. Das BGB. behandelt daher die Annahme der Leistung als Verfügung über einen Gegenstand. S. unten Bem. 5.

Das Schuldverhältniß erlischt, soweit der Gläubiger das erhalten hat, was er kraft des Schuldverhältnisses zu fordern berechtigt ist. Vgl. Vorbem. zum ersten Titel S. 214.

Ein Rechtssatz, wonach Nebenansprüche mit der vorbehaltlosen Annahme der Erfüllung des Hauptanspruchs erlöschen, ist dem BGB. fremd. RGE. v. 18. Okt. 1902, Jur. Wschr. 1902 Beil. 14 S. 280. Vgl. E. I, 357; II, 66.

2. Für die Wirkungen der von einem geschäftsunfähigen oder in der Geschäftsfähigkeit beschränkten Schuldner gemachten Leistung bezw. der an einen geschäftsunfähigen oder in der Geschäftsfähigkeit beschränkten Gläubiger gemachten Leistung gelten die allgemeinen Grundsätze der §§ 104 ff.

a) Ist der Schuldner nicht geschäftsfähig, so ist die eine Veräußerung oder sei es auch nur eine Besitzübergabe zum Zwecke des Gebrauchs enthaltende Erfüllung nichtig. Dagegen ist die Erfüllung auch in diesem Falle wirksam, wenn sie in Unterlassungen (vgl. Vorbem. a) oder bloß in thatsächlichen Handlungen besteht, z. B. bei Dienstleistungen (Kleiderreinigen, Stiefelputzen) und sonstigen rein thatsächlichen Geschäftsbesorgungen, Crome II S. 233, Oertmann § 362 Note 4, a, Dernburg, Bürgerl. R. II S. 284. Auch abgesehen davon kann das Erfüllungsgeschäft nicht rückgängig gemacht werden, wenn der Gläubiger dadurch nicht mehr erhalten hat, als ihm gebührt. § 226. Doch eine vorzeitige Leistung begründet in diesem Falle die Kondiktion; § 813 Abs. 2 ist auf Leistung durch einen geschäftsunfähigen Schuldner nicht anwendbar. Vgl. Crome II S. 233, Dernburg, Bürgerl. R. II S. 288, Enneccerus § 206 Ziff. 1.

b) Ist der Schuldner in der Geschäftsfähigkeit beschränkt, so ist Einwilligung bezw. Genehmigung des gesetzlichen Vertreters erforderlich, falls nicht einer der Ausnahmefälle der §§ 110—113 vorliegt. Im Uebrigen aber gilt auch hier das zu a Gesagte.

c) Auch die Beschränkung der Verfügungsfähigkeit des Schuldners durch Konkurs oder Pfändung kann eine Erfüllung, soweit sie nicht bloß im Unterlassen oder rein thatsächlichen Leistungen besteht, sondern eine Verfügung enthält, unwirksam machen. Vgl. §§ 6, 7 KO., RGE. Bd. 38 S. 40.

3. Das BGB. sagt nicht, daß die geschuldete Leistung von dem Schuldner bewirkt werden muß:

a) In der Regel kann nicht bloß der Schuldner, sondern jeder Dritte leisten. Vgl. § 267 Abs. 1, Bem. 1—4, Oertmann, Die Zahlung fremder Schulden im Archiv f. d. civilist. Praxis Bd. 82 S. 367 ff.

b) Ausnahmsweise bewirkt die Erfüllung durch einen Dritten nicht das Erlöschen des Forderungsrechts, sondern den gesetzlichen Eintritt des Dritten in die Rechte des Gläubigers, z. B. in den Fällen der §§ 268 Abs. 3, 426 Abs. 2, 774 Abs. 1, 1143, 1225. Vgl. Schollmeyer, Der gesetzliche Eintritt in die Rechte des Gläubigers, Halle 1877; Oertmann a. a. O. (Archiv f. d. civilist. Praxis Bd. 82 S. 367 ff.).

c) Wegen der Fälle, in denen der Schuldner in Person zu leisten hat, vgl. Bem. 2 zu § 267.

d) Ueber das Widerspruchsrecht des Schuldners gegen die Leistung des Dritten vgl. Bem. 4 zu § 267.

e) Ueber die Befriedigung des Hypothekengläubigers siehe §§ 1143, 1163, 1164, 1173, 1174, 1182.

4. Soweit die Erfüllung in positiven Handlungen besteht (vgl. diese Vorbem. 1, b, c), muß sie eine Leistung zum Zwecke der Erfüllung sein. Keine Erfüllung liegt vor, wenn der Schuldner unter Bestreitung der Verbindlichkeit bei der Zahlung erklärt, den gleichen Betrag schenken zu wollen. Der Gläubiger braucht eine solche Zahlung, da sie nicht causa solvendi, sondern causa donandi angeboten wird, nicht anzunehmen.

Der Zweck braucht nicht ausdrücklich erklärt zu sein, sondern kann aus den Umständen erhellen. Wenn beispielsweise auf Mahnung des Gläubigers ohne weiteren Vorbehalt die geforderte Geldsumme eingesandt wird, so ist Erfüllung anzunehmen. Wie im Falle der Antragsannahme (§ 151), ist auch hier die Verkehrssitte zu beachten.

Erfüllung, insbesondere Zahlung unter Vorbehalt*): Die Erfüllung, insbesondere Zahlung, enthält ein konkludentes Schuldanerkenntniß des Erfüllenden (Zahlenden), durch welches die Beweislast der Negation, der Nichtschuld im Rückforderungsprozeß umgekehrt und dem Erfüllenden (Zahlenden) aufgebürdet wird. Vgl. Liebknecht, Vorbehaltszahlung S. 32 ff. Im Uebrigen genügt der Beweis der Nichtschuld, um die condictio indebiti zu begründen. Das BGB. fordert nicht noch den Beweis eines Irrthums des Kondizenten bei der Zahlung, schließt vielmehr die Rückforderung nur aus, wenn der Leistende gewußt hat, daß er zur Leistung nicht verpflichtet war oder wenn die Leistung einer sittlichen Pflicht oder einer auf den Anstand zu nehmenden Rücksicht entsprach (§ 814).

Dieses deklaratorische Anerkenntniß der Schuld bei der Zahlung kann ausgeschlossen werden durch einen Vorbehalt. Es kommt aber darauf an, welchen Sinn der Vorbehalt hat, um dessen Rechtswirkungen im Einzelnen zu bestimmen.

a) Der Vorbehalt kann lediglich den Sinn haben, daß der Schuldner nicht sicher sei, ob die Schuld bestehe, sich also vorbehalte, das Geleistete für den Fall, daß sie nicht bestehe, nach den Grundsätzen der ungerechtfertigten Bereicherung zurückzufordern. In diesem Falle wird — schwächste Wirkung des Vorbehalts — lediglich für den Fall der condictio der so wie so vom Beklagten zu beweisenden Einrede wissentlicher Zahlung einer Nichtschuld vorgebeugt (§ 814).

b) Eine weitergehende Wirkung hat der Vorbehalt, wenn er in dem Sinne gemacht ist, daß nur unter der Voraussetzung (unechten Bedingung, conditio in praesens collata, vgl. Kuhlenbeck, Von d. Pand. I S. 385 ff.) geleistet werde, daß die Schuld bestehe, so daß Schuldner, wenn er das Geleistete zurückfordert, lediglich den Vorbehalt zu beweisen braucht, die Beweislast aber dafür, daß die Schuld besteht, dem Beklagten zugewälzt wird. Vgl. Planck Bem. 3 zu § 362.

c) Der Vorbehalt kann den Sinn einer echten Bedingung, und zwar sowohl einer Resolutiv- als auch Suspensivbedingung haben (sog. Eventualzahlung im Gegensatz zur Definitivzahlung). Beispiel (vgl. Stölzel a. a. O. II S. 186 ff.): „unter dem Vorbehalt sollst Du bezahlt sein, daß mich in den nächsten acht Tagen meine Wechselgläubiger nicht drängen".

Welchen Sinn ein Vorbehalt hat, ist lediglich Sache der Auslegung; Planck Bem. 3 zu § 362 nimmt zwar an, daß im Zweifel die Auffassung zu a zu Grunde zu legen sei. M. E. besteht aber weder eine praesumtio juris noch auch nur facti. Zweifellos ist, daß der Schuldner, der daraus Rechte herleitet, den Vorbehalt und also auch seine Tragweite zu beweisen hat. RGE. Bd. 29 S. 116, 119.

d) Von selbst versteht sich der Vorbehalt und braucht also nicht erwiesen zu werden, im Sinne zu b, wenn der Schuldner auf Grund richterlichen oder administrativen Zwanges leistet, wie beim vorläufig vollstreckbaren Urtheil oder im Falle des § 36 des Pr.Enteign.Ges. v. 11. Juni 1874 oder auf Grund eines unter Vorbehalt der Rechte ergehenden Urtheils. Vgl. CPO. §§ 717, 302, 540, 541, 599, 600, 780. Bei der Rückforderung mit Vorbehalt gezahlten Stempels trifft die Beweislast den Fiskus. RGE. Bd. 26 S. 46, 55, 56, Bd. 30 S. 173, 174, 175.

Bei unfreiwilliger Zahlung im Falle zu d wird die Beweislast nicht verändert. Jur. Wschr. 1898 S. 56, 57; RGE. Bd. 26 S. 55, Bd. 30 S. 174; and. M. RGE. Bd. 7 S. 172.

e) Streitig ist, ob der Gläubiger zur Annahme einer mit Vorbehalt gemachten Zahlung verpflichtet ist. Stölzel a. a. O. S. 186 ff. bejaht die Annahmepflicht. And. M. Rehbein II S. 270. Nach unserer Ansicht ist zu unterscheiden:

α) Ein Vorbehalt in dem oben zu a gedachten schwächsten Sinne berechtigt den Gläubiger nicht zur Ablehnung, da dieser Vorbehalt nichts an den gesetzlichen Folgen der Leistung ändert. Vgl. Planck Bem. 3.

---

*) Literatur: Stölzel, Schulung f. d. civilist. Praxis II, 186 ff.; Behrens, Die Erfüllung unter Vorbehalt, Göttingen 1900; Liebknecht, Vorbehaltszahlung und Eventualaufrechnung 1891; Neißer, Der Vorbehalt des Zahlenden u. s. w. in Gruchot, Beitr. Bd. 34 S. 275 ff.; Eccius, daselbst Bd. 42 S. 15 ff.; Martinius, das. Bd. 47 S. 760 ff.; Rehbein, Komm. II S. 269; Dernburg, Bürgerl. R. II S. 282, IV; Planck Bem. 3 zu § 362.

β) Dagegen braucht der Gläubiger eine Leistung in dem zu b, c gedachten Sinne nicht anzunehmen, da eine solche Zahlung keine vollständige Erfüllung ist. Vgl. Liebknecht a. a. O. S. 41 ff.; Dernburg, Bürgerl. R. II S. 282; Planck Bem. 3.

5. Nach dem Wortlaute des § 362 Abs. 1 muß die geschuldete Leistung an den Gläubiger bewirkt werden. Dies bedeutet aber Empfangnahme seitens des Gläubigers nur für solche Fälle, in denen die Erfüllung der Mitwirkung des Gläubigers bedarf, also ein zweiseitiges oder wenigstens empfangsbedürftiges einseitiges Rechtsgeschäft ist. Daß dies nicht immer der Fall ist, siehe Vorbem. S. 215.

Nur in den Fällen, in welchen der Gläubiger, sei es auch nur durch Annahme der Leistung, mitwirken muß, z. B. bei der Geldzahlung, ist die Erfüllung durch Geschäftsfähigkeit des Gläubigers bedingt. Doch erhält auch in letzteren Fällen bei Erfüllung an den geschäftsunfähigen oder in der Geschäftsfähigkeit beschränkten Gläubiger der Schuldner eine Einrede (exceptio doli bezw. aus der ungerechtfertigten Bereicherung), falls das Geleistete an den gesetzlichen Vertreter gelangt oder beim Empfänger nach Erlangung seiner Geschäftsfähigkeit noch vorhanden oder wenigstens in dessen Vortheil verwendet ist.

Dem Gläubiger darf ferner nicht das Verfügungsrecht über die Forderung entzogen sein. Hier kommt in Frage:

a) Konkurs des Gläubigers. KO. §§ 6, 7 Abs. 3, 8. Hat der Schuldner nach Eröffnung des Verfahrens an den Gemeinschuldner geleistet, so wird er befreit, wenn
  α) entweder das Geleistete in die Masse gelangt ist, oder
  β) er in Unkenntniß der Eröffnung des Konkurses geleistet. Diese Unkenntniß wird vermuthet, wenn die Leistung vor der öffentlichen Bekanntmachung der Eröffnung erfolgt. KO. § 8.

b) Nachlaßverwaltung; §§ 6, 7 der KO. findet entsprechende Anwendung. BGB. § 1984.

c) Gerichtliche Beschlagnahme der Forderung. Dieselbe wirkt gegen den Schuldner (Drittschuldner) erst mit der Zustellung des Gerichtsbeschlusses. CPO. § 829.

d) Zu beachten ist endlich § 574 für Zahlungen des Miethzinses.

Die Leistung kann nicht nur an den Gläubiger selbst, sondern auch an dessen gesetzlichen oder bevollmächtigten Vertreter erfolgen:

a) Bevollmächtigte: Ob eine Vollmacht sich auf die Annahme einer Erfüllung der Verbindlichkeit, insbesondere Zahlung erstreckt, ist nach ihrem Inhalte und Zwecke zu beurtheilen. Vgl. §§ 164 ff. Spezialvollmacht ist nicht erforderlich.

  Gesetzliche Vollmachten:
  α) Der Ueberbringer einer Quittung. Vgl. § 370.
  β) Der Prokurist, vgl. HGB. § 53; der Handlungsbevollmächtigte, vgl. HGB. §§ 54, 55; der in einem Laden oder offenen Waarenlager Angestellte, HGB. § 56.
  γ) Prozeßvollmacht. Vgl. CPO. § 81; dieselbe ermächtigt nicht zur Empfangnahme des eingeklagten Gegenstandes, vielmehr nur zur Empfangnahme der zu erstattenden Kosten.
  δ) Gerichtsvollzieher, CPO. §§ 754, 755.

b) Gesetzliche Vertreter: Vereinsvorstände, § 26, besondere Vertreter, § 30. Schlüsselgewalt der Ehefrau, § 1357. Elterliche Gewalt, § 1630. Vormundschaft, §§ 1793—1797. Pflegschaft, §§ 1909 ff.

6. Abs. 2. Nimmt ein Dritter, bei welchem die Voraussetzungen der gesetzlichen oder gewillkürten Vollmacht nicht zutreffen, die an ihn zum Zwecke der Erfüllung bewirkte Leistung als Erfüllung an, so ist der Fall gegeben, daß ein Nichtberechtigter über das Forderungsrecht des Gläubigers eine Verfügung trifft (s. Bem. 1). Es finden deßhalb die Vorschriften des § 185 Anwendung, d. h. das Schuldverhältniß erlischt nur, wenn der Gläubiger in die Leistung an den Dritten einwilligt, wenn er dieselbe genehmigt oder wenn der Dritte das Forderungsrecht des Gläubigers erwirbt oder wenn der Dritte vom Gläubiger beerbt wird und letzterer für die Nachlaßverbindlichkeiten unbeschränkt haftet. Vgl. P. I, 334, 335. Ueber den Zeitpunkt des Erlöschens s. die Bem. zu § 185.

**Die Anwendung des § 185 ergiebt im Einzelnen Folgendes:**

a) **Wenn der Gläubiger seine vorherige Zustimmung (Einwilligung) zur Annahme der Erfüllung (Zahlung) durch den Dritten ertheilt hat, so ist die Leistung wirksam. Die Einwilligung ist bis zur Vornahme der Erfüllung (Zahlung) widerruflich, soweit nicht aus dem ihrer Ertheilung zu Grunde liegenden Rechtsverhältnisse sich ein Anderes ergiebt. Der Widerruf kann sowohl dem Schuldner als dem Gläubiger gegenüber erklärt werden. Sofern in der Einwilligung aber eine Vollmacht liegt, bleibt diese dem Schuldner gegenüber in Kraft, bis ihm das Erlöschen von dem Vollmachtgeber mitgetheilt ist.**

b) **Der Gläubiger kann einer an den nicht legitimirten Dritten geschehenen Erfüllung (Zahlung) nachträglich zustimmen (sie genehmigen). Alsdann wirkt diese Genehmigung auf den Zeitpunkt der Vornahme der Leistung an den Dritten zurück, soweit nicht ein Anderes bestimmt ist, d. h. die Erfüllung gilt als bereits in jenem Zeitpunkte (ex tunc) rechtswirksam erfolgt (§ 184). Diese fiktizische Rückdatirung hat besondere praktische Bedeutung für die Beseitigung der Verzugsfolgen, der Anfechtung, z. B. Konkurspauliana (KO. §§ 30 ff.).**

Durch die Rückwirkung werden Verfügungen nicht unwirksam, die vor der Genehmigung über den Gegenstand des Rechtsgeschäfts (die zu zahlende Forderung) von dem Genehmigenden getroffen oder im Wege der Zwangsvollstreckung oder der Arrestvollziehung oder durch den Konkursverwalter erfolgt sind (Zession, Beschlagnahme).

c) Der Dritte kann nach der Empfangnahme die Forderung im Wege der Sondernachfolge (Zession) oder Gesammtnachfolge (Beerbung) erwerben. Alsdann konvaleszirt die Erfüllung, jedoch ohne rückwirkende Kraft.

d) Der unberechtigte dritte Empfänger der Leistung wird vom Berechtigten beerbt und dieser haftet unbeschränkt für die Nachlaßverbindlichkeiten. Wenn der Gläubiger nur beschränkt für die Nachlaßverbindlichkeiten haftet, so braucht er die Verfügung des Erblassers über sein Forderungsrecht nicht anzuerkennen, er kann also alsdann vom Schuldner nach wie vor Erfüllung fordern, haftet jedoch auch dem Schuldner auf Rückerstattung des Geleisteten aus dem Delikt oder der ungerechtfertigten Bereicherung in gleicher Weise, wie der Erblasser haften würde. Vgl. Schollmeyer, Komm. II S. 278.

Ausnahmsweise wird der Schuldner auch durch gutgläubige Leistung an den Nichtgläubiger befreit, nämlich:

a) Bei Zahlung an den durch Erbschein legitimirten falschen Erben, § 2367.

b) Bei Zahlung an den bisherigen Gläubiger nach Abtretung der Forderung, §§ 407, 398 Satz 2.

c) In den Fällen der §§ 720 (Zahlung einer Forderung an den bisherigen Gläubiger nach deren Erwerb durch die Gesellschaft), 1473 (Zahlung an Ehegatten nach dem Uebergang der Forderung in das Gesammtgut), 2019 (Zahlung an den Erbschaftsbesitzer nach Geltendmachung des Erbschaftsanspruchs), 2041 (Zahlung an bisherigen Gläubiger nach Erwerb der Forderung zum Nachlaß), 2111 (Zahlung an Vorerben nach Eintritt des Nacherbfalls).

d) Zahlung an unberechtigten Quittungsüberbringer, § 370, Bem. 3.

e) Zahlung auf Order- und Inhaberpapiere, § 808 Abs. 1.

f) Zahlung an früheren Bevollmächtigten nach Erlöschen der Vollmacht, §§ 169 ff.

Auch Zahlung an den Gläubiger des Gläubigers wirkt nicht als Erlöschungsgrund, berechtigt jedoch den Schuldner zur Aufrechnung, wenn die Voraussetzungen der Geschäftsführung ohne Auftrag vorliegen (§§ 677 ff.).

7. Das BGB. schweigt über das Institut des solutionis causa adjectus, d. h. über die Vereinbarung, daß die Leistung an einen anderen als den Gläubiger zulässig sein soll, als Recht des Schuldners. Daß eine solche Vereinbarung zulässig ist, in dem Sinne, daß der Dritte nicht Gläubiger, sondern nur Empfangsberechtigter wird, ist zweifellos. Von der Vollmacht unterscheidet sich diese Vereinbarung dadurch, daß sie unwiderruflich ist, von der Zahlungsanweisung dadurch, daß letztere eine Urkunde voraussetzt und bei Annahme den Schuldner dem Assignatar gegenüber verpflichtet. Das Recht des Schuldners ist vererblich. Ob es unter Umständen fortfällt, z. B. bei Vermögens-

verfall des adjectus oder, wenn der Schuldner es zur Klage kommen läßt, ist nach dem Inhalt der Vereinbarung zu entscheiden. Vgl. Rehbein II S. 274 Bem. 10.

## § 363.

Hat der Gläubiger eine ihm als Erfüllung angebotene Leistung als Erfüllung angenommen, so trifft ihn die Beweislast, wenn er die Leistung deshalb nicht als Erfüllung gelten lassen will, weil sie eine andere als die geschuldete Leistung oder weil sie unvollständig gewesen sei.

E. I, 367; II, 312; III, 357.

1. § 363 giebt lediglich eine Bestimmung über die Beweislast. Die Frage, ob in der Annahme einer mangelhaften Leistung als Erfüllung ein Verzicht auf die Geltendmachung der Mängel zu erblicken ist, wird durch § 363 nicht berührt. Die Vorschrift des § 363 gilt für Verbindlichkeiten jeder Art, nicht bloß, wie die entsprechende Bestimmung des E. I, 367, für die gegenseitigen Verträge.

2. Nach der Fassung des § 362 hat der Schuldner, welcher sich darauf beruft, daß das Schuldverhältniß durch Erfüllung erloschen sei, zu beweisen, daß die Leistung, so wie sie geschuldet war, an den Gläubiger bewirkt worden ist. Für den Fall aber, daß der Gläubiger eine ihm als Erfüllung angebotene Leistung als Erfüllung angenommen hat, stellt § 363 dem Bedürfnisse des Verkehrslebens entsprechend (M. II, 204) eine Umkehrung der regelmäßigen Beweislast auf, insofern als nunmehr den Gläubiger die Beweislast trifft, wenn er hinterher einwendet, die Leistung sei deßhalb nicht Erfüllung, weil sie eine andere als die geschuldete Leistung oder weil sie unvollständig sei.

In § 363 wird nicht ausdrücklich hervorgehoben, daß die Beweislast den Gläubiger auch im Falle der nachträglichen Einwendung einer mangelhaften Leistung treffen soll. Unzweifelhaft ist dies aber die Absicht des Gesetzes, wie aus der Entstehungsgeschichte des § 363 klar hervorgeht. (M. II, 204, 205; P. I, 637.) Man scheint bei der Fassung des Paragraphen von der Ansicht ausgegangen zu sein, daß eine mangelhafte Leistung sich stets je nach der Beschaffenheit der Mängel entweder unter den Begriff „eine andere als die geschuldete Leistung" oder unter den Begriff „unvollständige Leistung" unterstellen lassen werde. § 363 ist also dahin auszulegen, daß auch bei nachträglich eingewendeter Mangelhaftigkeit der als Erfüllung angenommenen Leistung den Gläubiger die Beweislast trifft. Ebenso Planck Bem. 1 und 2 zu § 363. Vgl. auch RGE. Bd. 57 S. 399 (die durch § 363 verfügte Umkehrung der Beweislast gilt auch bei der Wandelung).

3. Ob eine Leistung als Erfüllung angenommen wurde, ist aus den Umständen des einzelnen Falles zu beurtheilen. Eine an bestimmte Thatsachen (wie etwa an die Unterlassung eines Vorbehaltes bei der Annahme) sich anknüpfende gesetzliche Vermuthung für die Annahme als Erfüllung hat das BGB. nicht aufgestellt. (P. I, 637.)

Es ist also auch einer vorbehaltlos angenommenen Leistung gegenüber der Einwand zulässig, daß sie nicht als Erfüllung angenommen worden sei, wie umgekehrt ungeachtet eines gemachten Vorbehaltes Annahme als Erfüllung vorliegen kann.

Die einfache Annahme „unter Vorbehalt" genügt zur Ausschließung der Anwendung des § 363 nicht. Vgl. Bem. 4 zu § 362. Vgl. sodann noch die beachtenswerthen Ausführungen von Leonhard, Die Beweislast (Berlin 1904), S. 374:

> „Die Bestimmung des § 363 stellt lediglich eine einzelne Anwendung der Lehre dar, daß der Anschein die Beweislast verschiebe. Die Annahme ist nämlich nur dann von Bedeutung, wenn aus ihr nach Wahrscheinlichkeit oder Billigkeit die Erfüllung (sc. die Annahme als Erfüllung) geschlossen werden kann. Die bloß thatsächliche Empfangnahme genügt nicht. Denn der Käufer nimmt zunächst nur deshalb an, um den Besitz der Waare zu bekommen. Seine weiteren Absichten können sehr verschiedene sein. Vgl. Hanausek, Die Haftung des Verkäufers S. 116 ff., 262. Daher muß zu der Uebernahme des Besitzes noch irgend eine Erklärung hinzukommen. Vgl. Seuffert, Arch. Bd. 9 Nr. 88, Bd. 27 Nr. 16; André, Die Einrede des nicht erfüllten Vertrages 1891, S. 73, 175. Als Anerkennung wird man sie nicht bezeichnen können; denn sie wäre von der eigentlichen rechtsgeschäftlichen Anerkennung, die die Geltendmachung von Mängeln ganz ausschließt, kaum abzugrenzen. Vgl. André, a. a. O. S. 73. Vielmehr liegt in ihr nicht mehr, als die rein tatsächliche Angabe des Empfängers, daß die Erfüllung ordnungsmäßig: ein bloßes Selbstzeugniß. Vgl. Brück, Die Beweislast hinsichtlich der Beschaffenheit S. 89 ff., RG. in Seufferts Arch. Bd. 41 Nr. 10, Seufferts Arch. Bd. 19 Nr. 132. Wie alle außergerichtlichen Zugeständnisse wirkt

dies nach den Regeln der Beweisführung gegen den Erklärenden: er muß das in der Billigung liegende Zeugniß entkräften. RGE. in Seufferts Arch. Bd. 41 Nr. 10. Regelmäßig begründet es eine Wahrscheinlichkeit und auch sonst spricht es meist nach Billigkeit gegen ihn. Wo diese Gesichtspunkte nicht eingreifen, ist die Annahme belanglos. Die Anwendung der Regel (des § 363) hängt also von ganz schwankenden Faktoren ab. So erklärt es sich, daß einige Einzelfragen im früheren und im heutigen Rechte übergroße Schwierigkeiten bereitet haben. Sie sind eben überhaupt nicht allgemein zu beantworten. Wie ist es, wenn der Empfänger die Mängel nicht erkennen konnte oder einen Vorbehalt hinzugefügt hat? Es wäre sehr bedenklich, hier ganz allgemeine Ausnahmen zu seinen Gunsten zuzulassen. Vgl. auch M. II S. 205. Vielmehr muß lediglich die konkrete Wahrscheinlichkeit und Billigkeit darüber entscheiden, ob eine Annahme ohne Prüfung oder unter Vorbehalt nach den Umständen gerechtfertigt war."

Vgl. auch Rehbein II S. 283. Behält der Empfänger die unter Vorbehalt angenommene Leistung oder erklärt er, sie — wenn auch als mangelhafte Leistung — annehmen zu wollen, so hat der Vorbehalt wohl nach §§ 464, 640 Abs. 2 Bedeutung, aber nicht für die Beweislast. Vgl. RGE. Bd. 20 S. 5, Bd. 47 S. 12, 20, Bd. 49 S. 157, HGB. §§ 377, 378.

Das Recht des Gläubigers, die Annahme selbst anzufechten, bleibt durch § 363 unberührt. Vgl. Bem. 8 zu § 341. Selbstverständlich aber hat der Gläubiger in diesem Falle das Vorhandensein eines gesetzlichen Anfechtungsgrundes (Irrthum, arglistige Täuschung, Drohung) zu beweisen.

## § 364.*)

Das Schuldverhältniß erlischt, wenn der Gläubiger eine andere als die geschuldete Leistung an Erfüllungsstatt annimmt.

Uebernimmt der Schuldner zum Zwecke der Befriedigung des Gläubigers diesem gegenüber eine neue Verbindlichkeit, so ist im Zweifel nicht anzunehmen, daß er die Verbindlichkeit an Erfüllungsstatt übernimmt.

E. I, 264; II, 318; III, 358.

1. Die Annahme an Erfüllungsstatt, datio in solutum, auch Hingabe an Erfüllungsstatt, Angabe an Erfüllungsstatt (PLR. Thl. II Tit. 16 § 233) ist eine besondere Art der Erfüllung, die sich durch einen Vertrag vollzieht des Inhalts, daß der Gläubiger an Erfüllungsstatt eine andere als die geschuldete Leistung annimmt.

Ein einseitiges Recht des Schuldners gegenüber dem Gläubiger auf Annahme einer anderen Leistung, sog. beneficium dationis in solutum, wie das römische Recht solches dem zahlungsunfähigen Geldschuldner unter gewissen Voraussetzungen gewährt (Dernburg, Pand. II § 58 Note 8, Windscheid-Kipp II § 342 Note 12), kennt das BGB. nicht. Dem Gläubiger kann eine andere Leistung nicht aufgedrungen werden, wenn er sie aber annimmt, so erlischt das Schuldverhältniß ebenso, wie wenn die geschuldete Leistung bewirkt wäre.

a) Die Annahme an Erfüllungsstatt ist regelmäßig ein Realvertrag, der sich erst durch die Bewirkung der anderen Leistung vollzieht. Sie ist daher wohl zu unterscheiden von dem Vertrag über die Hingabe, dem pactum de in solutum dando. Beispiel: Abrede, daß Käufer einer Pechkocherei, statt Geld zu zahlen, Pechabfälle liefern könne, E. d. ROHG. Bd. 5 S. 418, Bd. 18

*) Literatur: Römer, Die Leistung an Zahlungsstatt (1866); Cohn in Endemanns Handb. d. Handelsr. Bd. 3 S. 1075; Unger in Grünhuts Zeitschr. Bd. 15 S. 540, 554; v. Salpius, Novation und Delegation (1864); Danz, Forderungsüberweisung (1886), und im Archiv f. d. civilist. Praxis Bd. 74 S. 240; Unger in Iherings Jahrb. Bd. 26 S. 399; Windscheid-Kipp II S. 387 ff.; Windscheid, Die indirekte Vermögensleistung (1892); Dernburg, Bürgerl. R. II § 118; Stammler, Recht d. Schuldverh. S. 229; Endemann I § 142; Cosack § 109; Matthiaß II § 92 II, b lit. F; Enneccerus I § 210; Berndorff, Die Annahme an Erfüllungsstatt (1904); R. Ernst, Mangelhafte Beschaffenheit der Leistung an Erfüllungsstatt, Zürich 1890; Rehbein II S. 289 ff.; Stampe, Das Kausa-Problem des Civilrechts. Eine rechtspolitische Studie am § 365 BGB. Greifswald 1904; Klein, Zur Lehre von der Leistung an Erfüllungsstatt in Hess. Rechtspr. Jahrg. 5 S. 55; Fehr, Ueber Hingabe an Erfüllungsstatt. Inaug.-Diss. (Leipzig.) Borna-Leipzig 1902; van Koolwyk, Hingabe an Erfüllungsstatt nach dem BGB. Inaug.-Diss. (Leipzig.) Borna-Leipzig 1902.

S. 384, Vereinbarung, daß ein Gründer seinen Antheil am Aktienkapital durch Einbringen anderer Vermögensgegenstände berichtigen darf. Ein solcher Vertrag begründet nur eine Einrede für den auf die ursprüngliche Leistung belangten Schuldner. Vgl. Rehbein II S. 290. Besonders zu beachten ist dieser Unterschied in den Fällen, in welchen ein unklagbarer Vertrag erst durch Erfüllung wirksam wird (echte Naturalobligation, Vorbem. S. 6 zu b), z. B. beim Differenzgeschäft. RGE. Bd. 47 S. 48. Nur durch real vollzogene Leistung an Erfüllungsstatt wird das nicht erzwingbare Geschäft wirksam. Vgl. auch RGE. v. 13. Juni 1902 in Jur. Wschr. Beil. 10 S. 254.

(Der Schuldner trat dem Gläubiger mit Rücksicht auf seine Schuld seine Lebensversicherungspolice mit Dividenden ab und verpflichtete sich, die Prämien für die Versicherung zu zahlen. Gegen diese Verpflichtung erklärt der Gläubiger, seine Forderung nicht geltend machen zu wollen und sich aus der nach dem Tode des Schuldners zu zahlenden Versicherung befriedigen zu wollen. In solchem Abkommen liegt keine Hingabe an Zahlungsstatt, welche eine unbedingte und endgültige Lösung des Schuldverhältnisses zwischen Gläubiger und Schuldner voraussetzt, vielmehr nur ein Vertrag, durch den die wirkliche Befriedigung des Gläubigers erst herbeigeführt werden sollte. Daß der Schuldner, solange er die Prämienzahlungen leistete, nicht in Anspruch genommen werden durfte, macht den Vertrag nicht zu einer Hingabe von Zahlungsstatt.)

Die Annahme als Erfüllung muß ausdrücklich oder stillschweigend (durch konkludente Handlungen) erklärt sein, bloßes Stillschweigen des Gläubigers auf einen Antrag des Schuldners genügt nicht, sofern nicht die Voraussetzungen des § 151 vorliegen. Vgl. E. d. ROHG. Bd. 17 S. 325, E. d. O. Tr. Bd. 9 S. 213.

b) Eine Ueberweisung an Zahlungsstatt findet nach § 835 CPO. auf Antrag des Gläubigers bei Pfändung einer Geldforderung statt; in diesem Falle ist eine Annahme nicht erforderlich.

c) Gegenstand der Annahme an Erfüllungsstatt können Leistungen jeder Art sein, also insbesondere:

α) Sachen (körperliche Gegenstände), und zwar sowohl bewegliche wie unbewegliche. Da die Annahme an Erfüllungsstatt ein Realvertrag ist, kann sie bei Hingabe von Sachen regelmäßig erst als vollzogen gelten, wenn die Uebertragung des Eigenthums rechtswirksam geschehen ist, also bei beweglichen Sachen nach Maßgabe der §§ 929—936, bei unbeweglichen Sachen nach Maßgabe der §§ 873 ff. Doch ist selbstverständlich der Vertrag über die datio in solutum maßgebend, wenn Gläubiger eine geringere Rechtswirkung, z. B. Uebertragung des Besitzes oder eines bloßen Nutzungsrechtes, an Erfüllungsstatt annehmen will.

β) Rechte, insbesondere Forderungen.

Der Fall der Annahme von Forderungen an Erfüllungsstatt fordert besondere Vorsicht bei der thatsächlichen Feststellung der Parteiabsicht; ein vorsichtiger Gläubiger wird Forderungen in der Regel nur zahlungshalber (per solvendo), nicht an Erfüllungsstatt (pro soluto) annehmen. Doch stellt das BGB. keine allgemeine Rechtsvermuthung auf, die für die Anweisung (§ 788) gegebene Vorschrift ist nicht auf die eigentliche Forderungsüberweisung auszudehnen. Anweisung ist keine Forderungsüberweisung, sondern eine widerrufliche Ermächtigung zur Empfangnahme einer Zahlung.

Die Ueberweisung einer Forderung erfolgt durch deren Uebertragung (Cession), §§ 398 ff. Sie hat befreiende Wirkung nur, wenn feststeht, daß sie an Erfüllungsstatt geschehen ist; ist sie nur zahlungshalber geschehen, so hat sie lediglich die Wirkung, daß der Gläubiger (Cessionar) verpflichtet ist, zunächst aus der überwiesenen Forderung mit verkehrsüblicher Sorgfalt Befriedigung zu suchen, das Schuldverhältniß wird dann erst durch die Befriedigung getilgt, und soweit diese Tilgung nicht erreicht wird, kann der Gläubiger auf die Ausübung des alten Schuldverhältnisses zurückgreifen. Vgl. Crome II S. 265.

Von der Cession zu unterscheiden ist die Delegation, bei welcher aktive und passive Delegation zu unterscheiden sind.

αα) **Passive Delegation.** Der Schuldner (Delegant) ersucht einen Dritten (Delegaten), dem Gläubiger (Delegatar) zu dessen Befriedigung zu versprechen. Die causa dieses Versprechens kann verschieden sein; in der Regel wird der Delegat, wie bei der Cession, Schuldner des Deleganten sein.

ββ) **Aktive Delegation.** Der Gläubiger (als Delegant) ersucht seinen Schuldner (als Delegaten) einem Dritten (als Delegatar) zu versprechen, was er ihm bislang geschuldet hat. Weder für die passive noch für die aktive Delegation gilt heutzutage noch der römische Satz: solvit, qui delegat. Vielmehr muß in beiden Fällen festgestellt werden, ob die Delegation mit befreiender Wirkung verknüpft sein soll.

Die an Zahlungsstatt angenommene Forderung kann ein **Wechsel** sein; sei es eine Rimesse oder Accept oder Eigenwechsel. Auch Geben und Nehmen eines Wechsels geschieht in der Regel nicht an Zahlungsstatt, sondern zahlungshalber. RGE. Bd. 31 S. 110, E. d. ROHG. Bd. 7 S. 43, Bd. 10 S. 48, 132, Bd. 17 S. 270, Bd. 23 S. 106, 205; Rspr. d. OLG. (Köln) Bd. 2 S. 252. Vgl. auch Ostermann, Die Zahlung einer Schuld durch Wechsel unter Berücksichtigung von Novation, Hingabe an Zahlungsstatt und zahlungshalber. Erlangen 1899. Das Recht 1901 S. 291. Sächs. Arch. Bd. 10 S. 239: „Ist ein Wechsel zahlungshalber gegeben, so hat der Empfänger, solange er den Wechsel in seinen Händen hat, die Interessen seines Schuldners hinsichtlich des Wechsels wahrzunehmen, insbesondere den Wechsel und die Wechselforderung in ihrem rechtlichen und thatsächlichen Bestande zu erhalten und die Einziehung des Wechsels zu versuchen. Dem Wechselnehmer liegt bei unterlassener rechtzeitiger Präsentation der Beweis ob, daß dieselbe, wenn geschehen, keinen Erfolg gehabt hätte. Hat der Wechselempfänger seine Pflichten nicht erfüllt, so kann er nicht mehr den Anspruch aus dem zu Grunde liegenden Geschäfte geltend machen." Hat der Schuldner dem Gläubiger ohne dessen Verlangen und ohne jegliche Vereinbarung ein Wechselaccept zur Tilgung einer Schuld zugesandt, so kann der Gläubiger ohne Rücksicht auf das Accept die Forderung einklagen. Durch sein Stillschweigen wird der Gläubiger, der von dem Wechsel keinen Gebrauch macht, nicht verpflichtet. Sache des Schuldners ist es, unter Angebot der schuldigen Summe das Accept zurückzufordern. (OLG. Darmstadt v. 24. Sept. 1900 in Hess. Rspr. 1900 S 122. Vgl. auch Seuff. Arch. Bd. 57 S. 488.)

Ueber einen Fall, in dem im internationalen Wechselverkehr (Prima-Bankiers-Rembours) Annahme eines Wechsels an Zahlungsstatt anzunehmen war, vgl. Kuhlenbeck, Der Check Kap. IX S. 144—150.

Analoges muß auch beim Check gelten. Auch dessen Hingabe erfolgt im Zweifel zahlungshalber (vgl. Rspr. d. OLG. [Köln] Bd. 2 S. 252); der Gläubiger muß ferner nach der Verkehrssitte gehalten erscheinen, den Check alsbald einzulösen.

γ) Leistungen anderer Art, z. B. Dienste. Erlöschen des Schuldverhältnisses tritt regelmäßig erst mit der Bewirkung der Dienstleistung ein. Wegen der Verpflichtung zu Leistung der Dienste vgl. Bem. 2 zu Abs. 2; im Zweifel ist die Uebernahme dieser neuen Verbindlichkeit nicht als datio in solutum aufzufassen.

2. Eine direkte Vermuthung gegen die Annahme an Erfüllungsstatt stellt § 364 Abs. 2 für den Fall auf, daß der Schuldner selbst dem Gläubiger gegenüber eine neue Verbindlichkeit zum Zwecke der Befriedigung übernimmt, also beispielweise ein Wechselaccept giebt, einen Eigenwechsel oder ein Schuldanerkenntniß oder sonst einen besonderen, in der Regel abstrakten Verpflichtungsgrund konstituirt.

Im Zweifel soll diese Uebernahme einer neuen Verbindlichkeit nur als accessorische Verpflichtung, als erfüllungshalber vereinbart gelten. Ist die Absicht ihrer Uebernahme an Erfüllungsstatt festzustellen, so gilt das alte Schuldverhältniß mit der Uebernahme der Verbindlichkeit als beseitigt (getilgt); der Gläubiger kann alsdann, auch wenn die neue Verbindlichkeit ihn nicht zur Befriedigung führt, auf das alte Schuldverhältniß nicht mehr zurückgreifen, er kann letzteres nur, wenn die alte oder die neue Schuld von vornherein oder in Folge von Anfechtung sich als nichtig erweist. War die alte Schuld nichtig (oder angefochten), so kann die Eingehung der neuen Verbindlichkeit nach §§ 813 kondizirt werden. Ist die neue Verbindlichkeit nichtig (oder angefochten), so ergiebt sich die Klagbarkeit der alten, nicht erfüllten Schuld von selbst.

Praktisch steht eine promissio in solutum (an Erfüllungsstatt) der Novation gleich. Vgl. Vorbem. S. 210, 211. Sie gilt auf keinen Fall als Erfüllung bei den durch das Gesetz jedem auch indirekten Zwange entzogenen Naturalobligationen, vgl. § 762 Abs. 2.

Die Vermuthung des § 364 Abs. 2 erstreckt sich nicht auf den Fall, daß ein Dritter dem Gläubiger gegenüber eine Verbindlichkeit zur Befreiung des Schuldners eingeht. Vgl. hierüber (Delegation) Bem. 1 unter β, αα, ββ; ferner Kuhlenbeck, Von den Pand. z. BGB. II S. 182 ff.

## § 365.

**Wird eine Sache, eine Forderung gegen einen Dritten oder ein anderes Recht an Erfüllungsstatt gegeben, so hat der Schuldner wegen eines Mangels im Rechte oder wegen eines Mangels der Sache in gleicher Weise wie ein Verkäufer Gewähr zu leisten.**

E. I, 265; II, 314; III, 359.

1. Nach der herrschenden gemeinrechtlichen Lehre (Dernburg, Pand. Bd. 2 § 58 Note 7; Windscheid, Pand. Bd. 2 § 342 Note 14) konnte der Gläubiger im Falle der Entwehrung des an Erfüllungsstatt gegebenen Gegenstandes nach seinem Belieben entweder auf die ursprüngliche Forderung zurückgreifen oder vom Schuldner sein Entwehrungsinteresse fordern. Man folgerte dieses Wahlrecht aus der anscheinenden Antinomie zwischen einerseits l. 46 pr. § 1 D. 46, 3, l. 8 Cod. 7, 45 und andrerseits l. 46 pr. D. de solut. 46, 3, l. 60 D. eod.

Nach BGB. ist durch die Annahme an Erfüllungsstatt das Schuldverhältniß bleibend erloschen; der Gläubiger kann vom Schuldner wegen eines Mangels im Rechte oder wegen eines Mangels der Sache nur wie ein Käufer vom Verkäufer Gewährleistung verlangen. Ebenso die bayr. GO. v. 1753 Kap. XVIII § 11.

Selbstverständlich ist aus dieser Bestimmung nicht der Schluß zu ziehen, daß eine Annahme an Erfüllungsstatt als Kaufgeschäft mit hinzutretender Aufrechnung des Kaufpreises auf die Schuld zu konstruiren ist. Wenn ein solcher Vertrag vorliegt, was Thatfrage ist, vgl. E. d. ROHG. Bd. 8 S. 97, Bd. 16 S. 158, Bd. 20 S. 37, Bd. 24 S. 204, so tritt vielmehr Tilgung des Schuldverhältnisses erst mit Vollzug der Aufrechnung ein und bleibt bis dahin der Anspruch sowohl aus dem Schuldverhältniß als auch aus dem Kauf selbständig bestehen. Der § 365 überträgt lediglich die Bestimmungen über die Gewährleistung des Verkäufers wegen Mängel im Recht und Mängel der Sache auf die Annahme an Erfüllungsstatt, die im Uebrigen als ipso jure tilgende Form der Erfüllung gilt. Vgl. Bem. 1 zu § 364 S. 222.

Bei dem dispositiven Charakter der Vorschriften ist es jedoch nicht ausgeschlossen, daß sich der an Erfüllungsstatt Nehmende den Rückgriff auf die alte Forderung dadurch offen hält, daß er den Vertrag unter der auflösenden Bedingung abschließt, daß die ihm zu machende Leistung weder an einem rechtlichen noch physischen Mangel leidet. Vgl. Schollmeyer II S. 283.

Ferner findet § 366 keine Anwendung, wenn der Gläubiger nach § 835 Abs. 2 CPO. sich eine Forderung an Zahlungsstatt zum Nennwerthe hat überweisen lassen. Vgl. Schollmeyer a. a. O.

2. Ueber die Mängel im Rechte, wegen deren der Verkäufer Gewähr zu leisten hat, s. §§ 434—444, über die Haftung für eine an Erfüllungsstatt gegebene Forderung gegen einen Dritten insbesondere die §§ 437, 438, über die Gewährleistung wegen Mängel der Sache die §§ 459—492.

a) Gewährleistung wegen Mängel im Recht: Bei Hingabe einer Sache muß der Schuldner dem Gläubiger die Sache übergeben und das Eigenthum an der Sache verschaffen. Bildet ein Recht den Gegenstand der datio in solutum, so hat der Schuldner dem Gläubiger das Recht zu verschaffen und, wenn das Recht zum Besitz einer Sache berechtigt, die Sache zu übergeben

(§ 433). Der Schuldner ist verpflichtet, dem Gläubiger den an Erfüllungsstatt gegebenen Gegenstand frei von Rechten zu verschaffen, die von Dritten gegen den Gläubiger geltend gemacht werden können (§ 434). Bei Hingabe eines Grundstücks oder eines Rechtes an einem Grundstück ist der Schuldner verpflichtet, im Grundbuch eingetragene Rechte, die nicht bestehen, auf seine Kosten zur Löschung zu bringen, wenn sie im Falle ihres Bestehens das dem Gläubiger zu verschaffende Recht beeinträchtigen würden. Das Gleiche gilt, wenn ein Schiff oder ein Recht an einem Schiffe den Gegenstand der datio in solutum bildet, für die im Schiffsregister eingetragenen Rechte (§ 435). Dagegen haftet der Schuldner bei Hingabe eines Grundstücks nicht für dessen Freiheit von öffentlichen Abgaben und von anderen öffentlichen Lasten, die zur Eintragung in das Grundbuch nicht geeignet sind (§ 436). Wird eine Forderung an Erfüllungsstatt angenommen, so haftet der Schuldner für deren rechtlichen Bestand; dasselbe gilt bei Hingabe eines sonstigen Rechtes; bei Hingabe eines Werthpapiers haftet der Schuldner auch dafür, daß dieses nicht zum Zwecke der Kraftloserklärung aufgeboten sei (§ 437). Für Zahlungsunfähigkeit des debitor cessus haftet der Schuldner bei cessio in solutum nur, wenn er diese Haftung übernommen hat und ist alsdann die Haftung nur auf die Zahlungsunfähigkeit zur Zeit der Abtretung zu beziehen (§ 438). Der Schuldner hat einen Mangel im Rechte nicht zu vertreten, wenn der Gläubiger diesen bei der Annahme an Erfüllungsstatt kennt; eine Ausnahme gilt für Hypotheken, Grundschulden, Rentenschulden, Pfandrecht oder Vormerkungen zur Sicherung des Anspruchs auf Bestellung solcher Rechte; Schuldner hat solche zu beseitigen, auch wenn sie dem Gläubiger bekannt waren (§ 439).

Erfüllt der Schuldner die ihm nach vorstehenden Paragraphen obliegenden Verpflichtungen nicht, so sollen sich die Rechte des Gläubigers nach den §§ 320—327 bestimmen (§ 440).

Richtig hebt aber Planck hervor, daß die Vorschriften der §§ 320—322 nicht in Frage kommen können, weil eine Gegenleistung des Gläubigers nicht mehr möglich ist; letztere ist durch Annahme an Erfüllungsstatt mit Erlöschen des Schuldverhältnisses unmöglich geworden (getilgt). Dagegen kann der Gläubiger nach Maßgabe der §§ 325, 326 von dem Vertrage der Annahme an Erfüllungsstatt zurücktreten, und finden alsdann die Vorschriften der §§ 346—356 entsprechende Anwendung.

α) Dies bedeutet vor Allem, daß der Schuldner zur Wiederherstellung der Forderung verpflichtet ist, und zwar mit allen ihren etwaigen Accessionen, z. B. Pfandrechten, Bürgschaftsverpflichtungen. Vgl. Planck Bem. 1 zu § 365.

β) Ist der Schuldner zu dieser in integrum restitutio nicht im Stande, z. B. weil inzwischen entstandene andere unwiderrufliche Rechte dritter Personen der Herstellung eines gleichwertigen Pfandrechts im Wege stehen, so ist er dem Gläubiger zum Schadensersatze verpflichtet.

γ) Der Gläubiger ist zur Rückgabe der an Erfüllungsstatt angenommenen Sache, zur Rückzession der Forderungen u. s. w. verpflichtet.

b) Gewähr wegen Sachmängel: Der Gläubiger kann Rückgängigmachung der datio in solutum (Wandelung) oder Herabsetzung des durch sie getilgten Betrages der Forderung (Minderung) verlangen (§ 462). Beim Fehlen zugesicherter Eigenschaften der Sache oder Vorhandensein arglistig verschwiegener Mängel hat er Anspruch auf Schadensersatz wegen Nichterfüllung (§ 463). War vereinbart, daß Gattungssachen an Erfüllungsstatt gegeben werden sollten und hatten die geleisteten Gattungssachen Fehler, so kann er auch verlangen, daß ihm an Stelle der mangelhaften Sachen mangelfreie geliefert werden. Ist Vieh an Erfüllungsstatt geliefert, so hat er kein Recht auf Minderung, sondern nur auf Wandelung (§ 487). Der Schuldner hat bei Vieh auch nur die sog. Hauptmängel innerhalb der gesetzlichen Gewährfristen zu vertreten.

Wenn sich der Gläubiger für Minderung entscheidet, so ist nach Maßgabe des § 472 die ursprüngliche Forderung (der Kaufpreis) in dem Verhältniß herabzusetzen, in welchem zur Zeit der Annahme an Erfüllungsstatt (des Verkaufs) der Werth der Sache im mangelfreien Zustand zu dem wirklichen Werth gestanden haben würde; darnach ist nach § 473 der Werth der vom Gläubiger aufgegebenen Forderung nach demselben Zeitpunkt in Geld zu veranschlagen. Der Schuldner hat alsdann dem Gläubiger diejenige

Quote des veranschlagten Werthes der ursprünglichen Forderung wiederherzustellen oder zu vergüten, um welche der Werth der fehlerhaften Sache hinter dem der fehlerlosen zurückbleibt. Vgl. Schollmeyer II S. 285.

Verlangt der Gläubiger hienach die Wandelung oder tritt er gemäß § 440 von dem Vertrage, durch welchen er die Leistung an Erfüllungsstatt angenommen hat, zurück, so kann zwar das durch die Annahme erloschene Schuldverhältniß nicht mehr aufleben, der Schuldner aber wird dem Gläubiger nach § 346 obligatorisch verpflichtet, das alte Schuldverhältniß mit allen seinen Nebenrechten (Pfandrecht, Bürgschaft) für den Gläubiger wiederherzustellen, und hat, falls er hiezu außer Stande ist, dem Gläubiger Schadensersatz zu leisten. And. M. Schollmeyer Bem. 2, a, β und Endemann I § 142 Anm. 7, welche annehmen, daß die Wiederherstellung einer Forderung stets unmöglich und daher von vornherein nur ein Schadensersatzanspruch gegeben sei.

3. Nach § 835 Abs. 2 CPO. ist der Gläubiger, welchem eine gepfändete Geldforderung an Zahlungsstatt zum Nennwerth überwiesen ist, wegen einer Forderung an den Schuldner nur, soweit die ihm überwiesene Forderung besteht, als befriedigt anzusehen. Diese Bestimmung wird durch § 365 BGB. nicht berührt (s. M. II, 83). Vgl. Bem. 2 am Ende.

4. Der Anspruch auf Gewährleistung steht dem Gläubiger auch dann zu, wenn nicht der Schuldner selbst, sondern ein Dritter die Sache, Forderung ꝛc. an Erfüllungsstatt gegeben hat. Hier entsteht die im Gesetze nicht entschiedene Frage (s. M. II, 84), wer in diesem Falle Gewähr zu leisten hat, der Dritte oder der Schuldner? Da die Annahme an Erfüllungsstatt in das Belieben des Gläubigers gestellt ist (s. § 364), und letzterer trotz Widerspruchs des Schuldners die Leistung an Erfüllungsstatt annehmen darf, so kann die Gewährleistungspflicht nicht den Schuldner, sondern nur den Dritten treffen, es müßte denn die Haftung des Schuldners für die Leistung des Dritten durch besondere Umstände begründet sein. Ebenso Planck Bem. 4 und Oertmann Bem. 3 zu § 365.

5. Der Fall, daß der Schuldner dem Gläubiger gegenüber eine neue Verbindlichkeit an Erfüllungsstatt übernimmt (s. § 364), wird durch § 365 nicht getroffen. Der Schuldner haftet in diesem Falle aus der neuen Verbindlichkeit nach den allgemeinen Grundsätzen.

## § 366.*)

Ist der Schuldner dem Gläubiger aus mehreren Schuldverhältnissen zu gleichartigen Leistungen verpflichtet und reicht das von ihm Geleistete nicht zur Tilgung sämmtlicher Schulden aus, so wird diejenige Schuld getilgt, welche er bei der Leistung bestimmt.

Trifft der Schuldner keine Bestimmung, so wird zunächst die fällige Schuld, unter mehreren fälligen Schulden diejenige, welche dem Gläubiger geringere Sicherheit bietet, unter mehreren gleich sicheren die dem Schuldner lästigere, unter mehreren gleich lästigen die ältere Schuld und bei gleichem Alter jede Schuld verhältnißmäßig getilgt.

E. I, 267; II, 315; III, 360.

1. Das BGB. bestimmt die Reihenfolge, in welcher mehrere Schuldverhältnisse mit gleichartigen Leistungsgegenständen, insbesondere Geldschulden, durch eine zur Tilgung sämmtlicher Schulden nicht ausreichende Leistung getilgt werden.

Selbstverständlich wird hiedurch das Recht des Gläubigers, eine Theilleistung zurückzuweisen (s. § 266), nicht berührt. Voraussetzung der Anwendbarkeit des § 366 ist:

a) daß mehrere auf gleichartige Leistungen gerichtete Schuldverhältnisse zwischen demselben Gläubiger und Schuldner bestehen. Der Ausdruck „Schuld-

---

*) Literatur: Windscheid-Kipp II § 343 Noten 2—6; Dernburg, Pand. II § 55 Nr. 4; Otto Berner, Verrechnungen von Zahlungen, Göttingen, Inaug.-Diss. 1892; Henrici, Ueber den § 267 des Entw. des BGB. in Iherings Jahrb. Bd. 32 S. 99 bis 123, 262—266; Struckmann, daselbst Bd. 33 S. 251 ff.; Jung, Anrechnung einer Zahlung des Schuldners auf mehrere Geldschulden nach gem. R. Dissert. Rostock 1894; Heyden-Linden, Auf welche von mehreren Forderungen ist eine vom Schuldner geleistete Zahlung, welche nicht zur Deckung aller Forderungen ausreicht, anzurechnen? Greifswald 1895 (J. Abel); Ossig, Diss. Greifswald 1897 (J. Abel); Rogge, Diss. Greifswald 1900.

verhältniß" ist aber in diesem Paragraphen im engeren Sinne zu nehmen, vgl. Vorbem. S. 3; d. h. die Regeln des § 366 finden auch Anwendung, wenn durch ein und dasselbe Schuldverhältniß im weiteren Sinne mehrere gleichartige Verbindlichkeiten des Schuldners gegen den Gläubiger begründet sind, z. B. aus einem Miethsverhältnisse mehrere Miethsraten. Vgl. Planck Bem. 1 zu § 366. A. M. Niendorff, Miethrecht II S. 136 (Neumann Jahrb. I S. 269), welcher in der Zahlung einer Miethsrate eine Theilzahlung erblickt und daher dem Gläubiger die Bestimmung überläßt, ob und auf welche Schulden er sie annehmen will.

b) Im Gegensatze zum PLR. Thl. I Tit. 16 §§ 150 ff., das nur von Zahlungen spricht, bezieht sich § 366 auf Leistungen jeder Art; es ist auch nicht nothwendig, daß es sich um vertretbare Sachen handelt; doch müssen die Leistungen nur der Gattung nach bestimmt und muß die Gattung bei allen dieselbe sein. Planck a. a. O.

c) § 366 Abs. 1 setzt eine freiwillige Leistung voraus. Fraglich ist, ob § 366 Abs. 2 auch auf zwangsweise Beitreibungen entsprechende Anwendung findet. Dagegen Dernburg II § 117, Rehbein Bem. 15 zu §§ 362—371, Endemann I § 141 Bem. 47. Mit Planck Bem. 5 zu § 366 wird die Frage zu bejahen sein; denn nach § 819 CPO. ist bei der Zwangsvollstreckung die Empfangnahme des Versteigerungserlöses durch den Gerichtsvollzieher als Zahlung von Seiten des Schuldners anzusehen. Selbstverständlich ist diese entsprechende Anwendung nur zulässig, wenn ein Zwangsvollstreckungsverfahren auf Grund eines einheitlichen Titels über mehrere gleichartige Leistungen aus verschiedenen Schuldverhältnissen bezw. aus einem Schuldverhältnisse im weiteren Sinne eingeleitet ist und der Erlös des Verfahrens nicht zur Tilgung dieser mehreren Leistungen ausreicht. Vgl. Schollmeyer Bem. 6 zu § 366.

In der Regel dagegen wird eine Zwangsvollstreckung auch auf Grund eines besonderen, auf eine bestimmte Forderung gerichteten Titels erfolgen, und natürlich ist, wenn mehrere besondere Zwangsvollstreckungstitel gegen denselben Schuldner für denselben Gläubiger vorliegen, der Gerichtsvollzieher zur besonderen getrennten Erledigung jedes einzelnen verpflichtet, so daß in diesen Fällen die Zahlung (der Versteigerungserlös) nur auf die zur Zwangsvollstreckung stehende Forderung, deren Durchführung der Gläubiger bestimmt hat, zu verrechnen ist.

Auch in dem Falle, daß der Gläubiger gemäß § 1233 Abs. 2 den Verkauf eines für mehrere auf gleichartige Leistungen gerichteten Pfandes bewirken läßt, ist Abs. 2 des § 366 entsprechend anwendbar. Vgl. Planck Bem. 5 zu § 366; a. M. freilich Schollmeyer a. a. O., Dernburg II § 117 Bem. 5, Rehbein Bem. 15 zu §§ 362—371, RGE. Bd. 13 S. 191 ff.

Endlich ist § 366 auf Leistungen, welche durch Hinterlegung erfolgen, entsprechend anwendbar. M. II, 88.

Bezüglich der Aufrechnung s. § 396 Abs. 1.

2. Die Regeln des § 366 finden keine Anwendung, wenn die Parteien im voraus vereinbart haben, daß künftige Zahlungen auf eine bestimmte Forderung anzurechnen sind; in einer solchen Vereinbarung liegt ein Verzicht sowohl des Gläubigers wie des Schuldners auf § 366. Vgl. Dernburg, BR. II S. 298.

Streitig ist jedoch auch in diesem Falle, ob, wenn der Schuldner, unbekümmert um die vorausgegangene Vereinbarung, die Anrechnung der Zahlung auf eine andere Forderung bestimmt, der Gläubiger gleichwohl die Zahlung dieser Bestimmung zuwider auf die vereinbarte Schuld anrechnen darf (Dernburg, BR. II S. 298 Bem. 4) oder ob der Gläubiger in solchem Falle nur berechtigt wird, die Leistung abzulehnen, ohne in Annahmeverzug zu gerathen, und im Uebrigen einen Schadensersatzanspruch wegen Vertragsverletzung erlangt (Planck Bem. 2 zu § 366). Da das Angebot und seine Bedeutung ausschließlich vom Schuldner abhängt, ist die Plancksche Auffassung richtiger und der ihr von Dernburg a. a. O. gemachte Vorwurf der Künstlichkeit unbegründet. Vgl. auch OLG. Karlsruhe in Bad. Rspr. 1902 S. 190.

a) An erster Stelle ist also stets maßgebend eine Bestimmung, welche der Schuldner bei der Leistung trifft. Die Bestimmung bedarf nicht der ausdrücklichen Erklärung, sie kann auch aus den Umständen erhellen, z. B. wenn die vom Schuldner gezahlte Summe ihrem Betrage nach genau mit einer der mehreren Forderungen übereinstimmt. Vgl. Seuff. Arch. Bd. 54 Nr. 146, Rechtspr. d. OLG. Bd. 8 S. 45, RGE. in Jur. Wschr. 1904 S. 58. Die Bestimmung ist ein einseitiges empfangsbedürftiges Rechtsgeschäft.

Der Gläubiger hat kein Widerspruchsrecht. Nimmt er die Leistung an unter der Erklärung, auf eine andere Schuld anrechnen zu wollen, so erlischt trotz seines Widerspruchs die vom Schuldner bei der Leistung bezeichnete Schuld. Lehnt der Gläubiger die im Uebrigen ordnungsmäßige Leistung nur aus dem Grunde ab, weil er mit der Bestimmung des Schuldners nicht einverstanden ist, so geräth er in Ansehung der vom Schuldner bezeichneten Forderung in Annahmeverzug (§ 293). Ein Bestimmungsrecht des Gläubigers, wie solches unmittelbar nach dem Bestimmungsrechte des Schuldners vom gemeinen Rechte anerkannt war (Dernburg, Pand. Bd. 2 § 55 Ziff. 4, b, Windscheid, Pand. Bd. 2 § 343), ist dem BGB. fremd.

Unter Umständen kann jedoch eine Bestimmung, welche der Gläubiger beim Empfange der Leistung dem Schuldner gegenüber getroffen und bei welcher der Schuldner sich beruhigt hat, als Vereinbarung über die Tilgung zu betrachten sein. M. II, 87, 88.

b) In Ermangelung einer Bestimmung des Schuldners wird zunächst die fällige Schuld vor der nicht fälligen getilgt.

Ueber die Fälligkeit s. die §§ 271 und 284.

c) Von mehreren fälligen Schulden diejenige, welche dem Gläubiger geringere Sicherheit bietet. Dies ist z. B. der Fall bei einer Forderung, deren Verjährung nahe bevorsteht. Daß das BGB. eine Sicherheit durch Bürgen im Zweifel für geringer erachtet als die Sicherheit durch Verpfändung, ergiebt sich aus § 232 Abs. 2 und aus § 273 Abs. 3 Satz 2.

d) Bei gleicher Sicherheit die dem Schuldner lästigere, z. B. die höher verzinsliche, die Wechselschuld, die urtheilsmäßige Schuld.

e) Die ältere, d. i. die früher entstandene Schuld.

Liegt gar keine dieser Voraussetzungen vor, so soll die Leistung auf alle Schuldposten verhältnißmäßig angerechnet werden.

3. Die Vorschriften des § 366 haben auch Geltung für den Fall, daß ein Dritter für den Schuldner leistet, ohne die Schuld zu bezeichnen, welche getilgt werden soll. Das Ablehnungsrecht des Gläubigers (§ 267 Abs. 2) wird hiedurch nicht berührt.

4. Beweislast. Ist das Bestehen mehrerer Forderungen gegen den Schuldner erwiesen, so muß der Schuldner beweisen, daß seine Leistung zufolge Vereinbarung oder gemäß der gesetzlichen Vorschriften gerade auf die eingeklagte Forderung anzurechnen sei. Vgl. E. d. ROHG. Bd. 10 S. 243; Seuff. Arch. Bd. 35 Nr. 110.

Ist dagegen streitig, ob mehrere Forderungen bestehen und ob die Zahlung auf eine andere als die Klageforderung in Frage kommen kann, so muß der Kläger beweisen, daß er noch andere Forderungen gegen den Beklagten habe. RGE. Bd. 55 S. 411, Jur. Wschr. 1901 S. 18, a. M. Leonhard, Beweislast S. 385.

## § 367.

Hat der Schuldner außer der Hauptleistung Zinsen und Kosten zu entrichten, so wird eine zur Tilgung der ganzen Schuld nicht ausreichende Leistung zunächst auf die Kosten, dann auf die Zinsen und zuletzt auf die Hauptleistung angerechnet.

Bestimmt der Schuldner eine andere Anrechnung, so kann der Gläubiger die Annahme der Leistung ablehnen.

E. I, 268; II, 316; III, 361.

1. Durch § 367 wird das prinzipielle Bestimmungsrecht des Schuldners (§ 366 Abs. 1) beschränkt, weil die Zahlung von Kosten und Zinsen vor der Hauptleistung als selbstverständliches Gebot der nach der Verkehrssitte bestimmten Schuldnerpflicht (§ 242) zu erachten ist.

Die Reihenfolge der Anrechnung in § 367 entspricht jener des § 48 KO.

Bestimmt der Schuldner eine andere Anrechnung, so tritt nicht entgegen dem Willen des Schuldners die Tilgung in der Reihenfolge des § 367 Abs. 1 kraft Gesetzes ein, der Gläubiger kann jedoch die Annahme der Leistung ablehnen, ohne in Verzug zu gerathen.

2. Durch die Vorschriften des § 367 wird das Recht des Gläubigers, eine zur Tilgung der ganzen Schuld nicht ausreichende Leistung als Theilleistung überhaupt abzulehnen, nicht berührt. Vgl. hierüber die Anm. 3 und 4 zu § 266.

3. Die Vorschriften des § 367 sind dispositiv. Vereinbaren die Parteien eine andere Reihenfolge, so hat es bei der vereinbarten Anrechnung sein Bewenden.

4. § 367 findet auch Anwendung auf die Leistung durch einen Dritten (§ 267), ferner auf die Hinterlegung und auf die Leistung im Wege der Zwangsvollstreckung. Nur ist bei letzterer ein Bestimmungsrecht des Schuldners ausgeschlossen, die Vorschrift des Abs. 2 § 367 also nicht anwendbar. Vgl. M. II, 88.

Für die Aufrechnung ist die entsprechende Anwendbarkeit des § 367 ausdrücklich anerkannt in § 396 Abs. 2.

## § 368.*)

Der Gläubiger hat gegen Empfang der Leistung auf Verlangen ein schriftliches Empfangsbekenntniß (Quittung) zu ertheilen. Hat der Schuldner ein rechtliches Interesse, daß die Quittung in anderer Form ertheilt wird, so kann er die Ertheilung in dieser Form verlangen.

E. I, 269; II, 317; III, 362.

1. Begriffsbestimmung und Inhalt der Quittung. Die Quittung ist das schriftliche Bekenntniß des Gläubigers über den Empfang der Leistung. Eine Bestimmung darüber, was die Quittung enthalten muß, giebt das Gesetz nicht. Allein aus ihrem Zwecke, dem Schuldner als Bescheinigung über die bewirkte Leistung zu dienen, wird gefolgert werden dürfen, daß sie das Schuldverhältniß, auf welches die Leistung sich gründet, ferner Gegenstand, Ort und Zeit der Leistung mit hinreichender Deutlichkeit erkennen lassen muß.

2. Form. Für die Quittung ist schriftliche Form vorgeschrieben. Zufolge § 126 muß sie also vom Aussteller eigenhändig durch Namensunterschrift oder mittelst gerichtlich oder notariell beglaubigten Handzeichens unterzeichnet werden. Die Herstellung der Unterschrift des Gläubigers im Wege der mechanischen Vervielfältigung entspricht dieser Anforderung nicht. Der Schuldner kann eine Quittung mit solcher Unterschrift zurückweisen. (P. I, 339.)

Zu Satz 2. Ertheilung der Quittung in öffentlicher oder öffentlich beglaubigter Form kann z. B. beansprucht werden in den Fällen der §§ 1144, 1167 BGB., § 29 GBO.

3. Rechtliche Bedeutung. Ueber die rechtliche Natur der Quittung besteht Streit. Es stehen sich gegenüber einerseits die Theorie, nach der in dem Geben und Nehmen der Quittung ein dispositiver Akt liegt und die Quittung somit eine Willenserklärung darstellt, und andrerseits diejenige, nach der die Quittung nur ein Beweismittel (Wissenserklärung) ist. Innerhalb beider Richtungen sind wieder folgende Unterschiede der Auffassungen vertreten:

a) Theorie der Willenserklärung:

α) Die Quittung sei ein negativer Anerkennungsvertrag des Inhalts, daß die Schuld getilgt sei. Zu ihrer Entkräftung genüge nicht der Nachweis, daß die Zahlung nicht erfolgt sei. Bähr, Anerkennung S. 255; Dillow a. a. O. S. 80 ff.; Endemann I § 141; Collatz a. a. O. S. 135 ff.

β) Die Quittung sei ein Beweisvertrag d. h. Feststellung der Thatsache stattgehabter Erfüllung für den künftigen Prozeß durch Vertrag; Planck, Lehrbuch des deutschen Civilprozeßrechts I S. 339 ff.; der Sinn dieses Beweisvertrags könne verschieden sein, je nachdem dem Geber der Quittung der Gegenbeweis offen stehen soll oder nicht.

b) Theorie der Wissens- oder Wahrheitserklärung. Vgl. Bülow, Das Geständnißrecht, Freiburg i. B. 1899 S. 185 ff.; Behrend a. a. O.

---

*) Literatur: Reinhold, Quittungskosten und Quittungspflicht. Vergleichende Studie nach österr. R. unter Rücksichtnahme auf d. preuß., französ., bayr. u. sächs. Ges. und den Entw. eines BGB. u. auf d. Judikatur. Wien. Breitenstein 1892; Dilloo, Die Quittung im Recht und Verkehr. Diss. Berlin 1895; Behrend, Beiträge zur Lehre von der Quittung. Leipzig, Veit & Co. 1896; Collatz, in Jherings Jahrb. Bd. 40 S. 135 ff.; Keyßner, Der Quittungsträger, in der Festgabe der Juristischen Gesellschaft in Berlin für Koch S. 139 ff., Berlin 1893.

c) Die Quittung kann je nach dem Willen des Quittungsgebers eine Willenserklärung oder ein bloßes Beweismittel sein.

Die Quittung, auf deren Ertheilung der Schuldner gegen Bewirkung der Leistung gemäß § 368 einen Anspruch hat, ist lediglich ein Beweismittel, welches durch Gegenbeweis entkräftet werden kann. Sie liefert vorbehaltlich des Gegenbeweises den Beweis, daß der Gläubiger die Leistung empfangen hat. Ist die Quittung in Erwartung einer künftigen Leistung im voraus ausgestellt worden, so ist zu ihrer Entkräftung der Nachweis erforderlich, daß auch nachträglich die Leistung nicht erfolgt ist. Daß die Quittung im Sinne des § 368 nur die Bedeutung eines Beweismittels hat, dürfte sowohl aus der Entstehungsgeschichte des § 368 (M. II, 166; P. I, 337, 339) als auch aus Satz 2 des § 371 hervorgehen, wo zwischen der Ertheilung einer Quittung und dem Abschlusse eines Anerkennungsvertrags unterschieden wird. Allerdings kann unter Umständen in der Ertheilung einer Quittung auch ein das Nichtbestehen der Forderung feststellender Anerkennungsvertrag oder ein Erlaßvertrag (s. § 397) zu erblicken sein, so z. B. wenn die Quittung in Kenntniß der nicht oder nicht vollständig erfolgten Leistung und auch ohne die Erwartung einer weiteren künftigen Leistung ertheilt worden ist. Diese Bedeutung kommt der Quittungsertheilung jedoch nur dann zu, wenn sich ein hierauf gerichteter Parteiwille aus den Umständen des Einzelfalles feststellen läßt.

Ebenso wie hier Oertmann Bem. 5. Vgl. Windscheid, Pand. § 412, b Nr. 3, ferner die eingehenden, allerdings von dem hier Vorgetragenen abweichenden Ausführungen bei Planck Bem. 5 zu § 368.

Wenn eine Quittung in Erwartung der Erfüllung ausgestellt ist (Vorausquittung), so kann der Gläubiger sie mit der condictio causa data causa non secuta (§ 815 Abs. 1 Satz 2) zurückfordern, also auch, wenn der Schuldner, der sich im Prozesse auf sie beruft, den Gegenbeweis antreten, er habe die Quittung in Erwartung der Zahlung ausgestellt und diese sei ausgeblieben. Dagegen wird in einer Quittung, die in Kenntniß ihrer Unrichtigkeit und ohne Erwartung der Leistung ausgestellt ist, in der Regel ein negativer Anerkennungsvertrag zu erblicken sein.

Die Form der Vorausquittung wird vielfach auch benutzt, um ein Inkasso-Mandat zu ertheilen bezw. einen Dritten zur Erhebung einer Zahlung zu ermächtigen. Hierher gehört insbesondere der sog. Quittungscheck. Vgl. darüber Kuhlenbeck, Der Check, seine wirthschaftliche und juristische Natur, Leipzig 1890 S. 139. Im juristischen Sinne (materiell) enthält der Quittungscheck eine in die Form der Vorausquittung gekleidete Zahlungsanweisung. Vgl. Bem. zu § 370.

4. Anspruch des Schuldners auf die Quittung.

a) Die Verpflichtung des Gläubigers zur Quittungsertheilung erstreckt sich auf Leistungen jeder Art, auch auf Baarzahlungen, bei denen nach der Verkehrssitte die Ertheilung von Quittungen nicht üblich ist, wie bei den täglichen Einkäufen für den Haushalt. Auch hier kann der Schuldner ein Interesse an der Quittungsertheilung haben, wenn er z. B. genöthigt ist, sich zu den Einkäufen eines nicht zuverlässigen Dienstboten zu bedienen. (P. I, 339.)

Ein in der II. Komm. gestellter Antrag, von der Vorschrift des § 368 eine Ausnahme für Zahlungen zu machen, bei denen nach der Verkehrssitte Quittungen nicht üblich sind, ist ausdrücklich abgelehnt worden. Jedoch kann unter Umständen in dem Verlangen einer Quittung bei geringfügigen Baarverkäufen und sonstigen realen Austauschgeschäften eine Schikane zu erblicken sein und dem Anspruch aus § 368 die Einrede des § 226 entgegengesetzt werden. Vgl. Dernburg, Bürgerl. R. II S. 291 Anm. 13.

Planck Bem. 3 zu § 368 nimmt an, daß, wenn bei Geschäften der fraglichen Art die Erfüllung erfolge, ohne daß Quittung verlangt werde, regelmäßig ein stillschweigender Verzicht auf den gesetzlichen Anspruch oder gar ein (stillschweigender) Vertrag anzunehmen sei, durch den „die Verpflichtung zur Ertheilung der Quittung ausgeschlossen“ werde. Noch weiter geht Endemann I § 141 Anm. 21, der die Frage dadurch als erledigt ansieht, daß bei richtiger Auffassung der realen Austauschgeschäfte die Verpflichtung des § 368 überhaupt nicht begründet werde. Die Ansicht Endemanns ist nicht zu billigen. Vgl. insbesondere Planck Bem. zu § 433. Aber auch die Annahme eines Verzichts ist nicht unter allen Umständen gerechtfertigt, der Schuldner kann auch nach Bewirkung der Leistung ohne Quittungsleistung nachträglich auf den Anspruch zurückkommen. Vgl. Bem. 4, c Abs. 2.

b) Die Quittung ist nur auf Verlangen des Schuldners auszustellen, der Gläubiger braucht sich nicht unaufgefordert zur Quittungsertheilung zu erbieten.

c) Die Quittung ist gegen Empfang der Leistung, also Zug um Zug, zu ertheilen (§ 274). Der Schuldner kann die Leistung zurückbehalten, bis ihm die Quittung ertheilt wird (§ 273). Der Gläubiger, welcher die ihm angebotene Leistung anzunehmen bereit ist, die verlangte Quittung aber nicht ertheilt, kommt in Annahmeverzug (§ 298).

Der Anspruch des Schuldners auf die Quittung geht selbstverständlich dadurch nicht verloren, daß der Schuldner ohne Quittung geleistet hat, es kann auch nachträglich auf Ertheilung der Quittung geklagt werden. Ebenso Planck Bem. 2, Oertmann Bem. 2 zu § 368.

Auch über eine Theilleistung, sofern der Gläubiger zur Annahme einer solchen verpflichtet ist oder die Theilleistung freiwillig annimmt (s. § 266), ist dem Schuldner auf Verlangen Quittung zu ertheilen. (Vgl. § 757 CPO., Art. 39 WO.)

d) Die Vorschrift des § 368 Satz 1 lautet ganz allgemein, sie findet daher auch Anwendung, wenn nicht der Schuldner selbst, sondern ein Dritter die Leistung bewirkt (§ 267). Das Gleiche gilt von Satz 2, welcher nur eine Vorschrift bezüglich der Form der zu ertheilenden Quittung giebt. Auch dem dritten Zahler ist das Recht auf diese qualifizirte Quittung einzuräumen, wenn er ein rechtliches Interesse daran hat. Schollmeyer II S. 293.

5. Die prozeßrechtlichen Vorschriften der §§ 415—419 CPO. über die Beweiskraft der Urkunden überhaupt haben selbstverständlich auch für die Quittung Geltung.

Die Beweiskraft einer Quittung ist an den Ablauf einer Zeitfrist nicht gebunden. § 17 EG. z. CPO.

Wenn die Quittung Widersprüche oder Unklarheiten enthält, z. B. über den gezahlten Betrag, so ist es lediglich eine Frage der thatsächlichen Auslegung, wieweit ihr Inhalt bewiesen ist; insbesondere kommt bei Verschiedenheit der Angabe des Betrags in Ziffern und Buchstaben Art. 5 der WO. nicht zur Anwendung. RGE. in Seuff. Arch. Bd. 59 S. 55.

## § 369.

Die Kosten der Quittung hat der Schuldner zu tragen und vorzuschießen, sofern nicht aus dem zwischen ihm und dem Gläubiger bestehenden Rechtsverhältnisse sich ein Anderes ergiebt.

Treten in Folge einer Uebertragung der Forderung oder im Wege der Erbfolge an die Stelle des ursprünglichen Gläubigers mehrere Gläubiger, so fallen die Mehrkosten den Gläubigern zur Last.

E. I, 270; II, 318; III, 363.

1. Die Ertheilung der Quittung erfolgt im Interesse des Schuldners. Regelmäßig hat daher der Schuldner die Kosten der Quittung zu tragen und vorzuschießen, es müßte denn ein Anderes vereinbart sein oder sonst sich aus dem zwischen dem Gläubiger und dem Schuldner bestehenden Rechtsverhältniß ergeben. So wird bei einem Schuldverhältnisse, das ausschließlich im Interesse des Gläubigers eingegangen ist, wie z. B. bei der unentgeltlichen Verwahrung (§ 690) sich aus der Natur des Schuldverhältnisses ergeben, daß die Kosten der Quittung dem Gläubiger zur Last fallen.

Als Kosten der Quittung kommen beispielsweise die etwaigen Auslagen für die Uebersendung der Quittung, für eine öffentliche Beglaubigung derselben 2c. in Betracht.

2. Landesgesetzliche Bestimmungen, wonach staatliche Gebühren für Quittungen über Diensteinkünfte von Beamten 2c. vom Gläubiger zu tragen sind, werden, als dem öffentlichen Rechte angehörend, durch das BGB. nicht berührt (M. II, 90). Vgl. insbesondere bayer. Ges. v. 18. August 1879, betr. Gebührenwesen, Art. 229 Abs. 2. Auch die öffentlich-rechtlichen Bestimmungen über die Haftung für etwaige vorgeschriebene Stempelgebühren aller bei Aufnahme einer Urkunde Betheiligten bleiben unberührt.

3. Die Bestimmung des Abs. 2 wurde erst von der II. Komm. aus Billigkeitsgründen beigesetzt, weil die hier erwähnten Mehrkosten durch Umstände verursacht sind, welche auf der Gläubigerseite eingetreten und von dem Willen des Schuldners unabhängig sind. (P. I, 340.)

Der Schuldner hat in den Fällen des Abs. 2 jedem Gläubiger einen verhältnißmäßigen Theil jener Kosten zu erstatten, welche die Quittung des ursprünglichen Gläubigers verursacht haben würde.

Die Ansicht Fischer-Henles, Anm. 2 zu § 369, daß bei Theilübertragungen der Abs. 2 nicht anwendbar scheine, dürfte nach dem Wortlaut und dem Grunde der Bestimmung nicht haltbar sein. Ebenso wie hier Oertmann Bem. 4 und Planck Bem. 4.

Nur diejenigen Mehrkosten der Quittung kann Schuldner ablehnen, welche durch eine Vervielfältigung der Personenzahl auf der Gläubigerseite veranlaßt werden. Sonstige Mehrkosten, die durch die Zwecke der Quittung bedingt werden, z. B. die Kosten einer Beglaubigung der löschungsfähigen Quittung über Auszahlung einer Hypothek muß der Schuldner zahlen, und zwar auch dann, wenn diese Kosten in Folge besonderer Umstände (Krankheit des Gläubigers) höher als gewöhnlich sind. (Hamburg, 28. Nov. 1902, Hans. Ger.Z. 24 B. 96, Rechtspr. d. OLG. Bd. 6 S. 271.)

## § 370.*)

**Der Ueberbringer einer Quittung gilt als ermächtigt, die Leistung zu empfangen, sofern nicht die dem Leistenden bekannten Umstände der Annahme einer solchen Ermächtigung entgegenstehen.**

E. II, 319; III, 364.

1. Die erst von der II. Komm. aufgenommene Bestimmung des § 370 entspricht dem aufgehobenen Art. 296 des früheren HGB. Sie geht von dem Gedanken aus, daß die Gefahr eines etwaigen Mißbrauchs der Quittung durch einen unberechtigten Dritten der Aussteller der Quittung zu tragen habe. (P. I, 341.)

Voraussetzung der Anwendbarkeit der Präsumtion des § 370 ist selbstverständlich Echtheit der Quittung.

Ob unter Umständen auch die Zahlung an den Ueberbringer einer gefälschten Quittung den Schuldner liberiren kann, hängt davon ab, daß den Gläubiger ein Verschulden an der Ermöglichung der Fälschung trifft. Die Frage kann insbesondere im Checkverkehr praktisch werden, wenn es sich um einen solchen durch Quittungsformulare handelt. Vgl. Bem. 3 zu § 368 a. E. Allerdings hat die Reichsbank die Form des Quittungschecks beseitigt, was aber nicht ausschließt, daß solche Formulare im Privatbankverkehr noch hier und da vorkommen. Da der Ueberbringer einer Quittung als Empfangsbevollmächtigter gilt, ist übrigens diese Frage die gleiche auch beim Anweisungscheck. Gewöhnlich enthalten nun die Vertragsbestimmungen über den Checkverkehr eine der Nr. 6, VI der Bestimmungen für den Giroverkehr der Reichsbank entsprechende lex contractus:

> „Die Check-Formulare werden jedem Konto-Inhaber nach Bedarf in Heften von mindestens 50 Stück gegen Quittung von der Bank geliefert. Er ist verpflichtet, die Formulare sorgfältig aufzubewahren, und trägt alle Folgen und Nachtheile, welche aus dem Verluste oder sonstigen Abhandenkommen dieser Formulare entstehen möchten, wenn er nicht die sein Konto führende Bankanstalt rechtzeitig von dem Abhandenkommen schriftlich benachrichtigt hat, um die Zahlung an den Unberechtigten zu verhindern." Ueber einen Rechtsfall, in dem die Osnabrücker einem Fälscher, der sich das in einem offenstehenden Pulte befindliche Formularheft angeeignet und die Unterschrift des Checkkunden gefälscht hatte, die Summe von 550 Mk. gezahlt hatte und dem Checkkunden debitirte, vgl. meine Monographie: Der Check S. 133 ff., Anhang S. 192 ff. In dem mitgetheilten Falle wurde der Checkkunde mit seiner Klage auf Nichtanerkennung der Zahlung in beiden Instanzen (LG. Osnabrück, OLG. Celle) abgewiesen. Die Richtigkeit dieser Urtheile war übrigens aus thatsächlichen Gründen zweifelhaft, da, wie Cohn in Endemanns Handbuch zutreffend bemerkt, auch „jener Nebenvertrag im Zweifel die Bank nicht von der Haftung befreien kann, falls sie bei Prüfung der ihr eingereichten Anweisung (bezw. des Quittungsformulars) einer konkurrirenden culpa durch Nichtanwendung der Sorgfalt eines ordentlichen Bankiers sich schuldig gemacht hat". Vgl. Bem. 2 S. 234.

Uebrigens kommt auch, wenn der Gläubiger die Zahlung auf eine gefälschte Quittung verschuldet hat, § 370 nicht unmittelbar zur Anwendung, sondern wird lediglich ein Schadensersatzanspruch des Schuldners auf Grund des § 823 in Höhe des gezahlten Betrages begründet, der den Schuldner zur Kompensationseinrede berechtigt.

2. Unter der Voraussetzung, daß die Quittung echt ist, bleibt es unerheblich, ob der Ueberbringer sie vom Gläubiger zur Einziehung erhalten oder gefunden, gestohlen, unterschlagen hat. Vgl. Rehbein Bem. 7 zu §§ 362—371. Anders, wenn dem Leistenden

---

*) Literatur: Keyßner, Der Quittungsempfänger in der Festgabe für Koch S. 139 ff.

bekannte Umstände der Annahme der Ermächtigung entgegenstehen. Der § 370 begründet nur eine Präsumtion, keine Fiktion der Empfangsvollmacht. Als Umstände, welche die Präsumtion ausschließen, genügen auch solche, die den Ueberbringer lediglich verdächtig erscheinen lassen, Unbekanntheit seiner Person, der Umstand, daß der Gläubiger Beträge der fraglichen Höhe immer selber erhoben hat u. s. w. Vgl. RGE. Bd. 29 S. 212, 126.

Der Gläubiger, welcher die Empfangsberechtigung des Ueberbringers der Quittung bestreitet, hat zu beweisen, daß dem Schuldner bezw. dem leistenden Dritten Umstände bekannt waren, welche der Annahme einer Ermächtigung des Ueberbringers zum Empfange der Leistung entgegenstehen. Kann er diesen Beweis nicht erbringen, so muß er die an den Ueberbringer gemachte Leistung als Erfüllung gelten lassen. Das Kennenmüssen ist hier dem Kennen nicht gleichgestellt.

Eine Blankettquittung ist keine Quittung im Sinne des § 370, der Ueberbringer gilt nicht als ermächtigt, dieselbe auszufüllen. Vgl. Rehbein a. a. O.; Bendix, Privatr. S. 396, ROHG. Bd. 11 S. 32.

Der Ueberbringer gilt nur als ermächtigt, die in der Quittung bezeichnete Leistung zu empfangen, nicht auch, eine andere Leistung an Erfüllungsstatt anzunehmen oder Nachlässe zu bewilligen.

Die Präsumtion des § 370 gilt auch zu Gunsten eines Dritten, der die Leistung für den Schuldner zu bewirken befugt ist. Vgl. § 267. Doch darf in diesem Falle die Quittung nicht den Schuldner als denjenigen bezeichnen, von welchem die Leistung bewirkt ist, da dies dem Sachverhalt widersprechen und das Recht des Gläubigers, die Leistung abzulehnen, wenn der Schuldner widerspricht, beeinträchtigen würde. Vgl. Planck Bem. zu § 370 Abs. 2.

Auch der dritte Nichtschuldner darf dem Ueberbringer der Quittung nicht zahlen, wenn ihm bekannte Umstände die Annahme einer Ermächtigung des Quittungsträgers ausschließen. Vgl. oben Abs. 1, Rehbein a. a. O., Schollmeier Bem. 2 zu § 370. And. M. Planck Bem. zu § 370 Abs. 3; Planck begründet seine abweichende Ansicht mit einer grammatischen Auslegung des § 370, dessen Wortlaut nur von den „dem Leistenden" bekannten Umständen spreche. Unseres Erachtens liegt kein Grund vor, von dem Begriffe des „Leistenden" im § 370 denjenigen auszuschließen, welcher im Sinne des § 267 die „Leistung bewirkt"; leisten und die Leistung bewirken sind identische Begriffe.

3. Wenn dem Gläubiger selbst nicht mehr geleistet werden darf, z. B. weil über sein Vermögen der Konkurs eröffnet ist (KO. §§ 8 ff.), darf auch dem Quittungsüberbringer nicht mehr geleistet werden.

Auch ohne Vorlegung einer Quittung des Gläubigers zur Empfangnahme berechtigt und zur selbständigen Quittungsertheilung befugt ist auf Grund gesetzlicher Vollmacht der Prokurist, HGB. § 49, der Handlungsbevollmächtigte innerhalb des Betriebes des konkreten Handelsgewerbes, der Handlungsreisende, HGB. §§ 54, 55, der Angestellte in offenen Läden oder Waarenlagern nach Maßgabe des § 56 HGB. (Gewöhnlichkeitsprinzip), der Agent nur, wenn ihm dazu die Ermächtigung besonders ertheilt ist, HGB. § 86.

## § 371.

Ist über die Forderung ein Schuldschein ausgestellt worden, so kann der Schuldner neben der Quittung Rückgabe des Schuldscheins verlangen. Behauptet der Gläubiger, zur Rückgabe außer Stande zu sein, so kann der Schuldner das öffentlich beglaubigte Anerkenntniß verlangen, daß die Schuld erloschen sei.

E. I, 271; II, 320; III, 365.

1. Die Rückgabe des Schuldscheins kann neben der Quittung verlangt werden. Sie muß ebenso wie die Ertheilung der Quittung Zug um Zug gegen Empfang der Leistung (§§ 274, 273) erfolgen. Auch der Schuldschein ist nur auf Verlangen des Schuldners zurückzugeben. Vgl. Bem. 4, b und c zu § 368.

Der Schuldner, welcher die Rückgabe verlangt, hat im Bestreitungsfalle zu beweisen, daß ein Schuldschein ausgestellt wurde.

Soweit das Gesetz dem Gläubiger die Verpflichtung auferlegt, dem Leistenden gegen die Befriedigung noch weitere Urkunden zu verabfolgen (§§ 1144, 1150, 1167), kommen diese Vorschriften neben derjenigen des § 371 bezw. an deren Stelle zur Anwendung.

2. Die im gemeinen Rechte und in verschiedenen Kodifikationen aufgestellten Rechtsvermuthungen für die Erfüllung, welche sich an die Rückgabe, Durchstreichung, absichtliche Vernichtung der Schuldurkunden u. dgl. knüpfen (Dernburg, Pand. Bd. 2 § 54 Note 16, Windscheid, Pand. Bd. 2 § 344 Note 4, ALR. Thl. IV cap. 14 § 13), sind in das BGB.

nicht aufgenommen worden, weil für solche Bestimmungen bei dem nunmehr anerkannten Prinzip der freien richterlichen Beweiswürdigung ein Bedürfniß nicht mehr besteht. (M. II, 91.)

3. Der Gläubiger, welcher behauptet, zur Rückgabe des Schuldscheins außer Stande zu sein, muß auf Verlangen des Schuldners mit diesem einen Anerkennungsvertrag über das Erlöschen des Schuldverhältnisses (§ 397 Abs. 2) abschließen und seine Anerkennungserklärung öffentlich beglaubigen lassen. Ueber die öffentliche Beglaubigung s. § 129 und Art. 141 EG.

Auch die Erklärung dieses Anerkenntnisses muß Zug um Zug gegen Empfang der Leistung erfolgen, da sie an die Stelle der Ertheilung der Quittung tritt.

Neben dem Anerkenntnisse kann eine Quittung nicht verlangt werden, weil der Zweck der letzteren schon durch das Anerkenntniß erfüllt wird. P. I, 341.

Daß die Kosten des Anerkenntnisses der Gläubiger zu tragen habe, war in E. I, 271 Satz 2 ausdrücklich bestimmt; die II. Komm. hat diesen Satz als selbstverständlich gestrichen. (P. I, 342.)

4. Die Behauptung in P. I, 341, daß der Schuldner mit dem Anerkenntniß an Stelle der Rückgabe des Schuldscheins sich begnügen müsse, wenn der Gläubiger behauptet, zur Rückgabe des Schuldscheins außer Stande zu sein, steht nicht im Einklange mit der Fassung des § 371. Zufolge Satz 1 des § 371 ist der Gläubiger verpflichtet, dem Schuldner (neben der Quittung) den ausgestellten Schuldschein zurückzugeben. Von dieser Verpflichtung wird er nur befreit durch den Nachweis, daß die Rückgabe in Folge eines von ihm nicht zu vertretenden Umstandes unmöglich geworden ist (§§ 275, 282), nicht aber schon dadurch, daß er sein Unvermögen zur Rückgabe einfach behauptet. In letzterem Falle kann nach Satz 2 § 371 der Schuldner ein öffentlich beglaubigtes Anerkenntniß an Stelle der Rückgabe des Schuldscheins verlangen; daß er sich aber mit dem Anerkenntnisse begnügen müsse, kommt im Gesetze nicht zum Ausdruck. Ebenso Planck Bem. 2 zu § 371. Gegenüber einer etwaigen Chikane des Schuldners könnte sich der Gläubiger auf § 226 berufen. And. M. Dernburg II § 115, VI, welcher annimmt, daß der Schuldner sich, wenn der Gläubiger die Ausstellung des Anerkenntnisses anbiete, damit begnügen müsse, sofern er nicht ein besonderes Interesse an der Rückgabe des Schuldscheines nachweise; ferner Rehbein Bem. 18 zu §§ 362—371, der vom Schuldner den Beweis verlangt, daß der Gläubiger den Schuldschein noch besitze.

5. Das Recht auf Rückgabe des Schuldscheines bezw. auf das öffentlich beglaubigte Anerkenntniß steht nur dem Schuldner, nicht auch einem leistenden Dritten, dem ersteren aber auch dann zu, wenn ein Dritter an seiner Stelle die Leistung bewirkt.

## Zweiter Titel.

## Hinterlegung.*)

### Vorbemerkungen.

1. Die Vorschriften dieses Titels beziehen sich nur auf jene Hinterlegung, welche die Befreiung des Schuldners von seiner Verbindlichkeit bezweckt. Sie umfassen auch diejenigen Fälle, in welchen der Gläubiger behindert ist, Leistung in seiner Person zu verlangen, aber doch die Hinterlegung als Erfüllung fordern darf, z. B. §§ 1077, 1281.

Auf eine zu anderen Zwecken, z. B. zur Sicherheitsleistung (§§ 232 ff.), erfolgende Hinterlegung finden die Vorschriften dieses Titels keine Anwendung. Ebensowenig werden durch diese Vorschriften die Bestimmungen der Prozeßgesetze berührt, insoweit durch die letzteren eine Hinterlegung angeordnet oder nachgelassen oder die Wirkung einer solchen Hinterlegung geregelt wird. M. II, 91, 92.

*) Literatur: Hellwig, Verträge auf Leistung an Dritte, 1899 S. 442 ff.; Beer, Die Hinterlegung zum Zwecke der Befreiung von Schuldverbindlichkeiten 1900; Müller, Die Hinterlegung zur Schuldbefreiung nach dem BGB. in Iherings Jahrb. Bd. 41 S. 411 ff.; Kopf, Das Hinterlegungsverhältniß u. s. w. 1903; Rosenberg in Iherings Jahrb. Bd. 43 S. 221 ff.; Mühsam, Die gerichtliche Hinterlegung in Rechts- und Staatswissenschaftliche Studien v. Ebering, 7. Heft, 1900; Ulrich, Deposition und Dereliktion 1877; Czylarz in Grünhuts Zeitschr. Bd. 6 S. 657 ff.

2. Das BGB. schweigt von dem Rechte des Schuldners, die geschuldete bewegliche Sache preiszugeben und aufzugeben, sächs. GB. § 757; hinsichtlich unbeweglicher Sachen vgl. § 303. Nur in äußersten Nothfällen kann eine Preisgabe beweglicher Sachen (l. 1 § 3 D. de periculo et commodo 18, 6) bei Annahmeverzug zulässig erscheinen. Vgl. darüber Hirsch, Zur Revision der Lehre vom Gläubigerverzuge 1895 S. 18; Kohler, Arch. f. bürgerl. R. Bd. 13 S. 201—240.

Dagegen führt das BGB. in §§ 383 ff. für nicht hinterlegungsfähige Sachen als Surrogat der Hinterlegung ein Recht zu öffentlicher Versteigerung bezw. zum Verkauf aus freier Hand ein nach dem Vorgange des alten HGB. Art. 343, wodurch die Preisgabe in der Regel umgänglich wird. Kohler a. a. O. S. 235 ff.

3. Ueber die der Landesgesetzgebung vorbehaltene Befugniß zur Erlassung besonderer Bestimmungen über die Hinterlegung s. die Art. 144—146 EG. und die Bem. hiezu.

4. Durch die Hinterlegung schließt der Schuldner mit der Hinterlegungsstelle einen Vertrag, den Hinterlegungsvertrag ab, der sich als ein durch die besonderen Bestimmungen dieses Titels und die daneben nach EG. Art. 145 zulässigen landesgesetzlichen Bestimmungen modifizirter Verwahrungsvertrag kennzeichnen läßt; zugleich ist dieser Vertrag ein solcher zu Gunsten eines Dritten, nämlich des Gläubigers. Vgl. Rosenberg, Jherings Jahrb. Bd. 43 S. 223 ff. And. M. Endemann I § 143 Anm. 48, 49, der den Gesichtspunkt des privatrechtlichen Verwahrungsvertrags ablehnt und lediglich ein öffentlich-rechtliches Verhältniß als begründet annimmt.

Die Wirkung der Hinterlegung gegenüber dem Gläubiger besteht:

a) in ihrer Einwirkung auf das Schuldverhältniß selbst (obligatorische Wirkung), und zwar ist in dieser Richtung zu unterscheiden:

α) unwiderrufliche Hinterlegung (§ 376 Abs. 2 Ziff. 1—3). Wenn das Recht des Schuldners zur Rücknahme ausgeschlossen ist, so wird der Schuldner von seiner Verbindlichkeit befreit, wie wenn er zur Zeit der Hinterlegung an den Gläubiger geleistet hätte (§ 378). Doch bleibt der Schuldner, sofern der Gläubiger zum Nachweise seiner Empfangsberechtigung gegenüber der Hinterlegungsstelle noch der Einwilligung des Schuldners bedarf, zur Ertheilung dieser Einwilligung verpflichtet (§ 380);

β) widerrufliche Hinterlegung: Solange der Schuldner die hinterlegte Sache zurücknehmen kann, hat er durch die Hinterlegung nur das Recht erlangt, den Gläubiger auf die hinterlegte Sache zu verweisen und im Uebrigen dieselbe rechtliche Stellung, wie bei einem Annahmeverzug des Gläubigers. Vgl. Planck Vorbem. 5, a. Diese Wirkung fällt mit rückwirkender Kraft weg, wenn der Schuldner die Sache zurücknimmt (§ 379). Bürgen und Pfänder werden durch eine widerrufliche Hinterlegung nicht frei.

b) Sachenrechtliche Wirkung: Dinglich ist die Hinterlegung nur eine Traditionsofferte an den Gläubiger (bezw. bei irregulärem Depositum eine Cessionsofferte), mit deren Annahme der Gläubiger die actio depositi wie die rei vindicatio (auch gegen Dritte) erwirbt. Vgl. Kohler, Arch. f. bürgerl. R. Bd. 13 S. 209 ff. Zunächst also ändert bei der gewöhnlichen (nicht irregulären) Hinterlegung die Hinterlegung nichts an dem Eigenthumsverhältniß. Die Hinterlegungsstelle wird unmittelbarer, der Schuldner mittelbarer Besitzer. Auf den Gläubiger geht das Eigenthum nach den allgemeinen Grundsätzen (§§ 929 ff.) über. Der Abtretung des Anspruchs auf Herausgabe bedarf es nicht, wenn die Hinterlegung unwiderruflich geworden ist. Vgl. Rosenberg, Jherings Jahrb. Bd. 43 S. 223 ff.

5. Ueber die öffentliche Hinterlegung nach bisherigem gemeinen Rechte s. Dernburg, Pand. Bd. 2 § 61, Windscheid, Pand. Bd. 2 § 347, ferner BLR. Thl. IV cap. 14 §§ 15, 16.

## § 372.

Geld, Werthpapiere und sonstige Urkunden sowie Kostbarkeiten kann der Schuldner bei einer dazu bestimmten öffentlichen Stelle für den Gläubiger hinterlegen, wenn der Gläubiger im Verzuge der Annahme ist. Das Gleiche gilt, wenn der Schuldner aus einem anderen in der Person des Gläubigers liegenden Grunde oder in Folge einer nicht auf Fahrlässigkeit beruhenden Ungewißheit über die Person des Gläubigers seine Verbindlichkeit nicht oder nicht mit Sicherheit erfüllen kann.

E. I, 272 Abs. 1; II, 321; III, 366.

I. Voraussetzungen der Hinterlegung. Die Hinterlegung ist statthaft:

1. Wenn der Gläubiger sich im Verzuge der Annahme befindet (§§ 293 ff.), ohne Rücksicht darauf, ob hiedurch dem Schuldner die Erfüllung unmöglich wird oder nicht.

2. Wenn der Schuldner seine Verbindlichkeit nicht oder nicht mit Sicherheit erfüllen kann:

a) wegen eines in der Person des Gläubigers liegenden anderen Grundes (als wegen Annahmeverzugs), z. B. wenn die Forderung im Arrestwege gepfändet ist, im Falle des § 845 CPO., ferner wenn der Gläubiger verschollen, geschäftsunfähig, in der Geschäftsfähigkeit beschränkt und ohne gesetzlichen Vertreter ist;

b) wegen einer nicht auf Fahrlässigkeit beruhenden Ungewißheit des Schuldners über die Person des Gläubigers, z. B. im Falle der Rechtsnachfolge. Ungewißheit besteht auch dann, wenn ungewiß ist, ob die Personen, die als Gläubiger in Betracht kommen, Gesammtgläubiger oder nur je zu einem Antheil berechtigt sind. Bayr. Oberst. LG. v. 24. Novbr. 1902 in Seuff. Arch. Bd. 58 S. 219, Das Recht 1903 S. 42.

Ob die Ungewißheit des Schuldners auf Fahrlässigkeit beruht, ist eine an der Hand der Bestimmungen der §§ 276 ff. zu entscheidende Thatfrage. Hieher gehört auch der häufige Fall, daß der Schuldner darüber sich in Ungewißheit befindet, an welchen von mehreren um das Forderungsrecht streitenden Gläubigern er zahlen darf. In der Regel wird diese Ungewißheit dem Schuldner nicht als Fahrlässigkeit angerechnet werden können und deßhalb einen rechtmäßigen Hinterlegungsgrund bilden.

Auch eine Ungewißheit in der rechtlichen Beurtheilung kann zur Hinterlegung berechtigen; Rechtsunkenntniß ist nicht stets auf Fahrlässigkeit zurückzuführen, es kommt auf die Umstände des besonderen Falles an. Vgl. Das Recht 1901 S. 434 (Dresden v. 18. Juli 1901).

Ein Verschulden des Gläubigers wird nicht vorausgesetzt.

Das Vorhandensein der Voraussetzungen für die Hinterlegung hat im Bestreitungsfalle der Schuldner zu beweisen.

§ 372 legt dem Hinterleger eine Prüfungspflicht über die Person des Gläubigers auf. RGE. v. 23. Sept. 1904 in Jur. Wschr. 1904 S. 550. (Einerseits soll die objektive Gewißheit bezüglich der Person des Gläubigers unter mehreren Prätendenten nicht in allen Fällen das Recht des Gläubigers zur Hinterlegung beseitigen; es soll das Hinterlegungsrecht auch dann anerkannt werden, wenn bei dem Schuldner begründete subjektive Zweifel in der bezeichneten Richtung bestehen konnten. Andrerseits ist aber davon auszugehen, daß bei objektiv klarer Sachlage begründete Ansprüche möglichst nicht in Frage gestellt werden sollen.)

II. Gegenstand der Hinterlegung können sein: Geld, Werthpapiere, sonstige Urkunden aller Art (auch Handelsbücher) und Kostbarkeiten. Als Geld hinterlegbar ist Alles, was im Verkehrssinne als Zahlungsmittel dient, ohne Unterscheidung zwischen gesetzlichem und nicht gesetzlichem Zahlungsmittel, Münzgeld und Papiergeld, in- und ausländischem Geld. Doch soll nach § 11 der Preuß. Hinterl.O. nicht kassenmäßiges Geld, d. h. Geld, das bei den Staatskassen nicht in Zahlung zu nehmen ist, nur angenommen werden, wenn der Schuldner angiebt, durch Zahlung solchen Geldes erfüllen zu dürfen; die Hinterlegungsstelle hat es alsdann in kassenmäßiges umzusetzen und haftet nur für den Umsatzerlös. Diese Vorschrift findet keine Anwendung, wenn der Schuldner erklärt, daß effektiv in ausländischer Währung zu erfüllen ist, § 244 Abs. 1, oder daß das Geld als species zu leisten ist. Alsdann wird das Geld als solches oder als Kostbarkeit ohne Vermischung mit anderem Gelde aufbewahrt.

Als „sonstige Urkunden“ können auch Handakten, z. B. eines Rechtsanwalts, Patentanwalts hinterlegt werden; nach Rspr. d. OLG. Bd. 6 S. 54 (KG. v. 19. Juli 1902) bildet aber nicht das Aktenstück als Ganzes, sondern bilden die einzelnen in ihm enthaltenen Urkunden den Gegenstand der Hinterlegung; es müssen also die einzelnen Schriftstücke bezeichnet werden.

Als Kostbarkeiten können alle Sachen hinterlegt werden, welche nach der Verkehrsanschauung als solche gelten, z. B. Juwelen, Ringe, Uhren, Kunstgegenstände. Mit Rücksicht auf den Hinterlegungszweck ist vorauszusetzen, daß ihr Werth im Verhältniß zum Volumen ein besonders hoher ist. Vgl. Planck Bem. 1 zu § 372. Auch Münzen und Werthzeichen (Briefmarken) können als Kostbarkeiten hinterlegt werden. Vgl. Preuß. Hinterl.-Ordn. § 36 Abs. 2, Einf.Ges. Art. 36. Rehbein Bem. 7 zu §§ 372—386.

Auch andere bewegliche Sachen gehören hieher, soweit die Hinterlegungsstelle solche zufolge landesgesetzlicher Bestimmung anzunehmen hat. S. Art. 146 EG. und die Bem. hiezu. Für Bayern ist ein Bedürfniß, die Hinterlegungsstellen zur Annahme von anderen Sachen anzuweisen, nicht anerkannt worden. S. Mot. z. Entw. eines Gesetzes, die durch die Einführung des BGB. veranlaßten Aenderungen der seit 1818 erlassenen Gesetze betr. S. 56, und die bayr. Hinterl.O. vom 18. Dezember 1899 (JMBl. S. 1057 ff.).

Werden bewegliche Sachen geschuldet, welche nicht hinterlegungsfähig sind, so kann der Schuldner nach den Bestimmungen der §§ 383—386 verfahren. Wo diese Bestimmungen nicht anwendbar sind oder wenn die Voraussetzungen der Hinterlegung bei einer geschuldeten unbeweglichen Sache zutreffen, bleibt — abgesehen von der Vorschrift des § 303 — dem Schuldner unter Umständen noch der Ausweg, die Einleitung einer Vormundschaft, Pflegschaft, Nachlaßpflegschaft zu erwirken oder bei streitigen Rechtsverhältnissen im Wege der einstweiligen Verfügung (§ 938 Abs. 2 CPO.) die Aufstellung eines Sequesters zu beantragen. (M. II, 94, 95.)

III. Ort der Hinterlegung. Hinterlegt werden kann nur an einer zur Hinterlegung bestimmten öffentlichen Stelle. Näheres in § 374.

IV. Berechtigt zur Hinterlegung ist nur der Schuldner. Einem Dritten steht ein Recht, den Gläubiger durch Hinterlegung zu befriedigen, nur in den durch das Gesetz besonders bestimmten Fällen (z. B. § 268 Abs. 2, § 1142 Abs. 2) zu. Vgl. Bem. 5 zu § 267. Ebenso Oertmann Vorbem. 2 zu diesem Titel, Planck Bem. 3 zu § 372. And. M., allerdings ohne Begründung, M. II, 98.

Die Hinterlegung durch einen Gesammtschuldner wirkt auch für die übrigen Schuldner (§ 422), die Hinterlegung für einen Gesammtgläubiger auch gegen die übrigen Gläubiger (§ 422 Abs. 3).

Die Hinterlegung muß für den Gläubiger erfolgen. Sie ist deßhalb auch dem Gläubiger unverzüglich anzuzeigen. (§ 374 Abs. 2.)

Die Hinterlegung ist ein Recht des Schuldners; nur in einzelnen im Gesetze besonders bestimmten Fällen kann der Gläubiger die Hinterlegung fordern (s. z. B. die §§ 432, 660, 1077, 1281).

V. Die Wirkungen der Hinterlegung sind geregelt in den §§ 378 und 379.

VI. Ueber das Hinterlegungsrecht des Verkäufers einer Waare bei Annahmeverzug des Käufers nach Handelsrecht s. HGB. §§ 373, 374.

## § 373.

Ist der Schuldner nur gegen eine Leistung des Gläubigers zu leisten verpflichtet, so kann er das Recht des Gläubigers zum Empfange der hinterlegten Sache von der Bewirkung der Gegenleistung abhängig machen.

E. II, 322; III, 367.

1. Die Bestimmung des § 373 beruht auf dem Gedanken, daß der Schuldner in seinem Rechte auf eine Zug um Zug zu bewirkende Gegenleistung des Gläubigers nicht dadurch eine Beeinträchtigung erleiden soll, daß er von dem ihm gesetzlich zustehenden Hinterlegungsrechte Gebrauch macht. (M. II, 96, 97; P. I, 346, 347.)

2. Ist in dem hier gedachten Falle zum Nachweise der Empfangsberechtigung des Gläubigers eine Erklärung des Schuldners erforderlich, so kann der Gläubiger die Abgabe derselben nach Maßgabe des § 380 verlangen.

3. Für Bayern bestimmt die Hinterlegungsordnung vom 18. Dezember 1899 in § 14 Abs. 2, daß der Hinterleger, welcher das Recht des Gläubigers zum Empfange von

der Bewirkung einer Gegenleistung abhängig macht, dies unter der Bezeichnung der Gegenleistung in der Hinterlegungserklärung anzugeben habe, ferner in § 24, daß im Falle der Abhängigmachung zum Nachweise der Empfangsberechtigung die Einwilligung des Schuldners erforderlich sei.

## § 374.

Die Hinterlegung hat bei der Hinterlegungsstelle des Leistungsorts zu erfolgen; hinterlegt der Schuldner bei einer anderen Stelle, so hat er dem Gläubiger den daraus entstehenden Schaden zu ersetzen.

Der Schuldner hat dem Gläubiger die Hinterlegung unverzüglich anzuzeigen; im Falle der Unterlassung ist er zum Schadensersatze verpflichtet. Die Anzeige darf unterbleiben, wenn sie unthunlich ist.

E. I, 273 Abs. 1; II, 323; III, 368.

1. Die Errichtung öffentlicher Hinterlegungsstellen sowie die Abgrenzung der örtlichen und sachlichen Zuständigkeit dieser Stellen ist der Landesgesetzgebung überlassen.

Vgl. die Bem. zu den Art. 144 und 145 EG. Für Bayern Art. 167 Nr. XXII AG. z. BGB. und die Hinterl.O. vom 18. Dezember 1899 (JMBl. S. 1057 ff.).

2. Die Hinterlegung muß bei der für den Leistungsort zuständigen Hinterlegungsstelle erfolgen. Hinterlegt der Schuldner bei einer anderen Stelle, so treten zwar, sofern überhaupt bei einer landesgesetzlich anerkannten Hinterlegungsstelle hinterlegt wurde, die gesetzlichen Wirkungen der Hinterlegung (§§ 378, 379) ebenso ein, als wenn bei der zuständigen Stelle hinterlegt worden wäre, allein der Schuldner hat dem Gläubiger den Schaden zu ersetzen, der diesem daraus entsteht, daß nicht bei der zuständigen Stelle hinterlegt worden ist, z. B. die etwaigen Mehrkosten der Erhebung.

Ueber den Leistungsort s. § 269, über den Schadensersatz die §§ 249 ff.

3. Der Schuldner muß dem Gläubiger die Hinterlegung unverzüglich (§ 121) anzeigen. Die Anzeige ist ein einseitiges, empfangsbedürftiges Rechtsgeschäft (§§ 130—132). Durch die Unterlassung oder Verzögerung der Anzeige werden die gesetzlichen Wirkungen der Hinterlegung (§§ 378, 379) nicht berührt, der Schuldner aber wird zum Schadensersatze verpflichtet.

Eine Verpflichtung, der Benachrichtigung den Hinterlegungsschein beizufügen, besteht nicht. RGE. v. 6. Mai 1903 in Jur. Wschr. 1903 Beil. 79.

Die bayrische Hinterl.O. erklärt in § 22 die Hinterlegungsstelle auf Antrag des Schuldners für verpflichtet und, falls der Schuldner nicht binnen 3 Monaten nach Aufforderung den Nachweis der Erstattung der Anzeige bringt, auch ohne Antrag für ermächtigt, die Anzeige im Namen des Schuldners zu bewirken.

Als unthunlich wird eine Anzeige in der Regel dann zu erachten sein, wenn sie nur im Wege der öffentlichen Zustellung erfolgen könnte (s. § 132 Abs. 2, ferner Bem. 3 zu § 303, M. II, 98).

Erfolgt die Hinterlegung wegen Ungewißheit des Schuldners darüber, wer von Mehreren der Berechtigte ist, so ist die Anzeige, soweit thunlich, an alle dem Schuldner bekannten Forderungsprätendenten zu erstatten.

## § 375.

Ist die hinterlegte Sache der Hinterlegungsstelle durch die Post übersendet worden, so wirkt die Hinterlegung auf die Zeit der Aufgabe der Sache zur Post zurück.

E. II, 324; III, 369.

Die Bestimmung des § 375 ist nicht dahin aufzufassen, daß die Uebersendung der zu hinterlegenden Sache auf die Gefahr des Gläubigers geht. Die Hinterlegung muß vielmehr thatsächlich erfolgt, d. h. die zu hinterlegende Sache muß bei der Hinterlegungsstelle angelangt und von dieser angenommen sein, wenn die Wirkungen der Hinterlegung (§§ 378, 379) überhaupt eintreten sollen. (P. I, 360, 361.) Sind diese Voraussetzungen erfüllt, so werden die Wirkungen der Hinterlegung auf den Zeitpunkt der Aufgabe zur Post zurückverlegt. Dies gilt auch dann, wenn die zu hinterlegende Sache einer anderen Hinterlegungsstelle als jener des Leistungsorts übersendet worden ist. S. Bem. 2 zu § 374.

## § 376.*)

Der Schuldner hat das Recht, die hinterlegte Sache zurückzunehmen.

Die Rücknahme ist ausgeschlossen:

1. wenn der Schuldner der Hinterlegungsstelle erklärt, daß er auf das Recht zur Rücknahme verzichte;
2. wenn der Gläubiger der Hinterlegungsstelle die Annahme erklärt;
3. wenn der Hinterlegungsstelle ein zwischen dem Gläubiger und dem Schuldner ergangenes rechtskräftiges Urtheil vorgelegt wird, das die Hinterlegung für rechtmäßig erklärt.

E. I, 274; II, 325; III, 370.

I. Vgl. Vorbem. S. 236 Nr. 4, a, β. Da die Wirkungen der Hinterlegung verschieden sind, je nachdem das Recht des Schuldners zur Rücknahme der hinterlegten Sache ausgeschlossen ist oder nicht (s. die §§ 378 und 379), so verlangt die Rechtssicherheit, daß gesetzlich festgestellt wird, unter welchen Voraussetzungen der Schuldner die von ihm hinterlegte Sache wieder zurücknehmen kann und bis zu welchem Zeitpunkte.

§ 376 spricht in Abs. 1 als Regel aus, daß dem Schuldner das Recht der Rücknahme der hinterlegten Sache zusteht. Ob die Hinterlegung eine rechtmäßige oder unrechtmäßige war, bleibt in der Regel zunächst eine offene Frage; es erschien daher angemessen, dem Schuldner während der Zeit der Ungewißheit ein einseitiges Recht zur Rücknahme zu gewähren. Vgl. auch code civil art. 1261. Ein Vorbehalt des Rechtes zur Rücknahme ist also nicht erforderlich.

Das Recht zur Rücknahme ist kein Anspruch im Sinne des § 194, sondern die Befugniß, die Hinterlegung zu widerrufen; erst durch diesen Widerruf wird ein Anspruch auf Rückgabe gegen die Hinterlegungsstelle begründet. Vgl. Beer a. a. O. S. 64 ff.

Ausgeschlossen ist die Rücknahme nur in den drei in Abs. 2 aufgeführten Fällen:

1. Wenn der Schuldner auf die Rücknahme verzichtet.

   a) Der Verzicht muß der Hinterlegungsstelle gegenüber erklärt werden, eine Erklärung gegenüber dem Gläubiger hat nicht den Ausschluß des Rücknahmerechts zur Folge. Die Erklärung ist ein einseitiges, empfangsbedürftiges Rechtsgeschäft, welches einer Behörde gegenüber vorzunehmen ist. (§ 130 Abs. 3.)

   b) Die Erklärung kann sowohl bei der Hinterlegung als auch nachträglich abgegeben werden. In beiden Fällen tritt die befreiende Wirkung der Hinterlegung gemäß § 378 mit dem Zeitpunkte der Hinterlegung ein.

   c) Trotz Verzichts ist der Schuldner zur Rücknahme berechtigt kraft ausdrücklicher Gesetzesbestimmung in den Fällen der §§ 382 und 1171 Abs. 3.

2. Wenn der Gläubiger die Annahme erklärt. Auch diese Erklärung kann mit der Wirkung des Ausschlusses nur der Hinterlegungsstelle gegenüber abgegeben werden. (Im Uebrigen s. Bem. 1, a.)

Die Erklärung bedarf keiner bestimmten Form. In dem an die Hinterlegungsstelle gerichteten Antrag auf Herausgabe liegt die stillschweigende Erklärung der Annahme.

3. Wenn der Hinterlegungsstelle ein zwischen dem Gläubiger und dem Schuldner ergangenes rechtskräftiges Urtheil vorgelegt wird, das die Hinterlegung für rechtmäßig erklärt. Die Rücknahme ist in diesem Falle mit dem Zeitpunkt ausgeschlossen, in welchem das rechtskräftige Urtheil der Hinterlegungsstelle vorgelegt wird. Eine bestimmte Form der Vorlage (z. B. Zustellung) ist nicht vorgeschrieben.

II. § 376 handelt nur von dem einseitigen Rücknahmerecht des Schuldners. Daß der Schuldner mit Einwilligung des Gläubigers auch nach dem Ausschlusse des Rücknahmerechts die hinterlegte Sache zurücknehmen kann, ist nach dem Prinzipe der Vertragsfreiheit selbstverständlich. Für die Hinterlegungsstelle ist ein derartiges Uebereinkommen der Parteien verbindlich. (Vgl. bayrische Hinterl.-O. § 27 Nr. 1.) Die Wirkungen desselben für das Verhältniß der Parteien zu einander sind nach dem der Vereinbarung zu Grunde liegenden Willen der Vertragschließenden zu beurtheilen, wobei allerdings zu

---

*) Literatur: Rieken, Das Rechtsverhältniß zwischen dem Gläubiger und der Hinterlegungsstelle, Greifswald 1900; Beer, Die Hinterlegung S. 64—78.

beachten ist, daß das ursprüngliche Schuldverhältniß mit seinen Nebenrechten durch die Hinterlegung mit dem Ausschlusse des Rücknahmerechts ipso jure erloschen ist (s. § 378).

III. Hat der Schuldner mit Rücksicht auf ein in Wirklichkeit nicht zu Recht bestehendes Schuldverhältniß für einen vermeintlichen Gläubiger unter Verzicht auf das Recht der Rücknahme hinterlegt, so kann er auf Grund der Bestimmungen über die ungerechtfertigte Bereicherung (§§ 812 ff.) die Einwilligung des vermeintlichen Gläubigers in die Rücknahme verlangen. Dasselbe gilt auch im Falle des § 75 CPO., wenn keinem der streitenden Gläubiger, zu deren Gunsten der verklagte Schuldner unter Verzicht auf das Recht zur Rücknahme hinterlegt hat, der hinterlegte Betrag zugesprochen wird. Ein Recht auf Zurücknahme ohne Einwilligung der Gläubiger, für welche hinterlegt wurde, wird hier dem Schuldner im Hinblick auf § 376 Abs. 2 Nr. 1 nicht zugestanden werden können.

Ebenso Planck Bem. 4 zu § 376. Vgl. Struckmann und Koch, Komm. z. CPO. Bem. 2 zu § 75.

## § 377.

Das Recht zur Rücknahme ist der Pfändung nicht unterworfen.

Wird über das Vermögen des Schuldners der Konkurs eröffnet, so kann während des Konkurses das Recht zur Rücknahme auch nicht von dem Schuldner ausgeübt werden.

E. I, 277; II, 326; III, 371.

1. Dem Schuldner steht zufolge § 376 bis zu dem Zeitpunkt, in welchem eine der in Abs. 2 des § 376 aufgeführten Voraussetzungen eingetreten ist, das Recht zur Rücknahme der hinterlegten Sache zu. Dieses Recht würde als Vermögensrecht der Pfändung durch die Gläubiger des Schuldners unterliegen. Aus Gründen der Zweckmäßigkeit und Billigkeit bestimmt jedoch das Gesetz, daß das Recht zur Rücknahme der Pfändung nicht unterworfen sein soll. (P. I, 353.) Die Unpfändbarkeit hat gemäß § 1 KO. auch zur Folge, daß das Recht nicht in die Konkursmasse fällt, also vom Konkursverwalter nicht ausgeübt werden kann.

Aber auch dem Schuldner, welcher an sich über das nicht zur Konkursmasse gehörige Recht frei verfügen könnte, ist durch die Bestimmung des Abs. 2 § 377 für die Dauer des Konkurses die Ausübung des Rücknahmerechts entzogen. Dagegen kann derselbe während des Konkurses auf die Rücknahme wirksam verzichten und andererseits der Gläubiger während des Konkurses über das Vermögen des Schuldners die Ausschließung der Rücknahme durch die Annahme-Erklärung herbeiführen.

In der I. Aufl. dieses Kommentars war im Anschluß an Planck Bem. 1 zu § 377 die Ansicht vertreten, daß das Recht zur Rücknahme zufolge § 400 auch nicht abgetreten werden könne. Die Mehrzahl der Schriftsteller, u. A. Crome, System § 190 Anm. 18, Kisch in Gruchot, Beitr. Bd. 29 S. 353, Hellwig S. 461, Schollmeyer Bem. 1a zu § 377, Dernburg II § 123 Anm. 8, haben diese Ansicht nicht gebilligt. Ich glaube, mich den letzteren aus folgenden Gründen anschließen zu müssen:

a) Der § 400 erklärt nicht schlechthin „Rechte", sondern nur Forderungen für unübertragbar, soweit sie der Pfändung nicht unterworfen sind. Das hier fragliche Recht ist keine Forderung, auch kein Anspruch im Sinne des § 194 (vgl. Bem. 1 zu § 376), sondern ein Widerrufsrecht, eine Befugniß.

b) Die ratio legis des § 400 und des § 377 ist grundverschieden. Die Bestimmung des § 400 dient ausschließlich dem Interesse des Gläubigers und beruht auf dem rein sozialwirthschaftlichen Zwecke, diesem gewisse Forderungen bezw. Beträge solcher (§ 850 CPO.) als unveräußerlichen Vermögenstheil zu sichern, und zwar sowohl gegen unfreiwillige als auch freiwillige, aber durch Nothlage oder Leichtsinn herbeigeführte Veräußerungen. Dahingegen hat die Bestimmung des § 377, wie Rehbein II, 313 richtig bemerkt, ihren inneren Grund darin, daß, auch wenn der Schuldner ohne Verzicht auf die Rücknahme hinterlegt hat, der Gläubiger, für den hinterlegt ist, doch bereits ein unmittelbares Recht auf die Auslieferung erwirbt (§ 382), das er durch die Erklärung der Annahme der Hinterlegungsstelle gegenüber nach § 376 Abs. 2 Nr. 2 jeder Zeit zu einem definitiv wirksamen machen kann. Dieses Recht soll ihm ein anderer einzelner Gläubiger oder die Gesammtheit der Gläubiger nicht mehr vereiteln können. Diese ratio legis ist also rein juristischer Natur und ändert nichts an der Berechtigung des Schuldners, vor der Annahme-Erklärung des Gläubigers sowohl die hinterlegte Sache zurückzunehmen als auch gleichzeitig mit dieser Rücknahme über das Recht zu Gunsten eines Dritten (durch Cession) zu verfügen.

c) Kohler, Zwölf Studien S. 182 ff., folgert die Inzessibilität des Rechtes zur Rücknahme aus dessen höchstpersönlicher Natur; der Schuldner könne die Befugniß, die Rücknahme zu bestimmen, nicht zediren, da ein Anderer kein Recht haben könne, auf Dritte zu wirken, wohl aber könne er die eventuelle actio depositi, falls er von dem Rücknahmerecht Gebrauch mache, übertragen. M. E. liegt hierin praktisch ein Zugeständniß der hier vertretenen Auffassung; denn in der Abtretung des Rechtes zur Rücknahme liegt jedenfalls die Ermächtigung an den eventuellen Cessionar des Anspruchs auf die hinterlegte Sache, den Widerruf der Hinterlegung Namens des Hinterlegers zu erklären, und es dürfte auf eine reine Subtilität hinauslaufen, dem Schuldner vor einer solchen eventuellen Zession die Abgabe der Widerrufserklärung zur Pflicht zu machen; es ist kein Grund ersichtlich, warum der Schuldner das Recht, diese Erklärung abzugeben, nicht gleichzeitig mit der Anspruchszession soll übertragen können, warum also dieses Recht in dem Sinne höchstpersönlich sein sollte, daß es nur durch den Schuldner in Person, nicht auch mit dessen ausdrücklicher oder stillschweigender Ermächtigung durch einen Anderen, den Zessionar, ausgeübt werden könnte.

Jedenfalls ist Dernburg a. a. O. darin beizutreten, daß, wenn der Widerruf vom Schuldner erfolgt ist, das Recht auf Herausgabe der hinterlegten Sache unzweifelhaft abtretbar ist.

Der nach Ausübung des in dem Rechte zur Rücknahme liegenden Widerrufs entstandene Anspruch des Schuldners auf Herausgabe der Sache, die actio depositi, unterliegt auch der Pfändung und fällt eventuell in die Konkursmasse, wenn der Widerruf vor Eröffnung des Konkurses erfolgt war; nur das Rücknahmerecht selber gehört nicht zur Konkursmasse und ist dem Schuldner selber auch während der Dauer des Konkurses im Interesse seines Gläubigers entzogen. Vgl. Bem. 2.

2. Wenn die hinterlegte Sache schon nicht zur Konkursmasse gezogen werden kann, solange dem Schuldner noch das Recht der Rücknahme zusteht, so versteht sich von selbst, daß sie noch weniger in die Konkursmasse fallen kann, wenn das Rücknahmerecht des Schuldners schon vor der Konkurseröffnung ausgeschlossen war oder während des Konkurses ausgeschlossen wird. (S. P. I, 354; Planck Bem. 4.).

Der Abs. 2 des § 377 dient lediglich dem Interesse des Gläubigers, zu dessen Gunsten die Hinterlegung erfolgt ist. Dieser kann auch während des Konkurses der Hinterlegungsstelle die Annahme erklären und so das Eigenthum der hinterlegten Sache erwerben. Die lex specialis des § 377 Abs. 2 BGB. geht der lex generalis des § 15 KO. vor. Vgl. Jäger, Konkursordnung § 1 Anm. 29, § 25 Anm. 2; Planck Bem. 2 zu § 377.

Auch kann der Schuldner, obwohl sein Recht zur Rücknahme während des Konkurses ruht, doch während des Konkurses auf dieses Recht verzichten und dadurch das Recht des Gläubigers zu einem unwiderruflichen machen. Vgl. Planck a. a. O., Schollmeyer Bem. 1, b zu § 377. And. M. Hellwig, Verträge auf Leistung an Dritte S. 464 ff.

Dagegen ist in hohem Grade zweifelhaft, ob Schuldner ungeachtet des klaren Wortlauts das Rücknahmerecht mit Einwilligung des Gläubigers nicht doch auch während des Konkurses ausüben darf. Dafür spricht der Auslegungsgrundsatz: cessante ratione legis cessat lex ipsa. Die Frage wird aus diesem Grunde, da ja der Abs. 2 lediglich das Interesse des Gläubigers schützen will, bejaht von Schollmeyer a. a. O. And. M. jedoch Hellwig a. a. O. und Planck in der III. Aufl. (die I. und II. bejahte mit Schollmeyer die Frage). Praktisch dürfte sich die Frage dadurch erledigen, daß, weil in diesem Falle die hinterlegte Sache in die Konkursmasse fällt, auch der Konkursverwalter in der Regel seine Einwilligung zur Zurücknahme ertheilen wird, wenn dieselbe der Konkursmasse zum Vortheile dient. Daß aber die Rücknahme unter Einwilligung des Gläubigers und des Konkursverwalters auch während des Konkurses zulässig sein muß, unterliegt keinem Zweifel.

3. Die Vorschriften über die Anfechtung von Rechtshandlungen des Schuldners (RG. vom 21. Juli 1879 in der Fassung vom 20. Mai 1898, RGBl. S. 709 und §§ 29—42 KO.) werden durch die Bestimmungen des § 377 nicht berührt.

4. Die Anwendung des § 377 ist ausgeschlossen:

a) wenn die Schuld, wegen deren die Hinterlegung erfolgte, nicht bestand oder nicht mehr besteht, z. B. wenn die Forderung des Gläubigers, zu deren Tilgung die Hinterlegung erfolgte, schon vor Ausschluß des Rücknahmerechts, sei es durch Erlaß oder Zahlung seitens eines Dritten oder Aufrechnung des Gläubigers gegen den Schuldner erloschen ist;

b) wenn die Hinterlegung aus sonstigen Gründen (§ 372) unzulässig ist;

c) wenn im Falle des § 75 CPO. sich ergiebt, daß der Schuldner, der unter Verzicht auf die Rücknahme hinterlegt hat, nicht für den Gläubiger hinterlegt hat, weil in dem Rechtsstreit keiner der beiden Prätendenten durchdringt; vgl. Rehbein Bem. 11 zu §§ 372—386;

d) im Falle des § 382.

Den Nachweis der Ungültigkeit der Hinterlegung hat der die Pfändung beantragende Gläubiger dem Pfändungsgericht bezw. der Konkursverwalter, der die hinterlegte Sache zur Konkursmasse ziehen will, der Hinterlegungsstelle gegenüber zu erbringen. Vgl. Schollmeyer Bem. 2, a zu § 377. Vgl. im Uebrigen Bem. 3 zu § 378.

## § 378.

Ist die Rücknahme der hinterlegten Sache ausgeschlossen, so wird der Schuldner durch die Hinterlegung von seiner Verbindlichkeit in gleicher Weise befreit, wie wenn er zur Zeit der Hinterlegung an den Gläubiger geleistet hätte.

E. I, 272 Abs. 2; II, 327 Abs. 1; III, 372.

1. Die §§ 378 und 379 regeln die Wirkungen der Hinterlegung. Diese Wirkungen treten jedoch nur ein, wenn die Hinterlegung eine rechtmäßige, d. h. wenn einer der in § 372 aufgeführten Hinterlegungsgründe vorhanden oder der Gläubiger die Hinterlegung zu fordern berechtigt ist (s. Bem. IV zu § 372). Ueber die Wirkungen der unrechtmäßigen Hinterlegung s. Bem. 3. Hinsichtlich der Wirkungen der Hinterlegung ist zu unterscheiden, ob das Recht zur Rücknahme ausgeschlossen ist (§ 376 Abs. 2) oder nicht. Ersteren Falles bestimmen sich die Wirkungen nach § 378, in letzterem Falle nach § 379. Wenn die Rücknahme ausgeschlossen ist, wird der Schuldner durch die Hinterlegung von seiner Verbindlichkeit in gleicher Weise befreit, wie wenn er zur Zeit der Hinterlegung an den Gläubiger geleistet hätte.

a) Das Schuldverhältniß erlischt also ipso jure. Mit der Forderung erlischt auch das etwa für dieselbe bestellte Pfandrecht (§ 1252), der Bürge wird frei (§ 767 Satz 1).

Eine Zug um Zug zu bewirkende Gegenleistung des Gläubigers kann der Schuldner mit dem Ausschlusse der Rücknahme ohne Weiteres einfordern. Hat jedoch der Schuldner nach § 373 das Recht des Gläubigers zum Empfange der hinterlegten Sache von der Bewirkung der Gegenleistung abhängig gemacht, so kann er auch nach der Hinterlegung die ihm gebührende Leistung nur gegen Abgabe der Erklärung fordern, daß Gegenleistung bewirkt sei. Denn der Gläubiger kann ja in solchem Falle die Herausgabe der Sache von der Hinterlegungsstelle nur verlangen, wenn er ihr den Nachweis erbringt, daß die Gegenleistung bewirkt ist. Die Erklärung ist also vom Schuldner in der Form abzugeben, wie sie von der Hinterlegungsstelle gefordert wird bezw. wie die Landesgesetze oder die betr. Hinterlegungsordnung es vorschreiben. Der Gläubiger kann diese Erklärung nach § 380 unter denselben Voraussetzungen verlangen, unter denen er die Leistung zu fordern berechtigt sein würde, wenn die Hinterlegung nicht erfolgt wäre. Er wird an sich durch eine solche Hinterlegung nicht zur Vorleistung verpflichtet. Nur, wenn die Hinterlegung wegen Annahmeverzugs erfolgt ist, kann der Schuldner nach § 274 ohne Abgabe der erforderlichen Erklärung wegen Bewirkung der ihm gebührenden Leistung im Wege der Zwangsvollstreckung vorgehen. Dagegen hat in allen Fällen, in denen die Hinterlegung aus anderen Gründen als wegen Annahmeverzugs erfolgt ist, der Gläubiger gegenüber der die fragliche Erklärung nicht enthaltenden Klage des Schuldners auf die Gegenleistung die Einrede des Zurückbehaltungsrechts (§ 273) oder des nicht erfüllten Vertrags (§ 320). Vgl. Schollmeyer Bem. 1 zu § 378. Auch Planck hat die abweichende Ansicht seiner früheren Auflagen jetzt in Aufl. III Bem. 1 zu § 378 berichtigt.

b) Die Befreiung ist eine endgültige, auch wenn der Schuldner die hinterlegte Sache später, z. B. in Folge eines Versehens der Hinterlegungsstelle, zurückerhält. In letzterem Falle kann der Gläubiger — abgesehen von dem ihm etwa aus einer unerlaubten Handlung zustehenden Schadensersatzanspruch — die Herausgabe der vom Schuldner zurückerlangten Sache nach

16*

den Bestimmungen über die ungerechtfertigte Bereicherung verlangen. Vgl. auch § 382.

c) Die Befreiung tritt zwar erst mit dem Ausschlusse der Rücknahme ein, ihre Wirkungen aber werden auf den Zeitpunkt der Hinterlegung zurückverlegt.

d) Die Hinterlegung eines Theiles der geschuldeten Sache wirkt nur wie eine Theilleistung. Hierüber s. § 266 und § 362 Anm. 1.

2. Außer der in Bem. 1 aufgeführten Wirkung hat die Hinterlegung noch die weitere Wirkung, daß der Gläubiger zur Empfangnahme der hinterlegten Sache berechtigt wird. Diese Wirkung ergiebt sich als selbstverständlich schon daraus, daß die Hinterlegung „für den Gläubiger" erfolgt (§ 372); sie ist aber auch wenigstens indirekt im Gesetze zum Ausdrucke gebracht, nämlich in § 373, welcher ein unbedingtes Recht des Gläubigers zum Empfange der hinterlegten Sache als die regelmäßige Wirkung der Hinterlegung voraussetzt, ferner in § 382, wo von dem Rechte des Gläubigers auf den hinterlegten Betrag gesprochen wird.

3. Wirkungen der unrechtmäßigen Hinterlegung. Der Schuldner erwirbt durch eine unrechtmäßige Hinterlegung nicht die in den §§ 378 und 379 aufgeführten Vortheile.

a) Solange die Rücknahme noch nicht ausgeschlossen ist, kann der Schuldner ungehindert die hinterlegte Sache zurücknehmen.

b) Ist die Rücknahme ausgeschlossen, so ist zu unterscheiden:

α) Der Gläubiger nimmt die hinterlegte Sache als Erfüllung an. Dann kann zwar nicht die Wirkung des § 378 eintreten, weil für diese eine rechtmäßige Hinterlegung vorausgesetzt wird, wohl aber liegt in diesem Falle Erfüllung im Sinne der §§ 362 ff. vor. Das Schuldverhältniß erlischt also nicht mit dem Zeitpunkte der Hinterlegung, sondern mit dem Zeitpunkte der Annahme.

β) Der Gläubiger verweigert die Annahme. Dann kann der Schuldner von ihm die Einwilligung in die Rücknahme auf Grund des § 812 verlangen, da einerseits der Gläubiger auf Kosten des Schuldners das Recht auf die hinterlegte Sache (§ 382) erlangt hat, andererseits der vom Schuldner mit der Hinterlegung bezweckte Erfolg nicht eintritt.

## § 379.

Ist die Rücknahme der hinterlegten Sache nicht ausgeschlossen, so kann der Schuldner den Gläubiger auf die hinterlegte Sache verweisen.

Solange die Sache hinterlegt ist, trägt der Gläubiger die Gefahr und ist der Schuldner nicht verpflichtet, Zinsen zu zahlen oder Ersatz für nicht gezogene Nutzungen zu leisten.

Nimmt der Schuldner die hinterlegte Sache zurück, so gilt die Hinterlegung als nicht erfolgt.

E. I, 275, 276; II, 327 Abs. 2; III, 373.

1. In der Zeit von der Hinterlegung bis zum Ausschlusse des Rücknahmerechts (§ 376 Abs. 2) besteht das Schuldverhältniß mit den zu seiner Verstärkung dienenden Nebenrechten (Pfandrecht, Bürgschaft) fort. Eine Vertragsstrafe kann allerdings während der Dauer der Hinterlegung nicht verwirkt werden, weil für die Verwirkung der Vertragsstrafe Verzug des Schuldners vorausgesetzt wird und der Schuldner so lange nicht in Verzug geräth, als er dem Anspruche des Gläubigers eine Einrede entgegensetzen kann (s. unten lit. a und § 284 Bem. I, 1, ferner P. I, 353).

Die Vortheile, welche die Hinterlegung während der Schwebe des Rücknahmerechts dem Schuldner bringt, sind — vorausgesetzt, daß eine rechtmäßige Hinterlegung vorliegt (s. § 378 Bem. 1) — folgende:

a) Der Geltendmachung des Anspruchs durch den Gläubiger kann der Schuldner die Einrede entgegensetzen, daß er hinterlegt habe (§ 379 Abs. 1). Er kann also während dieser Zeit nicht in Leistungsverzug gerathen (§ 284 Anm. I, 1), eine Vertragsstrafe kann von ihm nicht verwirkt werden (§ 339 Anm. 4).

Diese Einrede kann auch vom Bürgen (§ 768) und vom Verpfänder (§ 1211) geltend gemacht werden.

b) Solange die Sache hinterlegt ist, trägt der Gläubiger die Gefahr.

c) Der Schuldner braucht während der Dauer der Hinterlegung keine Zinsen zu bezahlen und keinen Ersatz für nicht gezogene Nutzungen (§ 100) zu leisten (§ 379 Abs. 2).

d) Da die Hinterlegung eine verzögerliche Einrede begründet (a), so wird auch die Verjährung gehemmt, solange die Hinterlegung dauert. Da ferner die Hinterlegung, wenn sie vom Schuldner dem Gläubiger angezeigt wird, eine Anerkennung der Schuld im Sinne des § 208 einschließt, tritt auch eine Unterbrechung der Verjährung mit der Hinterlegung ein. Vgl. Planck Bem. 1, e zu § 379. And. M. Rehbein Bem. 12 zu §§ 372—386.

2. Nimmt der Schuldner die hinterlegte Sache zurück — gleichgültig, aus welchem Grunde — so ist das Verhältniß so zu beurtheilen, als ob überhaupt nicht hinterlegt worden wäre (§ 379 Abs. 3). Es gelten also die in § 379 Abs. 1 und 2 aufgeführten Wirkungen, sofern sie lediglich in Folge der Hinterlegung und nicht schon aus anderen Gründen, etwa wegen Annahmeverzugs des Gläubigers (§§ 300 ff.), eingetreten sind, als nicht eingetreten:

a) Die verzögerliche Einrede (Bem. 1, a) gilt als nicht begründet gewesen, unbeschadet jedoch der Wirkungen eines etwa in der Zwischenzeit ergangenen rechtskräftigen Urtheils. Vgl. Planck Bem. 2 zu § 379.

b) Die Gefahr trifft auch während der Hinterlegungszeit den Schuldner, sofern der Uebergang derselben auf den Gläubiger ausschließlich durch die Hinterlegung bedingt war und nicht trotz Rücknahme der Hinterlegung der Annahmeverzug des Gläubigers außer Zweifel bleibt.

c) Der Schuldner hat auch während der Dauer der Hinterlegung Zinsen zu zahlen und für nicht gezogene Nutzungen Ersatz zu leisten (§§ 100, 379 Abs. 2), sofern er diese Rechtspflicht ausschließlich durch die Hinterlegung von sich abgewendet hatte, also unbeschadet sonstiger Befreiungsgründe.

d) Auch die Hemmung und Unterbrechung der Verjährung gilt als nicht erfolgt, da sowohl die verzögerliche Einrede als auch die Anerkennung der Schuld ex post als nicht eingetreten gilt. Planck Bem. 2 zu § 379. And. M. Rehbein Bem. 12 zu §§ 372—386.

Natürlich findet § 379 Abs. 3 nur Anwendung, wenn die Rücknahme der Hinterlegung erfolgt vor Erlöschen des Rechtes des Gläubigers auf den hinterlegten Betrag (§ 382). Vgl. Bem. 4 zu § 382. Eine Rücknahme im Sinne des § 379 Abs. 3 gilt schon als erfolgt, wenn der Schuldner der Hinterlegungsstelle erklärt hat, daß er die Hinterlegung zurücknehme; es ist nicht erforderlich, daß die hinterlegte Sache dem Schuldner auch wirklich schon zurückgegeben ist. Planck Bem. 2 zu § 379.

## § 380.

Soweit nach den für die Hinterlegungsstelle geltenden Bestimmungen zum Nachweise der Empfangsberechtigung des Gläubigers eine diese Berechtigung anerkennende Erklärung des Schuldners erforderlich oder genügend ist, kann der Gläubiger von dem Schuldner die Abgabe der Erklärung unter denselben Voraussetzungen verlangen, unter denen er die Leistung zu fordern berechtigt sein würde, wenn die Hinterlegung nicht erfolgt wäre.

E. II, 328; III, 374.

1. Zufolge Art. 145 EG. können die Landesgesetze den Nachweis der Empfangsberechtigung des Gläubigers regeln.

Art. 145 EG. lautet: „Die Landesgesetze können über die Hinterlegung nähere Bestimmungen treffen, insbesondere den Nachweis der Empfangsberechtigung regeln und vorschreiben, daß die hinterlegten Gelder und Werthpapiere gegen die Verpflichtung zur Rückerstattung in das Eigenthum des Fiskus oder der als Hinterlegungsstelle bestimmten Anstalt übergehen, daß der Verkauf der hinterlegten Sachen von Amtswegen angeordnet werden kann, sowie daß der Anspruch auf Rückerstattung mit dem Ablaufe einer gewissen Zeit oder unter sonstigen Voraussetzungen zu Gunsten des Fiskus oder der Hinterlegungsanstalt erlischt. In den Fällen des § 382, des

§ 1171 Abs. 3 und des § 1269 Satz 3 des BGB. muß dem Hinterleger die Rücknahme des hinterlegten Betrags mindestens während eines Jahres von dem Zeitpunkte an gestattet werden, mit welchem das Recht des Gläubigers auf den hinterlegten Betrag erlischt."

Die Landesgesetze können insbesondere bestimmen, daß zum Nachweise der Empfangsberechtigung eine diese Berechtigung anerkennende Erklärung des Schuldners erforderlich oder genügend sein soll. Liegt eine solche landesgesetzliche Bestimmung vor, so kann der Gläubiger vom Schuldner die Abgabe dieser Erklärung unter denselben Voraussetzungen verlangen, unter denen er ohne die Hinterlegung die Leistung fordern könnte. Ist z. B. der Gläubiger zu einer Gegenleistung Zug um Zug verpflichtet, so kann er nur Zug um Zug gegen die von ihm geschuldete Leistung die Abgabe der Erklärung fordern. §§ 320, 322.

Verlangt die Hinterlegungsstelle eine bestimmte Form für die Erklärung, so muß die Erklärung in dieser Form ertheilt werden.

Die Kosten der Erklärung fallen als Kosten der Hinterlegung dem Gläubiger zur Last, es sei denn, daß der Schuldner die hinterlegte Sache zurücknimmt. § 381.

Ueber die Verurtheilung des Schuldners zur Abgabe der Erklärung s. § 894 CPO.

2. § 380 findet auch Anwendung, wenn das Recht des Schuldners zur Rücknahme noch nicht ausgeschlossen ist. Von Bedeutung ist dies dann, wenn der Gläubiger die Rechtmäßigkeit der Hinterlegung bestreitet. Der Gläubiger, welcher sich, wenn die Hinterlegung für rechtmäßig erklärt wird, nur an die hinterlegte Sache halten kann, soll das Recht haben, schon in dem Prozesse über die Rechtmäßigkeit der Hinterlegung die erforderliche Erklärung für den Fall zu verlangen, daß die Rechtmäßigkeit festgestellt wird. (P. I, 355, 356.)

3. Für Bayern bestimmt § 24 der Hinterl.O. vom 18. Dezember 1899, daß in den Fällen, in welchen das Recht des Gläubigers zum Empfange der vom Schuldner hinterlegten Sache von der Bewirkung einer Gegenleistung abhängig gemacht ist, zum Nachweise der Empfangsberechtigung des Gläubigers die Einwilligung des Schuldners erforderlich ist.

## § 381.

Die Kosten der Hinterlegung fallen dem Gläubiger zur Last, sofern nicht der Schuldner die hinterlegte Sache zurücknimmt.

E. I, 279 Satz 1; II, 329; III, 375.

1. Die durch die (rechtmäßige) Hinterlegung verursachten Kosten fallen dem Gläubiger zur Last, und zwar auch dann, wenn die Hinterlegung aus dem Grunde erfolgt ist, weil der Schuldner sich in entschuldbarer Ungewißheit über die Person des Gläubigers befunden hat. (P. I, 359.)

Zu den Kosten der Hinterlegung gehören auch die Kosten einer vom Schuldner nach § 380 abzugebenden Erklärung. S. Bem. 1 zu § 380.

2. War die Hinterlegung nicht rechtmäßig, so hat der Schuldner selbstverständlich keinen Anspruch gegen den Gläubiger auf Ersatz der Hinterlegungskosten.

Ebensowenig steht dem Schuldner ein Anspruch auf Ersatz der Kosten gegen den Gläubiger zu, wenn er die hinterlegte Sache zurücknimmt, da in diesem Falle die Hinterlegung als nicht erfolgt angesehen wird. (§ 379 Abs. 3.)

3. Der § 381 kommt nicht nur zur Anwendung, wenn die Hinterlegung wegen Annahmeverzugs des Gläubigers erfolgt, sondern auch, wenn sie aus einem anderen in der Person des Gläubigers liegenden Grunde oder in Folge einer nicht auf Fahrlässigkeit beruhenden Ungewißheit über die Person des Gläubigers erfolgt (§ 372 Satz 2). Vgl. Planck Bem. zu § 381.

## § 382.

Das Recht des Gläubigers auf den hinterlegten Betrag erlischt mit dem Ablaufe von dreißig Jahren nach dem Empfange der Anzeige von der Hinterlegung, wenn nicht der Gläubiger sich vorher bei der Hinterlegungsstelle meldet; der Schuldner ist zur Rücknahme berechtigt, auch wenn er auf das Recht zur Rücknahme verzichtet hat.

E. III, 376.

1. Ohne die Hinterlegung würde der Anspruch des Gläubigers auf die Leistung jedenfalls der dreißigjährigen Verjährung unterliegen (§§ 194, 195). Der Schuldner soll

durch die Hinterlegung nicht der Aussicht verlustig gehen, seiner Verbindlichkeit durch Verjährung ledig zu werden. Entsprechend der Vorschrift des § 1171 Abs. 3 und § 1269 Satz 3 wird deßhalb „aus Gründen der materiellen Gerechtigkeit" (vgl. P. VI, 165 und P. III, 619) in § 382 bestimmt, daß das Recht des Gläubigers auf den hinterlegten Betrag mit dem Ablaufe von dreißig Jahren vom Empfange der Hinterlegungsanzeige (§ 374 Abs. 2) an erlischt, wenn nicht der Gläubiger sich vorher bei der Hinterlegungsstelle meldet. Die Wirkung des Zeitablaufs ist hier also eine weitergehende als bei der Verjährung, welch letztere nur eine zerstörliche Einrede gewährt. (§ 222.)

2. Nach dem Zwecke der Bestimmung wird unter dem „hinterlegten Betrag" nicht nur ein hinterlegter Geldbetrag, sondern die hinterlegte Sache überhaupt zu verstehen sein. (P. IV, 165.) Die Bezeichnung „Betrag" ist wohl nur gewählt, um auch die Fälle des § 383 sowie jene Fälle zu decken, in denen zufolge einer auf Grund des Art. 145 EG. getroffenen landesgesetzlichen Bestimmung die hinterlegten Gelder oder Werthpapiere gegen die Verpflichtung zur Rückerstattung in das Eigenthum des Fiskus oder der als Hinterlegungsstelle bestimmten Anstalt übergegangen sind. Vgl. Hellwig, Vorträge S. 450 ff.

3. Die Frist läuft von dem Zeitpunkt an, in welchem der Gläubiger die Anzeige von der Hinterlegung empfangen hat.

War die Anzeige unterblieben, so beginnt die Präklusivfrist mit dem Zeitpunkte der Hinterlegung. Vgl. §§ 1171 Abs. 3, 1128. A. M. Planck Bem. 2 zu § 382. Die einzige Folge des Unterlassens der Anzeige ist nach § 374, wenn sie nicht unthunlich ist, für den Schuldner Verpflichtung zum Schadensersatz gegenüber dem Gläubiger. Gerade weil die Hinterlegung und die Erlöschungsfrist zum Vortheil des Schuldners eingeführt ist, wenn auch nicht ausschließlich, wie Planck meint, da sie auch dem Interesse des Gläubigers dient, liegt kein Grund vor, beim Unterbleiben der Anzeige die Erlöschungsfrist zu Gunsten des Schuldners auszuschließen und lediglich ein Erlöschen zu Gunsten des Fiskus oder der Hinterlegungsanstalt auf Grund des Art. 145 Einf.Ges. (siehe Bem. 5) zu ermöglichen. Es würde auch unzweckmäßig sein, den Ablauf der Präklusivfrist von der zumal nach dreißig Jahren schwierigen Thatfrage abhängig zu machen, ob die Anzeige unthunlich war oder nicht. Das Interesse des Gläubigers wird aber hinreichend durch die in § 374 eingeführte Schadensersatzpflicht gewahrt; die Planck'sche Auslegung würde auch nicht dem Gläubiger, sondern nur dem Fiskus bezw. der Hinterlegungsstelle zu Gute kommen (vgl. Planck a. a. O. Abs. 3). Hat das BGB. die Unterlassung der Anzeige ausschließlich im Interesse des Gläubigers als Schadensersatzgrund gewürdigt, so ist nicht anzunehmen, daß es daran einen größeren Rechtsnachtheil zu Gunsten des Fiskus bezw. der Hinterlegungsanstalt knüpfen wollte; es liegt im § 382 augenscheinlich ein bloßes Redaktionsversehen vor; § 382 sollte den Gedanken des § 1171 Abs. 3 verallgemeinern (vgl. Haidlen I zu § 382). Wenn auch stets eine öffentliche Zustellung der Anzeige (nach § 132) möglich ist, so würde doch durch die Planck'sche Auslegung des § 382 der in § 374 Abs. 2 dem Schuldner zugedachte Vortheil, die Anzeige schon bei bloßer „Unthunlichkeit" (vgl. § 374 N. 4) zu unterlassen, illusorisch werden, und zwar zu Gunsten solcher Interessen, die in keinerlei Beziehung zu den durch die Hinterlegung geschützten Parteiinteressen stehen, im Sinne einer grundlosen Bereicherung. Läge die Planck'sche Auslegung des § 382 im Sinne des Gesetzes, so würde das Gesetz auch wohl nicht unterlassen haben, die Rücknahme des hinterlegten Betrags von dem Nachweise abhängig zu machen, daß der Hinterleger seine Anzeigepflicht dem Gläubiger gegenüber erfüllt habe. Vgl. auch Art. 145 des Einf.Ges. (Bem. 1 zu § 380). Aber es lag kein Grund vor, an das Unterlassen der Anzeige einen besonderen Vorteil des Fiskus oder der Hinterlegungsstelle zu knüpfen. Wie hier Oertmann Bem. 2 zu § 382.

Ungeachtet der im Vorstehenden vertretenen Auslegung, die freilich gegenüber dem Wortlaut des § 382 kaum auf allgemeine Anerkennung wird rechnen dürfen, ist dem hinterlegenden Schuldner dringend anzuempfehlen, nicht nur die Anzeige nicht zu unterlassen, sondern sogar, um sich den Beweis des Empfanges derselben zu sichern, solche stets durch Gerichtsvollzieherzustellung bewirken zu lassen.

Ueber die Berechnung der Frist s. §§ 187, 188.

4. Bestritten ist, ob durch den Ablauf der dreißig Jahre auch das Schuldverhältniß zwischen Gläubiger und Schuldner, behufs dessen Erfüllung die Hinterlegung erfolgt war, unbedingt erlischt. Die erste Auflage dieses Komm., Bem. 4 zu § 382, verneinte diese Frage. Ebenso Planck Bem. 2 zu § 382. Sie ist aber mit der Mehrzahl der Schriftsteller (vgl. Rehbein Bem. 14 zu §§ 372—386, Oertmann Bem. 3 zu § 382, Hellwig, Verträge S. 454 Anm. 920, Müller, Jherings Jahrb. Bd. 41 S. 515, Kohler, Zwölf Studien S. 181, 188 ff.) zu bejahen. Planck a. a. O. nimmt an, daß das Schuldverhältniß nur erlöschen kann, wenn der Schuldner auf Rücknahme verzichtet (§ 378). Mit Recht

bemerkt jedoch Oertmann a. a. O., daß darnach es ja doch der Schuldner jederzeit, also auch eventuell noch nach Ablauf der dreißig Jahre, in der Hand habe, durch Erklärung dieses Verzichts das Erlöschen des Schuldverhältnisses herbeizuführen, also auf dem Umwege „einer sinnlosen Komödie“ dasselbe Ergebniß herbeizuführen, welches offenbar das Gesetz voraussetzt.

Aus unserer Auffassung des Rücknahmerechts aus § 382 als einer mit dem Rücknahmerecht aus § 377 nicht zu verwechselnden condictio, als eines Heimfalls der hinterlegten Sache, ex lege ergiebt sich auch, daß dasselbe in und außerhalb des Konkurses der Zwangsvollstreckung unterliegt und deßhalb im Konkurse vom Verwalter, nicht vom Schuldner geltend zu machen ist. Vgl. Rehbein II S. 313; Beer, Die Hinterlegung S. 78 ff.

5. Durch Art. 145 EG. (vgl. Bem. 1 zu § 380) ist der Landesgesetzgebung die Befugniß eingeräumt, zu bestimmen, daß der Anspruch des Hinterlegers auf Rückerstattung mit dem Ablauf einer gewissen Zeit oder unter sonstigen Voraussetzungen zu Gunsten des Fiskus oder der Hinterlegungsanstalt erlischt. In den Fällen des § 382 muß jedoch dem Hinterleger die Rücknahme des hinterlegten Betrags mindestens während eines Jahres von dem Zeitpunkt an gestattet werden, mit welchem das Recht des Gläubigers auf den hinterlegten Betrag erlischt. S. die Bem. zu Art. 145 EG. Für Bayern s. Hinterl.O. vom 18. Dezember 1899 §§ 33, 37—39, 52.

## § 383.

Ist die geschuldete bewegliche Sache zur Hinterlegung nicht geeignet, so kann der Schuldner sie im Falle des Verzugs des Gläubigers am Leistungsorte versteigern lassen und den Erlös hinterlegen. Das Gleiche gilt in den Fällen des § 372 Satz 2, wenn der Verderb der Sache zu besorgen oder die Aufbewahrung mit unverhältnißmäßigen Kosten verbunden ist.

Ist von der Versteigerung am Leistungsort ein angemessener Erfolg nicht zu erwarten, so ist die Sache an einem geeigneten anderen Orte zu versteigern.

Die Versteigerung hat durch einen für den Versteigerungsort bestellten Gerichtsvollzieher oder zu Versteigerungen befugten anderen Beamten oder öffentlich angestellten Versteigerer öffentlich zu erfolgen (öffentliche Versteigerung). Zeit und Ort der Versteigerung sind unter allgemeiner Bezeichnung der Sache öffentlich bekannt zu machen.

E. I, 278 Abs. 1 Satz 1; II, 330 Abs. 1; III, 377.

1. Die §§ 383—386 sind nur anwendbar auf bewegliche Sachen, welche (nach § 372 bezw. nach den auf Grund des Art. 146 EG. erlassenen landesgesetzlichen Bestimmungen) zur Hinterlegung nicht geeignet sind. Vgl. hierüber Bem. II zu § 372 und die Bem. zu Art. 146 EG.

Wie zu verfahren ist, wenn die Voraussetzungen der Hinterlegung bei einer unbeweglichen Sache zutreffen, darüber s. § 303 und Bem. II zu § 372.

2. Das Versteigerungsrecht steht dem Schuldner stets zu, wenn der Annahmeverzug des Gläubigers den Hinterlegungsgrund bildet. Liegt dagegen einer der in Satz 2 des § 372 aufgeführten Hinterlegungsgründe vor, so ist der Schuldner zur Versteigerung nur dann berechtigt, wenn der Verderb der Sache zu besorgen oder die Aufbewahrung mit unverhältnißmäßigen Kosten verbunden ist.

3. Die Versteigerung muß am Leistungsorte vorgenommen werden (s. Bem. I zu § 269). Ist von der Versteigerung an diesem Orte ein angemessener Erfolg nicht zu erwarten, so muß an einem anderen geeigneten Orte versteigert werden.

Die Beobachtung dieser Vorschriften ist wesentlich für die Rechtmäßigkeit der Hinterlegung (s. Bem. 7).

4. Die Veräußerung muß — abgesehen vom Falle des § 385 — im Wege öffentlicher Versteigerung erfolgen.

Mit dem technischen Ausdrucke „öffentliche Versteigerung“, welcher wiederkehrt in den §§ 461, 489, 935, 966, 979, 1219, 1235, bezeichnet das BGB. eine Versteigerung, welche

a) öffentlich, d. h. unter Zulassung allgemeiner Betheiligung,

b) durch eine der in Abs. 3 aufgeführten zuständigen Personen vorgenommen wird. Diese Personen sind:

α) jeder für den Versteigerungsort bestellte **Gerichtsvollzieher**;

β) ein **zu Versteigerungen befugter anderer Beamter**;

In **Bayern** sind zufolge Art. 2 Nr. 3 des Not.Ges. vom 9. Juni 1899 die **Notare** für die Vornahme von öffentlichen Versteigerungen zuständig.

γ) ein **öffentlich angestellter Versteigerer**. Die Anstellung erfolgt nach den landesrechtlichen Bestimmungen. S. Landmann-Rohmer, Gew.O. Note 7 zu § 36.

Ueber die Versteigerung s. § 156. Bei der Versteigerung können sowohl der Gläubiger als der Schuldner mitbieten.

5. Ferner wird für die nach § 382 vorzunehmende Versteigerung vorgeschrieben, daß Zeit und Ort derselben unter allgemeiner Bezeichnung der Sache **öffentlich bekannt zu machen** sind.

6. Liegen die Voraussetzungen des Abs. 1 § 383 vor, und ist die Versteigerung unter Beobachtung der in Abs. 2 und 3 gegebenen Vorschriften erfolgt, so hat die **Hinterlegung des Erlöses die gleiche Wirkung, wie wenn die versteigerte Sache selbst hinterlegt worden wäre**. Die Bestimmungen der §§ 372—382 finden Anwendung. Die Wirkungen der §§ 378 und 379 treten nicht schon mit der Versteigerung, sondern **erst mit der Hinterlegung des Erlöses** ein.

Der Schuldner ist **berechtigt**, durch Hinterlegung des Versteigerungserlöses oder, wenn nach der Versteigerung die Voraussetzungen der Hinterlegung (§ 372) weggefallen sind, durch Ausantwortung des Erlöses an den Gläubiger sich zu befreien, dagegen ist er zur Hinterlegung **nicht verpflichtet** (der Schuldner „kann" hinterlegen). Vgl. M. II, 103. Der Schuldner kann daher, wenn er die versteigerte Sache vor der Hinterlegung des Erlöses wieder erworben hat, sich auch durch die Leistung der Sache befreien.

7. **Die Wirkungen der Hinterlegung treten überhaupt nicht ein**, wenn entweder die Voraussetzungen des Abs. 1 nicht gegeben waren, oder wenn eine der Vorschriften der Abs. 2 und 3 verletzt wurde, wenn also z. B. die versteigerte Sache auf Grund landesgesetzlicher Bestimmung zur Hinterlegung geeignet oder in den Fällen des § 372 Satz 2 der Verderb derselben nicht zu besorgen war, oder wenn am Leistungsorte versteigert wurde, obwohl von der Versteigerung an diesem Orte ein angemessener Erfolg nicht zu erwarten war, oder wenn Zeit und Ort der Versteigerung nicht öffentlich bekannt gemacht wurden 2c.

In allen diesen Fällen ist die Hinterlegung nicht als rechtmäßige anzusehen und hat daher nicht die Wirkungen der §§ 378 und 379. Vgl. die Bem. 1 und 3 zu § 378. Ebenso Planck Bem. 3. A. M. Oertmann Bem. 3, welcher bei Nichteinhaltung der Vorschriften über den Ort der Versteigerung dem Gläubiger nur einen Schadensersatzanspruch nach Analogie der §§ 374 Abs. 1 und § 1236 mit § 1243 einräumen will. Gegen die Ansicht Oertmanns spricht einmal der Umstand, daß das BGB. die Fälle, in welchen der Gläubiger auf den Schadensersatzanspruch beschränkt wird, ausdrücklich hervorhebt (s. § 374 Abs. 1 und 2, § 384 Abs. 2, § 391 Abs. 1, § 1220 Abs. 2), andererseits die Erwägung, daß mit der Hinterlegung des Erlöses unter Verzicht auf das Rücknahmerecht nicht bloß die Forderung gegen den Schuldner erlischt, sondern auch Pfänder und Bürgen frei werden (s. Anm. 1, a zu § 378). Es wäre eine Unbilligkeit, den Gläubiger auf die Geltendmachung seines Schadens gegen den vielleicht zahlungsunfähigen Schuldner zu verweisen, wenn der letztere durch leichtfertige Versteigerung an einem andern als dem Leistungsort einen unverhältnißmäßig geringen Erlös erzielt und hinterlegt hat.

Bearbeiter der 2. Auflage hatte sich in seinem Handkommentar Bem. 3 zu § 383 zwar ebenfalls der Oertmann'schen Ansicht angeschlossen, tritt jedoch auf Grund genauerer Erwägung der vorstehenden Argumente von dieser Ansicht zurück. Die sämmtlichen in § 383 aufgestellten Voraussetzungen sind wesentlichen bezw. zwingenden Charakters, wie auch die übliche Terminologie des BGB. (vgl. darüber Planck, Komm. I, Einl. S. 25 ff.) bestätigt. Vgl. auch Kohler, Zwölf Studien S. 199, RGE. im Sächs. Arch. 1901 S. 226, Müller, Iherings Jahrb. 41 S. 457 ff.

Die **Beweislast** der Beobachtung der für die Versteigerung wesentlichen Vorschriften trifft den Schuldner. Planck Bem. 4 zu § 383.

## § 384.

Die Versteigerung ist erst zulässig, nachdem sie dem Gläubiger angedroht worden ist; die Androhung darf unterbleiben, wenn die Sache dem Verderb ausgesetzt und mit dem Aufschube der Versteigerung Gefahr verbunden ist.

Der Schuldner hat den Gläubiger von der Versteigerung unverzüglich zu benachrichtigen; im Falle der Unterlassung ist er zum Schadensersatze verpflichtet.

Die Androhung und die Benachrichtigung dürfen unterbleiben, wenn sie unthunlich sind.

E. I, 278 Abs. 1 Satz 2 und 3, Abs. 2; II, 330 Abs. 2; III, 378.

1. Die Versteigerung muß dem Gläubiger vorher angedroht werden. Die Androhung muß so zeitig erfolgen, daß der Gläubiger die Versteigerung noch abwenden kann. Die Androhung ist ein einseitiges empfangsbedürftiges Rechtsgeschäft (§§ 130–132). Sie darf nur in den zwei im Gesetze selbst aufgeführten Fällen unterbleiben:

a) wenn die Sache dem Verderb ausgesetzt und in Folge dessen mit dem Aufschube der Versteigerung Gefahr verbunden,

b) wenn die Androhung unthunlich ist. Als unthunlich wird die Androhung immer zu erachten sein, wenn ihre Zustellung nach den für die öffentliche Zustellung einer Ladung geltenden Vorschriften der CPO. erfolgen müßte. (§ 132 Abs. 2.) Vgl. M. II, 102.

Daß einer dieser zwei Ausnahmefälle vorliegt, muß der Schuldner, welcher die Androhung unterlassen hat, beweisen.

Die ohne rechtfertigenden Grund unterlassene Androhung hat zur Folge, daß die Wirkungen der §§ 378 und 379 nicht eintreten.

2. Der Schuldner muß den Gläubiger von der stattgehabten Versteigerung unverzüglich (ohne schuldhaftes Zögern, § 121) benachrichtigen.

Die Benachrichtigung darf nur unterlassen werden, wenn sie unthunlich ist (s. Bem. 1, b). Im Bestreitungsfalle liegt dem Schuldner der Beweis ob, daß die Benachrichtigung erfolgt ist oder daß sie unthunlich war. And. M. Kisch bei Grünhut, Bd. 29 S. 354; Rehbein Bem. 19 zu §§ 372—386; Schollmeyer Bem. 2 zu § 383. Wie hier, Planck Bem. 4 zu § 384.

Ihre Unterlassung hat nicht die Unwirksamkeit der Hinterlegung, sondern nur die Verpflichtung des Schuldners zum Schadensersatze (§§ 249 ff.) zur Folge.

## § 385.

Hat die Sache einen Börsen- oder Marktpreis, so kann der Schuldner den Verkauf aus freier Hand durch einen zu solchen Verkäufen öffentlich ermächtigten Handelsmäkler oder durch eine zur öffentlichen Versteigerung befugte Person zum laufenden Preise bewirken.

E. III, 379.

1. Wenn die Sache einen Börsen- oder Marktpreis hat, kann der Schuldner statt der öffentlichen Versteigerung den freihändigen Verkauf derselben nach § 385 bewirken. Der letztere tritt an die Stelle der Versteigerung, es finden daher auch auf ihn die Vorschriften der §§ 383 und 384 Anwendung. Der Verkauf ist also nur statthaft, wenn die geschuldete bewegliche Sache zur Hinterlegung nicht geeignet oder wenn in den Fällen des § 372 Satz 2 der Verderb der Sache zu besorgen oder die Aufbewahrung mit unverhältnißmäßigen Kosten verbunden ist (§ 383 Abs. 1). Der Verkauf muß am Leistungsort oder, wenn an diesem Ort ein angemessener Erfolg nicht zu erwarten ist, an einem anderen geeigneten Orte vorgenommen werden (§ 383 Abs. 2). Androhung und Benachrichtigung müssen gemäß § 384 erfolgen.

Die Nichtbeobachtung dieser Vorschriften zieht die Unwirksamkeit der Hinterlegung nach sich; die Unterlassung oder Verzögerung der Benachrichtigung aber verpflichtet den Schuldner nur zum Schadensersatze.

2. Vorausgesetzt wird, daß die Sache einen Börsen- oder Marktpreis hat, und zwar an dem nach § 383 Abs. 2 zu wählenden Verkaufsort. Unter Börsen- und Marktpreis ist nach RGE. Bd. 34 S. 121 derjenige Preis zu verstehen, „welcher sich aus der Vergleichung der über die betreffende Waare an dem Börsen- oder Marktplatze zur fraglichen Zeit geschlossenen größeren Zahl von Geschäften ergiebt. Als dieser Preis gilt zunächst derjenige, welcher nach den örtlichen Einrichtungen des betreffenden Handelsplatzes als solcher festgestellt wird, wobei nicht bloß amtliche, sondern auch außeramtliche Feststellungen in Betracht kommen, wenn sie nur auf einer festen, anerkannten Einrichtung beruhen". (Ebenso P. II, 57, 58. Vgl. auch E. d. ROHG. Bd. 2 S. 194 und Art. 343, nunmehr § 373 HGB., ferner die aufgehobenen Art. 311 und 353 HGB.)

3. „Laufender Preis" ist der Börsen- oder Marktpreis, welcher am Tage des Verkaufs am Verkaufsorte für die Sache durchschnittlich bezahlt wird. (E. d. ROHG. Bd. 8 S. 100.)

4. Der Verkauf kann nur ausgeführt werden:

a) durch einen zu solchen Verkäufen öffentlich ermächtigten Handelsmäkler. Die öffentliche Ermächtigung erfolgt nach Landesrecht. Für Bayern bestimmt § 6 der Verordnung vom 24. Dezember 1899 (G. u. VBl. S. 1230), daß die öffentliche Ermächtigung, deren Handelsmäkler zu gewissen Verkäufen oder Käufen bedürfen, vom Staatsministerium des Innern im Benehmen mit dem Staatsministerium der Justiz zu ertheilen ist.

Zufolge § 34 des Börsengesetzes vom 22. Juni 1896 in der Fassung des Art. 14 EG. z. HGB. vom 10. Mai 1897 sind die Kursmakler zur Vornahme von Verkäufen und Käufen befugt, die durch einen dazu öffentlich ermächtigten Handelsmakler zu bewirken sind. Der Kursmakler ist also schon kraft Gesetzes zur Vornahme des freihändigen Verkaufs nach § 385 zuständig, der Handelsmakler nur, wenn er dazu öffentlich ermächtigt ist.

b) durch eine zur öffentlichen Versteigerung befugte Person. Es sind dies die in § 383 Abs. 3 Satz 1 bezeichneten Personen. S. Bem. 4, b zu § 383.

Der Verkauf einer Sache, die keinen Börsen- oder Marktpreis hat, der Verkauf unter dem laufenden Preise oder durch eine unzuständige Person macht die Hinterlegung unwirksam.

## § 386.

Die Kosten der Versteigerung oder des nach § 385 erfolgten Verkaufs fallen dem Gläubiger zur Last, sofern nicht der Schuldner den hinterlegten Erlös zurücknimmt.

E. I, 279; II, 330 Abs. 3; III, 380.

Vgl. die Bem. zu § 381. Der Gläubiger hat die Kosten der Versteigerung oder des Verkaufs nur zu tragen, wenn:

a) die Versteigerung bezw. der Verkauf rechtmäßig war, und
b) die Hinterlegung des Erlöses erfolgt ist, oder
c) der Erlös an den Gläubiger ausgeantwortet ist.

Bei Rücknahme des hinterlegten Erlöses durch den Schuldner verbleiben diesem die Kosten.

# Dritter Titel.

## Aufrechnung.*)

### Vorbemerkung zu den §§ 387—396.

I. Die §§ 387—396 regeln das einseitige Recht des Schuldners zur Aufrechnung (Kompensation) oder die sog. Zwangsaufrechnung. Die sog. vertragsmäßige Aufrechnung (compensatio voluntaria) mit ihren besonderen Anwendungen im Kontokorrentverhältniß und der Skontration werden vom BGB. nicht berührt.

---

*) Literatur: Brinz, Die Lehre von der Kompensation (1849) und in Beckers Jahrb. I Nr. 2; Dernburg, Geschichte und Theorie der Kompensation, 2. Aufl. 1868; Schwanert, Kompensation 1870; Eisele, Kompensation 1876; Lippmann, Rückwirkung und Rechtsgeschäft der Aufrechnungserklärung, Iherings Jahrb. Bd. 43 S. 435 ff.; Leonhard, Die Aufrechnung 1896; Franz Leonhardt, Aufrechnung gegen eine Nichtschuld, im Arch. f. bürgerl. Recht Bd. 21 S. 171 ff.; Fitting in Festgabe der Universität Halle für Dernburg 1900 S. 1 ff.; Binder, Rückwirkung der Aufrechnung, in Bernhöft-Binders Beiträgen zur Auslegung des BGB. 1902 S. 23 ff.; Fürst, Eine Beschränkung des Rechtes der Kompensation in Gruchot, Beitr. 40. Jahrg. S. 322 ff.; Kohler, Die Aufrechnung nach dem BGB. in Buschs Zeitschr. Bd. 24 Jahrg. 1898 S. 1—49; Windscheid II §§ 348 ff.; Dernburg, Pand. II §§ 62 ff.; Stammler, Recht der Schuldverh. I S. 240—245; Oertmann in Das Recht 1901 S. 447: Die Rechtsbeständigkeit von Forderung und Gegenforderung als Erforderniß der Aufrechnung; Weismann in Buschs Zeitschr. Bd. 26 S. 1: Die Aufrechnung nach dem

Die leitenden Gesichtspunkte des BGB. sind folgende: Die Aufrechnung ist ein Surrogat der Zahlung. Sie ist auch keine Unterart der Erfüllung. Vgl. Vorbem. zum dritten Abschnitt S. 208. Allerdings bewirkt sie wie diese, daß das Schuldverhältniß ipso jure erlischt, steht also in ihrer wirthschaftlichen Wirkung der Zahlung gleich; es bleibt aber juristisch erheblich, sie von der Erfüllung begrifflich zu trennen, sie vermeidet die Erfüllung, läßt sie überflüssig erscheinen, weil wirthschaftlich bei beiderseitiger Erfüllung doch nur ein gleichwerthiges Resultat herauskäme. Der Rechtsgrund der Aufrechnung ist aber nicht nur diese wirthschaftliche Zweckmäßigkeit, sondern auch die bona fides des Verkehrs nach dem Satze: dolo facit, qui petit, quod redditurus est (l. 8 pr. D. de doli mali exceptione 44, 3). Aus diesem Grunde hat sich die Aufrechnung zunächst im Prozesse entwickelt und wurde das Recht zur Aufrechnung im gemeinen Recht als eine besondere Ausgestaltung der exceptio doli, als eine Einrede im engeren Sinne, ein Gegenrecht, aufgefaßt, das dadurch bedingt ist, daß der Beklagte seinerseits es geltend macht. Verdunkelt wurde diese Auffassung durch die falsche Lehre des Glossators Martinus, der zufolge sich die Gegenforderungen mit ihrem Gegenübertreten ohne Weiteres »sine facto hominis« und in diesem Sinne ipso jure aufheben. Demgegenüber lehrte Azo, daß die Kompensation zwar von einer der Parteien vorgeschützt werden müsse, daß aber im Falle ihres Vorschützens sie als von selbst mit der Koexistenz der Gegenforderungen eingetreten zu betrachten sei. Die gemeinrechtliche Wissenschaft schloß sich überwiegend diesem Standpunkt an.

Im Gegensatze zum gemeinen Rechte (Dernburg, Pand. II § 62) sieht das BGB. in dem Rechte zur Aufrechnung keine Einrede im technischen Sinne (exceptio), vielmehr hat es, partikularrechtlicher Entwickelung folgend, die Verwirklichung einer möglichen Aufrechnung einer einseitigen, beliebig abzugebenden Erklärung übertragen (§ 388). Die Berufung auf diese Erklärung im Prozesse ist dann keine Einrede im technischen Sinne, sondern eine Einwendung. Indem das BGB. die Aufrechnung durch eine einseitige Erklärung des Schuldners sich vollziehen läßt, trägt es zugleich dem Verkehrsbedürfnisse nach einer außergerichtlichen einseitigen Aufrechnung Rechnung. Ein solches Bedürfniß liegt u. A. vor, wenn man für eine Schuld gestellte Sicherheiten zurückerlangen will oder wenn die Forderung, mit der man aufrechnen will, an eine Frist gebunden ist. Vgl. Dernburg, Bürgerl. R. II S. 320, RGE. Bd. 11 S. 119; Ohnesorg in Jherings Jahrb. Bd. 20 S. 285. Die Erklärung der Aufrechnung im Prozesse hat fortan keine andere Natur als die außerprozessualische. Vgl. gegen Kohler, Zeitschr. f. Civilprozeß Bd. 24 S. 385, Dernburg a. a. O. S. 286.

Damit sollte der alte Streit über die Bedeutung des Satzes: ipso jure compensatur erledigt werden. Sind die Voraussetzungen der Aufrechnung vorhanden, so tritt nicht, wie nach französischem Recht, eine wechselseitige Aufhebung der sich gegenüberstehenden Forderungen von selbst ein, sondern die beiderseitigen Forderungen bleiben bestehen, aber jeder der beiden Gläubiger kann durch seine einseitige, außergerichtliche oder gerichtliche Erklärung die Aufrechnung vollziehen. Ist die Aufrechnung vollzogen, so sind die beiderseitigen Forderungen in dem sich deckenden Betrage erloschen, und zwar wird dieses Erlöschen fiktizisch zurückdatirt auf den Zeitpunkt, in welchem sie sich kompensirbar gegenübergetreten sind.

II. Der Schuldner kann sich auf die Erklärung im Prozesse berufen als auf eine rechtsvernichtende Thatsache; es giebt also keine Einrede, sondern nur eine Einwendung

---

BGB.; Siber, Kompensation und Aufrechnung. Ein Beitrag zur Lehre des deutschen bürgerl. Rechtes. Leipzig, Hirschfeld 1900; Reuling, Die wahre rechtliche Natur der vermeintlichen Kompensationseinrede, Berlin 1899, W. Gronaus Buchhandlung; Weigelin, Das Recht der Aufrechnung als Pfandrecht an der eigenen Schuld, Hannover 1904; Schneider, Die Aufrechnung mit der Forderung eines Dritten, Göttingen 1904; Rosmarin, Ueber die Liquidation der Gegenforderung bei der Kompensation, Ger.H. Bd. 48 S. 145; Feder, Die rechtliche Natur der Aufrechnung außerhalb des Rechtsstreits, Goldschmidts Z. Bd. 54 S. 434; Stölzel, Die reichsgerichtliche Rechtsprechung über Eventualaufrechnung, Archiv f. d. civilist. Praxis Bd. 95 S. 1; Martinius, Eventualaufrechnung, Arch. f. bürgerl. R. Bd. 24 S. 277; Epstein, Zur Frage der Kompensation verjährter Gegenforderungen der Eisenbahnen, Eisenb.E. Bd. 21 S. 95; s. ferner J. 1 S. 53, 2 S. 38.

der Aufrechnung im technischen Sinne. Fortgefallen ist damit auch die replica compensationis. Nur insofern ist diese Replik zulässig, als behauptet werden kann, daß ein entgegengesetzter Kompensationsvertrag vorliege oder Kläger seinerseits zuvor durch die Aufrechnung einer anderen ihm zustehenden Forderung die vom Gegner zur Aufrechnung verwendete Forderung getilgt habe.

Vgl. RGE. Bd. 7 Nr. 70.

Diese veränderte Auffassung hat auch einige Aenderungen der CPO. erforderlich gemacht. (Vgl. CPO. § 304 [früher § 274].) Vgl. Bem. 4 zu § 387.

III. Die vertragsmäßige Aufrechnung ist ein gegenseitiger Erlaßvertrag. Vgl. Enneccerus II § 214, Schollmeyer, Vorbem. II S. 326. Sie ist nicht an die Voraussetzungen der gesetzlichen Aufrechnung gebunden (Fälligkeit, Gleichartigkeit u. s. w.). Da es sich um einen gegenseitigen Vertrag handelt, nicht um zwei einseitige Erlaßverträge, so wird der Vertrag nicht wirksam, wenn die Forderung auf der einen oder anderen Seite nicht besteht oder nicht aufgehoben werden kann. Nach anderer Auffassung soll bei irrthümlicher Unterstellung einer Gegenforderung der benachtheiligte Gläubiger nur einen Anspruch wegen ungerechtfertigter Bereicherung auf Wiederherstellung der Forderung haben (Endemann II § 146). Durch Aufrechnungsvertrag kann auch vereinbart werden, daß gewisse künftig unter den Parteien entstehende Forderungen, ohne daß es noch einer besonderen Aufrechnungserklärung bedarf, durch die Wirkung des Vertrags selbst aufgerechnet werden sollen. Ein solches pactum de compensando ist verbunden:

1. mit der sogenannten Skontration. Hier wird zwecks Ausgleichung gegenseitiger Schulden unter mehr als zwei Personen ein Kreis gebildet. Angenommen in der Personenreihe A, B, C, D, E, F sei immer der Nebenmann links Schuldner seines Nebenmannes rechts, endlich F Schuldner des A. In dem idealen Falle, daß die Schuldsummen identisch wären, würde hier der ganze Kreislauf des Geldes unterbleiben können. Daraus ergiebt sich, daß bei Bildung eines solchen Girokreises auf alle Fälle, zumal unter Zuhülfenahme der Delegation und sonstiger Substitutionen Baarzahlungen in hohem Grade erspart werden können. Hierauf beruht das Verfahren der sogenannten Abrechnungsstellen (Clearingverkehr). Vgl. des Näheren Kuhlenbeck, Der Check, seine wirthschaftliche und juristische Natur S. 25 ff.;

2. mit dem Kontokorrentverkehr. Bei diesem wird vereinbart, daß die einzelnen Forderungen im Geschäftsverkehr zwischen zwei Parteien für sich nicht gesondert geltend gemacht werden, sondern daß erst ihre Summen am Schlusse der vereinbarten Abrechnungsperiode gegenseitig verrechnet und alsdann der Saldo als der zu Gunsten des einen Betheiligten sich ergebende Forderungsüberschuß festgestellt und baar geleistet werden soll. Vgl. HGB. § 355.

## § 387.

Schulden zwei Personen einander Leistungen, die ihrem Gegenstande nach gleichartig sind, so kann jeder Theil seine Forderung gegen die Forderung des anderen Theiles aufrechnen, sobald er die ihm gebührende Leistung fordern und die ihm obliegende Leistung bewirken kann.

E. I, 281 Abs. 1; II, 331; III, 381.

I. Die Voraussetzungen des einseitigen Rechtes der Aufrechnung:

1. Der Schuldner der einen Forderung muß Gläubiger der anderen Forderung sein.

Ein Dritter, auch wenn er für den Schuldner wirksam leisten darf (§ 267), kann das Erlöschen des Schuldverhältnisses im Wege der Aufrechnung nur in den durch das Gesetz besonders bestimmten Fällen (§§ 268, 1142, 1224, 1249) bewirken. Vgl. P. I, 362.

Ueber das Recht des Schuldners, nach der Abtretung der Forderung eine ihm gegen den bisherigen Gläubiger zustehende Forderung auch dem neuen Gläubiger gegenüber aufzurechnen, s. § 406.

Ueber die Aufrechnung eines Gesammtschuldners oder Gesammtgläubigers und über die Aufrechnung gegenüber einem solchen s. §§ 422, 429.

Der belangte Bürge kann eine dem Hauptschuldner gegen den Gläubiger zustehende Forderung nicht aufrechnen; er darf jedoch nach § 770 Abs. 2 die Befriedigung des Gläubigers verweigern, solange sich der letztere durch Aufrechnung gegen eine fällige Forderung des Hauptschuldners befriedigen kann. Dagegen kann der Bürge eine ihm selbst zustehende Forderung gegen die Forderung des Gläubigers aus der Bürgschaft aufrechnen, RGE. Bd. 53 S. 403.

Die Aufrechnungserklärung kann nicht im voraus, für den Fall, daß der sie Erklärende demnächst Schuldner des anderen Theils werden sollte, abgegeben werden. RGE. v. 16. Sept. 1903 in Jur. Wschr. Jahrg. 32 Beil. 124.

2. Die geschuldeten Leistungen müssen ihrem Gegenstande nach gleichartig sein:

a) Die geschuldeten Sachen müssen vertretbare (§ 91) sein. Individuell bestimmte Sachen können nicht gegen einander aufgerechnet werden, ebensowenig Handlungen, bei denen es auf die persönliche Leistung ankommt. Dagegen wird die Aufrechenbarkeit zweier Forderungen dadurch nicht ausgeschlossen, daß die eine verzinslich, die andere unverzinslich ist.

b) Es genügt, wenn die Gleichartigkeit im Zeitpunkte der Aufrechnung vorhanden ist. So kann z. B. eine ursprünglich auf Herstellung gerichtete Schadensersatzforderung gegen eine Geldforderung aufgerechnet werden, wenn erstere im Zeitpunkte der Aufrechnungserklärung in eine Forderung auf Geldentschädigung umgewandelt ist (s. § 250).

c) Daß die beiden Forderungen auf demselben Rechtsgrunde beruhen, wird nicht erfordert. Ueber die prozessualen Wirkungen bei dem Mangel eines rechtlichen Zusammenhanges der beiden Forderungen s. Bem. IV.

d) Ebensowenig ist erforderlich, daß die beiden Forderungen gleich hoch sind. Bei der Aufrechnung muß sich der Gläubiger auch eine Theilleistung gefallen lassen. S. Bem. 4 zu § 266.

e) Eine Verschiedenheit des Leistungsorts schließt regelmäßig die Aufrechnung nicht aus (§ 391).

f) Auch die Liquidität der aufzurechnenden Forderungen bildet kein materiellrechtliches Erforderniß, unbeschadet der unten in Bem. IV erwähnten prozessualen Bestimmungen.

Ueber die Aufrechnung von Forderungen, denen eine Einrede entgegensteht, s. § 390 (Eventualaufrechnung).

3. Die Forderung, mit welcher aufgerechnet werden will, muß rechtlich erzwingbar sein — „sobald er die ihm gebührende Leistung fordern kann" —. Mit Forderungen aus einer Ehevermittlung (§ 656 Abs. 1 Satz 1), mit Forderungen aus Spiel und Wette (§§ 762—764) kann nicht aufgerechnet werden.

4. Die Forderung, gegen welche aufgerechnet wird, muß bestehen; auch wenn der entscheidende Tilgungsgrund erst im Aufrechnungsakt erblickt wird, ist das Bestehen der Gegenforderung Erforderniß der Aufrechnung. Bestand also die Gegenforderung nicht, so ist die Aufrechnungserklärung unwirksam und bleibt die Forderung, die aufgerechnet werden soll, bestehen; der Aufrechnende braucht nicht wie im Falle der Erfüllung mit der condictio indebiti die Rückgewähr des Geleisteten zu verlangen. A. M. Leonhard im Arch. f. bürgerl. R. Bd. 21 S. 171 ff., der die Analogie der Haftung zu weit treibt und die Aufrechnung gegen eine Nichtschuld für an sich gültig und nur mit der Bereicherungsklage anfechtbar erklärt. Vgl. dagegen Planck Bem. 2 zu § 387, Oertmann, Recht 1901 S. 447 ff., sowie Vorbem. I.

5. Die Aufrechnung ist statthaft von dem Zeitpunkt an, in welchem der Aufrechnende die ihm geschuldete Leistung fordern und die ihm obliegende Leistung bewirken kann (s. § 271). Ist der Schuldner zufolge der Auslegungsregel des § 271 Abs. 2 berechtigt, vor der bestimmten Zeit zu leisten, so kann er gegen die befristete Forderung seines Gläubigers eine ihm selbst gegen diese zustehende fällige Forderung auch schon vor dem Eintritte der bestimmten Zeit aufrechnen. Durch eine aus Gefälligkeit gewährte Nachsicht (Gnadenfrist) wird für keinen Theil die Aufrechnungsbefugniß aufgehoben oder hinausgeschoben. M. II, 105.

II. Die Aufrechnung ist ein Recht des Schuldners. Es steht in seinem freien Belieben, ob er von der Aufrechnungsbefugniß Gebrauch machen will. Eine dem Schuldner nachtheilige Rechtsvermuthung aus der Unterlassung der Aufrechnung gegenüber einer eingeklagten Forderung (vgl. PLR. Thl. IV cap. 14 § 13 Nr. 4) stellt das BGB. nicht auf.

Selbstverständlich kann die Aufrechnung auch durch Vertrag ausgeschlossen werden. Ein solcher Vertrag kann sich nach Treu und Glauben aus den Umständen ergeben, z. B. kann eine Forderung auf Zahlung einer Schuld nicht gegen eine Forderung auf Zahlung eines Darlehens aufgerechnet werden. Vgl. RGE. Bd. 52 S. 303.

III. Beweislast. Das Vorhandensein der Voraussetzungen der Aufrechnung muß derjenige beweisen, der die Aufrechnung geltend macht.

IV. Prozessuale Bestimmungen. Bei dem Mangel eines rechtlichen Zusammenhanges zwischen der Klageforderung und der aufgerechneten Gegenforderung kann das Gericht anordnen, daß über die Klage und über die Aufrechnung getrennt verhandelt werde (§ 145 Abs. 3 CPO.), und kann, wenn nur die Klageforderung zur Entscheidung reif ist, diese unter Vorbehalt der Entscheidung über die Aufrechnung treffen (§ 302 CPO.).

CPO. § 145 Abs. 3: „Macht der Beklagte die Aufrechnung einer Gegenforderung geltend, welche mit der in der Klage geltend gemachten Forderung nicht in rechtlichem Zusammenhange steht, so kann das Gericht anordnen, daß über die Klage und über die Aufrechnung getrennt verhandelt werde; die Vorschriften des § 302 finden Anwendung."

CPO. § 302: „Hat der Beklagte die Aufrechnung einer Gegenforderung geltend gemacht, welche mit der in der Klage geltend gemachten Forderung nicht in rechtlichem Zusammenhange steht, so kann, wenn nur die Verhandlung über die Forderung zur Entscheidung reif ist, diese unter Vorbehalt der Entscheidung über die Aufrechnung erfolgen.

Enthält das Urtheil keinen Vorbehalt, so kann die Ergänzung des Urtheils nach Vorschrift des § 321 beantragt werden.

Das Urtheil, welches unter Vorbehalt der Entscheidung über die Aufrechnung ergeht, ist in Betreff der Rechtsmittel und der Zwangsvollstreckung als Endurtheil anzusehen.

In Betreff der Aufrechnung, über welche die Entscheidung vorbehalten ist, bleibt der Rechtsstreit anhängig. Soweit sich in dem weiteren Verfahren ergiebt, daß der Anspruch des Klägers unbegründet war, ist das frühere Urtheil aufzuheben, der Kläger mit dem Anspruch abzuweisen und über die Kosten anderweit zu entscheiden. Der Kläger ist zum Ersatze des Schadens verpflichtet, der dem Beklagten durch die Vollstreckung des Urtheils oder durch eine zur Abwendung der Vollstreckung gemachte Leistung entstanden ist. Der Beklagte kann den Anspruch auf Schadensersatz in dem anhängigen Rechtsstreite geltend machen; wird der Anspruch geltend gemacht, so ist er als zur Zeit der Zahlung oder Leistung rechtshängig geworden anzusehen."

Die Entscheidung, daß die aufgerechnete Gegenforderung nicht besteht, ist bis zur Höhe des Betrages, für welchen die Aufrechnung geltend gemacht worden ist, der Rechtskraft fähig (§ 322 Abs. 2 CPO.).

§ 322: „Urtheile sind der Rechtskraft nur insoweit fähig, als über den durch die Klage oder durch die Widerklage erhobenen Anspruch entschieden ist.

Hat der Beklagte die Aufrechnung einer Gegenforderung geltend gemacht, so ist die Entscheidung, daß die Gegenforderung nicht besteht, bis zur Höhe des Betrags, für welchen die Aufrechnung geltend gemacht worden ist, der Rechtskraft fähig."

Ueber die Geltendmachung der Aufrechnung in der Berufungsinstanz s. § 529 Abs. 3 CPO.

§ 529: „Die Parteien können Angriffs- und Vertheidigungsmittel, welche in erster Instanz nicht geltend gemacht sind, insbesondere neue Thatsachen und Beweismittel vorbringen.

Neue Ansprüche dürfen, abgesehen von den Fällen des § 268 Nr. 2, 3, nur mit Einwilligung des Gegners erhoben werden.

Macht der Beklagte die Aufrechnung einer Gegenforderung geltend, so ist die hierauf gegründete Einwendung zurückzuweisen, wenn nicht der Kläger in die Geltendmachung einwilligt oder der Beklagte glaubhaft macht, daß er ohne sein Verschulden außer Stande gewesen ist, die Aufrechnung in erster Instanz geltend zu machen. Im Falle der Zurückweisung finden die Vorschriften der §§ 540, 541 Anwendung."

V. Ueber die Aufrechnung im Konkurse s. die §§ 21 Abs. 2, 53—56, 199 KO. und Art. 10 EG. z. KO.

## § 388.

Die Aufrechnung erfolgt durch Erklärung gegenüber dem anderen Theile. Die Erklärung ist unwirksam, wenn sie unter einer Bedingung oder einer Zeitbestimmung abgegeben wird.

E. I, 282; II, 332; III, 382.

**In § 388 wird bestimmt, in welcher Weise die Aufrechnung zu erfolgen hat:**

1. Die Aufrechnung muß dem anderen Theile gegenüber erklärt werden.

a) Die Erklärung ist ein einseitiges empfangsbedürftiges Rechtsgeschäft. Es finden daher die Vorschriften der §§ 130—132 und im Falle der Erklärung der Aufrechnung durch einen Vertreter die §§ 174, 180 Anwendung.

Den rechtsgeschäftlichen Charakter der Aufrechnungserklärung bestreitet Lippmann, Iherings Jahrb. Bd. 43 S. 503, 505, der in ihr eine bloße Zahlungsweigerung, eine Selbsthülfe nach dem Vorbilde des Prozesses erblickt. Vgl. jedoch dagegen Planck Bem. 1 zu § 388, Leonhard, Arch. f. bürgerl. Recht Bd. 21 S. 171 ff., Manigk, Anwendungsgebiet S. 125.

b) Ueber den Inhalt der Erklärung wird keine Vorschrift gegeben. Unerläßlich ist jedoch schon mit Rücksicht auf die Prüfung der Zulässigkeit der Aufrechnung, daß die Erklärung die Forderungen bestimmt bezeichnet, welche durch die Aufrechnung getilgt werden sollen. Die Erklärung braucht nicht den Ausdruck „Aufrechnung" zu enthalten; es genügt, daß die darauf gerichtete Absicht klar erkennbar ist. RGE. Bd. 52 S. 303. Ueber die Reihenfolge der Tilgung beim Vorhandensein mehrerer Forderungen s. § 396.

c) Die Aufrechnung bringt ein bestehendes Recht unmittelbar zum Erlöschen. Sie ist sohin eine Verfügung im Sinne des BGB.

d) Die Erklärung, daß aufgerechnet werde, kann, wie jede andere Willenserklärung, sowohl außergerichtlich als in einem anhängigen Rechtsstreit abgegeben werden.

Umfaßt die Prozeßvollmacht zugleich die Befugniß zur Aufrechnung bezw. zur Entgegennahme der Aufrechnungserklärung?

Die Frage ist sehr bestritten. Sie wird bejaht von Dernburg, Schollmeyer, Neumann, Gaupp-Stein, CPO. Bd. 1 S. 343, Brettner, D. Jur.-Z. Bd. 3 S. 343, Götte, Arch. f. bürgerl. R. Bd. 17 S. 164, Scherer, Jur. Wschr. 1901 S. 3, und durch die überwiegende Praxis. Vgl. RGE. Bd. 50 S. 426, Seuff. Arch. Bd. 57 S. 310, Jur. Wschr. 1902 S. 214, 1903 S. 21, Rspr. d. OLG. Bd. 2 S. 294. Sie wird verneint von Planck Bem. 2 zu § 388, Petersen, CPO., 4. Aufl. S. 219, Petzold in Gruchot, Beitr. Bd. 44 S. 845 u. A.

Vgl. ferner zu dieser Streitfrage Wach in Zeitschr. f. d. Civilprozeß Bd. 27 S. 1 ff., Fitting: Liegt in der Prozeßvollmacht die Ermächtigung zur Abgabe und Empfang einer Aufrechnungserklärung? Halle a. S. 1900.

In Uebereinstimmung mit der 1. Aufl. dieses Komm., in Berichtigung der von mir selbst im Handkomm. 2. Aufl. Bem. 1 zu § 388 vertretenen Auffassung halte ich die bejahende Ansicht für richtig. Die Aufrechnungserklärung im Prozeß ist zugleich Rechtsgeschäft und Prozeßhandlung; § 81 CPO. hebt Vergleich, Verzicht und Anerkennung nur deßhalb besonders hervor, weil bei diesen Akten die Eigenschaft als Prozeßhandlung hätte zweifelhaft sein können und weil sie von den in dem gesetzlichen Umfange der Prozeßvollmacht begriffenen Akten die einzigen sind, die nach § 83 dem Gegner gegenüber wirksam ausgeschlossen werden können. Ein arg. e contrario ist daher nicht zulässig, vielmehr ist in analoger Ausdehnung anzunehmen, daß die Prozeßvollmacht, da sie zur Erhebung der Widerklage, zum Vergleich und zur Verzichtleistung auf den Streitgegenstand berechtigt, auch zur Aufrechnung ermächtigen soll. Die Geltendmachung der Aufrechnung im Prozesse wird als Prozeßhandlung behandelt im § 209 BGB. und in §§ 145 Abs. 3, 302, 322 Abs. 2, 529 Abs. 3 CPO., und zwar umfassen diese Paragraphen der CPO. ungeschieden sowohl die Erklärung der Aufrechnung, als auch die Berufung auf eine bereits vor dem Prozeß erfolgte Aufrechnungserklärung. Vgl. Fitting a. a. O.

Die Aufrechnungserklärung kann im Prozesse wirksam auch schon in einem vorbereitenden Schriftsatze erfolgen, sofern nur der Wille des Aufrechnenden erkennbar darauf gerichtet war, nicht nur ein künftiges prozessuales Vorbringen anzukündigen, sondern damit zugleich die rechtsgeschäftliche Aufrechnungserklärung vorzunehmen. Vgl. RGE. v. 13. August 1902 in Jur. Wschr. 1902 S. 531, RGE. Bd. 58 S. 148, 212; Scherer, Komm. Bd. 1 S. 457; Dernburg II S. 323. And. M. Planck Bem. 1 zu § 143, Rspr. d. OLG. Bd. 2 S. 217, Bd. 5 S. 60, Das Recht Bd. 5 S. 231.

2. Die Erklärung der Aufrechnung ist unwirksam, wenn sie unter einer Bedingung oder einer Zeitbestimmung abgegeben wird. (Ueber Bedingung und Zeitbestimmung s. die §§ 158—163.)

Diese Bestimmung ist im Interesse des Gläubigers gegeben, welcher nicht durch eine bedingte oder betagte Aufrechnungserklärung nach dem Belieben des Aufrechnenden auf unbestimmte Zeit gebunden sein soll. (P. I, 365, 366.)

Hiedurch ist jedoch eine eventuelle Aufrechnung im Prozesse keineswegs ausgeschlossen.

Dem Schuldner bleibt es vielmehr unbenommen, den erhobenen Anspruch an erster Stelle mit rechtsvernichtenden, rechtshindernden Thatsachen oder durch Vorschützen einer civilrechtlichen Einrede zu bekämpfen und nur eventuell die Aufrechnung zu erklären. (Vgl. M. II, 108 und die Begründung in P. I, 224 zu den §§ 209 und 215 über die Geltendmachung der Aufrechnung im Prozesse.)

a) Sofern der Schuldner an erster Stelle rechtsvernichtende oder rechtshindernde Thatsachen eingewendet hat, kann die Zulässigkeit einer eventuellen Aufrechnung durch die Vorschrift des § 388 Satz 2 überhaupt nicht in Frage gestellt werden. Erweisen sich nämlich die an erster Stelle vorgebrachten Einwendungen des Schuldners begründet, so ist keine Forderung vorhanden, gegen welche aufgerechnet werden könnte. Der Schuldner hat also in diesem Falle die Aufrechnungserklärung nicht von einer Bedingung abhängig gemacht, sondern seiner Erklärung nur den selbstverständlichen Zusatz beigefügt, daß er aufrechnen wolle, wenn eine Forderung vorhanden sei, gegen welche er aufrechnen könne. (Vgl. M. II, 108.)

b) Für den Fall dagegen, daß der Schuldner dem Anspruch in erster Linie civilrechtliche Einreden im eigentlichen Sinne, z. B. die Einrede der Verjährung, der Stundung, entgegensetzt, ist allerdings die Begründung in den M. II, 108 nicht zutreffend. Hier besteht eine (wenn auch mit einer Einrede behaftete) Forderung, gegen welche aufgerechnet werden kann. Allein auch hier liegt eine bedingte oder betagte Aufrechnungserklärung nicht vor. Wer aufrechnet für den Fall, daß keine Thatsachen vorhanden sind, welche eine Einrede gegen den Anspruch des Gegners begründen, macht die Aufrechnung nicht von einem künftigen ungewißen Ereigniß abhängig. Vielmehr liegt hier nur eine sog. conditio in praeteritum vel in praesens collata vor, welche vom BGB. als eigentliche Bedingung nicht anerkannt ist. Vgl. die Bem. zu den §§ 158—163.

Ergiebt sich, daß die für die prinzipale Einrede zur Begründung dienenden Thatsachen wirklich vorliegen, so gilt die Aufrechnung als nicht erklärt, im gegentheiligen Falle ist die Aufrechnung als unbedingt erklärt und als sofort wirksam anzusehen.

Uebrigens treffen hier auch die oben angegebenen Gründe nicht zu, welche zur Aufnahme der Bestimmung des § 388 Satz 2 geführt haben. Der Gläubiger ist durch die eventuelle Aufrechnung im Prozesse nicht auf unbestimmte Zeit nach dem Belieben des Aufrechnenden gebunden, sondern nur so lange, bis die Entscheidung über die prinzipalen Einreden im Rechtsstreit erfolgt ist.

Vgl. Stölzel, Schulung f. d. civ. Praxis II. Theil, Zur Lehre von der Eventualaufrechnung S. 140 ff.; Planck Bem. 2 zu § 388 und Bem. 3 zu § 390; Oertmann Bem. 2 zu § 388, welche sich übereinstimmend für die Zulässigkeit der Eventualaufrechnung im Prozesse aussprechen. Vgl. ferner zu dieser Streitfrage: Scherer im Recht 1900 S. 294, Die eventuelle Aufrechnung im Prozesse, Eccius, Die eventuelle Aufrechnung in Gruchot, Beitr. Bd. 42 S. 15—38, 233—257, Förtsch daselbst S. 225—233, Liebknecht, Vorbehaltszahlung und Eventualaufrechnung nach heutigem und künftigem Reichsrecht, Berlin, Prag 1899, Stölzel, Zur Verständigung über die Eventualaufrechnung in Buschs Zeitschr. Bd. 24 S. 50—128, S. 415—418.

Auch über die Frage der prozessualen Behandlung der Eventualaufrechnung besteht Streit. Nach der herrschenden Ansicht wird über die Aufrechnung, die nur für den Fall geltend gemacht ist, daß der Klaganspruch begründet und bewiesen wird oder daß eine andere prinzipaliter vorgeschützte Einwendung nicht für begründet oder nicht bewiesen erkannt wird, nur dann entschieden, wenn der Klaganspruch für begründet und bewiesen erkannt und die prinzipaliter vorgeschützte Einwendung verworfen ist. Eine Klage kann nicht mit der Begründung abgewiesen werden: „Entweder besteht die Klagforderung, dann greift die Aufrechnung Platz, oder sie besteht nicht, dann rechtfertigt sich die Abweisung von selbst.“ RGE. Bd. 42 S. 364, Gruchot, Beitr. Bd. 43 S. 209, Bd. 41 S. 947, Jur. Wschr. 1902 S. 544 Nr. 7, 1900 S. 749 Nr. 10, Seuff. Arch. Bd. 53 S. 104. Hiegegen wendet sich Stölzel, Schulung II, Zeitschr. f. d. Civilprozeß Bd. 24 S. 50 (vgl. ferner Eccius bei Gruchot Bd. 42 S. 15 und 233, Förtsch das. S. 225, Mansfeld in D. Jur.Z. 1898 S. 255, Hellwig, Lehrb. des deutschen Civilprozeßrechts Bd. 1 § 35). Stölzel behauptet, daß ein Urtheil, das eine illiquide Klagforderung auf Grund liquider Gegenforderung abweist, die Frage offen lassen kann, ob die klägerische Forderung durch Aufrechnung getilgt sei. Wenn der Beklagte in einem zweiten Prozesse die Gegenforderung einklagt, sei diese Frage neuerdings zu entscheiden; der Kläger könne diesen zweiten Prozeß nur dadurch vermeiden, daß er bei Geltendmachung der Aufrechnung zugleich Feststellung beantrage, daß die Gegenforderung durch diese Aufrechnung getilgt sei. Mit Recht macht Planck Bem. 5 zu § 390 gegen diese Auffassung geltend, daß die eventuelle prozessuale Aufrechnungserklärung erst wirksam wird, wenn die klägerische Forderung für begründet erkannt wird, daß also, ehe dieser Fall eingetreten ist, die Klage auf Grund der Aufrechnung nicht eventuell abgewiesen werden darf.

Anders ist zu entscheiden, wenn eine Aufrechnung außerhalb eines Prozesses in der Weise erklärt würde, daß sie nur wirksam sein solle, wenn der Forderung, gegen welche aufgerechnet wird, eine Einrede nicht entgegensteht. Hier würde der Gläubiger allerdings auf unbestimmte Zeit nach dem Belieben des Schuldners gebunden sein, und deßhalb wird man in analoger Anwendung des § 388 Satz 2, obwohl auch hier eine eigentliche Bedingung nicht vorliegt, eine solche Aufrechnung für unwirksam erachten müssen. Ebenso Planck Bem. 3 zu § 390.

Mit der unzulässigen Eventualaufrechnung außerhalb des Prozesses ist nicht zu verwechseln die unter Umständen für die Prozeßkosten erhebliche Vorankündigung einer eventuellen Aufrechnung im Prozesse.

Wird nämlich der eingeklagte Anspruch zunächst bestritten, dann aber nach Klagerhebung zwar an sich anerkannt, aber unter Geltendmachung einer Gegenforderung, die dem Kläger bis dahin unbekannt war, die dieser aber seinerseits sofort anerkennt, abgewiesen, so kann in dem Verhalten des Beklagten vor der Klagestellung ein Verschulden liegen, das ungeachtet der Klagabweisung es rechtfertigt, dem Beklagten nach § 93 CPO. die Kosten aufzulegen. Vgl. Rehbein Bem. 31 zu §§ 387–396. Abgesehen von diesem Falle trägt Kläger stets die Kosten, auch wenn die Klage bestritten und bei späterer Anerkennung des Klaggrundes auf Grund seinerseits anerkannter Gegenforderung abgewiesen wird. Um dieser Unzuträglichkeit zu entgehen, kann er statt auf Zahlung auf Feststellung seiner Forderung klagen. Denn der zur Zeit der Klagerhebung bestehende Verzug wird durch die Aufrechnung mit rückwirkender Kraft beseitigt. Vgl. RGE. Bd. 50 S. 389, Bd. 57 S. 381, RGE. v. 24. Jan. 1902 in Seuff. Arch. Bd. 58 S. 37, Jur. Wschr. 1902 Beil. 2 S. 198.

## § 389.

Die Aufrechnung bewirkt, daß die Forderungen, soweit sie sich decken, als in dem Zeitpunkt erloschen gelten, in welchem sie zur Aufrechnung geeignet einander gegenübergetreten sind.

E. I, 283; II, 333; III, 383.

In § 389 wird die Wirkung der Aufrechnung behandelt. Die Erklärung der Aufrechnung bewirkt, daß die beiden sich gegenüber stehenden Forderungen in dem sich deckenden Betrage als ipso jure erloschen gelten und zwar als erloschen schon in dem Zeitpunkte, in welchem sie zur Aufrechnung geeignet einander gegenübergetreten sind.

1. Solange die Aufrechnung nicht erklärt ist, werden die beiden Forderungen dadurch, daß sie sich aufrechenbar gegenüber stehen, nicht berührt. Die vereinbarten und vertragsmäßigen Zinsen aus beiden Forderungen laufen weiter, jede Partei geräth in Ansehung ihrer Schuld durch Verzögerung der Erfüllung in Verzug, die bedungene Vertragsstrafe wird im Falle des Verzuges verwirkt, wie wenn eine Gegenforderung nicht bestände.

Das Recht, aufzurechnen, begründet keine Einrede. Der Schuldner kann also, wenn er in Unkenntniß seines Aufrechnungsrechtes geleistet hat, nicht etwa auf Grund der §§ 812 und 813 das Geleistete zurückfordern und nachträglich aufrechnen. Er ist vielmehr darauf angewiesen, seine nicht aufgerechnete Forderung anderweitig geltend zu machen. Ebenso Planck Bem. 3 zu § 389. Die entgegenstehende Ansicht Oertmanns in Bem. 1 zu § 389 dürfte nach dem BGB., welches nur Wirkungen der erklärten Aufrechnung kennt, nicht haltbar sein.

2. Wird die Aufrechnung erklärt, so gelten die beiden Forderungen, soweit sie sich decken, als erloschen:

a) Der Schuldner, welcher nach der Erklärung der Aufrechnung die Leistung bewirkt, kann die Herausgabe des Geleisteten auf Grund der §§ 812 ff. wegen ungerechtfertigter Bereicherung verlangen.

b) Da die Aufrechnungserklärung die Forderung zum Erlöschen bringt, so kann sie nicht durch eine replica compensationis, d. h. dadurch, daß der Kläger erklärt, die aufzurechnende Gegenforderung auf eine andere Forderung verrechnen zu wollen, beseitigt werden. Der Kläger kann sich der Aufrechnung des Beklagten gegenüber replicando höchstens darauf berufen, daß entweder:

α) er selbst schon vor der Aufrechnungserklärung des Gegners eine wirksame Aufrechnungserklärung hinsichtlich der vorgeschützten Gegenforderung abgegeben habe, oder

β) daß ein entgegenstehender Aufrechnungsvertrag (s. Bem. 1 zu § 387) vorliege.

Vgl. RGE. Bd. 7 S. 243, Bd. 13 S. 173, 174, ROHG. Bd. 19 S. 76.

Hieraus folgt, daß auch der Gläubiger, der nur einen Theil seiner Forderung eingeklagt hat, den Beklagten, der hiergegen mit einer Gegenforderung aufrechnet, nicht auf den nicht eingeklagten Theil der Forderung verweisen kann. Allein er kann nach Maßgabe des heutigen Prozeßrechts die Klage auf den nicht geforderten Betrag erweitern und den Antrag stellen, den Beklagten für den Fall der nachgewiesenen Tilgung des zunächst geltend gemachten Forderungstheiles wegen des Rechtes der Forderung in den Grenzen des Klagantrags zu verurtheilen. Vgl. CPO. § 268 Nr. 2, Dernburg II S. 322 Note 10, Rehbein Bem. 29 zu §§ 387—396, Planck Bem. 1 zu § 389. Der Gläubiger, der im Hinblick auf etwaige, die Höhe seiner Forderung nicht erreichende Gegenforderungen nur den jedenfalls frei bleibenden Theilbetrag einklagt, kann verlangen, daß der Schuldner mit der Aufrechnung auf den nicht eingeklagten Theil verwiesen wird (RGE. v. 20. Februar 1903, Jur. Wschr. Bd. 33 S. 173, RGE. Bd. 57 S. 97).

Ein Konkursgläubiger kann bei der Anmeldung seiner Forderung wirksam erklären, daß er mit einem Theile gegen eine wider ihn bestehende Forderung des Gemeinschuldners aufrechne. RGE. Bd. 56 S. 362.

c) Mit einer Forderung oder gegen eine Forderung, welche in Folge Rücktritts vom Vertrag erloschen ist (s. § 346 Anm. 1, a), kann nicht aufgerechnet werden. Ausnahme bei unverzüglicher Erklärung der Aufrechnung in § 357.

3. Die Forderungen erlöschen in dem Betrage, zu welchem sie sich decken. Dem Gläubiger kann also im Wege der Aufrechnung entgegen der Vorschrift des § 266 eine Theilleistung aufgenöthigt werden (s. Bem. 4, b zu § 266). Nur muß der Schuldner seine ganze Forderung zur Aufrechnung verwenden. Es ist ihm nicht gestattet, mit einem Theile seiner Forderung gegen eine höhere Forderung des Gläubigers aufzurechnen.

4. Die Aufrechnung wirkt auf den (aus § 387 sich ergebenden) Zeitpunkt zurück, in welchem die beiden Forderungen zur Aufrechnung geeignet einander gegenüber getreten sind. Die Verpflichtung, Zinsen zu zahlen, gilt bezüglich beider Forderungen als schon in diesem Zeitpunkte weggefallen, ein nach diesem Zeitpunkt eingetretener Verzug gilt als nicht eingetreten, eine nach dem gedachten Zeitpunkte verwirkte Vertragsstrafe als nicht verwirkt. Soweit der Schuldner auf Grund einer hienach in Wegfall gekommenen Verpflichtung in der Zwischenzeit Zinsen gezahlt, Schaden wegen Verzugs ersetzt oder eine Vertragsstrafe entrichtet hat, kann er das Geleistete nach den Bestimmungen der §§ 812 ff. zurückfordern.

5. Aufrechnung gegen einen durch Urtheil festgestellten Anspruch (§ 767 CPO.). Eine Aufrechnung, die nach dem Schlusse der mündlichen Verhandlung erklärt wird, kann auch dann noch geltend gemacht werden, wenn die Aufrechnung schon während des Prozesses hätte erklärt werden können. Der Grund, auf welchem die Einwendung der Aufrechnung beruht, ist nach dem BGB. nicht die Möglichkeit, aufzurechnen, sondern die Erklärung der Aufrechnung. Ebenso Planck Bem. 3 Abs. 3 zu § 389 und Struckmann und Koch, Komm. z. CPO., Anm. 4 zu § 767.

6. Die Zulässigkeit einer Aufrechnung mit einer nach dem 1. Januar 1900 entstandenen Forderung bestimmt sich nach dem BGB., wenn auch die Forderung, gegen welche aufgerechnet wird, vor dem 1. Januar 1900 entstanden ist (Rspr. d. OLG. Bd. 1 S. 138 Nr. 78 unter 1 und 3).

7. Die Bestimmung des § 389 erstreckt ihre Wirkung nicht auf das Gebiet des Prozeßrechts; insbesondere kommt der durch das Bestehen einer Forderung des Beklagten im Inlande begründete Gerichtsstand durch eine Aufrechnungserklärung nach der Klagerhebung nicht in Wegfall. RGE. Bd. 58 S. 258.

## § 390.

Eine Forderung, der eine Einrede entgegensteht, kann nicht aufgerechnet werden. Die Verjährung schließt die Aufrechnung nicht aus, wenn die verjährte

Forderung zu der Zeit, zu welcher sie gegen die andere Forderung aufgerechnet werden konnte, noch nicht verjährt war.

E. I, 281 Abs. 2; II, 334; III, 384.

1. Eine Forderung, der eine Einrede entgegensteht (gleichviel, ob eine zerstörliche oder nur eine verzögerliche), kann nicht aufgerechnet werden. Dieser Grundsatz wird nur durchbrochen zu Gunsten der verjährten Forderung. Die Aufrechnung einer solchen Forderung ist trotz der nach § 222 ihr entgegenstehenden zerstörlichen Einrede zulässig, wenn nur die Forderung zu einer Zeit, zu welcher sie gegen die andere Forderung aufgerechnet werden konnte, noch nicht verjährt war. Diese Ausnahmebestimmung ist von der II. Komm. aus Gründen der Billigkeit und Zweckmäßigkeit aufgenommen worden. Vgl. P. I, 362—364.

2. § 390 besagt nur, daß eine Forderung, welcher eine Einrede entgegensteht, nicht aufgerechnet werden kann, nicht aber, daß gegen eine solche Forderung die Aufrechnung unzulässig sei. Da der Schuldner zweifellos eine Forderung, welcher er eine Einrede entgegensetzen könnte, durch Leistung tilgen kann und nach § 387 die Aufrechnung zulässig ist, sobald der Schuldner die ihm obliegende Leistung bewirken kann, so muß derselbe auch berechtigt sein, gegen eine solche Forderung aufzurechnen.

Ist die Einrede eine zerstörliche, so kann der Schuldner nach den Vorschriften über die Herausgabe einer ungerechtfertigten Bereicherung (§§ 812, 813) vom Gläubiger die Wiederherstellung seiner durch die Aufrechnung erloschenen Forderung verlangen. Er kann die Wiederherstellung nicht verlangen, wenn er das Entgegenstehen der Einrede gekannt oder wenn er durch die Aufrechnung einer sittlichen Pflicht oder einer auf den Anstand zu nehmenden Rücksicht entsprochen hat (§ 814).

3. Ueber die eventuelle Aufrechnung gegen eine Forderung für den Fall, daß der letzteren nicht eine Einrede entgegensteht, s. Bem. 2 zu § 388.

## § 391.

Die Aufrechnung wird nicht dadurch ausgeschlossen, daß für die Forderungen verschiedene Leistungs- oder Ablieferungsorte bestehen. Der aufrechnende Theil hat jedoch den Schaden zu ersetzen, den der andere Theil dadurch erleidet, daß er in Folge der Aufrechnung die Leistung nicht an dem bestimmten Orte erhält oder bewirken kann.

Ist vereinbart, daß die Leistung zu einer bestimmten Zeit an einem bestimmten Orte erfolgen soll, so ist im Zweifel anzunehmen, daß die Aufrechnung einer Forderung, für die ein anderer Leistungsort besteht, ausgeschlossen sein soll.

E. I, 285; II, 335; III, 385.

1. In § 387 wird für die Aufrechenbarkeit der Forderungen verlangt, daß dieselben ihrem Gegenstande nach gleichartig sind. Besteht die Ungleichartigkeit lediglich darin, daß für die Forderungen verschiedene Leistungs- oder Ablieferungsorte vorhanden sind, so soll hiedurch die Aufrechnung nicht ausgeschlossen sein.

Ueber den Leistungsort s. § 269. Ein vom Leistungsorte verschiedener Ablieferungsort kann insbesondere in Betracht kommen bei Geldschulden. S. § 270 Abs. 1 und 4.

2. Der Gläubiger kann dadurch, daß er in Folge der Aufrechnung die ihm gebührende Leistung nicht am Leistungs- oder Ablieferungsorte erhält, einen Schaden erleiden. Diesen Schaden muß ihm der aufrechnende Theil ersetzen, und zwar umfaßt die Schadensersatzpflicht nach der Fassung des § 391 den gesammten dem anderen Theile entstandenen Schaden nach Maßgabe der §§ 249 ff., nicht etwa bloß die verursachten Transportkosten. Grundsätzlich würde hiernach der aufrechnende Theil sogar, wenn der andere Theil einem Dritten gegenüber eine Vertragsstrafe deßhalb verwirkt, weil er in Folge der Aufrechnung nicht im Stande war, den mit dem Dritten geschlossenen Vertrag zu erfüllen, soferne nur der ursächliche Zusammenhang feststeht, auch die verwirkte Vertragsstrafe zu vergüten haben. Ebenso Planck Bem. 2 zu § 391. Vgl. P. I, 372, 373. In der Regel aber wird in diesem Falle der adäquate Kausalzusammenhang fehlen. Vgl. die Bem. zu § 254 Abs. 2. Denn Treu und Glauben im Verkehr erfordern in solchem Falle, daß der Gläubiger den Schuldner auf die Gefahr eines ungewöhnlich hohen Schadens, den dieser vor der Aufrechnung weder kennt noch kennen muß, rechtzeitig aufmerksam macht.

Die Bestimmung des § 391 Abs. 1 entspricht auch dem bisher geltenden Rechte. (Vgl. Windscheid, Pand. Bd. 2 § 350 Nr. 3 und RGE. Bd. 11 S. 303.)

3. Abs. 2. Nur wenn der Gläubiger sich die Leistung zu einer bestimmten Zeit an einem bestimmten Orte ausbedungen hat, soll im Zweifel angenommen werden, daß gegen seine Forderung eine Forderung, für welche ein anderer Leistungsort besteht, nicht aufgerechnet werden darf. Diese Vorschrift hat nur den Charakter einer Auslegungsregel. Ist ein anderer Wille der Parteien erklärt oder aus den Umständen zu entnehmen, so verbleibt es bei der allgemeinen Vorschrift des Abs. 1.

Es kommt darauf an, ob nach dem Vertragswillen der Erfüllungsort ein wesentliches, ein juristisch untheilbares oder integrierendes Moment als räumlicher Coeffizient der Leistung bildet. Vgl. Vorbem. 4, b zu §§ 275—282, S. 78. Dies kann auch bei Geldleistungen der Fall sein, z. B. wenn Jemand, der eine Reise machen will, sich ausbedungen hat, daß ihm eine Geldsumme zu einer bestimmten Zeit an einem bestimmten Orte, den er auf der Reise berührt, ausbezahlt werde. Kreditbrief eines Bankiers, Planck Bem. 3 zu § 391. Vgl. Gruchot, Beitr. Bd. 37 S. 110.

4. Die Aufrechnung kann auch allgemein durch Vertrag ausgeschlossen sein (Verzicht auf Aufrechnung), insbesondere, „wenn die im Allgemeinen zwar zulässige Ersatzleistung durch Aufrechnung nach dem übereinstimmenden Willen der Parteien keine Vertragserfüllung darstellen würde und hiernach und nach Treu und Glauben im Verkehr der Gläubiger erwarten darf, daß der Schuldner die Leistung, so wie er sie versprochen hat, auch wirklich gewährt". Rspr. d. OLG. Bd. 3 S. 93 (OLG. Dresden vom 19. März 1901). Auf den Fall des Konkurses des Gläubigers ist ein solcher Verzicht auf Aufrechnung regelmäßig nicht zu erstrecken. Vgl. Dernburg II S. 330 Nr. 3, Striethorst, Arch. Bd. 35 S. 300.

5. Gesetzlich ist außerdem die Aufrechnung ausgeschlossen:

a) statt Zahlung der versprochenen Einlagen bei der Aktiengesellschaft (HGB. § 221), der Kommanditgesellschaft auf Aktien (HGB. § 320 Abs. 3), der Gesellschaft mit beschränkter Haftung (Gesetz betr. die Gesellschaften mit beschränkter Haftung vom 20. April 1889 § 19), bei den eingetragenen wirthschaftlichen Genossenschaften (Ges. betr. Erwerbs- und Wirthschaftsgenossenschaften vom 1. Mai 1889 § 22).

Eine Aufrechnung im Wege der Vereinbarung ist jedoch zulässig. Vgl. RGE. v. 29. April 1903 in D. Jur.Z. 1903 S. 345, OLG. Celle vom 3. Novbr. 1902, in Rspr. d. OLG. Bd. 6 S. 191, RGE. v. 25. Septbr. 1901 in Monatsschr. f. Handelsrecht und Bankwesen 1901 S. 288, Seuff. Arch. Bd. 57 S. 70.

b) gegenüber der Forderung aus der Beitragspflicht eines Mitgliedes der auf Gegenseitigkeit beruhenden Versicherungsgesellschaften nach § 26 des Gesetzes über die privaten Versicherungsunternehmungen v. 12. Mai 1901. Vgl. Kammergericht v. 9. Febr. 1900 in Bl. f. Rechtspflege i. B. d. K. 1900 S. 32.

## § 392.

**Durch die Beschlagnahme einer Forderung wird die Aufrechnung einer dem Schuldner gegen den Gläubiger zustehenden Forderung nur dann ausgeschlossen, wenn der Schuldner seine Forderung nach der Beschlagnahme erworben hat oder wenn seine Forderung erst nach der Beschlagnahme und später als die in Beschlag genommene Forderung fällig geworden ist.**

E. I, 286; II, 336; III, 386.

1. Ueber die Beschlagnahme einer Forderung s. die §§ 829, 843, 930, 936 CPO. Die Beschlagnahme gilt als bewirkt im Zeitpunkte der Zustellung des Pfändungsbeschlusses an den Drittschuldner. § 829 Abs. 3 CPO. Maßgebend ist der Zeitpunkt der Zustellung und nicht der Zeitpunkt, in welchem der Drittschuldner thatsächlich (z. B. im Falle einer Ersatzzustellung) Kenntniß von der Beschlagnahme erlangt hat. Vgl. M. I, 214, M. II, 111, 112, P. I, 373, Struckmann und Koch, Komm. z. CPO. § 829 Anm. 6, ferner die analogen Bestimmungen der §§ 406 und 575 BGB.

2. In § 392 wird als Regel aufgestellt, daß der Drittschuldner auch nach der Zustellung des Beschlagnahmebeschlusses, sofern die sonstigen Voraussetzungen der Aufrechnung vorliegen, seine eigene Forderung gegen die beschlagnahmte Forderung seines Gläubigers noch aufrechnen kann. Nur in zwei Fällen ist die Aufrechnung nach diesem Zeitpunkt ausgeschlossen:

a) wenn der Drittschuldner seine Forderung erst nach der Zustellung des Pfändungsbeschlusses erworben hat. Hiebei ist zu bemerken, daß eine aufschiebend bedingte Forderung erst erworben wird mit dem Eintritte der Bedingung;

b) wenn der Drittschuldner die Forderung zwar vor der Beschlagnahme erworben hat, seine Forderung aber erst nach der Zustellung des Beschlagnahmebeschlusses und später als die beschlagnahmte Gegenforderung seines Gläubigers fällig geworden ist. Ist die Forderung des Drittschuldners später als die beschlagnahmte Forderung, aber vor der Zustellung des Beschlagnahmebeschlusses fällig geworden, so ist die Aufrechnung zulässig. Ebenso, wenn die Forderung des Drittschuldners zwar nach der Zustellung des Beschlagnahmebeschlusses aber vor der beschlagnahmten Forderung oder gleichzeitig mit dieser fällig geworden ist. Die Bestimmung unter b ist erst von der II. Komm. beigefügt worden, welche hiebei von der Erwägung ausging, dem Schuldner könne nicht gestattet werden, sich das Recht zur Aufrechnung dadurch zu verschaffen, daß er die ihm obliegende Erfüllung der gepfändeten Forderung bis zur Fälligkeit seiner Gegenforderung verzögere. P. I, 374.

3. Jede richterliche Beschlagnahme einer Forderung enthält neben einem sich an den Gläubiger richtenden Veräußerungs- und Einziehungsverbot zugleich ein an den Drittschuldner gerichtetes Erfüllungsverbot. Da nun die Aufrechnung eine Art der Erfüllung im weiteren Sinne darstellt, müßte hiernach streng genommen mit der Zustellung dieses Verbots das Aufrechnungsrecht des Schuldners schlechthin erlöschen. Hierin aber würde eine Härte für den Schuldner liegen, der ja bis zum Augenblicke der Beschlagnahme stets darauf rechnen konnte, daß er sich von der Forderung durch Aufrechnungserklärung mit rückwirkender Kraft werde befreien können. Der Drittschuldner befindet sich in einer ähnlichen Lage wie der debitor cessus bei einer Zession: er kann also beanspruchen, durch die Beschlagnahme der Forderung an sich in seinem Verhältniß zum Gläubiger nicht beeinträchtigt zu werden. Eine solche Beeinträchtigung ist nur in den beiden in diesem Paragraphen vorgesehenen Fällen, nämlich bei Erwerb der schon beschlagnahmten Forderung, Bem. 2, a, und bei späterem, erst nach der Beschlagnahme erfolgendem Fälligwerden der Gegenforderung ausgeschlossen.

Zu beachten ist aber, daß ebenso wie das in der Beschlagnahme liegende richterliche Veräußerungsverbot, so auch das Erfüllungsverbot nur relativ wirksam ist. Vgl. Planck Bem. 3 zu § 392. Daraus ergiebt sich, daß eine der Vorschrift des § 392 zuwider erfolgende Aufrechnung ebenso wie eine an den Gläubiger nach der Beschlagnahme erfolgende Zahlung nur demjenigen gegenüber unwirksam ist, zu dessen Gunsten die Beschlagnahme erfolgt; dem Gläubiger selbst gegenüber bleibt sie wirksam. Dies ist von Wichtigkeit für den Fall, daß die Beschlagnahme nachträglich wieder aufgehoben wird. (§§ 732, 766, 768, 770, 771 CPO.)

Der Schuldner kann das durch Aufrechnung Geleistete, wenn er auf Grund des § 392 gleichwohl an den Pfändungspfandgläubiger leisten muß, vom Gläubiger nach den Grundsätzen der ungerechtfertigten Bereicherung kondiziren (§§ 812 ff.).

Aufrechnung im Konkurse:

Eine Beschlagnahme (Generalarrest) und zwar des ganzen der Zwangsvollstreckung unterliegenden Vermögens des Cridars führt auch die Konkurseröffnung mit sich. Die Aufrechnung im Konkurse ist aber durch die §§ 53—56 KO. besonders geregelt. Die allgemeinen Grundsätze der §§ 387 ff. BGB. finden nur Anwendung, soweit nicht die KO. Ausnahmen einführt.

An der Spitze steht der Satz des § 53: „Soweit ein Gläubiger zur Aufrechnung befugt ist, braucht er seine Forderung im Konkursverfahren nicht geltend zu machen.“ Der Gläubiger, der aufrechnen will, braucht also seine Forderung im Konkursverfahren nicht anzumelden.

In der Anmeldung liegt aber kein Verzicht auf die Aufrechnung. RGE. Bd. 26 S. 116, Jur. Wschr. 1890 S. 278.

Die KO. gewährt theils eine Erweiterung, theils führt sie Einschränkungen des allgemeinen Aufrechnungsrechts ein:

a) § 54 KO. gewährt eine Erweiterung dahin, daß die Aufrechnung nicht dadurch ausgeschlossen wird, daß zur Zeit der Eröffnung des Verfahrens die aufzurechnenden Forderungen oder die eine von ihnen noch betagt oder noch bedingt war, oder die Forderung des Gläubigers nicht auf einen Geldbetrag gerichtet war.

„Eine betagte Forderung des Gläubigers ist zum Zwecke der Aufrechnung nach der Vorschrift des § 65 (interusurium) zu berechnen.

Zum Zwecke der Aufrechnung einer aufschiebend bedingten Forderung bei dem Eintritte der Bedingung kann der Gläubiger Sicherstellung insoweit verlangen, als die Forderung der von ihm einzuzahlenden Schuld gleichkommt. Eine nicht auf Geld gerichtete Forderung des Gläubigers ist zum Zwecke der Aufrechnung nach den Vorschriften der §§ 69, 70 zu berechnen."

b) Einschränkungen sind in § 55 eingeführt. Darnach ist eine Aufrechnung im Konkursverfahren unzulässig:

α) wenn Jemand vor oder nach Eröffnung des Verfahrens eine Forderung an den Gemeinschuldner erworben hat, und nach der Eröffnung etwas zur Masse schuldig geworden ist;

β) wenn Jemand dem Gemeinschuldner vor der Eröffnung des Verfahrens etwas schuldig war und nach derselben eine Forderung an den Gemeinschuldner erworben hat, auch wenn diese Forderung vor der Eröffnung für einen anderen Gläubiger entstanden war.

Nach RGE. Bd. 51 S. 394 gehört hierher nicht der Fall, wo der Schuldner, der zur Zeit der Konkurseröffnung zugleich Gläubiger des Gemeinschuldners war und hätte aufrechnen können, seine Forderung an einen Dritten zedirt hatte, um sich zeitweilig Kredit zu verschaffen, die Forderung sich aber der Abrede gemäß wieder hatte zurückzediren lassen, um sie zur Aufrechnung zu verwenden. In diesem Falle ist die Aufrechnung zuzulassen, weil die Lage der Konkursgläubiger, wie sie zur Zeit der Konkurseröffnung gewesen, durch die Rückabtretung nicht verschlechtert wurde, die Anwendung des § 55 Nr. 2 KO. auf diesen Fall also eine rein formale sein würde. Vgl. Rehbein Bem. VI, b zu §§ 387—396;

γ) wenn Jemand vor der Eröffnung des Verfahrens dem Gemeinschuldner etwas schuldig war und eine Forderung an den Gemeinschuldner durch ein Rechtsgeschäft mit demselben oder durch Rechtsabtretung oder Befriedigung eines Gläubigers erworben hat, falls ihm zur Zeit des Erwerbes bekannt war, daß der Gemeinschuldner seine Zahlungen eingestellt hatte, oder daß die Eröffnung des Verfahrens beantragt war. Die Vorschrift des § 33 KO. findet entsprechende Anwendung.

Die Aufrechnung ist zulässig, wenn der Erwerber zur Uebernahme der Forderung oder zur Befriedigung des Gläubigers verpflichtet war und zu der Zeit, als er die Verpflichtung einging, weder von der Zahlungseinstellung noch von dem Eröffnungsantrag Kenntniß hatte.

## § 393.

Gegen eine Forderung aus einer vorsätzlich begangenen unerlaubten Handlung ist die Aufrechnung nicht zulässig.

E. I, 287; II, 337; III, 387.

1. Die gemeinrechtliche Bestimmung, daß eine Aufrechnung nicht stattfindet gegenüber der Forderung aus widerrechtlicher Aneignung fremden Besitzes (Dernburg, Pand. Bd. 2 § 63 Note 12; Windscheid, Pand. Bd. 2 § 350 Note 25), ist durch das BGB. dahin erweitert worden, daß gegenüber allen Forderungen aus einer vorsätzlich begangenen unerlaubten Handlung die Aufrechnung unzulässig ist. Vgl. M. II, 112 und die verwandte Bestimmung des § 273 Abs. 2 bezüglich des Zurückbehaltungsrechts. Ueber den Begriff der unerlaubten Handlung s. den 25. Titel dieses Buches (§§ 823 ff.).

2. Dagegen ist gegenüber der Forderung auf Rückgabe einer in Verwahrung gegebenen Sache (§§ 688 ff.), abweichend vom gemeinen Rechte (Dernburg, Pand. Bd. 2 § 63 Nr. 13, Windscheid, Pand. Bd. 2 § 350 Nr. 24) und vom ALR. (Thl. IV cap. 15 § 1 Nr. 10), die Aufrechnung statthaft, wenn sonst die gesetzlichen Voraussetzungen der Aufrechnung (s. Bem. II zu § 387) vorhanden sind.

3. Vgl. zu § 393 RGE. Bd. 3 Nr. 35 (Untreue), Bd. 19 S. 227; Seuff. Arch. Bd. 48 Nr. 19. RGE. v. 30. November 1899 in Bl. f. RA. Bd. 65 S. 267. (Hat ein Beamter in amtlicher Eigenschaft Gelder empfangen und sich diese angeeignet, so kann er sich auf eine Kompensation mit Gehaltsansprüchen nicht berufen.) Vgl. ferner Kuhlenbeck, Rechtspr. des RG. I S. 17, 18.

**RGE. Bd. 56 S. 317. (Hat der Wechselschuldner einen Wechsel einlösen müssen, den der Inhaber der Abrede zuwider in Umlauf gesetzt hatte, so ist seinem Ersatzanspruch gegenüber die Aufrechnung ausgeschlossen.)**

## § 394.

Soweit eine Forderung der Pfändung nicht unterworfen ist, findet die Aufrechnung gegen die Forderung nicht statt. Gegen die aus Kranken-, Hülfs- oder Sterbekassen, insbesondere aus Knappschaftskassen und Kassen der Knappschaftsvereine zu beziehenden Hebungen können jedoch geschuldete Beiträge aufgerechnet werden.

E. I, 288; II, 338; III, 388.

1. In E. I § 288 war bestimmt, daß die Aufrechnung gegen die im § 749 (nun § 850) CPO. bezeichneten Forderungen insoweit nicht stattfinde, als diese Forderungen der Pfändung nicht unterworfen sind.

Die II. Komm. hat diese Vorschrift verallgemeinert und die Aufrechnung gegenüber allen unpfändbaren Forderungen (P. I, 375), also auch gegenüber den in § 850 CPO. nicht namentlich aufgeführten Forderungen ausgeschlossen.

Bestimmungen über die Unpfändbarkeit von Forderungen enthalten außer den §§ 850—852 CPO.: das RG. vom 7. April 1876 Art. 8 und vom 1. Juni 1884 über die eingeschriebenen Hülfskassen § 10, das RG. vom 15. Juni 1883 und vom 10. April 1892, betr. die Krankenversicherung der Arbeiter, § 56 (gegen den Anspruch auf Krankenkassengeld ist die Kasse zur Aufrechnung mit einer festgesetzten Ordnungsstrafe gemäß § 56, der durch Art. 32 Einf.Ges. aufrecht erhalten ist, befugt; LG. Naumburg v. 22. Sept. 1903 in Naumburger Anwaltszeitung 1903 S. 90), die Gew.O. vom 1. Juli 1883 § 100 c, RG. vom 6. Juli 1884, betr. die Unfallversicherung, § 68, RG. vom 28. Mai 1885 über die Ausdehnung der Unfall- und Krankenversicherung § 1, RG. vom 5. Mai 1886, betr. die Unfall- und Krankenversicherung, § 73, RG. v. 17. Juni 1887, betr. die Fürsorge für die Wittwen und Waisen von Angehörigen des Reichsheeres u. s. w., § 19, RG. vom 11. Juli 1887, betr. die Unfallversicherung der bei Bauten beschäftigten Personen, § 38, RG. vom 13. Juli 1887, betr. die Unfallversicherung der Seeleute, § 76, RG. vom 22. Juni 1889, betr. die Invaliditäts- und Altersversicherung, § 40, RG. vom 22. Mai 1893, betr. einige Abänderungen und Ergänzungen der Militärpensionsgesetze u. s. w., Art. 18, RG. v. 14. Jan. 1894, betr. die Gewährung von Unterstützungen an Invaliden, § 2, RG. v. 20. Mai 1898, betr. die Entschädigung der im Wiederaufnahmeverfahren freigesprochenen Personen, § 5 Ziff. 4.

Die vor allem in Frage kommenden Bestimmungen der Paragraphen der CPO. lauten:

§ 850. „Der Pfändung sind nicht unterworfen:

1. der Arbeits- oder Dienstlohn nach den Bestimmungen des Reichsgesetzes vom 21. Juni 1869 (Bundesgesetzblatt 1869 S. 242 und 1871 S. 63, Reichs-Gesetzblatt 1897 S. 159);
2. die auf gesetzlicher Vorschrift beruhenden Alimentenforderungen und die nach § 844 des BGB. wegen der Entziehung einer solchen Forderung zu entrichtende Geldrente;
3. die fortlaufenden Einkünfte, welche ein Schuldner aus Stiftungen oder sonst auf Grund der Fürsorge und Freigebigkeit eines Dritten bezieht, insoweit der Schuldner zur Bestreitung des nothwendigen Unterhalts für sich, seinen Ehegatten und seine noch unversorgten Kinder dieser Einkünfte bedarf;
4. die aus Kranken-, Hülfs- oder Sterbekassen, insbesondere aus Knappschaftskassen und Kassen der Knappschaftsvereine zu beziehenden Hebungen;
5. der Sold und die Invalidenpension der Unteroffiziere und der Soldaten
6. das Diensteinkommen der Militärpersonen, welche zu einem mobilen Truppentheil oder zur Besatzung eines in Dienst gestellten Kriegsfahrzeuges gehören;
7. die Pensionen der Wittwen und Waisen und die denselben aus Wittwen- und Waisenkassen zukommenden Bezüge, die Erziehungsgelder und die Studienstipendien, sowie die Pensionen invalider Arbeiter;
8. das Diensteinkommen der Offiziere, Militärärzte und Deckoffiziere, der Beamten, der Geistlichen sowie der Aerzte und Lehrer an öffentlichen

Anstalten; die Pension dieser Personen nach deren Versetzung in einstweiligen oder dauernden Ruhestand, sowie der nach ihrem Tode den Hinterbliebenen zu gewährende Sterbe- oder Gnadengehalt."

„Uebersteigen in den Fällen Nr. 7 und 8 das Diensteinkommen, die Pension oder die sonstigen Bezüge die Summe von fünfzehnhundert Mark für das Jahr, so ist der dritte Theil des Mehrbetrags der Pfändung unterworfen.

Die nach § 843 des BGB. wegen einer Verletzung des Körpers oder der Gesundheit zu entrichtende Geldrente ist nur soweit der Pfändung unterworfen, als der Gesammtbetrag die Summe von fünfzehnhundert Mark für das Jahr übersteigt.

In den Fällen der beiden vorhergehenden Absätze ist die Pfändung ohne Rücksicht auf den Betrag zulässig, wenn sie wegen der den Verwandten, dem Ehegatten und dem früheren Ehegatten für die Zeit nach Erhebung der Klage und für das diesem Zeitpunkte vorausgehende letzte Vierteljahr kraft Gesetzes zu entrichtenden Unterhaltungsbeiträge beantragt wird. Das Gleiche gilt in Ansehung der zu Gunsten eines unehelichen Kindes von dem Vater für den bezeichneten Zeitraum kraft Gesetzes zu entrichtenden Unterhaltsbeiträge; diese Vorschrift findet jedoch insoweit keine Anwendung, als der Schuldner zur Bestreitung seines nothwendigen Unterhalts und zur Erfüllung der ihm seinen Verwandten, seiner Ehefrau oder seiner früheren Ehefrau gegenüber gesetzlich obliegenden Unterhaltspflicht der Bezüge bedarf. Hierbei werden ausschließlich die Leistungen berücksichtigt, welche vermöge einer solchen Unterhaltspflicht für den nämlichen Zeitraum oder, falls die Klage zu Gunsten des unehelichen Kindes nach der Klage eines Unterhaltsberechtigten erhoben ist, für die Zeit von dem Beginne des der Klage dieses Berechtigten vorausgehenden letzten Vierteljahrs ab zu entrichten sind.

Die Einkünfte, welche zur Bestreitung eines Dienstaufwandes bestimmt sind, und der Servis der Offiziere, Militärärzte und Militärbeamten sind weder der Pfändung unterworfen, noch bei Ermittelung, ob und zu welchem Betrage ein Diensteinkommen der Pfändung unterliege, zu berechnen."

§ 851. „Eine Forderung ist in Ermangelung besonderer Vorschriften der Pfändung nur insoweit unterworfen, als sie übertragbar ist.

Eine nach § 399 des BGB. nicht übertragbare Forderung kann insoweit gepfändet und zur Einziehung überwiesen werden, als der geschuldete Gegenstand der Pfändung unterworfen ist."

§ 852. „Der Pflichttheilsanspruch ist der Pfändung nur unterworfen, wenn er durch Vertrag anerkannt oder rechtshängig geworden ist.

Das Gleiche gilt für den nach § 528 des BGB. dem Schenker zustehenden Anspruch auf Herausgabe des Geschenkes."

Das Gesetz betr. die Beschlagnahme der Arbeits- und Dienstlöhne lautet in seiner jetzigen Fassung:

§ 1. „Die Vergütung (Lohn, Gehalt, Honorar u. s. w.) für Arbeiten oder Dienste, welche auf Grund eines Arbeits- oder Dienstverhältnisses geleistet werden, darf, sofern dieses Verhältniß die Erwerbsthätigkeit des Vergütungsberechtigten vollständig oder hauptsächlich in Anspruch nimmt, zum Zwecke der Sicherstellung oder Befriedigung eines Gläubigers erst dann mit Beschlag belegt werden, nachdem die Leistung der Arbeiten oder Dienste erfolgt und nachdem der Tag, an welchem die Vergütung gesetzlich, vertrags- oder gewohnheitsmäßig zu entrichten war, abgelaufen ist, ohne daß der Vergütungsberechtigte dieselbe eingefordert hat."

§ 2. „Die Bestimmungen des § 1 können nicht mit rechtlicher Wirkung durch Vertrag ausgeschlossen oder beschränkt werden.

Soweit nach diesen Bestimmungen die Beschlagnahme unzulässig ist, ist auch jede Verfügung durch Cession, Anweisung, Verpfändung oder durch ein anderes Rechtsgeschäft ohne rechtliche Wirkung."

§ 3. „Als Vergütung ist jeder dem Berechtigten gebührende Vermögensvortheil anzusehen. Auch macht es keinen Unterschied, ob dieselbe nach Zeit oder Stücke berechnet wird.

Ist die Vergütung mit dem Preise oder Werth für Material oder mit dem Ersatz anderer Auslagen in ungetrennter Summe bedungen, so gilt als Vergütung im Sinne dieses Gesetzes der Betrag, welcher nach Abzug des Preises oder des Werthes der Materialien und nach Abzug der Auslagen übrig bleibt."

§ 4. „Das gegenwärtige Gesetz findet keine Anwendung:

1. auf den Gehalt und die Dienstbezüge der öffentlichen Beamten;
2. auf die Beitreibung der direkten persönlichen Staatssteuern und Kommunalabgaben (die derartigen Abgaben an Kreis-, Kirchen-, Schul- und sonstige

Kommunalverbände mit eingeschlossen), sofern diese Steuern und Abgaben nicht seit länger als drei Monaten fällig geworden sind;

3. auf die Beitreibung der den Verwandten, dem Ehegatten und dem früheren Ehegatten für die Zeit nach Erhebung der Klage und für das diesem Zeitpunkte vorausgehende letzte Vierteljahr kraft Gesetzes zu entrichtenden Unterhaltsbeiträge;

4. insoweit der Gesammtbetrag der Vergütung (§§ 1, 3) die Summe von 1500 Mk. für das Jahr übersteigt."

§ 4a. „Auf die Beitreibung der zu Gunsten eines unehelichen Kindes von dem Vater für den im § 4 Nr. 3 bezeichneten Zeitraum kraft Gesetzes zu entrichtenden Unterhaltsbeiträge findet dieses Gesetz nur insoweit Anwendung, als der Schuldner zur Bestreitung seines nothdürftigen Unterhalts und zur Erfüllung der ihm seinen Verwandten, seiner Ehefrau und seiner früheren Ehefrau gegenüber gesetzlich obliegenden Unterhaltspflicht der Vergütung (§§ 1, 3) bedarf. Hierbei werden ausschließlich die Leistungen berücksichtigt, welche vermöge einer solchen Unterhaltspflicht für den nämlichen Zeitraum oder, falls die Klage zu Gunsten des unehelichen Kindes nach der Klage eines Unterhaltsberechtigten erhoben ist, für die Zeit von dem Beginne des der Klage dieses Berechtigten vorausgehenden letzten Vierteljahres ab zu entrichten sind."

Bestritten ist, ob durch dieses Gesetz auch das Zurückbehaltungsrecht des § 273 ausgeschlossen werden sollte. Die Frage ist zu verneinen. Vgl. Bem. I, 1 zu § 273 und insbes. auch Bem. II, 2 zu § 614. A. M. Wallroth, Die Versuche einer Durchbrechung des Lohnaufrechnungsverbots, Arch. f. bürgerl. R. Bd. 24 S. 250 ff.*)

Bestritten ist ferner, ob durch § 394 auch der § 134 Abs. 2 der Gewerbeordnung beseitigt ist:

> „Den Unternehmern von Fabriken, in welchen in der Regel mindestens zwanzig Arbeiter beschäftigt werden, ist untersagt, für den Fall der rechtswidrigen Auflösung des Arbeitsverhältnisses durch den Arbeiter die Verwirkung des rückständigen Lohnes über den Betrag des durchschnittlichen Wochenlohnes hinaus auszubedingen."

Bestritten ist außerdem, ob überhaupt eine sog. Lohnverwirkungsklausel unter § 394 fällt. Bejahend AG. Köln, Das Gewerbegericht VI Sp. 123 ff. And. M. Gewerbegericht Frankfurt, Gewerbegericht VII Sp. 206 ff.

Die Lohnverwirkungsklausel ist ebensowenig eine bedingte Aufrechnung, wie das Zurückbehaltungsrecht. Ihre Zulässigkeit ist daher lediglich durch §§ 134, 138 begrenzt. Das BGB. hat nicht beabsichtigt, den § 134 Abs. 2 der Gewerbeordnung zu beseitigen. Vgl. Einf.Ges. Art. 32.

2. Nur soweit eine Forderung der Pfändung nicht unterliegt, findet gegen dieselbe keine Aufrechnung statt. Ist also eine Forderung nur zum Theile der Pfändung entzogen (s. § 850 Abs. 2 und 3 CPO.), so kann gegen den pfändbaren Theil auch aufgerechnet werden.

3. Zu Satz 2. Nach § 850 Abs. 1 Nr. 4 CPO. sind die aus Kranken-, Hülfs- oder Sterbekassen, insbesondere aus Knappschaftskassen und Kassen der Knappschaftsvereine zu beziehenden Hebungen unpfändbar. Gegen diese Hebungen wird jedoch durch Satz 2 des § 394 die Aufrechnung geschuldeter Beiträge zugelassen.

4. Besondere Bestimmungen über die Beschränkung oder Ausschließung der Aufrechnung enthalten ferner die §§ 406, 417, 479, 490, 575, 719, 1125, 1442, 2040 BGB. sowie § 22 Abs. 3 des RG. vom 1. Mai 1889, betreffend die Erwerbs- und Wirthschaftsgenossenschaften und § 221 HGB.

5. Nach Art. 80 und 81 EG. können die Landesgesetze die Aufrechnung gegen Ansprüche der Beamten, Geistlichen, der Lehrer an öffentlichen Unterrichtsanstalten sowie

---

*) Literatur: v. Frankenberg in D. Jur.Z. 1900 S. 91: Ist Abzug der Ordnungsstrafe vom Lohn erlaubt? Löwenbach in D. Recht 1901 S. 586: Lohnaufrechnung und Lohnzurückbehaltung; Thode, D. Jur.Z. 1901 S. 304: Zur Lehre von der Aufrechnung nach BGB.; Schmelzle in Bl. f. RA. Bd. 66 S. 289 ff., 305 ff.: Verbot der Aufrechnung bei Lohnforderungen und Zurückbehaltungsrecht; Fuld, daselbst Bd. 66 S. 77 und 101; v. Martini in Bad. Rechtspr. 1901 S. 157: Verhältniß des § 115 Gew.O. zu § 394 BGB.; Francke in Bl. f. Rechtspfl. i. Thür. Bd. 28 S. 1: Aufrechnung gegen Lohnforderung des Gesindes zu § 394 BGB.; Sinzheimer, Lohn und Aufrechnung. Ein Beitrag zur Lehre v. gewerbl. Arbeitsvertrag auf reichsrechtl. Grundlage. Berlin, Carl Heymann, 1902.

die Aufrechnung gegen die Ansprüche der Hinterbliebenen dieser Personen auf Besoldung, Wartegeld, Ruhegehalt, Wittwen- und Waisengelder abweichend von der Vorschrift des § 394 zulassen.

Auf Grund dieser Vorschrift bestimmt Art. 12 des bayrischen AG. zum BGB.: Gegen die Ansprüche der Hof-, Staats- und Gemeindebeamten, öffentlichen Diener und Geistlichen auf Gehalt oder Pension können Ansprüche aus dem Amts- oder Dienstverhältnisse sowie die von dem Gehalt oder der Pension zu entrichtenden Steuern oder Umlagen unbeschränkt aufgerechnet werden.

Für die Ansprüche der Hinterbliebenen der im Abs. 1 bezeichneten Bediensteten auf Wittwen- und Waisenbezüge gilt das Gleiche in Ansehung der von den Bezügen zu entrichtenden Steuern oder Umlagen. Die Wittwen- und Waisenbezüge können weder abgetreten noch verpfändet werden.

Auf die Bezüge der Angehörigen des Heeres und deren Wittwen und Waisen finden diese Vorschriften keine Anwendung. (In Ansehung der letztgenannten Bezüge verbleibt es mit Rücksicht auf den Bündnißvertrag vom 23. November 1870 bei den reichsgesetzlichen Vorschriften.)

6. Auf Grund des in Art. 95 EG. bezüglich des Gesinderechtes gemachten Vorbehaltes bestimmt Art. 21 des bayrischen AG. zum BGB., daß die Dienstherrschaft ihre Entschädigungsansprüche wegen einer auf Vorsatz oder grober Fahrlässigkeit beruhenden Verletzung der dem Dienstboten obliegenden Verpflichtungen gegen dessen Lohnforderung unbeschränkt aufrechnen kann.

## § 395.

Gegen eine Forderung des Reichs oder eines Bundesstaats sowie gegen eine Forderung einer Gemeinde oder eines anderen Kommunalverbandes ist die Aufrechnung nur zulässig, wenn die Leistung an dieselbe Kasse zu erfolgen hat, aus der die Forderung des Aufrechnenden zu berichtigen ist.

E. I, 289; II, 339; III, 389.

1. Bezüglich der Staatskassen war die Vorschrift des § 395 schon bisher geltendes Recht. (Vgl. Windscheid, Pand. Bd. 2 § 350 Note 17; BLR. Thl. IV cap. 15 § 1 Nr. 3.) Sie beruht auf Gründen administrativer Zweckmäßigkeit, um nicht Verwirrungen im öffentlichen Kassen- und Rechnungswesen entstehen zu lassen. Die gleichen Gründe haben dazu geführt, die Vorschrift auch auf die Kassen der Gemeinden und anderer Kommunalverbände auszudehnen. Unter den „anderen Kommunalverbänden" sind nach Art. 77 EG. die Provinzial-, Kreis-, Amts-(Bezirks-, Distrikts-)Verbände zu verstehen.

2. Die Beschränkung der Aufrechnung hat nur statt gegen eine Forderung des Reichs ꝛc. ꝛc., nicht aber umgekehrt. So kann z. B. eine Kasse des Reichs eine ihr gegen eine Privatperson zustehende Forderung auch gegen eine Forderung der letzteren an eine andere Kasse des Reichs aufrechnen. Vgl. Seuff. Arch. Bd. 1 Nr. 203.

## § 396.*)

Hat der eine oder der andere Theil mehrere zur Aufrechnung geeignete Forderungen, so kann der aufrechnende Theil die Forderungen bestimmen, die gegen einander aufgerechnet werden sollen. Wird die Aufrechnung ohne eine solche Bestimmung erklärt oder widerspricht der andere Theil unverzüglich, so findet die Vorschrift des § 366 Abs. 2 entsprechende Anwendung.

---

*) Literatur: Breit, Mehrheit kompensabler Forderungen im Sächs. Arch. Bd. 10 S. 121 ff.; Sonntag, Die Aufrechnung auf eine Forderung, die aus Hauptleistung, Zinsen und Kosten besteht, im Arch. f. bürgerl. R. Bd. 21 S. 10 ff.; von Seiler, Aufrechnung bei einer Mehrheit von Forderungen nach BGB. § 396 im Arch. f. bürgerl. R. Bd. 15 S. 104; Goldschmidt, Arch. f. bürgerl. R. Bd. 15 S. 153 ff.; Franke, Aufrechnung einer Forderung, zu welcher Zinsen und Kosten gehören, im Recht 1902 S. 318; Rogge, Auf welche von mehreren Forderungen ist eine Zahlung anzurechnen, welche zur Tilgung sämmtlicher Forderungen nicht ausreicht? Greifswald 1900.

Schuldet der aufrechnende Theil dem anderen Theile außer der Hauptleistung Zinsen und Kosten, so finden die Vorschriften des § 367 entsprechende Anwendung.

E. I, 284; II, 340; III, 390.

1. Beim Vorhandensein einer Mehrheit von aufrechenbaren Forderungen auf der einen oder auf der anderen Seite kann der Aufrechnende bestimmen, mit welcher Forderung und gegen welche Forderung aufgerechnet werden soll. Die Bestimmung muß zugleich mit der Aufrechnung erfolgen (arg. Satz 2 des § 396 Abs. 1) und in derselben Weise wie diese durch Erklärung gegenüber dem anderen Theile. (§ 388, M. II, 110.)

Der andere Theil kann aber der vom Aufrechnenden getroffenen Bestimmung widersprechen, nur muß der Widerspruch unverzüglich (§ 121) erklärt werden. Das erst von der II. Komm. in das BGB. eingeführte Widerspruchsrecht des Gläubigers soll den letzteren hauptsächlich dagegen schützen, daß ihm der Aufrechnende durch die Wahl einer jüngeren Forderung die Möglichkeit entzieht, eine verjährte Forderung, deren Aufrechnung nach § 390 Satz 2 zulässig wäre, zur Aufrechnung zu verwenden. P. I, 369, P. VI, 166, 167.

Dem Wortlaut nach: „hat der eine oder andere Theil mehrere zur Aufrechnung geeignete Forderungen", würde das Widerspruchsrecht auch dann gegeben sein, wenn der aufrechnende Theil mehrere Forderungen hat und eine derselben zur Aufrechnung verwenden will. Mit Recht aber halten fast sämmtliche Schriftsteller (vgl. u. A. Dernburg II S. 335, Goldschmidt a. a. O. S. 153 ff., Planck Bem. 3 zu § 326, Schollmeyer Bem. 2 zu § 396) das Widerspruchsrecht nur in dem Falle für begründet, daß der Aufrechnende unter den mehreren Forderungen seines Gegners (des Kompensaten) eine Wahl treffen will; welche von seinen eigenen mehreren Forderungen der Aufrechnende (Kompensant) zur Aufrechnung verwenden will, bleibt seinem Belieben vorbehalten. Der Wortlaut des § 396 beruht lediglich auf redaktioneller Ungenauigkeit. Nur für den Fall, daß der Aufrechnende, dem mehrere Forderungen zustehen, die Forderung nicht bezeichnet, mit der er aufrechnen will, also nur für den Fall, daß er „die Aufrechnung ohne solche Bestimmung erklärt", findet der § 366 Abs. 2 entsprechende Anwendung auf den Fall mehrerer Forderungen auf Seiten des Aufrechnenden. Vgl. des Näheren Bem. 4.

2. Soweit das Widerspruchsrecht gegeben ist, also bei mehreren Forderungen des Kompensaten, wird die Aufrechnung nicht mehr als einseitiges Rechtsgeschäft behandelt, sondern es ist folgende Konstruktion zu Grunde zu legen:

a) die Aufrechnungserklärung ist ein Antrag über einen Aufrechnungsvertrag, der bei nicht unverzüglichem Widerspruch als angenommen gilt (qui tacet consentire videtur);

b) wird der Antrag durch unverzüglichen Widerspruch abgelehnt, so kommt statt eines Aufrechnungsvertrags eine gesetzliche Anrechnung nach Maßgabe des § 366 Abs. 2 zu Stande.

Widerspricht der andere Theil ohne schuldhafte Verzögerung oder unterläßt der aufrechnende Theil bei der Aufrechnungserklärung die Bestimmung der Forderungen, so findet die Vorschrift des § 366 Abs. 2 entsprechende Anwendung:

Von den mehreren Forderungen des anderen Theiles wird also zunächst die fällige Forderung, dann die dem anderen Theile geringere Sicherheit bietende, dann die dem Aufrechnenden lästigere, dann die ältere, event. werden alle Forderungen verhältnißmäßig durch die Aufrechnung getilgt.

Diese Reihenfolge der Tilgung tritt im Falle rechtzeitigen Widerspruchs trotz gegentheiliger Bestimmung des Aufrechnenden kraft Gesetzes ein.

Zweifellos ist die verjährte Forderung als eine solche zu behandeln, die dem Gläubiger geringere Sicherheit bietet. Vgl. Goldschmidt a. a. O., Breit a. a. O. S. 127 ff., neuerdings (3. Aufl.) auch Planck Bem. 1 zu § 397, abweichend von der früheren Auflage und gegen Enneccerus I § 215, Windscheid-Kipp II § 349 Zus. 3.

Der Widerspruch gegen die Aufrechnung enthält, wenn dem Widersprechenden mehrere Forderungen gegen den Aufrechnenden zustehen, nicht ohne Weiteres den in § 396 zugelassenen Widerspruch gegen die von dem Aufrechnenden getroffene Bestimmung der Forderung, gegen die aufgerechnet werden soll. Bayr. Oberst. LG. v. 30. Juni 1904 Bd. 5 (n. F.) S. 329, Seuff. Arch. Bd. 60 S. 90.

3. Beweisfragen:

a) Der Aufrechnende ist beweispflichtig:

α) für den Mangel einer Aufrechnungsbestimmung;

β) bei mangelnder oder widersprochener Aufrechnungsbestimmung dafür, daß nach der gesetzlichen Reihenfolge auf die eingeklagte Forderung aufzurechnen war.

b) Der Aufrechnungsgegner (Kompensat) ist beweispflichtig:

α) für die Erhebung des Widerspruchs (abweichend von PLR. Thl. I Tit. 16 §§ 151, 152);

β) dafür, daß die Aufrechnungsbestimmung einem früheren Aufrechnungsgeschäft widersprach;

γ) für das Bestehen der Forderung, gegen welche aufgerechnet werden soll.

Vgl. Goldschmidt, Arch. f. bürgerl. R. Bd. 15 S. 153 ff.

4. Hat auch der aufrechnende Theil mehrere aufrechenbare Forderungen, so steht die Bestimmung darüber, welche von diesen Forderungen er zum Aufrechnen verwenden will, seinem freien Belieben anheim. Die Aufrechnung ist ein gesetzliches Recht des Schuldners. Der andere Theil kann der vom Aufrechnenden hierüber getroffenen Bestimmung nicht widersprechen. Trifft der Aufrechnende keine Bestimmung, so sind die Vorschriften des § 366 Abs. 2 auch maßgebend für die Reihenfolge, in welcher die Forderungen des aufrechnenden Theiles zur Aufrechnung kommen. Hiebei können jedoch nur solche Forderungen des Aufrechnenden berücksichtigt werden, bezüglich welcher aus der Aufrechnungserklärung hervorgeht, daß der Aufrechnende sie zur Aufrechnung verwenden wollte. Wenn der Schuldner erklärt, aufrechnen zu wollen, ohne daß sich mit Sicherheit erkennen läßt, welche seiner mehreren Gegenforderungen zur Aufrechnung verwendet werden soll, so ist seine Erklärung bis zu ihrer Vervollständigung unwirksam. Vgl. Dernburg II S. 335, Planck Bem. 3 zu § 396.

5. Schuldet der Aufrechnende dem anderen Theile außer der Hauptleistung Zinsen und Kosten, so werden durch die Aufrechnung zunächst die Kosten, dann die Zinsen und zuletzt die Hauptleistung getilgt. Bestimmt der Aufrechnende eine andere Reihenfolge, so kann der andere Theil die Aufrechnung ablehnen. Im Ablehnungsfalle ist die Aufrechnung als nicht erfolgt anzusehen. (§ 367 Abs. 1 und 2.)

Falls die Forderung des Aufrechnenden auf Hauptleistung, Zinsen und Kosten geht, auch wenn mehrere aufrechenbare Forderungen des Aufrechnenden in Frage kommen, von denen eine auf Hauptleistung, Zinsen und Kosten geht, und der Gesammtbetrag den Betrag der Forderung, gegen die aufgerechnet werden soll, übersteigt, entscheidet ebenfalls zunächst die vom Aufrechnenden bestimmte Reihenfolge, eventuell aber wird auch in diesem Falle § 367 entsprechend anzuwenden sein. Vgl. Planck Bem. 3 zu § 396, Schollmeyer Bem. 5.

## Vierter Titel.

# Erlaß.*)

### Vorbemerkungen.

I. Der Erlaß ist im Sinne des BGB. ein Vertrag, und zwar vertragsmäßiger Verzicht des Gläubigers auf seine Forderung.

Der Erlaß ist ein abstrakter Vertrag. Dies war im E. I § 290 durch Abs. 2 ausdrücklich hervorgehoben:

„Zur Wirksamkeit des Vertrages ist die Angabe des Rechtsgrundes nicht erforderlich. Die Wirksamkeit des Vertrages wird dadurch nicht ausgeschlossen, daß die Vertragschließenden verschiedene Rechtsgründe vorausgesetzt haben oder daß der von ihnen vorausgesetzte Rechtsgrund nicht vorhanden oder ungültig war. Die Vorschriften über Rückforderung wegen ungerechtfertigter Leistung bleiben unberührt."

---

*) Literatur: Vgl. Kindel, Das Rechtsgeschäft und sein Rechtsgrund, 1892, S. 176 bis 193; v. Völderndorff, Lehre vom Erlaß, 1850; Altmann, Erlaßvertrag, 1891; Meißels in Grünhuts Zeitschrift Bd. 18 S. 665; Seuffert in Beiträge zur Erl. des Entw. von Bekker und Fischer, Heft XI S. 30—31; Hartmann, Die liberatorischen Verträge und ihr Rechtsgrund insbesondere, im Archiv für civilistische Praxis Bd. 85 Nr. 1; Ackermann bei Gruchot, Beitr. Bd. 44 S. 576; Cohn bei Gruchot, Beitr. Bd. 47 S. 221 ff.; Erlaß und Verzicht nach BGB.; Caspers, Erlaß und Verzicht nach BGB. Straßburg 1904.

In der zweiten Lesung wurde diese Bestimmung gestrichen, „weil dieselbe nur retrospektive Bedeutung habe und neben den Vorschriften über ungerechtfertigte Bereicherung entbehrlich sei". P. I, 376. Wegen eines Mangels im Rechtsgrunde (Irrthum, Betrug, Zwang u. s. w.) ist der Erlaß anfechtbar, der Gläubiger hat alsdann aber nur einen persönlichen Anspruch gegen den Schuldner auf Wiederherstellung des durch den Erlaß erloschenen Schuldverhältnisses (§ 812 Abs. 2) nach den Grundsätzen über die ungerechtfertigte Bereicherung. Vgl. Vorbem. II S. 7.

II. Neben den Erlaß stellt das BGB. in Abs. 2 des § 397 das vertragsmäßige Anerkenntniß, daß das Schuldverhältniß nicht besteht. Es legt ihm dieselbe Wirkung bei wie dem Erlaßvertrag, also die Wirkung der Aufhebung der Obligation, es will damit einen sog. negativen Anerkennungsvertrag in Parallele setzen zu dem theilweise in Folge der Schrift von Bähr (Die Anerkennung als Verpflichtungsgrund 1855) in die Theorie und Praxis eingeführten positiven Schuldanerkennungsvertrag. Auch dieser sog. negative Anerkennungsvertrag ist abstrakt und zwar, im Gegensatz zum positiven (§ 781), sogar ohne schriftliche Form. Diese Abstraktion vom Rechtsgrunde hat aber lediglich dieselbe Bedeutung, wie beim Erlaß. Er bleibt wegen Irrthums über den Rechtsgrund, wegen Zwangs, Betrugs und sonstiger allgemein rechtserheblicher Mängel des Rechtsgrundes anfechtbar, auch kann er nach § 812 Abs. 2 wegen ungerechtfertigter Bereicherung kondizirt werden. Vgl. Bem. 6.

III. Sowohl der Erlaß wie der negative Anerkennungsvertrag ist ein zweiseitiges Rechtsgeschäft (Vertrag). Der einseitige, vom Schuldner nicht (vertragsmäßig) angenommene Verzicht des Gläubigers ist also ebenso wirkungslos, wie die einseitige Anerkennung des Gläubigers, daß das Schuldverhältniß nicht besteht; die bloße Empfangnahme (das Zugehen) der Erklärung genügt nicht.

Sowohl Erlaß wie negativer Anerkennungsvertrag bringen das Schuldverhältniß unmittelbar zur Tilgung (wie die römische acceptilatio) und erzeugen nicht bloß eine Einrede (exceptio pacti de non petendo). Es bleibt auch keine natürliche Verbindlichkeit zurück. RGE. Bd. 35 S. 216.

## § 397.

Das Schuldverhältniß erlischt, wenn der Gläubiger dem Schuldner durch Vertrag die Schuld erläßt.

Das Gleiche gilt, wenn der Gläubiger durch Vertrag mit dem Schuldner anerkennt, daß das Schuldverhältniß nicht bestehe.

E. I, 290; II, 341; III, 391.

1. Der Erlaßvertrag ist an eine bestimmte Form nicht gebunden. Vollzieht sich in ihm eine Schenkung, so ist gerichtliche oder notarielle Beurkundung (§ 518) nicht erforderlich, weil der Erlaß sich als die Bewirkung der schenkungsweise zugewendeten Leistung darstellt (§ 518 Abs. 2). RGE. Bd. 53 S. 294; Jur. Wschr. 1903 Beil. S. 42.

Der Erlaßvertrag kann an einen Anfangstermin und an eine Bedingung geknüpft sein (abweichend von der römisch-rechtlichen Acceptilation). Da er an eine Bedingung geknüpft werden kann, so kann auf diesem Wege auch sein Bestimmungsgrund zur Bedingung seiner Rechtsbeständigkeit gemacht, die abstrakte Natur des Erlasses also in concreto beseitigt werden. Vgl. Dernburg II S. 337.

Die Bedingung kann sowohl aufschiebend wie auflösend gestellt sein. Dagegen ist ein Endtermin mit der Natur des Erlasses unvereinbar, statt dessen ist im Zweifel bei Erlaß bis zu einem bestimmten Zeitpunkt ein Stundungsvertrag, pactum de non petendo, anzunehmen, wodurch dem Schuldner eine Einrede erwächst, die Forderung aber nicht erlischt.

2. Bei theilweisem Erlaß erlischt das Schuldverhältniß nur theilweise. Ueber den Erlaßvertrag zwischen dem Gläubiger und einem Gesammtschuldner bezw. zwischen dem Schuldner und einem Gesammtgläubiger s. die §§ 423 und 429 Abs. 3.

3. Der Erlaßvertrag enthält eine Verfügung über das Schuldverhältniß. Die Prozeßvollmacht ermächtigt nach § 81 zum Verzicht über den Streitgegenstand, also auch

zum Erlaß der eingeklagten Forderung oder eines Theiles. Wird der Erlaßvertrag von Jemand geschlossen, der zur Verfügung über die Forderung nicht berechtigt ist, so finden die Vorschriften des § 185 Anwendung.

Kein Erlaßvertrag liegt vor, wenn Jemand eine künftige Schuld erläßt, vielmehr wird in solchem Falle die Entstehung des Schuldverhältnisses von vornherein ausgeschlossen. (Ein solcher Vertrag ist unwirksam, soweit er gegen § 276 Abs. 2 und § 138 verstößt.)

Nichtig ist der einen Verzicht auf künftigen Unterhalt (§ 1614 Abs. 1) enthaltende Erlaß, desgleichen nach § 1714 der unentgeltliche Verzicht des unehelichen Kindes gegenüber seinem Erzeuger auf den Unterhaltsanspruch für die Zukunft.

4. Das in den Bem. 1 bis 3 Gesagte gilt auch für den negativen Schuldanerkennungsvertrag. Auch dieser ist ein abstraktes Rechtsgeschäft, ebenso wie der positive Anerkennungsvertrag. (Vgl. § 781; M. II, 115; P. II, 511, 696—699.)

Bezüglich der Anwendbarkeit der Vorschriften über die ungerechtfertigte Bereicherung ist hier insbesondere zu bemerken:

Beim Abschluß eines negativen Schuldanerkennungsvertrages kann beabsichtigt sein, das Nichtbestehen eines Schuldverhältnisses festzustellen:

a) ohne Rücksicht darauf, ob thatsächlich die Schuld besteht oder nicht;

b) es kann aber auch die Absicht der Vertragschließenden darauf gerichtet sein, die wirkliche Rechtslage festzustellen, wenn nämlich der Vertrag in der ausdrücklich oder stillschweigend erklärten Voraussetzung geschlossen wird, daß die als nicht bestehend anerkannte Schuld in Wirklichkeit nicht bestehe. Erweist sich diese Voraussetzung als unzutreffend, so sind die Bedingungen gegeben, unter denen nach § 812 Abs. 1 Satz 2 die Herausgabe wegen ungerechtfertigter Bereicherung verlangt werden kann. Die durch den Vertrag erfolgte Anerkennung des nicht bestehenden Schuldverhältnisses gilt zufolge § 812 Abs. 2 als Leistung. Der mit dieser Leistung nach dem Inhalte des Vertrages bezweckte Erfolg, nämlich die Feststellung der wirklichen Rechtslage, ist nicht eingetreten. Der Schuldner, welcher durch die Anerkennung auf Kosten des Gläubigers die Befreiung von seiner Verbindlichkeit erlangt hat, hat das Erlangte an den Gläubiger herauszugeben, d. h. er muß das erloschene Schuldverhältniß wieder herstellen.

Ob die eine oder die andere Absicht der Vertragschließenden anzunehmen ist, ist eine aus den Umständen des Falles zu beurtheilende Thatfrage.

Ein Zweifel besteht im Falle der Kondiktion des negativen Anerkennungsvertrags hinsichtlich der Beweislast: Zur Begründung einer Kondiktion dieses sog. negativen Schuldanerkennungsvertrages genügt nicht der Nachweis, daß das Schuldverhältniß, dessen Nichtbestehen anerkannt ist, bestanden habe, wie Planck II § 314 N. 5 behauptet; denn es ist eben durch das Anerkenntniß erloschen, und der Zweck des Anerkenntnisses im Sinne des § 397 ist die Tilgung bestehender Schuldverhältnisse. Vielmehr muß ein besonderer Mangel der causa des Anerkenntnisses, Irrthum, Zwang, Betrug u. s. w. oder auch der Mangel jeglichen Rechtsgrundes, auch etwaiger causa donandi, von dem Kondiktionskläger substantiirt und bewiesen werden. Auch hat keineswegs der Beklagte zu beweisen, daß der Anerkennende bei dem Abschlusse des Vertrages das Bestehen des Schuldverhältnisses gekannt habe (Planck a. a. O.), vielmehr liegt dem Kläger zur Begründung seines etwaigen Irrthums der Beweis seiner Nichtkenntniß ob, d. h. der Nachweis, daß kein Tilgungsvertrag in Form eines negativen Anerkenntnisses gewollt sei.

Anders liegt die Beweislast, wenn behauptet wird, daß eine Quittung einen Anerkennungsvertrag im Sinne des § 397 bezw. einen Erlaßvertrag enthalte. In diesem Falle hat derjenige, der diese Bedeutung der Quittung behauptet, seine Behauptung auch zu beweisen.

Ueber den negativen Schuldanerkennungsvertrag zwischen Gläubiger und Schuldner beim behaupteten Verluste des Schuldscheines s. Bem. 3 zu § 371.

5. Auch in der Ertheilung einer Quittung kann unter Umständen ein Erlaßvertrag oder ein negativer Schuldanerkennungsvertrag zu erblicken sein. Vgl. Bem. 3 Abs. 3 zu § 368.

Falsch ist es, mit Collatz (Iherings Jahrb. Bd. 40 S. 135 ff.) und Bähr (Anerkennung als Verpflichtungsgrund) in der Quittung unter allen Umständen einen negativen Anerkennungsvertrag zu erblicken. Vgl. Dernburg II S. 295.

6. Ein Erlaß kann auch zwangsweise zu Stande kommen im Konkurse über das Vermögen des Schuldners, Zwangsvergleich. Vgl. § 173 KO.

Ueber denselben vgl. auch Crome II § 195, III S. 313—316.

# Vierter Abschnitt.

# Uebertragung der Forderung.*)

## Vorbemerkungen.

Das BGB. läßt, der modernen Rechtsentwicklung folgend, die Uebertragung einer Forderung in demselben Umfange zu, wie die einer Sache im Sinne des BGB., d. h. eines körperlichen Gegenstandes, nämlich mit der Wirkung, daß der bisherige Gläubiger aufhört, Gläubiger zu sein und der Erwerber Gläubiger wird, während bekanntlich das römische Recht die Cession, wenigstens ursprünglich, nicht als eine Uebertragung des Forderungsrechts selbst, sondern der Ausübung desselben auffaßte. Wie das gemeine Recht, kennt das BGB. drei Arten der Uebertragung von Forderungen: die vertragsmäßige (cessio voluntaria), diejenige durch richterliche Anordnung und diejenige kraft Gesetzes (cessio legis).

Die Bestimmungen über die Uebertragung durch richterliche Anordnung finden sich in der CPO. (§§ 835—838, 844, 857, 859, 860).

Wegen der Uebertragung kraft Gesetzes (cessio legis) vgl. § 412.

Die vertragsmäßige Uebertragung einer Forderung heißt Abtretung (Cession). Die Abtretung (Cession) ist ein formloser Vertrag, sie ist auch abstrakt in dem Sinne, daß ihr die verschiedensten Rechtsgründe (causae) zu Grunde liegen können und daß ihre Gültigkeit nicht durch die Angabe des Rechtsgrundes bedingt ist (§ 398).

E. I § 294 Abs. 2 sprach diese abstrakte Natur der Abtretung dadurch ausdrücklich aus, daß er bestimmte:

> „Die Abtretung erfolgt mit Schließung des Vertrages, welcher die Willenserklärung der Vertragschließenden enthält, daß durch den Vertrag die Forderung auf den neuen Gläubiger übergehen soll. Auf den Vertrag finden die Vorschriften des § 290 Abs. 2 entsprechende Anwendung."

Der § 290 Abs. 2 lautete:

> „Zur Wirksamkeit des Vertrages ist die Angabe des Rechtsgrundes nicht erforderlich. Die Wirksamkeit des Vertrages wird dadurch nicht ausgeschlossen, daß die Vertragschließenden verschiedene Rechtsgründe vorausgesetzt haben oder daß der von ihnen vorausgesetzte Rechtsgrund nicht vorhanden oder ungültig war. Die Vorschriften über Rückforderung einer Leistung wegen ungerechtfertigter Bereicherung bleiben unberührt."

Der Paragraph wurde in II. Lesung als entbehrlich gestrichen.

Anzeige (Denunziation) ist zur Uebertragung nicht wesentlich. Aber der Schuldner, welcher noch keine Kenntniß von der Uebertragung hat, wird durch die Bestimmungen der §§ 407—410 geschützt.

Auch die Vorzugs- und Nebenrechte der Forderung gehen auf den neuen Gläubiger (Cessionar) über. Der Abtretende (Cedent) haftet regelmäßig nur für das Bestehen der Forderung (Verität), nicht für deren Beitreibbarkeit (Bonität).

Unübertragbar (incessibel) sind Forderungen, wenn die Leistung an einen anderen als den ursprünglichen Gläubiger nicht oder nicht ohne Veränderung des Leistungsinhalts

---

*) Literatur: Windscheid II §§ 329 ff.; Dernburg, Pand. II §§ 48—52; Bähr, Jahrb. f. Dogmatik I S. 351 ff.; A. Schmidt, Grundlehren der Cession 1863; Gürgens, Die Singularsuccession in die Schuld in Iherings Jahrb. f. Dogmatik Bd. 8 Nr. 8; Regelsberger, Beiträge z. L. von der Cession im Archiv f. d. civilist. Praxis Bd. 43 Nr. 8. Ueber Blankocession vgl. Strempel, Die Blankocession im gem. Recht. Wismar, Hinstorff'sche Hofbuchh. 1893; Sohm, Zeitschr. f. Handelsrecht Bd. 17 S. 70 ff.; Affolter, Ueber Cession der Forderungen im Arch. f. bürgerl. R. Bd. 13 S. 295 ff.

ausführbar ist (höchstpersönliche) [§ 399], ferner alle unpfändbaren, daher auch nicht kompensablen Forderungen (§ 400).

Die Verpflichtung des abtretenden Gläubigers zur Gewährleistung gründet sich nicht auf die Uebertragung, sondern auf das derselben zu Grunde liegende obligatorische Verhältniß. Die Bestimmungen hierüber sind deßhalb unter die allgemeinen Vorschriften über den Kauf (§§ 437, 438, 445) aufgenommen, die nach § 445 auf alle entgeltlichen Verträge entsprechende Anwendung finden. Für den Fall der causa donandi vgl. § 524. Inwieweit im Uebrigen eine Haftung für Gewährleistung eintritt, muß aus den allgemeinen Grundsätzen entnommen werden. Vgl. Dernburg II S. 344; Stammler, Recht der Schuldverhältnisse S. 197.

## § 398.

**Eine Forderung kann von dem Gläubiger durch Vertrag mit einem Anderen auf diesen übertragen werden (Abtretung). Mit dem Abschlusse des Vertrags tritt der neue Gläubiger an die Stelle des bisherigen Gläubigers.**

E. I, 293, 294 Abs. 1, 2; II, 342; III, 392.

1. Zur rechtsgeschäftlichen Uebertragung einer Forderung auf einen neuen Gläubiger (Abtretung) ist ein Vertrag erforderlich. Eine einseitige Abtretungserklärung kann die Uebertragung der Forderung nicht bewirken.

Mit dem Abschlusse des Vertrages (§§ 151, 152) zwischen dem bisherigen Gläubiger und dem neuen Gläubiger geht die Forderung auf letzteren über. Einer Einwilligung oder Mitwirkung des Schuldners bedarf es nicht.

Auch eine Anzeige an den Schuldner ist für die Rechtswirksamkeit der Uebertragung — sei es gegenüber dem Schuldner, sei es gegenüber einem Dritten — nicht erforderlich.

Seine volle Wirkung entfaltet der Cessionsakt (Akt der Uebertragung) sofort mit dem Zustandekommen, d. h. durch die bloße Willensübereinstimmung zwischen dem bisherigen Gläubiger (Cedent) und dem neuen Gläubiger (Cessionar):

a) zwischen den Vertragschließenden selbst, und zwar unabhängig von dem Rechtsgrunde der Uebertragung (Cessionsgrund, causa). Die Uebertragung ist gültig, wenn auch das Grundgeschäft (Kausalgeschäft, Cessionsgrund) aus irgend einem Grunde nicht zu Stande kommt. Dies ist wohl zu beachten, da bei der Formlosigkeit des Uebertragungsaktes diese, selbst der Wissenschaft lange verborgen gebliebene Selbständigkeit der Cession und ihre Unterscheidung vom Grundgeschäft im Rechtsverkehr zumal dem Laien oft nicht bewußt wird; die Forderung z. B. wird einfach „verkauft", „verschenkt" u. s. w. Wenn auch der Kauf, die Schenkung ungültig ist, bleibt also die mit der Willenseinigung über die obligatorische causa verbundene Willenseinigung über die Uebertragung selbst als abstrakter (dinglicher) Vertrag wirksam. Vgl. Vorbemerkungen S. 271. Nur, wenn der Ungültigkeitsgrund nicht nur das Grundgeschäft, sondern auch den in dem äußerlich einheitlichen, innerlich aber doppelten Geschäft steckenden Cessionsvertrag mitergreift, z. B. wegen mangelnder Geschäftsfähigkeit, mangelnder Verfügungsmacht, ist auch der Cessionsakt unwirksam.

Zur Gültigkeit des Cessionsaktes ist nach allgemeinen Grundsätzen eine genügende Bestimmtheit sowohl des Gegenstandes der Uebertragung als auch der Personen erforderlich.

α) Gegenstand: Die Forderung selbst muß derart individualisirt sein, daß bestimmbar ist, was die Cession in sich begreifen soll. Vgl. Dernburg II S. 345 II; Seuff. Arch. Bd. 7 Nr. 20; Striethorst Arch. Bd. 30 S. 7; RGE. Bd. 20 S. 235; Seuff. Arch. Bd. 55 S. 460 Nr. 235; Gruchot, Beitr. Bd. 26 S. 956.

Sofern jedoch die Forderung, die abgetreten werden soll, genügend bestimmt ist, kann auch eine künftige Forderung abgetreten werden. Da die Einigung schon vorliegt, wenn die Forderung entsteht, so geht in diesem Falle die in der Person des Cedenten entstehende Forderung sofort mit der Entstehung auf den neuen Gläubiger (Cessionar) über. So Planck Bem. 4, e, Dernburg II S. 345, 350 II und die überwiegende Praxis, RGE. Bd. 55 S. 334; Jur. Wschr. 1903 Beil. S. 124, D. Jur.Z. 1904 S. 744; Rspr. d. OLG. Bd. 4 S. 213 ff. A. M. Eccius in Gruchot, Beitr. Bd. 48 S. 465, Windscheid-Kipp II § 335 Zus. 1, e, Strauß, D. Jur.Z. 1903 S. 342.

Unzulässig ist die Abtretung sämmtlicher Forderungen, welche dem Abtretenden künftig erwachsen werden, nach §§ 138, 310; Planck Bem. 4, e.

Die Pfändung einer künftigen Forderung ist nur dann zulässig, wenn für die Forderung bereits eine ausreichende rechtliche Grundlage in einem Vertragsverhältniß zwischen Schuldner und Drittschuldner gegeben ist. RGE. in D. Jur.Z. 1904 S. 696.

Eine Schadensersatzforderung kann abgetreten werden, auch wenn ihr Umfang und die Person des Schädigers noch nicht bekannt ist. Daher ist die in einem Versicherungsvertrage getroffene Vereinbarung, daß die dem Versicherten demnächst gegen Dritte erwachsenden Ansprüche auf Ersatz eines ihm zugefügten Schadens auf den Versicherer übergehen sollen, gültig. Planck Bem. 4, e zu § 398, Dernburg II S. 345, Gruchot, Beitr. Bd. 23 S. 981, E. d. ROHG. Bd. 9 S. 165.

β) Person des Cessionars (Blankocession): Die früher bestrittene Zulässigkeit einer Blankocession ist nach dem BGB. anzuerkennen. Vgl. Dernburg II S. 346. Es steht wenigstens nichts entgegen, daß der Empfänger der Blanketts durch Eintragung des Cessionars die schriftliche Abtretungserklärung vervollständigt. Vgl. Rehbein Bem. 6 zu §§ 398—413; RGE. v. 18. Februar 1904 Bd. 57 S. 67. Vgl. Bem. 3;

b) im Verhältniß zu Dritten, die an dem Abtretungsvertrage nicht direkt betheiligt sind.

Die Forderung gehört mit Vollendung des Cessionsaktes zum Vermögen des Cessionars, unterliegt also dem Zugriffe der Gläubiger des Cessionars, vorbehaltlich etwaiger paulianischer Anfechtung.

Bei mehrmaliger Abtretung hat nur der erste Cessionar die Forderung erworben, zu Gunsten des späteren Cessionars findet kein Schutz des guten Glaubens statt. Vgl. Crome II S. 929. Lediglich der Schuldner (cessus) wird nach Maßgabe der §§ 408, 407 dem früheren Erwerber gegenüber gesichert.

c) An sich wird durch den bloßen Cessionsakt ohne Anzeige der neue Gläubiger auch dem Schuldner gegenüber berechtigt. Dieser wird jedoch sowohl vor der Gefahr einer Doppelzahlung bei Unkenntniß der Cession als auch in Ansehung anderer Rechtsakte, die er in Unkenntniß der Cession mit dem alten Gläubiger vornimmt, geschützt durch die Bestimmungen der §§ 406—409.

2. Alle Forderungen aus Schuldverhältnissen sind nach der uneingeschränkten Bestimmung des § 398 Satz 1 übertragbar, soweit nicht im Gesetze selbst Ausnahmen gemacht sind. Ueber diese Ausnahmen s. §§ 399, 400. Also auch Nebenforderungen können selbständig ohne die Hauptforderung übertragen werden. Ebenso M. II, 121. And. M. Oertmann Bem. 2, b zu § 399.

a) Auch ein Teil einer Forderung kann abgetreten werden.

b) Auch bedingte oder befristete Forderungen. Vgl. Bem. 1, a, α.

c) Streitig ist die Abtretbarkeit der sog. Naturalobligationen. Dafür Planck Bem. 3, f, Schollmeyer II S. 361, Windscheid-Kipp II § 335 Note 16, 17. And. M. Schwanert, Naturalobligationen S. 176 ff.; Schmid, Grundlehren der Cession (1863), I S. 54 ff. Nach meiner Ansicht ist zu unterscheiden zwischen den sog. unvollkommenen Civilobligationen und den echten Naturalobligationen im Sinne von Vorbemerkungen S. 6, a und b.

α) Die unvollkommene d. h. indirekt erzwingbare Civilobligation ist als solche nicht übertragbar. Denn sie kann als solche (mit ihrer indirekten Erzwingbarkeit) nur durch Einrede verwirklicht werden; eine Einrede ist aber nicht übertragbar. Vgl. Bem. 1, a zu § 399. Daher nehmen auch die Anhänger der Uebertragbarkeit der Naturalobligation, die eben durchweg die von mir oben S. 6 aufgestellte wichtige Unterscheidung nicht kennen, das Compensationsrecht aus. (And. M. freilich auch in diesem Punkte Kipp bei Windscheid a. a. O. Note 16.) Nur, sofern in der unvollkommenen Civilobligation auch eine echte Naturalobligation steckt, ist diese letztere als bloß erfüllbare, nicht erzwingbare Obligation übertragbar nach Maßgabe des unter β Gesagten.

β) Die echte Naturalobligation, die nur erfüllbar, aber nicht erzwingbar, ist als solche übertragbar, d. h. eine Erfüllung derselben an den Cessionar gilt als Erfüllung, nicht als Schenkung (§ 534), und zwar gilt sie als Erfüllung gegenüber dem Cessionar auf Grund rechtswirksamer Uebertragung. Es kann also z. B. eine verjährte Forderung, eine Spiel- und Wettschuld, ein Anspruch auf Trinkgeld (§ 814) abgetreten werden. Der neue Gläubiger erlangt jedoch keinen erzwingbaren Anspruch. Wird jedoch auf Grund der Cession an den neuen Gläubiger geleistet, so ist die condictio indebiti ausgeschlossen, auch wenn in Unkenntniß der rechtlichen Unerzwingbarkeit geleistet ist. Eine vertragsmäßige Anerkennung gegenüber dem Cessionar ist bei Spiel- und Wettschulden, ebenso beim Anspruch auf Ehemakellohn wirkungslos (§ 762 Abs. 2, § 656 Abs. 2); sie ist aber rechtswirksam gegenüber dem Cessionar einer verjährten Forderung und einer Forderung, die unter § 814 fällt (Forderung aus sittlicher Pflicht oder aus Anstandsrücksicht).

Beispiel: Der Portier A erklärt dem Hotelgaste B, daß er seinen Trinkgelderanspruch auf seinen Nachfolger C übertrage bezw. er überträgt beim Fortgehen seinen Trinkgelderanspruch an C. Der Gast B kann an C zahlen, ihm gegenüber auch anerkennen und so die ursprüngliche echte Naturalobligation dem C gegenüber erfüllen.

d) Soweit nicht § 399 entgegensteht, können auch Forderungen aus gegenseitigen Verträgen abgetreten werden; selbstverständlich aber kann der Schuldner seine Einwendungen, insbesondere auch die Einrede des nichterfüllten Vertrags auch gegenüber dem neuen Gläubiger geltend machen. Vgl. Planck Bem. 4, e, Jur. Wschr. 1902 Beil. S. 230. Auch die Einrede des § 321 steht dem zur Vorleistung verpflichteten Schuldner wegen Verschlechterung der Vermögensverhältnisse des bisherigen Gläubigers zu. RGE. Bd. 51 S. 170.

e) Rechtshängigkeit der Forderung schließt ihre Abtretbarkeit nicht aus. CPO. §§ 265, 325.

Die Abtretung ist auch keineswegs beschränkt auf Forderungen aus Schuldverhältnissen, auch Ansprüche aus dinglichen Rechten (§§ 255, 870, 931), erbrechtliche Ansprüche, z. B. der Erbschaftsanspruch (§ 2018), der Pflichttheilsanspruch (§ 2317) und andere Rechte sind übertragbar. Vgl. § 413 mit Bem.

Ein Feststellungsanspruch ist nicht abtretbar. Urth. d. OLG. Hamburg vom 27. März und 25. April 1903, Rspr. d. OLG. Bd. 8 S. 46. Abtretbar ist immer nur die einzelne Forderung, der einzelne Anspruch bezw. eine Mehrheit einzelner Forderungen und Ansprüche, nicht das ganze Rechtsverhältniß. RGE. Bd. 6 S. 377, Bd. 13 S. 11.

Die „Abtretung des Portefeuilles" ist ein Uebereinkommen, kraft dessen ein Versicherer seinen Versicherungsbestand ganz oder theilweise auf einen anderen Versicherer überträgt; es bezweckt stets Cession von Forderungen und Schuldübernahme, eventuell Erfüllungsübernahme, bildet also nur die causa der Cessionen, nicht diese selbst. Cession und Schuldübernahme stehen unter einander in einem Abhängigkeitsverhältnisse, das Rechtsgeschäft ist synallagmatischer Natur; erst wenn und soweit der eine Versicherer cedirt, übernimmt der andere die Schuld. Vgl. darüber Ehrenberg, Zeitschrift für die gesammte Versicherungswissenschaft 1904 S. 24 ff., RGE. v. 29. Dezember 1903, D. Jur.Z. 1904 S. 361, RGE. Bd. 56 S. 292.

3. Der Abtretungsvertrag ist formlos, er kann sich durch bloße konkludente Handlungen vollziehen. Hinsichtlich der Uebergabe eines Sparkassenbuchs vgl. OLG. Colmar v. 28. Juni 1901 in D. Jur.Z. 1903 S. 348. Natürlich ist Blankocession nur schriftlich möglich; überhaupt wird Schriftlichkeit die Regel bilden und ist zu empfehlen nach § 410. Für hypothekarisch gesicherte Forderungen ist Schriftlichkeit erforderlich, § 1154. Abtretung einer Anweisung hat schriftlich zu erfolgen, § 792.

4. Der Abtretungsvertrag bewirkt unmittelbar den Verlust der Forderung für den bisherigen Gläubiger und den Erwerb derselben durch den neuen Gläubiger. Er ist sohin eine Verfügung im Sinne des BGB. Wird eine Forderung von Jemand abgetreten, der zur Verfügung über die Forderung nicht berechtigt ist, so kommen die Vorschriften des § 185 zur Anwendung.

5. Fiduziarische Cession. Vgl. darüber Kuhlenbeck, Von den Pand. z. BGB. I S. 398 ff., 581 Abs. 2, Dernburg II S. 346. Ihr Rechtsgrund ist in der Regel ein Auftrag, sie begründet ein Treuverhältnis zwischen dem abtretenden Gläubiger und dem Cessionar (Treuhänder), der verpflichtet ist, die Forderung ordnungsmäßig beizutreiben und den Erlös, soweit er seine Forderung überschreitet, dem Cedenten herauszugeben. RGE. v. 23. Nov. 1904, Jur. Wschr. 1905 S. 43. Diese causa berührt nicht die Cession als solche, die eine wirkliche Verfügung, keine Scheincession ist. Jur. Wschr. 1904 S. 6, Gruchot, Beitr. Bd. 48 S. 867, RGE. Bd. 15 S. 210, Bd. 37 S. 106, Bd. 39 S. 167, Jur. Wschr. 1892 S. 381 Nr. 37.

Vgl. ferner noch Kuhlenbeck in Bl. f. RA. Bd. 70 S. 337 ff.: Fiduziarische Cession, insbesondere zur Umgehung des § 110 CPO., ein Beitrag zur Lehre vom Scheingeschäfte, der sog. Umgehung des Gesetzes und Treuhänder.

Zulässig ist insbesondere die Cession lediglich zum Zwecke der Einziehung der Forderung; der Schuldner kann weder die Einrede der Simulation entgegensetzen noch die Klagberechtigung (Aktivlegitimation) bestreiten; wohl aber kann der Cedent diese Abtretung jederzeit widerrufen; damit fällt die Berechtigung des Cessionars zur Einziehung fort, und der Schuldner kann daraus wirksam einen Einwand gegen den Cessionar herleiten, der ihm auch durch § 409 nicht benommen wird. RGE. v. 6. Febr. 1903 in Jur. Wschr. 1903 Beil. 53, RGE. Bd. 53 S. 416, D. Jur.-Z. 1903 S. 273.

Eine Abtretung, die lediglich zu dem Zwecke geschieht, den materiell als Kläger interessirten Cedenten im Prozesse zum Zeugen (in eigener Sache) zu stempeln, ist dagegen nach § 138 nichtig. Kuhlenbeck a. a. O. S. 341. Der Schuldner hat ferner die Einrede der Arglist, wenn der Cessionar nicht vermögend ist, die Prozeßkosten zu zahlen und der Cedent, der dazu im Stande wäre, nur zur Prozeßführung die Forderung überträgt. Vgl. Kuhlenbeck a. a. O., Dernburg II S. 347 Note 13 gegen RGE. in Jur. Wschr. 1889 S. 339, Gruchot, Beitr. Bd. 30 S. 1005.

Auch ein Vertrag zwischen Cedenten und Cessionar, wonach die Gläubigerschaft auf den Cessionar übergehen soll, aber der Cedent weiter als Gläubiger nach außen hin gelten soll, ist nach Vorstehendem zulässig. Dem klagenden Cedenten kann die Aktivlegitimation nicht bestritten werden. RGE. Bd. 27 S. 339, Bd. 40 S. 220, Gruchot, Beitr. Bd. 30 S. 1005. Doch gelten auch in diesem Falle dieselben Einschränkungen (§ 138 und Einrede der Arglist), wie bei einer cessio in fiduciam.

Streitig ist, ob die Gläubiger des bloß fiduziarischen Cessionars berechtigt sind, die cedirte Forderung zu pfänden und ob dieselbe in die Konkursmasse des Treuhänders fällt. Dernburg II S. 347, 348 nimmt an, daß der Cedent die Rückgewähr der Forderung oder ihres Werthes von den Gläubigern bezw. der Konkursmasse beanspruchen kann, da diese sich andernfalls durch das bloß formelle Recht des Cessionars zum Nachtheil des Cedenten bereichern würden (§ 812). Dieser Ansicht ist zuzustimmen. Bestritten wird die Zulässigkeit einer fiduziarischen Cession überhaupt von Stammler, R. d. Schuldverh. S. 196.

Auf die schenkungsweise Abtretung einer Forderung findet die Formvorschrift des § 518 Abs. 1 keine Anwendung, da die Abtretung nicht Versprechen der Leistung, sondern Bewirkung derselben ist. Vgl. Bem. II, 1, e zu § 518.

6. Oertliches und zeitliches Anwendungsgebiet. Ob ein bestimmter Rechtsakt geeignet ist, den Uebergang der Forderung zu bewirken, ist nach demjenigen Rechte zu beurtheilen, welchem das Schuldverhältniß, aus dem die Forderung sich ergiebt, untersteht, jedenfalls soweit es sich um die Wirksamkeit des Forderungsübergangs dem Schuldner und dem Dritten gegenüber handelt. Urth. d. OLG. Hamburg v. 15. Dezember 1900, Seuff. Arch. Bd. 56 S. 260 Nr. 146.

Die Rechtsfolgen einer nach dem 1. Januar 1900 vorgenommenen Abtretung sind nach dem BGB. zu beurtheilen, auch wenn die Forderung vor dem 1. Januar 1900 entstanden ist. RGE. v. 11. Januar 1904 in RGE. Bd. 56 S. 301, v. 23. Januar 1904 in Gruchot, Beitr. Bd. 48 S. 892, Seuff. Arch. Bd. 59 S. 177, Hanseat. Ger.-Z. Bd. 25 Beil. S. 213.

7. Bezüglich der auf den Inhaber ausgestellten Staatsschuldverschreibungen, welche auf den Namen des Gläubigers umgeschrieben sind, wird in Art. 53, 55, 57 des bayrischen AG. z. BGB. bestimmt, daß die Uebertragung derselben der Staatskasse gegenüber erst mit der Umschreibung wirksam wird. Hiedurch wird jedoch nur die Wirksamkeit der Uebertragung gegenüber der Staatskasse berührt, im Uebrigen genügt zur rechtswirksamen Uebertragung der formlose Abtretungsvertrag in Verbindung mit der Uebergabe der Schuldurkunde. Die Vorschriften der Art. 53, 55 sind zufolge Art. 57 des erwähnten Gesetzes auch entsprechend anwendbar auf Schuldverschreibungen, die von einer dem bayrischen Staate angehörenden Körperschaft, Stiftung oder Anstalt des öffentlichen Rechtes ausgestellt sind.

## § 399.

Eine Forderung kann nicht abgetreten werden, wenn die Leistung an einen anderen als den ursprünglichen Gläubiger nicht ohne Veränderung ihres Inhalts erfolgen kann oder wenn die Abtretung durch Vereinbarung mit dem Schuldner ausgeschlossen ist.

E. I, 295; II, 343; III, 393.

1. Unübertragbar ist zufolge § 399 eine Forderung:

a) wenn an einen anderen als den ursprünglichen Gläubiger ohne Veränderung des Inhalts der Leistung nicht geleistet werden kann. Ob diese Voraussetzung vorliegt, ist aus den Umständen des Einzelfalles zu beantworten. Streng genommen — und dies war der Grund, weßhalb (vgl. Vorbem. S. 271) das ältere Recht eine Cession als Singularsuccession in die Forderung ablehnte und ihre Wirkung nur auf Umwegen zuließ — ist mit jeder Aenderung des Gläubigers eine Aenderung des (subjektiven) Leistungsinhalts verknüpft. Die Leistung an B ist nicht dieselbe wie an A. Daß die Vorschrift des § 399 aber nicht in diesem Sinne gemeint ist, ergiebt sich schon aus § 398. Ausgeschlossen ist nur die Abtretung sog. höchstpersönlicher Forderungen, bei denen für den Inhalt der Leistung die Persönlichkeit des Gläubigers wesentlich ist, weil der materielle (objektive) Inhalt der Leistung durch Uebergang auf einen anderen Gläubiger sich verändern würde. Besonders prägnante Beispiele: Leistung ärztlicher Dienste, Lehrunterricht. Im Allgemeinen ist hierbei darauf zu sehen, ob nach dem Inhalte der Leistungspflicht mit Rücksicht auf Treu und Glauben und die Verkehrssitte dem Schuldner der einseitige Gläubigerwechsel zugemuthet werden kann. Vgl. Crome II S. 325. Höchstpersönlich ist zweifellos die Forderung aus einem pactum de contrahendo, vgl. Degenkolb, Archiv f. d. civilist. Praxis Bd. 71 S. 77; bezüglich der Abtretbarkeit eines auf Ausbezahlung eines sog. Baudarlehens gerichteten Anspruchs (aus dem pactum de mutuo dando) s. Bem. 9, c, β zu § 607; ferner sind höchstpersönlich Forderungen auf Ausführung von Aufträgen (§ 664 Abs. 2). Hinsichtlich der Frage der Abtretbarkeit der Miethrechte vgl. im Einzelnen Bem. X zu § 549. Dagegen ist natürlich der Anspruch des Vermiethers übertragbar. Nicht übertragbar sind ferner: die Ansprüche der Gesellschafter gegeneinander aus dem Gesellschaftsvertrage (§ 717), der Anspruch des Verletzten auf Ersatz des nicht vermögensrechtlichen Schadens bei Körperverletzung und Freiheitsentziehung (§ 847), der Anspruch aus § 1300 Abs. 2 (actiones meram vindictam spirantes), der Anspruch auf Aussteuer (§ 1623), das Vorkaufsrecht (§ 514). Unübertragbar ist auch die Befugniß aus § 7 Abs. 2 des Haftpflichtgesetzes v. 7. Juni 1871, Aufhebung oder Minderung einer zuerkannten Rente zu verlangen, da sie untrennbar mit dem Schuldverhältniß verbunden ist. RGE. Bd. 1 S. 315.

Ueber Abtretbarkeit von Alimentenforderungen s. RGE. Bd. 4 S. 143, Bd. 6 Nr. 42, Archiv f. d. civilist. Praxis Bd. 69 S. 241 ff., sowie auch § 1613 mit Bem. 5. Alle nicht durch §§ 399, 400 ausgeschlossenen Forderungen sind übertragbar, nichtfällige, bedingte, zukünftige so gut wie fällige, selbst klaglose (vgl. Bem. 2, e zu § 398), auch bedingt hinterlassene Vermächtnisse. RGE. Bd. 8 S. 189. Vgl. Bem. 1 zu § 398.

Im Allgemeinen ist eine Forderung in allen den Fällen nicht übertragbar, in welchen die Leistung ein besonderes Verhältniß zu der Person des Gläubigers voraussetzt. Sofern aber ein solches Verhältniß selbst übertragbar ist, kann mit der Uebertragung des Verhältnisses auch die Forderung übertragen werden. Vgl. Planck Bem. 1 zu § 399. Hiernach kann eine Hypothek, ein Pfandrecht, eine Bürgschaft nicht ohne die Forderung, zu deren Gunsten diese Rechte bestellt sind, übertragen werden, ein Anfechtungsanspruch nicht ohne die Forderung, zu deren Sicherung er dient, der Anspruch auf Rechnungslegung, auf Auskunftsertheilung und auf Leistung des Offenbarungseides nicht ohne das Rechtsverhältniß, für dessen Zwecke diese Ansprüche bestimmt sind. Planck a. a. O. Der Anspruch aus einem beschränkten Konkurrenzverbot ist mit der Uebertragung des gewerblichen Geschäftes, zu dessen Gunsten es besteht, übertragbar. RGE. in Seuff. Arch. Bd. 56 S. 227. Der Anspruch auf Lieferung von Gas oder

Elektrizität für bestimmte Räume ist nur an einen Besitzer dieser Räume abtretbar, Rspr. d. OLG. Bd. 6 S. 132.

Oeffentliche Pfandverleiher im Sinne des § 34 Gew.O. können Forderungen aus Darlehen, die sie in ihrem Geschäftsbetrieb gegen Faustpfänder gewährt haben, nicht an Dritte, die nicht öffentliche Pfandleiher sind, übertragen. RGE. Bd. 58 S. 71.

Für gewisse Ansprüche giebt das Gesetz selbst besondere Bestimmungen. So wird im Zweifel für unübertragbar erklärt in § 613 der Anspruch auf die vereinbarten Dienste beim Dienstvertrage. Vgl. auch die Bestimmungen über die Ausschließung der Uebertragung in den §§ 514, 664, 717, 719, 847, 1092, 1153 Abs. 2, 1300 Abs. 2, 1427 Abs. 2 S. 3, 1585 Abs. 1 S. 2, 1623, 1658.

Im E. I § 295 waren ferner als unübertragbar bezeichnet „Forderungen, welche von einer nicht übertragbaren Eigenschaft des Gläubigers abhängen". Hierunter sollten „Mitgliedschaftsrechte" verstanden sein. Die II. Komm. hat diesen Satz gestrichen, weil er sich aus der gegenwärtigen Fassung des Paragraphen von selbst ergebe. Vgl. P. I, 384.

Die Forderung ist ferner unübertragbar nach § 399:

b) wenn der Schuldner durch Vertrag mit dem ursprünglichen Gläubiger die Abtretung ausgeschlossen hat, was sowohl bei der Begründung der Forderung als auch nachträglich geschehen kann.

Letztere Vorschrift, welche allerdings eine Durchbrechung des in § 137 aufgestellten Prinzips enthält, verdankt ihre Aufnahme in das Gesetz einem Beschlusse der II. Komm. Es wurde hiebei insbesondere an die in den Statuten vieler Versicherungsgesellschaften vorkommenden Bestimmungen über die Unübertragbarkeit des Versicherungsanspruchs und an die in den Reglements der Eisenbahnen 2c. sich findende Ausschließung der Uebertragbarkeit der Rückfahrts-, Rundreise- und Abonnementskarten gedacht. (P. I, 384. Vgl. auch § 405 Anm. II.) Die Gefahr, daß ein böswilliger Schuldner diese Bestimmung dazu mißbrauchen werde, die ihm zustehenden Forderungen dem Zugriffe seiner Gläubiger zu entziehen, wird beseitigt durch die Vorschrift des § 851 Abs. 2 CPO., welche gemäß § 1 KO. auch für das Konkursverfahren wirkt.

§ 851 CPO.: „Eine nicht übertragbare Forderung ist der Pfändung nicht unterworfen. Eine nach § 399 des BGB. nicht übertragbare Forderung kann jedoch insoweit gepfändet und zur Einziehung überwiesen werden, als der Gegenstand der Leistung der Pfändung unterliegt. Die Pfändung eines Pachtrechtes und die Anordnung einer Verwaltung zur Ausübung des Pachtrechtes sind zulässig, auch wenn dem Pächter nicht gestattet ist, die Ausübung des Rechtes einem Dritten zu überlassen."

2. Die Uebertragung einer nach § 399 unübertragbaren Forderung ist rechtlich unwirksam nicht bloß für die Vertragschließenden, sondern auch jedem Dritten gegenüber. Vgl. jedoch § 405 Bem. II und hier Bem. 3.

Hatte der Schuldner eine Urkunde über die Forderung ausgestellt, welche die Unübertragbarkeit der Forderung nicht erwähnt, so kann das pactum de non cedendo dem neuen Gläubiger, der die Forderung mit Beziehung auf die Urkunde erwarb, nur dann entgegengesetzt werden, wenn es ihm zur Zeit seines Erwerbs bekannt war oder bekannt sein mußte.

3. Eine gegen die Vorschriften des § 399 verstoßende Abtretung ist nicht unter allen Umständen nichtig. Sie wird in allen Fällen, wo die Unübertragbarkeit nur dem Interesse des Schuldners dient, wirksam, wenn der Schuldner sie genehmigt, d. h. seine nachträgliche Zustimmung ertheilt. Diese Genehmigung wirkt auf den Zeitpunkt der Cession zurück (§§ 184, 185). Vgl. Planck Bem. 3 zu § 399, Rehbein Bem. 13 zu §§ 398—413.

Sofern jedoch die Unzulässigkeit der Abtretung durch besondere im öffentlichen Interesse gegebene Vorschriften bestimmt ist, ist die Abtretung absolut nichtig (§ 400).

4. Andere Abtretungsverbote sind in besonderen Gesetzen enthalten. Vgl. Bem. 1 zu § 394, § 400, Reichsbeamtenges. § 6, Reichsmilitärges. § 45, Einf.Ges. Art. 80, 81.

5. Die Bestimmung des § 399, welche zunächst nur von der Abtretung einer Forderung, d. i. von der Uebertragung durch Vertrag spricht, findet zufolge § 412 auch entsprechende Anwendung auf die Uebertragung einer Forderung kraft Gesetzes.

## § 400.

Eine Forderung kann nicht abgetreten werden, soweit sie der Pfändung nicht unterworfen ist.

E. I, 296 Abs. 1; II, 344; III, 394.

1. Die Bestimmung, daß eine Forderung nicht abgetreten werden kann, soweit sie der Pfändung nicht unterworfen ist, entspricht jener des § 394 über die Ausschließung der Aufrechnung gegen eine unpfändbare Forderung. Welche Forderungen der Pfändung nicht unterworfen sind, darüber s. Bem. 1 zu § 394. Auch das Recht zur Rücknahme der hinterlegten Sache ist nach § 377 Abs. 1 unpfändbar und deßhalb auch unübertragbar. S. Bem. 1 zu § 377.

2. Eine Forderung kann, soweit sie unpfändbar ist, zufolge § 412 auch nicht kraft Gesetzes auf einen Anderen übergehen.

Auch bezüglich der Ueberweisung durch gerichtliche Anordnung bestimmt § 851 Abs. 1 CPO., daß eine Forderung in Ermangelung besonderer Vorschriften der Pfändung (also auch der Ueberweisung, da diese stets eine Pfändung der Forderung zur Voraussetzung hat) nur insoweit unterworfen ist, als die Forderung übertragbar ist.

Für die Uebertragung durch gerichtliche Anordnung bestimmt ferner § 851 Abs. 2 der CPO., daß eine nach § 399 BGB. nicht übertragbare Forderung insoweit gepfändet und zur Einziehung überwiesen werden kann, als der geschuldete Gegenstand der Pfändung unterworfen ist.

3. Ist eine Forderung nur zum Theile der Pfändung entzogen (s. § 850 Abs. 1 Nr. 3, Abs. 2 und 3 CPO.), so ist der pfändbare Theil übertragbar.

4. Ein unveräußerliches Recht ist nach § 857 Abs. 3 CPO. in Ermangelung besonderer Vorschriften insoweit pfändbar, als die Ausübung einem Anderen überlassen werden kann. S. Bem. 2 zu § 413.

5. Soweit ein Recht nicht übertragbar ist, kann auch ein Pfandrecht an dem Rechte nicht bestellt werden. § 1274 Abs. 2.

6. Ueber die den Landesgesetzen vorbehaltene Beschränkung der Uebertragbarkeit der Ansprüche von Beamten auf Besoldung ꝛc. s. Art. 81 EG.

## § 401.

Mit der abgetretenen Forderung gehen die Hypotheken oder Pfandrechte, die für sie bestehen, sowie die Rechte aus einer für sie bestellten Bürgschaft auf den neuen Gläubiger über.

Ein mit der Forderung für den Fall der Zwangsvollstreckung oder des Konkurses verbundenes Vorzugsrecht kann auch der neue Gläubiger geltend machen.

E. I, 297; II, 345; III, 395.

1. Die Bestimmung, daß mit der abgetretenen Forderung die Hypotheken oder Pfandrechte, die für die Forderung bestehen, sowie die Rechte aus einer für die Forderung bestellten Bürgschaft auf den neuen Gläubiger übergehen, ergiebt sich aus der accessorischen Natur dieser Rechte. Sie entspricht auch dem bisherigen Rechte. (Vgl. Dernburg, Pand. Bd. 2 § 51 Nr. 2; Windscheid, Pand. Bd. 2 § 332 Nr. 2.)

Die Bestimmung ist übrigens dispositiv. M. II, 124. Nur für Hypothekforderungen giebt § 1153 Abs. 2 die zwingende Vorschrift, daß die Forderung nicht ohne die Hypothek und die Hypothek nicht ohne die Forderung übertragen werden kann. Bei der Sicherungshypothek (Maximalhypothek: § 1190) dagegen, bei welcher die Forderung nach den für die Uebertragung von Forderungen geltenden allgemeinen Vorschriften übertragen werden kann, ist der Uebergang der Hypothek ausgeschlossen, wenn die Forderung nach diesen Vorschriften übertragen wird. § 1190 Abs. 4.

Hinsichtlich der Abtretbarkeit des Anspruchs aus § 648 (Sicherungshypothek bei Bauarbeiten) vgl. Bem. IV zu § 648.

Das Pfandrecht kann nicht ohne die Forderung übertragen werden (§ 1250 Abs. 1 Satz 2), wohl aber umgekehrt die Forderung ohne das Pfandrecht. Wird bei der

Uebertragung der Forderung der Uebergang des Pfandrechtes ausgeschlossen, so erlischt das Pfandrecht (§ 1250 Abs. 2). S. Bem. II zu § 1250.

Der neue Pfandgläubiger kann vom bisherigen Pfandgläubiger die Herausgabe des Pfandes verlangen. § 1251. Bezüglich der gerichtlichen Ueberweisung einer durch ein Pfandrecht an einer beweglichen Sache gesicherten Forderung s. § 838 CPO.

2. Der Anspruch aus dem Versprechen einer Vertragsstrafe gehört zum Inhalte des Schuldverhältnisses, welches durch die Vereinbarung der Strafe eine besondere Gestaltung erhält (P. I, 422). Er geht stets mit der Hauptforderung auf den neuen Gläubiger über. Ist dagegen eine nach § 341 versprochene Vertragsstrafe einmal verwirkt, so ist das Recht auf dieselbe ein selbständiger Anspruch neben dem Hauptanspruche geworden und geht mit dem letzteren bloß dann auf den neuen Gläubiger über, wenn ein hierauf gerichteter Wille der Vertragschließenden erklärt oder anzunehmen ist. Vgl. Dernburg II § 138 III, 2, Enneccerus I § 223 II; a. M. Planck Bem. 1 zu § 400.

3. Ob Zinsen und sonstige Nebenforderungen als mitübertragen zu erachten sind, ist eine reine Auslegungsfrage im einzelnen Falle. Planck Bem. 1 zu § 401 will unterscheiden:

a) künftig fällig werdende Zinsen,

b) bereits fällig gewordene, für die Vergangenheit zu entrichtende.

Bei noch nicht fälligen Zinsen (a) sei im Zweifel anzunehmen, daß sich der Uebertragungswille auf sie erstreckt, einerlei ob es sich um gesetzliche oder vertragsmäßige handelt. So auch Dernburg II S. 357. Bezüglich der fällig gewordenen (b) unterscheidet er ebenso, wie Dernburg a. a. O., zwischen gesetzlichen und vertragsmäßigen Zinsen. Für gesetzliche nimmt er im Zweifel an, daß sie mitübertragen seien, für vertragsmäßige stellt er die umgekehrte Präsumtion auf.

Diese Auslegungsregel Plancks und Dernburgs entbehrt der zureichenden Begründung. Endemann Bd. 1 Bem. 2 spricht das Recht auf Nebenforderungen regelmäßig dem neuen Gläubiger zu.

4. Abs. 2 entscheidet eine Streitfrage des bisherigen Rechtes (vgl. Dernburg, Pand. Bd. 2 § 51 Note 6; Windscheid, Pand. Bd. 2 § 332 Nr. 2), und zwar nicht bloß für die Konkursvorrechte, sondern auch für die mit der Forderung für den Fall der Zwangsvollstreckung verbundenen Vorzugsrechte. Wird z. B. eine der in § 61 KO. aufgeführten bevorrechtigten Forderungen übertragen, so gilt die Rangordnung des § 61 auch für den neuen Gläubiger. Anders bei der Schuldübernahme (s. § 418 Abs. 2).

5. Sowohl die Vorschrift des Abs. 1 als jene des Abs. 2 finden gemäß § 412 auch Anwendung auf die Uebertragung kraft Gesetzes.

6. Die Rechte des neuen Gläubigers aus einer Ueberweisung durch gerichtliche Anordnung sind geregelt in der CPO. §§ 830, 836—838.

7. Bezüglich der Frage des Eintritts des Bürgen und des Drittverpfänders in die Rechte des befriedigten Gläubigers vgl. im Einzelnen Bem. 8 zu § 774.

## § 402.

Der bisherige Gläubiger ist verpflichtet, dem neuen Gläubiger die zur Geltendmachung der Forderung nöthige Auskunft zu ertheilen und ihm die zum Beweise der Forderung dienenden Urkunden, soweit sie sich in seinem Besitze befinden, auszuliefern.

E. I, 301; II, 346 Satz 1; III, 396.

1. Die in § 402 dem bisherigen Gläubiger auferlegten Verpflichtungen knüpfen sich an die Uebertragung als solche, nicht an den dieser zu Grunde liegenden obligatorischen Rechtsgrund.

a) Der Cedent hat dem Cessionar die zur Geltendmachung der Forderung nöthige Auskunft zu ertheilen. Nöthig zur Geltendmachung einer Forderung ist die Auskunft über alle rechtserheblichen Thatsachen, wie solche im konkreten Falle zur Geltendmachung in Betracht kommen. Hierzu kann auch die Angabe von Beweismitteln gehören, die Widerlegung etwaiger Einwendungen u. s. w.

b) Der Cedent hat dem Cessionar die zum Beweise dienenden Urkunden auszuliefern, soweit sie sich in seinem Besitze befinden. Zum Beweise dienende Urkunden sind nicht nur der Schuldschein, sondern auch sonstige für den

Beweis erhebliche Urkunden, z. B. Briefe, Telegramme u. s. w. Unter Besitz im Sinne des § 402 ist auch der sog. mittelbare Besitz (§ 868) zu verstehen. Die Urkunden sind auszuliefern, d. h. Cedent hat dem Cessionar nicht nur den Besitz, sondern dasselbe Recht zu verschaffen, welches er an den Urkunden hatte. Planck Bem. 1, c zu § 402.

c) Bestritten ist, worin die Auslieferungspflicht besteht, wenn nicht die ganze Forderung, sondern nur ein Theil derselben übertragen wird, während für die ganze Forderung nur eine Urkunde ausgestellt ist.

α) Planck Bem. 1, f will in diesem Falle die Verpflichtung des Cedenten dahin beschränken, daß er den Gläubiger zum Mitberechtigten macht, die Verpflichtung zur Ueberlassung des Besitzes aber insoweit bestehen lassen, als der neue Gläubiger sie zur Geltendmachung seiner Rechte bedarf; soweit diese Voraussetzung nicht zutreffe, folge aus der Gemeinschaftlichkeit des Rechtes an der Urkunde auch deren gemeinschaftlicher Besitz.

β) Umgekehrt will Schollmeyer Bem. 3 zu § 403 und Rehbein, Bem. 18 zu §§ 398—413 auch in diesem Falle den Cedenten schlechthin zur Auslieferung der Urkunde verpflichten, sofern derselbe sich nicht vertragsmäßig etwas Anderes vorbehalten hat.

γ) Nach der ersten Auflage dieses Komm. (Mayring) sollte in diesem Falle der neue Gläubiger die Herausgabe der Urkunde nur gegen die Verpflichtung zur Rückgabe nach gemachtem Gebrauche verlangen können. RGE. Bd. 21 S. 368.

δ) Nach Dernburg II S. 369 bezieht sich die Vorschrift des § 403 überhaupt nicht auf den Fall einer bloßen Theilabtretung; sie kann vielmehr überhaupt nur für solche Urkunden gelten, an denen der Cedent nach der Abtretung kein Interesse mehr hat. Der Cessionar kann daher im Falle der bloßen Theilabtretung nur eine beglaubigte Abschrift der Urkunde verlangen, und zwar auf seine Kosten.

Der Dernburg'schen Ansicht (δ) ist m. E. der Vorzug zu geben. Dafür spricht die Analogie des § 443 Satz 2, dessen ratio auch hier zutrifft, ebenso auch ihre praktische Zweckmäßigkeit und die Billigkeit.

2. Die Bestimmung findet nach § 412 auch Anwendung auf die Uebertragung kraft Gesetzes und zufolge § 836 Abs. 3 CPO. auch auf die gerichtlich überwiesene Forderung

## § 403.

**Der bisherige Gläubiger hat dem neuen Gläubiger auf Verlangen eine öffentlich beglaubigte Urkunde über die Abtretung auszustellen. Die Kosten hat der neue Gläubiger zu tragen und vorzuschießen.**

E. I, 301; II, 346 Satz 2; III, 397.

1. Die in § 403 statuirte weitere Verpflichtung bezweckt, dem neuen Gläubiger (Cessionar) den Nachweis seiner Aktivlegitimation zu gewährleisten. Diese wird durch den Besitz der für die Forderung selbst beweiserheblichen Urkunden (§ 402) noch nicht erwiesen; auch eine Anzeige des Gläubigers an den Schuldner von der Cession beweist noch nicht die Aktivlegitimation, d. h. die thatsächlich geschehene Uebertragung, hat vielmehr nur die in §§ 409, 410 begrenzte Rechtswirkung, d. h.

a) der Schuldner kann auf Grund einer solchen Anzeige an denjenigen leisten, der in dieser Anzeige als neuer Gläubiger angegeben ist; überhaupt muß der Gläubiger dem Schuldner gegenüber die angezeigte Abtretung gegen sich gelten lassen, auch wenn sie nicht erfolgt oder nicht wirksam ist (§ 409);

b) wenn die Anzeige schriftlich erfolgt ist, kann der Schuldner bei der Leistung an den neuen Gläubiger nicht die Aushändigung einer Urkunde über die Abtretung bezw. nicht die Vorlegung einer solchen bei einer Kündigung oder Mahnung verlangen.

c) Noch geringere Wirkung hat die Anzeige durch den Cessionar selbst. Diese ist nur geeignet, den guten Glauben des Schuldners zu beseitigen und den Cessionar gegen unberechtigte Verfügungen des Cedenten im Verhältniß zum Schuldner zu sichern.

d) In allen Fällen, sowohl bei Anzeige durch den Cedenten wie durch den Cessionar ist also Schuldner wenigstens berechtigt, den Nachweis der

Aktivlegitimation vom Cessionar, d. h. den vollen Beweis der geschehenen Abtretung zu verlangen, es sei denn, daß im einzelnen Falle in diesem Verlangen eine Chikane liegen würde (§ 220). Aus diesem Grunde giebt § 403 dem neuen Gläubiger das Recht, die Ausstellung einer öffentlich beglaubigten Urkunde vom bisherigen Gläubiger über die Abtretung zu verlangen.

e) Die Verpflichtung des Cedenten ist bedingt durch ausdrückliches Verlangen des Cessionars. Ist keine öffentliche Urkunde über die Abtretung ausgestellt, so haftet der Cedent nicht etwa für den Schaden, der dem Cessionar mangels einer solchen Urkunde bis zu dem Zeitpunkte erwächst, in dem er dieses Verlangen gestellt hat und Cedent mit der Ausstellung in Verzug gekommen ist. Das Verlangen kann zu jeder Zeit, auch nach der Cession, gestellt werden. Der Anspruch erlischt, wenn die abgetretene Forderung erloschen ist, eventuell mit der gewöhnlichen Anspruchsverjährung (§ 195).

f) Der Anspruch des Cessionars aus § 403 beruht lediglich auf dem Cessionsvertrag, nicht auf der diesem zu Grunde liegenden obligatorischen causa.

g) Der Anspruch ist bedingt durch Kostenvorschuß seitens des neuen Gläubigers (Cessionars), vgl. Bem. 2.

2. Ueber den Begriff der öffentlich beglaubigten Urkunde s. § 129, über die Zuständigkeit zur öffentlichen Beglaubigung s. die Bem. 2 und 3 zu Art. 141 EG.

3. Der neue Gläubiger hat die Kosten vorzuschießen. Er kann also nicht Ausstellung Zug um Zug gegen Bezahlung der Kosten verlangen, muß vielmehr seinerseits vorleisten, sofern nicht ein Anderes vereinbart ist.

Der bisherige Gläubiger kommt nicht in Verzug, solange die Kosten der öffentlichen Beglaubigung ihm nicht vorgeschossen sind (vgl. Bem. 1, c), es sei denn, daß über die Tragung der Kosten etwas Anderes vereinbart war.

4. Die Vorschrift des § 403 findet gemäß § 412 auch entsprechende Anwendung, wenn die Uebertragung unmittelbar kraft Gesetzes erfolgt ist. Die Urkunde muß die Anerkennung des bisherigen Gläubigers enthalten, daß seine Forderung kraft Gesetzes auf den neuen Gläubiger übergegangen ist. Vgl. M. II, 128.

Bei der Uebertragung durch gerichtliche Anordnung bedarf es einer solchen Urkunde nicht, weil hier der neue Gläubiger schon durch den Ueberweisungsbeschluß legitimirt ist.

## § 404.

Der Schuldner kann dem neuen Gläubiger die Einwendungen entgegensetzen, die zur Zeit der Abtretung der Forderung gegen den bisherigen Gläubiger begründet waren.

E. I, 302; II, 347; III, 398.

1. Die schon bisher in der Gesetzgebung und Praxis allgemein anerkannte Bestimmung des § 404 ergiebt sich gleichfalls aus dem Prinzipe der Sondernachfolge in die Forderung.

Die Forderung geht mit ihrem ganzen objektiven Inhalt auf den Cessionar über, lediglich an Stelle des bisherigen Gläubigers A tritt der neue Gläubiger B, so daß ein Wechsel nur in der Person des Gläubigers stattfindet. Objektiv geht die Forderung so über, wie sie übertragen ist, d. h. wie sie zur Zeit des Uebertragungsaktes beschaffen war. Gleichgültig ist dafür die causa cessionis. (Die im römischen Rechte gegebene lex Anastasiana, welche Geltendmachung der cedirten Forderung zu einem höheren Betrage, als dem dafür gezahlten Preise ausschloß, ist beseitigt.) Das Gläubigerrecht soll durch die Abtretung nicht schlechter und nicht besser werden, der Schuldner soll nicht nachtheiliger gestellt werden. Daher kann grundsätzlich der Schuldner dem neuen Gläubiger alle Einreden und Einwendungen entgegensetzen, welche zur Zeit der Abtretung gegen den bisherigen Gläubiger begründet waren.

In E. I § 302 war bestimmt, daß Einreden, welche eine ausschließliche Beziehung auf die Person des bisherigen Gläubigers haben, vom Schuldner dem neuen Gläubiger nicht entgegengesetzt werden können. Die Bestimmung ist von der II. Komm. als überflüssig gestrichen. Sie folgt von selber aus der Zulassung der Cession im Sinne einer Sondernachfolge in die Forderung der Art, daß nur der objektive Inhalt der Forderung auf den neuen Gläubiger übergeht. Einreden, die nur in der Person des bisherigen Gläubigers ihren Grund haben (exceptiones in personam, höchstpersönliche Einreden), gehören nicht zum objektiven Leistungsinhalt.

Höchstpersönliche Einreden, welche unmittelbar auf Gesetzesvorschrift beruhen, kennt das BGB. nicht. Dagegen ist nach dem Prinzipe der Vertragsfreiheit die Begründung solcher Einreden durch Parteivereinbarung nicht ausgeschlossen. So kann z. B. eine Stundung auf bestimmte Zeit mit der Maßgabe vereinbart werden, daß die Stundungseinrede einem anderen als dem ursprünglichen Gläubiger gegenüber nicht geltend gemacht werden dürfe. In diesem Falle entscheidet der Inhalt der getroffenen Vereinbarung darüber, ob die Einrede dem neuen Gläubiger entgegengesetzt werden kann. (P. I, 388.)

Zweifelhaft ist, ob hierher auch der Fall gehören würde, wenn nach dem Prinzip der völkerrechtlichen Retorsion oder Vergeltung unter Zustimmung des Bundesraths vom Reichskanzler (EG. Art. 31) bestimmt wird, daß Forderungen, die den Angehörigen eines bestimmten ausländischen Staates zustehen, nicht geltend gemacht werden können. Wenn keine Scheincession vorliegt, sondern eine sei es auch bloß fiduciarische Cession, so würde an sich der Cessionar die Forderung geltend machen können. Vgl. Schollmeyer Bem. 2 zu § 404, Planck Bem. 2 zu § 404. Allein m. E. ist eine solche Cession als in fraudem legis geschehen nach §§ 134, 138 für nichtig zu erklären. Die Cession verstößt zwar nicht unmittelbar gegen das in der Verordnung des Reichskanzlers liegende Gesetz, wohl aber mittelbar gegen dessen Zweck; eine logische Auslegung des Verbots muß sich auch auf die cedirten Forderungen der Ausländer erstrecken. Immerhin dürfte es sich für den Fall einer solchen Verordnung, um einer grammatischen Auslegung vorzubeugen, die sich bereits bei Schollmeyer und Planck a. a. O. andeutet, empfehlen, stets den Cessionsfall mit zu berücksichtigen und das Vergeltungsrecht auch auf die cedirten Forderungen zu erstrecken. Anders verhält es sich mit der Frage der Cession seitens eines Ausländers an einen Inländer, um der prozessualen Einrede der mangelnden Sicherheit für die Prozeßkosten und der erhöhten Prozeßkostenvorschußpflicht vorzubeugen. Eine solche Cession stellt keine nichtige Umgehung des Gesetzes dar, weil der inländische Cessionar thatsächlich Kläger ist und ihm gegenüber die ratio einer rein prozessualen Einrede entfällt. Nur, wenn der inländische Cessionar überall nicht im Stande ist, die Prozeßkosten zu zahlen, während Cedent hiezu im Stande wäre, würde die Einrede der Arglist begründet sein. Vgl. Kammergericht in Bl. f. Rechtspflege i. B. d. K. 1902 S. 16, Rspr. d. OLG. Bd. 4 S. 212, Dernburg II S. 347 Note 13, Kuhlenbeck in Bl. f. RA. Bd. 70 S. 337 ff. Vgl. Bem. 4.

2. Unter Einwendungen sind nach der Sprache des BGB. sowohl die Einreden im civilrechtlichen Sinne, z. B. die Einrede des nicht erfüllten Vertrags (§ 320), als auch die auf rechtshindernde oder rechtsvernichtende Thatsachen gegründeten Einwendungen zu verstehen. Als Einwendung im Sinne des § 404 wird auch die Einrede des Schuldners erachtet werden müssen, daß er die abgetretene Forderung nur Zug um Zug gegen die Bewirkung einer ihm gebührenden Leistung zu erfüllen brauche. Es kann deßhalb der Schuldner ein zur Zeit der Abtretung begründetes Zurückbehaltungsrecht auch dem neuen Gläubiger entgegensetzen. (S. Bem. 5 zu § 273.)

a) Im Besonderen fallen unter § 404 Einwendungen, welche die Entstehung der Forderungen betreffen (Berufung auf rechtshindernde Thatsachen): Nichtigkeit des die Forderung begründenden Rechtsgeschäfts wegen mangelnder Geschäftsfähigkeit, wegen Verstoßes gegen ein gesetzliches Verbot (§ 134) oder gegen die guten Sitten (§ 138), die sog. Einrede der Simulation oder des Scheingeschäfts, des Scherzes (§§ 117, 118). (Vgl. jedoch für den Fall einer urkundlichen Forderung § 405.)

b) Einwendungen bezw. Einreden, welche die Forderung wieder beseitigen (Berufung auf rechtsvernichtende Thatsachen): Irrthum (§§ 119—122), Drohung (§ 123), arglistige Täuschung (§ 123).

α) Wem gegenüber muß die nach § 121 in den Fällen der §§ 119, 120 erforderliche Anfechtung erklärt werden, dem Cedenten oder dem Cessionar? Es ist selbstverständlich, daß, solange der Schuldner die Abtretung nicht kennt, die Anfechtung noch gegenüber dem Cedenten erfolgen kann (§ 407). M. E. ist aber auch nach der Anzeige der Cession die Anfechtung noch gegenüber dem Cedenten wirksam. Nur scheinbar spricht dagegen das arg. e contrario aus § 407. Die Anfechtung hat nach § 143 zu erfolgen gegenüber dem Anfechtungsgegner. Anfechtungsgegner ist bei einem Vertrage der andere Theil, d. h. der Gegenkontrahent, bei einem einseitigen Rechtsgeschäft derjenige, dem gegenüber das Rechtsgeschäft vorzunehmen war (§ 143 Abs. 2). Ueberdies hat die Anfechtungserklärung rückwirkende Kraft und macht daher auch die Cession gegenstandslos. Aber auch dem Cessionar gegenüber kann die Anfechtung rechtswirksam erklärt werden; denn dieser ist in Ansehung der Forderung völlig an Stelle des Cedenten getreten und hat alles zu vertreten, was dieser zu vertreten hat.

β) Erlangt im Falle einer Anfechtung der Forderung auf Grund der §§ 119, 120 bezw. bei Einwendung der Nichtigkeit wegen Scherzes (§ 118) auch der Cessionar den Anspruch auf das negative Vertragsinteresse oder verbleibt dieser dem Cedenten? Da die Anfechtung rückwirkende Kraft hat, da ferner der Anspruch aus § 122 etwas ganz Anderes ist, als der cedirte Anspruch, so kann er nur vom Cedenten geltend gemacht werden, es sei denn, daß er ausdrücklich mit abgetreten wurde. Der Cessionar hat lediglich seinen Regreß an den Cedenten und für letzteren bildet gerade dieser einen Theil seines negativen Vertragsinteresses.

c) Einrede der Aufrechnung: vgl. § 406 und ferner § 407 Einrede der Zahlung, des Erlasses u. s. w., der Verjährung.

d) Prozessuale Einreden im engeren Sinne, z. B. Einrede des Schiedsgerichtsvertrags, Einrede der Unzuständigkeit auf Grund eines vereinbarten Gerichtsstandes. Wegen der Einrede der Retorsion und der mangelnden Sicherheitsleistung für Prozeßkosten gegen Cession an einen Ausländer vgl. oben Bem. 1 a. E.

3. Die Einwendungen müssen zur Zeit der Abtretung begründet sein. Hiedurch sind keineswegs alle Einwendungen ausgeschlossen, welche sich auf Thatsachen gründen, die erst später eingetreten sind. Es wird nur erfordert, daß der Rechtsgrund, auf welchem die Einwendungen beruhen, schon zur Zeit der Abtretung bestanden hat, mögen auch die Thatsachen, in Folge deren er wirksam wird, erst nach der Abtretung eingetreten sein. So kann z. B. der Schuldner dem neuen Gläubiger gegenüber einwenden, daß ihm die Gegenleistung des alten Gläubigers nach der Abtretung entwehrt worden oder daß nach der Abtretung eine auflösende Bedingung eingetreten ist, unter welcher die Forderung schon im Zeitpunkte der Abtretung stand. (P. I, 388; M. II, 129.)

Bei gegenseitigen Verträgen, aus denen eine Forderung cedirt ist, steht dem Cessionar die Einrede des nicht erfüllten Vertrags auch dann entgegen, wenn der Cedent erst nach der Abtretung mit der Gegenleistung in Verzug kommt; ebenso wenn die Gegenleistung erst nach der Abtretung unmöglich wird (§§ 323—326). Vgl. Crome II S. 338 Note 28. Dasselbe gilt, wenn die Einrede der Verjährung sich erst nach der Cession vollendet.

4. Einwendungen, welche gegen den neuen Gläubiger begründet sind, kann der Schuldner selbstverständlich diesem unbeschränkt entgegensetzen. Unbenommen sind dem Schuldner ferner alle Einwendungen gegen die Sachlegitimation des neuen Gläubigers, also Einwendungen, welche die Gültigkeit des Uebertragungsaktes betreffen. Hieher gehört der häufig vorkommende Einwand, daß die Abtretung nur zum Schein erfolgt und deßhalb gemäß § 117 nichtig sei. Mit diesem Einwande kann der Schuldner aber nur dann durchdringen, wenn er nachweist, daß der Abtretungsakt selbst simulirt sei. Der Nachweis einer Vereinbarung zwischen dem bisherigen und dem neuen Gläubiger, daß der letztere dem Schuldner und Dritten gegenüber als Gläubiger gelten, dem bisherigen Gläubiger aber zur Herausgabe des vom Schuldner Geleisteten verpflichtet sein solle, genügt zur Begründung dieses Einwandes nicht. (M. II, 130.) RGE. Bd. 39 S. 166.

Keine Einwendungen kann überhaupt der Schuldner dem Cessionar gegenüber machen aus der causa des Cessionsaktes, diese ist für ihn eine res inter alios acta. Nur soweit diese Nichtigkeit des Cessionsaktes nach sich zieht, würde er mit Geltendmachung dieser Nichtigkeit eben die Cession selber und somit die Aktivlegitimation des Cessionars bestreiten können (Ausnahme bei simulirter, aber beurkundeter Forderung, § 405). Eine Anfechtungsmöglichkeit für den Cedenten bezüglich des Cessionsaktes begründet keine Einrede für den Schuldner. Wie aber, wenn nach der Cession der Cedent die Anfechtung erklärt? Es ist zu unterscheiden:

a) Die Erklärung wird dem Schuldner mitgetheilt. In diesem Falle darf er an den Cessionar nicht mehr leisten, er hat dessen Legitimation zu bestreiten.

b) Die Erklärung wird ihm nicht mitgetheilt. Nach Analogie des § 409 muß jetzt der Cedent trotz Anfechtung dem Schuldner gegenüber die Abtretung gelten lassen.

c) Im Falle der Ungewißheit der Anfechtungsberechtigung des Cedenten kann Schuldner nach § 372, CPO. § 45 hinterlegen.

5. Anerkenntniß des Schuldners. Der Schuldner kann nach der Cession durch Vertrag mit dem Cessionar anerkennen:

a) Seine Schuld an den Cedenten. Dadurch werden ihm die sonst nach § 404 zustehenden Einreden abgeschnitten. Vgl. Schollmeyer Bem. 4 zu § 404.

α) Eine Anfechtung dieses Anerkenntnisses wegen Irrthums, Arglist, Drohung u. s. w. wird nur dem Cessionar gegenüber wirksam. Ebenso kann dieses Anerkenntniß eventuell dem Cessionar gegenüber nach den Grundsätzen der ungerechtfertigten Bereicherung kondicirt werden.

β) Nicht ausgeschlossen ist auch eine Kondiktion des durch die Cession Erlangten vom Cedenten, falls eine Nichtschuld dem Cessionar gegenüber anerkannt und diesem letzteren gegenüber Anfechtung oder Kondiktion nicht möglich oder erfolgreich war.

b) Der Schuldner kann anerkennen seine Schuld an den Cessionar. Auch in diesem Falle verliert er die Einwendungen aus § 404. Eine erfolgreiche Anfechtung stellt sie natürlich wieder her, eine Bereicherungsklage aber gegen den Cedenten ist in diesem Falle ausgeschlossen.

c) Der Schuldner kann lediglich die Rechtsgültigkeit des Cessionsaktes selbst anerkennen. Alsdann liegt kein Anerkenntniß im Sinne des § 781 vor (vgl. Schollmeyer a. a. O.), es handelt sich nur um Verzicht auf Einwendungen gegen die Gültigkeit der Cession, daher ist Schriftlichkeit nicht erforderlich. Schuldner behält alle übrigen aus § 404 oder gegen Cessionar selbst erwachsenden Einwendungen.

Vorbehaltlose Zahlung an den Cessionar ist kein Schuldanerkenntniß. Vgl. Schollmeyer a. a. O. Die condictio indebiti (§§ 813, 814) kann gegen den Cessionar angestellt werden, sowohl aus Gründen, die vor der Cession liegen, wie aus solchen, die nachher erwachsen sind (vgl. Bem. 6).

6. Die Vorschrift des § 404 gilt auch für die Uebertragung kraft Gesetzes (§ 412), ebenso für die Uebertragung durch gerichtliche Anordnung, da die dem Schuldner zustehenden Rechte nicht dadurch verkürzt werden können, daß gegen seinen Gläubiger eine Zwangsvollstreckung betrieben wird.

## § 405.

Hat der Schuldner eine Urkunde über die Schuld ausgestellt, so kann er sich, wenn die Forderung unter Vorlegung der Urkunde abgetreten wird, dem neuen Gläubiger gegenüber nicht darauf berufen, daß die Eingehung oder Anerkennung des Schuldverhältnisses nur zum Schein erfolgt oder daß die Abtretung durch Vereinbarung mit dem ursprünglichen Gläubiger ausgeschlossen sei, es sei denn, daß der neue Gläubiger bei der Abtretung den Sachverhalt kannte oder kennen mußte.

E. II, 348; III, 399.

Der § 405 ist eine singuläre, der Sicherheit des Verkehrs mit urkundlich verbrieften Forderungen dienende Vorschrift zum Schutze des gutgläubigen Cessionas gegen zwei Einreden des Schuldners:

I. die Einrede der Simulation der Eingehung oder Anerkennung des Schuldverhältnisses;

II. die Einrede des pactum de non cedendo (der die Abtretung ausschließenden Vereinbarung).

I. Beruht die abgetretene Forderung auf einem Scheingeschäfte, so ist sie nach § 117 nichtig. Der Einwand der Nichtigkeit kann zufolge der allgemeinen Bestimmung des § 404 auch dem neuen Gläubiger entgegengesetzt werden (Bem. 2 zu § 404). Die Regel des § 404 hat jedoch eine Einschränkung erhalten durch die von der II. Komm. aufgenommene Vorschrift des § 405 für den Fall, daß der Schuldner eine Urkunde über die Schuld ausgestellt hat und daß die Forderung unter Vorlegung der Urkunde abgetreten wird. In diesem Falle soll der Schuldner dafür einstehen, daß das Vertrauen des Erwerbers der Forderung auf die urkundliche Erklärung des Schuldners nicht getäuscht werde. (P. I, 390.) Er soll sich dem neuen Gläubiger gegenüber nicht darauf berufen dürfen, daß die Eingehung oder Anerkennung des Schuldverhältnisses nur zum Scheine erfolgt sei.

Es wurde in der II. Komm. angenommen, daß besondere Gründe für den Schutz des Erwerbers einer Scheinforderung nur vorhanden seien, wenn über die Scheinforderung eine Urkunde ausgestellt sei.

Bei nicht beurkundeten Forderungen reichen, wenn der Scheinschuldner bei der Begründung der Scheinforderung die Täuschung des späteren Erwerbers derselben gekannt hat, die für den Betrug geltenden Vorschriften aus (§§ 823, 826). Auch hat die

Abtretung nicht verbriefter Forderungen für den Verkehr nicht solche Bedeutung, daß es erforderlich wäre, dem Scheinschuldner dem getäuschten Erwerber gegenüber den Einwand der Simulation zu versagen. Dagegen werde von dem Scheinschuldner, welcher eine Schuldurkunde ausstelle, in dieser gewissermaßen sein simulirter Verpflichtungswille verkörpert, er gebe ein Schriftstück aus der Hand, welches an jeden Leser das Ansinnen stelle, seinen Inhalt als ernstlich gemeint anzusehen; es geschehe deßhalb dem Aussteller nicht Unrecht, wenn ihm zugemuthet werde, dafür einzustehen, daß das Vertrauen des Erwerbers auf die beurkundete Erklärung nicht getäuscht werde.

1. Voraussetzung ist:

a) daß die Urkunde bei der Abtretung vorgelegt wird. Eine vorhergehende oder nachträgliche Vorlage hat die Wirkung des § 405 nicht. Nur dann, wenn die Urkunde im Zusammenhange mit dem Abtretungsakte vorgelegt wird, soll das Vertrauen des neuen Gläubigers auf die Ernstlichkeit des beurkundeten Vertrags geschützt werden;

b) daß der neue Gläubiger beim Erwerbe der Forderung in gutem Glauben war. Hat der neue Gläubiger bei der Abtretung den Sachverhalt gekannt oder kennen müssen (§ 122 Abs. 2), so ist ihm gegenüber der Einwand des Scheingeschäfts zulässig.

2. Nur der Einwand, daß die Eingehung oder die Anerkennung des Schuldverhältnisses zum Schein erfolgt sei, ist ausgeschlossen. Die Zulässigkeit aller anderen Einwendungen, gleichviel ob sie aus der Urkunde ersichtlich sind oder nicht — abgesehen von dem in Bem. II behandelten Einwande der Unübertragbarkeit — bestimmt sich nach der Regel des § 404.

Dies gilt insbesondere von der Einrede des Scherzes (§ 118), des Irrthums (§ 119). Dagegen bin ich, abweichend von Schollmeyer Bem. 1, a der Ansicht, daß der dem ersten Gläubiger bekannte geheime Vorbehalt (§ 116 Satz 2) unter § 405 fallen muß, daß also der Schuldner sich dem gutgläubigen Cessionar einer mit solchem dem ersten Gläubiger bekannt gewesenen geheimen Vorbehalt beurkundeten Forderung nicht auf deren Nichtigkeit berufen darf. Ein solcher doppelter geheimer Vorbehalt steht praktisch dem Scheingeschäfte völlig gleich, der Unterschied ist ein rein theoretischer; wenn auch die Bestimmung des § 405 eine Ausnahmebestimmung ist, so trifft doch die oben Bem. I angegebene Begründung auch für diesen Fall völlig zu, während im Falle des Scherzes immerhin die Erwartung vorlag, der Gläubiger werde keinen Mißbrauch mit der Urkunde treiben.

Die Vorschrift des § 405 bezieht sich aber nur auf den Einwand, daß das Schuldverhältniß selbst simulirt sei, nicht auch darauf, daß die Cession simulirt sei. Wegen des letzteren Einwandes vgl. Bem. 4 zu § 404 oben, ferner Gruchot, Beitr. Bd. 30 S. 1005, Bd. 37 S. 119, Jur. Wschr. 1900 S. 309 Nr. 1, RGE. Bd. 39 S. 166.

Trotz der Natur des § 405 als Sondervorschrift ist anzunehmen, daß es sich nicht um eigentliche Abtretungen zu handeln braucht, daß vielmehr der Paragraph überall anwendbar ist, wo durch Rechtsgeschäft Befugnisse für einen Erwerber in Ansehung der Forderung begründet werden, also insbesondere auch in den Fällen der §§ 1069, 1070 (Nießbrauchsbestellung), 1274, 1275 (Pfandrechtsbestellung), 718 (Einbringung in ein Gesellschaftsvermögen). Beruht dagegen der Erwerb auf anderen juristischen Thatsachen, so versagt der Schutz des § 405, wofür insbesondere § 412 spricht (arg. e contrario). Vgl. Ramdohr in Gruchot, Beitr. Bd. 44 S. 684.

Weiter als vorhin bemerkt ist die Vorschrift nicht auszudehnen, insbesondere nicht auf den Fall, daß der Schuldner in Erwartung der Auszahlung der Darlehensvaluta im voraus einen Darlehensschuldschein ausgestellt hat, der Gläubiger aber das Darlehen nicht gewährt. Vgl. Dernburg II S. 363, RGE. vom 12. Jan. 1905 in Jur. Wschr. 1905 S. 137.

3. Weitere Abtretung der Forderung an einen dritten Gläubiger. Nach der Fassung des § 405 ist der Einwand des Scheingeschäfts demjenigen neuen Gläubiger gegenüber ausgeschlossen, bei welchem die Voraussetzungen des § 405 (Abtretung unter Vorlegung der Urkunde und guter Glaube beim Erwerbe der Forderung) zutreffen. Es schadet ihm nicht, wenn diese Voraussetzungen bei einem früheren Erwerber der Forderung, von welchem er seine Rechte herleitet, nicht vorhanden waren. Ebenso Oertmann Bem. 3. Andererseits wird er sich aber auch nicht darauf berufen können, daß bei seinem Rechtsvorgänger die Voraussetzungen des § 405 vorliegen, wenn er selbst beim Erwerbe der Forderung deren Nichtigkeit oder Unübertragbarkeit kannte. Die Ausführung in P. I, 391 trifft auf die gegenwärtige Fassung des § 405 nicht zu, weil die Worte „und seinen Rechtsnachfolgern" in das Gesetz nicht aufgenommen sind. Rechtspr. d. OLG. Bd. 8 S. 444 (Frankfurt vom 20. November 1903). And. M. Planck, Bem. 4 zu § 405.

II. Nach § 399 kann die Abtretung einer Forderung durch Vereinbarung zwischen dem Gläubiger und dem Schuldner mit Wirkung gegenüber jedem Dritten ausgeschlossen werden. (S. Bem. 2 zu § 399.) Auf eine solche Vereinbarung kann sich der Schuldner nicht berufen, wenn die Abtretung unter Vorlegung einer von ihm über das Schuldverhältniß ausgestellten Urkunde erfolgt. Da hiebei vorausgesetzt wird, daß der neue Gläubiger die der Abtretung entgegenstehende Vereinbarung im Zeitpunkte der Abtretung weder kannte noch kennen mußte, so kann der Schuldner sich gegen eine vertragswidrige Abtretung dadurch schützen, daß er die Vereinbarung der Nichtübertragbarkeit in die Urkunde aufnehmen bezw. bei nachträglicher Vereinbarung auf derselben vermerken läßt (P. VI, 167, 168).

Im Uebrigen gilt auch hier das oben in Bem. I, 1 und 3 Gesagte.

Beweislast: Der Cessionar hat zu beweisen, daß ihm die Urkunde bei der Abtretung vorgelegt ist; der Schuldner hat zu beweisen, daß der Cessionar die Simulation gekannt hat oder kennen mußte. Vgl. Planck Bem. 4 zu § 405.

## § 406.*)

**Der Schuldner kann eine ihm gegen den bisherigen Gläubiger zustehende Forderung auch dem neuen Gläubiger gegenüber aufrechnen, es sei denn, daß er bei dem Erwerbe der Forderung von der Abtretung Kenntniß hatte oder daß die Forderung erst nach der Erlangung der Kenntniß und später als die abgetretene Forderung fällig geworden ist.**

E. I, 303; II, 349; III, 400.

1. Nach der rein begrifflichen Konsequenz des § 387 würde diese Aufrechnung unzulässig sein. Aber Billigkeit und praktische Rücksichten haben das BGB., obwohl es die Uebertragung der Forderung nicht wie das bisherige gemeine Recht durch die Denunziation an den Gläubiger bedingt sein läßt, genöthigt, im § 406 zu Gunsten des gutgläubigen Schuldners von dieser rein begrifflichen Konsequenz abzusehen und ihn in der rechtlichen Kompensationslage mit von ihm vor der Zeit der Kenntnißerlangung (von der Cession) gegen den bisherigen Gläubiger erworbenen Gegenforderungen zu schützen. Vgl. § 392.

Da der Schuldner (cessus) auch mit Forderungen aufrechnen kann, die er erst nach der Cession, aber vor der Kenntniß derselben gegen den Cedenten erworben hat, bildet § 406 auch eine Ausnahme von der Regel des § 404. Beide Ausnahmen erweitern den Kreis der Einwendungen des Schuldners gegen den Cessionar. Voraussetzung zur Anwendung ist natürlich, daß die Aufrechnung dem bisherigen Gläubiger gegenüber zulässig war. Vgl. RGE. Bd. 29 S. 206. (Er kann nicht aufrechnen, wenn seine Gegenforderung dem Cedenten gegenüber wegen Ungleichartigkeit nicht aufrechenbar war und erst in den Händen des Cessionars gleichartig wurde.)

2. Der Schuldner kann aber auch dem neuen Gläubiger gegenüber nach § 406 jene Forderungen aufrechnen, die ihm gegen den bisherigen Gläubiger zustehen.

Ausgenommen sind nur:

a) Forderungen, die der Schuldner erst erworben hat, als er die Abtretung bereits kannte. Kennenmüssen (§ 122 Abs. 2) steht hier dem Kennen nicht gleich. Es ist gleichgültig, auf welchem Wege der Schuldner die Kenntniß erlangt hat.

b) Forderungen, die dem Schuldner zwar schon vor erlangter Kenntniß von der Abtretung zustanden, die aber erst nach Erlangung der Kenntniß und später als die abgetretene Forderung fällig geworden sind.

Diese Bestimmung des § 406 entspricht vollständig jener des § 392 über die Aufrechnung gegen eine beschlagnahmte Forderung, nur mit dem Abmaße, daß hier statt des Zeitpunktes der Beschlagnahme der Zeitpunkt der erlangten Kenntniß von der Abtretung entscheidet. (Vgl. die Bem. zu § 392.) Auf welche Weise der Schuldner die Kenntniß von der Abtretung erlangt hat, ist gleichgültig. Es ist nicht nothwendig, daß ihm die Abtretung durch den neuen Gläubiger oder durch den bisherigen Gläubiger angezeigt wurde. Für den neuen Gläubiger wird es allerdings rathsam sein, sich durch unverzügliche

---

*) Literatur: Schönfeld, Gilt der § 406 BGB. auch im Rechtsstreit? Das Recht, Bd. 8 S. 546; Verhältniß des § 406 zu CPO. § 278 vgl. Schneider, Das Recht 1904 S. 489, 490 gegen Eccius, Preuß. Privatrecht Bd. I S. 670; Kohler, Zeitschr. f. Civilprozeß Bd. 12 S. 115.

Anzeige der Abtretung an den Schuldner gegen die ihm durch die Bestimmungen der §§ 406—408 drohenden Nachtheile zu schützen.

3. Im Fall einer mehrfachen Uebertragung kann der Schuldner unter den gleichen Voraussetzungen einem späteren Gläubiger gegenüber auch mit einer ihm gegen einen Zwischengläubiger zustehenden Forderung aufrechnen. (M. II, 131.) Vgl. Bem. 1 zu § 408.

4. Die Haftung des bisherigen Gläubigers gegenüber dem neuen Gläubiger bei wirksam erfolgter Aufrechnung bestimmt sich nach dem zwischen diesen beiden bestehenden obligatorischen Verhältnisse. (S. Vorbem. zu diesem Abschnitte.)

a) Wenn der Schuldner mit einer vor der Abtretung erlangten fälligen Gegenforderung aufrechnet, so gelten nach § 389 die aufgerechneten Forderungen als vor der Cession erloschen. Daher hat in diesem Falle der Cedent dem Cessionar die abgetretene Forderung gar nicht verschafft und kommen demgemäß die §§ 437, 445, 515, 523, 757, 1624 Abs. 2 zur Anwendung.

b) Wenn der Schuldner mit einer nach der Abtretung fällig gewordenen oder nach diesem Zeitpunkte erlangten Gegenforderung aufrechnet, so ist der Cedent auf Kosten des Cessionars von seiner Schuld an den aufrechnenden Schuldner befreit und haftet also dem Cessionar mit der Bereicherungsklage (§ 816 Abs. 3). Vgl. Schollmeyer II S. 377, 378.

5. Die Beweislast für das Vorhandensein der in § 406 aufgeführten, die Aufrechnung ausschließenden Thatsachen trifft den neuen Gläubiger.

6. Die Vorschriften der §§ 406, 408 sind auch entsprechend anwendbar in den Fällen der §§ 720, 2019 Abs. 2, 2111 Abs. 1.

7. § 406 gilt auch für die Uebertragung kraft Gesetzes (§ 412). Für die Zulässigkeit der Aufrechnung gegenüber einem Gläubiger, welchem die Forderung durch gerichtliche Anordnung überwiesen wurde, ist § 392 maßgebend, da die gerichtliche Ueberweisung einer Forderung stets eine Beschlagnahme zur Voraussetzung hat.

## § 407.

Der neue Gläubiger muß eine Leistung, die der Schuldner nach der Abtretung an den bisherigen Gläubiger bewirkt, sowie jedes Rechtsgeschäft, das nach der Abtretung zwischen dem Schuldner und dem bisherigen Gläubiger in Ansehung der Forderung vorgenommen wird, gegen sich gelten lassen, es sei denn, daß der Schuldner die Abtretung bei der Leistung oder der Vornahme des Rechtsgeschäfts kennt.

Ist in einem nach der Abtretung zwischen dem Schuldner und dem bisherigen Gläubiger anhängig gewordenen Rechtsstreit ein rechtskräftiges Urtheil über die Forderung ergangen, so muß der neue Gläubiger das Urtheil gegen sich gelten lassen, es sei denn, daß der Schuldner die Abtretung bei dem Eintritte der Rechtshängigkeit gekannt hat.*)

E. I, 304; II, 350; III, 401.

Da nach § 398 Satz 2 schon mit dem Abschlusse des Uebertragungsvertrags der neue Gläubiger (Cessionar) an Stelle des bisherigen (Cedenten) tritt, so müßten nach der reinen Rechtskonsequenz alle Rechtshandlungen, die der Schuldner nach diesem Zeitpunkte mit dem Cedenten bezüglich der Forderungen vornimmt, dem Cessionar gegenüber unwirksam sein; ebensowenig könnte nach den allgemeinen Regeln von der Rechtskraft des Urtheils (res judicata jus facit nonnisi inter partes) ein in einem zwischen dem Cedenten und dem Schuldner nach der Cession ergehendes Urtheil den Cessionar in seinem Rechte berühren. Das BGB. aber durchbricht auch hier, wie im vorigen Paragraphen, die Rechtskonsequenz zu Gunsten des gutgläubigen Schuldners und nähert sich so praktisch der Auffassung des gemeinen Rechtes, derzufolge die volle Wirkung des Cessionsaktes dem Schuldner gegenüber durch eine Benachrichtigung bedingt war. An Stelle der Benachrichtigung tritt jedoch im BGB. das etwas laxere Requisit einer irgendwie erlangten

*) Literatur: Regelsberger, Der sog. Rechtserwerb vom Nichtberechtigten in Iherings Jahrb. Bd. 47 S. 339 ff.; Rambohr in Gruchot, Beitr. Bd. 49 S. 683 ff.

Kenntniß. Gutgläubig ist nur derjenige Schuldner, der zur Zeit der Vornahme der Rechtshandlung die Abtretung der durch diese berührten Forderung nicht kennt. Der Begriff der Kenntniß ist vom Gesetze nicht näher umschrieben, nach den Motiven ist es „Sache der Beurtheilung des einzelnen Falles, ob aus den gegen den Schuldner diesfalls geltend gemachten Umständen eine wirkliche Kenntniß desselben von der erfolgten Forderungsübertragung zu entnehmen ist"; hiernach wird bloßes Hörensagen nicht genügen, um dem Schuldner den Schutz des § 407 zu nehmen; man wird eine wenigstens glaubwürdige Nachricht, wenn auch nicht gerade eine solche verlangen müssen, die jeden Zweifel des Schuldners ausschließt. Im Uebrigen vgl. über Unsicherheit dieses Requisits Dernburg, Pand. Bd. 2 § 48. Praktisch wird sich daher auch in Zukunft der Sicherheit wegen eine Benachrichtigung des Schuldners sowohl für den neuen Gläubiger (Cessionar) als auch für den alten Gläubiger (Cedenten) empfehlen.

Da § 407 nur dem Schutze des gutgläubigen Schuldners dient, so berechtigt er keineswegs zu der Schlußfolgerung, daß auch nur dem Cessionar vortheilhafte Handlungen des Cedenten, die nicht in Rechtshandlungen des Schuldners, sondern in einseitigen Rechtshandlungen des Cedenten bestehen, dem Schuldner gegenüber Geltung erlangen, solange derselbe von der Cession nichts weiß. Er bezieht sich ausschließlich auf Rechtshandlungen des Schuldners. Demgemäß kann der Cedent nach der Cession nicht mehr durch ein im eigenen Namen vorgenommenes einseitiges Rechtsgeschäft ein accessorisches Recht als Pfandrecht oder Bürgschaft für den Cessionar begründen, auch die Verjährung zu Gunsten des Cessionars nicht mehr durch im eigenen Namen vorgenommene Rechtshandlungen unterbrechen. RGE. v. 29. Sept. 1902 in Jur. Wschr. 1902 S. 548 Nr. 20.

1. Leistungen des Schuldners an den bisherigen Gläubiger und sonstige zwischen ihnen vorgenommene Rechtsgeschäfte: Solange der Schuldner die Abtretung nicht kennt, kann er ohne Gefahr an den bisherigen Gläubiger leisten und jedes Rechtsgeschäft in Ansehung der Forderung wirksam mit dem bisherigen Gläubiger vornehmen. Der neue Gläubiger muß die Leistung und das vorgenommene Rechtsgeschäft trotz der inmitten liegenden Abtretung gegen sich gelten lassen. Als Rechtsgeschäfte in Ansehung der Forderung kommen beispielsweise in Betracht: ein Erlaßvertrag, eine Aufrechnungserklärung des Schuldners oder des bisherigen Gläubigers, eine Stundung, Mahnung, Kündigung. Auch eine Handlung, durch welche der Schuldner den bisherigen Gläubiger in Annahmeverzug setzt, wirkt gegen den neuen Gläubiger. Der letztere geräth ohne Weiteres in Annahmeverzug. (M. II, 133.)

Der § 407 giebt übrigens dem Schuldner nicht eine bloße Einrede, so daß derselbe auch auf die Anwendung des § 407 verzichten und statt dessen das Geleistete von dem bisherigen Gläubiger nach den Grundsätzen der condictio indebiti (§§ 812 ff.) zurückfordern könnte. Vielmehr wird der Leistung an den bisherigen Gläubiger die Bedeutung einer objektiven Tilgung der Schuld beigelegt, der neue Gläubiger muß die Leistung gegen sich gelten lassen. Damit ist auch ausgesprochen, daß der neue Gläubiger den Schuldner nicht etwa wegen fahrlässiger Unkenntniß schadensersatzpflichtig machen kann. Mit Absicht ist im § 407 Kennenmüssen der Kenntniß nicht gleichgestellt. Der Cedent gilt in den in § 407 erwähnten beiden Richtungen, d. h. für Rechtshandlungen des Schuldners und anhängigen Rechtsstreitigkeiten dem Schuldner gegenüber noch als dessen Gläubiger bis zu dessen erlangter Kenntniß. Die Regreßrechte des neuen Gläubigers bestimmen sich nach der causa der Cession. Vgl. Bem. 4, b zu § 406. Im Allgemeinen wird zu unterscheiden sein:

a) Cedent hat durch die Annahme der Leistung oder Abschluß des Rechtsgeschäfts die Geschäfte des neuen Gläubigers führen wollen. Alsdann haftet er letzterem mit der actio negotior. gestor. nach §§ 677 ff.

b) Cedent hat vorsätzlich oder fahrlässig das Forderungsrecht des Cessionars widerrechtlich verletzt; er wird alsdann dem Cessionar nach § 823, der sich nach richtiger Auffassung auch auf obligatorische Rechte bezieht, schadensersatzpflichtig. Vgl. Planck Bem. 4 zu § 407.

c) Eventuell, soweit der Cedent etwas durch die Rechtshandlung erlangt hat, haftet er dem Cessionar nach § 816 auf Herausgabe der ungerechtfertigten Bereicherung.

d) Bei schenkweisem Erlaß der Forderung kann der Cessionar nach § 816 Abs. 2 diesen Erlaß dem Schuldner gegenüber kondiciren, d. h. beanspruchen, daß die Forderung ihm gegenüber wiederhergestellt bezw. in dem Umfang anerkannt werde, in dem sie bis zum Erlaß bestand. Vgl. Planck Bem. 4, Schollmeyer Bem. 3.

2. Auch die Bestimmung des Abs. 2 bezweckt wie jene des Abs. 1 den Schutz des gutgläubigen Schuldners, welcher sich, ohne von der Abtretung Kenntniß zu haben, mit dem bisherigen Gläubiger eingelassen hat. Hierzu ist Folgendes zu bemerken:

a) Ist der Rechtsstreit schon vor der Abtretung rechtshängig geworden, so hat die Abtretung auf den Prozeß keinen Einfluß. Der neue Gläubiger ist nicht berechtigt, ohne Zustimmung des Schuldners den Prozeß als Hauptpartei an Stelle des bisherigen Gläubigers zu übernehmen oder eine Hauptintervention zu erheben. Tritt der neue Gläubiger als Nebenintervenient auf, so findet § 69 CPO. keine Anwendung. (§ 265 CPO.) Das rechtskräftige Urtheil wirkt auch für und gegen den neuen Gläubiger. (§ 325 CPO.)

b) Ist nach der Abtretung ein Rechtsstreit zwischen dem Schuldner und dem bisherigen Gläubiger über die abgetretene Forderung rechtshängig geworden, so ist zu unterscheiden, ob der Schuldner beim Eintritte der Rechtshängigkeit die Abtretung gekannt hat oder nicht.

α) Hat der Schuldner die Abtretung nicht gekannt, so muß der neue Gläubiger das über die Forderung ergangene rechtskräftige Urtheil gegen sich gelten lassen. (§ 407 Abs. 2.)

β) Hat der Schuldner die Abtretung gekannt, so kann er sich gegen etwaige Ansprüche des neuen Gläubigers dadurch schützen, daß er die Sachlegitimation des bisherigen Gläubigers bestreitet und nach §§ 72 ff. CPO. dem neuen Gläubiger den Streit verkündet. Tritt der letztere in den Streit ein, so kommt § 75 CPO. zur Anwendung. Tritt der neue Gläubiger nicht in den Streit ein, so erübrigt dem Schuldner noch das Recht der Hinterlegung, soferne er sich in entschuldbarer Ungewißheit darüber befindet, wer der berechtigte Gläubiger ist. (Siehe Bem. 2, b zu § 372.)

Die unter β aufgeführten Befugnisse stehen dem Schuldner selbstverständlich auch dann zu, wenn derselbe von der Abtretung erst nach dem Eintritte der Rechtshängigkeit Kenntniß erlangt hat. Der Schuldner hat also in diesem Falle die Wahl, ob er den Prozeß mit dem bisherigen Gläubiger durchführen und sich dem neuen Gläubiger gegenüber kraft der Bestimmung des § 407 Abs. 2 auf das Urtheil berufen oder ob er von den unter β aufgeführten Befugnissen Gebrauch machen will.

c) Der neue Gläubiger kann, wenn der Rechtsstreit erst nach der Abtretung rechtshängig geworden ist (ohne Unterschied, ob der Schuldner beim Eintritte der Rechtshängigkeit die Abtretung gekannt hat oder nicht), bis zur rechtskräftigen Entscheidung des Rechtsstreits die Hauptintervention erheben (§ 64 CPO.). Er kann auch dem Schuldner als Nebenintervenient beitreten (§ 66 CPO.). Beides dürfte nach der Fassung des § 407 Abs. 2 nicht zu bezweifeln sein. Hier ist lediglich bestimmt, daß der neue Gläubiger das Urtheil gegen sich gelten lassen muß; daß auch im Uebrigen die Abtretung gerade so zu behandeln sei, als wäre sie erst nach dem Eintritte der Rechtshängigkeit erfolgt (vgl. § 265 Abs. 2 und 3 CPO.), kann aus § 407 Abs. 2 nicht gefolgert werden. Ebenso Planck Bem. 2 zu § 407 mit Nachtrag S. 21, Oertmann Bem. 2, a zu § 407.

Vgl. CPO. § 265 Abs. 2: „Die Veräußerung oder Abtretung hat auf den Prozeß keinen Einfluß. Der Rechtsnachfolger ist nicht berechtigt, ohne Zustimmung des Gegners den Prozeß als Hauptpartei an Stelle des Rechtsvorgängers zu übernehmen oder eine Hauptintervention zu erheben. Tritt der Rechtsnachfolger als Nebenintervenient auf, so findet der § 69 keine Anwendung."

CPO. § 265 Abs. 3: „Hat der Kläger veräußert oder abgetreten, so kann ihm, sofern das Urtheil nach § 325 gegen den Rechtsnachfolger nicht wirksam sein würde, der Einwand entgegengesetzt werden, daß er zur Geltendmachung des Anspruchs nicht mehr befugt sei."

Der § 407 Abs. 2 BGB. dehnt die Vorschrift des § 265 Abs. 3 der CPO. auf den Fall aus, daß die Abtretung zwar schon vor der Rechtshängigkeit erfolgt ist, Schuldner aber erst nach der Rechtshängigkeit davon Kenntniß erhält.

Sowohl zur Hauptintervention als zur Nebenintervention ist der neue Gläubiger zwar befugt, aber nicht verpflichtet. Es ist ihm unbenommen auch ohne Rücksicht auf den anhängigen Rechtsstreit seinerseits den Schuldner einzuklagen.

3. Den Beweis, daß der Schuldner bei der Abtretung, bei der Vornahme des Rechtsgeschäfts, beim Eintritte der Rechtshängigkeit die Abtretung erkannt habe, muß der

neue Gläubiger führen, welcher die Leistung, das Rechtsgeschäft, das Urtheil nicht gegen sich gelten lassen will. Rspr. d. OLG. Bd. 9 S. 30.

Zu erweisen ist, daß der Schuldner sichere Kenntniß von der Abtretung hatte. Ein Kennenmüssen (§ 122 Abs. 2) genügt nicht. Vgl. Seuff. Arch. Bd. 58 S. 222. Auf welche Weise der Schuldner die Kenntniß erlangt hat, ist gleichgültig. S. Bem. 2 zu § 406 a. E.

4. § 407 ist auch entsprechend anwendbar auf die Uebertragung kraft Gesetzes (§ 412), dagegen nicht auf die Ueberweisung durch gerichtliche Anordnung. Bei letzterer gilt die Uebertragung der Forderung als im Zeitpunkte der Zustellung des Ueberweisungsbeschlusses an den Drittschuldner erfolgt (§ 835 Abs. 3 mit § 829 Abs. 3 CPO.). Der Zeitpunkt, in welchem der Schuldner thatsächlich Kenntniß von der Ueberweisung erlangt hat, ist ohne Bedeutung. Vgl. Bem. 1 zu § 392.

## § 408.

Wird eine abgetretene Forderung von dem bisherigen Gläubiger nochmals an einen Dritten abgetreten, so finden, wenn der Schuldner an den Dritten leistet oder wenn zwischen dem Schuldner und dem Dritten ein Rechtsgeschäft vorgenommen oder ein Rechtsstreit anhängig wird, zu Gunsten des Schuldners die Vorschriften des § 407 dem früheren Erwerber gegenüber entsprechende Anwendung.

Das Gleiche gilt, wenn die bereits abgetretene Forderung durch gerichtlichen Beschluß einem Dritten überwiesen wird oder wenn der bisherige Gläubiger dem Dritten gegenüber anerkennt, daß die bereits abgetretene Forderung kraft Gesetzes auf den Dritten übergegangen sei.

E. I, 305; II, 351; III, 402.

Aus dem Prinzipe der Sondernachfolge (§ 398) würde sich auch als selbverständliche Folge ergeben, daß der erste Cessionar (der frühere Erwerber) dem späteren vorgeht, ohne daß auf eine etwaige frühere Anzeige (Denunziation) an den Schuldner etwas ankommt. Vgl. Windscheid, Pand. II § 331 N. 10.

Auch hiegegen soll nach § 408 der gutgläubig dem späteren (dritten) Erwerber leistende Schuldner durch die entsprechende Anwendung des vorstehenden § 407 geschützt werden.

Selbstverständlich kann übrigens der zweifelnde Schuldner die Aktivlegitimation des Dritten, d. h. des späteren Cessionars, bestreiten und dessen Abweisung beantragen, auch wenn der frühere Cessionar nicht denunzirt hat. RG. bei Gruchot, Beitr. Bd. 35 S. 976, Seuff. Arch. Bd. 48 N. 20. Allein bloßer Zweifel an der Aktivlegitimation ist keine Kenntniß im Sinne des § 407 (vgl. Bem. Abs. 2 zu § 407), versetzt also den Schuldner noch nicht in bösen Glauben. Vgl. jedoch Bem. 2 zu § 409.

Im Einzelnen bedeutet die entsprechende Anwendung des § 407 auf den Fall der mehrfachen Cession Folgendes:

1. Der frühere Erwerber muß gegen sich gelten lassen:
   a) eine Leistung, welche der Schuldner nach der nochmaligen Abtretung an den Dritten bewirkt,
   b) ein Rechtsgeschäft, das nach der nochmaligen Abtretung zwischen dem Schuldner und dem Dritten in Ansehung der Forderung vorgenommen wird (vgl. Bem. 1 zu § 407),
   c) ein rechtskräftiges Urtheil, welches in einem nach der nochmaligen Abtretung zwischen dem Schuldner und dem Dritten anhängig gewordenen Rechtsstreit über die Forderung ergangen ist.

Vorausgesetzt wird hiebei, daß der Schuldner bei der Leistung rc. die frühere Abtretung nicht gekannt hat.

Streitig ist, ob der § 406 auch im Falle mehrfacher Cession zur entsprechenden Anwendung kommen muß, d. h. ob der Schuldner dem früheren Cessionar gegenüber sich auf eine dem späteren Cessionar gegenüber vor erlangter Kenntniß der ersten Cession erklärte Aufrechnung berufen darf. Schollmeyer Bem. 1 zu § 408 verneint die Frage. Er beruft sich dafür darauf, daß der § 406 in § 408 nicht erwähnt, und zwar auf Grund folgender Verhandlungen der II. Komm. mit Absicht übergangen ist.

19*

Zu dem damaligen § 305 (jetzt § 408) lag nämlich ein Antrag vor, 1. die Bestimmungen zu fassen:

„Wird eine bereits an einen Anderen übertragene Forderung an einen Dritten von dem bisherigen Gläubiger abgetreten oder durch gerichtliche Anordnung übertragen, so finden dem früheren Erwerber gegenüber zu Gunsten des Schuldners, welcher nur von der späteren Uebertragung unterrichtet war, die Vorschriften der §§ 303, 304 (jetzt §§ 406, 407) entsprechende Anwendung."

3. in Abs. 1 dieser Fassung am Schlusse zu setzen:

„. . . . die Vorschriften der §§ 303, 304 (406, 407), die Vorschriften des § 303 (406) jedoch nur in Ansehung solcher Gegenforderungen, welche der Schuldner gegen den Dritten nach Kenntnißnahme von der an ihn erfolgten Uebertragung erworben hat, entsprechende Anwendung."

Die Protokolle bemerken dazu (I S. 303): „Diesem Vorschlage gegenüber machte der Antragsteller zu 3 das Bedenken geltend, es gehe zu weit, wenn dem Schuldner hienach gestattet sein soll, alle diejenigen Gegenforderungen dem ersten Erwerber gegenüber zur Aufrechnung zu bringen, welche ihm gegenüber dem zweiten Cessionar zu der Zeit zustanden, als er von der ersten Uebertragung Kenntniß erlangte. Hierdurch werde nicht allein der gute Glaube des Schuldners geschützt, sondern ihm auf Kosten des ersten Erwerbers der Forderung, d. h. des wahren Gläubigers, in Folge des zufälligen Umstandes, daß er die spätere Uebertragung eher erfahren habe als die frühere, ein ungerechtfertigter Vortheil zugewendet. Der Rücksicht auf den guten Glauben des Schuldners geschehe Genüge, wenn ihm die Aufrechnung mit solchen Gegenforderungen gestattet werde, welche er gegen den zweiten Cessionar nach Kenntnißnahme von der an diesen erfolgten Uebertragung erworben habe.

Dieser Ausführung wurde von anderer Seite widersprochen. Wollte man überhaupt im Falle des § 305 (jetzt § 408) den § 303 (jetzt § 406) für entsprechend anwendbar erklären, so wäre es willkürlich, zu unterscheiden zwischen Gegenforderungen, welche der Schuldner zwischen der Kenntnißnahme von der späteren und der von der früheren Uebertragung erworben, und solchen, welche ihm zur Zeit der Kenntnißnahme von der zweiten Uebertragung gegen den zweiten Cessionar schon zugestanden hätten. Auch in Ansehung der letzteren habe er sich auf die ihm zuerst bekannt gewordene spätere Uebertragung verlassen, wenn er die Geltendmachung der inzwischen vielleicht verjährten oder uneinbringlich gewordenen Gegenforderung im Vertrauen auf die Aufrechnungslage unterlassen habe. Wenn man den § 303 (jetzt § 406) nicht unbeschränkt für anwendbar erklären wolle, so sei es besser, ihn mit dem Entwurf überhaupt nicht hierher zu übertragen. Auf Grund dieser Ausführungen entschied sich die Mehrheit für die Weglassung des § 303 (406) in Antrag 1."

Abweichend von Schollmeyer (mit Ramdohr a. a. O. S. 683) bin ich der Ansicht, daß die Weglassung des § 406 in § 408 kein Argument gegen die entsprechende Anwendbarkeit des § 406 bilden darf. Die Protokolle ergeben nur, daß man die Unterscheidung des Antragstellers 3 nicht für gerechtfertigt hielt, der doch selber die entsprechende Anwendbarkeit im Rahmen seines Antrags für zulässig erachtete. Ueberhaupt aber stehe ich auf dem Standpunkte, daß die analoge Ausdehnung einer Bestimmung des BGB. nicht durch einen ausdrücklichen Hinweis auf ihre Zulässigkeit bedingt ist. Vielmehr gilt wenigstens für das Civilrecht immer noch der Auslegungsgrundsatz: ubi eadem legis ratio, eadem dispositio. Die Aufrechnungserklärung ist überdies eine Rechtshandlung des Schuldners, die ein Surrogat der Leistung bildet. Vgl. Vorbem. zu §§ 387—396, S. 252. Wenn nach dem auf § 407 verweisenden § 408 der neue Gläubiger eine Leistung an den zweiten (Pseudocessionar) gelten lassen muß, wenn also der gutgläubige Schuldner sich durch Baarzahlung an den an sich nicht berechtigten Nachcessionar wirksam befreien kann, so ist nicht einzusehen, warum er dasselbe nicht auch durch eine Aufrechnungserklärung soll erreichen können. Sowieso würde § 406, der nur von der Aufrechnung mit Forderungen gegen den alten Gläubiger (den ersten Cedenten) spricht, nicht unmittelbar anwendbar erscheinen. Denn hier handelt es sich ja um die niemals streitig gewesene Aufrechnung mit Forderungen gegen den Cessionar. In § 408 wird nun der zweite Cessionar ganz allgemein in Ansehung der Leistungen dem ursprünglichen Gläubiger für die Zeit der Unkenntniß des Schuldners von der Cession gleichgestellt.

Selbstverständlich ist nur, daß der Schuldner nach erlangter Kenntniß von der ersten Cession nicht mehr eine Aufrechnung mit in der kenntnißlosen Zwischenzeit gegenüber dem zweiten Cessionar erlangten Gegenforderungen erklären kann. Eine Tilgung durch Aufrechnung mit dem zweiten Cessionar ist nur bis zur Kenntniß der ersten und legitimen Cession zulässig.

2. Abs. 2. Die Lage ist die gleiche, wenn die nochmalige Uebertragung einer bereits abgetretenen Forderung an einen Dritten nicht durch Abtretung (Vertrag mit dem Dritten), sondern durch gerichtliche Ueberweisung (§ 835 CPO.) erfolgt oder wenn der

bisherige Gläubiger einem Dritten gegenüber anerkennt, daß die von ihm bereits abgetretene Forderung kraft Gesetzes auf den Dritten übergegangen sei. Es finden deßhalb auch in diesen beiden Fällen die Vorschriften des § 407 entsprechende Anwendung. Selbstverständlich wird auch hier guter Glaube des Schuldners vorausgesetzt. Für die Anerkennung gegenüber dem Dritten ist eine besondere Form nicht vorgeschrieben, sie kann auch mündlich erfolgen.

3. Der frühere Erwerber muß die Leistung rc. nur zu Gunsten des Schuldners gegen sich gelten lassen. Der Anspruch wegen ungerechtfertigter Bereicherung nach § 816 gegen den Dritten (im Falle einer unentgeltlichen Verfügung, z. B. eines schenkungsweisen Erlasses auch gegen den Schuldner) bleibt dem früheren Erwerber unbenommen. Wegen der Ansprüche des früheren Erwerbers gegen den ursprünglichen Gläubiger s. Bem. 4 zu § 407.

4. Die Beweislast bestimmt sich ebenso wie in § 407. (S. dort Bem. 3.)

5. Die Vorschriften des § 408 finden auch Anwendung, wenn die erstmalige Uebertragung nicht durch Abtretung, sondern kraft Gesetzes erfolgt ist (s. § 412), dagegen nicht, wenn die erstmalige Uebertragung auf gerichtlicher Ueberweisung beruhte, weil in letzterem Falle vom Gesetze präsumirt wird, daß der Schuldner durch die Zustellung des Ueberweisungsbeschlusses von der Uebertragung Kenntniß erlangt hat und damit sein guter Glaube ausgeschlossen ist. (S. Bem. 4 zu § 407.)

## § 409.

Zeigt der Gläubiger dem Schuldner an, daß er die Forderung abgetreten habe, so muß er dem Schuldner gegenüber die angezeigte Abtretung gegen sich gelten lassen, auch wenn sie nicht erfolgt oder nicht wirksam ist. Der Anzeige steht es gleich, wenn der Gläubiger eine Urkunde über die Abtretung dem in der Urkunde bezeichneten neuen Gläubiger ausgestellt hat und dieser sie dem Schuldner vorlegt.

Die Anzeige kann nur mit Zustimmung desjenigen zurückgenommen werden, welcher als der neue Gläubiger bezeichnet worden ist.

E. I, 306; II, 352; III, 403.

1. Die Anzeige ist ein einseitiges empfangsbedürftiges Rechtsgeschäft (§§ 130—132) gegenüber dem Schuldner. Sie bedarf keiner besonderen Form und kann sowohl mündlich als schriftlich erfolgen.

Die Anzeige des BGB. hat eine eigenthümliche, sie von der sog. denuntiatio des römischen Rechtes unterscheidende Bedeutung. Sie ist nur als einseitiges Rechtsgeschäft des Cedenten gedacht, während die Benachrichtigung (denuntiatio) des römischen Rechtes jedenfalls auch durch den Cessionar erfolgen konnte. Sie ist ferner vor Allem eine rein formale Erklärung, die auch, wenn sie in Widerspruch mit der Wahrheit steht, selbst wenn nämlich die angezeigte Abtretung nicht erfolgt oder nicht wirksam ist, eine rechtliche Wirkung erzeugt. Diese rechtliche Wirkung, die Rechtsfolge der Anzeige, beschränkt sich auf das Verhältniß des Schuldners zum Gläubiger. Dem Cedenten gegenüber darf jetzt der Schuldner den Cessionsakt als vollzogen betrachten, auch wenn er thatsächlich nicht vollzogen ist und Schuldner dies weiß. Beispiel: A als Gläubiger des C beabsichtigt dem B seine Forderung Zug um Zug gegen Empfang der Valuta zu cediren; in der sicheren Erwartung, daß die Valuta gezahlt werden wird, zeigt er schon vor Empfang der Valuta und Vollziehung der Cession dem C diese Cession an; auf Grund des § 409 ist der Schuldner jetzt, selbst wenn er weiß, daß B die Valuta nicht zahlte und also nicht Gläubiger geworden ist, berechtigt, ihn als Gläubiger zu behandeln. Der § 409 dient also nicht dem Schutze des guten Glaubens, und man darf mit Recht die Frage aufwerfen, wozu es nöthig war, ein so künstliches formalistisches Rechtsinstitut zu schaffen.

Auch der bösgläubige Schuldner kann sich, wenn er in voller Kenntniß des Sachverhalts nach geschehener Anzeige an den Nichtgläubiger zahlt, auf § 409 berufen; nur dürfte in besonders schreienden Fällen, wenn der Schuldner in der Absicht, dem Gläubiger zu schaden, an den angezeigten, aber nicht wirklichen Cessionar zahlt, eine Schadensersatzklage aus § 826 begründet sein. Vgl. Dernburg, BR. II S. 368.

Bei der Singularität des Rechtsinstituts ist eine einschränkende Auslegung am Platze. Vgl. Bem. 3 unten. Eine besondere Wirkung hat noch die schriftliche Anzeige zu Gunsten des Cessionars, vgl. § 410.

2. Die ordnungsmäßig bewirkte Anzeige des Gläubigers hat zur Folge, daß dieser dem Schuldner gegenüber die angezeigte Abtretung gegen sich gelten lassen muß, auch wenn die Abtretung in Wirklichkeit nicht erfolgt oder wenn sie unwirksam (nichtig oder anfechtbar und angefochten) ist.

Das Gesetz legt hiebei (abweichend von den Bestimmungen der §§ 405—408) der Kenntniß des Schuldners von dem wahren Sachverhalte keine Bedeutung bei. Der anzeigende Gläubiger muß also selbst dann die mitgetheilte Abtretung gegen sich gelten lassen, wenn der Schuldner gewußt hat, daß die Abtretung nicht erfolgt oder unwirksam ist. (M. II, 135 ff.; P. I, 395.) In diesem Falle ist natürlich der Schuldner nicht verpflichtet, sich mit dem in der Anzeige benannten Gläubiger einzulassen. Es ist ihm vielmehr unbenommen, dessen Sachlegitimation zu bestreiten.

3. Die Anzeige muß von dem wirklichen Gläubiger ausgehen. Ein Gläubiger, welcher die Forderung durch eine frühere Abtretung bereits verloren hat, kann eine Anzeige mit der in § 409 bezeichneten Wirkung überhaupt nicht machen. Wenn also im Falle nochmaliger Uebertragung die Anzeige von dem gewesenen Gläubiger ausgeht, so kann nur § 408, nicht § 409 zur Anwendung kommen. Es kann nicht die Absicht des Gesetzes sein, auf Kosten des an der Anzeige unbetheiligten wirklichen Berechtigten den Schuldner zu schützen, wenn dieser an einen Andern als an den ihm bekannten wirklichen Berechtigten geleistet hat. And. Ans. Planck Bem. 5, welcher die Bestimmungen des § 409 auch in dem Falle des § 408 für entsprechend anwendbar erklärt. Den Ausführungen Plancks ist entgegenzuhalten, daß derjenige, welcher seine Forderung abgetreten hat, nicht mehr „Gläubiger" und deßhalb zu einer Anzeige nach § 409 nicht mehr legitimirt ist.

Hat der Gläubiger die Forderung bereits an B cedirt ohne Anzeige und macht darauf unter nochmaliger Cession an C dem Schuldner von der zweiten Cession Anzeige, so findet der § 409 lediglich ihm (dem Cedenten) gegenüber Anwendung, keinenfalls aber dem neuen, wahren Gläubiger B gegenüber: letzterem gegenüber kann der Schuldner ausschließlich nach § 408 auf eine entsprechende Anwendung des § 407 Anspruch erheben, d. h. der erste Cessionar B braucht eine Leistung des Schuldners an den Dritten C bezw. ein Rechtsgeschäft desselben mit letzterem nur dann gelten zu lassen, wenn der Schuldner in gutem Glauben war, weil er die Cession an ihn bei der Leistung oder der Vornahme des Rechtsgeschäfts nicht kannte. Ausdrücklich heben dies auch die Motive hervor (a. a. O. S. 136): „Die Vorschrift des § 306 (jetzt 409) setzt nach ihrem Wortlaute und Sinne voraus, daß von dem wirklichen Gläubiger und nicht nach schon früher erfolgter Uebertragung von dem gewesenen Gläubiger denunzirt oder die dem Schuldner vorgelegte Urkunde über die Uebertragung ertheilt wurde. Wenn der bisherige Gläubiger, nachdem die Forderung schon übertragen war, dem Schuldner eine spätere Uebertragung angezeigt bezw. über eine solche die Urkunde ausgestellt hat, so findet § 306 (jetzt 409) keine Anwendung, außer insofern die Anzeige und Ausstellung und Vorlegung der Uebertragungsurkunde auch solchenfalls als Rechtsgeschäfte des Gläubigers gegenüber dem Schuldner als dem passiv Betheiligten gelten. Dasselbe fällt aber unter die Vorschriften der §§ 304, 305 (jetzt 407, 408), wonach der wirkliche Gläubiger ein solches Rechtsgeschäft nur gegen sich gelten lassen muß, sofern der Schuldner sich in gutem Glauben befunden hat. Der Schuldner ist hiernach immer nur dann geschützt, wenn sein Nichtwissen auch noch zu der Zeit bestand, in welcher die das Schuldverhältniß wirklich berührende Rechtshandlung sich zutrug. Die Zeit der Denunziation bezw. der Vorlegung der Urkunde ist in dieser Richtung nicht entscheidend, weil dadurch für sich allein das Schuldverhältniß noch in keiner Weise getroffen wird."

Die entgegengesetzte Ansicht Plancks, Bem. 5 zu § 409 (S. 287 ff.), beruht auf einer dispositiven Auffassung des Wesens der Anzeige als „eines in Ansehung der Forderung zwischen dem Schuldner und dem bisherigen Gläubiger vorgenommenen Rechtsgeschäfts im Sinne des § 407" und verstößt gegen den Sinn der lediglich den Schutz des guten Glaubens bezweckenden Bestimmungen der §§ 407—409.

Nach Planck a. a. O. kann der neue Gläubiger B. auf Grund der Abtretung von dem bisherigen Gläubiger (dem Cedenten) lediglich verlangen, daß dieser die Anzeige zurücknehme oder die Zustimmung zu der Zurücknahme ertheile; er kann auch auf Grund der Vorschriften über die Herausgabe einer ungerechtfertigten Bereicherung von dem in der Anzeige als Gläubiger bezeichneten C die Zustimmung zu der Zurücknahme verlangen. Allein es wird in vielen Fällen die Voraussetzung der ungerechtfertigten Bereicherung in der Person des C gar nicht vorliegen. And. M. neben Planck auch Schollmeyer Bem. 2, b zu § 409, Endemann I § 152 Bem. 40, Enneccerus I § 224 II, 1 ff. Wie hier Oertmann Bem. 5 zu § 409, Hellwig, Wesen und subjektive Begrenzung der Rechtskraft S. 385, Dernburg I § 141 I, 7.

4. Abs. 1 Satz 2. Der Anzeige ist die Vorlegung einer vom Gläubiger über die Abtretung ausgestellten Urkunde an den Schuldner gleichgestellt. In der Urkunde

muß das Abtretungsgeschäft aufgeführt und der neue Gläubiger bezeichnet sein. Erfordert wird ferner, daß der neue Gläubiger die Urkunde dem Schuldner vorlegt. Die Vorlegung durch den bisherigen Gläubiger hat übrigens die gleiche Wirkung, weil in ihr eine Anzeige im Sinne des § 409 Abs. 1 Satz 1 zu erblicken ist. Die Vorlegung durch einen Dritten genügt nicht. Im Uebrigen gilt von der Vorlegung der Urkunde das in den Bem. 2 und 3 über die Anzeige Gesagte.

5. Abs. 2. Zurücknahme der Anzeige. Die weittragenden Wirkungen, welche die Anzeige gegen den bisherigen Gläubiger äußert (s. Bem. 2), rechtfertigen die Zulassung einer Zurücknahme der Anzeige. Mit der Zurücknahme hören die Wirkungen der Anzeige für die Zukunft auf. (Ebenso Planck Bem. 4 zu § 409.) Andererseits wirkt die Anzeige auch zu Gunsten des neuen Gläubigers, insofern als der Schuldner nach Empfang der Anzeige ohne jede Gefahr an den neuen Gläubiger leisten kann und deßhalb eher zur Leistung an diesen bereit sein wird, als wenn eine Anzeige nicht vorliegen würde. Eine schriftliche Anzeige gewährt dem neuen Gläubiger überdies zufolge § 410 Abs. 2 den Vortheil, daß ihm der Schuldner auch ohne die Aushändigung einer Abtretungsurkunde des bisherigen Gläubigers zur Leistung verpflichtet ist. In § 409 Abs. 2 wird deßhalb bestimmt, daß die Anzeige nur mit Zustimmung desjenigen zurückgenommen werden kann, welcher als der neue Gläubiger bezeichnet worden ist. Diese Bestimmung bezieht sich nicht bloß auf die unmittelbare Anzeige, sondern auch auf die mittelbar durch Vorlegung der Urkunde (Abs. 1 Satz 2) bewirkte Anzeige. Auf die Zustimmung finden die §§ 182—184 Anwendung.

Eine Zustimmung des angezeigten Cessionars ist natürlich nicht erforderlich, wenn der Anzeigende die Anzeige wegen Irrthums, Arglist, Drohung (§§ 119—124) angefochten hat.

Wenn die Anzeige oder Ausstellung der Urkunde über die Cession selber nichtig ist, z. B. wegen mangelnder Geschäftsfähigkeit des Anzeigenden bezw. des Ausstellers der Urkunde (§ 105), so erzeugt sie nicht die Wirkungen des § 409. Da der Schuldner dies nicht immer wissen kann, z. B. wenn Jemand in einem Zustande vorübergehender Störung der Geistesthätigkeit (§ 105 Abs. 2) die schriftliche Anzeige gemacht bezw. die Cessionsurkunde ausgestellt hat, so erhebt sich die Frage, ob er in solchem Falle eventuell doppelt zahlen muß, wenn er z. B. dem angezeigten falschen Cessionar zahlt. In solchen Fällen muß, da leider das BGB. diese Eventualität nicht besonders beachtet hat, was bei der Behandlung der nichtigen Willenserklärung im Falle des § 105 hätte geschehen können, § 829 durch Gewährung einer Schadensersatzeinrede aushelfen.

6. Besteht die Abtretung nicht zu Recht, so kann der bisherige Gläubiger von dem in der Anzeige bezeichneten auch nach den Vorschriften über die Herausgabe einer ungerechtfertigten Bereicherung (§§ 812 ff.) die Zustimmung zur Zurücknahme verlangen. (Vgl. Bem. III zu § 376.) Gegebenen Falls kann er sich auch durch Erwirkung einer einstweiligen Verfügung nach § 935 CPO. gegen die Gefahr eines Mißbrauchs der Anzeige schützen. P. I, 399.

7. Zufolge § 412 finden die Bestimmungen des § 409 auch entsprechende Anwendung auf die Uebertragung kraft Gesetzes.

Für die Uebertragung durch gerichtliche Anordnung bestimmt § 836 Abs. 2 CPO., daß der Ueberweisungsbeschluß, auch wenn er mit Unrecht erlassen ist, zu Gunsten des Drittschuldners dem Schuldner gegenüber so lange als rechtsbeständig gilt, bis er aufgehoben wird und die Aufhebung zur Kenntniß des Drittschuldners gelangt.

## § 410.

Der Schuldner ist dem neuen Gläubiger gegenüber zur Leistung nur gegen Aushändigung einer von dem bisherigen Gläubiger über die Abtretung ausgestellten Urkunde verpflichtet. Eine Kündigung oder eine Mahnung des neuen Gläubigers ist unwirksam, wenn sie ohne Vorlegung einer solchen Urkunde erfolgt und der Schuldner sie aus diesem Grunde unverzüglich zurückweist.

Diese Vorschriften finden keine Anwendung, wenn der bisherige Gläubiger dem Schuldner die Abtretung schriftlich angezeigt hat.

E. I, 308; II, 353; III, 404.

1. Der Vorschrift des § 410 liegt der Gedanke zu Grunde, daß der Schuldner so lange nicht an den neuen Gläubiger zu leisten braucht, bis ihm der urkundliche Nachweis darüber verschafft wird, daß die von ihm an den neuen Gläubiger bewirkte

Leistung nach der Bestimmung des § 409 auch dem bisherigen Gläubiger gegenüber wirksam ist (P. I, 397). Dieser Nachweis wird dem Schuldner beschafft:

a) durch die Aushändigung einer vom bisherigen Gläubiger über die Abtretung ausgestellten Urkunde (s. Bem. 4 zu § 409). Die Urkunde muß dem Schuldner ausgehändigt, nicht bloß vorgelegt werden. Die Aushändigung hat Zug um Zug gegen die Leistung zu erfolgen. (§ 274.) Nach der Fassung des § 410 ist es dem neuen Gläubiger nicht verstattet, durch Sicherheitsleistung die Ausübung des dem Schuldner in Ansehung der Leistung zustehenden Zurückbehaltungsrechts abzuwenden. (§ 273 Abs. 3.) Der Schuldner, welcher „nur gegen die Aushändigung der Urkunde" zu leisten hat, braucht eben nicht gegen Sicherheitsleistung die Leistung zu bewirken. Die Bestimmungen des § 274 dagegen sind, da es sich um eine Verpflichtung zur Leistung Zug um Zug handelt, anwendbar. Ebenso Planck Bem. 3, Oertmann Bem. 2 zu § 410;

b) durch eine schriftliche Anzeige des bisherigen Gläubigers über die Abtretung bezw. über den Uebergang kraft Gesetzes. Hier wird weitergehend als in § 409 schriftliche Anzeige erfordert, weil es sich um die Beschaffung eines Nachweises für den Schuldner handelt.

Ueber die schriftliche Form s. § 126. Oeffentliche Beglaubigung der Anzeige oder Urkunde wird nicht erfordert. Der Schuldner kann auch nicht (wie in § 368 Satz 2 hinsichtlich der Quittung bestimmt ist) die Ertheilung der Anzeige oder Urkunde in einer besonderen Form verlangen. P. I, 397.

2. Die Vorschrift des Satzes 2 Abs. 1 entspricht jener des § 174. Die Zurückweisung der Kündigung oder Mahnung muß ohne schuldhaftes Zögern (§ 121) geschehen. Zugleich muß der Schuldner dem neuen Gläubiger zu erkennen geben, daß er die Kündigung bezw. Mahnung gerade wegen der unterlassenen Vorlegung der Urkunde zurückweise. Die Zurückweisung ist unzulässig, wenn der bisherige Gläubiger dem Schuldner vorher die Abtretung schriftlich angezeigt hat (§ 410 Abs. 2).

Die Beweislast anlangend hat der neue Gläubiger, welcher sich auf die Kündigung oder Mahnung beruft, zu beweisen, daß er wirksam gekündigt oder gemahnt, also bei der Mahnung oder Kündigung die Urkunde vorgelegt hat bezw. daß zu diesem Zeitpunkte dem Schuldner eine schriftliche Anzeige des bisherigen Gläubigers schon zugegangen war. Ebenso Planck Bem. 5.

3. Will der neue Gläubiger eine auf ihn übergegangene Forderung klageweise geltend machen, so muß er vor der Erhebung der Klage dem Schuldner den Uebergang mittheilen und auf Verlangen nachweisen, widrigenfalls ihm die Prozeßkosten insoweit zur Last fallen, als sie dadurch entstanden sind, daß der verklagte Schuldner durch die Unterlassung der Mittheilung oder des Nachweises veranlaßt worden ist, den Anspruch zu bestreiten. (§ 94 CPO.)

Soweit der Schuldner den Anspruch noch mit anderen nicht stichhaltigen Gründen bekämpft hat, erfolgt seine Verurtheilung in die Kosten nach den allgemeinen Vorschriften.

4. § 410 gilt auch für die Uebertragung kraft Gesetzes. Statt der Abtretungsurkunde ist hier eine den gesetzlichen Uebergang der Forderung anerkennende Urkunde auszuhändigen.

Auf die gerichtliche Ueberweisung der Forderung findet § 410 keine Anwendung, weil die Anzeige bezw. Aushändigung der Urkunde durch die Zustellung des Ueberweisungsbeschlusses ersetzt wird (§ 836 Abs. 1 CPO.).

## § 411.

Tritt eine Militärperson, ein Beamter, ein Geistlicher oder ein Lehrer an einer öffentlichen Unterrichtsanstalt den übertragbaren Theil des Diensteinkommens, des Wartegeldes oder des Ruhegehalts ab, so ist die auszahlende Kasse durch Aushändigung einer von dem bisherigen Gläubiger ausgestellten, öffentlich beglaubigten Urkunde von der Abtretung zu benachrichtigen. Bis zur Benachrichtigung gilt die Abtretung als der Kasse nicht bekannt.

E. I, 311; II, 354; III, 405.

1. Die Vorschrift dient nur dem Zwecke, die Kassenbeamten sicher zu stellen und eine geordnete Kassenführung aufrecht zu erhalten. (M. II, 146; P. I, 404) Sie schließt

sich an die Vorschriften des § 6 Abs. 2 des Reichsbeamtengesetzes vom 31. März 1873 und des § 45 Abs. 2 des Reichsmilitärgesetzes vom 2. Mai 1874 an. Letztere Bestimmungen sind durch § 411 überflüssig geworden und deßhalb durch Art. 43 und 45 EG. aufgehoben.

2. Ueber den Begriff der Militärpersonen s. Reichsmilitärgesetz vom 2. Mai 1874 § 38, Militärstrafgesetzbuch v. 20. Juni 1872 § 4 und BGB. § 9, sowie Bem. II, 1 zu § 570.

Unter Beamten sind nur öffentliche Beamte verstanden nach Maßgabe des öffentlichen Reichs- oder Landesrechts.

3. Welcher Theil des Diensteinkommens u. s. w. übertragbar ist, bestimmt sich nach § 850 CPO. mit § 400 BGB.

4. Ueber die öffentliche Beglaubigung, welche hier gesetzlich vorgeschrieben ist, s. § 129 und die Bem. 2 und 3 zu Art. 141 EG.

5. Es wird nicht erfordert, daß gerade der bisherige Gläubiger die Kasse benachrichtigt. Die Benachrichtigung kann auch vom neuen Gläubiger unter Beifügung der öffentlich beglaubigten Abtretungsurkunde vorgenommen werden. (Vgl. P. I, 404.)

6. Die Bestimmung des § 411 Satz 2 darf nicht dahin verstanden werden, als ob durch die in Satz 1 vorgeschriebene Benachrichtigung die Gültigkeit der Abtretung bedingt wäre. Die Abtretung ist auch ohne diese Benachrichtigung wirksam, und die auszahlende Kasse kann die ihr anderweitig bekannt gewordene Abtretung, wie jeder andere Schuldner, berücksichtigen.

Die Unterlassung der Benachrichtigung hat nach der gedachten Bestimmung lediglich zur Folge, daß die auszahlende Kasse sich auf die dem gutgläubigen Schuldner in den §§ 406—408 eingeräumten Vortheile auch dann berufen kann, wenn sie etwa auf anderem Wege von der Abtretung Kenntniß erhalten haben sollte. Die Wirkungen, welche die §§ 406—408 an die Kenntniß des Schuldners knüpfen, treten erst mit der vorschriftsmäßigen Benachrichtigung ein.

7. Auf die Uebertragung kraft Gesetzes findet § 411 keine Anwendung (s. § 412). Für den etwaigen Fall, daß ein Gehalts- oder Pensionstheil kraft Gesetzes auf einen Andern übergehen sollte, ist die öffentliche Kasse jedem andern Schuldner gleichgestellt. Für die Ueberweisung durch gerichtliche Anordnung genügt statt der Benachrichtigung nach § 411 die Zustellung des Ueberweisungsbeschlusses an die auszahlende Kasse (§ 836 Abs. 1 CPO.).

## § 412.

Auf die Uebertragung einer Forderung kraft Gesetzes finden die Vorschriften der §§ 399 bis 404, 406 bis 410 entsprechende Anwendung.

E. I, 293—297, 301—306, 308; II, 355; III, 407.

1. Das BGB. kennt zahlreiche Fälle, in denen eine Forderung kraft Gesetzes auf einen neuen Gläubiger übergeht. So z. B. die §§ 268 Abs. 3, 426 Abs. 2, 774 Abs. 1, 1143 Abs. 1, 1225, 1249, 1438, 1519 Abs. 2, 1549, 1607 Abs. 2, 1709 Abs. 2.

Besondere Beachtung verdienen diejenigen Fälle der cessio legis, denen die Zahlung durch einen Dritten zu Grunde liegt: §§ 426 (Gesammtschuldner), 774 (Bürge), 1143 (Eigenthümer des Hypothekengrundstücks für persönlichen Schuldner), 1225 (Verpfänder, nicht persönlicher Schuldner), 1268 (Schiffspfand), 1607 (unterhaltspflichtiger Verwandter für näher Verpflichteten), 1709 (uneheliche Mutter für ihr Kind gegenüber Vater).

Die in allen diesen Fällen sich findende Klausel „Der Untergang kann nicht zum Nachtheile des Gläubigers geltend gemacht werden" bedeutet:

a) Der Gläubiger ist dem Dritten in der Sache zu nichts verpflichtet; überhaupt liegt eine causa cessionis, aus der sich eine Regreßpflicht des bezahlten Gläubigers ergeben könnte, nicht vor.

b) Trotz § 412 hat der bezahlte Gläubiger gegen die Ansprüche aus §§ 402 (Auskunftsertheilung), 403 (Urkunde über Abtretung) die Einwendung, daß ihm dies zum Nachtheile gereichen könnte und gegen sein berechtigtes Interesse verstieße.

c) Bezahlt der Dritte nur einen Theil der Hauptschuld, so hat der alte Gläubiger für den verbliebenen Rest ein Vorrecht in der Reihenfolge der Befriedigung. Der Dritte, der ohne Rücksicht auf das bessere Recht des alten Gläubigers seine Forderung von dem Schuldner einzieht und dadurch dessen Befriedigung vereitelt oder erschwert, haftet auf Schadensersatz nach § 823 („oder ein sonstiges Recht") oder bei mangelnder Schuld wegen ungerechtfertigter Bereicherung (§ 812). Vgl. Stammler, Recht der Schuldverhältnisse S. 204 ff.

2. Die Bestimmungen des vierten Abschnitts über die Uebertragung der Forderung finden zufolge § 412 auch auf die Uebertragung kraft Gesetzes Anwendung mit Ausnahme der §§ 398, 405 und 411. Die Ausschließung der Anwendbarkeit in den Fällen der §§ 398 und 405 ergiebt sich von selbst aus dem Inhalte dieser Paragraphen; für den wohl nur seltenen Fall, daß ein Gehalts- oder Pensionstheil eines Beamten 2c. kraft Gesetzes auf einen Andern übergehen sollte, genügen die allgemeinen Vorschriften.

## § 413.

Die Vorschriften über die Uebertragung von Forderungen finden auf die Uebertragung anderer Rechte entsprechende Anwendung, soweit nicht das Gesetz ein Anderes vorschreibt.

E. I, 312; II, 356; III, 407.

1. Die Bestimmungen der §§ 399—412, welche ihrem Wortlaute nach sich nur auf die Uebertragung von Forderungen beziehen, werden durch § 413 ausgedehnt auf die Uebertragung aller Rechte.

Diese Vorschrift ist nicht bloß von Bedeutung für die Uebertragung dinglicher, familienrechtlicher oder erbrechtlicher Ansprüche (s. Bem. 2 zu § 398), sondern insbesondere auch für die Uebertragung solcher Rechte, welche nicht im BGB. selbst, sondern in den neben demselben bestehenden Spezialgesetzen geregelt sind. S. z. B.: § 3 RG. vom 11. Juni 1870, betreffend das Urheberrecht an Schriftwerken, jetzt Ges. vom 19. Juni 1901, das Verlagsgesetz vom 19. Juni 1901; § 2 RG. vom 9. Januar 1876, betreffend das Urheberrecht an Werken der bildenden Künste; § 7 RG. vom 10. Januar 1876, betreffend den Schutz der Photographien; § 3 RG. vom 11. Januar 1876, betreffend das Urheberrecht an Mustern und Modellen; § 6, § 19 Abs. 2 des Reichspatentgesetzes vom 7. April 1891. Zum Theil enthalten diese Gesetze besondere Vorschriften über die Uebertragbarkeit und die Form und Wirkung der Uebertragung. Soweit aber solche besondere Vorschriften nicht gegeben sind, finden die Vorschriften über Cession, namentlich auch der Grundsatz des § 398 Anwendung. Durch den Vertrag wird der, dem das Recht übertragen wird, ohne Rücksicht auf die causa des Vertrags, die auch hier Kauf, Tausch, Schenkung, Auftrag, Dienstvertrag, fiducia sein kann, berechtigt. Vgl. RGE. Bd. 31 S 299 (Patent). Ferner finden namentlich Anwendung §§ 402, 403, 407 Abs. 2. Vgl. Rehbein, Erl. 32 zu §§ 398—413.

Auch nach § 140 Gewerbe-Unf.-Vers.-Gesetz geht die Forderung des Verletzten gegen den Thäter auf die Berufsgenossenschaft kraft Gesetzes in dem Zeitpunkt über, in welchem der Verletzte gegen die Genossenschaft den erfolgreichen Anspruch auf die Unfallrente erhebt. Ein vorhergegangener Verzicht des Verletzten gegenüber dem Dritten ist jedoch wirksam. RGE. v. 4. Mai 1900, Jur. Wschr. 1900 S. 475 Nr. 21.

Soweit nicht das BGB. oder die diese Rechte regelnden Spezialgesetze (vgl. Art. 2 EG.) besondere Vorschriften geben, gelten für die Uebertragung aller dieser Rechte — insbesondere hinsichtlich der Form und der Wirkung der Uebertragung — die Bestimmungen der §§ 399—412 BGB. (M. II, 141.)

2. Die im E. I § 312 Satz 2 enthaltene Bestimmung, daß ein unveräußerliches Recht in Ermangelung besonderer Vorschriften insoweit der Pfändung unterworfen ist, als die Ausübung einem Andern überlassen werden kann, ist als Abs. 3 des § 857 in die CPO. aufgenommen worden.

# Fünfter Abschnitt.

# Schuldübernahme.*)

### Vorbemerkungen.

Der Sondernachfolge in die Forderung (Cession), d. h. der Uebertragung der Forderung, steht die Sondernachfolge in die passive Seite der Obligation, die Schuldübernahme gegenüber. Nach römischem Rechte war letztere unzulässig, ein Wechsel in der

*) Literatur: Windscheid II § 338; Dernburg, Pand. II § 53; Dernburg, B. R. II §§ 155 ff.; Delbrück, Die Uebernahme fremder Schulden, 1853; Hinrichs, Kieler allgem. Monatsschr., 1853, S. 683; Gürgens in Jherings Dogmat. Jahrb. Bd. 8 Nr. 8;

Person des Schuldners konnte nur durch Novation, d. h. durch Aufhebung des Schuldverhältnisses unter Ersatz eines neuen bewirkt werden. Im gemeinen Rechte wurde die Zulässigkeit einer Schuldübernahme ohne Novation kontrovers. Das BGB. hat sich für die Annahme der diese Zulässigkeit bejahenden Richtung entschieden. Eine Schuldübernahme, also die Sondernachfolge in die passive Seite eines bestehenden Obligationsverhältnisses, kann sich nach dem BGB. durch Vertrag oder kraft Gesetzes vollziehen.

1. In den §§ 414—418 wird die erstere, die vertragsmäßige Schuldübernahme geregelt. Man hat zwei Arten der vertragsmäßigen Schuldübernahme zu unterscheiden:

a) die privative oder befreiende Schuldübernahme, bei der der neue Schuldner an die Stelle des bisherigen Schuldners tritt;

b) die kumulative oder bestärkende Schuldübernahme, bei der der neue Schuldner neben dem bisherigen verpflichtet wird, so daß eine Gesammtschuld entsteht.

Ueber die kumulative Schuldübernahme giebt das BGB. keine besonderen Vorschriften. Sie tritt häufig von Rechtswegen ein. Vgl. §§ 419, 2382, 2385.

Hinsichtlich der Form der kumulativen Schuldübernahme s. Bem. 4 zu § 766, sowie auch Bem. II, 2 zu § 518 und Bem. I, 6 zu § 780.

Ueber das Verhältniß der kumulativen Schuldübernahme zur Bürgschaft vgl. Bem. 4 zu § 766.

In der Regel ist die Schuldübernahme von privativer Bedeutung, d. h. der alte Schuldner wird durch die Uebernahme von seiner Verpflichtung befreit. Die Schuldübernahme vollzieht sich entweder durch Vertrag zwischen dem Gläubiger und dem neuen Schuldner (§ 414) oder zwischen dem alten Schuldner und dem neuen Schuldner, letzteren Falles aber erfordert sie Zustimmung des Gläubigers (§ 415). Besonders geregelt ist der praktisch wichtige Fall der Uebernahme einer Hypothek beim Erwerb eines Grundstücks (§ 416). Die §§ 417 und 418 bestimmen die Rechtsfolge der Schuldübernahme in Hinsicht der Einreden (§ 417) und Nebenrechte (§ 418). Schließlich ordnet § 419 für den Fall einer Vermögensübernahme durch Vertrag durch zwingende Vorschrift (kraft Gesetzes) die Annahme einer kumulativen Schuldübernahme, d. h. der Haftung des Uebernehmers für die Schulden des Veräußerers neben letzterem an.

2. Von der Schuldübernahme ist zu unterscheiden die sog. Erfüllungsübernahme, d. h. der Vertrag, durch welchen ein Dritter dem Schuldner verspricht, für ihn die Leistung an den Gläubiger zu bewirken. Hierüber stellte der Entw. I in § 318 Abs. 1 zwei Interpretationsregeln auf: erstens, daß der Dritte im Zweifel nicht zu sofortiger Befreiung verbunden, zweitens, daß im Zweifel keine Schuldübernahme, sondern Erfüllungsübernahme als beabsichtigt anzunehmen sei. Diese Bestimmungen sind bei der II. Lesung als bedenklich gestrichen. P. I, 410. Ob eine bloße Erfüllungsübernahme vorliegt, unterliegt

---

Regelsberger in Endemanns Handbuch des Handelsrechts Bd. 2 S. 532; Archiv f. d. civilist. Praxis Bd. 67 S. 24 ff.; Bähr ebenda S. 176 ff.; Brettner, Die Schuldübernahme in Gruchot, Beitr. Bd. 42 S. 790; Unger, Schuldübernahme, 1889; Adler im Arch. f. bürgerl. R. Bd. 3 S. 1 ff.; v. Blume, Novation, Delegation und Schuldübertragung. 1895, S. 39 ff.; Derselbe in Iherings Jahrb. Bd. 39 S. 390, Bd. 40 S. 106 ff. „Zur Schuldübernahmefrage"; Stammler, Recht der Schuldverhältnisse S. 206—213; Seuffert, Die allgemeinen Grundsätze des Obligationenrechts in Beitr. zur Erl. des Entw. Heft XI (v. Bekker u. Fischer) S. 37—50; Koch in Puchelts Zeitschr. Bd. 30 S. 332: „Die Schuldübernahme des BGB. mit vergl. Rücksicht auf d. französ. Recht"; Haverkamp in D. Jur.Z. 1901 S. 530; Jacoby das. 1904 S. 211: Ist der Schuldübernehmer Rechtsnachfolger i. S. der §§ 325, 727, 729 CPO.; über die kumulative Schuldübernahme vgl. Josef in D. Jur.Z. 1903 S. 422, Neuburger in Jahrb. f. württembg. Rechtspflege Bd. 14 Heft 3, Kulemann in „Das Recht" 1903 S. 286; Hellbach das. 1903 S. 335, David das. 1903 S. 356; Pütz, Die Schuldübernahme nach dem BGB. für das Deutsche Reich, Rhein. Not.Z.; Schefold, Schuldübernahme, Erfüllungsübernahme und Abfindungsvertrag, Württ. Z.

**darnach der thatsächlichen Beurtheilung des Einzelfalls; falls jedoch eine Erfüllungsübernahme beabsichtigt ist, so stellt § 329 eine Präsumtion auf gegen die Annahme eines Vertrags zu Gunsten Dritter, d. h. des Gläubigers. Vgl. die Bem. zu § 329 und Bem. 11 zu § 415.**

## § 414.

Eine Schuld kann von einem Dritten durch Vertrag mit dem Gläubiger in der Weise übernommen werden, daß der Dritte an die Stelle des bisherigen Schuldners tritt.

E. I, 314; II, 357; III, 408.

§ 414 handelt von der privativen (befreienden) Schuldübernahme, welche zwischen dem Gläubiger und dem Uebernehmer vereinbart wird. Bezüglich der kumulativen Schuldübernahme vgl. Vorbem. 1.

1. Bei dieser Art der Schuldübernahme wird mit dem Abschlusse des Vertrags der bisherige Schuldner ohne Weiteres von seiner Verbindlichkeit befreit und der Uebernehmer tritt an seine Stelle als Schuldner. Ob der bisherige Schuldner mit der Schuldübernahme einverstanden ist oder nicht, ist gänzlich belanglos.

Der Vertrag ist formlos. Der Wille beider Theile, daß der Uebernehmer an Stelle des bisherigen Schuldners tritt, muß wenigstens konkludent sein: in Ermangelung genügender Anhaltspunkte ist eine befreiende Schuldübernahme nicht anzunehmen.

Wenn der Vertrag nichtig oder anfechtbar ist und angefochten wird, so wird der bisherige Schuldner nicht befreit.

Da der bisherige Schuldner unmittelbar durch den Vertrag die Befreiung von seiner Schuld, also ein Recht im Sinne des § 123 Abs. 2 Satz 2 erwirbt, so ist im Falle der arglistigen Täuschung die Schuldübernahme auch ihm gegenüber anfechtbar, wenn er die Täuschung kannte oder kennen mußte. Vgl. Planck Bem. 1 zu § 414.

Nur im Falle der Nichtigkeit und Anfechtung wird der Schuldner nicht befreit (vgl. § 142 Abs. 2). Dagegen lebt die Schuld nicht wieder auf, wenn der Vertrag zwischen Gläubiger und Uebernehmer wieder aufgehoben wird; in diesem Falle bleibt der Schuldner befreit. Vgl. Planck a. a. O.

Der Uebernehmer tritt in die Schuld ein, wie sie sich beim Urschuldner gestaltet hatte, ist also berechtigt:

a) die dem Urschuldner zustehenden Einwendungen dem Gläubiger entgegenzusetzen (§ 417);

b) aber auch die ihm selbst zustehenden Einwendungen, z. B. aus dem Vertrage, geltend zu machen, auch mit ihm zustehenden Gegenforderungen aufzurechnen. Vgl. Schollmeyer II Bem. 2 zu § 414.

Uebernahme einer rechtshängigen Schuld begründet für den bisherigen Beklagten den Einwand der mangelnden Passivlegitimation; nach § 325 CPO. wird aber, wenn der Beklagte diesen Einwand unterläßt und verurtheilt wird, das Urtheil auch dem Uebernehmer gegenüber rechtskräftig; der Gläubiger kann sich auf Grund des § 727 CPO. eine vollstreckbare Ausfertigung des Urtheils gegen den Uebernehmer ertheilen lassen. Vgl. Haverkamp, D. Jur.Z. 1901 S. 530, gegen Staub, Komm. z. HGB. Anm. 26 zu § 17.

2. Der Schuldübernahmevertrag ist ebenso wie der Erlaßvertrag und die Abtretung ein abstraktes Rechtsgeschäft, in seiner Wirksamkeit unabhängig von seinem Rechtsgrunde (s. Vorbem. II, A zum zweiten Buche).

In der Regel wird der Schuldübernahme ein besonderes Rechtsverhältniß zwischen dem Schuldner und Uebernehmer zu Grunde liegen. Zunächst kann auch dieses Rechtsverhältniß wiederum abstrakter Natur sein, nämlich Delegation. Vgl. Bem. 1, c, β, αα S. 224. Der Schuldner kann dem Uebernehmer die Uebernahme delegiren, ihn dem Gläubiger delegiren, um durch das, was er vom Uebernehmer zu fordern hat, den Gläubiger zu befriedigen. Dieser Delegation und überhaupt jedem sonstigen Vertrage, der zur Uebernahme führt, kann zu Grunde liegen eine causa solvendi, credendi, donandi. Alle diese Rechtsverhältnisse zwischen dem Uebernehmer und dem Schuldner berühren nur den etwaigen Regreß des ersteren gegen letzteren.

Die abstrakte Natur des Schuldübernahmevertrags schneidet dem Uebernehmer dem Gläubiger gegenüber jede Einrede aus der causa der Uebernahme ab. Auf keinen Fall hat der Uebernehmer an und für sich einen Anspruch auf Zahlung der getilgten Schuld gegen den Urschuldner. Vgl. RGE. Bd. 2 S. 262.

Unter Umständen aber kann, auch wenn nicht die besondere causa zwischen Uebernehmer und Urschuldner ein Regreßrecht begründet, ein Anspruch des Uebernehmers gegen den Urschuldner wegen ungerechtfertigter Bereicherung begründet sein (§§ 812 ff.).

3. Die Schuldübernahme ist bei allen Schuldverhältnissen zulässig. Einer dem § 399 entsprechenden Einschränkung bedarf es für die Schuldübernahme nicht, weil bei dieser stets die Zustimmung des Gläubigers erforderlich ist. Dem Gläubiger, der zufolge § 364 eine andere als die geschuldete Leistung an Erfüllungsstatt annehmen kann, muß es auch unbenommen sein, eine Schuldübernahme selbst in solchen Fällen zu vereinbaren oder zu genehmigen, in welchen die Leistung durch einen anderen als den ursprünglichen Schuldner nicht ohne Veränderung ihres Inhalts erfolgen kann.

4. Ob die übernommene Schuld sich auf die Hauptleistung beschränkt oder ob auch die Nebenleistungen (Zinsen, Kosten) mit übernommen werden, ist eine jeweils für den einzelnen Fall zu entscheidende Thatfrage. Vgl. M. II, 146 und Anm. 2 zu § 401.

## § 415.

Wird die Schuldübernahme von dem Dritten mit dem Schuldner vereinbart, so hängt ihre Wirksamkeit von der Genehmigung des Gläubigers ab. Die Genehmigung kann erst erfolgen, wenn der Schuldner oder der Dritte dem Gläubiger die Schuldübernahme mitgetheilt hat. Bis zur Genehmigung können die Parteien den Vertrag ändern oder aufheben.

Wird die Genehmigung verweigert, so gilt die Schuldübernahme als nicht erfolgt. Fordert der Schuldner oder der Dritte den Gläubiger unter Bestimmung einer Frist zur Erklärung über die Genehmigung auf, so kann die Genehmigung nur bis zum Ablaufe der Frist erklärt werden; wird sie nicht erklärt, so gilt sie als verweigert.

Solange nicht der Gläubiger die Genehmigung ertheilt hat, ist im Zweifel der Uebernehmer dem Schuldner gegenüber verpflichtet, den Gläubiger rechtzeitig zu befriedigen. Das Gleiche gilt, wenn der Gläubiger die Genehmigung verweigert.

E. I, 315; II, 358; III, 409.

§ 415 regelt die Schuldübernahme, welche zwischen dem Schuldner und dem Uebernehmer vereinbart wird. S. M. II, 144, 145 und P. I, 405–412.

1. Das BGB. behandelt den Schuldübernahmevertrag, welchen der Schuldner mit dem Uebernehmer schließt, wie die Verfügung eines Nichtberechtigten über ein Forderungsrecht des Gläubigers und bestimmt deßhalb in Anlehnung an die Vorschrift des § 185, daß die Schuldübernahme, d. h. der Uebergang der Schuld von dem bisherigen Schuldner auf den Uebernehmer erst wirksam wird, wenn der Gläubiger den Vertrag genehmigt. Nur tritt hier noch die weitere Bestimmung hinzu, daß der Gläubiger den Vertrag wirksam erst dann genehmigen kann, wenn ihm der Schuldner oder der Uebernehmer die Schuldübernahme mitgetheilt hat. S. Bem. 5.

2. Wird die Genehmigung ertheilt, so sind die Wirkungen des Vertrags die gleichen wie bei dem zwischen dem Gläubiger und dem Uebernehmer geschlossenen Vertrage. S. Bem. 1 zu § 414.

Die Genehmigung wirkt auf den Zeitpunkt des Abschlusses des Uebernahmevertrags zurück, soweit nicht ein Anderes bestimmt ist (§ 184).

Hieraus ergiebt sich auch die richtige Konstruktion der Schuldübernahme des § 415.

a) Abzulehnen ist die sog. Angebotstheorie (Kipp in Jherings Jahrb. Bd. 36 S. 344, Blum, das. Bd. 39 S. 390 ff., Hellwig, Verträge auf Leistung an Dritte S. 159 ff.), der zufolge dieser Uebernahmevertrag in zwei Verträge zu zerlegen ist, in denjenigen des Urschuldners mit dem Uebernehmer und einen besonderen Vertrag zwischen Uebernehmer und Gläubiger (interne und externe Schuldübernahme), so daß in der Mittheilung des Uebernehmers an den Gläubiger ein Vertragsangebot des ersteren und in der Genehmigung die Annahme dieses Angebots zu befinden wäre. Schon das Nebeneinanderbestehen der §§ 414, 415 widerlegt diese Auffassung, ferner auch die Bestimmung des § 415 Abs. 1 Satz 3, daß bis zur Genehmigung die Vertragschließenden den Vertrag ändern oder aufheben können. Denn eine Vertragsofferte hat sofort bindende Kraft, wenn nicht der Antragende die Gebundenheit ausschließt (§ 145).

b) Abzulehnen ist ferner die Konstruktion des Uebernahmevertrags als Vertrags zu Gunsten eines Dritten (des Gläubigers). Da nach Absicht der Kontrahenten der Gläubiger etwas verliert, nämlich den Urschuldner, so können die Grundsätze über Verträge zu Gunsten Dritter nur zur Anwendung kommen, wenn es sich nicht, wie hier, um einen privativen, sondern um einen kumulativen Schuldübernahmevertrag handelt.

c) Vielmehr wird lediglich die sog. Verfügungstheorie der Absicht des Gesetzes gerecht. Vgl. Gürgens in Iherings Jahrb. Bd. 8 S. 261 ff.; Windscheid § 338 Note 6; Regelsberger a. a. O. S. 463 ff.; Enneccerus II § 228 III; Schollmeyer Bem. 4 zu § 415. Der Schuldner vereinbart mit dem Uebernehmer, daß dieser an seiner Stelle Schuldner der alten Obligation sein soll. Diese Vereinbarung enthält aber einen Eingriff in das Recht des Gläubigers, der ja, wenn die vereinbarte Wirkung eintritt, sein Recht gegen den bisherigen Schuldner verliert, also eine Verfügung über ein dem Gläubiger gehöriges Vermögensstück, deren Wirksamkeit von der Genehmigung des Gläubigers abhängt. Der § 415 bildet also eine Spezialanwendung des § 185.

Eine stillschweigende Genehmigung ist jedenfalls in der Anstellung der Klage von seiten des Gläubigers gegen den Uebernehmer zu befinden. RGE. Bd. 19 S. 253, Bd. 33 S. 184.

3. Solange die Genehmigung noch nicht ertheilt ist, hat der zwischen dem Schuldner und dem Uebernehmer geschlossene Uebernahmevertrag eine doppelte Wirkung:

a) Der Uebernehmer wird durch den Vertrag objektiv gebunden in der Weise, daß er, sobald die Genehmigung des Gläubigers erfolgt, an Stelle des bisherigen Schuldners in das Schuldverhältniß eintritt. Zugleich wird

b) der Uebernehmer dem bisherigen Schuldner obligatorisch verpflichtet, den Gläubiger rechtzeitig, d. i. mit dem Eintritte der Fälligkeit der Forderung (§ 271), zu befriedigen. Letztere Wirkung kommt dem Vertrage jedoch nur im Zweifel zu, sofern also nicht ein anderer Wille der Vertragschließenden erklärt oder aus den Umständen zu entnehmen ist. So kann z. B. von den Vertragschließenden gewollt sein, daß im Falle der Verweigerung der Genehmigung auch die obligatorische Gebundenheit des Uebernehmers wegfallen soll. Eine Verpflichtung des Uebernehmers, dem bisherigen Schuldner die Genehmigung des Gläubigers zu verschaffen, wird durch den Vertrag nicht begründet.

4. Da die Genehmigung nur im Interesse des Gläubigers erfordert wird, ist nach Analogie des § 185, welcher für die Behandlung des Schuldübernahmevertrags zum Vorbild gedient hat (s. B. I, 411), anzunehmen, daß auch eine vor dem Vertragsabschlusse oder gleichzeitig mit diesem ertheilte Einwilligung des Gläubigers die sofortige volle Wirksamkeit der Schuldübernahme herbeiführt. Ebenso M. II, 145 und Planck Bem. 1 Abs. 2 zu § 415. Allerdings kann die Einwilligung bis zum Abschlusse des Vertrags widerrufen werden (§ 183).

Schollmeyer Bem. 2 ist der Ansicht, daß die Einwilligung des Gläubigers zu dem zwischen Schuldner und Uebernehmer erst noch abzuschließenden Uebernahmevertrag (§ 183) nur dann mit der (nachträglichen) Genehmigung gleiche Wirkung haben könne, wenn sie im Einverständniß mit dem Schuldner und Uebernehmer erklärt sei. Vgl. dagegen jedoch Planck Bem. 3 und Dernburg § 156 V Bd. 2 S. 405. Der Uebernehmer wird keineswegs dadurch benachtheiligt, daß im Falle einer solchen Einwilligung (vorherigen Zustimmung) die Schuldübernahme sofort mit dem Abschlusse des Vertrages wirksam wird. Ein „Ueberlegungsrecht", wie Schollmeyer a. a. O. annimmt, hat dem Uebernehmer durch Satz 3 Abs. 1 des § 415 nicht gewährleistet werden sollen.

5. Die Genehmigung kann wirksam erst erfolgen, wenn einer der Vertragschließenden, der Schuldner oder der Uebernehmer, dem Gläubiger die Schuldübernahme mitgetheilt hat. Als Grund dieser Vorschrift wird in M. II, 144 angegeben, dem Gläubiger solle nicht das Recht beigelegt werden, durch eine von den Vertragschließenden gar nicht veranlaßte Genehmigung in das zwischen ihnen beredete Vertragsverhältniß einzugreifen und ihrem Rechte zur nachträglichen Aufhebung oder Aenderung des Vertrages zu präjudiziren. Auch könnten die Vertragschließenden durch das uneingeschränkte Zugriffsrecht des Gläubigers in große Ungelegenheit gerathen, wenn sie in Unkenntniß von der ertheilten Genehmigung den Vertrag unter sich aufheben oder ändern würden.

6. Bis zur Genehmigung können die Parteien den Vertrag ändern oder aufheben. Die Aenderung oder Aufhebung kann aber nur durch den übereinstimmenden Willen beider Vertragschließenden bewirkt werden. Der einseitige Rücktritt eines derselben ist unwirksam.

7. Jeder der Vertragschließenden hat das Recht, den Gläubiger unter Bestimmung einer Frist zur Erklärung über die Genehmigung aufzufordern. Für die Frist ist eine bestimmte Zeit nicht vorgeschrieben, sie braucht auch nicht angemessen zu sein, die Bemessung derselben ist ganz dem Belieben des Auffordernden anheimgegeben.

Mit dem Ablaufe der Frist gilt die Genehmigung als verweigert, wenn sie nicht innerhalb der Frist ertheilt wurde.

Wenn sowohl der Schuldner als der Uebernehmer den Gläubiger aufgefordert und hiebei verschiedene Fristen gesetzt haben, so entscheidet die zuerst ablaufende Frist, weil jedem der beiden Auffordernden das selbständige Recht darauf zusteht, daß sich innerhalb der von ihm gesetzten Frist entscheide, ob die Genehmigung ertheilt oder verweigert ist.

8. Wird die Genehmigung verweigert, so gilt die Schuldübernahme als nicht erfolgt. Die objektive Gebundenheit (s. Bem. 3, a) des Uebernehmers ist demnach nicht mehr vorhanden, es kann also ohne einen neuen Uebernahmevertrag nicht mehr die Wirkung eintreten, daß der Uebernehmer an Stelle des Schuldners tritt.

Uebrigens bleibt die obligatorische Verpflichtung des Uebernehmers (s. Bem. 3, b) zufolge § 415 Abs. 3 Satz 2 im Zweifel bestehen, wenn die Genehmigung verweigert ist. In diesem Falle tritt kraft besonderer Gesetzesbestimmung eine conversio actus juridici ein, d. h. die Schuldübernahme wird als bloße Erfüllungsübernahme (§ 329, Bem. 1, b, β) aufrechterhalten. Von der allgemeinen conversio actus juridici (§ 140) unterscheidet dieser gesetzliche Spezialfall sich dadurch, daß nicht bewiesen zu werden braucht, daß die Parteien für den Fall des Scheiterns der Schuldübernahme die Erfüllungsübernahme gewollt haben. Umgekehrt aber ist, wenn bewiesen wird, daß sie bei Kenntniß der Nichtigkeit der Schuldübernahme auch die Erfüllungsübernahme nicht gewollt haben würden, die Anwendung des § 415 Abs. 3 ausgeschlossen. Denn zweifellos handelt es sich um rein dispositives Recht. Vgl. § 329 Bem. 1, b, β.

Ein solcher neuer Uebernahmevertrag kann aber jetzt im Sinne des § 414 natürlich jeder Zeit durch Vertrag des Uebernehmers mit dem Gläubiger geschlossen werden. Wenn also der Gläubiger die Genehmigung zuerst verweigert, darauf aber eine erneute Aufforderung des Uebernehmers, ihn an Stelle des Schuldners anzunehmen, annimmt, so wird die nunmehr zum Abschluß kommende Schuldübernahme keineswegs mit Planck Bem. 4 zu § 415 als nichtig zu bezeichnen, vielmehr stets ein Vertragsabschluß auf Grund des § 414 anzunehmen sein. Mit Recht erklärt gegenüber Planck a. a. O. Dernburg Bem. 3 zu § 156 es für widersinnig, die Schuldübernahme für wirkungslos zu erklären, obgleich die Betheiligten darüber einig sind. Den Parteien ist es gleichgültig, ob die Schuldübernahme juristisch der Konstruktion aus § 415 oder aus § 414 unterfällt; da es praktisch gleichgültig ist, wie die Schuldübernahme zu Stande kommt, wird es also nicht in Frage kommen können, ob ein Uebernehmer bei wiederholter Aufforderung an den Gläubiger sich darüber klar gewesen ist, daß er eine nach § 415 wirksame Aufforderung nicht mehr stellen konnte und also einen Vertragsantrag im Sinne des § 414 zu stellen habe. Der wirthschaftliche Zweck ist maßgebend für die Feststellung und Auslegung der juristischen Absicht und es würde auf eine formalistische Subtilität hinauslaufen, wenn eine Schuldübernahme als nichtig erklärt würde, wenn der Uebernehmer nach ursprünglicher Weigerung des Gläubigers, einen von ihm mit dem Schuldner abgeschlossenen Vertrag zu genehmigen, nach wiederholter Aufforderung des Gläubigers dessen Zustimmung erzielt. Irgend ein Interesse des Schuldners, der ja durch einen Vertrag zwischen Gläubiger und Uebernehmer nach § 414 auch ohne seine Kenntniß und selbst wider seinen Willen befreit werden kann, wird durch diese Auslegung nicht gefährdet.

Dieselbe Substitution des § 414 an Stelle des § 415 ist zulässig, wenn der Gläubiger, dem nach Abs. 2 Satz 1 vielleicht zwei verschieden bemessene Fristen, eine kürzere vom Schuldner, eine längere vom Gläubiger gesetzt worden sind, nach Ablauf der vom Schuldner gesetzten Frist, aber noch innerhalb der vom Uebernehmer gesetzten seine Genehmigung erklärt.

9. Die Mittheilung der Schuldübernahme, die Aufforderung zur Erklärung der Genehmigung, die Ertheilung oder Verweigerung der Genehmung sind einseitige empfangsbedürftige Rechtsgeschäfte (§§ 130—132). Die Ertheilung oder Verweigerung der Genehmigung kann jedem Theile gegenüber erklärt werden, gleichviel ob die Mittheilung bezw. Aufforderung von dem einen oder von dem andern der Vertragschließenden ausgegangen ist. (§ 182 Abs. 1.)

10. Auch der zwischen dem Schuldner und dem Uebernehmer abgeschlossene Vertrag ist ein abstrakter und formfrei wie der Vertrag zwischen dem Gläubiger und dem Uebernehmer. S. Bem. 2 zu § 414.

11. Der Vertrag nach § 415 ist wohl zu unterscheiden von dem in § 329 geregelten Vertrage zwischen dem Schuldner und einem Dritten, durch welchen der Dritte sich zur Befriedigung des Gläubigers verpflichtet, ohne die Schuld zu übernehmen, der sog. Erfüllungsübernahme. Durch letzteren Vertrag wird der Schuldner niemals befreit. Regelmäßig wird durch denselben nur die in Bem. 3, b erwähnte obligatorische Verpflichtung des Dritten gegenüber dem Schuldner begründet. Allerdings kann auch, sofern der Wille der Vertragschließenden darauf gerichtet ist, dem Gläubiger unmittelbar das Recht erworben werden, von dem Dritten — neben dem Schuldner — die Befriedigung zu fordern. Im Zweifel ist letzteres jedoch nicht anzunehmen. S. §§ 328 und 329.

## § 416.*)

Uebernimmt der Erwerber eines Grundstücks durch Vertrag mit dem Veräußerer eine Schuld des Veräußerers, für die eine Hypothek an dem Grundstücke besteht, so kann der Gläubiger die Schuldübernahme nur genehmigen, wenn der Veräußerer sie ihm mittheilt. Sind seit dem Empfange der Mittheilung sechs Monate verstrichen, so gilt die Genehmigung als ertheilt, wenn nicht der Gläubiger sie dem Veräußerer gegenüber vorher verweigert hat; die Vorschrift des § 415 Abs. 2 Satz 2 findet keine Anwendung.

Die Mittheilung des Veräußerers kann erst erfolgen, wenn der Erwerber als Eigenthümer im Grundbuch eingetragen ist. Sie muß schriftlich geschehen und den Hinweis enthalten, daß der Uebernehmer an die Stelle des bisherigen Schuldners tritt, wenn nicht der Gläubiger die Verweigerung innerhalb der sechs Monate erklärt.

Der Veräußerer hat auf Verlangen des Erwerbers dem Gläubiger die Schuldübernahme mitzutheilen. Sobald die Ertheilung oder Verweigerung der Genehmigung feststeht, hat der Veräußerer den Erwerber zu benachrichtigen.

E. I, 318 Abs. 2; II, 359; III, 410.

1. Die Bestimmungen des § 416, welche im Wesentlichen mit jenen des (durch Art. 175 Nr. 30 des bayrischen AG. z. BGB. aufgehobenen) bayrischen Ges. vom 29. Mai 1886 Art. 1 Nr. 2 (bayrisches Gesetz- u. VBl. S. 226) übereinstimmen, verfolgen den Zweck, dem Veräußerer die Befreiung von der persönlichen Haftung für die bei der Veräußerung von dem Erwerber übernommenen Hypotheken zu erleichtern (P. I, 414) und die persönliche Schuld möglichst mit dem Eigenthum an dem für die Schuld verhafteten Grundstück in der Person des Erwerbers zu vereinigen. (D. 56.)

„Durchschnittlich tritt bei der Gewährung von Kredit auf Hypothek die persönliche Haftung des Schuldners zurück vor der dinglichen Haftung des Hypothekenobjekts, so daß

*) Literatur: Crome, B. R. II S. 359 ff.; Dernburg, B. R. II S. 409 ff.; Scherer in Jur. Wochenschr. 1900 S. 504: „Richtet sich — in Preußen — bezüglich der Schuldübernahme bei einem Grundstückskauf, welcher vor dem 1. Januar 1900 stattfand, die Befreiung von der persönlichen Schuld nach § 41 Eig.Erw.Ges. oder nach § 415 BGB., wenn die Bekanntmachung der Schuldübernahme erst unter der Herrschaft des BGB. erfolgte?“ Scherer bejaht gegen Habicht, Einwirkung des BGB. 2. Aufl. § 226 die Anwendbarkeit des Art. 170 Einf.Ges; Scherer in Jur. Wochenschr. 1900 S. 619: Tritt § 416 BGB. auch dort in Kraft, wo am 1. Januar 1900 noch kein Grundbuch angelegt ist? Oder bleibt bis zur Grundbuchanlage das bisherige Landesrecht, z. B. § 41 preuß. Eig.Erw.Ges., das rheinische Recht, welches eine dem § 416 entsprechende Bestimmung nicht kennt, in Kraft? Mit anderen Worten: Ist § 416 BGB. bis zur Anlage des Grundbuches i. S. d. BGB. suspendirt? Sch. bejaht die Frage im Gegensatz zu Habicht, Einwirkungen des BGB. (2. Aufl) S. 229 N. 3, vgl. zu dieser Frage ferner Urth. d. Bayr. Oberst. LG. v. 23. September 1904, Recht 1904 S. 546, 547, 552, Bl. f. RA. Bd. 69 S. 217 ff., dagegen aber auch RGE. Bd. 58 S. 384; Sieger in Zeitschrift f. freiw. Gerichtsb. u. Gemeindeverw. in Württemberg 1901 S. 81: Welche Aufgaben erwachsen dem Grundbuchbeamten aus der Bestimmung des § 416 BGB.; Blengels, Die Schuldübernahme bei Grundstückskäufen, Rhein. Not.Zt. Bd. 49 S. 122. Außerdem sind hieher auch anzuziehen: Oberneck, Reichsgrundbuchrecht 2. Aufl. §§ 143 ff., Turnau-Förster, Liegenschaftsrecht Anhang Bd. 1 S. 917 ff. und Fuchs, Grundbuchrecht S. 711 ff.

es dem Gläubiger nichts ausmacht, ob B oder C sein persönlicher Schuldner ist. Der Gläubiger hat in den seltensten Fällen ein Interesse daran, den Verkäufer als den persönlichen Schuldner festzuhalten: den Uebergang des Hypothekenobjekts und die Uebernahme der hypothekarischen Haftung kann er ohnedies nicht wehren. Der Unterschied zwischen der persönlichen und der dinglichen Haftung kommt wenigen Hypothekengläubigern zum Bewußtsein. Es ist eine mißliche Sache, wenn geraume Zeit nach der Veräußerung, nachdem das Hypothekenobjekt durch zehn Hände gegangen und die Hypothekenschuld stets in Anrechnung auf den Kaufpreis übernommen worden ist, irgend ein Vorbesitzer persönlich in Anspruch genommen werden kann, weil die Hypothek einen Ausfall erlitten hat." Diesen Uebelstand will das Gesetz vermeiden, indem es den nur ausnahmsweise gültigen Satz: qui tacet consentire videtur bei der Mittheilung der Schuldübernahme beim Grundstücksverkauf anwendet, während es allgemein für die Schuldübernahme in § 415 den gegentheiligen Satz aufstellt, daß die Genehmigung bei Stillschweigen des Gläubigers als verweigert gelten müsse. „Wird als Folge des Unterlassens einer Erklärung seitens des Gläubigers die Fortdauer der persönlichen Haftung des Verkäufers angenommen, so wird der Uebergang der persönlichen Schuld nicht begünstigt, sondern erschwert; denn der Gläubiger wird nach dem Gesetze der Trägheit in vielen, vermuthlich in den meisten Fällen nichts erklären." Deßwegen hat schon das Preuß. Gesetz vom 5. Mai 1872 § 41 bestimmt, daß der Veräußerer von der persönlichen Haftung frei wird, wenn der Gläubiger nicht innerhalb gewisser Fristen die Hypothek kündigt und einklagt. Und aus gleichen Rücksichten bestimmte das Bayrische Gesetz vom 29. Mai 1886 Art. 2 Ziff. 2, daß die Schuldübernahme als genehmigt gilt, wenn der Gläubiger, nachdem sie ihm von dem bisherigen Schuldner mit der Aufforderung angezeigt ist, sich über die Genehmigung derselben zu erklären, nicht innerhalb sechs Monaten die Verweigerung der Genehmigung erklärt hat. (Seuffert, Die allgemeinen Grundsätze des Obligationenrechts S. 47 ff.) Das BGB. hat sich an das Bayrische Gesetz angeschlossen.

Die Fassung des Paragraphen kann aber nur als höchst ungeschickt bezeichnet werden und leicht zu Mißdeutungen Anlaß geben. Der Satz 1 (Hauptsatz): „so kann der Gläubiger die Schuldübernahme nur genehmigen, wenn der Veräußerer sie ihm mittheilt" soll nämlich dem Zwecke des Paragraphen entsprechend nur die nothwendige Voraussetzung der durch ihn eingeführten gesetzlichen Fiktion der Genehmigung bei Stillschweigen des Gläubigers zum Ausdruck bringen.

A. Der Gesetzgeber hat nichts Anderes in dem § 416 sagen wollen, als:

Die nach § 415 bei einem zwischen Schuldner und Uebernehmer der Schuld zur Wirksamkeit der Schuldübernahme erforderliche Genehmigung des Gläubigers wird im Falle der Uebernahme einer hypothekarisch gesicherten Schuld durch Vertrag des veräußernden Schuldners mit dem Erwerber des Grundstücks unter folgenden Voraussetzungen fingirt (gilt als ertheilt):

1. wenn der Veräußerer die Schuldübernahme dem Gläubiger mitgetheilt hat, und zwar:

a) nachdem der Erwerber als Eigenthümer im Grundbuch eingetragen ist, und

b) schriftlich unter dem Hinweis, daß der Uebernehmer an die Stelle des Erwerbers tritt, wenn nicht der Gläubiger die Verweigerung innerhalb sechs Monaten erklärt, und

2. wenn nicht innerhalb sechs Monaten nach dem Empfange dieser Mittheilung der Gläubiger dem Veräußerer gegenüber die Genehmigung verweigert hat.

Eine Aufforderung des Schuldners oder des Uebernehmers an den Gläubiger, die Genehmigung zu ertheilen, verbunden mit einer Fristbestimmung, hat nicht die Wirkung, daß der Gläubiger die Genehmigung nur bis zum Ablaufe der mit dieser Aufforderung gesetzten Frist erklären kann und die Genehmigung nach Ablauf dieser von den Parteien gesetzten (gewillkürten) Frist als verweigert gilt. (Abs. 1 Satz 2, letzter Halbsatz.)

Der Veräußerer hat auf Verlangen des Erwerbers dem Gläubiger die Schuldübernahme mitzutheilen. Sobald die Ertheilung oder Verweigerung der Genehmigung feststeht, hat der Veräußerer den Erwerber zu benachrichtigen.

B. Bei dieser, dem Zwecke des § 416 allein entsprechenden Auslegung erscheint es als selbstverständlich, daß dieser Paragraph

a) weder den Abschluß eines Schuldübernahmevertrags vom Gläubiger unmittelbar mit dem Erwerber nach Maßgabe des § 414 ausschließt,

b) noch auch den Abschluß eines zwischen dem Veräußerer und Erwerber nach § 415 vereinbarten Schuldübernahmevertrags unter Hinzutritt ausdrücklicher Genehmigung des Gläubigers verhindern will.

Die Unwirksamkeit solcher Verträge im Falle der Veräußerung eines Grundstücks hätte als Ausnahme von §§ 414, 415 keinen Sinn, der § 416 will die §§ 414, 415 ergänzen und die Schuldübernahme im Falle der Grundstücksveräußerung durch Fiktion der Genehmigung erleichtern, nicht einschränken. Vgl. Kuhlenbeck, Handkommentar Bem. 1 zu § 416, Planck Bem. 2, a.

Planck meint jedoch, daß eine bloße Mittheilung des Erwerbers Schuldübernehmers) den Gläubiger nicht berechtige, die Genehmigung zu ertheilen, es müsse ausdrücklich der Antrag auf Abschluß eines selbständigen Schuldübernahmevertrags nach Maßgabe des § 414 gestellt werden, um, abgesehen von bezw. neben § 416, eine Schuldübernahme wirksam zu machen. M. E. dürfte dies der dispositiven Natur der §§ 414 ff. zuwiderlaufen und denselben Vorwurf eines subtilen Formalismus begründen, wie in dem analogen Falle der Bem. 8 zu § 415.

Die Bestimmungen des § 416 gelten nicht für die Schuldübernahme durch Vertrag zwischen dem Gläubiger und dem Dritten. Uebernimmt der Erwerber des Grundstückes durch Vertrag mit dem Hypothekgläubiger die Schuld, so findet § 414 Anwendung, d. h. mit dem Vertragsabschlusse tritt der Erwerber als persönlicher Schuldner an die Stelle des befreiten bisherigen Schuldners. Für die Wirkungen in Ansehung der Hypothek ist § 418 maßgebend.

Die Bestimmungen des § 416 treffen vielmehr nur die in § 415 behandelte Schuldübernahme durch Vertrag zwischen dem Schuldner und dem Dritten. Da es sich in § 416 um einen Spezialfall des § 415 handelt, finden die Bestimmungen des § 415 soweit Anwendung, als nicht § 416 etwas Besonderes vorschreibt: die Wirksamkeit der Uebernahme hängt also von der Genehmigung des Gläubigers ab. Bis zur Genehmigung können die Parteien den Vertrag ändern oder aufheben. Wird die Genehmigung verweigert, so gilt die Schuldübernahme als nicht erfolgt. Solange die Genehmigung nicht ertheilt ist und ebenso wenn die Genehmigung verweigert wird, ist im Zweifel der Uebernehmer dem Schuldner gegenüber verpflichtet, den Gläubiger rechtzeitig zu befriedigen.

II. Im Einzelnen ist zu den Vorschriften des § 416 noch Folgendes hervorzuheben:

1. In Ansehung der Mittheilung:

a) Es ist nicht richtig, daß der Gläubiger die Schuldübernahme nur genehmigen kann, wenn der Veräußerer, also der bisherige Schuldner, sie mittheilt. Diese rein grammatische Auslegung wurde zwar mit der Mehrheit der Schriftsteller (Planck Bem. 2, a zu § 416, Schollmeyer Bem. 3, a zu § 416 u. A.) in der I. Auflage dieses Kommentars vertreten, sie hat aber keinen Sinn: in der Mittheilung durch den Erwerber liegt nach verständiger Auslegung in der Regel eine Offerte zum Abschluß eines Schuldübernahmevertrags, und überdies wird auch die Anwendbarkeit des § 415 durch § 416 keineswegs ausgeschlossen. Vgl. meine Bem. zu I. And. M. freilich RGE. v. 4. Juli 1904 in Jur. Wschr. 1904 S. 350; OLG. Dresden v. 29. Dez. 1903 in Central-Bl. Bd. 4 S. 712; Rspr. d. OLG. Bd. 8 S. 51; Bayr. Oberst. LG. v. 23. Sept. 1904: Bl. f. RA. Bd. 69 S. 525, Seuff. Arch. Bd. 60 S. 58.

b) Nicht richtig ist es, zu sagen: Der Veräußerer kann die Mittheilung rechtswirksam erst machen, wenn der Erwerber als Eigenthümer im Grundbuch eingetragen ist. Vielmehr kann er dies selbstverständlich schon vorher, aber eine vorher gemachte Mittheilung hat eben nicht die Rechtswirkung des § 416, d. h. die Rechtsfolge, daß alsdann die Genehmigung nach Ablauf der sechs Monate als ertheilt gilt. Wohl aber kann auf Grund einer solchen früheren Mittheilung ein Schuldübernahmevertrag auf Grund des § 415 zu Stande kommen, wenn der Gläubiger ausdrücklich seine Genehmigung erklärt. Es hätte, wie schon zu I, B, a bemerkt, keinen vernünftigen Sinn, einer solchen positiven Genehmigung die Rechtswirksamkeit zu versagen. (Anders die frühere Auflage.) Vgl. übrigens Kisch in Gruchot, Beitr. Bd. 29 S. 355 ff., Dernburg II § 159 III, 1, Endemann I § 153 Bem. 28.

Bestritten ist, ob die Mittheilung auch noch zulässig ist, nachdem der Erwerber, der eingetragen war, in Folge einer Weiterveräußerung des Grundstücks nicht mehr eingetragen ist. Die Frage ist mit Planck Bem. 2, d nach Wortlaut und Zweck der Vorschrift zu bejahen. Vgl. auch RGE. Bd. 56 S. 200. And. M. Rspr. d. OLG. Bd. 8 S. 49; Oberneck, Reichsgrundbuchrecht S. 605, 608.

c) Zu beachten ist, daß eine Mittheilung, die den unter a und b aufgeführten Voraussetzungen nicht entspricht, nicht als Mittheilung im Sinne des § 416 erachtet werden kann. Unrichtig ist nur (I. Aufl.), daß auf eine solche

Mittheilung hin keine Genehmigung des Gläubigers, kein Abschluß der Schuldübernahme im Sinne des § 414 oder § 415 erfolgen könne. Vgl. oben I, B.

d) Die Mittheilung muß schriftlich (§ 126) erfolgen und muß den ausdrücklichen Hinweis auf die gesetzliche Folge enthalten, daß der Uebernehmer an die Stelle des bisherigen Schuldners tritt, wenn nicht der Gläubiger innerhalb sechs Monaten von der Mittheilung an die Verweigerung erklärt, wenn sie die Rechtswirkung haben soll, daß die angedrohte gesetzliche Folge der Fiktion der Genehmigung eintritt.

e) Der Veräußerer muß auf Verlangen des Erwerbers dem Gläubiger die Schuldübernahme mittheilen. Kommt der Veräußerer dieser im Interesse des Erwerbers gegebenen Vorschrift nicht nach, so wird er dem letzteren schadensersatzpflichtig (P. I, 417, 418).

f) Eine Aufforderung des Schuldners oder des Uebernehmers an den Gläubiger, die Genehmigung innerhalb einer besonders gestellten, von § 416 abweichenden Frist zu ertheilen und ohne Hinweis auf die gesetzlichen Folgen des § 416 hat nicht die Wirkung, daß die Genehmigung nach Ablauf dieser Frist als verweigert gilt, schließt also die Rechtsfolgen des § 416 nicht aus. Sie hat aber gleichwohl die Wirkung, eine Genehmigung nach Maßgabe des § 415 nach Ablauf dieser Frist auszuschließen.

2. Hat der Gläubiger seit dem Empfang (§§ 130—132) der Mittheilung sechs Monate verstreichen lassen, ohne die Genehmigung dem Veräußerer gegenüber zu verweigern, so gilt die Genehmigung mit dem Ablaufe der sechsmonatigen Frist als ertheilt. Ueber die rückwirkende Kraft der Genehmigung s. Bem. 2 zu § 415.

Die Verweigerung muß dem Veräußerer gegenüber erklärt werden, eine dem Erwerber gegenüber erklärte Verweigerung ist wirkungslos. Dagegen ist eine dem Erwerber gegenüber erklärte Genehmigung aus den oben dargelegten Gründen rechtswirksam. Vgl. auch Planck Bem. 2, e zu § 416. (And. M. die frühere Auflage, Oertmann, Bem. 1, a zu § 416, Schollmeyer Bem. 3, e zu § 416, Rehbein Bem. 25 zu §§ 414—419.) Wie hier auch Dernburg II § 159 III, e.

Die Verweigerung braucht nicht schriftlich erklärt zu werden.

3. Sobald die Genehmigung ausdrücklich verweigert oder ertheilt oder die Genehmigung durch den Ablauf der sechsmonatigen Frist festgestellt ist, hat der Veräußerer den Erwerber unaufgefordert zu benachrichtigen. Die Unterlassung verpflichtet ihn gegenüber dem Erwerber zum Schadensersatze.

III. Besondere Bestimmungen zu Gunsten des Veräußerers, welcher in Folge der Verweigerung der Genehmigung dem Gläubiger verhaftet bleibt, enthalten die §§ 1164—1167. Vgl. die Bem. hiezu.

a) § 1164: Befriedigt der persönliche Schuldner den Gläubiger, so geht die Hypothek insoweit auf ihn über, als er von dem Eigenthümer oder einem Rechtsvorgänger des Eigenthümers Ersatz verlangen kann. Ist dem Schuldner nur theilweise Ersatz zu leisten, so kann der Eigenthümer die Hypothek, soweit sie auf ihn übergegangen ist, nicht zum Nachtheile der Hypothek des Schuldners geltend machen.

Der Befriedigung des Gläubigers steht es gleich, wenn sich Forderung und Schuld in einer Person vereinigen.

b) § 1165: Verzichtet der Gläubiger auf die Hypothek oder hebt er sie nach § 1183 auf oder räumt er einem anderen Rechte den Vorrang ein, so wird der persönliche Schuldner insoweit frei, als er ohne diese Verfügung nach § 1164 aus der Hypothek hätte Ersatz erlangen können.

c) § 1166: Ist der persönliche Schuldner berechtigt, von dem Eigenthümer Ersatz zu verlangen, falls er den Gläubiger befriedigt, so kann er, wenn der Gläubiger die Zwangsversteigerung des Grundstücks betreibt, ohne ihn unverzüglich zu benachrichtigen, die Befriedigung des Gläubigers wegen eines Ausfalls bei der Zwangsversteigerung insoweit verweigern, als er in Folge der Unterlassung der Benachrichtigung einen Schaden erleidet. Die Benachrichtigung darf unterbleiben, wenn sie unthunlich ist.

d) § 1167: Erwirbt der persönliche Schuldner, falls er den Gläubiger befriedigt, die Hypothek oder hat er im Falle der Befriedigung ein sonstiges rechtliches Interesse an der Berichtigung des Grundbuchs, so stehen ihm die in den §§ 1144, 1145 bestimmten Rechte zu:

α) § 1144: Er kann gegen Befriedigung des Gläubigers die Aushändigung des Hypothekenbriefs und der sonstigen Urkunden verlangen, die zur Berichtigung des Grundbuchs oder zur Löschung der Hypothek erforderlich sind.

β) § 1145: Befriedigt er den Gläubiger nur theilweise, so kann er die Aushändigung des Hypothekenbriefs nicht verlangen. Der Gläubiger ist verpflichtet, die theilweise Befriedigung auf dem Briefe zu vermerken und den Brief zum Zwecke der Berichtigung des Grundbuchs oder der Löschung dem Grundbuchamt oder zum Zwecke der Herstellung eines Theilhypothekenbriefs für den Eigenthümer der zuständigen Behörde oder einem zuständigen Notare vorzulegen.

Die Vorschrift des Abs. 1 Satz 2 gilt für Zinsen und andere Nebenleistungen nur, wenn sie später als in dem Kalendervierteljahr, in welchem der Gläubiger befriedigt wird, oder dem folgenden Vierteljahre fällig werden. Auf Kosten, für die das Grundstück nach § 1118 haftet, findet die Vorschrift keine Anwendung.

IV. § 416 findet keine Anwendung auf die Grundschuld und Rentenschuld (P. I, 418). Uebernimmt also der Erwerber durch Vertrag mit dem Veräußerer eine Grundschuld oder Rentenschuld, in Ansehung welcher dem Veräußerer eine persönliche Verbindlichkeit obliegt, so hat es bei den allgemeinen Bestimmungen des § 415 sein Bewenden. Der § 416 findet aber Anwendung bei Veräußerung eines mit einer Hypothek belasteten Erbbaurechtes. Vgl. Planck Bem. 1. Dagegen a. M. Schollmeyer Bem. 2, b zu § 416, Rehbein Bem. 20 zu §§ 414—419.

V. Bei Veräußerung und Erwerb in der Zwangsversteigerung und Uebernahme der Hypothek durch den Ersteher findet § 416 nach § 53 des Zwangsversteigerungsgesetzes entsprechende Anwendung; als Veräußerer gilt der Schuldner.

VI. Für die Uebergangszeit bis zur Anlegung des Grundbuchs ist zu bemerken, daß die Bestimmungen des § 416 nicht unter Art. 189 EG. fallen und daher sofort mit dem Inkrafttreten des BGB. Geltung haben. Nur für die Mittheilung des Veräußerers, welche nach § 416 Abs. 2 Satz 1 erst erfolgen kann, wenn der Erwerber als Eigenthümer in das Grundbuch eingetragen ist, entscheidet statt des Zeitpunktes der Eintragung im Grundbuche der Zeitpunkt, in welchem das Eigenthum nach den bisherigen Gesetzen auf den Erwerber übergegangen ist. (Vgl. Art. 189 EG., Art. 175 Nr. 30, Art. 177 bayrisches AG. z. BGB. und die Verh. der K. d. Abg. des bayrischen Landtags 1898/99 Beil. Bd. 20 Abth. II, 35. Prot. d. Just.-Ges.-Aussch. S. 595, abgedr. in Becher, Mat. Abth. VII S. 167; ferner Bayr. Oberst. LG. v. 23. Septbr. 1904, Samml. (n. F.) Bd. 5 S. 441, Recht 1904 S. 546, 547, 552, Seufferts Bl. f. RA. Bd. 69 S. 58, Seuff. Arch. Bd. 60 S. 58. And. M. jedoch RGE. Bd. 58 S. 384.

## § 417.

Der Uebernehmer kann dem Gläubiger die Einwendungen entgegensetzen, welche sich aus dem Rechtsverhältnisse zwischen dem Gläubiger und dem bisherigen Schuldner ergeben. Eine dem bisherigen Schuldner zustehende Forderung kann er nicht aufrechnen.

Aus dem der Schuldübernahme zu Grunde liegenden Rechtsverhältnisse zwischen dem Uebernehmer und dem bisherigen Schuldner kann der Uebernehmer dem Gläubiger gegenüber Einwendungen nicht herleiten.

E. I, 316; II, 360; III, 411.

Bei der Schuldübernahme sind folgende rechtliche Beziehungen zu unterscheiden:

I. Der abstrakte Schuldübernahmevertrag.

Wie der Schuldübernehmer das Zustandekommen dieses Vertrags und damit seine Schuldübernahme bestreiten kann, so kann er natürlich sich auch aller Einwendungen bedienen, die das Zustandekommen derselben entweder aus besonderen Gründen ausschließen oder seine Wirksamkeit wieder aufheben (rechtshindernde und rechtsvernichtende Thatsachen). Hierher gehört insbesondere der Einwand mangelnder Geschäftsfähigkeit eines der Vertragschließenden, Anfechtung des Vertrags wegen Irrthums, arglistiger Täuschung, Zwang. Im Falle einer Anfechtung wird der Unterschied einer Schuldübernahme nach § 414, durch Vertrag mit dem Gläubiger, und nach § 415, durch Vertrag mit dem Schuldner unter Beitritt des Gläubigers, erheblich.

a) Im Falle einer Schuldübernahme nach § 414 muß die Anfechtungserklärung dem Gläubiger gegenüber abgegeben werden.

b) Im Falle einer Schuldübernahme nach § 415 muß die Anfechtungserklärung dem Schuldner gegenüber abgegeben werden.

Die Anfechtung der Mittheilung dagegen, auf Grund deren der Gläubiger seine Genehmigung ertheilt hat, hat dem Gläubiger gegenüber zu erfolgen (§ 143 Abs. 3).

c) Im Falle einer Anfechtung wegen arglistiger Täuschung kann die Anfechtung nach § 123 Abs. 2 auch dem Schuldner gegenüber erfolgen, wenn er die Täuschung kannte oder kennen mußte; denn er hat mit seiner Befreiung aus der Schuldübernahme unmittelbar ein Recht erworben.

Erst auf Grund der erfolgreich durchgeführten Anfechtung kann der Schuldübernehmer die Einwendung erheben, was aber prozessual nicht ausschließt, daß er die Einwendung gleichzeitig mit der Anfechtung vorbringt. Zu beachten ist, daß die Anfechtung in den Fällen der §§ 119, 120 unverzüglich erfolgen muß und im Falle des § 123 (dolus, metus) nur binnen Jahresfrist vom Zeitpunkte der Entdeckung der Täuschung bezw. des Aufhörens der Zwangslage gerechnet zulässig ist (§ 124).

Von der Anfechtung des Uebernahmevertrags ist eine Anfechtung der Schuld selber wohl zu unterscheiden. Wegen letzterer vgl. Bem. III.

II. Das dem Schuldübernahmevertrag zu Grunde liegende obligatorische Kausalgeschäft (vgl. Bem. 2 zu § 414):

Zu unterscheiden ist Schuldübernahme durch Vertrag mit dem Gläubiger (§ 414) und durch Vertrag mit dem Schuldner (§ 415).

Auch aus dem Kausalgeschäfte, dem der Schuldübernahme zu Grunde liegenden Rechtsverhältnisse zwischen Gläubiger und Schuldner sind Einwendungen zulässig.

a) Dieselben begründen zwar wegen der abstrakten Natur des Schuldübernahmevertrags zunächst nur einen persönlichen Anspruch auf Wiederaufhebung der Schuldübernahme auf Grund der §§ 812 ff. Es steht aber nichts im Wege, diesen Anspruch auch im Wege der Einrede geltend zu machen. Das Bedenken, daß der Gläubiger durch die Schuldübernahme auf keinen Fall bereichert sei, da er gleichzeitig den Urschuldner freigelassen hat, ist unbegründet. Es genügt, daß der Gläubiger ohne rechtlichen Grund etwas d. h. die Schuldübernahme auf Kosten des Uebernehmers erlangt hat; möglicherweise hatte die Forderung gegen den Urschuldner überhaupt keinen Werth für ihn, da dieser insolvent war. Vgl. Planck Bem. 3 zu § 417 a. E.

b) In der Regel aber ist der Gläubiger zu dieser Wiederaufhebung der Schuldübernahme nur verpflichtet gegen Wiederherstellung seiner Forderung gegen den Urschuldner. Der Uebernehmer kann diese Wiederherstellung ebenfalls nach den Grundsätzen der ungerechtfertigten Bereicherung vom Urschuldner beanspruchen.

And. M. Kisch in Gruchot, Beitr. Bd. 29 S. 350, Schollmeyer Bem. 2 zu § 407, welche aus dem unter a gedachten Bedenken dem Uebernehmer die Einrede gegen den Gläubiger versagen und ihn auf den Anspruch gegen den Urschuldner wegen ungerechtfertigter Bereicherung verweisen.

c) Nur im Falle der Arglist des Gläubigers (exceptio doli) erachte ich den Uebernehmer nicht zur Wiederherstellung der Forderung gegen den Urschuldner für verpflichtet. Er kann in diesem Falle den Gläubiger auf seinen eigenen Anspruch gegen den Urschuldner wegen Bereicherung verweisen.

III. Das Schuldverhältniß zwischen dem Gläubiger und dem bisherigen Schuldner, in welches der Uebernehmer als neuer Schuldner eintritt:

1. Der Uebernehmer übernimmt die Schuld, wie sie sich beim Urschuldner gestaltet hat, wird also dem Gläubiger gegenüber nur dann und nur insoweit verpflichtet, als der Urschuldner zur Zeit der Schuldübernahme verpflichtet war. Er kann daher dem Gläubiger alle Einwendungen entgegensetzen, die dem bisherigen Schuldner aus diesem Schuldverhältnisse zustanden, z. B. die Einrede der Stundung, des nicht erfüllten Vertrags, den Einwand der Tilgung durch Erfüllung, den Einwand, daß das Schuldverhältniß wegen mangelnder Geschäftsfähigkeit, wegen Scherzes, wegen Simulation nichtig sei, die Einrede der Verjährung, den Einwand der Gesetzwidrigkeit, der Sittenwidrigkeit (§§ 134, 138), des Wuchers (§ 138 Abs. 2), des Spiels (§ 762), des Differenzgeschäfts (§ 764). Streitig ist, ob er auch die Einwendungen des Betrugs, des Irrthums (§§ 123, 119) geltend machen kann. Die meisten Schriftsteller (vgl. Rehbein Bem. 6 zu §§ 414

bis 419, Schollmeyer Bem. 1, a zu § 417) bestreiten dies, da nur der Betrogene, der sich Irrende, kurz derjenige, in dessen Person sich der Anfechtungsgrund ereignet, oder sein Erbe anfechtungsberechtigt sei. Aber diese Auffassung würde m. E. zu einer ungerechtfertigten Unbilligkeit führen, zumal für den Fall, daß der Anfechtungsgrund erst nach der Schuldübernahme erkannt wird. Zweifellos kann in diesem Falle der Urschuldner auch nach der Schuldübernahme das Schuldverhältniß anfechten. Die Anfechtung hat alsdann die Wirkung, daß das angefochtene Rechtsgeschäft als von Anfang an nichtig anzusehen ist (§ 142), der Schuldübernahmevertrag also gegenstandslos wird.

2. Mit Hellwig, Anspruch und Klagerecht S. 18 gegen Planck Bem. 3 Abs. 3 zu § 417 glaube ich, auch dem Uebernehmer eine dem § 770 Abs. 1 entsprechende verzögerliche Einrede für den Fall der Anfechtbarkeit zubilligen zu dürfen. § 770 Abs. 1 sagt: „Der Bürge kann die Befriedigung des Gläubigers verweigern, solange dem Hauptschuldner das Recht zusteht, das seiner Verbindlichkeit zu Grunde liegende Rechtsgeschäft anzufechten." Die ratio legis dieses Paragraphen trifft auch bei privativer Schuldübernahme, die in der Regel eine Art „Intercession" für den Urschuldner darstellt, zu. Der Urschuldner wird, wenn der Uebernehmer aus dem Kausalgeschäft mit ihm abrechnet, unter Umständen geltend machen können, daß die für ihn an den Gläubiger geleistete Zahlung nichtig sei, weil er die Schuld nachträglich angefochten habe. Der Uebernehmer hat also dasselbe Interesse an der verzögerlichen Einrede des § 770 wie der Bürge.

3. Zweifelhaft ist, ob der Uebernehmer einen Anspruch gegen den Urschuldner darauf hat, daß dieser die Anfechtung erkläre. Die Frage hängt von der Natur des Kausalgeschäfts ab. Aus dem Vertrage zwischen Schuldner und Uebernehmer, der der Schuldübernahme zu Grunde liegt, wird sich in der Regel mit Rücksicht auf Treu und Glauben die Verpflichtung des Urschuldners zur Erklärung der Anfechtung ableiten lassen. Der Begriff Leistung im Sinne des § 242 kann diese Nebenverpflichtung begründen, wenn der Urschuldner zu einer Gegenleistung für die Schuldübernahme verpflichtet ist. Aber selbst, wenn die Schuldübernahme animo donandi erfolgte, also an sich eine Gegenleistungspflicht des Urschuldners nicht besteht, dürfte sich mit Rücksicht auf §§ 826, 249 Satz 1 ein Anspruch gegen den anfechtungsberechtigten Schuldner auf Erklärung der Anfechtung begründen lassen; es würde in diesem Falle eine vorsätzlich gegen die guten Sitten verstoßende Schadenszufügung darin liegen, daß der Urschuldner eine Anfechtung unterläßt, die er, wenn er selbst zahlen müßte, jedenfalls geltend machen würde. Beispiel: Der Onkel A übernimmt, um seinem Neffen B aus der Verlegenheit zu helfen, dessen Schulden. Bei Nachprüfung der Schuldgründe stellt sich heraus, daß der Neffe B u. A. irrthümlicher Weise ein schriftliches Schuldanerkenntniß ausgestellt hat, das er nach § 129 anfechten könnte. Er will sich aber zu dieser Anfechtung nicht verstehen, obwohl er weiß, daß dadurch lediglich sein Onkel A, der nur reelle Schulden übernehmen wollte, geschädigt wird. Die Gleichgültigkeit gegen dessen rechtliches Interesse an seiner Anfechtungserklärung ist sittenwidrig. Er wird schadensersatzpflichtig nach § 826. Der Schadensersatzanspruch geht in erster Linie nach § 249 Satz 1 auf Herstellung des Zustandes, der bestehen würde, wenn der zum Ersatz verpflichtende Umstand nicht eingetreten wäre, also auf die Anfechtung des Schuldbekenntnisses.

4. In der Schuldübernahme liegt auf keinen Fall eine vertragsmäßige Anerkennung des Bestehens der Schuld.

5. Maßgebend für die Zulässigkeit der Einwendungen ist der Zeitpunkt der Schuldübernahme, nicht die Genehmigung derselben im Falle der §§ 415, 416, d. h. der Uebernehmer kann nur diejenigen Einwendungen aus dem Schuldverhältnisse geltend machen, die dem Urschuldner bis zur Schuldübernahme erwachsen waren, die auch im Falle der §§ 415, 416, da die Genehmigung rückwirkende Kraft hat, mit dem Zeitpunkte der zwischen Schuldner und Uebernehmer getroffenen Vereinbarung zusammenfällt. Vgl. Planck Bem. 1 zu § 417. And. M. Dernburg II § 157 I (3. Aufl. S. 405).

Erwachsen sind die Einwendungen, wenn ihr thatsächlicher Grund bereits zur Zeit der Schuldübernahme bestand.

a) Zweifelhaft ist, ob der Urschuldner noch nach der Schuldübernahme auf Einreden verzichten kann. Planck Bem. 1 (statt „Gläubiger" dürfte hier „Schuldner" zu lesen sein, da ein Verzicht des Gläubigers keinen Sinn hat) scheint dies anzunehmen, allerdings unter Vorbehalt des § 184 Abs. 2.

Der § 184 lautet: „Die nachträgliche Zustimmung (Genehmigung) wirkt auf den Zeitpunkt der Vornahme des Rechtsgeschäfts zurück, soweit nicht ein Anderes bestimmt ist.

Durch die Rückwirkung werden Verfügungen nicht unwirksam, die vor der Genehmigung über den Gegenstand des Rechtsgeschäfts von dem Genehmigenden getroffen worden oder im

Wege der Zwangsvollstreckung oder der Arrestvollziehung oder durch den Konkursverwalter erfolgt sind."

Zweifellos ist die Vereinbarung der Schuldübernahme zwischen Schuldner und Uebernehmer (§ 415) eine Verfügung. Vgl. Bem. 2, e zu § 415. Der Urschuldner kann also durch nachträglichen Verzicht die Stellung des Uebernehmers nicht mehr verschlechtern, auch nicht innerhalb der Zeit, in welcher die Wirksamkeit des Schuldübernahmevertrags nach §§ 415, 416 noch mangels der Genehmigung des Gläubigers in der Schwebe ist; denn auch letztere hat rückwirkende Kraft und diese rückwirkende Kraft paralysirt die rückwirkende Kraft des nachträglichen Verzichts des Urschuldners. Daß der Urschuldner von dem Augenblick an, wo die privative Schuldübernahme rechtswirksam geworden ist, nicht mehr auf Einwendungen verzichten kann, ergiebt sich aus der Natur der Sache, da er jetzt vollständig aus dem Obligationsnexus ausgeschieden ist.

b) Daß der Uebernehmer selbst in dem mit dem Schuldner abgeschlossenen Uebernahmevertrag auf die Geltendmachung dieser oder jener Einwendung des Schuldners dem Gläubiger gegenüber verzichten kann, ist unbedenklich. Vgl. Schollmeyer Bem. 1, a a. E. zu § 417. An sich ist zwar der Verzicht ein empfangsbedürftiges Rechtsgeschäft und muß also dem Gläubiger gegenüber erklärt werden. Indem aber der Gläubiger den Uebernahmevertrag, sowie er abgeschlossen ist, genehmigt, eignet er sich die dem Urschuldner gegenüber abgegebene Erklärung an.

6. Aufrechnung:

a) Eine vor der Perfektion der Schuldübernahme vom Urschuldner bereits erklärte Aufrechnung kann der Uebernehmer geltend machen, da die Schuld zu dem aufgerechneten Betrage erloschen ist. Vgl. § 389.

b) Dagegen kann der Uebernehmer nicht mit Forderungen des Urschuldners aufrechnen, in Ansehung deren dieser die Aufrechnung noch nicht erklärt hat. Denn der Urschuldner ist nach der Perfektion der privativen Uebernahme nicht mehr Schuldner; es mangelt also die Voraussetzung des § 387. Ausdrücklich bestimmt dies § 417 Abs. 1 Satz 2.

c) Selbstverständlich dagegen ist, daß der Uebernehmer seine eigenen Forderungen gegen den Gläubiger unbeschränkt zur Aufrechnung bringen kann.

IV. Der E. I § 316 enthielt eine dem § 417 Abs. 1 Satz 3 entsprechende Vorschrift nicht, bestimmte vielmehr statt dessen, daß der Schuldübernehmer dem Gläubiger Einreden nicht entgegensetzen könne, welche eine ausschließliche Beziehung auf die Person des bisherigen Schuldners haben. Diese Vorschrift entsprach der für die Abtretung einer Forderung gegebenen Vorschrift des § 302 des E. I und ist aus denselben Gründen, aus welchen die zweite Kommission jenen § 302 E. I durch die Vorschrift des § 404 ersetzt hat, durch § 417 Abs. 1 Satz 1 ersetzt worden.

Hiernach erhebt sich die Frage, ob dem Uebernehmer einer Schenkungsschuld auch die Einrede des Nothbedarfs aus § 519 BGB. zusteht. Schollmeyer Bem. 1, a bejaht die Frage ohne Einschränkung. M. E. dürfte sie nur insoweit begründet sein, als sie dem Urschuldner schon vor dem Uebernahmevertrag erwachsen war. Sofern der Urschuldner erst nach dem Uebernahmevertrag in den Zustand des Nothbedarfs geräth, liegt eine in Folge der privativen Wirkung der Schuldübernahme unerhebliche Thatsache vor.

## § 418.

In Folge der Schuldübernahme erlöschen die für die Forderung bestellten Bürgschaften und Pfandrechte. Besteht für die Forderung eine Hypothek, so tritt das Gleiche ein, wie wenn der Gläubiger auf die Hypothek verzichtet. Diese Vorschriften finden keine Anwendung, wenn der Bürge oder derjenige, welchem der verhaftete Gegenstand zur Zeit der Schuldübernahme gehört, in diese einwilligt.

Ein mit der Forderung für den Fall des Konkurses verbundenes Vorzugsrecht kann nicht im Konkurs über das Vermögen des Uebernehmers geltend gemacht werden.

E. I, 317; II, 361; III, 412.

1. Aus dem Prinzipe der Sondernachfolge in die Schuld (s. Vorbem. zu diesem Abschnitte S. 297) würde sich folgerichtig ergeben, daß die für die Forderung bestehenden Bürgschaften und Pfandrechte durch die Schuldübernahme nicht berührt werden. Da jedoch bei Bestellung einer Bürgschaft oder eines Pfandrechts der Besteller in der Regel ein entscheidendes Gewicht auf die Person des Schuldners legt, so entspricht es der Billigkeit, daß in Folge der Schuldübernahme, welche sich ohne die Einwilligung des Bürgen oder Pfandeigenthümers vollzieht, die für die Forderung rechtsgeschäftlich bestellten Bürgschaften und Pfandrechte erlöschen (M. II, 147, P. I, 423/424).

Die Vereinbarung einer Vertragsstrafe bleibt als zum Inhalte des Schuldverhältnisses gehörig bestehen. (P. I, 422.)

2 Die bestellten Bürgschaften und Pfandrechte bleiben bestehen, wenn der Bürge oder derjenige, welchem der verhaftete Gegenstand zur Zeit der Schuldübernahme gehört, in diese einwilligt. (§ 418 Abs. 1 Satz 3.) Die Einwilligung muß also vom Bürgen oder von demjenigen erklärt werden, welchem der verhaftete Gegenstand zur Zeit der Schuldübernahme gehört. Dies kann der Schuldner, der Schuldübernehmer oder auch ein Dritter sein.

Ist der Schuldübernehmer der Eigenthümer, so ist in dem Abschlusse des Uebernahmevertrags seine Einwilligung zu erblicken. Das Gleiche gilt, wenn bei dem zwischen dem Schuldner und dem Uebernehmer geschlossenen Vertrage der Schuldner Eigenthümer ist, von der Einwilligung des Schuldners.

Einwilligung ist erforderlich, also vorherige Zustimmung (§ 183. Die nachträgliche Zustimmung (Genehmigung) ist ausgeschlossen, weil mit der wirksamen Schuldübernahme Bürgschaften und Pfandrechte von selbst erlöschen.

3. Die Vorschrift des Abs. 1 beschränkt sich auf die bestellten Bürgschaften und Pfandrechte. Gesetzliche Bürgschaften und Pfandrechte bleiben auch ohne Einwilligung des Bürgen oder Pfandeigenthümers bestehen.

4. Besteht zur Zeit der Schuldübernahme für die Forderung eine Hypothek, so tritt das Gleiche ein, wie wenn der Gläubiger auf die Hypothek verzichtet hätte. Die Hypothek erlischt also nicht, sondern wird vom Eigenthümer des Grundstücks erworben (§ 1168 Abs. 1). Nur im Falle des Bestehens einer Gesammthypothek bewirkt der Verzicht des Gläubigers auf die Hypothek an einem der Grundstücke das Erlöschen der Hypothek an diesem Grundstücke (§ 1175 Abs. 1 Satz 2: P. I, 424).

Die Hypothek bleibt bestehen, wenn derjenige, welcher zur Zeit der Schuldübernahme Eigenthümer des Grundstücks ist, in die Schuldübernahme einwilligt.

5. Die Rangordnung der Gläubiger im Konkurs ist durch das Gesetz § 61 KO.) mit zwingender Wirkung bestimmt. In diese Rangordnung kann der Gemeinschuldner nicht willkürlich eingreifen, indem er in den Kreis der bevorrechtigten Forderungen Ansprüche aufnimmt, deren Entstehung mit seinen persönlichen und wirthschaftlichen Verhältnissen in keiner Weise zusammenhängt (M. II, 147; P. I, 425). In § 418 Abs. 2 wird deßhalb bestimmt, daß ein für den Fall des Konkurses mit der Forderung verbundenes Vorzugsrecht im Konkurs über das Vermögen des Uebernehmers nicht geltend gemacht werden kann. Die abweichende Bestimmung in § 401 Abs. 2 für die Uebertragung der Forderung erklärt sich daraus, daß letztere die Rangordnung der Gläubiger unberührt läßt.

## § 419.

Uebernimmt Jemand durch Vertrag das Vermögen eines Anderen, so können dessen Gläubiger, unbeschadet der Fortdauer der Haftung des bisherigen Schuldners, von dem Abschlusse des Vertrags an ihre zu dieser Zeit bestehenden Ansprüche auch gegen den Uebernehmer geltend machen.

Die Haftung des Uebernehmers beschränkt sich auf den Bestand des übernommenen Vermögens und die ihm aus dem Vertrage zustehenden Ansprüche. Beruft sich der Uebernehmer auf die Beschränkung seiner Haftung, so finden die für die Haftung des Erben geltenden Vorschriften der §§ 1990, 1991 entsprechende Anwendung.

Die Haftung des Uebernehmers kann nicht durch Vereinbarung zwischen ihm und dem bisherigen Schuldner ausgeschlossen oder beschränkt werden.

E. I, 319; II, 362; III, 413.

1. Vermögensübernahme:*) Der § 419 regelt einen Fall der sog. kumulativen oder bestärkenden Schuldübernahme (vgl. Vorbem. S. 297), nämlich den aus der deutschrechtlichen Entwicklung hervorgegangenen Fall der Vermögensübernahme. Ein Vermögen ist eine universitas juris, ein Inbegriff nicht nur von Sachen und Rechten, sondern auch von Verbindlichkeiten, der durch einheitliche wirthschaftliche Zweckbeziehung und durch eine einheitliche Verwaltung für diesen Zweck zusammengehalten wird. Die objektive Einheit des Vermögens setzt ihre Beziehung zu einem Rechtssubjekt, das in der Regel zugleich Zwecksubjekt ist, voraus: das Rechtssubjekt kann eine physische oder juristische Person sein, es kann auch aus mehreren zu einer juristischen Einheit, wenn auch nicht streng genommen juristischen Persönlichkeit verbundenen Personen bestehen (Gesellschaftsvermögen). Je nach der besonderen Zweckbeziehung, durch die diese Einheit der Sachen, Rechte und Verbindlichkeiten erzeugt wird, lassen sich innerhalb des Gesammtvermögens eines Rechtssubjekts auch sog. Sondervermögen unterscheiden, so schon im römischen Recht das peculium, die dos (Frauenvermögen), im modernen Recht das Handelsvermögen, das Gesellschaftsvermögen, Vorbehaltsgut, Gesammtgut, Kindesvermögen u. s. w.

Wenn auch mehrere solcher Vermögensmassen in einer Hand vereinigt sind als Gesammtvermögen, so bildet doch jede Vermögensmasse als Sondervermögen eine Einheit, die sich äußert im sog. Ersatzprinzip, Verwendungsprinzip und dem Prinzipe der Schuldenhaftung. Vgl. darüber Kohler, Arch. f. bürgerl. R. Bd. 22 S. 1 ff., Lehrb. d. bürgerl. R. I S. 479.

a) Das sog. Ersatzprinzip: Was mit den Mitteln des einen Vermögens erlangt ist, soll auch diesem Vermögen zukommen. (Res succedit in locum pretii, pretium in locum rei.) Vgl. §§ 2019 Abs. 1, 2111, 1370, 1473, 1524, 1638, 1651.

b) Als Verwendungen gelten nicht nur Sachverwendungen, sondern alle Vermögensaufwendungen und wegen Aufwendung auf ein Vermögensgut kann nicht nur dieses, sondern jede Vermögenssache zurückbehalten oder in Anspruch genommen werden (§§ 2022, 1000 ff. BGB.).

Vgl. Kohler, Lehrb. I S. 480.

Ein Wechsel des Subjekts, Eintritt eines anderen Rechtssubjekts in ein Vermögen oder einen Bruchtheil eines solchen uno actu setzt Gesammtrechtsnachfolge voraus, die nur von Todeswegen möglich ist.

Unter Lebenden kann weder nach römischem noch nach deutschem Rechte (abgesehen von der sog. successio anticipata mit beschränkter Wirkung bei der bäuerlichen Gutsabtretung) ein Vermögen uno actu übertragen werden, vgl. Windscheid-Kipp II § 368; vielmehr muß für jeden einzelnen Vermögensbestandtheil dasjenige beschafft werden, wodurch gerade bei ihm der Uebergang bedingt war, namentlich also bei Eigenthumsgegenständen die Tradition, für Forderungen die Cession. Für Schulden haftete nach römischem Rechte der Uebernehmer nur, soweit er sie ausdrücklich übernommen hatte in dem Sinne, sich den Gläubigern gegenüber verbindlich zu machen. Dies bedeutete der Satz: bona non intelliguntur nisi deducto aere alieno. L. 8 D. 39, 5, l. 72 D. 23, 3. Die gemeinrechtliche Praxis neigte aber bereits dahin, bei einer Vermögensübertragung den Gläubigern ein unmittelbares Klagerecht gegen den Erwerber zu geben. Vgl. RGE. Bd. 17 S. 96, Bd. 19 S. 253, Bd. 32 S. 156. Dernburg, Pand. II § 53.

Es lag dabei der Gedanke zu Grunde, daß die Schuld auf dem Vermögen lastet oder vielmehr einen Bestandtheil desselben bildet und daher nothwendig mit dem Aktivvermögen auf dessen Erwerber übergeht. Partikularrechtlich wurde eine solche auf Grund des Erwerbes des Vermögens eintretende unmittelbare Berechtigung des Gläubigers gegen den Uebernehmer anerkannt:

a) für den Kauf einer Erbschaft (BLR. Thl. IV cap. 4 § 7, PLR. Thl. I Tit. 11 §§ 454 ff., 412, Oesterr. BGB. §§ 1278, 1282);

b) für den sog. Vitalizienvertrag, d. h. die Abtretung des Vermögens gegen Uebernahme der Unterhaltspflicht durch den Erwerber (PLR. Thl. I Tit. 11 § 646 Anh. § 19);

c) für die Schenkung eines ganzen Vermögens, E. d. ROHG. Bd. 13 S. 383;

d) für die Uebertragung eines Handelsvermögens.

Das BGB. hat diese deutschrechtliche Vermögensabtretung anerkannt, es erkennt allgemein in § 311 einen Vertrag an, durch den sich der eine Theil verpflichtet, sein gegenwärtiges Vermögen oder einen Bruchtheil seines gegenwärtigen Vermögens zu übertragen

---

*) Literatur: Crome, B.R. II § 205; Dernburg, B.R. II § 158; Kohler, Arch. f. bürgerl. Recht Bd. 22 S. 1 ff.: Das Vermögen als sachenrechtliche Einheit; Linsmayer, Grund und Umfang der Haftung wegen Benachtheiligung des Gläubigers, 1902, S. 88 ff.

oder mit einem Nießbrauch zu belasten, der Vertrag bedarf jedoch der gerichtlichen oder notariellen Beurkundung.

Jedoch begründet auch ein solcher Vermögensübertragungsvertrag keine Gesammtrechtsnachfolge; das Aktivvermögen geht nicht ipso jure auf den Uebernehmer über, vielmehr wird der bisherige Eigenthümer durch den Vertrag nur obligatorisch verpflichtet, die zu dem Vermögen gehörenden Gegenstände dem Uebernehmer zu übertragen. Anders verhält es sich mit den Passivbestandtheilen, den auf dem Vermögen lastenden Schulden. Für diese tritt nach § 419 kraft Gesetzes die Haftung des Uebernehmers sofort mit dem Abschlusse des obligatorischen Vertrages ein, ohne Rücksicht darauf, ob die Uebertragung des Vermögens bereits erfolgt ist oder nicht. Diese Vorschrift ist zwingend (Abs. 3), sie dient dem Interesse der Gläubiger des bisherigen Vermögenssubjekts, für die in der Vermögensübertragung eine starke Gefahr liegt, der gegenüber die an sich zulässige paulianische Anfechtung praktisch sich oft als ungenügendes Schutzmittel erweisen würde. Die Haftung des Uebernehmers ist aber einerseits eine kumulative: der Uebernehmer haftet nicht statt des bisherigen Schuldners, sondern neben demselben, und andrerseits nicht unbeschränkt, sondern geht nicht weiter als bis zum Bestand des übertragenen Aktivvermögens.

a) „Uebernimmt Jemand durch Vertrag das Vermögen eines Anderen": Vorausgesetzt ist nur ein obligatorischer Vertrag im Sinne des § 311, nicht dessen Vollziehung durch dingliche Uebertragung der einzelnen Vermögensbestandtheile. Vgl. Schollmeyer Bem. 2 zu § 419. Es ist gleichgültig, ob der Vertrag entgeltlich oder unentgeltlich ist. Auch ein Vertrag über den Bruchtheil eines Vermögens fällt unter § 419. Beispiele: Vergleich zwischen Testaments- und Intestaterben, durch den letzterer eine Quote des Nachlasses erhält; Vertrag zwischen Erben, durch den einer der Erben den ganzen Nachlaß gegen Abfindung der anderen übernimmt, RGE. Bd. 43 S. 181, Vermögensabtretung gegen Bewilligung einer Leibrente (§ 759, sog. Vitalizienvertrag, Leibpachtsverträge, sog. Ausgedinge.

Der § 419 kann nicht dadurch umgangen werden, daß das Vermögen nicht als Ganzes im Sinne des § 311, sondern alle einzelnen Gegenstände in der für sie erforderlichen und genügenden Form übertragen werden, sofern nur das praktische Ergebniß der Vermögensübertragung erreicht wird. Rehbein Bem. 31 zu §§ 414—419.

Auch schadet es nichts, daß einzelne Gegenstände bei der Veräußerung ausgenommen werden. Schollmeyer Bem. 2 zu § 419.

Nach Lage des einzelnen Falles kann ein Vertrag im Sinne des § 419 sogar vorliegen, wenn im Vertrage nur eine einzelne Sache, z. B. ein Landgut, genannt wird, sofern eben dieses das ganze gegenwärtige Vermögen des Uebertragenden darstellt und die Absicht auf eine Vermögensübertragung gerichtet ist (Gutsübernahme). Vgl. Schollmeyer a. a. O.

b) Die Gläubiger des Veräußerers „können von dem Abschlusse des Vertrages an ihre zu dieser Zeit bestehenden Ansprüche auch gegen den Uebernehmer geltend machen": Der Uebertragende bleibt wie bisher für seine Schulden verhaftet. Mit dem Abschlusse des Vertrages aber haftet auch der Uebernehmer neben dem Uebertragenden als Gesammtschuldner (s. § 421 und Bem. 2, e zu § 425) für die zur Zeit des Abschlusses des Vertrages bestehenden Ansprüche der Gläubiger.

Diese Haftung des Uebernehmers tritt kraft Gesetzes ein und kann durch Vereinbarung zwischen dem Uebernehmer und dem bisherigen Schuldner weder ausgeschlossen noch beschränkt werden (Abs. 3). Ein Vertrag, durch den bloß die Aktiva eines Vermögens übertragen werden, hat zwar Gültigkeit zwischen den Kontrahenten, nicht aber gegenüber den Gläubigern des Uebertragenden. Insofern bietet der § 419 zwingendes Recht. Dagegen ist es selbstverständlich zulässig, eine Ausschließung oder Beschränkung der Haftung des Uebernehmers durch Vertrag zwischen dem Uebernehmer und den Gläubigern zu vereinbaren. Der § 419 bezweckt lediglich den Schutz der Gläubiger und diese können auf diesen Rechtsvortheil Verzicht leisten.

Die Haftung des Uebernehmers erstreckt sich auf alle Ansprüche, die zur Zeit des Abschlusses des Vertrages bestehen, also nicht nur auf obligatorische, sondern auch auf dingliche, der im Besitz befindliche Uebernehmer ist auch für dingliche Klagen passiv legitimirt.

Andererseits stehen dem Uebernehmer auch alle Einwendungen zu Gebote, wie sie zu dieser Zeit bestanden haben. Vgl. Bem. zu § 418.

Die Vermögensübernahme schafft keinen neuen Schuldgrund, auch die Verjährung wird nicht unterbrochen, wenn der Uebernehmer nicht dem Gläubiger gegenüber anerkennt oder die Schuld nach § 414 übernimmt. Rehbein Bem. 31 zu §§ 414—419.

Die Wirkungen einer etwa nach §§ 414 und 415 vereinbarten privativen Schuldübernahme werden durch die Vorschriften des § 419 nicht berührt. Der Uebertragende wird also in Ansehung solcher Schulden befreit, bezüglich welcher der Vermögensübernehmer einen besonderen Schuldübernahmevertrag nach § 414 mit dem Gläubiger oder nach § 415 mit dem Uebertragenden unter Genehmigung des Gläubigers abschließt.

Der gesetzliche Schuldenübergang des § 419 wird hinfällig, wenn der Uebernahmevertrag anfechtbar und angefochten ist, wenn ein rechtswirksamer Rücktritt von demselben erfolgt oder wenn das Vermögen zurückübertragen ist; er wirkt nicht, soweit dem Uebernehmer die Einrede des nicht erfüllten Vertrags zusteht; denn es handelt sich um einen gesetzlichen Schuldübergang, nicht um eine abstrakte Schuldübernahme im Sinne des § 417 Abs. 2. Vgl. Linsmayer, Grund und Umfang der Haftung wegen Benachtheiligung der Gläubiger, 1902, S. 88 ff.

Der Uebernehmer haftet mit den übernommenen Vermögensstücken und im Falle der Veräußerung mit dem Erlöse (cum viribus), nicht bis zum Werthe des Aktivvermögens (pro viribus).

Nach § 786 CPO. finden die Bestimmungen des § 780 Abs. 1 und der §§ 781, 785 CPO. entsprechende Anwendung, d. h.:

§ 780 Abs. 1: „Der als Uebernehmer verurtheilte Beklagte kann die Beschränkung seiner Haftung nur geltend machen, wenn sie im Urtheil vorbehalten ist."

§ 781: „Bei der Zwangsvollstreckung gegen den Uebernehmer bleibt die Beschränkung der Haftung unberücksichtigt, bis auf Grund derselben gegen die Zwangsvollstreckung von dem Uebernehmer Einwendungen erhoben werden."

§ 785: „Die Erledigung der erhobenen Einwendungen erfolgt nach den Bestimmungen der §§ 767, 769, 770."

§ 767: „Die Einwendungen sind von dem Uebernehmer im Wege der Klage bei dem Prozeßgericht erster Instanz geltend zu machen."

§ 769: „Das Prozeßgericht kann auf Antrag anordnen, daß bis zur Erlassung des Urtheils über die Einwendungen die Zwangsvollstreckung gegen oder ohne Sicherheitsleistung eingestellt oder nur gegen Sicherheitsleistung fortgesetzt werde und daß die erfolgten Vollstreckungsmaßregeln gegen Sicherheitsleistung aufzuheben seien. Die thatsächlichen Behauptungen, welche den Antrag begründen, sind glaubhaft zu machen.

In dringenden Fällen kann das Vollstreckungsgericht eine solche Anordnung erlassen, unter Bestimmung einer Frist, innerhalb welcher die Entscheidung des Prozeßgerichts beizubringen sei. Nach fruchtlosem Ablauf der Frist wird die Zwangsvollstreckung fortgesetzt.

Die Entscheidung über diese Anträge kann ohne vorgängige mündliche Verhandlung erfolgen."

§ 770: „Das Prozeßgericht kann in dem Urtheile, durch welches über die Einwendungen entschieden wird, die in dem vorstehenden Paragraphen (§ 769 CPO.) bezeichneten Anordnungen erlassen oder die bereits erlassenen Anordnungen aufheben, abändern oder bestätigen. In Betreff der Anfechtung einer solchen Entscheidung finden die Vorschriften des § 718 entsprechende Anwendung" (d. h. in der Berufungsinstanz ist darüber auf Antrag vorab zu verhandeln und zu entscheiden).

c) Der Uebernehmer haftet den Gläubigern nur mit dem von ihm übernommenen Vermögen und mit den ihm aus dem Vertrage zustehenden Ansprüchen. Beruft sich der Uebernehmer auf die Beschränkung seiner Haftung, so finden die für die Haftung des Erben geltenden Vorschriften der §§ 1990, 1991 entsprechende Anwendung.

α) § 1990. Der Uebernehmer kann die Befriedigung eines Gläubigers des bisherigen Schuldners (des Uebertragenden) insoweit verweigern, als der Bestand des übernommenen Vermögens und die dem Uebernehmer aus dem Uebernahmevertrage gegen den bisherigen Schuldner zustehenden Ansprüche nicht ausreichen. — Den Beweis der Unzulänglichkeit des Vermögens muß der Uebernehmer führen.

Verweigert der Uebernehmer die Befriedigung eines Gläubigers, so hat er das übernommene Vermögen und die Ansprüche zum Zwecke der Befriedigung des Gläubigers im Wege der Zwangsvollstreckung herauszugeben. Ein etwa nach Befriedigung des Gläubigers und Deckung der Zwangsvollstreckungskosten verbleibender Ueberschuß gebührt dem Uebernehmer.

β) § 1991. Macht der Uebernehmer von dem ihm nach § 1990 zustehenden Rechte Gebrauch, so finden auf seine Verantwortlichkeit und den Ersatz seiner Aufwendungen die §§ 1978, 1979 Anwendung. Der Uebernehmer ist also den Gläubigern für die bisherige Verwaltung des übernommenen Vermögens verantwortlich, wie wenn er vom Abschlusse des Uebernahmevertrags an die Verwaltung für sie als Beauftragter (§§ 666—668) zu führen gehabt hätte. Aufwendungen sind ihm aus dem Vermögen zu ersetzen, soweit er nach den Vorschriften über den Auftrag (§ 670) Ersatz verlangen könnte (§ 1978).

Die Berichtigung einer zu dem Vermögen gehörigen Verbindlichkeit durch den Uebernehmer müssen die Gläubiger als für Rechnung des Vermögens erfolgt gelten lassen, wenn der Uebernehmer den Umständen nach annehmen durfte, daß das Vermögen zur Berichtigung aller Verbindlichkeiten ausreiche (§ 1979).

Die in Folge der Vermögensübernahme durch Vereinigung von Recht und Verbindlichkeit oder von Recht und Belastung erloschenen Rechtsverhältnisse gelten im Verhältnisse zwischen dem Gläubiger und dem Uebernehmer als nicht erloschen. Die rechtskräftige Verurtheilung des Uebernehmers zur Befriedigung eines Gläubigers wirkt einem anderen Gläubiger gegenüber wie die Befriedigung.

2. Bezüglich der Uebernahme eines Handelsgeschäfts s. § 25 HGB.

„Wer ein unter Lebenden erworbenes Handelsgeschäft unter der bisherigen Firma mit oder ohne Beifügung eines das Nachfolgeverhältniß andeutenden Zusatzes fortführt, haftet für alle im Betrieb des Geschäfts begründeten Verbindlichkeiten des früheren Inhabers. Die in dem Betriebe begründeten Forderungen gelten den Schuldnern gegenüber als auf den Erwerber übergegangen, falls der bisherige Inhaber oder seine Erben in die Fortführung der Firma gewilligt haben.

Eine abweichende Vereinbarung ist Dritten gegenüber nur wirksam, wenn sie in das Handelsregister eingetragen und bekannt gemacht oder von dem Erwerber oder dem Veräußerer dem Dritten mitgetheilt worden ist.

Wird die Firma nicht fortgeführt, so haftet der Erwerber eines Handelsgeschäfts für die früheren Geschäftsverbindlichkeiten nur, wenn ein besonderer Verpflichtungsgrund vorliegt, insbesondere wenn die Uebernahme der Verbindlichkeiten in handelsüblicher Weise von dem Erwerber bekannt gemacht worden ist."

Der § 25 HGB. läßt die Anwendung des § 419 unberührt, er stellt lediglich eine besondere zwingende handelsrechtliche Norm auf für den Fall, daß ein unter Lebenden erworbenes Handelsgeschäft unter der bisherigen Firma fortgeführt wird. In diesem Falle tritt unabhängig von dem Erwerbstitel, einerlei ob eine Schuldübernahme im Sinne der §§ 414, 415 oder eine Vermögensübernahme nach § 419 vorliegt, unbeschränkte Haftung der Erwerber für die Geschäftsschulden neben dem früheren Inhaber ein, wenn nicht eine abweichende Vereinbarung entweder:

a) im Handelsregister eingetragen und bekannt gemacht, oder
b) vom Erwerber oder Veräußerer dem Gläubiger mitgetheilt ist.

Wird die Firma nicht fortgeführt, so haftet der Erwerber des Handelsgeschäfts entweder:

a) unbedingt und statt des Veräußerers, falls eine Schuldübernahme nach §§ 414, 415 vereinbart ist, oder
b) unter Beschränkung auf das Geschäftsvermögen, aber nur neben dem Veräußerer, falls eine Vermögensübernahme im Sinne des § 419 vorliegt, oder
c) unbedingt, wenn die Uebernahme der Verbindlichkeiten in handelsüblicher Weise von dem Erwerber bekannt gemacht worden ist. Vgl. RGE. Bd. 38 S. 173 ff.

Handelsgeschäft im Sinne des § 25 ist nur das Geschäft eines Vollkaufmanns § 4 HGB..

3. Ueber die Ertheilung einer vollstreckbaren Urtheilsausfertigung gegen den Uebernehmer s. § 729 Abs. 1 CPO.

„Hat Jemand das Vermögen eines Anderen durch Vertrag mit diesem nach der rechtskräftigen Feststellung einer Schuld des Anderen übernommen, so finden auf die Ertheilung einer vollstreckbaren Ausfertigung des Urtheils gegen den Uebernehmer die Vorschriften des § 727 entsprechende Anwendung (d. h. eine vollstreckbare Ausfertigung kann gegen Uebernehmer ertheilt werden, sofern die Uebernahme bei dem Gericht offenkundig ist oder durch öffentliche oder öffentlich beglaubigte Urkunden nachgewiesen wird. — Ist die Uebernahme bei dem Gericht offenkundig, so ist dies in der Vollstreckungsklausel zu erwähnen). Das Gleiche gilt für die Ertheilung einer vollstreckbaren Ausfertigung gegen denjenigen, welcher ein unter Lebenden erworbenes Handelsgeschäft unter der bisherigen Firma fortführt, in Ansehung der Verbindlichkeiten, für welche er nach § 25 Abs. 1 Satz 1, Abs. 2 des HGB. haftet, sofern sie vor dem Erwerbe des Geschäfts gegen den früheren Inhaber rechtskräftig festgestellt worden sind."

4. Besondere Bestimmungen gelten für den Fall des Erbschaftskaufs, vgl. §§ 2371 ff., 2382, 2385, die Haftung des Nießbrauchers an einem Vermögen s. §§ 1085 ff.

Uebergang des Vermögens einer juristischen Person auf eine andere vgl. §§ 45, 46. Einf.Ges. Art. 85.

Umwandlung einer Aktiengesellschaft in eine Gesellschaft mit beschränkter Haftung vgl. Ges. betr. die Gesellschaften mit beschränkter Haftung v. 20. April 1892 §§ 80, 81. Umwandlung einer Kommanditgesellschaft auf Aktien in eine Aktiengesellschaft vgl. HGB. §§ 332 ff. Ueberhaupt vgl. über Umwandlungen und Fusionen von Gesellschaften Wiener in Goldschmidts Zeitschr. Bd. 27 S. 379.

## Sechster Abschnitt.

# Mehrheit von Schuldnern und Gläubigern.

### Vorbemerkungen.*)

I. Die Frage der Personenmehrheit bei einem Schuldverhältnisse hat zu zahlreichen Meinungsverschiedenheiten innerhalb der Theorie Anlaß gegeben, die diesen Theil des Obligationenrechts, und zwar besonders die Lehre von den Gesammtschuldverhältnissen lange Zeit zu den theoretisch bestrittensten stempelten. Ihre Hauptursache haben diese Meinungsverschiedenheiten in einem subjektiv willkürlichen und abstrakten, daher auch vielfach nebelhaften Bedeutungswechsel des Wortes „Einheit", sodann in der Beschaffenheit der römischen Rechtsquellen, die mit ihren den verschiedensten Perioden der Rechtsentwicklung entstammenden und theilweise ohne genaue Kenntniß des klassischen römischen Prozeßverfahrens unverständlichen, oft überdies durch Interpolationen der Redaktoren des corpus juris gefälschten

---

*) Literatur: Keller, Litiskontestation S. 413 ff.; Ribbentrop, Z. Lehre v. d. Korrealobligationen, 1831; Fitting, Natur der Korrealobligationen, 1859; Samhaber, Z. L. v. d. Korrealobligation, 1861; Baron, Gesammtrechtsverhältnisse, 1864; Brinz, Z. Lehre v. d. Korrealobligationen, 1873; Unger in Iherings Jahrb. Bd. 22 S. 207, Bd. 23 S. 106; Hölder, Archiv f. d. civilist. Praxis Bd. 69 S. 203; Eisele, daselbst Bd. 77 S. 374; Mitteis, Grünhuts Zeitschr. Bd. 14 S. 419; Saffrian, Die Korrealobligation, 1876; Rawitscher, Zur Lehre von den Korreal- und Solidarobligationen, 1873; Waldner, Die korreale Solidarität, 1885; Pfyffer von Wyher, Wesen und Unterschied von Korrealität und Solidarität nach röm. Recht, Gött. Diss. 1887; Von der Solidarität aus unerlaubten Handlungen, Crome in Iherings Jahrb. Bd. 35 (1896) S. 100 ff. Vgl. ferner allgemein: Stobbe (Lehmann), Handbuch des deutschen Privatrechts, 3. Aufl. Bd. 3 § 221; Hruza, Korrealobligationen und Verwandtes nach der 2. Lesung des Entw. eines BGB., 1895; Stammler, Das Recht der Schuldverhältnisse S. 246 ff.; Stolze, Zur Lehre von der untheilbaren Obligation nach dem neuen bürgerl. Recht des Deutschen Reichs, Diss. Greifswald, 1900; Meyer, Die verschiedene Behandlung der theilbaren und untheilbaren Obligation, Diss. Erlangen, 1899; Kuhlenbeck in Jur. Wochenschr. 1899 S. 131 und 217; Gesammtschuldverhältnisse; Binder, Die Korrealobligation, 1899; Hruza, im Sächs. Arch. Bd. 5 S. 401 ff.

Fragmenten einen großen Spielraum für scholastische, dem praktischen Bedürfnisse fremde Begriffsbildungen bieten. Um angesichts der reichhaltigen, gelegentlich selbst noch auf die Auslegung des folgenden Abschnitts einwirkenden Streitliteratur einen klaren Standpunkt zu gewinnen, müssen wir zunächst auf den Begriff des Schuldverhältnisses überhaupt, Vorbemerkung zu diesem Buche S. 2 ff. zurückverweisen.

Wir haben dort gesehen, daß dieser Ausdruck ebenso wie das römisch-rechtliche Wort obligatio zwei begrifflich verschiedene Beziehungen umfaßt, nämlich einerseits ein Sollen, Leistensollen von Seiten des Schuldners, Bekommensollen von Seiten des Gläubigers, Schuld, andrerseits das Einstehenmüssen für dieses Sollen, die Haftung. Die Schuld ist Grund der Haftung, der Beweggrund, aus welchem das objektive Recht einen freien Menschen oder eine Sache haftbar macht. Vgl. v. Amira, Nordgermanisches Obligationenrecht I S. 40 ff. Wenn derselbe Grund mehrere Personen haftbar macht, so kann man allerdings von einem einheitlichen Schuldverhältniß mit mehreren Subjekten auf der Schuldnerseite reden; ebenso können, wenn aus demselben Schuldgrunde mehrere forderungsberechtigt sind, bei einheitlichem Schuldverhältniß mehrere Subjekte auf der Gläubigerseite stehen.

Dieser Gegensatz zwischen Schuld und Haftung wird in der Lehre von den Solidarobligationen von den meisten Schriftstellern übersehen, sowohl von solchen, welche die Einheitstheorie vertreten, als von solchen, welche sie bekämpfen, und daher bietet dieser Streit vielfach den Eindruck eines bloßen scholastischen Wortstreits, bei dem oftmals zwei vermeintliche Gegner, ohne es zu wissen, sachlich dasselbe meinen. Denn es ist klar, daß für ein und dieselbe Schuld mehrere Haftungen vorliegen können und daß überhaupt stets so viel Personenhaftungen, also Obligationen im genauesten Wortsinne, als Verhaftungen vorliegen, als, sei es auf der Schuldner- oder auf der Gläubigerseite, Personen vorhanden sind. Insofern hat die Mehrheitstheorie stets recht. Anders aber verhält es sich mit dem Schuldverhältniß im Sinne von Leisten = Bekommensollen (vgl. Vorbem. S. 2) oder genauer der objektiven Thatsache, welche die Haftung begründet. Sofern diese Thatsache eine Einheit bildet, haben vielfach die Vertreter des Einheitsdogmas recht, diese aber übersehen zumeist wiederum die sehr verschiedene Bedeutung des Wortes „Einheit“ und verwechseln es vielfach mit „Einfachheit“ und „Untheilbarkeit“ (Identität). (Vgl. auch den Unterschied zwischen Schuldverhältniß im engeren und weiteren Sinne, Vorbem. S. 3.)

a) Der Begriff „Einheit“ kann geradezu eine Mehrheit voraussetzen, die lediglich unter einem einheitlichen Gesichtspunkte zusammengefaßt wird. Eine solche kollektive Einheit kann wiederum sein:

α) eine bloße Summe, wo die Einheit ausschließlich in dem zusammenfassenden Bewußtsein gegeben ist und sich objektiv (innerlich im Zusammenhang der bloß begrifflich zusammengefaßten Gegenstände) nicht bewährt (Beispiel: universitas rerum distantium);

β) eine auf die gegenseitige Abhängigkeit der zusammengefaßten Theile basirte Einheit (wie beispielsweise die universitas rerum cohaerentium, die universitas juris, die universitas personarum). Man könnte diese Einheit im Gegensatz zu der bloß begrifflichen eine reale Einheit nennen, wofern dadurch nicht der für den Juristen bedenkliche Irrthum gefördert würde, daß sie nur zwischen realen Wesen, nicht auch zwischen bloßen Gegenständen des Denkens obwalten könne. Es kann eben eine solche Einheit auch zwischen bloß gedachten, unsinnlichen Dingen, also auch zwischen Schuldverhältnissen bestehen.

b) Vielfach wird das Wort „Einheit“ angewandt, um Einzigkeit, Individualität (Untheilbarkeit), Identität zu bezeichnen und auch dann oft wieder unzulässiger Weise mit Einfachheit („Einfältigkeit“, Binder) verwechselt.

II. Im deutschen Recht, wo der Unterschied zwischen Schuld und Haftung niemals verwischt wurde, ergibt die Lehre von der Personenmehrheit im Obligationenrecht im Wesentlichen Folgendes:

A. Mehrheit von Personen auf der passiven Seite (Schuldnerseite): Wegen der nämlichen Schuld, d. h. aus demselben Rechtsgrunde, sei dieser nun unmittelbar ein Gesetz oder mittelbar das Gesetz auf Grund einer und derselben Rechtshandlung, desselben Vertrags, derselben letztwilligen Bestimmung, desselben Delikts können mehrere Personen haften, als Schuldner in Frage kommen. Die Haftung kann aber sein:

a) entweder Theilhaftung (v. Amira a. a. O. § 24). Voraussetzung derselben ist Theilbarkeit der Leistung. Keiner kann wegen der ganzen Schuld in Anspruch genommen werden. Jeder steht nur für einen bestimmten Theil der Schuld ein, tritt daher durch Erfüllung dieser Theilleistung aus der Zahl der Haftenden aus;

b) oder Ganzhaftung: Jedem der mehreren Schuldner liegt die Haftung für die ganze Schuld (das ganze Bekommensollen des Gläubigers) ob. Offenbar sind auch in diesem Falle ebenso wie bei der Theilhaftung, unbeschadet der Einheit der Schuld (des Schuldverhältnisses in dem Sinne des Grundes der Haftung), mehrere „Obligationen“, d. h. eben Haftungen vorhanden, nämlich so viele, als haftende Personen. Aber eine jede der letzteren kann, solange die Schuld nicht ganz getilgt ist, dafür in Anspruch genommen werden, eine jede, mithin auch alle. Andrerseits macht eine jede durch Erfüllung nicht nur sich, sondern auch alle übrigen von jeglicher Haftbarkeit frei, was sich aus der Einheit der Schuld ergiebt (v. Amira a. a. O. § 25). Diese Ganzhaftung ist aber wiederum auf zweierlei Art denkbar, entweder gesondert von den Mithaftenden oder nur zusammen mit ihnen:

α) Es kann ein Beliebiger aus den Mithaftenden herausgegriffen werden, auf daß er erfülle oder wegen Nichterfüllung einstehe.

β) Aus den Mithaftenden kann kein Beliebiger herausgegriffen werden, auf daß er allein wegen Nichterfüllung einstehe oder aber erfülle. Vielmehr zieht das Einstehen eines jeden die andern in Mitleidenschaft. Alle haften zwar ganz, aber nur miteinander, wobei möglicher Weise nicht Alle gleich stark haften, z. B. einige nur mit gewissen Sachen, Vermögenstheilen (beschränkt), andere unbeschränkt, ferner, daß eine gewisse Rangfolge angeordnet sein kann.

B Mehrheit der Personen auf der aktiven Seite (Forderungsrecht Mehrerer).

a) Der Theilhaftung entspricht hier das Theilforderungsrecht. Jeder der mehreren Gläubiger kann bei einer aus einem einheitlichen Schuldverhältnisse entstandenen Forderung nur eine Quote fordern. Voraussetzung ist natürlich auch hier, daß die Leistung theilbar ist. Obwohl aus einem einheitlichen Grunde entstanden, ist das Theilforderungsrecht jedes Gläubigers selbständig von demjenigen des anderen. Es bestehen also so viele selbständige Haftungen des einen (oder der mehreren) Schuldner, als Gläubiger vorhanden sind. Die Einheit des Entstehungsgrundes hat nur Bedeutung für die gleichartige Gestaltung der Haftungen.

b) Die mehreren Gläubiger können aber auch so berechtigt sein, daß Jeder von ihnen das Ganze fordern kann, und zwar entweder:

α) Das Ganze, so daß mit der Leistung an einen von ihnen der Schuldner von seiner Haftung frei wird (es ist dann Sache des internen, zwischen den Gläubigern bestehenden Rechtsverhältnisses, ob und wie eine Ausgleichung unter ihnen erzielt werden kann);

β) oder so, daß jeder der mehreren Gläubiger vom Schuldner nur namens der Mitgläubiger fordern kann, daß das Ganze an Alle geleistet werde.

III. **Im gemeinen römischen Recht** unterschied man zunächst nur:

1. Die sog. **Partialobligationen**, Theilschuldverhältnisse, sei es bei Vorhandensein mehrerer Personen auf der passiven, sei es auf der aktiven Seite, Theilschuldner oder Theilgläubiger. Beispielsweise trat diese Theilung ursprünglich einheitlicher Obligationen nach dem Satze: nomina sunt ipso jure divisa im römischen Erbrecht bei theilbaren Leistungen unter mehreren Miterben ein.

2. Die **Solidarobigationen**, welche den Fällen zu II, 1, b, α, 2, b, α entsprechen. Erst Keller (Litiskontestation und Urtheil S. 446) und Ribbentrop (Zur Lehre von den Korrealobligationen 1831) haben innerhalb dieses Begriffes einen weiteren Unterschied aufzuweisen versucht zwischen:

a) **Korrealobligation** und
b) **Solidarobligation im engeren Sinne.**

Sie legten diesem Unterschiede folgende Konstruktion zu Grunde:

a) Bei der Korrealobligation handle es sich um eine identische Obligation mit verschiedenen Subjekten, sei es auf der Schuldnerseite (passive Korrealobligation), sei es auf der Gläubigerseite (aktive Korrealobligation).

b) Bei der Solidarobligation im engeren Sinne treffen lediglich mehrere selbständige Obligationen in einem identischen Gegenstande zusammen, konkurriren in demselben Leistungsgegenstande.

Praktisch sollte sich dieser Unterschied dadurch bewähren, daß:

ad a) bei der Korrealobligation gewissen Rechtshandlungen, und zwar sowohl gerichtlichen wie außergerichtlichen, eine gesammtzerstörliche, den objektiven Bestand des Schuldverhältnisses aufhebende Wirkung zukomme, so, abgesehen von der Erfüllung und ihren Surrogaten, insbesondere der Litiskontestation, nach einigen auch der Rechtskraft des Urtheils, der Novation, dem Vergleich, dem Eide, Unterbrechung der Verjährung, dem Erlaß, der confusio bei der aktiven Korrealobligation. Nur gewisse Befreiungsgründe sollten bei der Korrealobligation bloß subjektiv wirken (persona tantum eximitur ex obligatione), nämlich:

α) die subjektive Unmöglichkeit,
β) das pactum de non petendo in personam, im Gegensatz zum pactum de non petendo in rem,
γ) die Verjährung,
δ) die confusio bei der passiven Korrealobligation; hier soll es dem Korrealschuldner, der einen Korrealgläubiger beerbt hat, freistehen, die übrigen Korrealschuldner zu belangen.

ad b) Dagegen sollten bei der Solidarobligation im engeren Sinne die übrigen Schuldner nur durch Erfüllung und ihre Surrogate (Leistung an Erfüllungsstatt, Hinterlegung, durchgeführte Aufrechnung) befreit werden bezw. sollten die übrigen Gläubiger (bei der aktiven Solidarität) nur durch solche gehindert werden, ihren an sich selbständigen Anspruch geltend zu machen und zwar lediglich wegen Zweckerfüllung auf Grund des Satzes: bona fides non patitur, ut bis idem exigatur.

Diese Unterscheidung ist aber nicht unbestritten geblieben und hat eine fast unübersehbare Streitliteratur erzeugt. Unter den Gegnern vergl. vor Allem Dernburg, Pand. II § 71 und neuerdings Binder, Die Korrealobligationen im römischen und heutigen Recht (1899). Der Streit dreht sich theils um die Konstruktion, theils um die praktische Berechtigung der Unterscheidung. Dernburg a. a. O. z. B. erkennt die Unterscheidung insofern als berechtigt an, als auch er unterscheidet:

a) **Korrealobligationen**, d. h. mehrere durch dasselbe Rechtsgeschäft geschaffene und zugleich auf dasselbe Objekt (Leistungsziel) gehende Obligationen.

b) Solidarobligationen im engeren Sinne, d. h. mehrere lediglich demselben Leistungsziel zustrebende, aber von selbständigen Ausgangspunkten ausgehende Obligationen.

Er bestreitet lediglich die Einheit (Einzigkeit, Einfachheit) der Obligation bei den Korrealobligationen, giebt jedoch eine Einheit des „Rechtsverhältnisses" zu. Offenbar ist hier der Unterschied zwischen Schuld und Haftung, wie bei den meisten Romanisten, übersehen worden. Die Haftung jedes Schuldners ist auch bei der Korrealobligation stets eine selbständige, so daß sowohl bei Korrealobligationen wie bei Solidarobligationen im engeren Sinne so viele Haftungen begründet sind, wie Personen einander gegenüberstehen.

Dagegen kann eine Einheit des Schuldverhältnisses zufolge der vorhin hervorgehobenen Relativität dieses abstrakten Begriffs in sehr verschiedenem Sinne bestehen:

a) In einem gewissen Sinne, dem des einheitlichen Ursprungs, besteht sie sogar bei den Partialobligationen. Vgl. I, 1, a. Offenbar handelt es sich hier aber um eine lediglich begriffliche Einheit aus dem Gesichtspunkte des Entstehungsgrundes, und in Wahrheit ist diese Einheit nur eine kollektive im Sinne von I, a, α oben.

b) Sie besteht ferner als Einheit des Zweckes bei der Solidarobligation. Diese Einheit des Zweckes verursacht aber eine thatsächliche (rechtswirksame) Abhängigkeit der für das Schuldverhältniß bestehenden Haftungen von einander, weil nämlich mit der Erfüllung des Zweckes auch diejenigen Personen von ihrer Haftung befreit werden (gelöst werden), die, sei es auch aus einem an und für sich selbstständigen Grunde (Entstehungsgrund und Zweck sind nicht zu verwechseln) haftbar geworden waren.

c) Es kann aber auch durch den Parteiwillen oder eventuell kraft gesetzlicher Vorschrift eine weitergehende, formell juristische Einheit für mehrere Haftungen normirt werden, der Art, daß, wie objektiv bei der Wahlschuld der Gegenstand der Leistung, so subjektiv das verpflichtete oder berechtigte Subjekt alternativ bestimmt ist. (Subjektiv-alternative Obligation.) Handelt es sich bei dieser Obligationsart um mehrere Schuldner, so findet zwischen ihnen nicht die Beziehung „sowohl als auch", sondern ein „entweder oder" statt; zwar haften sie sämmtlich, aber für eine Schuld alternativ (elektiv) nach Wahl des Gläubigers, und dasselbe Verhältniß ist entsprechend auf der aktiven Seite denkbar.

Ob der römisch-rechtlichen Unterscheidung zwischen una eademque obligatio und den plures obligationes in idem dieser Gegensatz der (elektiven) subjektiv-alternativen Obligation und der kumulativen (Erfüllungs-)Haftung zu Grunde gelegen hat, was Enneccerus II § 232 bestreitet, ist jetzt eine rein rechtshistorische Frage.*) Die begriffliche Möglichkeit und praktische Zulässigkeit einer subjektiv-alternativen Obligation wird Niemand bestreiten wollen. Wenn man aber eine solche subjektive Wahlobligation als Korrealobligation bezeichnen will, so darf man nicht vergessen, daß die Bestimmungen des BGB. über Gesammtschuldverhälinisse keinenfalls auf sie anwendbar sind. Vgl. des Näheren Bem. 1 zu § 421.

3. Bestritten war im gemeinen Recht, ob auch die sog. untheilbaren Obligationen einen Fall der Solidarobligationen bilden. Die Frage wurde verneint von Ribbentrop S. 178 ff., bejaht von Savigny, Obl.R. I § 34, Dernburg, Pand. II § 24 und der überwiegenden Mehrheit der Neueren. Vgl. vor Allem Binder a. a. O. S. 76—112.

Da die Untheilbarkeit der Leistung zu Folge hat, daß der Erfüllungszweck nur durch Ganzleistung erreicht werden kann, ergiebt sich die Nothwendigkeit bei Mehrheit der Schuldner, sie als Solidarobligation zu behandeln; so auch das BGB. § 421. Dagegen wird dem

*) Vgl. dazu Windscheid-Kipp II § 293 Bem. 1 a. E. Die Entscheidung, ob die römischen Juristen mit una obligatio eine Identität in dem hier vertretenen Sinne gemeint haben, wird durch die zahlreichen Interpolationen erschwert. Neuerdings bestreitet wieder Binder, Korrealobligation (bes. §§ 3, 21, 22, 25) den Gegensatz zwischen Korrealobligationen und solidarischen Obligationen für das römische Recht überhaupt.

Erfüllungszwecke bei Mehrheit der Gläubiger am besten durch eine Regelung im Sinne von I, B, b, β genügt (BGB. § 432); das römische Recht nahm auch hier solidarische Berechtigung, jedoch mit Kautionspflicht an. Vgl. unten III, 5.

4. Schon die gemeinrechtliche Theorie und Praxis unterschied zwischen primärer und sekundärer (accessorischer) Solidarität (Vollhaftung). Als Hauptfall der letzteren galt die Bürgschaft. Dem Wesen nach nähert sich der Solidarobligation auch die sog. erweiterte Nebenhaftung, bei der die Einzelnen für den Ausfall haften, der dem Gläubiger in Folge von Belangungs- oder Zahlungsunfähigkeit von Mitschuldnern entsteht. Vgl. § 426. Hierher gehört auch die Haftpflicht der Genossen aus dem RG. v. 1. Mai 1889 (Erwerbs- und Wirthschaftsgenossenschaftsgesetz) nach § 106.

5. Die zu II, A, b, β, B, b, β gedachte Art der Ganzhaftung kannte das gemeine römische Recht nur bei untheilbaren Leistungen, und zwar mit der Modifikation, daß der Beklagte bei mehreren Gläubigern Sicherheitsleistung dafür fordern konnte, daß das Geleistete allen Berechtigten zu Theil werde. Vgl. Dernburg, Pand. II § 242, a.

IV. Mehrheit der Personen bei Schuldverhältnissen nach dem BGB.:

1. Theilschuldverhältnisse: Das BGB. stellt zwar in § 420 den Satz an die Spitze, daß im Zweifel, wenn Mehrere eine theilbare Leistung schulden oder zu fordern haben, eine Partialobligation eintrete, wie im römischen Recht. Allein diese Regel wird durch wichtige Ausnahmen so sehr durchbrochen, daß auf Grund des BGB. Theilschuldverhältnisse praktisch zu den Ausnahmen gehören werden. Denn:

a) der für Entstehung solcher Partialobligationen nach römischem Rechte bedeutsame Satz: nomina hereditaria ipso jure inter heredes divisa sunt ist durch die Erbengemeinschaft des BGB. beseitigt. Vgl. §§ 2038, 2040 ff. Als Gläubiger können Miterben nur ungetheilte Leistung des Schuldners an Alle (II, B, b, β), also in die Gesammtmasse verlangen. Als Schuldner haften sie nach § 2058 für die gemeinschaftlichen Nachlaßschulden als Gesammtschuldner, doch mit Beschränkung auf den Nachlaß, sofern nicht ausnahmsweise doch wieder unbeschränkte Haftung für ihren Erbtheil eintritt (vgl. des Näheren §§ 2059, 2060);

b) wenn Mehrere in einem gemeinschaftlich abgeschlossenen Vertrage eine theilbare Leistung versprochen haben, sollen sie nach § 427 im Zweifel jeder für das Ganze (als Gesammtschuldner) haften.

2. Gesammtschuldverhältnisse: In Uebereinstimmung mit dem PLR., dem Code civil und anderen modernen Kodifikationen kennt das BGB. nur einen einheitlichen Begriff der Solidarobligationen, ohne eine Unterscheidung zwischen Korrealobligation und Solidarobligation im engeren Sinne gesetzlich zu sanktioniren. Daraus folgt nicht, daß es diese Unterscheidung verwirft, d. h. daß ihre wissenschaftliche Vertretung dem BGB. gegenüber nicht mehr berechtigt ist; denn die dafür angeführten Aeußerungen der Motive haben keine gesetzliche Autorität, und sofern lediglich die wissenschaftliche Konstruktion in Frage steht, würde nicht einmal das Gesetz selber, dessen Aufgabe es ist, zu disponiren, nicht zu konstruiren, den Ausschlag geben können. Das BGB. spricht von Gesammtschuldnern, „wenn Mehrere eine Leistung in der Weise schulden, daß jeder die ganze Leistung zu bewirken verpflichtet, der Gläubiger aber die Leistung nur einmal zu fordern berechtigt ist“ (§ 421), und von Gesammtgläubigern, „wenn Mehrere eine Leistung in der Weise zu fordern berechtigt sind, daß jeder die ganze Leistung fordern kann, der Schuldner aber die Leistung nur einmal zu bewirken verpflichtet ist“ (§ 428). Es steht nichts im Wege, beide Verhältnisse unter dem Ausdruck „Gesammtschuldverhältniß“ als aktives und passives Gesammtschuldverhältniß (Gesammtschuldnerschaft oder Gesammtgläubigerschaft) zusammenzufassen, obwohl das Gesetz selbst diesen Ausdruck vermeidet. Auf keinen Fall gestattet die Fassung des Gesetzes einen für die wissenschaftliche Konstruktion zwingenden Schluß. Wenn daher zahlreiche Schriftsteller, z. B. Crome, BR. II § 206 Note 22, Dernburg, BR. II § 161, Enneccerus II § 232 die Ansicht vertreten, daß bei einem Gesammtschuldverhältniß im Sinne des BGB. stets mehrere Obligationen, mehrere selbständige „Verpflichtungen“ zu Grunde liegen müssen, so können wir

dies nur billigen, sofern man den Begriff der Obligation auf „Haftung" beschränkt und die Frage nach der Einheit des „Schuldverhältnisses", durch welches diese Haftungen begründet sind, dahingestellt sein läßt. Im Uebrigen ist beachtenswerth die Feststellung bei Binder a. a. O. S. 571, daß zwar die Redaktoren des I. Entwurfs die Absicht gehabt haben, zu den zahlreichen über die Wirkungen der Korrealität und Solidarität bestehenden Ansichten des gemeinen Rechtes Stellung zu nehmen und zu verhindern, daß die Theorie das Schweigen des Gesetzes benutze, um in das Gesammtschuldverhältniß mit verschiedenen Wirkungen verschiedene Arten der Solidarität hineinzutragen, „daß aber die Redaktoren des II. Entwurfs technisch korrekter die hierauf gerichtet gewesenen negativen Vorschriften haben fallen lassen". Richtig bemerkt daher Planck Bem. 1, auch Schollmeyer Bem. 2, b, daß aus dem BGB. nicht zu folgern ist, daß alle Gesammtschuldverhältnisse in jeder Beziehung gleichmäßig zu beurtheilen sind. Dies wird vielmehr im BGB. § 425 für die dort aufgestellten Regeln über gesammtzerstörliche Wirkung gewisser Rechtshandlungen ausdrücklich anerkannt durch die Worte „soweit sich nicht aus dem Schuldverhältniß ein Anderes ergiebt".

Der einheitliche Begriff des BGB. für Gesammtschuldverhältnisse erschöpft sich in den oben bezeichneten Voraussetzungen, d. h. in der Einmaligkeit der Leistung.

Diese Einmaligkeit der Leistung kann durch Schuldverhältnisse der verschiedensten Art begründet sein; daher kann auch nach meiner Ansicht die „Einheit" dieser „Schuldverhältnisse" eine verschiedene und für die Frage der gesammtzerstörlichen Wirkung einzelner Rechtshandlungen erhebliche Bedeutung erlangen:

a) Für sämmtliche Gesammtschuldverhältnisse im Sinne des BGB. beanspruchen die Erfüllung und ihre Surrogate (Leistung an Erfüllungsstatt, Hinterlegung und Aufrechnungserklärung) Gesammtwirkung (§§ 422, 429). Auch der Verzug eines Gläubigers gegenüber einem Gesammtschuldner wirkt für die übrigen Schuldner (§ 424), der Verzug eines Gesammtgläubigers gegen die übrigen Gläubiger (§ 429). Beim Erlaß ist zu unterscheiden, ob subjektive oder objektive Wirkung bezweckt ist (§ 423). Confusio (Vereinigung von Forderung und Schuld in der Person eines Gesammtgläubigers) wirkt beim aktiven Gesammtschuldverhältniß stets objektiv (auch gegen die übrigen Gläubiger, § 429).

b) Bei anderen Thatsachen dagegen ist zu unterscheiden nach der Natur der Schuldverhältnisse, so insbesondere bei Kündigung, Verzug des Schuldners, Verschulden, Unmöglichkeit der Leistung, Verjährung, deren Unterbrechung und Hemmung, confusio in der Person eines Gesammtschuldners, ferner beim rechtskräftigen Urtheil. Für diese Thatsachen kann daher zweifellos nach wie vor auch der Unterschied zwischen bloßer Solidarität und Korrealität (materielle Identität des Schuldverhältnisses) erheblich werden.

Versteht man unter Obligation nichts Anderes, als Haftung, so ist nicht zu bestreiten, daß stets ebenso viele Haftungen, als Personenbeziehungen vorliegen. Vgl. § 421 Satz 2. Unterscheidet man aber die Haftung von der Schuld, so kann letztere im verschiedenen Sinne einheitlich erscheinen. Zu unterscheiden ist:

α) Einheit des Entstehungsgrundes.

β) Einheit des Zwecks, Identität der Leistung.

γ) Eine strengere, von den Parteien gewollte Einheit der Schuld in dem Sinne, daß nach der Parteiabsicht auch die zu b angeführten Thatsachen für bezw. gegen alle für die Schuld haftenden bezw. aus dem Schuldverhältniß berechtigten Personen wirken sollen. Eine solche wird z. B. anzunehmen sein bei einer subjektiv-alternativen Schuld, deren Kontrahirung schon bei dem dispositiven Charakter aller hier einschlägigen Bestimmungen nicht ausgeschlossen ist. Darüber, daß aber auf eine solche die §§ 421 ff. keine Anwendung finden können, s. Vorbem. 2 a. E., Bem. 1 zu § 421. Die

**bloße Einheit des Entstehungsgrundes braucht ferner keineswegs zur Annahme eines Gesammtschuldverhältnisses zu führen.** Vgl. II, A, a, B, a. Daher empfiehlt es sich nicht, mit Dernburg, BR. II § 161, die Korrealschulden als Vertragsgesammtschulden den aus anderen, z. B. gesetzlichen, Gründen entstehenden sog. Solidarschulden entgegenzusetzen. (In Note 1 zu § 161 will Dernburg den Namen der Korrealschuld auf alle durch einheitlichen Rechtsakt — auch Vermächtniß — geschaffene Obligationen ausdehnen.) Es kommt vielmehr auf die besondere Absicht des Vertrages bezw. des letzten Willens an, und auch ein Gesetz kann eine strengere Einheit des Schuldverhältnisses in dem eben gedachten Sinne für irgend ein rein gesetzliches Schuldverhältniß beabsichtigen.

3. Die Gesammtschuldverpflichtung (ein passives Gesammtschuldverhältniß) wird nach BGB. begründet:

a) durch einen Vertrag, in welchem diese Art der Verpflichtung besonders vereinbart wird. Eine solche Vereinbarung wird stets anzunehmen sein, wenn die Vertragschließenden einen der in der bisherigen Praxis üblichen Ausdrücke, wie „sammt und sonders", „Alle für Einen und Einer für Alle", „zu ungetheilter Hand", „solidarisch", „korreal" u. s. w. gebrauchen. Natürlich bedeutet aber der Ausdruck „korreal" nicht ohne Weiteres den Abschluß einer Korrealobligation in dem oben gekennzeichneten wissenschaftlichen Sinne; vielmehr muß der Vertrag bei richtiger Auslegung ergeben, ob ein Gesammtschuldverhältniß und in welchem Sinne, ob mit weiterer oder strengerer Rechtsfolge (2, b, γ) gewollt ist;

b) auch ohne eine besondere Vereinbarung, wenn sich Mehrere durch Vertrag gemeinschaftlich zu einer theilbaren Leistung verpflichten zufolge der Auslegungsregel des § 427;

c) kraft Gesetzes:

α) bei untheilbaren Leistungen (§ 431);

β) bei der Haftung aus gemeinschaftlich begangenen unerlaubten Handlungen (§ 830);

γ) bei der gemeinschaftlichen Haftung aus den sog. quasideliktischen Haftungsgründen der §§ 831—836;

δ) bei Mitbürgen für dieselbe Schuld, auch wenn sie die Bürgschaft nicht gemeinschaftlich übernehmen (§ 769);

ε) bei Miterben in Ansehung der Nachlaßschulden, vgl. IV, 1;

ζ) bei Vormündern, Gegenvormündern und Pflegern (§§ 1833, 1915);

η) bei Vorstandsmitgliedern und Liquidatoren, welche bei Ueberschuldung des Vereins schuldhaft die Beantragung der Konkurseröffnung unterlassen (§§ 42, 53);

ϑ) beim Abschluß von Rechtsgeschäften Namens eines nicht rechtsfähigen Vereins (§ 54);

ι) bei Theileigenthümern eines reallastpflichtigen Grundstücks in Ansehung der Reallasten (§ 1108);

κ) bei Haftung der Ehegatten für gewisse Kosten und Lasten des der ehemännlichen Nutznießung unterworfenen Frauen-Vermögens (§ 1388).

λ) Vgl. endlich § 100 Abs. 4 CPO.: „Werden mehrere Beklagte als Gesammtschuldner verurtheilt, so haften sie auch für die Kostenerstattung als Gesammtschuldner."

μ) Das Handelsgesetzbuch ordnet gesammtschuldnerische Haftung in den §§ 78 Abs. 2 (Schadensersatzpflicht des Lehrlings und neuen Lehrherrn oder Prinzipals bei vertragswidrigem Eintritt in ein anderes Geschäft), 128 (Offene Handelsgesellschaft), 200 Abs. 1 (Persönlich haftende Gründer vor Eintragung der Aktiengesellschaft), 200—204 (Mitglieder des Aufsichtsraths), ferner 208, 209, 225 Abs. 2, 241 Abs. 4, 242 Abs. 2, 267 Abs. 3 u. a.

4. Gesammtgläubigerschaft (aktives Gesammtschuldverhältniß): Dieselbe kann begründet werden:

a) durch Vertrag. Insbesondere kann in einem fiduziarischen Vertrage zur Vertretung nach Außen hin einem bloßen Vertreter (Fiduziar) die volle Legitimation als Gläubiger auch als Gesammtgläubigerschaft neben dem ursprünglichen (eigentlichen) Gläubiger gewährt werden;

b) kraft Gesetzes:

α) Nach § 2151 werden mehrere mit einem Vermächtniß bedachte Personen Gesammtgläubiger, wenn der Beschwerte oder der Dritte, der zu bestimmen hat, wer von ihnen das Vermächtniß erhalten soll, diese Bestimmung nicht treffen kann oder innerhalb der vom Nachlaßgericht auf Antrag eines Betheiligten gesetzten Frist unterläßt. Solange die Bestimmung noch nicht getroffen ist, dürfte jedoch in diesem Falle eine subjektiv-alternative Obligation anzunehmen sein. Vgl. Bem. 2 zu § 421.

β) Dernburg II § 164 rechnet hierher auch die Fälle der §§ 525 Abs. 2, 2194 (der Anspruch auf Vollziehung einer Auflage steht sowohl dem Schenker bezw. Erben, Miterben, demjenigen, dem der Wegfall der Auflage zu statten kommt, als auch bei öffentlichem Interesse der zuständigen Behörde zu).

5. Verhältniß der Gesammtschuldner bezw. Gesammtgläubiger untereinander:

a) Gesammtschuldner (passives Gesammtschuldverhältniß): Soweit nicht ein Anderes, sei es durch Vertrag oder Gesetz, bestimmt ist, sind sie nach § 426 im Verhältnisse untereinander zu gleichen Theilen verpflichtet. Der Erfüllende hat also einen Anspruch auf Ausgleich, der sich auch auf den Ausfall erstreckt, wenn einer der Gesammtschuldner den auf ihn entfallenden Beitrag nicht zahlen kann. Vgl. des Näheren Bem. zu § 426.

b) Gesammtgläubiger (aktives Gesammtschuldverhältniß): Auch diese sind nach § 430, soweit nicht ein Anderes bestimmt ist, zur Ausgleichung nach gleichen Antheilen verpflichtet. Vgl. des Näheren Bem. zu § 430.

6. Unvollkommene (unechte) Gesammtschuldverhältnisse*): Man versteht darunter Fälle, in denen eine Verpflichtung Mehrerer auf denselben Leistungsinhalt aus verschiedenen, ganz unabhängig von einander entstandenen Schuldverhältnissen begründet ist. Beispiel: Mehrere haften unabhängig von einander zum Ersatz desselben Schadens, der eine aus seinem Delikt, der andere aus Vertrag (Versicherungsvertrag); mehrfache Versicherung; Unterhaltspflicht Mehrerer aus verschiedenen, nicht gesetzlich rangirten Gründen; hierher gehört auch die kumulative Haftung des Vermögensunternehmers nach § 419, des Erbschaftskäufers nach § 2382.

Die §§ 421 ff. sind anwendbar, soweit sie nicht auf der hier fehlenden Rechtsgemeinschaft der Mitgläubiger oder Mitschuldner beruhen. Nicht anwendbar sind daher die §§ 426, 430 (Ausgleichungspflicht), die §§ 424, 429 Abs. 1 (Annahmeverzug betr.), §§ 423, 429 Abs. 2 (Gesammtwirkung des Erlasses und der confusio). Vgl. Crome II S. 276 ff.

7. Gemeinsame Berechtigung bei Untheilbarkeit der geschuldeten Leistung (§ 432). Haben Mehrere eine untheilbare Leistung zu fordern, so kann, sofern sie nicht

---

*) Literatur: Eisele, Archiv f. d. civilist. Praxis Bd. 77 S. 478 ff.; Ihering, Jahrb. f. Dogmatik Bd. 24 S. 186; Hartmann, Archiv f. d. civilist. Praxis Bd. 73 S. 397; Schollmeyer Bem. 2 zu § 426; Enneccerus § 232 II Ziff. 5; Oertmann § 420, Bem. 5, c.

kraft Gesetzes oder durch Rechtsgeschäft Gesammtgläubiger sind, der Schuldner nur an alle Gläubiger gemeinschaftlich leisten und jeder Gläubiger nur die Leistung an alle fordern. Vgl. diese Vorbem. zu II, B, b, β, Bem. zu § 432. Außerdem kennt das BGB. noch andere Formen der Betheiligung einer Mehrheit der Berechtigten oder Verpflichteten an einem Rechtsverhältnisse, die der Gestaltung zu II, A, b, β, B, b, β entsprechen, so z. B. bei der Gesellschaft, § 705, bei der Gemeinschaft, §§ 741 ff., bei der allgemeinen Gütergemeinschaft, § 1472, und bei der Erbengemeinschaft, §§ 2038, 2040 u. s. w. Diese Formen fallen nicht unter die Bestimmungen des folgenden Abschnitts. Sie unterliegen vielmehr den an den einschlägigen Stellen des BGB. für sie gegebenen besonderen Regeln.

## § 420.

Schulden Mehrere eine theilbare Leistung oder haben Mehrere eine theilbare Leistung zu fordern, so ist im Zweifel jeder Schuldner nur zu einem gleichen Antheile verpflichtet, jeder Gläubiger nur zu einem gleichen Antheile berechtigt.

E. I, 320; II, 363; III, 414.

1. § 420 stellt eine Auslegungsregel auf für den Fall, daß mehrere Verpflichtete eine theilbare Leistung schulden oder mehrere Berechtigte eine theilbare Leistung zu fordern haben. Für diesen Fall soll im Zweifel jeder Schuldner zu einem gleichen Theile verpflichtet, jeder Gläubiger zu einem gleichen Theile berechtigt sein. Diese Theilung nach Kopftheilen tritt nicht ein, wenn ein abweichender Wille der Vertragschließenden erklärt oder aus den Umständen zu entnehmen ist. Haben die Parteien eine Verpflichtung als Gesammtschuldner oder eine Berechtigung als Gesammtgläubiger oder eine andere Theilung als nach gleichen Theilen gewollt, so ist an erster Stelle der Parteiwille maßgebend.

Die Theilung ist nicht bloß dann ausgeschlossen, wenn sie dem ausgesprochenen Parteiwillen zuwiderläuft, sondern auch wenn die Rechtslage, hiervon abgesehen, ergiebt, daß die Theilung sachwidrig ist. Vgl. Dernburg, BR. II § 160 VI.

Besondere gesetzliche Fälle der Partialschuld bezw. Partialforderung:

a) Nach § 835 Abs. 3 BGB. (§ 840 Abs. 1) sind für Wildschaden die mehreren nicht zu einem Verbande vereinigten jagdberechtigten Eigenthümer von Grundstücken nur nach dem Verhältniß der Größe ihrer Grundstücke ersatzpflichtig.

b) Die nach §§ 1105 ff. aus Reallasten entspringenden persönlichen und dinglichen Ansprüche gegen den jedesmaligen Eigenthümer werden bei Theilung des berechtigten Grundstücks und Theilbarkeit des Leistungsinhalts in mehrere Ansprüche nach dem Verhältniß der Größe der Theile zerspalten, in die das Grundstück zerlegt ist. Anders nach § 1108 (bei Theilung des belasteten Grundstücks haften die Eigenthümer als Gesammtschuldner).

c) Nach § 91 des deutschen Ger.-Kostenges. haftet die aus mehreren Personen bestehende Partei nach Kopftheilen, wenn die gerichtliche Entscheidung über die Kosten nichts Anderes bestimmt. Vgl. auch § 92 des Preuß. Gerichtskostenges. v. 25. Juni 1895 § 2. CPO. § 100 Abs. 1: „Besteht der unterliegende Theil aus mehreren Personen, so haften dieselben für die Kostenerstattung nach Kopftheilen." (Ausnahme in § 100 Abs. 4, s. Vorbem. III, 3, c, λ.)

2. Die Bestimmung der Begriffe „theilbare" und „untheilbare" Leistung überläßt das BGB. der Rechtswissenschaft (M. II, 172, 173). Einen Anhalt für die Unterscheidung gewährt die Vorschrift des § 752 über die Zulässigkeit der Naturaltheilung eines gemeinschaftlichen Gegenstandes bei der Aufhebung der Gemeinschaft. In entsprechender Anwendung dieser Vorschrift wird eine Leistung als theilbar zu bezeichnen sein, wenn sie ohne Verminderung ihres Werthes in gleichartige, der Zahl der Betheiligten entsprechende Theilleistungen zerlegt werden kann. (Ebenso die gemeinrechtliche Lehre: Dernburg, Pand. Bd. 2 § 24; Windscheid, Pand. Bd. 2 § 253; Kuhlenbeck, Von den Pand. z. BGB. II S. 31 ff.*)

---

*) Weitere Literatur s. Crome II S. 37; Gerber, Iherings Jahrb. Bd. 2 S. 42 ff.; von Schey in Grünhuts Zeitschr. Bd. 9 S. 392 ff.; Savigny, Obl.R. I S. 303 ff.; Ubbelohde, Die Lehre von den untheilbaren Obligationen 1862; Kleyer, Des obligations divisibles et indivisibles 1873; Rümelin, Die Theilung der Rechte 1883 S. 171 ff.; Scheurl,

a) Die einzelnen Theilleistungen müssen gleichartig mit der Gesammtleistung sein, sie dürfen sich also von letzterer nur quantitativ unterscheiden;

b) der Werth der einzelnen Theilleistung darf durch die Theilung nicht unverhältnißmäßig gemindert werden, d. h. die Summe der Theilleistungen muß im Werthe der Gesammtleistung gleich sein.

Theilbar ist eine Leistung, wenn sie die Verschaffung eines Rechtes zum Gegenstande hat, das sich in ideelle Antheile — nach der Sprache des BGB. in „Bruchtheile" (§ 741) — zerlegen läßt, z. B. die Verschaffung des Eigenthums (§ 1008). Untheilbar ist regelmäßig eine Leistung, welche in einem Thun besteht. Denkbar ist jedoch, daß nach Maß oder Zeit bestimmbare Handarbeiten eine theilbare Leistung bilden.

Als eine untheilbare Leistung wird vom BGB. die Herausgabe einer Sache behandelt. § 432 mit § 1011. Vgl. Planck Bem. 2 zu § 420. Dagegen wendet sich freilich Schollmeyer Bem. 3 zu § 420; Hellmann in krit. Vierteljahrsschr. 3. F. Bd. 5 S. 247.

Schollmeyer a. a. O. erklärt die Herausgabe einer einzelnen Sache für „an sich theilbar" und sieht in § 432 nur eine Sonderbestimmung, die als dispositiver Rechtssatz durch die Vereinbarung ausgeschlossen werden könne, daß der Schuldner berechtigt sein solle, den Herausgabeanspruch successiv, durch Einräumung des Mitbesitzes an jeden einzelnen Gläubiger zu erfüllen und daß jeder einzelne Gläubiger berechtigt sein soll, auf Einräumung seiner Mitbesitzquote zu klagen. Die Zulässigkeit einer solchen Vereinbarung ist nicht zu bestreiten, sofern es sich um Verschaffung des Besitzrechtes handelt. Im Uebrigen aber scheinen mir die Einwendungen Schollmeyers a. a. O. auf einer Verwechslung des Akts der Herausgabe mit dem allerdings häufigsten, aber keineswegs immer dadurch verfolgten Zwecke der Besitzverschaffung zu beruhen, und da auch Planck Bem. 2 zu § 420 aus der Möglichkeit des Mitbesitzes folgert, daß die Uebergabe einer Sache an sich eine theilbare Leistung ist, also in § 432 ebenfalls eine Sonderbestimmung sieht, möge hier Folgendes hervorgehoben werden:

a) Herausgabe einer Sache ist nicht identisch mit Einräumung des Besitzes, also auch nicht theilweise durch Einräumung des Mitbesitzes erfüllbar. Beispielsweise kann der Mitbesitzer selbst vom Mitbesitzer noch Herausgabe verlangen (Herausgabe des Pfandes zum Zwecke des Verkaufs, § 1231); Herausgabe ist daher auch nicht identisch mit Uebergabe (Tradition) im Sinne der Besitzeinräumung.

b) Als rein thatsächlicher Begriff ist der Akt der Herausgabe seiner Natur nach (sachlogisch) untheilbar; man kann eine Sache, sei es nun zum Zwecke der Besitzeinräumung, des unmittelbaren Besitzes oder der bloßen Detention (die auch nach dem BGB. vom Besitz zu unterscheiden ist, vgl. § 855) unmöglich theilweise „herausgeben", theilweise nicht.

c) Aus diesem Grunde erklärte auch schon das römische Recht (l. 72 D. de v. o. 45, 1, fundum tradi) die Herausgabe bezw. die Tradition als Beschaffung der thatsächlichen Gewalt für eine untheilbare Handlung.

Unrichtig ist, daß die hier aufgestellte Unterscheidung zwischen dem bloßen körperlichen Inhaber und der Rechtsposition des Besitzes sich nicht mehr aufrecht erhalten lasse, da der Besitzbegriff in § 854 gegenüber dem gemeinrechtlichen abgeändert sei. Besitz und thatsächliche Gewalt sind auch im BGB. nicht identisch. Vgl. § 857. Im Uebrigen kannte auch das römische Besitzrecht bereits eine compossessio, vgl. Ihering, Grund des Besitzesschutzes S. 155 ff.

In allen Fällen also, in denen eine besondere Verabredung im Sinne Schollmeyers vorliegen würde, würde es sich nicht um eine „successive Herausgabe", sondern um die Verwirklichung eines begrifflich ganz anderen Anspruchs, um Herstellung eines Besitzverhältnisses handeln.

Gewiß folgt daher aus § 432 Abs. 1 Satz 2 noch nicht, daß die Verschaffung des Eigenthums an einer einzelnen Sache als untheilbare Leistung zu behandeln ist. Denn auch das Eigenthum ist ein theilbares Recht; das BGB. geht aber von einer logisch richtigen Unterscheidung des Begriffs der Herausgabe vom Besitz (dem Schatten des Eigenthumsrechtes) aus, wenn es gleichwohl in § 1011 den Anspruch der Herausgabe Dritten gegenüber als untheilbaren Anspruch im Sinne des § 432 erklärt. Eine Singularität ist darin nicht zu befinden.

---

Theilbarkeit als Eigenschaft von Rechten 1884 S. 68 ff.; G. Rümelin, Iherings Jahrb. Bd. 28 S. 434 ff.; Ubbelohde, das. Bd. 39 S. 134; Dernburg, BR. §§ 46—48; Enneccerus I § 150.

Begrifflich untheilbar sind auch Forderungen auf Unterlassungen. Vgl. Wendt, Unterlassungen und Versäumnisse im bürgerlichen Rechte, Archiv f. d. civilist. Praxis Bd. 92 S. 70. Die Hypothek begründet insofern ein untheilbares Recht, als die Miteigenthümer des belasteten Grundstücks dem Gläubiger der ganzen Forderung ungeachtet der Theilbarkeit der durch sie gesicherten Geldforderung in Ansehung der Duldung der Befriedigung aus dem Grundstücke als Gesammtschuldner haften. RGE. in Jur. Wschr. 1902 Beil. 198.

Unerheblich für den Begriff der Theilbarkeit der Obligation ist der Gegensatz der Gattungsschuld und Speziesschuld. Eine Gattungsschuld kann untheilbar sein, z. B. Anspruch auf Lieferung eines Automobils aus einem Gattungskauf mehrerer Käufer; der Verkäufer genügt dem § 433 nicht, wenn er an einem seiner Automobile dem Käufer nach Maßgabe seines Antheils aus dem Kaufvertrag eine Quote des Miteigenthums und Mitbesitz verschafft, sondern muß nach § 432 auf Verlangen eines Mitkäufers an alle gemeinschaftlich leisten, d. h. ein Automobil, da ein solches nicht hinterlegungsfähig, an einen für alle Käufer gerichtlich zu bestellenden Verwahrer abliefern. Umgekehrt kann eine Speziesschuld theilbar sein, z. B. der ganze auf Lager befindliche Tabak der Firma F. (vorausgesetzt, daß es sich um Tabak derselben Qualität handelt). Theilbar sind alle Ansprüche bezw. Verbindlichkeiten auf vertretbare Sachen, sofern die Eigenthumsverschaffung an einer Mehrheit solcher Sachen in Frage steht. Doch ist auch hier zu unterscheiden zwischen dem Anspruch auf Eigenthumsbeschaffung und Uebergabe (Herausgabe). Der Anspruch auf Uebergabe ist auch in diesem Falle nur so weit theilbar, als die Theilung ohne Werthminderung des einzelnen vertretbaren Individuums durchführbar ist, d. h. als der Divisor im Dividenden aufgeht. Wenn fünf Tannen von bestimmter Höhe und Stärke von drei Käufern ohne Gesammtgläubigerschaft oder sonstige (z. B. gesellschaftliche) Verbindung, z. B. durch einen Vertreter, gekauft worden sind, kann der Schuldner jedem eine Tanne direkt, die übrigen zwei aber nur nach Maßgabe des § 432 übergeben, d. h. an den gemeinschaftlichen Vertreter oder einen gerichtlich zu bestellenden Verwahrer.

Wahlschuldverhältnisse, mag nun die Wahl dem Schuldner (§ 762) oder ausnahmsweise dem Gläubiger oder einem Dritten zustehen, sind bis zur Erklärung der Wahl untheilbar, auch wenn die beiden oder mehreren Alternativen auf inhaltlich theilbare Leistungen gerichtet sind. A. M. anscheinend Schollmeyer Bem. 3 zu § 420, der jedoch zugiebt, daß die Wahl selbst untheilbar ist. M. E. folgt aus diesem Zugeständniß, daß die Wahlschuld erst theilbar wird, wenn sie durch Konzentration (Erklärung der Wahl, die den mehreren Schuldnern oder Gläubigern nur einheitlich zusteht) aufgehört hat, Wahlschuld zu sein. Wichtig ist diese Untheilbarkeit der Wahlschuld für die Frage der Unmöglichkeit der Leistung. Vgl. Bem. V zu § 265. Nach § 265 tritt Konzentration ein, wenn eine der alternativ geschuldeten Leistungen unmöglich wird. Es ist selbstverständlich, daß hier auch theilweise Unmöglichkeit einer Leistung genügt, während Schollmeyer II S. 71 Bem. II, 1, d behauptet, der Gläubiger müsse zufrieden sein, wenn er von dem wahlberechtigten Schuldner, dem eine der geschuldeten Leistungen theilweise unmöglich geworden ist, den möglich gebliebenen Theil, eventuell noch Schadensersatz wegen Nichterfüllung des unmöglichen Theils, im besten Falle Schadensersatz wegen Nichterfüllung der ganzen Verbindlichkeit erhält, obwohl die übrigen der wahlweise geschuldeten Leistungen sämmtlich noch möglich sind. Diese Auslegung läuft nicht nur dem Zweck des § 265 zuwider (Titze, Unmöglichkeit S. 198) und widerspricht der Billigkeit (Titze a. a. O. S. 43 Bem. 14), sondern auch der Logik. Denn ein Schuldverhältniß kann nicht zu gleicher Zeit theilbar und untheilbar sein. Schuldet A dem B nach seiner Wahl 1000 Mk. oder 500 Kilo Reis, so kann er sich nicht für Leistung von 500 Mk. und 250 Kilo Reis entscheiden, obwohl beide Leistungen an sich theilbar sind. Dagegen kann sich durch die Wahlerklärung (bezw. Konzentration überhaupt) die ursprünglich untheilbare Schuld in eine theilbare verwandeln.

Ein natürlich untheilbares Objekt kann durch den Willen der Parteien zu einem theilbaren umgewandelt werden, z. B. lebendes Vieh durch seine Zweckbestimmung als Schlachtvieh. So kann auch umgekehrt ein natürlich theilbares Objekt, z. B. ein Quantum Getreide, Holz u. dgl., durch den Willen der Parteien untheilbar im Rechtssinn werden, z. B. wenn mehrere Bauunternehmer zu einem gemeinschaftlichen Unternehmen Baumaterial zu fordern haben. Vgl. Rehbein Bem. 4 zu §§ 420—432.

3. Die Auslegungsregel des § 420 ist durch so wichtige Ausnahmen durchbrochen, daß sie praktisch selber zur Ausnahme werden dürfte. Vgl. Vorbem. IV, a, b. Es kommen insbesondere in Betracht:

a) der Fall der Erbengemeinschaft, §§ 2039, 2058;

b) wenn mehrere durch Vertrag gemeinschaftlich eine Verpflichtung übernehmen, § 427;

c) Nach der Geb.O. für Rechtsanwälte § 3 „haftet bei Ausführung von Aufträgen mehrerer Auftraggeber durch dieselbe Thätigkeit jeder Auftraggeber dem Rechtsanwalte für denjenigen Betrag an Gebühren und Auslagen, welcher bei abgesonderter Ausführung seines Auftrags erwachsen sein würde. Die Mitverhaftung der anderen Auftraggeber kann dem Rechtsanwalte gegenüber nicht geltend gemacht werden".

Ueber andere Fälle, in denen das Gesetz ohne Rücksicht auf die Theilbarkeit der Leistung Gesammtschuldnerhaftung anordnet, s. die Vorbem. zu diesem Abschnitte IV, 3, c, β—μ.

4. Der innere Zusammenhang der einzelnen Theilverpflichtungen und Theilberechtigungen äußert sich noch in der Vorschrift des § 320 Abs. 1 Satz 2, daß beim gegenseitigen Vertrage dem einzelnen von mehreren Berechtigten der ihm gebührende Theil bis zur Bewirkung der ganzen Gegenleistung verweigert werden kann. Vgl. Bem. 3 zu § 320.

Auch können die mehreren Berechtigten und Verpflichteten zufolge § 59 CPO. als Streitgenossen gemeinschaftlich klagen und verklagt werden.

Die verschiedenen Theilschuldner bezw. Theilgläubiger verfügen völlig unabhängig voneinander über ihre Schulden bezw. Forderungen, d. h. die ursprüngliche Einheit des Schuldverhältnisses hat keinerlei Einfluß mehr auf ihre Haftung.

a) Verzug tritt nur für jeden Schuldner bezw. jeden Gläubiger gesondert ein; der Verzug des Mitschuldners schadet nicht dem anderen Partialschuldner, der Annahmeverzug des Gläubigers kommt nur demjenigen Partialschuldner gegenüber in Betracht, dessen Antheil nicht angenommen ist, der Annahmeverzug des Mitgläubigers schadet nicht dem anderen Partialgläubiger.

b) Jeder kann nur mit und auf seinen Antheil aufrechnen.

c) Mahnung, Kündigung, Klage, Urtheil, Verjährung und deren Unterbrechung wirken nur zwischen den Personen für ihre Antheile. Vgl. Rehbein Bem. 5 zu §§ 420—432.

## § 421.

Schulden Mehrere eine Leistung in der Weise, daß jeder die ganze Leistung zu bewirken verpflichtet, der Gläubiger aber die Leistung nur einmal zu fordern berechtigt ist (Gesammtschuldner), so kann der Gläubiger die Leistung nach seinem Belieben von jedem der Schuldner ganz oder zu einem Theile fordern. Bis zur Bewirkung der ganzen Leistung bleiben sämmtliche Schuldner verpflichtet.

E. I, 321 Abs. 1, 324; II, 364; III, 415.

1. Mit dem Ausdruck „Gesammtschuldner" bezeichnet das BGB. mehrere Personen, welche eine Leistung in der Weise schulden, daß zwar jeder von ihnen die ganze Leistung zu bewirken verpflichtet, der Gläubiger aber die Leistung nur einmal zu fordern berechtigt ist. Eine solche Gesammtschuldner-Verpflichtung kann sowohl durch Rechtsgeschäft als kraft gesetzlicher Vorschrift entstehen. S. Vorbem. IV, 3 zu diesem Abschnitte.

2. Die Haftung der mehreren Schuldner als Gesammtschuldner soll dem Gläubiger eine größere Sicherheit gewähren und eine raschere und einfachere Verfolgung seines Rechtes ermöglichen. Der Erreichung dieses Zweckes dienen die Bestimmungen des § 421, daß der Gläubiger die Leistung nach seinem Belieben von jedem der Schuldner ganz oder zu einem Theile fordern kann, und daß bis zur Bewirkung der ganzen Leistung sämmtliche Schuldner verpflichtet bleiben. Hieraus folgt:

a) Die Einrede der Theilung (vgl. Dernburg, Pand. Bd. 2 § 73 Note 3, Windscheid, Pand. Bd. 2 § 293 Note 6), welche übrigens nach Entsch. d. RG. Bd. 12 S. 219 schon durch die CPO. beseitigt wurde, ist ausgeschlossen.

b) Der Gläubiger kann nach seiner Wahl einen der Gesammtschuldner oder einige oder alle auf das Ganze oder auf einen beliebigen Theil belangen. Die einmal getroffene Wahl bindet ihn nicht, er kann mit der Inanspruchnahme der Gesammtschuldner nach seinem freien Belieben wechseln, und zwar bis zur Bewirkung der ganzen Leistung, also selbst dann noch, wenn er schon die Zwangsvollstreckung gegen einen Schuldner begonnen hat. Vgl. jedoch die §§ 422 und 423.

Richtig ist, daß das Gesammtschuldverhältniß des BGB., wie bereits in erster Auflage bemerkt, kein Wahlschuldverhältniß, kein alternatives Schuldverhältniß ist. Aber der dispositive Charakter des Privatrechts schließt die Möglichkeit eines subjektiven Wahlschuldverhältnisses nicht aus, es steht nichts im Wege, das oben Vorbemerkung S. 51 im Anschluß an Litten, Wahlschuld S. 33, aufgestellte Schema folgendermaßen zu ergänzen (durch III):

**Unbestimmtheit (Pendenz) von Schuldverhältnissen.**

- **I. In Ansehung ihres Seins.**
  - Entscheidung durch äußere **Umstände: bedingte Schuld.**
  - Entscheidung durch **Parteiwillen: Bedingung: si voluerim.**
- **II. In Ansehung des Inhalts.**
  - Unbestimmte Anzahl der Lösungsmöglichkeiten:
    - Entscheidung durch äußere Umstände: **inhaltlich bedingte Schuld.**
    - Entscheidung durch Parteiwillen: **Blankettschuld**: Unterart: **Gattungsschuld.**
  - Bestimmte Anzahl der Lösungsmöglichkeiten: **Alternativobligation.**
    - Entscheidung durch **äußere Umstände: alternativ bedingte Schuld.**
    - Entscheidung durch Parteiwillen: **Wahlschuld.**
- **III. In Ansehung ihrer Subjekte.**
  - Völlige Unbestimmtheit des Subjektes: nur auf der Gläubigerseite denkbar: **Schuldverschreibung auf den Inhaber.**
  - Pendenz (Oszillation) zwischen einer bestimmten Anzahl von Subjekten **(subjektiv-alternatives oder Korrealschuldverhältniß).**
    - a) auf der Gläubigerseite (**Korrealgläubiger**, correi credendi).
    - b) auf der Schuldnerseite (correi debendi).

Ein solches subjektives Wahlschuldverhältniß, das durch Vertrag und unter Umständen auch durch letztwillige Verfügung oder selbst durch Gesetz konstituirt werden kann, theilt nun mit der allgemeinen Solidarobligation nicht nur die Einheit des Zwecks, sondern stellt eine obligatorische Einheit im strengeren Sinne dar, völlige Identität und Untheilbarkeit (Individualität, Einzigkeit des Schuldverhältnisses). Wie es sich bei der Wahlobligation in Ansehung des Objektes (vgl. Vorbem. oben S. 52 Nr. 6) um eine Obligation, d. h. um ein einziges identisches Schuldverhältniß handelt, so auch bei der subjektiv alternativen Obligation. Während der Gedanke, der den gewöhnlichen Gesammtschuldverhältnissen zu Grunde liegt, lediglich derjenige der größeren Sicherheit der Erfüllung und der erleichterten Rechtsverfolgung ist, erschöpft sich derjenige der subjektiven Wahlschuld in der Auswahl. Ein Beispiel einer solchen Wahlschuld (auf aktiver Seite, also richtiger Wahlgläubigerschaft) bildet m. E. das Wahlvermächtniß des § 2151.

> „Der Erblasser kann Mehrere mit einem Vermächtniß in der Weise bedenken, daß der Beschwerte oder ein Dritter zu bestimmen hat, wer von den Mehreren das Vermächtniß erhalten soll.
>
> Die Bestimmung des Beschwerten erfolgt durch Erklärung gegenüber demjenigen, welcher das Vermächtniß erhalten soll.
>
> Kann der Beschwerte oder der Dritte die Bestimmung nicht treffen, so sind die Bedachten Gesammtgläubiger. Das Gleiche gilt, wenn das Nachlaßgericht dem Beschwerten oder dem Dritten auf Antrag eines der Betheiligten eine Frist zur Abgabe der Erklärung bestimmt hat und die Frist verstrichen ist, sofern nicht vorher die Erklärung erfolgt. Der Bedachte, der das Vermächtniß erhält, ist im Zweifel nicht zur Theilung verpflichtet."

Offenbar wäre es falsch, hier ein Gesammtschuldverhältniß im Sinne der §§ 421 ff. schon vor Eintritt der in Abs. 3 gegebenen Voraussetzung anzunehmen; dagegen spricht Abs. 3 selbst per arg. e contrario. Gleichwohl ist bereits vorher ein Schuldverhältniß vorhanden, aber offenbar ein solches, das unter III, a des vorstehenden Schemas fällt (subjektiv-alternatives Schuldverhältniß). Es sind nicht von vornherein mehrere, selbständige Schuldverhältnisse des einen Schuldners, des Beschwerten vorhanden; erst die Wahl des Schuldners (oder des Dritten) entscheidet, wer sein (einziger) Gläubiger sein soll. Gleichwohl ist der Beschwerte schon vor der Wahl oder dem Eintritte der Voraussetzungen des Abs. 3 sämmtlichen eventuell berechtigten Gläubigern verhaftet (passiv gebunden), jeder dieser eventuellen Gläubiger, die noch keine Gesammtgläubiger sind, ist

z. B. berechtigt, ebenso wie ein bedingt Berechtigter, Anträge zur Sicherung seines eventuellen Rechts zu stellen. Der Beschwerte ist auch nicht berechtigt, das Vermächtniß unter den mehreren alternativ Bedachten zu vertheilen. Gesammtgläubigerschaft aber im Sinne der §§ 428 ff. tritt erst ein, wenn:

a) entweder feststeht, daß der Beschwerte oder der Dritte die Bestimmung nicht treffen kann, oder

b) eine dem Beschwerten oder dem Dritten auf Antrag eines der Betheiligten vom Nachlaßgericht bestimmte Frist ohne Abgabe der Erklärung verstrichen ist.

Auch bei Vorhandensein dieser Voraussetzungen bleibt § 430 im Zweifel unanwendbar.

Es liegt auf der Hand, daß ähnliche Schuldverhältnisse auch durch Vertrag geschaffen werden können, wenn eine Partei, sei es nun in der Gläubiger- oder Schuldnerrolle, die künftige Gestaltung der Dinge im Einzelnen beim Abschluß des Vertrages noch nicht übersehen kann und sich lediglich die Auswahl der Person des ihr definitiv gegenübertretenden Verpflichteten oder Berechtigten vorbehalten, aber doch schon, um im Uebrigen rechtlich gesichert zu sein, die eventuell für sie in Betracht kommenden Personen rechtlich binden bezw. sich ihnen gegenüber binden will.

Beispiele:

a) N schließt mit zwei Bankfirmen X und Y gemeinschaftlich einen Vertrag über Beschaffung einer verzinslichen Anleihe von 1 Million Mark zu einem bestimmten Termin ab mit der Verabredung, daß entweder die Firma X oder die Firma Y die Anleihe (ganz) besorgen soll, sei es nun, daß N die Wahl haben soll oder daß die Wahl bei den beiden Bankfirmen bleibt, deren möglicherweise interne Vereinbarung hier nicht interessirt. Sofern hier deutlich ein „entweder oder", kein „sowohl als auch" der Verpflichtung von X und Y vorliegt, ist es unzulässig, eine Gesammtschuld im Sinne des BGB. anzunehmen; die Vermuthung des § 427 wird durch die besondere Absicht der Parteien, die nur auf Auswahl der Schuldner, nicht auf Sicherung der Erfüllung gerichtet ist, widerlegt. Es würde der Parteiintention zuwiderlaufen, wenn N von X 1/3, von Y 2/3 der Anleihe verlangte, X und Y wollen auch für den Fall, daß nach erklärter Wahl der gewählte Schuldner nicht oder nicht gehörig erfüllt, dem N nicht haften, so daß § 421, wonach der Gläubiger das Darlehen nach seinem Belieben von jedem Schuldner auch zu einem Theile fordern kann, nicht zutrifft. X und Y wollen entweder ganz oder gar nicht das Geschäft machen und nicht verpflichtet bleiben, wenn es definitiv mit dem anderen zu Stande kommt. § 421 Satz 2 ist also ausgeschlossen.

b) A verpflichtet zwei Rechtsanwälte B und C alternativ seine Vertretung in einem ihm drohenden Prozeß zu übernehmen. Hier handelt es sich im Gegensatz zu dem Beispiel a um eine untheilbare Forderung. Nach § 431 würden B und C, da die Vertheidigung eine untheilbare Leistung ist, als Gesammtschuldner haften, jeder also nur durch Erfüllung (§ 422) frei werden. Wie aber, wenn dies der Absicht der Parteien widerspricht, wenn also beispielsweise C für den Fall, daß B schließlich gewählt wird, nicht subsidiär bis zur Erfüllung der ganzen (untheilbaren) Verpflichtung durch B verhaftet sein sollte? Offenbar liegt alsdann trotz § 431 keine Gesammtschuld, sondern ein durch die Auswahl sich konzentrirendes subjektiv-alternatives Schuldverhältniß vor. Auf ein solches sind nicht die §§ 421 ff., sondern die §§ 261 ff. entsprechend anzuwenden. Ein subjektiv-alternatives Schuldverhältniß ist also von einem Gesammtschuldverhältniß wohl zu unterscheiden.

3. Ein (passives oder aktives) Gesammtschuldverhältniß wird auch dadurch nicht ausgeschlossen, daß der eine Gesammtschuldner oder Gesammtgläubiger schlechthin, der andere unter einer Bedingung oder Zeitbestimmung oder jeder unter einer anderen Bedingung oder Zeitbestimmung verpflichtet oder berechtigt ist. Im E. I 322 Abs. 1 war dies ausdrücklich ausgesprochen. Die Bestimmung wurde von der II. Komm. als selbstverständlich gestrichen. P. I, 433.

4. Die Gesammtschuldner sind Streitgenossen nach § 59 CPO., jedoch nicht nothwendige Streitgenossen im Sinne des § 62 CPO. Vgl. Gaupp, Komm. z. CPO. Bem. II, 1, a zu § 62.

Wird über das Vermögen mehrerer Gesammtschuldner oder eines von mehreren Gesammtschuldnern das Konkursverfahren eröffnet, so kann der Gläubiger bis zu seiner vollen Befriedigung in jedem Verfahren den Betrag geltend machen, den er zur Zeit der Eröffnung des Verfahrens zu fordern hatte. (§ 68 KO.)

## § 422.

Die Erfüllung durch einen Gesammtschuldner wirkt auch für die übrigen Schuldner. Das Gleiche gilt von der Leistung an Erfüllungsstatt, der Hinterlegung und der Aufrechnung.

Eine Forderung, die einem Gesammtschuldner zusteht, kann nicht von den übrigen Schuldnern aufgerechnet werden.

E. I, 329–331; II, 365; III, 416.

1. In den §§ 422–424 sind diejenigen Thatsachen aufgeführt, welche für alle Gesammtschuldner wirken, auch wenn sie nur in der Person eines Gesammtschuldners eingetreten sind — die sog. objektiv wirksamen Thatsachen. Ueber die bloß subjektiv wirksamen Thatsachen s. § 425.

2. Voran steht als objektiv wirksame Thatsache die Erfüllung. Da der Gläubiger die Leistung nur einmal zu fordern berechtigt ist (§ 421), so müssen durch die Erfüllung seitens eines Gesammtschuldners auch die übrigen Schuldner befreit werden. Soweit der Gläubiger eine Theilleistung (freiwillig oder auf Grund einer bestehenden Verpflichtung) annimmt (s. die Bem. zu § 266), tritt Befreiung aller Schuldner hinsichtlich des von einem Gesammtschuldner geleisteten Theilbetrages ein.

Auch die Erfüllung durch einen Dritten, soferne dieser an Stelle eines Gesammtschuldners die Leistung zu bewirken berechtigt ist (§ 267), hat nach den allgemeinen Grundsätzen über die Bewirkung der Leistung die gleiche Wirkung wie die Erfüllung durch einen Gesammtschuldner.

3. Der Erfüllung sind durch die Bestimmung des Satz 2 Abs. 1 gleichgestellt die anderen Rechtsgeschäfte, welche das Schuldverhältniß ipso jure zum Erlöschen bringen:

a) die Leistung an Erfüllungsstatt (§§ 364, 365);

b) die Hinterlegung (§§ 372 ff.), und zwar können sich die Gesammtschuldner nicht bloß auf die Wirkung nach § 378, sondern auch, solange das Recht zur Rücknahme nicht ausgeschlossen ist, auf die Wirkungen nach § 379 berufen;

c) die Aufrechnung (§§ 387 ff.). Jedoch kann ein Gesammtschuldner nur mit seiner eigenen Forderung, nicht mit derjenigen eines anderen Gesammtschuldners, gegen die Forderung des Gläubigers aufrechnen. Mit Rücksicht auf die zum Theil abweichenden Bestimmungen des bisherigen Rechtes (vgl. Dernburg, Pand. Bd. 2 § 73 Note 10; Windscheid, Pand. Bd. 2 § 295 Note 2, § 350 Note 19) ist dies in § 422 Abs. 2 ausdrücklich ausgesprochen worden. Hat jedoch einer der Gesammtschuldner die Aufrechnung mit einer ihm zustehenden Forderung erklärt, so wirkt die vollzogene Aufrechnung befreiend für alle Gesammtschuldner.

Nur für den Erlaß giebt § 423 eine Sonderbestimmung.

4. Ueber das Recht des Gesammtschuldners, welcher durch eine gemäß § 422 bewirkte Leistung die übrigen Gesammtschuldner befreit hat, von letzteren Ausgleichung zu verlangen, s. § 426.

5. Der § 422 findet keine Anwendung auf Bürgschaftsverhältnisse, da das Verhältniß des den Gläubiger befriedigenden Bürgen durch § 774 selbständig geregelt ist. Der Bürge kann durch Aufrechnung zwar nicht die Hauptverbindlichkeit, wohl aber die Bürgschaftsschuld tilgen, wodurch die Forderung gegen den Hauptschuldner auf ihn übergeht. RGE. Bd. 53 S. 403; Jur. Wschr. 1903 Beil. 56.

6. Soweit nach § 267 die Erfüllung durch einen Dritten erfolgen kann, werden die sämmtlichen Gesammtschuldner befreit. Die Befreiung tritt aber nicht ein, falls nach besonderen Vorschriften die Forderung durch die Befriedigung des Gläubigers von Seiten des Dritten auf diesen übergeht. Vgl. Planck Bem. 1 zu § 422.

## § 423.

Ein zwischen dem Gläubiger und einem Gesammtschuldner vereinbarter Erlaß wirkt auch für die übrigen Schuldner, wenn die Vertragschließenden das ganze Schuldverhältniß aufheben wollten.

E. I, 332; II, 366; III, 417.

1. Unter „Erlaß“ wird in § 423 nicht bloß der Erlaßvertrag nach § 397 Abs. 1, sondern auch der in § 397 Abs. 2 behandelte negative Schuldanerkennungsvertrag verstanden. Der Erlaß ist objektiv wirksam nur, wenn der Wille derjenigen Vertragstheile, welche den Erlaß vereinbart haben, darauf gerichtet war, das ganze Schuldverhältniß aufzuheben. Der Wille der Vertragschließenden braucht nicht ausdrücklich erklärt zu werden. Es genügt, wenn er aus den Umständen zu entnehmen ist.

Das „ganze Schuldverhältniß“ bedeutet hier „das Schuldverhältniß allen Schuldnern gegenüber“, sei es zum ganzen Betrag oder zu einem Theilbetrage. P. I, 435, 436.

Nach der Fassung des § 423 muß derjenige, welcher sich auf die Aufhebung des ganzen Schuldverhältnisses beruft, einen hierauf gerichteten Willen der Vertragschließenden beweisen.

Der Schluß auf gesammtzerstörliche Wirkung des Erlasses kann sich durch vorbehaltlose Quittung und Rückgabe der Schuldurkunde ergeben. Vgl. Dernburg, BR. II S. 424. Auch der mit einem Bürgen abgeschlossene Erlaßvertrag hat im Zweifel nur persönliche Wirkung und erstreckt sich nicht auf die Mitbürgen; dagegen hat der mit dem Hauptschuldner abgeschlossene Erlaßvertrag immer die Wirkung, daß auch die Bürgen befreit werden. Vgl. Planck Bem. 1 zu § 423.

Ueber die Ausgleichungspflicht beim Erlasse s. § 426 Bem. 5.

2. Der Vergleich zwischen dem Gläubiger und einem Gesammtschuldner wirkt:

a) soweit er sich als Erfüllung oder als eine Leistung an Erfüllungsstatt darstellt, nach § 422 objektiv.

b) Enthält der Vergleich einen Erlaß verbunden mit einem Erfüllungsversprechen, so finden die Bestimmungen über den Erlaß Anwendung, jedoch mit dem selbstverständlichen Abmaße, daß die übrigen Gesammtschuldner, wenn sie sich auf den Erlaß berufen, auch das im Vergleich enthaltene Erfüllungsversprechen gegen sich gelten lassen müssen.

Durch einen Zwangsvergleich im Konkursverfahren werden die Rechte der Gläubiger gegen Mitschuldner des Gemeinschuldners, also gegen diejenigen, welche mit ihm als Gesammtschuldner haften, nicht berührt. § 193 KO.

3. Schuldübernahme. Nach dem in § 425 zum Ausdruck gelangten Prinzipe der Unabhängigkeit und Selbständigkeit der Einzelverpflichtungen der Gesammtschuldner (s. Bem. 1 zu § 425) muß derjenige Gesammtschuldner, welcher sich auf die objektive Wirkung einer Thatsache beruft, beweisen, daß dieser Thatsache entweder kraft Gesetzes oder nach dem Willen der Vertragschließenden objektive Wirkung zukommt. In Ermangelung eines solchen Nachweises ist nur subjektive Wirksamkeit anzunehmen. Dies gilt auch für die Schuldübernahme, gleichviel ob sie nach § 414 oder nach § 415 vereinbart ist. Planck dagegen in Abs. 3 der Bem. zu § 423 und ebenso, wie es scheint, auch Oertmann in Bem. 5, a zu § 423 nehmen bei der zwischen dem Gläubiger und dem Uebernehmer nach § 414 vereinbarten Schuldübernahme regelmäßig objektive Wirksamkeit an.

a) Bei der Schuldübernahme durch Vertrag zwischen dem Gläubiger und einem Dritten (§ 414) kann der Gläubiger selbstverständlich den Uebernehmer an Stelle aller Gesammtschuldner annehmen. Ist ein hierauf gerichteter Wille der Vertragschließenden unbestritten oder erweislich vorhanden, so werden durch die Uebernahme alle Gesammtschuldner befreit.

b) Die Uebernahme durch Vertrag zwischen einem Gesammtschuldner und dem Uebernehmer (§ 415) begründet an sich nur eine Sondernachfolge des letzteren in die Schuld des vertragschließenden Gesammtschuldners. Indessen kann auch hier der Gläubiger den Vertrag in dem Sinne genehmigen, daß der Uebernehmer an die Stelle aller Gesammtschuldner tritt. In diesem Falle liegt ein nach § 423 für alle Gesammtschuldner wirksamer Erlaß vor. (P. I, 436.)

## § 424.

Der Verzug des Gläubigers gegenüber einem Gesammtschuldner wirkt auch für die übrigen Schuldner.

E. I, 326 Abs. 2; II, 367; III, 418.

1. Die Vorschrift des § 424 beruht auf einem Beschlusse der II. Komm. E. I hatte in § 326 Abs. 2 die Bestimmung: „Das Anbieten der Leistung von Seiten eines Gesammtschuldners wirkt nicht für die übrigen Gesammtschuldner.“ Für die von der II. Komm. beschlossene Aenderung war die Erwägung maßgebend, daß nach der im Leben überwiegend herrschenden Anschauung das Anbieten der Leistung ebenso für alle Schuldner wirken

müsse, wie die Leistung selbst. Weise der Gläubiger die Leistung eines Schuldners zurück, so bestehe für die übrigen Schuldner keine Veranlassung, ihrerseits zur Bewirkung der Leistung weitere Schritte zu thun. Die Folgen des Annahmeverzugs, insbesondere bezüglich der Minderung der Haftung, müßten daher billigerweise auch ihnen zu Gute kommen. (P. I, 436.)

2. Wirkung des Annahmeverzugs. Hat ein Gesammtschuldner dem Gläubiger die Leistung in einer Weise angeboten, daß der letztere in den Verzug der Annahme geräth (s. die §§ 293—299), so können auch die übrigen Gesammtschuldner für sich die Vortheile geltend machen, welche das Gesetz dem Schuldner während des Annahmeverzugs einräumt (s. die §§ 300-304, 372, 383, 385).

Das Gesetz bestimmt aber nicht, daß der Gläubiger durch Annahmeverzug gegenüber einem Gesammtschuldner sämmtlichen Gesammtschuldnern in Annahmeverzug gerathe, sondern nur, daß die Wirkungen des dem Einen gegenüber eingetretenen Annahmeverzugs auch den Uebrigen zu Gute kommen sollen. Vgl. Schollmeyer Bem. 3 zu § 424, Planck Bem. 1 zu § 424.

Daher sind die Voraussetzungen des Annahmeverzugs jedem Gesammtschuldner gegenüber selbständig zu prüfen, d. h. die denselben begründenden Thatsachen bilden keinen einheitlichen Gesammtakt, so daß der Thatbestand des Annahmeverzugs theils von diesem, theils von jenem Gesammtschuldner und, soweit es dabei auf ein Verhalten des Gläubigers ankommt, theils dem einen, theils dem anderen Gesammtschuldner gegenüber herbeigeführt werden könnte. Vgl. Schollmeyer a. a. O.

a) Bei thatsächlichem Angebot durch einen Gesammtschuldner treten die Verzugswirkungen auch zu Gunsten der übrigen Gesammtschuldner ein, wenn:
   α) die Leistung dem Gläubiger so, wie sie zu bewirken ist, insbesondere also opportuno loco, tempore von einem Gesammtschuldner angeboten worden ist, und
   β) der Gläubiger diese Leistungsofferte ablehnt (§§ 293, 294).

b) Ein wörtliches Angebot eines Gesammtschuldners setzt den Gläubiger nur in Verzug, wenn er eben diesem, dem wörtlich anbietenden Gesammtschuldner erklärt hat, daß er die Leistung nicht annehmen werde (§ 295); ein anderer Gesammtschuldner kann den Gläubiger auf Grund der Erklärung nicht durch bloße Verbalofferte in Verzug setzen, mit anderen Worten: die Erklärung, die Leistung nicht annehmen zu wollen, zählt zu den in § 425 gemeinten Thatsachen, die im Zweifel nur für den Gesammtschuldner wirken, dem gegenüber sie eintreten.

c) Hat der Gläubiger selbst zur Bewirkung der Leistung eine Handlung vorzunehmen, insbesondere die geschuldete Sache abzuholen (Holschuld § 295), so genügt es, daß er die fragliche Handlung einem der Gesammtschuldner gegenüber vornimmt, um den Annahmeverzug auszuschließen. Keineswegs ist mit Schollmeyer a. a. O. zu fordern, daß er z. B. zur Abholung der ihm geschuldeten Geldsummen sich bei jedem der Gesammtschuldner einfinde, wenn er den Annahmeverzug vermeiden will. Dies würde der Bestimmung des § 421 widersprechen, daß der Gläubiger die Leistung nach seinem Belieben von jedem der Schuldner ganz oder zum Theil fordern kann. Die Wirkungen des Annahmeverzugs aber treten zu Gunsten der übrigen Gesammtschuldner ein, wenn im Falle der Holschuld auch nur Einer derselben ihm erklärt hat, daß er die Summe bei ihm erheben könne bezw. ihn auffordert, die Summe bei ihm abzuholen, und der Gläubiger dieser Aufforderung nicht Folge leistet. Doch ist auch in diesem Falle zu beachten, daß sich aus dem Schuldverhältniß ein Anderes ergeben kann. Vgl. § 425. Wenn sich aus dem Schuldverhältnisse ergiebt, daß nach der Intention der Parteien der Gläubiger die Handlung nach seinem Belieben bei dem einen oder anderen Schuldner vorzunehmen berechtigt ist, also nach seiner Wahl sich nur bei demjenigen zur Empfangnahme einzustellen hat, bei dem es ihm genehm ist, so kommen alle Gesammtschuldner in Verzug, wenn er sich auch nur bei einem einstellt und dieser ihm die Zahlung weigert: das wörtliche Angebot setzt jedenfalls den Gläubiger nur dann in Verzug, wenn es von demjenigen Gesammtschuldner ausgeht, demgegenüber der Gläubiger zur Leistung mitwirken muß bezw. von dem er die geschuldete Sache abzuholen hat.

d) Wenn für die von dem Gläubiger vorzunehmende Handlung eine Zeit nach dem Kalender bestimmt ist, so bedarf es nach § 296 eines Angebots nur, wenn der Gläubiger die Handlung rechtzeitig vornimmt. Auch hier nimmt

Schollmeyer a. a. O. m. E. irrthümlich an, daß der Gläubiger, wenn er den Annahmeverzug vermeiden wolle, sich beispielsweise bei einer an einem bestimmten Tage fälligen Holschuld an diesem Tage bei jedem der Gesammtschuldner zu melden habe. Wenn der Handlung eine Kündigung vorauszugehen hat, so hat zwar nach § 425 der Gläubiger die Kündigung jedem einzelnen Gesammtschuldner gegenüber vorzunehmen, den er in Schuldnerverzug setzen will, soweit sich nicht aus dem Schuldverhältniß ein Anderes ergiebt. Doch folgt hieraus nicht per arg. a contrario, daß er, um die Wirkungen des Annahmeverzugs gegenüber jedem Gesammtschuldner auszuschließen, nun auch die Kündigung jedem Gesammtschuldner gegenüber vorzunehmen hätte: jedenfalls treten diese Wirkungen, wie übrigens schließlich auch Schollmeyer a. a. O. zugiebt, demjenigen Gesammtschuldner gegenüber nicht ein, dem er rechtzeitig gekündigt hat.

3. Beendigung des Annahmeverzugs. In der I. Auflage war zwar richtig behauptet worden, daß die Wirkungen des Verzugs nur dadurch aufgehoben werden können, daß der Gläubiger demselben Schuldner gegenüber, der ihn in Annahmeverzug gesetzt hat, nachträglich die Annahmebereitschaft erklärt. Bem. 5 zu § 293. Dagegen war einer solchen expurgatio morae zu Unrecht in Widerspruch mit Planck Bem. 1 eine gegen alle Gesammtschuldner wirkende Bedeutung beigelegt worden. Dies würde unseres Erachtens gegen § 425 verstoßen; denn die Erklärung gehört als solche zu den Thatsachen, die, soweit nicht aus dem Schuldverhältniß sich etwas Besonderes ergiebt, nur in personam wirken. Planck vielmehr unterscheidet durchaus zutreffend für die einzelnen Fälle des Annahmeverzugs folgendermaßen:

a) Annahmeverzug auf Grund des § 294 (thatsächliches Angebot): Die Verzugswirkungen werden allen Gesammtschuldnern gegenüber beseitigt, wenn der Gläubiger demjenigen Schuldner gegenüber, welcher das Angebot gemacht hatte, sich neuerdings zur Annahme bereit erklärt. Erklärt er aber sich einem anderen Schuldner gegenüber zur Annahme bereit, so wird dadurch zwar der Annahmeverzug gegenüber dem zuerst angegangenen Schuldner nicht aufgehoben und ebensowenig die Wirkung desselben gegenüber anderen Gesammtschuldnern; jedoch ist Planck darin beizustimmen, daß in einer solchen Erklärung regelmäßig zugleich eine Mahnung des betreffenden Schuldners zu finden, diesem gegenüber also, der nunmehr in Leistungsverzug versetzt wird, sofern nicht etwa § 285 Platz greift, alsdann eo ipso auch die Wirkungen des dem Anderen gegenüber bestehenbleibenden Annahmeverzugs in Wegfall kommen. And. M. Rosenberg in Iherings Jahrb. Bd. 43 S. 296, Oertmann Bem. 2 zu § 424, welche annehmen, daß das Erbieten zur Annahme gegenüber irgend einem Schuldner die Wirkungen des Annahmeverzugs gegenüber allen aufhebe und umgekehrt, Hellmann, Krit. Vjschr. 3. F. Bd. 5 S. 247 ff., der annimmt, daß das Erbieten gegenüber einem anderen Schuldner als demjenigen, welcher die Leistung angeboten, gar keine Wirkung habe.

b) Annahmeverzug auf Grund des § 295 (wörtliches Angebot): Um diesen zu beseitigen, muß der Gläubiger sich demselben Schuldner gegenüber zur Annahme bereit erklären, welchem gegenüber er die Annahme vorher verweigert hatte. Allein die Bereiterklärung zur Annahme gegenüber einem anderen Schuldner hat dieselbe Wirkung, wie im Fall zu a, d. h. sie beseitigt diesem gegenüber persönlich die Wirkung des § 424.

Dasselbe gilt im Falle der Holschuld, wenn der Gläubiger sich bei einem anderen Schuldner einfindet, als dem, der ihn in Annahmeverzug versetzt hat, um neuerdings die Sache von diesem anderen abzuholen.

c) Annahmeverzug auf Grund des § 296 (für die von dem Gläubiger vorzunehmende Handlung ist eine Zeit nach dem Kalender bestimmt). Sofern sich nicht aus dem Schuldverhältniß ein Anderes ergiebt, fallen die Wirkungen des Annahmeverzugs gegenüber allen Gesammtschuldnern weg, wenn der Gläubiger nachträglich einem gegenüber die erforderliche Handlung (z. B. Kündigung) vornimmt; doch folgt daraus keineswegs, daß nunmehr auch diejenigen Gesammtschuldner in Leistungsverzug versetzt sind, denen gegenüber die Kündigung nicht erfolgt; denn Beseitigung der Wirkungen des Annahmeverzugs und Leistungsverzug sind zweierlei. Vgl. § 425.

## § 425.

**Andere als die in den §§ 422 bis 424 bezeichneten Thatsachen wirken, soweit sich nicht aus dem Schuldverhältniß ein Anderes ergiebt, nur für und gegen den Gesammtschuldner, in dessen Person sie eintreten.**

**Dies gilt insbesondere von der Kündigung, dem Verzuge, dem Verschulden, von der Unmöglichkeit der Leistung in der Person eines Gesammtschuldners, von der Verjährung, deren Unterbrechung und Hemmung, von der Vereinigung der Forderung mit der Schuld und von dem rechtskräftigen Urtheile.**

E. I, 325, 326 Abs. 2; 327, 333—336; II, 368; III, 419.

1. Nach § 421 ist der Zweck des Gesammtschuldverhältnisses im Sinne des BGB. darin zu finden, daß dem Gläubiger neben unbedingter Wahlfreiheit (Bequemlichkeit der Anspruchsverfolgung) auch die denkbar größte Sicherheit der Erfüllung gewährt werden soll (§ 421 Satz 2). Nur dieser einheitliche Zweck schafft auch eine gewisse Einheitlichkeit des Gesammtschuldverhältnisses (vgl. Vorbem. III, 2), im Uebrigen bleibt durch diese Zweckeinheit die Selbständigkeit der einzelnen „Haftungen", Schuldverhältnisse im engeren Sinne unberührt. Hieraus ergiebt sich die Regel des § 425, der zu Folge alle in den bisherigen §§ 422—424 nicht behandelten Thatsachen „nur für oder gegen den Gesammtschuldner wirken" sollen, in dessen Person sie eintreten.

Die an und für sich selbstverständlich nur dispositive Bedeutung dieser Regel wird aber noch ausdrücklich durch den Zusatz klargestellt: „soweit sich nicht aus dem Schuldverhältnisse ein Anderes ergiebt".

Zweifellos hat das BGB. durch diesen Zusatz die alte Unterscheidung zwischen Korreal- und Solidarobligation nicht wieder einführen, wohl aber die Möglichkeit anerkennen wollen, daß in einem einzelnen konkreten Gesammtschuldverhältniß auch anderen einzelnen Thatsachen, als den in §§ 422—425 behandelten, eine gesammtpersönliche Wirkung beigelegt werden könne. Vgl. insbesondere Binder, Die Korrealobligation S. 572 ff. gegen Schott, Ueber Cession und Korrealobligation 1897 S. 73 ff. Der Zweck des einzelnen Gesammtschuldverhältnisses kann weiter gehen, als das BGB. regelmäßig voraussetzt; er kann nicht bloß darin aufgehen, dem Gläubiger Bequemlichkeit der Anspruchsverfolgung und Sicherung gegen die Zahlungsunfähigkeit eines einzelnen Gesammtschuldners zu gewähren; es kann vielmehr im einzelnen Falle und in verschiedenen Beziehungen auch eine gegenseitige Vertretung der Gesammtschuldner, ein Füreinanderhaften derselben beabsichtigt sein. Diesem Gedanken, dem Gedanken der griechischen Korrealität (vgl. Binder a. a. O. S. 590), trägt das BGB. durch seinen Zusatz Rechnung. Ob und wieweit in einem konkreten Schuldverhältnisse dieser Gedanke den Vertragsintentionen entspricht, ist aus dem Zwecke zu entnehmen, den die Parteien bei der Eingehung des Gesammtschuldverhältnisses verfolgt haben. Vgl. Planck Bem. 1 zu § 425.

2. Die Regel und ihre Folgen: Abs. 2 giebt nur eine beispielsweise Aufzählung der praktisch wichtigsten nach der Regel des Abs. 1 bloß subjektiv wirkenden Thatsachen:

a) Kündigung. Durch die Kündigung, die von einem Gesammtschuldner ausgeht oder an einen Gesammtschuldner gerichtet ist, wird nur dessen Verbindlichkeit fällig. Dagegen wirkt selbstverständlich die Kündigung auch für die übrigen Gesammtschuldner, wenn der kündigende Gesammtschuldner in Vertretung der anderen Schuldner gehandelt hat. (§ 164.)

b) Verzug. Durch die Mahnung kommt nur derjenige Schuldner in Verzug, an welchen die Mahnung ergangen ist. Die Folgen des Leistungsverzugs (§§ 286—290) treten nur auf Seite jenes Schuldners ein, der in Verzug gerathen ist.

Sind die Voraussetzungen des Leistungsverzugs (§ 284) bei sämmtlichen Schuldnern vorhanden und kommt ein einzelner Gesammtschuldner aus dem Grunde nicht in Verzug, weil er das Unterbleiben der Leistung nicht zu vertreten hat (§ 285), so hat dies auf den Verzug der übrigen Schuldner keinen Einfluß.

c) Verschulden (§§ 276—279). Das BGB. folgt hier der allgemeinen Regel, daß für ein Verschulden nur derjenige haftet, dem das Verschulden zur Last fällt. M. II, 159.

Im Einzelnen ist zu unterscheiden:

α) Haftung auf Schadensersatz wegen Nichterfüllung bei verschuldeter Unmöglichkeit der Leistung: Nur derjenige

Gesammtschuldner haftet, den das Verschulden trifft; die übrigen sind befreit. Doch kann der andere (befreite) Gesammtschuldner, wenn der geschuldete Gegenstand in seinem und des fahrlässigen Mitschuldners Eigenthum stand, verpflichtet sein, den ihm gegen den fahrlässigen Mitschuldner zustehenden Ersatzanspruch an den Gläubiger abzutreten (§ 281). Vgl. Schollmeyer Bem. 1, e zu § 425.

β) Verschlechterung des Leistungsgegenstandes durch Verschulden eines Gesammtschuldners. Auf Schadensersatz haftet nur derjenige, in dessen Person das Verschulden liegt, hinsichtlich des verschlechterten Gegenstandes haften die übrigen Gesammtschuldner weiter; wird die Leistung durch Verschulden des einen Gesammtschuldners erschwert, z. B. es sind mehrere Exemplare einer schon selten gewordenen Gattung zu leisten und der eine Gesammtschuldner zerstört vorsätzlich oder fahrlässig eine Anzahl von Exemplaren dieser Gattung, so hat dies auf die Leistungspflicht des Andern keinen Einfluß. Schollmeyer a. a. O.

γ) Rücktrittsrecht des Gläubigers nach § 325 Abs. 1 Satz 2. Dasselbe ist nur dem schuldhaften Gesammtschuldner gegenüber zulässig. Beispiel (nach Schollmeyer a. a. O.): Zwei Miteigenthümer einer bestimmten Weizenmenge haben diese in einem gemeinschaftlichen Vertrage verkauft (§ 427); der eine Verkäufer versät einen Theil des Weizens auf sein Grundstück; der Mitverkäufer behält das Recht auf Lieferung des Weizenrestes gegen den verhältnißmäßigen Theil des Kaufpreises.

d) Unmöglichkeit der Leistung. Vgl. die Vorbem. zu den §§ 275—283.

α) Die objektive Unmöglichkeit. Ist die Unmöglichkeit von keinem der Gesammtschuldner zu vertreten, so werden sie alle von der Verpflichtung zur Leistung frei. (§ 275 Abs. 1.) Hat nur ein Gesammtschuldner die Unmöglichkeit zu vertreten, so gilt für die anderen die Unmöglichkeit als eine zufällige. Während der erstere nach §§ 280, 325 dem Gläubiger haftbar ist, werden die Anderen von der Verpflichtung zur Leistung befreit (§ 275 Abs. 1, § 323).

β) Die subjektive Unmöglichkeit. Ist ein Gesammtschuldner unvermögend geworden, die geschuldete Leistung zu bewirken, so wird hiedurch die Verpflichtung der übrigen Gesammtschuldner nicht berührt. Derjenige Gesammtschuldner, in dessen Person das Unvermögen zur Leistung eingetreten ist, wird von der Verpflichtung frei, wenn er sein Unvermögen nicht zu vertreten hat (§ 275 Abs. 2), anderenfalls haftet er dem Gläubiger nach Maßgabe der §§ 280, 325.

e) Verjährung (§§ 194 ff.). Da der eine Gesammtschuldner bedingt oder betagt, der andere unbedingt oder unbetagt haften kann (s. Bem. 3 zu § 421), so ist es möglich, daß gegen den einen Schuldner die Verjährungszeit früher abläuft, als gegen den anderen. (§ 198.) Hievon abgesehen kann auch in Folge der bloß persönlichen Wirkung der Unterbrechung und Hemmung der Verjährung der Ablauf der Verjährungsfrist für die verschiedenen Schuldner ein verschiedener sein. Ist der Anspruch in der Richtung gegen einen Gesammtschuldner verjährt, so bleibt dies ohne Einfluß auf die Verpflichtung der übrigen.

Desgleichen wirken auch die Unterbrechung (§§ 208—217) und die Hemmung (§§ 202—204) der Verjährung nur zu Gunsten desjenigen Schuldners, auf dessen Seite ihre Voraussetzungen vorliegen. (Ebenso der durch Art. 8 Nr. 2 des EG. zum HGB. aufgehobene Art. 80 der WO.)

f) Vereinigung der Forderung mit der Schuld. Der Grund, weßhalb die Vereinigung von Forderung und Schuld in derselben Person die Aufhebung des Schuldverhältnisses bewirkt (s. Vorbem. II zum dritten Abschnitte des zweiten Buches), liegt darin, daß Niemand sein eigener Gläubiger oder Schuldner sein kann. Dieser Grund trifft auf die übrigen Gesammtschuldner nicht zu. Die Wirkung der Vereinigung wird deßhalb vom Gesetz auf denjenigen Gesammtschuldner beschränkt, in dessen Person sie erfolgt ist.

Die unter den Gesammtschuldnern etwa bestehende Ausgleichungspflicht (s. § 426) wird durch die Vereinigung nicht berührt. Der Gesammtschuldner, in dessen Person die Vereinigung eingetreten ist, bleibt für den ihn treffenden Antheil ausgleichungspflichtig. Er muß also, wenn er die übrigen Gesammtschuldner auf Ausgleichung belangt, diesen Antheil an der Gesammtschuld in Abzug bringen. Beträgt z. B. die Schuld dreier Gesammtschuldner 3000 Mk., so kann der Gesammtschuldner, welcher den Gläubiger beerbt hat — den Regelfall des § 426 Abs. 1 Satz 1 angenommen — als Ausgleichung von den zwei anderen Schuldnern nur 2000 Mk. verlangen. (Vgl. M. II, 166.)

g) Rechtskräftiges Urtheil. Daß das zu Gunsten eines Gesammtschuldners oder gegen einen Gesammtschuldner ergangene rechtskräftige Urtheil nicht für und gegen die übrigen Gesammtschuldner wirkt, ergiebt sich schon aus § 325 CPO.

Abs. 2 zählt nur die praktisch wichtigsten Beispiele einer die obligatorische Beziehung des Gläubigers zu dem einzelnen Gesammtschuldner berührenden Thatsache bezw. Rechtshandlung auf.

Nicht erwähnt ist:

h) die Erklärung der Wahl bei einem objektiven Wahlschuldverhältniß. Vgl. darüber Bem. 3 zu § 263 S. 54 oben;

i) die Abtretung der Forderung. In der Regel wird nur die Abtretung der Forderung gegen alle Gesammtschuldner vorkommen. Steht jedoch fest, daß der Gläubiger nur den Anspruch gegen einen einzelnen bestimmten Gesammtschuldner übertragen hat, so wird dadurch sein Verhältniß zu den übrigen Schuldnern nicht berührt. Leistet alsdann einer derselben an den Cedenten, so erlischt die Forderung des Cessionars. Vgl. Planck Bem. 2, h, Schollmeyer Bem. 1 Abs. 2 zu § 425;

k) die Schuldübernahme: Im Zusammenhange mit § 425 BGB. ist zu folgern, daß die Uebernahme der Schuld für einen Gesammtschuldner in der Regel die übrigen Gesammtschuldner nicht berührt. Vgl. Binder S. 592. Im Uebrigen vgl. Bem. 3 zu § 423.

3. Die Ausnahmen von der Regel: Die Regel erleidet — abgesehen von den Ausnahmen der §§ 422—424 — Einschränkungen, soweit sich aus dem Schuldverhältniß ein Anderes ergiebt.

a) Daß die Parteien den Kreis der objektiv wirkenden Thatsachen durch besondere Vertragsbestimmung beliebig erweitern und auch einschränken können, erhellt aus dem Prinzipe der Vertragsfreiheit. Soweit durch eine solche Erweiterung oder Einschränkung nicht etwa die wesentlichen Merkmale des Gesammtschuldverhältnisses im Sinne des § 421 ausgeschlossen werden, insbesondere nicht z. B. ein subjektives Wahlschuldverhältniß (Bem. 2 zu § 421) als gewollt anzunehmen ist, bleiben die sonstigen Bestimmungen des BGB. über das Gesammtschuldverhältniß unberührt.

b) Aber auch ohne daß eine ausdrückliche Vertragsbestimmung vorliegt, kann es nach dem Inhalte des Schuldverhältnisses gerechtfertigt sein, die Wirkungen anderer als der in §§ 422—424 aufgeführten Thatsachen auf alle Gesammtschuldner zu erstrecken. Hierüber hat der Richter unter Würdigung des mit dem Gesammtschuldverhältniß angestrebten Zweckes an der Hand des einzelnen Falles (vgl. Bem. 1) zu entscheiden. P. I, 438.

Praktisch wird es für die Zulassung einer Ausnahme und somit der gesammtzerstörlichen Wirkung einer Thatsache darauf ankommen, ob die Parteien ein gegenseitiges Vertretungsverhältniß unter den Gesammtschuldnern oder ein Einstehen derselben für einander (ausdrückliche oder stillschweigende Garantie) vereinbart bezw. in ihrer Vereinbarung vorausgesetzt haben.

α) Inwiefern ein solches Vertretungsverhältniß oder ein wechselseitiges Einstehen für den Gläubiger- und Schuldnerverzug erheblich werden kann, ist schon oben Bem. 2, c, α zu § 424 dargelegt worden. In Betracht kommen unter den speziell in Abs. 2 hervorgehobenen Thatsachen außer dem Verzug noch

β) die Kündigung. Wie bei der offenen Handelsgesellschaft die Gesellschaft im Zweifel durch jeden ihrer Gesellschafter vertreten wird, so kann auch ein Gesammtschuldverhältniß in dem Sinne eingegangen werden, daß jeder einzelne Gesammtschuldner für alle das Schuldverhältniß betreffenden Erklärungen des Gläubigers empfangsbevollmächtigt ist.

γ) Das Verschulden. Kraft eines ausdrücklichen oder stillschweigenden Garantievertrags kann in einem konkreten Schuldverhältniß jeder Gesammtschuldner die Haftung für das Verschulden jedes anderen übernehmen. Vgl. RGE. Bd. 22 S. 315. (Der dort nach PLR. entschiedene Fall würde, wie Rehbein Bem. 17, b zu §§ 420—432 richtig hervorhebt, auch nach dem BGB. ebenso zu beurtheilen sein: A hatte den Rechtsanwälten B und C Prozeßvollmacht zur Klage gegeben. Durch Verschulden des B wurde die Klage so verspätet erhoben, daß der Anspruch inzwischen verjährt war und die Klage deßhalb abgewiesen wurde. A und B haften für das Interesse wegen Nichterfüllung oder mangelhafter Erfüllung als Gesammtschuldner.) Auch ohne besondere Verabredung wird eine solche gegenseitige Haftung der Gesammtschuldner für Verschulden bei gemeinschaftlich übernommener Werkausführung anzunehmen sein. Vgl. Schollmeyer Bem. 2 zu § 425, Planck Bem. 1, Bem. 3 zu § 425, Rehbein Bem. 17, b zu §§ 420—432. Dasselbe wird bei gemeinschaftlicher Miethe einer Wohnung in Ansehung schuldhafter Verschlechterung der Wohnung anzunehmen sein. Schollmeyer a. a. O., Dernburg, BR. II § 162 a. E.

δ) Unmöglichkeit der Leistung: Selbstverständlich kann vereinbart werden, daß auch die bloß subjektive Unmöglichkeit der Leistung durch einen Gesammtschuldner alle übrigen befreit.

ε) Anspruchsverjährung: Gegen einen obligatorischen Vertrag, durch den Gläubiger sich verpflichtet, die Wirkung der Verjährung gegenüber einem einzelnen Gesammtschuldner auch den übrigen gegenüber anzuerkennen, ist nichts einzuwenden. Vgl. Planck Bem. 3 zu § 425. Dagegen darf eine die Unterbrechung der Verjährung belassende Vereinbarung nicht gegen § 225 Satz 1 verstoßen.

ζ) Rechtskraft des Urtheils: Die öffentlich-rechtlichen Vorschriften der CPO. über die Beschränkung der Wirkungen eines rechtskräftigen Urtheils können ihrer Natur nach durch Vertrag nicht geändert werden. Vgl. Planck Bem. 3, Schollmeyer Bem. 2 zu § 425, Binder, Korrealobligation S. 576. Zulässig ist zwar die Vereinbarung, daß ein gegen den einen Gesammtschuldner ergangenes Urtheil auch gegen den anderen gelten solle; doch ist eine Zwangsvollstreckung aus dem Urtheil nur gegen denjenigen möglich, gegen den es ergangen ist. Im Uebrigen kann eine solche Vereinbarung, wie Planck Bem. 3 richtig hervorhebt, schwerlich jemals aus dem Zwecke eines Gesammtschuldverhältnisses entnommen werden. And. M. Schott S. 85, Hartmann im Archiv f. d. civilist. Praxis Bd. 73 S. 398.

η) Einrede der Rechtshängigkeit: Dieselbe ist, da der § 263 Ziff. 1 CPO. Identität der Personen fordert, an sich ausgeschlossen und als prozessuale Einrede unzulässig. Dagegen ist eine materielle dilatorische Einrede aus der obligatorischen Vereinbarung, daß der Anspruch nicht gleichzeitig gegen mehrere Gesammtschuldner gerichtlich geltend gemacht werden solle, selbstverständlich nicht zu beanstanden.

## § 426.

Die Gesammtschuldner sind im Verhältnisse zu einander zu gleichen Antheilen verpflichtet, soweit nicht ein Anderes bestimmt ist. Kann von einem Gesammtschuldner der auf ihn entfallende Betrag nicht erlangt werden, so ist der Ausfall von den übrigen zur Ausgleichung verpflichteten Schuldnern zu tragen.

Soweit ein Gesammtschuldner den Gläubiger befriedigt und von den übrigen Schuldnern Ausgleichung verlangen kann, geht die Forderung des Gläubigers gegen die übrigen Schuldner auf ihn über. Der Uebergang kann nicht zum Nachtheile des Gläubigers geltend gemacht werden.

E. I, 337; II, 369; III, 420.

§ 426 regelt das Verhältniß der Gesammtschuldner zu einander.

Abweichend vom gem. Recht (Dernburg, Pand. II § 73 Nr. 5), aber entsprechend dem PLR. Thl. I Tit. 5 §§ 436, 443 ff. und code civil art. 1213—1216, führt das BGB. eine gesetzliche Rechtsgemeinschaft unter den Gesammtschuldnern ein. Die Leistungsverpflichtung wird im internen Verhältniß, unter den Gesammtschuldnern selbst, ipso jure als getheilte aufgefaßt. Im Verhältniß zu seinen Mitschuldnern soll keiner mehr als seinen Antheil zu leisten brauchen, d. h. nicht mehr, als er dem Gläubiger leisten müßte, wenn Theilschulden vorlägen. Vgl. Crome, BR. § 207 II. Die hieraus entspringenden Regreßansprüche sind eine unmittelbare Folge des Gesammtschuldverhältnisses, entstehen also als bedingte Rechte schon mit dem Entstehen des letzteren und können daher auch durch einen Erlaßvertrag des Gläubigers mit einem Schuldner nicht zu dessen Gunsten beseitigt werden. (Vgl. des Näheren Bem. 5.)

Auch der Satz des römischen Rechtes, demzufolge bei dolosen Delikten ein Regreß des Theilnehmers am Delikt, welcher den Verletzten voll entschädigte, gegen seinen Mitthäter nicht gegeben wurde (societas maleficii non datur), ist vom BGB. nicht übernommen. Eine entsprechende Bestimmung des E. I § 338 ist durch E. II gestrichen mit der Begründung, daß es der modernen Rechtsanschauung nicht entspreche, gerade denjenigen Gesammtschuldner, welcher sich bemüht habe, die Folgen seiner widerrechtlichen Handlung durch Leistung des Schadensersatzes nach Kräften zu beseitigen, gegenüber den anderen Gesammtschuldnern, bei welchen dieses löbliche Bestreben nicht hervorgetreten sei, zu benachtheiligen (P. I, 440).

1. Die Bestimmung des Satzes 1 Abs. 1, daß die Gesammtschuldner im Verhältnisse zu einander zu gleichen Antheilen verpflichtet sind, hat eine doppelte Bedeutung: Sie besagt nicht bloß, daß dem Gesammtschuldner, welcher die Leistung bewirkt hat, ein Anspruch gegen die übrigen Schuldner zusteht auf Ersatz je eines Kopftheiles. Es geht auch aus ihr hervor, daß die mehreren Gesammtschuldner in Ermangelung einer gegentheiligen Bestimmung als in einem inneren Schuldverhältnisse stehend anzusehen sind, welches sie verpflichtet, so zu handeln, daß es überhaupt nicht zu einem Rückgriffe kommt. Ist nach dem inneren Verhältnisse die Leistung nur von einem oder einigen Schuldnern zu bewirken, so haben die nicht Leistungspflichtigen gegen die anderen auch einen Anspruch darauf, daß sie vor dem Anspruche des Gläubigers bewahrt werden. (M. II, 169, 170.)

2. Die Bestimmung ist dispositiver Natur. Sie hat nur so weit Geltung, als nicht eine abweichende Regelung des Verhältnisses der Gesammtschuldner zu einander durch das Gesetz bestimmt oder rechtsgeschäftlich vereinbart ist.

Eine abweichende gesetzliche Regelung enthalten die §§ 840 Abs. 2, 3 (Haftung des Geschäftsherrn bezw. eines aufsichtspflichtigen Dritten für unerlaubte Handlungen dritter Personen), 841 (Haftung des Beamten neben demjenigen, den er zur Geschäftsführung für einen Dritten bestellt hat), 1833 Abs. 2 Satz 2 (Vormund und Gegenvormund). Auch bei der sog. unechten Solidarität (vgl. Vorbem. 6 oben S. 325) findet der § 426 keine Anwendung, vielmehr wird hier in der Regel § 255 zur Anwendung kommen.

Durch Rechtsgeschäft kann bestimmt werden, daß einzelne Gesammtschuldner gar nicht zur Ausgleichung verpflichtet sein sollen oder auch, daß eine andere Ausgleichung als nach Kopftheilen stattfinden soll.

3. Aus der unter den Gesammtschuldnern bestehenden Rechtsgemeinschaft ergiebt sich nicht nur die Regreßpflicht für den Fall, daß einer von ihnen die Leistung allein bewirkt hat, sondern auch, daß schon vor der Leistung jeder Gesammtschuldner von dem anderen verlangen kann, daß er dafür sorge, daß keiner mehr als seinen Antheil zu leisten hat, daß also jeder den ihm obliegenden Antheil demjenigen, der in Anspruch genommen wird, rechtzeitig vorschieße; jeder Mitschuldner kann also zum eventuellen Beitrage seines Antheils zwangsweise angehalten werden, jeder kann gegen den Anderen auf geeignete Mitwirkung klagen. Vgl. Crome, System II § 207 Note 55, Planck Bem. 1 zu § 426, Schollmeyer Bem. 3, a. Ist eine Gesammtschuld in Raten zu berichtigen oder eine Theilzahlung geleistet, so kann derjenige Gesammtschuldner, welcher eine Rate oder die Theilzahlung geleistet hat, auch dann Ausgleichung verlangen, wenn die von ihm gezahlte Rate einen geringeren Betrag beziffert, als nach dem Inhalte des Schuldverhältnisses auf ihn entfallen würde. Vgl. Planck Bem. 1 zu § 426, and. M. Oertmann Bem. 1 zu § 426, Enneccerus I § 236 II, 3, b. Wie hier Schollmeyer Bem. 3, b. Vgl. auch E. d. ROHG. Bd. 24 S. 99 ff.

4. Daß die Ausgleichungspflicht der Gesammtschuldner untereinander nicht durch Thatsachen beeinflußt werden kann, welche nur das Verhältniß der Gesammtschuldner zum Gläubiger betreffen, mögen diese Thatsachen objektiv oder nur subjektiv wirksam sein, ist selbstverständlich. Es bleibt also z. B. auch derjenige Gesammtschuldner, welchem gegenüber die Forderung verjährt ist, den übrigen Schuldnern zur Ausgleichung verpflichtet.

Dagegen kann der Umstand, daß ein Gesammtschuldner durch schuldhaftes Verhalten die Gemeinschaftsinteressen verletzt, den Ausschluß oder eine Herabminderung seiner Ausgleichungsansprüche wider die übrigen Gesammtschuldner nach sich ziehen. Die Verletzung braucht nicht in der Richtung gegen den Gläubiger begangen zu sein; sie kann sich direkt auf das interne Rechtsverhältniß beziehen. Z. B. der Schuldner betreibt wider einen Mitschuldner den Ausgleichungsanspruch so nachlässig, daß der Mitschuldner in der Zwischenzeit zahlungsunfähig wird; den betreffenden Ausfall muß er selbst tragen. Vgl. Crome, System II § 207 Note 58; Dernburg, BR. II S. 428; Planck Bem. 1 a. E. zu § 426.

Das interne Rechtsverhältniß kann auch die Verpflichtung ergeben, den anderen Gesammtschuldnern von einer an den Gläubiger gemachten Zahlung rechtzeitig Anzeige zu erstatten und den Schaden zu ersetzen, den ein anderer Gesammtschuldner dadurch erlitten hat, daß er in Folge der Unterlassung der Anzeige dem Gläubiger mehr geleistet, als dieser noch zu fordern hatte, und das zu viel Gezahlte nicht zurückerlangen kann. Vgl. Planck Bem. 1 a. E. zu § 426.

5. Ausgleichungspflicht beim Erlasse. (§ 423.)

a) Wenn durch den Erlaß das ganze Schuldverhältniß aufgehoben, also allen Schuldnern die Schuld erlassen werden wollte, so kann von einer Ausgleichung unter den Schuldnern keine Rede sein. Der vertragschließende Schuldner, welcher zur Befriedigung des Gläubigers nichts geleistet hat, kann auch keine Ausgleichung beanspruchen und die übrigen Gesammtschuldner können vom Gläubiger überhaupt nicht belangt werden.

b) Hat dagegen der Erlaß nur die Ausscheidung des vertragschließenden Gesammtschuldners bezweckt, so wird hiedurch die Ausgleichungspflicht des letzteren gegenüber seinen Mitschuldnern nicht berührt. Allerdings können die Vertragschließenden auch vereinbaren, dem ausscheidenden Schuldner solle durch den Erlaß eine Zuwendung in der Weise gemacht werden, daß er von seinen Mitschuldnern wegen des ihn treffenden ausgleichungspflichtigen Antheils nicht in Anspruch genommen werden dürfe. Solchenfalls ist zwar der Gläubiger zufolge § 425 mit § 421 nicht behindert, von einem anderen Gesammtschuldner die ganze Leistung zu fordern; er wird jedoch jenem Gesammtschuldner, welchem er den Erlaß bewilligt hat, ersatzpflichtig, wenn er von einem anderen Gesammtschuldner das Ganze beigetrieben hat und letzterer sich an dem ersten Gesammtschuldner erholt. Eine Ersatzpflicht des Gläubigers in diesem Sinne ist indessen nur dann anzunehmen, wenn ein hierauf gerichteter Wille der Vertragschließenden ausdrücklich oder stillschweigend erklärt ist. (Vgl. M. II, 165.)

6. Wenn von einem Gesammtschuldner der auf ihn entfallende Betrag nicht erlangt werden kann, z. B. wegen Zahlungsunfähigkeit desselben, so ist der Ausfall von den übrigen zur Ausgleichung verpflichteten Schuldnern (einschließlich desjenigen, welcher die Leistung bewirkt hat) zu tragen, und zwar in dem Verhältnisse, in welchem sie ausgleichungspflichtig sind, in der Regel also zu gleichen Antheilen.

7. Soweit ein Gesammtschuldner den Gläubiger befriedigt und von den übrigen Schuldnern Ausgleichung verlangen kann, geht die Forderung des Gläubigers gegen die übrigen Schuldner auf ihn über.

a) Nur die wirkliche Befriedigung des Gläubigers (Erfüllung, Leistung an Erfüllungsstatt, Hinterlegung, Aufrechnung) bewirkt den Uebergang der Forderung, nicht etwa ein schenkungsweiser Erlaß. S. oben Bem. 5, a.

Bei der Hingabe an Erfüllungsstatt kann der Schuldner seinem Ausgleichungsanspruch nur den Werth des Hingegebenen, keinesfalls aber mehr als den Werth der geschuldeten Leistung zu Grunde legen.

b) Der Uebergang der Forderung ist ferner davon abhängig, daß der Schuldner einen Anspruch auf Ausgleichung hat. Nach der Fassung des § 426 Abs. 1 Satz 1 muß der auf Ausgleichung belangte Schuldner, welcher den Ausgleichungsanspruch bestreitet, beweisen, daß durch gesetzliche Vorschrift oder durch Rechtsgeschäft die Ausgleichung ausgeschlossen ist.

c) Die Forderung geht kraft Gesetzes auf den Gesammtschuldner über, welcher den Gläubiger befriedigt hat, und zwar in dem Betrage, in welchem er die Ausgleichung verlangen kann. Mit der Forderung gehen auch die für sie bestehenden Hypotheken und Pfandrechte, sowie die Rechte aus einer für sie bestellten Bürgschaft auf den ausgleichungsberechtigten Gesammtschuldner über. Ebenso kann der letztere ein mit der Forderung für den Fall der Zwangsvollstreckung oder des Konkurses verbundenes Vorzugsrecht geltend machen. Dies ergiebt sich aus § 401 mit § 412.

Der Uebergang kann nicht zum Nachtheile des Gläubigers geltend gemacht werden, d. h. dem Gläubiger gegenüber gilt die Forderung als erloschen, soweit durch ihre Geltendmachung für ihn ein Nachtheil entstehen würde. Vgl. Bem. 4 zu § 268.

8. Bezüglich der Mitbürgen bestimmt § 774 Abs. 2, daß diese einander nur nach § 426 haften.

Ueber das Rechtsverhältniß zwischen einem Drittverpfänder und einem Bürgen vgl. Bem. 8 zu § 774.

## § 427.

Verpflichten sich Mehrere durch Vertrag gemeinschaftlich zu einer theilbaren Leistung, so haften sie im Zweifel als Gesammtschuldner.

E. II, 370; III, 421.

1. Nach dem gemeinen Rechte wurde durch die gemeinsame Eingehung einer vertragsmäßigen Verbindlichkeit in der Regel nur eine getheilte Haftung begründet. Zur Begründung einer Korrealobligation durch Vertrag war die ausdrückliche oder stillschweigende Erklärung erforderlich, daß die Obligation für alle Kontrahenten ungetheilt bestehen solle (Dernburg, Pand. Bd. 2 § 71 Note 7 und 8; Windscheid, Pand. Bd. 2 § 297 Note 2). Ebenso ALR. Thl. IV cap. 1 § 21 Nr. 6.

Dies war auch noch der Standpunkt des E. I. (Vgl. M. II, 156.) Erst die II. Komm. hat im Anschluß an den aufgehobenen Art. 280 des früheren HGB. und an das ALR. Thl. I Tit. 5 §§ 424, 425 die Auslegungsregel aufgestellt, daß im Zweifel gesammtschuldnerische Haftung eintritt, wenn Mehrere sich durch Vertrag gemeinschaftlich zu einer theilbaren Leistung verpflichten. (P I, 430—432.)

2. Der Begriff der gemeinschaftlichen Verpflichtung setzt ein Doppeltes voraus:

a) daß die mehreren Schuldner sich zu einer und derselben Leistung verpflichtet haben;

b) daß sie sich neben einander verpflichtet haben. Eine gemeinschaftliche Verpflichtung liegt nicht vor, wenn die Verpflichtung des einen an die Stelle der Verpflichtung des anderen tritt, wie bei der Schuldübernahme, oder wenn die Verpflichtung des einen Schuldners nur eine subsidiäre ist, wie bei der Bürgschaft.

Dagegen wird nicht erfordert, daß die mehreren Schuldner die Verpflichtung gleichzeitig, in einem und demselben Vertrage übernommen haben.

Die Auslegungsregel des § 427 findet also auch Anwendung, wenn in getrennten Verträgen die gemeinschaftliche Verpflichtung übernommen wurde. P. I, 432. And. A. Oertmann Bem. 1 zu § 427.

3. Vorausgesetzt wird eine durch Vertrag übernommene Verpflichtung, z. B. A und B verpflichten sich, dem C eine Summe zu schenken, als Darlehen zu geben oder eine als Darlehen empfangene Summe zurückzubezahlen. Liegt keine vertragsmäßig übernommene Verpflichtung vor, so greift die Vermuthung des § 427 nicht Platz, nicht z. B. bei einer Verpflichtung aus der gemeinschaftlichen Annahme einer zu Unrecht geleisteten Zahlung. (Vgl. E. d. ROHG. Bd. 24 S. 12.) Dagegen gilt die Bestimmung des § 427 auch für solche Fälle, in welchen die gemeinschaftliche Verpflichtung durch ein einseitiges Rechtsgeschäft begründet worden ist, z. B. bei einer gemeinschaftlichen Auslobung. (S. Bem. 2 zu § 305.)

4. Die Bestimmung gilt als Auslegungsregel nur, soweit nicht ein anderer Wille der Vertragschließenden erklärt oder aus den Umständen zu entnehmen ist.

Wenn die Frau den von ihrem Ehemann als Pächter geschlossenen Pachtvertrag mitunterschreibt, so wird sie zwar nicht Mitpächterin, sie haftet aber als Gesammtschuldnerin für die von dem Manne eingegangenen Verpflichtungen. Seuff. Arch. Bd. 57 S. 179.

5. Für das Verhältniß der Gesammtschuldner zu einander ist § 426 maßgebend.

6. Für das aktive Gesammtschuldverhältniß stellt das BGB. eine dem § 427 entsprechende Auslegungsregel nicht auf.

7. Haben sich mehrere durch Vertrag zu einer untheilbaren Leistung verpflichtet, so haften sie schon nach der allgemeinen Regel des § 431 als Gesammtschuldner.

8. Bezüglich der Haftung der Mitbürgen s. § 769.

## § 428.

Sind Mehrere eine Leistung in der Weise zu fordern berechtigt, daß jeder die ganze Leistung fordern kann, der Schuldner aber die Leistung nur einmal zu bewirken verpflichtet ist (Gesammtgläubiger), so kann der Schuldner nach seinem Belieben an jeden der Gläubiger leisten. Dies gilt auch dann, wenn einer der Gläubiger bereits Klage auf die Leistung erhoben hat.

E. I, 321 Abs. 1, 323; II, 371 Abs. 1; III, 422.

1. Die §§ 428—430 handeln von dem sogenannten aktiven Gesammtschuldverhältnisse. Ein solches liegt nach § 429 vor, wenn Mehrere eine Leistung in der Weise zu fordern berechtigt sind, daß jeder die ganze Leistung fordern kann, der Schuldner aber die Leistung nur einmal zu bewirken verpflichtet ist.

Ueber die Entstehung desselben s. die Vorbem. II, B, IV, 4 zu diesem Abschnitte.

2. Jeder Gesammtgläubiger kann die ganze Leistung fordern, und zwar für sich allein ohne Mitwirkung oder Zustimmung der anderen Gesammtgläubiger.

Auch der Umstand, daß einer der Gläubiger bereits Klage auf die Leistung erhoben hat (§§ 253, 281, 693 CPO.), schließt die Geltendmachung des Anspruchs durch einen anderen Gesammtgläubiger nicht aus. — Anders das gem. Recht (Dernburg, Pand. Bd. 2 § 74 Note 1; Windscheid, Pand. Bd. 2 § 296 Note 1) und das PLR. Thl. IV cap. 1 § 22 Nr. 1, welche das Präventionsprinzip anerkennen.

Hienach besteht allerdings die Möglichkeit, daß der Schuldner gleichzeitig in getrennten Prozessen von mehreren Gesammtgläubigern auf das Ganze belangt wird. Er kann in diesem Falle zwar die Einrede der Rechtshängigkeit nicht geltend machen, allein er ist in der Lage, durch Zahlung an einen der Gläubiger oder durch Hinterlegung, wenn deren Voraussetzungen gegeben sind, sich zu befreien. Unterläßt er dies, so muß er allerdings gewärtigen, daß mehrere Gesammtgläubiger, welche je einen gesonderten Vollstreckungstitel gegen ihn erwirkt haben, gleichzeitig die Vollstreckung wegen derselben Leistung gegen ihn betreiben. Alsdann steht ihm jedoch, wenn er nach der rechtskräftigen Verurtheilung an einen der Gläubiger geleistet hat, noch der Weg offen, Einwendungen nach § 767 CPO. zu erheben.

§ 767: „Einwendungen, welche den durch das Urtheil festgestellten Anspruch selbst betreffen, sind von dem Schuldner im Wege der Klage bei dem Prozeßgericht erster Instanz geltend zu machen.

Dieselben sind nur insoweit zulässig, als die Gründe, auf denen sie beruhen, erst nach dem Schlusse derjenigen mündlichen Verhandlung, in welcher Einwendungen in Gemäßheit der Bestimmungen dieses Gesetzes spätestens hätten geltend gemacht werden müssen, entstanden sind und durch Einspruch nicht mehr geltend gemacht werden können.

Der Schuldner muß in der von ihm zu erhebenden Klage alle Einwendungen geltend machen, welche er zur Zeit der Erhebung der Klage geltend zu machen im Stande war."

Ebensowenig wie durch die Klagerhebung werden die übrigen Gesammtgläubiger durch ein von dem Schuldner einem der Gesammtgläubiger gegenüber abgegebenes Erfüllungsversprechen ausgeschlossen. (Vgl. M. II, 158; P. I, 442.)

3. Andererseits kann auch der Schuldner nach seinem Belieben an jeden der Gläubiger leisten. Eine Theilleistung braucht nach § 266 kein Gläubiger anzunehmen. Hat jedoch ein Gesammtgläubiger freiwillig oder auf Grund einer bestehenden Verpflichtung eine Theilleistung angenommen, so ist der Schuldner in Ansehung des geleisteten Theilbetrages von seiner Verpflichtung befreit. Den geschuldeten Restbetrag kann er nach seinem Belieben auch an jeden anderen Gesammtgläubiger leisten.

Auch nach Erhebung der Klage durch einen Gesammtgläubiger kann der Schuldner noch an jeden der Gläubiger nach seiner Wahl die Leistung bewirken. Ebenso, wenn er einem der Gläubiger bereits ein Erfüllungsversprechen abgegeben hat. S. Bem. 2.

4. Ueber das Verhältniß der Gesammtgläubiger zu einander s. § 430.

## § 429.

Der Verzug eines Gesammtgläubigers wirkt auch gegen die übrigen Gläubiger.

Vereinigen sich Forderung und Schuld in der Person eines Gesammtgläubigers, so erlöschen die Rechte der übrigen Gläubiger gegen den Schuldner.

Im Uebrigen finden die Vorschriften der §§ 422, 423, 425 entsprechende Anwendung. Insbesondere bleiben, wenn ein Gesammtgläubiger seine Forderung auf einen Anderen überträgt, die Rechte der übrigen Gläubiger unberührt.

E. I, 325, 326 Abs. 1, 327—336; II, 371 Abs. 2—4; III, 423.

Zwei Thatsachen, welchen beim passiven Gesammtschuldverhältnisse nur subjektive Wirkung zukommt, wirken beim aktiven Gesammtschuldverhältniß objektiv, nämlich der Verzug eines Gesammtgläubigers und die Vereinigung von Forderung und Schuld in der Person eines Gesammtgläubigers. Im Uebrigen herrscht zwischen dem aktiven und dem passiven Gesammtschuldverhältnisse hinsichtlich der Wirkungen volle Uebereinstimmung.

I. Objektiv wirken:

1. Der Annahmeverzug eines Gesammtgläubigers. Im E. I, 326 Abs. 1 war demselben nur subjektive Wirkung beigelegt. Die Aenderung beruht auf einem Beschlusse der II. Komm. Man nahm an, wenn es beim passiven Gesammtschuldverhältnisse der Anschauung des praktischen Lebens entspreche, das Anbieten der Leistung zu Gunsten des Schuldners ebenso wirken zu lassen wie die Leistung selbst, so müsse dies auch für das aktive Gesammtschuldverhältniß Geltung haben. S. Bem. 1 zu § 424 und P. I, 442.

Ob ein Verzicht auf die Verzugsfolgen anzunehmen ist, wenn der Schuldner, nachdem er einen Gesammtgläubiger durch erfolgloses Anbieten der Leistung in Verzug gesetzt hat, einem anderen Gesammtgläubiger die Leistung anbietet, ist eine nach den Umständen des Falles zu entscheidende Thatfrage. P. I, 442.

2. Die Vereinigung von Forderung und Schuld in der Person eines Gesammtgläubigers. Anders noch E. I, 333. Die jetzige Bestimmung beruht auf folgender Erwägung: Das Recht des Schuldners, nach seinem Belieben an jeden Gläubiger zu leisten, darf durch die Vereinigung nicht beeinträchtigt werden. Da der Schuldner auch den Gläubiger, in dessen Rechte er durch die Vereinigung eingetreten ist, als zum Empfange der Leistung berechtigt betrachten darf, so kann er seine Befreiung durch Leistung an sich selbst herbeiführen. Mit dem Eintritte der Vereinigung wird die Leistung als bewirkt angesehen und erlöschen daher mit diesem Zeitpunkte die Rechte der übrigen Gläubiger, wie wenn der Schuldner an einen der Gläubiger wirklich geleistet hätte. P. I, 443.

Diese Wirkung tritt auch dann ein, wenn ein Gesammtgläubiger durch Abtretung der Forderung an den Schuldner die Vereinigung willkürlich herbeigeführt hat. (S. Bem. II, 7.) Die Ausgleichungsansprüche der einzelnen Gesammtgläubiger unter einander (§ 430) werden durch die Vereinigung nicht berührt. (Vgl. Bem. 4 zu § 426.)

3. Die Erfüllung an einen Gesammtgläubiger tilgt die Forderung aller Gläubiger. Wurde eine Theilzahlung geleistet, so bleiben bezüglich der Restforderung alle Gesammtgläubiger berechtigt. (Vgl. Bem. 3 zu § 428.)

4. Der Erfüllung steht gleich die Leistung an Erfüllungsstatt (§ 364). Selbstverständlich kann die objektive Wirkung einer Leistung an Erfüllungsstatt durch Vereinbarung ausgeschlossen werden und unter Umständen kann die Ausschließung im konkreten Falle auch stillschweigend ausgesprochen sein. Die Einschränkung des § 425, „soweit nicht ein Anderes bestimmt ist", gilt auch hier. (Vgl. M. II, 162 und Bem. 2 zu § 425.)

5. Die Hinterlegung. Der Schuldner kann hinterlegen, auch wenn nur einem Gläubiger gegenüber die Voraussetzungen der Hinterlegung (§ 372) vorliegen. Durch die rechtmäßige Hinterlegung für einen der Gläubiger wird der Schuldner auch den übrigen Gläubigern gegenüber befreit (§ 378). Auch auf die Wirkungen des § 379 kann sich der Schuldner berufen. Jedoch kann er nach Treu und Glauben auf die hinterlegte Sache nur denjenigen Gesammtgläubiger verweisen, für welchen er hinterlegt hat. (Ebenso Planck Bem. 1 zu § 429.)

6. Die Aufrechnung. Aufrechnen kann der Schuldner nur demjenigen Gläubiger gegenüber, gegen welchen ihm eine Forderung zusteht. Die diesem gegenüber erklärte Aufrechnung aber tilgt die Forderung aller Gesammtgläubiger. (§§ 388, 389.)

7. Der Erlaß. Dieser wirkt allerdings objektiv nur, wenn die Aufhebung des Schuldverhältnisses allen Gesammtgläubigern gegenüber gewollt war. (Vgl. die Bem. zu § 423 und unten Bem. III.)

8. Novation (Schuldumwandlung). Auch diese hat, soweit sie vorkommt, gesammtzerstörliche Wirkung. Zu beachten ist insbesondere der Fall des § 607 Abs. 2 (der Schuldner kommt mit einem Gläubiger überein, ihm den geschuldeten Betrag als Darlehen zu verschulden). Vgl. Crome, System II § 208 Note 15.

II. Subjektiv wirken alle anderen Thatsachen (zufolge § 429 Abs. 3 Satz 1 mit § 425). Insbesondere kommt:

1. die Mahnung und Kündigung eines Gesammtgläubigers den übrigen Gläubigern nicht zu statten, sofern nicht der betreffende Gesammtgläubiger zugleich als bevollmächtigter Vertreter der übrigen Gläubiger gehandelt hat. Ebensowenig können sich auf die Kündigung und Mahnung gegenüber einem Gesammtgläubiger die übrigen Gläubiger berufen.

2. Der Leistungsverzug des Schuldners einem Gläubiger gegenüber wirkt nur für diesen Gläubiger (s. d. §§ 284—290). Bewirkt der Schuldner nach dem Eintritte des Verzugs die ursprünglich geschuldete Leistung an einen anderen Gläubiger, so wird er von der Hauptverbindlichkeit gegenüber allen Gläubigern frei. Für die Differenz, um welche sich in Folge des Verzugs seine Verbindlichkeit erweitert hat, bleibt er nur jenem Gläubiger verhaftet, welchem gegenüber er in Verzug gerathen ist.

3. Für das Verschulden gilt die allgemeine Regel, daß jeder Gläubiger nur sein eigenes Verschulden zu vertreten hat.

Dagegen wird der Schuldner sein schuldhaftes Verhalten in Ansehung der Leistung in der Regel nicht nur gegenüber einem, sondern gegenüber allen Gesammtgläubigern zu vertreten haben. Vgl. Schollmeyer Bem. 2, d zu § 429. Wenn infolge solchen Verschuldens die geschuldete Leistung unmöglich oder verschlechtert wird, so bemißt sich jedoch die Höhe der für jeden Gesammtgläubiger entstehenden Schadensersatzforderung nach seinen eigenen Verhältnissen und braucht sich mit der Höhe der Schadensersatzforderung eines Mitgläubigers keineswegs zu decken. Befriedigt aber der Schuldner die Schadensersatzforderung eines Gläubigers, so erlöschen die Rechte der übrigen, auch wenn ihre Schadensersatzforderung auf Grund individueller Verhältnisse sich höher bezifferte, als diejenige des befriedigten Gläubigers.

4. Die Unmöglichkeit der Leistung (§ 275), welche nur einem Gläubiger gegenüber eingetreten ist, z. B. wenn dieser nachträglich den geschuldeten Gegenstand anderweitig erlangt hat, wirkt nur diesem Gläubiger gegenüber.

In der Regel wird es sich jedoch um eine objektive oder um eine allen Gläubigern gegenüber wirkende subjektive Unmöglichkeit handeln; wenn in solchem Falle der Schuldner in Folge des Umstandes, der die Leistung unmöglich macht, für den geschuldeten Gegenstand einen Ersatz oder Ersatzanspruch erlangt, so kann jeder geschädigte Gläubiger Herausgabe des als Ersatz Empfangenen oder Abtretung des Ersatzanspruchs verlangen (§ 281 Abs. 1). Von dieser Herausgabe- oder Abtretungspflicht befreit sich der Schuldner gegenüber allen Gesammtgläubigern durch Erfüllung an einen; auch mindern sich in Fällen zu vertretender Unmöglichkeit die Schadensersatzforderungen der übrigen Gesammtgläubiger um den Werth des dem einen gewährten Ersatzes oder Ersatzanspruchs (§ 281 Abs. 2). Schollmeyer Bem. 2, d zu § 429.

5. Die Verjährung. Hemmung und Unterbrechung der Verjährung des Anspruchs eines Gesammtgläubigers wirken nicht gegen und nicht für die übrigen Gläubiger (§§ 194 ff., 208 ff., 202—204).

6. Das rechtskräftige Urtheil. Wird ein Gesammtgläubiger rechtskräftig abgewiesen, so ist damit nur ausgesprochen, daß dieser Gläubiger die Leistung von dem Schuldner nicht zu fordern hat. Das Verhältniß der übrigen Gläubiger zu dem Schuldner und das Verhältniß der Gesammtgläubiger zu einander wird durch das Urtheil nicht berührt. Das Gleiche gilt, wenn einem Gesammtgläubiger der Anspruch zugesprochen wird. (Vgl. § 325 CPO.)

7. Die Uebertragung der Forderung eines Gesammtgläubigers. Ein Gesammtgläubiger kann, wie jeder Gläubiger, seine Forderung auf einen Anderen übertragen. Daß durch die Uebertragung die Rechte der übrigen Gläubiger nicht berührt werden, ist wohl selbstverständlich. Die Bestimmung des § 429 Abs. 3 Satz 2 wurde jedoch ausdrücklich aufgenommen, um der Schlußfolgerung vorzubeugen, als ob die von einem Gläubiger vorgenommene Abtretung der Forderung gegen die übrigen Gläubiger ebenso wirken könne, wie ein mit dem Schuldner von einem der Gläubiger abgeschlossener Erlaßvertrag. (P. I, 443, 444.) Dem einzelnen Gesammtgläubiger soll es versagt sein, über die Rechte seiner Mitgläubiger dadurch zu verfügen, daß er seine Forderung auf einen Anderen als neuen Gläubiger überträgt. (M. II, 161.) Wenn aber eine Vereinigung von Forderung und Schuld dadurch herbeigeführt wird, daß ein Gesammtgläubiger seine Forderung auf den Schuldner überträgt, so erlöschen hiedurch die Rechte der übrigen Gläubiger gegen den Schuldner. (Ebenso Oertmann Bem. 1, b zu § 429.) Vgl. Bem. 2 zu § 430.

Was für die Uebertragung der Forderung gilt, gilt auch für den Uebergang kraft Gesetzes (§ 412) und für die Ueberweisung der Forderung durch gerichtliche Anordnung.

8. Streitig ist, ob die von einem Gläubiger vereinbarte oder genehmigte Schuldübernahme (§§ 414—416) auch gegen die übrigen wirkt. Nach Binder, Korrealobligation S. 592 kann nur der Gläubiger, der die Schuldübernahme genehmigt hat, sich an den Uebernehmer und zwar nur an diesen halten; in Ansehung des Uebernehmers zu dem Schuldner tritt alsdann ein der Gesammtschuld ähnliches Verhältniß ein, sofern die Leistung des Schuldners an einen anderen Gesammtgläubiger den Uebernehmer, die des Uebernehmers an denjenigen Gläubiger, mit dem er die Uebernahme vereinbart hat, den Schuldner befreit. Dagegen vertritt Planck Bem. 3 zu § 429 die Ansicht, daß ein einzelner Gesammtgläubiger, ebenso wie er einen objektiv das Schuldverhältniß aufhebenden Erlaßvertrag schließen kann, vgl. I, 7, auch eine das ganze Schuldverhältniß aufhebende Schuldübernahme genehmigen könne. And. M. Rehbein Bem. 29 zu §§ 420—432, Schollmeyer Bem. 2, a zu § 429, Oertmann Bem. 2, b—d zu § 429. M. E. ist zu unterscheiden:

a) Der Uebernehmer will die Schuld allen Gläubigern gegenüber übernehmen. In diesem Falle tritt befreiende Schuldübernahme nur ein, wenn die übrigen Gesammtgläubiger die Schuldübernahme genehmigen.

b) Der Uebernehmer will die Schuld mit befreiender Wirkung nur dem einen Gesammtgläubiger gegenüber übernehmen. So gut der eine Gesammtgläubiger nun mit dem Schuldner einen unentgeltlichen Erlaßvertrag mit objektiver Wirkung unter Beseitigung der übrigen Gesammtgläubiger abschließen kann, ebenso kann er auch eine privative Schuldübernahme genehmigen, vorbehaltlich der aus § 430 sich ergebenden Ausgleichungspflicht gegenüber seinen Mitgläubigern. Insofern ist also der Planck'schen Ansicht beizutreten.

9. Streitig ist auch die Tragweite der Wahlerklärung bei einem objektiven Wahlschuldverhältniß, das auf der aktiven Seite zugleich Gesammtschuldverhältniß (Gesammtgläubigerschaft) ist.

Zu unterscheiden ist eine solche Wahlobligation

a) mit Wahlrecht des Schuldners, wie im Zweifel anzunehmen (§ 262). Die entsprechende Anwendung des § 425 ergiebt, daß die Erklärung seiner Wahl zunächst nur demjenigen Gesammtgläubiger gegenüber wirkt, dem gegenüber sie abgegeben ist. Vgl. Bem. 3 Abs. 2 zu § 263. And. M. freilich Planck Bem. 12, der eine nicht allen Gesammtgläubigern gegenüber erfolgende Wahlerklärung für wirkungslos anzusehen scheint. Bei der Selbständigkeit der Haftungen ist aber nicht einzusehen, warum nicht in einem Schuldverhältnisse der hier fraglichen Art der Schuldner dem Gläubiger A gegenüber seine Leistungspflicht bereits beschränken darf auf das Objekt x, während er gegenüber B und C noch alternativ auf x und y haftet.

Zuzugeben ist jedoch, daß häufig sich aus dem konkreten Schuldverhältniß ergeben wird, daß die Wahlerklärung wirksam nur allen Gesammtgläubigern gegenüber abgegeben werden soll;

b) mit Wahlrecht des Gläubigers, was ausnahmsweise vereinbart sein kann. Auch hier dürfte sich aus der Verweisung auf § 425 ergeben, daß grundsätzlich die von einem Gesammtgläubiger abgegebene Wahlerklärung nur diesen bindet, nicht aber, wie Planck a. a. O. annimmt, unwirksam ist. Dagegen nimmt Schollmeyer Bem. 3, a zu § 263, Bem. 3 zu § 429, Hellmann, Anspruch und Klagrecht S. 197 stets als stillschweigend vereinbart an, daß die von einem Gesammtgläubiger erklärte Wahl für alle Gesammtgläubiger wirksam sei. M. E. ist dies lediglich Auslegungsfrage im einzelnen Falle.

Beim subjektiv-alternativen Schuldverhältniß (vgl. Bem. 2 zu § 421) ergiebt sich allerdings aus der Einheit der Obligationen und daraus, daß dieses Verhältniß nicht unter den Begriff des Gesammtschuldverhältnisses fällt, daß mit der Wahlerklärung die Haftung sich auf den gewählten Gläubiger beschränkt.

III. Der Vergleich. Soweit derselbe eine Erfüllung oder Leistung an Erfüllungsstatt enthält, sind die hiefür geltenden Vorschriften, soweit ein theilweiser Erlaß vorliegt, die Vorschriften über den Erlaß anwendbar. Nur muß, wenn mit dem Erlaß ein Erfüllungsversprechen verbunden ist, der Schuldner, der sich einem anderen Gläubiger gegenüber auf den Erlaß beruft, wegen der Untrennbarkeit des Inhalts des Vergleichs auch das im Vergleich enthaltene Erfüllungsversprechen gegen sich gelten lassen; andererseits aber kann er nicht verlangen, daß der andere Gesammtgläubiger sonstige Leistungen bewirke, welche derjenige Gesammtgläubiger, mit welchem der Vergleich abgeschlossen wurde, übernommen hat. (M. II, 166.)

IV. Durch die Verweisung auf § 425 ist anerkannt, daß auch solchen Thatsachen, welche regelmäßig nur subjektiv wirken, eine objektive Wirkung zukommt, wenn sich letzteres aus dem Schuldverhältnisse ergiebt. (S. Bem. 2 a und b zu § 425.)

## § 430.

Die Gesammtgläubiger sind im Verhältnisse zu einander zu gleichen Antheilen berechtigt, soweit nicht ein Anderes bestimmt ist.

E. I, 337 Abs. 1; II, 372; III, 424.

§ 430 handelt von dem Verhältnisse der Gesammtgläubiger zu einander. Vgl. die entsprechenden Vorschriften des § 426 für die Gesammtschuldner.

1. In der Regel wird unter den Gesammtgläubigern eine Gemeinschaft bestehen und alsdann aus dem der Gemeinschaft zu Grunde liegenden Rechtsverhältnisse das Maß der Antheilsberechtigung der einzelnen Gläubiger sich ergeben. Ist dies nicht der Fall, so ist im Zweifel Berechtigung zu gleichen Antheilen anzunehmen. Es muß also derjenige Gesammtgläubiger, an welchen die Leistung bewirkt worden ist, den anderen Gesammtgläubigern den ihren Antheilen entsprechenden Theil des Empfangenen herausgeben oder erstatten. Die gleiche Verpflichtung tritt für ihn ein, wenn das Schuldverhältniß den übrigen Gesammtgläubigern gegenüber dadurch erlischt, daß er eine Leistung an Erfüllungsstatt annimmt oder dem Schuldner einen Erlaß bewilligt oder eine Schuldübernahme vereinbart oder genehmigt oder wenn eine Vereinigung von Forderung und Schuld in seiner Person eintritt. In allen diesen Fällen ist er in demselben Umfange ausgleichungspflichtig, wie wenn er die geschuldete Leistung empfangen hätte, mag er auch einen geringeren Werth an Erfüllungsstatt angenommen oder die Forderung schenkungsweise erlassen haben.

Selbstverständlich kann durch rechtsgeschäftliche Bestimmung die Ausgleichungspflicht der Gesammtgläubiger untereinander auch vollständig ausgeschlossen sein.

S. auch die Auslegungsregel des § 2151 Abs. 3 Satz 3.

2. Ueberträgt ein Gesammtgläubiger seine Forderung auf einen Anderen, so tritt der letztere an seine Stelle als Gesammtgläubiger in das Schuldverhältniß ein (§ 398 Satz 2). Bewirkt also der Schuldner an den neuen Gläubiger die Leistung, so erlischt hiedurch das Schuldverhältniß allen Gläubigern gegenüber. Das Gleiche gilt von einer Leistung an Erfüllungsstatt, dem Erlaß 2c.

Selbstverständlich kann aber die Verpflichtung eines Gesammtgläubigers gegenüber den anderen Gesammtgläubigern dadurch nicht berührt werden, daß der erstere sein Forderungsrecht gegen den Schuldner auf einen Dritten überträgt. Seine Ausgleichungspflicht den anderen Gläubigern gegenüber bleibt in demselben Umfange fortbestehen, wie wenn er noch Gesammtgläubiger wäre. Er ist deßhalb, wenn die Leistung, Leistung an Erfüllungsstatt 2c. an den neuen Gläubiger bewirkt wird, geradeso ausgleichungspflichtig, als ob an ihn selbst geleistet worden wäre.

Ebenso wie die Uebertragung der Forderung ist der Uebergang kraft Gesetzes (§ 412) und auch die Ueberweisung durch gerichtliche Anordnung zu beurtheilen.

Gegen den neuen Gläubiger steht den übrigen Gesammtgläubigern ein Ausgleichungsanspruch nicht zu.

## § 431.

Schulden Mehrere eine untheilbare Leistung, so haften sie als Gesammtschuldner.

E. I, 340; II, 373; III, 425.

1. Schulden Mehrere eine theilbare Leistung, so sind sie im Zweifel zu gleichen Antheilen verpflichtet (§ 420). Als Gesammtschuldner haften sie nur dann, wenn sie sich durch Vertrag gemeinschaftlich zu der Leistung verpflichtet haben (§ 427).

Wenn dagegen Mehrere eine untheilbare Leistung schulden, so haften sie stets als Gesammtschuldner. Ebenso das gemeine Recht (Dernburg, Pand. Bd. 2 § 24 Nr. 2, b; Windscheid, Pand. Bd. 2 § 299 Note 7). Das Verhältniß der mehreren Schuldner unter sich und zwischen dem Gläubiger bestimmt sich nach den Vorschriften der §§ 421—426.

2. Die Haftung der mehreren Schuldner als Gesammtschuldner bleibt auch dann fortbestehen, wenn an die Stelle der ursprünglich geschuldeten untheilbaren Leistung späterhin eine theilbare Leistung tritt, z. B. eine Verpflichtung zum Schadensersatz in Folge verschuldeter Unmöglichkeit der Leistung. (P. I, 445, 446.)

Im gemeinen Rechte bestand über diese Frage Streit. Die eine Meinung (vertreten von Dernburg, Pand. Bd. 2 § 24 Note 7) ging dahin, daß hier Theilung unter die mehreren Schuldner einzutreten habe. So auch nach E. I, 341. Dagegen übereinstimmend mit dem BGB. Windscheid, Pand. Bd. 2 § 299 Note 7.

3. Ueber den Begriff der theilbaren und untheilbaren Leistung s. Bem. 2 zu § 420.

4. Haben mehrere Schuldner sich zu einer untheilbaren Leistung in der Weise verpflichtet, daß jeder von ihnen nur eine Mitwirkung bestimmter Art übernommen hat, so findet § 431 keine Anwendung. Vielmehr haftet, soferne nicht ein Anderes bestimmt ist, jeder Schuldner bloß für die von ihm übernommene Mitwirkung. (M. II, 173; Windscheid, Pand. Bd. 2 § 300 Note 1.)

Ferner findet § 431 keine Anwendung auf ein subjektiv-alternatives Schuldverhältniß (vgl. Bem. 2 zu § 421). Bei einem solchen schulden nicht Mehrere eine untheilbare Leistung, sondern es sind die Mehreren lediglich passiv gebunden, bis sich entscheidet, wer endgültig Schuldner wird.

## § 432.

Haben Mehrere eine untheilbare Leistung zu fordern, so kann, sofern sie nicht Gesammtgläubiger sind, der Schuldner nur an alle gemeinschaftlich leisten und jeder Gläubiger nur die Leistung an alle fordern. Jeder Gläubiger kann verlangen, daß der Schuldner die geschuldete Sache für alle Gläubiger hinterlegt oder, wenn sie sich nicht zur Hinterlegung eignet, an einen gerichtlich zu bestellenden Verwahrer abliefert.

Im Uebrigen wirkt eine Thatsache, die nur in der Person eines der Gläubiger eintritt, nicht für und gegen die übrigen Gläubiger.

E. I, 339; II, 374; III, 426.

I. Wenn Mehrere eine untheilbare Leistung schulden, so sind sie kraft Gesetzes Gesammtschuldner (§ 431). Haben dagegen Mehrere eine untheilbare Leistung zu fordern, so sind sie Gesammtgläubiger nur, wenn ein solches Verhältniß rechtsgeschäftlich oder gesetzlich bestimmt ist. Sofern sie nicht Gesammtgläubiger sind, gelten für sie die Vorschriften des § 432.

1. Der Schuldner kann nur an alle Gläubiger gemeinschaftlich leisten. Er wird dadurch nicht von seiner Verbindlichkeit befreit, daß er an einen der Gläubiger die Leistung bewirkt, es sei denn, daß dieser von allen anderen Gläubigern zur Empfangnahme der Leistung ermächtigt war. S. auch unten Bem. 4.

2. Jeder Gläubiger kann nur fordern, daß der Schuldner an alle leistet. Einerseits kann also ein einzelner Gläubiger nicht verlangen, daß der Schuldner an ihn oder an einen der anderen Gläubiger leistet, andererseits ist es aber auch nicht nothwendig, daß sämmtliche Gläubiger zum Fordern der Leistung zusammenwirken. (M. II, 172.) Jeder Gläubiger kann Klage erheben auf Verurtheilung des Schuldners zur Leistung an alle. Freilich wirkt das rechtskräftige Urtheil nicht für und nicht gegen die anderen Gläubiger. (S. unten Bem. 4.)

E. I enthielt in § 339 Abs. 1 Satz 2 die Bestimmung: „Ist das Schuldverhältniß von der Art, daß durch die Leistung an einen Gläubiger auch die übrigen befriedigt werden, so ist jeder Gläubiger zur Forderung der ganzen Leistung berechtigt." Gedacht war hier z. B. an die Herstellung eines allen Gläubigern dienenden Werkes. Die II. Komm. hat diesen Satz als selbstverständlich gestrichen. (P. I, 446.) In der That leistet in einem solchen Falle der Schuldner, wenn er die Leistung überhaupt bewirkt, der Natur der Sache nach an alle Gläubiger. Es verlangt deßhalb auch der Gläubiger, wenn er z. B. die Herstellung des allen Gläubigern dienenden Werkes verlangt, nichts Anderes als die Leistung an alle.

3. Besteht die Leistung in der Herausgabe einer Sache (§ 90), so könnte ein einzelner Gläubiger die Bewirkung der Leistung dadurch böswillig vereiteln, daß er seine Mitwirkung zur Empfangnahme verweigert. Den hieraus den übrigen Gläubigern drohenden Nachtheilen soll durch die von der II. Komm. aufgenommene Bestimmung des Abs. 1 Satz 2 vorgebeugt werden. (P. I, 446.) Es wird in dieser Bestimmung jedem Gläubiger die Befugniß eingeräumt, zu verlangen, daß der Schuldner die geschuldete Sache für alle

Gläubiger hinterlegt oder, wenn sie sich nicht zur Hinterlegung eignet, an einen gerichtlich zu bestellenden Verwahrer abliefert.

a) Die Hinterlegung kann jeder Gläubiger verlangen, auch wenn die gesetzlichen Voraussetzungen einer solchen (§ 372) nicht vorliegen.

Kommt der Schuldner dem Verlangen des Gläubigers nach, so treten für ihn die Wirkungen einer rechtmäßigen Hinterlegung (§§ 378, 379) gegenüber allen Gläubigern ein.

Ohne Aufforderung durch einen Gläubiger ist der Schuldner zur Hinterlegung bloß beim Vorhandensein der gesetzlichen Voraussetzungen berechtigt. Beim Annahmeverzug auch nur eines Gläubigers steht dem Schuldner das Recht zur Hinterlegung nach § 372 Satz 2 zu. (Ebenso Planck Bem. 2 zu § 432.)

b) Wenn die geschuldete Sache zur Hinterlegung nicht geeignet ist, kann jeder Gläubiger verlangen, daß der Schuldner dieselbe an einen gerichtlich zu bestellenden Verwahrer abliefert. Durch die Ablieferung an den Verwahrer wird der Schuldner ebenso befreit, wie wenn er an alle gemeinschaftlich geleistet hätte. Indessen wird hier immer die Aufforderung durch einen der Gläubiger vorausgesetzt. Wird eine solche nicht an den Schuldner gerichtet, so erübrigt ihm für den Fall, daß er sich durch Hinterlegung befreien will, nur das Verfahren nach § 383.

Für die Bestellung des Verwahrers und die Festsetzung einer etwaigen Vergütung desselben ist das Amtsgericht zuständig, in dessen Bezirk die Sache sich befindet. (§ 165 FG.)

4. Befreiend für den Schuldner gegenüber allen Gläubigern wirken also nur:

a) die an alle Gläubiger gemeinschaftlich bewirkte Leistung;

b) die für alle Gläubiger erfolgte Hinterlegung, wenn der Schuldner von einem Gläubiger hiezu aufgefordert wurde oder die gesetzlichen Voraussetzungen der Hinterlegung vorliegen;

c) die Ablieferung der Sache an einen gerichtlich bestellten Verwahrer, wenn die Sache sich zur Hinterlegung nicht eignet und der Schuldner von einem der Gläubiger zur Ablieferung aufgefordert worden ist.

Alle übrigen Thatsachen, die nur in der Person eines der Gläubiger eintreten, wirken nur für und gegen diesen Gläubiger, auch wenn sie für und gegen einen Gesammtgläubiger objektiv wirken würden. Dies muß angesichts der klaren Bestimmung des § 432 Abs. 2 auch für den Annahmeverzug des Gläubigers gelten. (Ebenso Planck Bem. 2 und 3 zu § 432; Oertmann Bem. 3 zu § 432. Dagegen lassen Cosack § 119 Note 14 und ebenso P. I, 446 den Annahmeverzug eines Gläubigers gegen alle Gläubiger wirken.)

5. Die Sonderbestimmungen des § 432 haben ausschließlich ihren Grund in der Untheilbarkeit der Leistung. Fällt diese weg (z. B. wenn an die Stelle der untheilbaren Leistung ein Werthsersatz oder Schadensersatz tritt), so tritt wieder die Regel des § 420 in Kraft, wonach im Zweifel jeder der Gläubiger nur einen gleichen Theil zu fordern berechtigt ist.

II. Eine mit § 432 Abs. 1 übereinstimmende Vorschrift wird in § 2039 für das Verhältniß zwischen mehreren Miterben und dem Schuldner eines zum Nachlasse gehörigen Anspruchs gegeben. Vgl. auch die Bestimmung des § 1079 bezüglich des Nießbrauchs.

FSC
www.fsc.org
MIX
Papier | Fördert gute Waldnutzung
FSC® C083411

Kolibri 360 GmbH
Ferdinand-Jühlke-Straße 7
99095 Erfurt, Deutschland
produktsicherheit@kolibri360.de